중국 불성론

프라즈냐 총서
38

중국 불성론

| 중국불성사상의 연변演變 |

라이용하이 저 · 법지 역

한국어판 서문

『중국 불성론中國佛性論』은 1988년에 상해인민출판사에서 2만 부를 초판으로 인쇄하였다. 그 다음해에 대만 불광출판사에서 번체자繁體字로 인쇄하였고, 1999년과 2011년도에 중국 청년출판사와 강소성江蘇省 인민출판사에서 3, 4판을 인쇄하여 모두 4만여 부를 출판하였다.

이 책은 중국불교사中國佛教史에 있어서 불성론의 출현으로부터 출발하여, 중국에서 형성된 불성론의 특징과 중국불교에서의 위치와 작용 등을 심도 있게 논술하는 전문서적이다. 일반적으로 보면, 이와 같은 전문 학술서적은 상업성이 없어서 출판사로부터 별로 환영을 받지 못한다. 이『중국 불성론』도 겨우 몇 개의 출판사로부터 관심을 얻었지만 그동안 중국 학술계와 사회 각계에 끊임없이 관심을 끌고 있는 점은 참으로 다행스럽다.

몇 년 전, 남경대학『중국불교예술지』의 편집을 맡고 있는 법지 스님이 본 책을 한국어로 번역하겠다기에 내심 기뻤다. 그리고 2년여 동안 법지 스님은 학교와 누추한 나의 집에서 여러 차례 이 논저 가운데 나타난 의미와 숨은 뜻까지 깊이 있게 토론하였다. 또한 법지 스님은 인용문을 거듭 확인 비교하였고, 한 글자 한 구절을 신중히 검토하는 데 많은 노력을 기울였다.

그리 쉽지 않은 책을 한국어로 번역하신 법지 스님께 진심으로 감사드리며, 아울러 중국의 불성론을 전면적으로 다룬 이 책이 한국의 불교 연구자들뿐만 아니라 일반 독자들에게도 두루 도움이 되길 희망하며 서문을 쓴다.

남경대학 중화문화연구소에서

라이용하이(賴永海)

머리말

내가 불교를 접한 것은 소년시절부터였다. 나의 고향은 복건福建 민남閩南으로, 이곳은 불교가 유행했기 때문에 어릴 때부터 향을 피우고 복을 빌기 위하여 기도하는 모습과 사람이 돌아가시면 왕생을 비는 모습을 많이 듣고 보았다. 이런 까닭에 이전부터 불교에 대하여 신비롭고 경이로움을 느꼈다. 이후 대학을 다니며 철학을 전공하면서 우연히 불교를 접하게 되었다. 당시에는 불교에 대해 경외감은 있었지만 어느 정도 거리감이 있었다. 1978년 중국철학 전공으로 석사 연구생 입학시험을 치렀는데, 선생님께서 나에게 "만약 필요하다면 등록 후 불교 전공으로 조정하려고 하는데 어떻게 생각하느냐?"라고 물으시기에, 나는 웃으면서 "중국철학을 전공하는 것이 더 좋을 것 같습니다."라고 대답하였다. 당시 내 마음속의 불교는 아직도 향을 피우고 절을 올리며 기도하고 운세를 물어보는 것이었다. 나는 늘 철학에 흥미가 있었고, 특히 사변思辨의 철리哲理와 철리의 사변을 좋아하였기에 불교를 연구하는 것은 생각지도 않았다. 그러나 3년이라는 석사과정을 수학하면서 불교에 대한 나의 마음은 점점 변하였다.

우선 나의 지도교수이신 임계유(任繼愈, 1916~2009) 선생님께 감사드린다. 선생님께서는 나를 불교에 대한 학문과 연구의 길로 인도하셨다. 나는 처음 사회과학원 석사과정 연구생으로 중국철학을 전공했다.

왕선산(王船山, 1619~1692) 철학 방향이었는데, 다만 당시 중국철학과 안에는 종교학 계열도 개설되어 있었다. 지도교수인 임 선생님은 유불도 삼교를 강의하셨는데 불교개론, 불교사, 불교경전 등을 선택하여 읽고 토론할 기회가 많았다. 이로 인하여 나도 모르게 불교에 점차적으로 빠져들게 되었다.

내가 불교를 접하면서 커다란 감동을 받았던 한 권의 책이 있는데, 그것은 임계유 선생님의 『한당불교사상론집漢唐佛敎思想論集』의 '부록'으로 실린 『부진공론不眞空論』이었다. 『부진공론』은 동진東晉의 불교사상가인 승조(僧肇, 384~414)가 쓴 것이다. 승조는 '중국 해공제일인解空第一人'이라고 불린다. 그때 나의 기억 속에는 불교사상 가운데 제일 현오玄奧한 것은 공空을 논하는 것이라 생각했다. '공불이색空不異色 색불이공色不異空, 공즉시색空卽是色 색즉시공色卽是空'은 많은 문학서적과 영상작품에서도 불교의 선기禪機로 많이 나타나는 화두이다. 당시 이 책을 빌려서 불교사상의 현의玄義을 밝히려고 했지만, 늘 '사변의 천리와 천리의 사변을 좋아한다'고 말해왔던 나는 『부진공론』을 몇 번이나 읽었는데도 책의 주요 요지를 찾지 못하였다. 이로 인하여 나는 이론사변의 각도에서부터 정식으로 불교의 학설을 심도 있게 연구하게 되었다. 그 이후부터는 나도 모르게 불교에 더욱 심취하기 시작했다. 지금까지 사람이 돌아가시면 극락왕생이나 빌고 향을 태워 기도하는 등 일종의 미신이라고 오해해왔던 불교가 바로 하나의 넓고 깊은 인류의 보고寶庫라는 인식으로 변화하였다.

1982년부터 국내에서는 박사 연구생을 다시 받기 시작하였다. 나는 당연히 '중국불교'로 연구방향을 선택하였다. 먼저 지도교수인 손숙평

孫叔平 선생님의 지도하에 불교에 관한 전문적인 책들을 더 깊이 있게 읽었다. 손 선생님은 중국의 유명한 철학사가哲學史家이시다. 선생님은 나를 위해 중국 철학사상의 각도에서 쓴 불교 책들을 차례로 안배하셨는데, 이는 뒷날 내가 불교를 연구하는 데 있어 많은 도움이 되었다. 1983년 불행하게도 손 선생님은 심장병이 돌발하여 돌아가셨다. 나는 또다시 임 선생님 지도하에서 박사과정 수업과 박사논문을 마치게 되었다. 수업기간 동안 나는 전적으로 선생님의 지도를 따랐다. 첫째는 연구방법을 파악하고, 둘째는 원전原典을 대량으로 읽고 연구하는 것이었다.

연구방법으로 말하자면, 나는 유물주의唯物主義가 불교를 연구하는 것에 있어서 좋은 방법 혹은 제일 좋은 방법 가운데 하나라고 생각한다. 유물주의의 장점은 불교로 불교를 논하는 것도 아니고, 불경으로 불경을 해석하는 것도 아니다. 불교의 발생과 발전, 그리고 특정 불교학설을 특정한 사회 역사의 조건에 놓고 사유하는 것이다. 이것은 불교의 본질과 불교의 발전규율을 이해하고 설명하는 데 아주 중요한 의의를 갖고 있다. 역사유물주의 연구방법에 대해서 국내외 과학계와 종교계는 당연히 각기 다른 의견이 있을 것이다. 어떤 사람은 이것을 순수하게 종교를 비판하는 데 섞어서 말하기도 하고, 또 어떤 사람은 이것으로 계급을 분석하는 방법에 같이 쓰기도 하는데, 사실상 이것은 오해이다. 이러한 오해를 만들게 된 것은 역사에 원인이 있다. 중국 역사 속에서 오랜 시기에 걸쳐 종교연구는 금지되었다. 특히 '문화대혁명' 시기에는 불교, 더 나아가 모든 종교에 대해서 아무런 연구도 하지 못했다. 다만 헐뜯고 비판하면서 항상 '역사유물주의' 방법이라는 이름을 달아

주었다. 그러므로 사람들은 역사유물주의 방법에 대해서 듣기만 해도 무서워했다.

사실상 '역사유물주의' 방법의 가장 기본적인 정신은 바로 종교를 포함한 모든 사회문화 현상을 특정한 사회 역사적 조건으로 설명하는 것이다. 이것은 절대 종교를 비판하거나 부정하여 연구 분석을 제대로 하지 못하도록 하는 것이 아니다. 반대로 "종교가 인류의 발전과정에서 가지는 역사적 지위와 작용이 객관적으로 평가되고, 각각의 역사상에서 종교는 왜 만들어지고 발전하였는가? 왜 어떤 역사 시기에 나타난 종교는 저러한 모습이 아니고 이러한 모습이었을까? 각각의 종교는 왜 저렇게 발전하지 않고 이렇게 발전하였는가? 예를 들면 불교는 하나의 외래종교인데 어떻게 중국에서 뿌리를 내리고 지속적으로 발전할 수 있었는가? 왜 불교는 발생지에서 지속적으로 발전하지 못하였는가? 불교의 대승과 소승의 두 승은 동시에 중국에 들어왔는데, 왜 한족漢族 지역에서 소승불교는 계속 발전되지 못하고 대승불교는 발전을 거듭하였던 것인가? 불교는 중국 전통인 유가학설과 융합되어 하나로 될 수 있었는데, 왜 기타의 서방 종교는 융합되기가 어려웠는가? 불교는 지금 현재 중국사회에서 어떻게 발전할 것인가?" 이러한 여러 가지 문제를 모두 사회 역사와 더불어 설명할 수 있다. 만일 불교를 일정한 역사 조건에 놓지 않고 사고하거나, 불교로써 불교를 연구한다면 영원히 해낼 수 없을 것이다.

세계상의 많은 사물들은 하나의 복잡한 다면체이다. 그러므로 그것들에 대한 분석 연구는 단면적으로 해서는 안 된다. 즉 다양한 관점에서 다각적으로 분석하고 연구해야 할 것이다. 마찬가지로 불교와 모든 종교의 연구방법도 단일해서는 안 된다. 역사유물주의에 있는 인류학의 방법, 사회학의 방법, 심리학의 방법, 그리고 현상학, 분석철학의 방법 등은 모두 불교의 사상 특징, 역사 발전, 사회 발전에 기여하는 방법이므로 각기 다른 사람들의 연구를 반대할 필요는 없다.

사실 각기 다른 연구방법은 사람들을 인식하고 대상을 파악하는 데 고무적인 작용을 한다. 만일 사람들이 다양한 방법을 동원하여 여러 가지 각도에서 불교 혹은 다른 종교를 연구한다면, 불교 혹은 다른 종교에 대해 더욱 전면적으로 또 구체적으로 이해하고 인식하게 될 것이다. 이로 인하여 자기의 인식이 진리에 더욱 가깝게 다가설 수 있다. 왜냐하면 인류의 인식은 바로 하나를 구체적으로 이해하는 과정이기 때문이다. 하지만 한 사람이 동시에 많은 방법을 선택하여 연구를 진행할 수는 없다. 한 사람이 어떤 방법을 사용하는 것이 좋은가는 그 사람이 배운 것과 준비한 이론에 근거하여 그 사람에 맞게 정해져야지, 전부 같아야만 된다고 강조해서는 안 된다.

원전을 연구하는 것은 불교를 배우고 연구하는 기본자세이다. 불교는 팔만사천 법문이라고 불릴 정도로 경전이 아주 많다. 열심히 노력하지 않으면 불문에 깊이 들어가기 힘들다. 만약 필자가 불교 연구 방면에서 뛰어난 성과를 얻었다면, 이는 모두 당시에 머리를 싸매고 열심히 모든 정력을 다하여 하나하나의 불경을 모두 읽었기 때문이다.

여기서 나는 남경대학 도서관 고문부古文部의 각 선생님들, 특히 당시 고문부의 주임이셨던 장일비蔣一麰 선생님께 감사의 인사를 드리고 싶다. 1980년대의 남경대학 도서관에서는 『대정신수대장경大正新修大藏經』이 한 질만 있었는데, 규정에 따라 빌려가지 못하고 고문열람실에서 읽어야만 했다. 하지만 당시 나의 집은 학교와 10여 킬로미터 떨어진 자금산紫金山 아래에 있었다. 만약 매일 도서관으로 다니면서 원전을 읽었다면 많은 시간을 낭비했을 것이다. 다행이 장 선생님이 나에게 특혜를 주셔서 책을 빌릴 수 있었고, 덕분에 나는 많은 메모를 할 수 있었다. 그리하여 박사논문을 쓰려고 보니 나의 필기 노트는 무려 16권이나 쌓여 있었고 메모장은 수천 장이나 되었다. 이 노트와 메모장은 내가 박사논문을 쓸 때 많은 도움이 되었다.

이 『중국 불성론』을 쓰려고 나는 꼬박 3년을 '문을 닫고' 불경만 공부하였다. 그러했기에 박사논문을 쓰기 시작해서부터 완성하기까지는 오직 40일밖에 걸리지 않았다. 그해 논문을 쓸 때를 생각하면, 각각 장절마다 수백 개의 자료 색인과 메모장이 대기하고 있어 글을 쓸수록 손에 붙어 단번에 완성할 수 있었던 것이다. 만약 한 편의 글을 쓸 때 자료 준비가 부족하면 펜을 들고 마치 바늘방석에 앉은 것처럼 안절부절못했을 것인데, 그것과는 완전히 비교가 되었다.

불교는 세계 3대 종교의 하나로서 일반 종교와 같이 많은 품격 및 특징을 가지고 있지만, 또한 다른 종교와는 차이가 있다. 예를 들면 많은 종교는 인격신의 신앙을 아주 중히 여긴다. 하지만 불교는 순전히 신앙을 의지하는 것을 반대하고 인격신의 존재를 더욱 부정하며, 가장 강조하는 것이 '지혜智慧'이고 '혜해탈慧解脫'이다. 이는 또 항상 말하는 '대철대오大徹大悟'이다. 이러한 특징으로 인하여 역사상 많은 학자와 스님들이 불교를 종교가 아니라 하나의 철학이라고 말해왔다. 이것은 불교를 다양한 각도에서 연구할 수 있다는 것을 증명한다. 특히 철학, 더 나아가 사회문화의 각도에서 불교를 연구할 수 있다는 것이다.

그리고 필자의 불교 연구는 불교의 철학사상, 이론사변 방면으로 많은 힘을 기울였다.

중국의 대학에서 많은 불교 연구자들이 중국철학을 연구하였던 것처럼 나의 불교 연구도 중국철학에서 온 것이다. 이러한 상황이 발생한 것은 중국불교와 중국철학의 관계가 아주 밀접하기 때문이다. 예전에 사람들은 고대 중국철학을 놓고 이렇게 말하였다. "선진先秦의 자학子學, 양한兩漢의 경학經學, 위진魏晉의 현학玄學, 수당隋唐의 불학佛學, 송명宋明의 이학理學." 선진 시기는 불교가 아직 들어오지 않았으니 불교와 중국철학의 상호관계를 논할 수 없고, 양한 시기부터 불교와 중국철학은 밀접한 관계가 발생하였다. 특히 위진 시기 이후로 사람들은 중국철학을 연구하면서 불교를 가만히 놔둘 수가 없었다. 예를 들면 위진 시기 불교 반야학般若學은 처음에는 현학을 돕기 위하여 끌어들인 것이다. 후에 반야학과 현학이 합류되었고, 결국 반야학의 '불락유무(不落有無: 유무에 떨어지지 않음)'를 현학의 '유有'·'무無'와 담론하여 비교할 때 더욱 합당하고 이론사변이 더 높아 현학을 대신하여 현학의 출로가 되었다. 수당 시기에 강대한 왕조는 문학에서 비교적 개방적인 정책을 사용하였으므로 유·불·도가 모두 발전하였지만, 철학사상만 놓고 말하면 불교가 더욱 번창하였다. 천태·화엄·유식·선종의 4대 불교종파의 철학사상은 그 체계가 방대하며, 그 사상 및 정신이 자세하고 깊어서 유가와 도가의 사상을 훨씬 초월하였다. 그리하여 사람들은 습관적으로 수당철학을 한마디로 말하기를 "수당불학隋唐佛學"이라고 한 것이다. 예전과 지금의 철학자들은 송명이학을 "유표불내(儒表佛內: 표면은 유가이지만 내면은 불교)", "양유음석(陽儒陰釋: 겉모습은 유가이지만 안의 내용은 불교)"이라고 부른다. 다시 말하여 겉보기에는 유학이지만 속은 불학이라는 것이다. 송명이학은 또 '신유학新儒學'이라고도 불리는데, 여기서 '신新'은 바로 '심성본체心性本體'가 전통유학의 '천인합일天人合一'적 사고방식을 대신한 것으로, 이러한 본체적 사유양식은 바로 불교의 불성본체론佛性本體論적 사유양식의 영향을 받은 것이다.

고대 중국철학의 역사 발전을 통하여 사람들은 하나의 결론을 얻었다. 즉 중국불교를 연구하지 않으면 중국의 철학을 정확하게 이해하고 파악할 수가 없다는 것이다. 사실 중국철학뿐만 아니라 어떤 의미에서 보면 중국 고대문화도 불교와 아주 깊은 인연이 있다. 예를 들면 '화하문화華夏文化의 왕관'이라 불리는 시詩·서書·화畫는 모두 불교로부터 광범위하고 깊은 영향을 받았다. 중국 고대의 시·서·화는 항상 '의경意境', '기운氣韻'을 중히 여겼다. '의경', '기운'은 바로 일종의 내부 감정과 외부 경물景物이 융합되어 하나로 되는 예술경계이다. 이러한 예술경계는 일종의 정체의 감수이므로 의회(意會: 마음속으로 깨달음)할 수는 있지만 말로 전달할 수는 없고, 체오體悟할 수는 있지만 분석할 수는 없다. 이러한 '의회', '체오'의 예술경계를 중히 여기는 것은 중국불교, 특히 선종에서 '돈오頓悟'의 사상을 중시하는 것에 영향을 받은 것이다.

내가 불교를 연구하기 때문에 중국 고대문화 가운데 불교가 차지하는 지위와 역할을 크게 자랑하는 것은 아니다. 사실 불교가 중국 고대문화에 끼친 영향은 객관적이고 광범위하다. 그리하여 중국의 불교 연구는 십여 년 전 중국철학계에서 멈추었다가 오늘날 점점 문학, 예술, 조각, 건축, 그리고 음악, 희곡 등 여러 영역에서 발전하고 있다. 만약 십여

년 전 불교 연구가 '인기 없는 길'이라는 선입감을 받지 않았더라면, 오늘날 사람들은 불교 연구를 완전히 전통문화 연구의 큰 열풍 속에서 진행할 수 있었을 것이다.

불교를 연구하기 시작하면서부터 오늘까지 근 30여 년이 되었다. 이 시간 동안 나에게 제일 위로가 되는 것은 바로 내가 어떤 상황에서든 불교 연구를 계속한 것이다. 마음을 바로 잡고 불전을 연구하고 읽고 정리하는 것에서부터 불교의 불성론을 집중적으로 탐구하고 토론하는 것까지, 불교철학을 연구하는 것에서부터 불교와 유학, 불교와 시詩·서書·화畫 등 중국 고대 각종 문화형식의 관계를 연구하고 토론하는 것까지, 각각 하나의 과제를 선택하면 모든 힘을 다하여 반드시 결과를 얻어낼 것이다.

2004년부터 나는 장기간 동안 불교를 연구하는 도반들과 함께 국내외에서 최고로 꼽히는 『중국불교통사中國佛敎通史』(총 15권 650만 자, 2010년 출간)를 편찬하였다. 이 책은 천년 동안의 중국불교의 발전과정과 경전에의 근거, 사상의리 내지 문물제도, 민중신앙 등 각계 방면에서 비교적 체계적이고 학술성이 깊은 논술을 하였다. 원컨대 이 책이 지금의 이 『중국 불성론』과 함께 불교의 더 깊은 연구 발전에 도움이 되길 바라마지 않는다.

"길은 멀고멀어도 그 길을 따라 거침없이 정진하리라.
불교를 연구하는 길은 아직 길고 멀다. 나는 이 길을 따라 끝까지 걸어갈 것이다."

서 론

불교는 인도에서 발원하였지만 오히려 중국에서 더욱 발전하였다. 중국불교와 인도불교는 밀접한 연관이 있지만 또 각기 자기의 특징을 가지고 있다. 중국불교를 연구할 때 제일 중요한 것은 이러한 특징을 찾아내고 분명하게 밝히는 것이다.

불교는 중국에서 성행된 기간이 길고 전파된 범위가 넓은데다, 전적이 많고 종파가 난립하여 명상名相이 많고 문의文義가 어려워서 불전을 읽고 이해하는 것이 쉬운 일은 아니다. 그 중에서 중국불교의 특징을 찾아내는 것은 더욱 쉬운 일이 아니다. 물론 중국불교의 특징이 전부 숨겨져 있어 찾지 못한다는 것은 아니다. 만약 중요한 내용만 놓고 말하면 중국불교의 어떤 특징은 비교적 선명한 것이다. 예를 들어 전반적으로 불교의 중심문제인 불성이론佛性理論을 놓고 말하면, 중국과 인도 두 나라의 불교는 아주 선명한 차이가 있다. 이러한 차이는 일정한 방면에서 두 나라 불교가 가지는 자신의 특징으로 나타난다.

그러므로 중국불교의 불성이론을 더 깊게 연구하는 것은 중국불교의
기본 특징을 찾아내고 이해하는 데 많은 도움이 될 것이다.

'불성'이란 무엇인가? '불성론'이란 무엇인가? 왜 중국 불성론을 연구
하는 것이 중국불교의 기본 특징을 이해하는 데 도움이 된다고 하는가?

불성佛性은 범어 'Buddhatā'의 번역인데, 불계佛界, 불장佛藏, 여래계
如來界, 여래장如來藏 등을 말한다. "불佛은 깨달음이란 뜻이다."[1], "성性
은 종자種子이고 인因의 본의이다."[2] 불성은 바로 중생이 깨닫는 인因이
고, 중생 성불의 가능성이다. 이는 중국불교계의 불성에 대한 가장
보편적인 이해이다. 그러나 불성佛性에서 '성性'은 인도불교에서의 원
래 명칭은 '계界'이다. 『유가사지론瑜伽師地論』에서는 '계'를 "인의 뜻,
······ 본성의 뜻, ······ 계의 뜻이다."[3]라고 해석하였다. 이로써 불성이란
단어는 원래 불의 체성體性이란 개념을 가지고 있다는 것을 알 수
있다. 혜원慧遠은 "불성은 부처 스스로의 체성이다."[4]라고 하였다.
이것은 인도불교의 본의에 부합된다.

또 『아비달마구사론阿毗達磨俱舍論』에서는 '계'를 "법은 종족의 의미
이고, 계의 뜻이다."[5], "계는 종족의 뜻이다."[6]라고 해석하였다. 이것은
불성과 종성種性의 설이 관계가 있고, 불佛이라는 종성의 부류가 '불성'

---

1 (隋)智顗, 『金剛般若經疏』, 『大正藏』 33, 76쪽. "佛者覺義."
2 (隋)慧遠, 『大乘義章』, 『대정장』 44, 472쪽. "性者 ······ 種子因本義."
3 (唐)玄奘 譯, 『瑜伽師地論』 권56. 『대정장』 30, 610쪽. "因義 ······ 本性義 ······
  是界義."
4 (隋)慧遠, 『大般涅槃經義記』, 『대정장』 37, 827쪽. "佛性是佛自體性."
5 (唐)玄奘 譯, 『阿毗達磨俱舍論』 권1. 『대정장』 29, 5쪽. "法種族義, 是界義."
6 앞의 책. "界聲表種族義."

이라 불린다는 것을 설명한다. 불교의 지속적인 발전에 따라 '계'의 뜻도 끊임없이 변화를 해왔다. 대승불교에 와서 '계'는 이미 깊은 의미를 가지고 있어 형이상의 진리라는 별명을 가지게 되었고, 불성은 또 본체의 의미를 가지게 되었다.

불성의 이론이란 간단하게 말해서 불성 문제의 사상과 학설 혹은 이론에 관한 것이다. 불성론을 통해 중요하게 연구해야 하는 문제는 '불佛이란 무엇인가?', '불의 본성은 무엇인가?', '중생이 불이 될 수 있을까?', '만약 불이 된다면 그 근거는 무엇인가?', '중생이 불로 되는 것은 오늘인가, 아니면 머나먼 미래인가?', '성불하는 방법은 단박에 깨달아 마치는가, 아니면 여러 겁을 닦아야 하는가?', '중생의 성불은 자력으로 가능한가, 아니면 타력을 이용해야 하는가?' 등이다.

법률, 도덕 등 사회의식 형태로 비교하면, 불성이론은 일종의 종교학설로서 반드시 더 '높은 자리'에 있어야 한다. 하지만 불교 자체가 일종의 사회 역사의 산물과 같은 것이기에, 불성사상의 근원은 현실세계에 여전히 존재하고 있다. 각기 다른 사회와 역사 조건의 영향을 받았기 때문에 각 나라의 불성사상은 완전히 똑같지는 않다. 예를 들면 중국의 불성사상과 인도의 불성사상은 바라보는 관점이 다르다고 할 수 있다.

인도에서 '오종종성설五種種性說'은 유가행파瑜伽行派의 중요한 교의 가운데 하나로서 인도 불성사상에서 아주 중요한 자리를 차지하고 있다. 하지만 이러한 사상은 중국에서 장기적으로 성행하지 못하였고, 유식종에서만 비밀리에 전수되어 짧은 시기에 빛을 발했다. 반대로 "모든 중생은 불성이 있다(一切衆生悉有佛性)"는 사상은 도생道生이 제일 처음 제창하고, 특히 북본北本 『열반경』이 나타난 뒤 불교계에 또다시 바람을 일으켰으며, 그 후부터 계속 중국 불성사상의 주류가 되었다. 이는 중국과 인도 두 나라의 불성사상이 각기 자기의 특징을 가지고 있다는 것을 말한다.

중국과 인도 불성사상의 차이는 바로 두 나라의 불교가 서로 구별되는 하나의 중요한 측면이지만, 이러한 구별은 유일한 것도 가장 중요한 것도 아니다. 중국불교와 인도불교를 구별하는 가장 중요한 것은 불성사상이 두 나라 불교에서 차지하는 위상이 많이 다르다는 것이다.

인도불교에서는 불성사상의 범위 및 위상에 한계가 있었다. 석존의 재세 시에는 석존과 그의 제자들이 같이 생활했기에 석존 또한 승가에 포함되었으며, 불성은 아무런 문제도 되지 않았다. 소승불교는 기본적으로 불성에 대해서 말하지 않았다. 하물며 대승 열반학이라도 초기에는 '성공性空' 사상과 '묘유妙有'의 불성학은 어떤 의미에서 대립되기도 하였다. 다만 열반학의 실상설實相說이 이미 보편적이고 상주常住하는 품격을 가진 '불성아佛性我'를 초보적으로 배양하였다. 대승 중기에서야 불성사상은 기초적으로 배양이 완성되었고, 대승 중기에서도 불성사상은 대승경전을 주로 하였으니, 인도의 여러 논사(중관과 유식의 양가를 포함)들도 불성설은 '불요의不了義'라고 중히 여기지 않았다. 이것이 바로 소승불교가 성행하고, 논사들이 군림하던 인도불교 불성사상의 대체적 경향이다.

이와 달리 중국불교사에서 불성사상은 다른 특징을 나타냈는데, 이를 네 가지로 설명해볼 수 있다.

첫째, 원칙상에서 불성을 말하지 않는 소승불교는 인도불교에서 장기간 막대한 세력을 가졌었지만, 중국불교에서는 소승의 영향이 대승을 따라잡지 못하였다.

둘째, 인도불교계에는 불성사상이 나타난 동시에 "대승은 불설佛說이 아니다."[7]라는 사조思潮가 나타났고 이 사조가 중국에도 미치지만, 중국은 대승을 비방하는 자가 얼마 되지 않았다.[8] 그 원인은 이 흐름이 중국에 전래되었지만 이미 시위를 떠난 지 오래된 화살과 같이 힘이 미약해졌고, 세력 또한 약해 힘을 쓸 수가 없었으며, 시기 또한 적합지 않았기 때문이다. 그래서 이 사조에 응하는 자가 매우 적었다.

셋째, 분별해서 말하면 중국불교도 학파가 많고 종문도 많다. 다만 여기서는 인도불교를 그대로 옮겨온 듯한 법상유식학法相唯識學은 잠시 논하지 않겠다. 비교적 중국적 특색이 풍부한 불학으로는 크게 두 계파가 있다. 하나는 '성공性空'을 주장하는 반야학般若學이고, 다른 하나는 '묘유妙有'를 주장하는 열반불성설涅槃佛性說이다. 비록 성공반야학은 위진 시기 현학玄學의 성행과 구마라집鳩摩羅什, 승조僧肇 등 고승의 제창으로 한 시대를 풍미했지만, 진송晉宋 시기에 들어서서 삼론종三論宗이 잠깐 중흥한 외에는 나날이 쇠락해졌다. 이와 반대로 열반불성설은 진송이 흥기한 후 신속히 중국불학계에 들어와서, 중국불학으로 하여금 중생에게 모두 불성이 있다는 불성사상을 주류로 하는 새로운 단계에 들어서게 하였다.

넷째, 중국불교계에는 전통적으로 하는 말이 있다. 흔히 사람들은 선종을 중국불교의 대명사로 쓰고 있는데, 사실상 좀 더 깊이 선종의

---

7 "大乘非佛說."
8 "非毀大乘者才得數人."

사상을 고찰하면 선종사상은 완전히 불성사상이라는 것을 발견할 수 있을 것이다.

위의 몇 가지에서 우리는 다음과 같은 사실을 알 수 있다. 첫째로 불성 문제는 중국과 인도 두 나라의 불교에서 지위와 상황이 완전히 다르다는 점이고, 둘째로 불성 문제에 대한 집중은 진송 이후 중국불교의 큰 특징 중 하나라는 점이다.

중국불교의 이러한 특징은 사람들로 하여금 중국불교를 연구할 때 마땅히 불성 문제를 충분히 중시해야 함을 말해주고 있다. 하지만 여러 원인으로 불성사상에 대한 연구는 아직 부족한 부분이 있다.

특히 '어떻게 마르크스주의 기본이론을 응용하여 중국불교의 불성설을 연구할 것인가'는 현재 불교 연구에 있어서 가장 중요한 하나의 과제이다. 『중국 불성론』은 바로 마르크스주의에 입각하여 능력이 미치는 한 고찰을 시도하려는 것이다.

불성 문제는 본래 하나의 순수한 종교 문제이지만, 다른 종교처럼 신앙을 기초로 하는 것과는 완전히 다르다. 불교의 해탈은 신앙 이외에 또 지혜를 의지해 획득하는 것이다. 이 특징은 불성 문제를 연구하고 토론하는 데 있어서 "하나의 바늘 끝에 몇 명의 천사가 오를 수 있는가?" 와 같은 종교 문제와는 달라서, 황당하고 재미없거나 얻을 것이 없는 그런 것은 아니다. 반대로 불성 문제의 뒤에 숨겨져 있는 이론사유는 아주 풍부하고 심오하다. 주지하는 바와 같이 이 책은 중국불교의 불성사상을 논술하고 분석하는 동시에, 그 가운데 가능한 이론사유를 찾아내는 것이다. 이것을 참답게 해낸다는 것은 쉬운 일이 아니지만, 필자는 이 원칙을 관철하고자 노력했다.

불교를 연구하는 것은 과학을 연구하는 것처럼 방법이 매우 중요하다. 이 책은 연구방법상에 있어서 범주範疇를 구분하여 중국의 불성사상과 그 역사 발전을 천명하고 논술할 것이다. 이러한 방법을 채택함으로써 필자는 불교사의 불성사상에 대한 전반적인 고찰을 시도하여 중국 불성사상을 통해 각종의 내부를 연결시켜 역사 발전을 이끌어내고자 한다. 이 점에 도달하려면 우선 불성사상의 각 측면을 철저히 이해해야 할 것이고, 그러자면 자연히 각 측면에 내재하는 본질의 범주를 반영하는 힘을 빌려야 할 것이다.

이 책은 몇 개의 큰 범주와 수십 개의 작은 범주로 중국 불성사상을 논술하였으며, 구체적인 논술에서는 서로 비교하는 방법도 채용하였는데, 그 이유는 각 범주 사이에 내재하는 연결고리와 그 역사 발전을 찾아내기 위해서이다. 이는 당연히 필자의 하나의 소망이고, 이 소망의 실현은 오직 필자의 논술에 달려 있을 뿐이다.

제1장 인도 '불성의佛性義' 약람略覽과 중국 '불성론佛性論' 개관槪觀

불교를 연구하는 것은 매우 힘든 일이다. 경전이 많을 뿐만 아니라 포함하는 내용이 광범위하며, 또한 불교사상은 어디에서나 모순이 많아서 "이것에 따르면 저것에 걸리고, 저것에 따르면 이것에 걸린다."[1]는 현상이 많이 나타나며, 심지어 많은 경우 기본관점에서 앞뒤의 말이 다르고, 시작과 끝이 상반되기도 한다.

예를 들면 불교는 원래 인도 전통의 신교神敎를 반대하기 위해서 나타났는데, 뒤에 가서는 석존 자체가 신이 되었다. 특히 밀교는 대일여래大日如來를 인격화하였는데, 사실상 이는 가사를 걸친 '대범(大梵: 브라흐만)'과 마찬가지다. 원시불교는 인생에 착안하여 실천하는 종교인데, 대승불교에 와서 중관학파는 공空과 무無로 담론하게 되었고, 유가행파瑜伽行派는 명상名相을 전적으로 토론하게 됨으로써 일종의

---

1 (唐)白居易, 「與濟法師書」, 『白居易集』 권45. "隨此則反彼, 隨彼則逆此."

개념 유회적인 스콜라(Scholar)철학으로 변하였다.

석가모니는 인생의 괴로움을 보고 단호하게 출가를 결심하고, 연기론을 세우고 무아설無我說을 제창하였으며, '고苦·공空·무아無我·열반적정涅槃寂靜'은 초기불교의 '사법인四法印'이 되었다. 하지만 후기불교에 있어서는 공空보다 묘유妙有를 더 많이 담론하였고, 고苦보다는 대락大樂을 더 논하여 '상락아정常樂我淨'을 '열반사덕涅槃四德'으로 삼았다.

불교학설의 이러한 특징은 뒷사람이 불교를 논하는 데 많은 편리함을 제공하였다. 왜냐하면 어떤 사상을 막론하고 모두 불교경전에서 필요한 근거를 찾을 수 있기 때문이다. 하지만 동시에 불교를 정확하게 파악하는 데에는 아주 큰 어려움을 주었다. 어떤 것이 불설佛說이고 어떤 것이 비불설非佛說인지를 구분하기조차 어려울 뿐만 아니라 그 가운데 중요한 개념을 파악하는 것도 쉬운 일이 아니었다.

여기에서 토론하는 불성 문제를 예를 들면, 불성은 각부 경론마다 해석이 같지 않을 뿐만 아니라 정의도 다르다. 만약 불성사상과 그 발전과정을 정확히 알려고 하면, 우선 불성이 여러 경론에서 나타나는 각기 다른 함의含義와 역사적 연변演變을 정확히 파악해야 한다. 주지하는 바와 같이 중국 불성사상을 토론하기 전에 불성사상의 연원과 연변을 몇몇의 대표적인 대승경론을 중심으로 살펴보고자 한다.

제1절 불성佛性의 연원 탐구와 경론經論의 약람略覽

불교의 최종 목적은 '성불'이다. 불성은 바로 '중생이 성불할 수 있는가? 어떻게 성불하는가?' 등의 문제를 논하는 것인데, 이러한 불성 문제는 불교의 중심 문제이다. 그러나 불성 문제가 처음부터 있었던 것은 아니었다.

석존 재세 시에는 석존과 그 제자들이 함께 머물며 생활하고 함께 토론하였기에, 무엇이 '여래'인지에 대해서 근본적으로 문제가 되지 않았다. "나도 승가에 속한다."[2]는 말은 석존도 비구 가운데 하나이고, 다만 차이가 있다면 오직 석존이 일반 비구보다 수양이 더 깊고 학문이 더 넓어 능력이 좀 더 높다는 점뿐이다. 석존 입멸 후 비록 육신은 없어졌지만 그가 말했던 법은 남겨졌는데, 제자들의 숭배와 존경이 한편으로는 석존을 불법화佛法化하고, 다른 한편으로는 불법을 인격화하였으며, 이 둘이 결합하여 초월성超越性, 본체성本體性을 가진 '법신法身'을 만들어냈다.

『증일아함경增一阿含經』에서는 "석존이 출세하여 세수世壽가 짧아 육체는 죽었지만 법신은 남았다."[3]라고 하였다. 이는 석존이 세상을 뜬 후 많은 제자들이 『아함경』을 결집할 때 이미 '법신'이란 개념이 있었다는 것을 설명한다. 불교의 부단한 발전에 따라 석가모니는 현실의 능인能人이요, 성자의 32상相 80종호種好[4]를 가진 초인으로 변화하

---

2 (宋)佛陀什共竺道生等 譯, 『彌沙塞部和醯五分律』, 『대정장』 22, 136쪽. "我在僧數."

3 (東晉)僧伽提婆 譯, 『增一阿含經』, 『대정장』 2, 549쪽. "釋師出世壽極短, 肉體隨死法身在."

4 32상은 고대 인도에서 大人의 특별한 모습을 말한다. 이 상을 가진 자는 집에서는 왕이라 부르고 밖에서는 무상각을 이룸을 말한다. 구체적으로 말하면 발바닥이 평평하고, 손가락이 길고, 팔 길이가 무릎을 지나고, 머리는 육계로 높은 상 등을 말한다. 80종호는 32상을 다시 나누어서 80종의 작은 상으로 말한 것이다. 관정을

였다. 부파불교部派佛教 시기, 특히 대중부大衆部는 석존을 극대화하고 위없는 신神으로 묘사하여 '부처의 수명은 무량하고, 법신은 영원하다' 는 이론을 제기하였다. 하지만 소승불교 시기 성불자成佛者는 석존 한 사람일 뿐, 다른 사람은 불성을 가지지 못하여 부처가 될 수 없었다. "소승불교에서는 단 한 사람만 불성이 있고, 다른 사람은 불성이 있다고 말할 수 없다."[5], "이 가르침 가운데 석존 한 사람 이외에 다른 사람들은 대보리성大菩提性이 있다고 말할 수 없다."[6] 만약 이론으로 말하면 소승불교는 '무상無常', '무아無我'를 주장하는 것이기 때문에, 불성이란 사실상 농후한 '신아神我'의 색채를 가지고 있다. 그러므로 소승불교에 서는 불성설이 있다고 말할 수 없다.

『대반열반경大般涅槃經』「범행품梵行品」에서 "십일부경전에서는 불 성을 말하지 않는다."[7]라고 하였고, 「광명변조고귀덕왕보살품光明遍 照高貴德王菩薩品」에서도 "모든 성문, 연각의 경전에서 불佛에게 상락아 정常樂我淨이 있다는 것을 들어보지 못하였다."[8]라고 하였다. 여기서 십일부경은 바로 소승불교의 경전이다. 『지지경地持經』에서는 "십이부 가운데 오직 방광方廣만 보살장菩薩藏이고, 나머지 십일부는 성문장聲 聞藏이다."[9]라고 하였다.

볼 수 없고, 눈썹은 달 같고, 코는 콧구멍이 보이지 않는 모습 등을 말한다.

5 (唐)法藏, 『華嚴一乘敎義分齊章』권2. 『中國佛敎思想史資料選編』2卷, 2冊, 153쪽. "若小乘中, 但佛一人有佛性, 余一切人皆不說有."

6 앞의 책. "於此敎中除佛一人, 余一切衆生皆不說有大菩提性."

7 (北涼)曇無讖 譯, 『大般涅槃經』, 『대정장』 12, 472쪽. "十一部經不說佛性."

8 앞의 책, 『대정장』 12, 493쪽. "一切聲聞緣覺經中不曾聞佛有常樂我淨."

9 『中國佛敎思想史資料選編』2卷, 2冊, 69쪽. "十二部中, 唯方廣是菩薩藏, 余十一部

중국 고대의 수많은 명승들은 불성의 유무有無를 가지고 대승과 소승을 구별하는 중요한 특징의 하나로 보았다. 예를 들면 지의智顗는 『법화현의法華玄義』에서 "대·소승은 모두 십이부가 있지만, 불성이 있고 없고만 다를 뿐이다."[10]라고 하였다.

소승에는 불성설이 없다. 이 말은 당연히 총체總體와 원칙에서 말한 것이다. 사실 소승불교 후기에 많은 부파들이 나타났고, 각기 다른 부파는 사상이 서로 달랐으므로 불성 문제에 대한 의견은 일치하지 않았다. 큰 의미에서 말하면 상좌부上座部는 역사 인물인 석존을 주장하였고, 대중부大衆部는 석존을 신화로 만들었다. 한 걸음 더 나아가 다른 의미에서 말하면 소승의 여러 부파들은 불성에 대한 이해가 각기 다르다.

"분별부分別部에서 말하기를, 모든 범성중생凡聖衆生은 공空을 그 본本으로 하였다. 그리하여 범성중생은 공으로부터 나왔으며, 공은 불성이고 불성은 바로 대열반大涅槃이다."[11], "비담살바다(毘曇薩婆多 : 說一切有部)에 의거하면, 모든 중생은 성득불성性得佛性은 없지만 수득불성修得佛性은 있다."[12] 나아가 중생을 또 셋으로 나누었다. 첫째, 결코 불성이 없어서 영원히 열반을 얻을 수 없는 자는 일천제一闡提와

是聲聞藏."

10 (隋)智顗, 『妙法蓮華經玄義』, 『대정장』 33, 803쪽. "大·小通有十二部, 但有佛性無 佛性異耳."

11 (陳)眞諦 譯, 『佛性論』, 『대정장』 31, 787쪽. "若依分別部說, 一切凡聖衆生, 并以空 爲其本, 所有凡聖衆生皆從空出, 空是佛性, 佛性卽是大涅槃."

12 앞의 책. "若依毗曇薩婆多卽說一切有部說者, 則一切衆生無性得佛性, 但有修得 佛性."

중죄를 지은 자이다. 둘째, 불성의 유무有無가 정해지지 않아 수행을 해야만 얻는 자이다. 셋째, 반드시 불성이 있는 삼승인이다. 성문聲聞은 고苦와 인내忍耐에서부터 불성을 얻고, 독각獨覺은 세법世法에서부터 불성을 얻으며, 보살은 십회향十迴向 이상이므로 불성에서 벗어나지 않는다. 이것은 세친世親이 『불성론佛性論』(眞諦 譯)에서 제시한 것이다.

불성설의 연원의 하나인 '심성본정心性本淨'에 대해서도 소승 여러 부파의 해석 또한 다르다. 대중부와 분별부는 주로 '심성본정'을 주장한다.

『이부종륜론異部宗輪論』에서는 "대중부, 일설부—說部, 설출세부說出世部, 계윤부鷄胤部는 같은 뜻이며, …… 심성은 본래 깨끗하지만 객진客塵과 번뇌에 따라 오염되었으므로 깨끗하지 못하다."[13]라고 하였다. 이것은 중생의 심성은 본래 깨끗하지만 객진과 번뇌에 오염되어 깨끗하지 못하게 되었으며, 만약 그 번뇌 오염을 없애버리면 즉시 청정본심이 나타나 해탈을 얻게 된다는 것이다. 이는 '일체중생—切衆生, 실유불성悉有佛性'의 선구적인 사상이다.

위와 달리 설일체유부에서는 '심성본정'설을 부정하기도 한다. 『아비달마순정리론阿毗達磨順正理論』에서는 "분별부分別部들은 이렇게 말한다. …… 성교聖教에서는 또한 심성본정을 설하는데, 때로는 객진번뇌에 오염된다고 말한다. …… 그러므로 심성본정이라고 말하지 말아야 한다. 때론 객진번뇌에 오염되기 때문이라는 것은 어리석은 믿음이다.

---

13 (唐)玄奘 譯, 『異部宗輪論』, 『대정장』 49, 15쪽. "大衆部·一說部·說出世部·雞胤部 本宗同義 …… 心性本淨, 客塵隨煩惱所雜染, 說爲不淨."

이 경이 불설佛說이 아니라고 감히 말할 수는 없지만, 정리正理에 위배되었음을 알 수 있기에 불요의不了義이다."[14]라고 하였다. 유부有部에서는 '심성본정'을 경전에서 설함이 아니라고 말하지는 않았지만 '불요의'의 지위로 낮춰 놓았다.

불성사상은 불교학설에서 하나의 중요한 구성 부분으로서, 기타 종교학설과 모든 사회의식과 같이 하나의 역사과정이다. 이로부터 볼 때 소승불교 후기에 불성사상이 싹튼 것은 결코 이상한 것이 아니며 아주 정상적이고 규율에 합당한 현상이다. 소승불교 후기에 불성사상이 싹트면서 대승불교는 이를 기초로 하여 불성사상을 한 걸음 더 깊이 발전시켜 후기 불교학설의 중요한 내용으로 만들었다.

대승불교도 당연히 처음부터 불성사상이 있었던 것은 아니다. 인도 초기 대승불교는 용수龍樹를 대표로 하는 반야학般若學이었다. 반야학의 경전은 아주 많았는데, 600권의 『대반야경大般若經』과 100권의 『대지도론大智度論』이 그 중 주요한 경론이다. 비록 반야경론은 몇백 권이나 되지만 그 사상을 한마디로 말하면 '공空'이다. 이 '공'은 아무것도 없는 공이 아니라 "인연으로 생기는 모든 법을 나는 공이라 말한다. 또한 가명假名이고, 중도의中道義라 한다."[15] 만물은 인연으로 결합하고 있으므로 자성이 없으며, 자성이 없으므로 '공'이지만, 이

---

14 (唐)玄奘 譯, 『阿毗達磨順正理論』, 『대정장』 29, 733쪽. "分別論者作如是言 ⋯⋯ 聖教亦說心性本淨, 有時客塵煩惱所染 ⋯⋯ 故不應說心性本淨, 有時客塵煩惱所染. 若抱愚信. 不敢非撥言次非經, 應知此經違正理故, 非了義說."

15 (姚秦)鳩摩羅什 譯, 『中論·觀四諦品』, 『대정장』 30, 33쪽. "因緣所生法, 我說皆是空, 亦爲是假名, 亦是中道義."

'공'은 가유假有와 환유幻有를 장애하지는 않는다. 이러한 성공환유性空幻有, 공유상즉空有相卽의 사상은 한 방면으로는 초기불교의 연기성공緣起性空, 무상무아無常無我의 사상을 계승하였고, 다른 방면으로는 후기의 묘유사상에 대해서 문을 열었고 길을 닦아놓았다.

『대지도론』에는 "반야바라밀에서 어떤 때에는 제법공諸法空을 알다고 분별하고, 어떤 때에는 세간법과 열반이 같으며 깊다고 말한다. 색법色法 등 제법이 바로 불법이다."[16]라는 말이 있다. 다시 말해 제법공을 관찰하는 것은 얕은 뜻이고, 세간제법과 적멸의 열반을 동일시하는 것이야말로 깊은 뜻이다. 그러므로 색법 등 모든 만법은 불법이다. 공이란 제법에 자성이 없음을 가리키는 것이지, 결코 제법을 부정하는 것은 아니다. 이로부터 성공性空은 환유幻有이고, 공유상즉空有相卽의 중도실상中道實相설에는 이미 후기 대승의 '묘유妙有'의 불성사상을 포함하고 있음을 어렵지 않게 알 수 있다.

불교사상의 완성과 명확화는 엄격하게 말해서 중기 대승불교의 일이다. 특히 불성사상은 『열반경』, 『승만경勝鬘經』, 『여래장경如來藏經』 등 불성과 여래장을 선양하는 경전이 나타난 후 장족의 발전을 하였다. 따라서 이러한 경전은 우리가 불성사상을 연구하는 근거가 되고 있다. 이러한 경전 및 그에 포함된 불성사상에 대해서 아주 간략히 고찰하고자 한다.

①『대법고경大法鼓經』 2권, 남조南朝 송宋 원가元嘉연간(440년 전후)

---

16 (姚秦)鳩摩羅什 譯, 『大智度論』 권72, 『대정장』 25, 563쪽. "般若波羅蜜中, 或時分別諸法空, 是淺: 或時說世間法卽同涅槃, 是深. 色等諸法卽是佛法."

구나발타라求那跋陀羅 역.

: 이 경전에서 일체공경은 불요의不了義이고 방편설이다. 공空으로부터 다시 불공不空을 설하고 여래의 상락아정 및 모든 중생은 불성이 있다고 말한다. "불성은 무량無量하고 상호相好 장엄莊嚴하여 밝게 비춘다.", "여래의 성은 만월과 같이 깨끗하다.", "일체중생에게는 여래장이 있다."[17]

②『앙굴마라경央掘魔羅經』 4권, 남조 송 원가연간 구나발타라 역.

: 이 경전은 석존이 앙굴마라를 제도하는 것을 인연으로 하여 일체법 공은 불요의이고 "일체중생에게는 여래장이 있다."는 사상을 선양하고 있다. 경에서 또 "일체중생은 일계一界", "일체중생계, 아계我界, 즉 일계이다."[18]라는 것을 제기하였고, 여래장과 중생계, 아계는 동일하다는 사상을 주장하였다.

③『승만경』 또는 『승만사자후일승대방편방광경勝鬘獅子吼一乘大方便方廣經』 1권, 남조 송 구나발타라 역.

: 이 경전은 『화엄경』의 '삼계유심三界唯心' 계통에 근거해서 발전하였다. 사람은 누구나 여래장이 있고, 자체적으로 청정한 여래가 숨어 있으나, 다만 객진번뇌의 오염 때문에 갖가지 청정하지 못한 오염된

---

17 (劉宋)求那跋陀羅 譯, 『大法鼓經』, 『대정장』 9, 297쪽. "佛性無量相好莊嚴照明.", "如來之性, 淨如滿月.", "一切衆生有如來藏."

18 (劉宋)求那跋陀羅 譯, 『央掘魔羅經』, 『대정장』 2, 54쪽. "一切衆生是一界.", "一切衆生界·我界, 即是一界."

상相이 나타난다. 이것이 바로 진공眞空 가운데 나타나는 묘유이다.
『대승기신론大乘起信論』의 "여실공경如實空境", "여실불공경如實不空
境"설이 여기에서 나왔다.

④『대방광여래장경大方廣如來藏經』1권, "진晉 혜제惠帝·회제懷帝연간
　(290~311) 법거法炬 역."[19]
　: 이 역본은 이미 소실되었고, 지금은 진 원희元熙 2년(420) 불타발타라
및 당 불공삼장不空三藏의 역본이 있다. 이 경전은 『화엄경』의 영향을
받아 '화장華藏'을 연기로 삼아 갖가지 비유를 들어 여래장의 뜻을
설하고, 중생은 열반장복장涅槃藏復藏 가운데 여래법신의 덕을 갖추었
다고 말하였다.

⑤『무상의경無上依經』2권, 남조 진陳 영정永定 2년(558) 진제眞諦 역.
　: 이 경전은 중생계의 자성自性은 청정하나 객진번뇌로 오염되었기에
능히 보지 못한다고 논술하였다. 모든 불보살은 중생을 구하기 위하여
삼계에 들어왔고, 불보살이 여래계를 여실히 보았기에 모든 불보살의
생로生老 등의 고통은 진실로 있지 않다. 예를 들어 경전에 설하기를
"여래는 중생신衆生身 안에 있지만, 여리如理로는 여래를 보지 못하기
때문에 내가 성도聖道를 설하였다."[20]라고 한다.

---

19 (梁)僧佑, 『出三藏記集』 권2, 『대정장』 55, 9쪽. "晉惠·懷時由沙門法炬譯出."
20 (梁)眞諦 譯, 『佛說無上依經』, 『대정장』 16, 470쪽. "如來即在衆生身內, 如理不見
　　如來, 是故我說具分聖道."

⑥『부증불감경不增不減經』1권, 원위元魏 효창孝昌 원년(525) 보리유지
　菩提流支 역.

　: 이 경전은 중생이 염념念念에 성불하지만, 이계二界에는 모두 증감이
없다는 것을 설명하였다. 다시 말하면 중생과 불은 하나의 계界의
'심심의甚深義'이며, "'심심의'는 바로 제일의제第一義諦이고, 제일의제
는 바로 중생계이며, 중생계는 바로 여래장如來藏이며, 여래장은 바로
법신法身이다."[21]라고 설한다.

⑦『대방등무상경大方等無想經』 혹은 『대방등대운경大方等大雲經』 6
　권, 북량北涼 담무참曇無讖 역.

　: 이 경전에서는 "일체중생은 불성이 있고, 그 성性은 다함이 없다.
…… 지금 모든 중생은 분명히 불성을 보았고, 여래의 상락아정을
보고 얻었다."[22]라고 설한다.

⑧『보성론寶性論』4권, 원위 정시正始 5년(508)에 중국에 들어온 늑나
　마제勒那摩提 역.

　: 이는 중국의 불성사상을 근거로 하여 전적으로 여래장의 대표성을
논한 논서이다. 논에서 "법신은 어느 곳에나 다 있고, 진여는 차별이
없으며, 중생에게는 불성이 있다."는 세 가지를 논술하여 "일체중생에

---

21 (元魏)菩提流支 譯,『佛說不增不減經』,『대정장』16, 467쪽. "甚深義者, 即是第一
　義諦, 第一義諦者, 即是衆生界, 衆生界者, 即是如來藏, 如來藏者, 即是法身."
22 (北涼)曇無讖 譯,『大方等無想經』,『대정장』12, 1082쪽. "一切衆生皆有佛性,
　其性無盡. …… 今諸衆生明見佛性, 得見如來常樂我淨."

게 여래장이 있다."라고 하였다.

이상 열거한 경론들은 대체로 '여래장' 계열로 귀결할 수 있다. 이 계통의 경론은 두 가지 공통점이 있다. 첫째, 모두 '일체중생에게는 여래장이 있음'[23]을 주장하였다. 둘째, 그 가운데 '여래장아如來藏我'는 모두 농후한 '신아神我'의 색채를 지니고 있다. '신아'의 영향에서 벗어나기 위하여 인도불교의 유가유식학파는 다른 교묘한 설법을 채용하고 종자와 전의轉依를 통해 여래장과 불성, 그리고 중생이 성불할 수 있는가? 어떻게 성불하는가? 등의 문제를 설명하였다. 이러한 사상을 제기하고 널리 펼친 이는 무착無著·세친世親 및 유가행파의 모든 논사들이다.

대표적인 논서는 『유가사지론瑜伽師地論』, 『현양성교론顯揚聖教論』, 『변중변론辯中邊論』, 『대승장엄경론大乘莊嚴經論』, 『섭대승론攝大乘論』, 『유식삼십론唯識三十論』 등이다. 이 논서들이 근거한 주요 경전은 『아비달마대승경阿毗達摩大乘經』, 『해심밀경解深密經』 등이다.

『해심밀경』은 중국에 총 네 가지 번역이 있다. 이 경과 유가유식학설이 의거한 경전들에는 하나의 공통점이 있다. 즉 여래장계 경전은 주로 '향상문向上門'(위로 보리를 구하고, 성불하는 데 편중)을 말하는데, 현실세계는 어떻게 발생하는가? 등의 문제에 대해서는 설명이 너무 간단함을 직감하였다. 그리하여 한발 더 나가서 아뢰야식阿賴耶識, 삼성삼무성三性三無性으로 현상세계의 발생 및 무명정식無明淨識의 관

---

23 "一切衆生有如來藏."

계 문제를 설명하여 아뢰야식을 중심으로 하는 유가유식학瑜伽唯識學
이라는 하나의 계통으로 변화하고 발전하였다.

　유가유식학은 종자로서 불종성, 여래종성을 설명하였다. 먼저 종성
種性을 두 가지로 나누었는데, 첫째는 본성주종성本性住種性이고, 둘째
는 습소성종성習所成種性이다. 본성주종성은 '자연히 본래부터 있는
것(法爾本有)'이고, 습소성종성은 '선근으로 훈습하여 얻는 것(串習善根
所得)'이다. 다시 말하면 하나는 본유本有인 것이고, 다른 하나는 끊임없
이 훈습하여 나타난 결과이다.

　종성은 또 종자種子라고 부른다. 종자는 인因의 체體가 있으나 과果의
체는 없으며, 종자는 능히 공덕을 생성하기에 종성이다. 무루공덕無漏
功德은 삼승三乘의 구분이 있다. 각각 다른 무루공덕은 각기 다른 종자에
서 생성되므로 유식학은 오종종성五種種性을 세웠다.

　그 외에 각 논서마다 유성有性과 무성無性에 대한 설법이 각기 다르다.
『유가사지론』은 유장有障과 무장無障의 차별을 통하여 무성중생無性衆
生이 있음을 제기하였다. 『현양성교론』은 5종의 도리로써 종성 차별을
설명하며, 불반열반종성不般涅槃種性의 유정계를 밝혔고, 『장엄론』은
무성無性에서는 시변반열반법時邊般涅槃法과 필경무반열반법畢竟無般
涅槃法 등으로 나눈다.

　성불 문제에 관하여 유식학은 '전의轉依'로 설명하였다. '전의'란 간단
하게 말해서 식을 굴려서 지혜를 이루고(轉識成智), 더러움을 전환하여
깨끗함으로 돌아가고(轉染成淨), 범인에서 성인으로 전환함(轉凡入聖)
을 말한다. 하지만 '전의'의 체에 대해서는 종자의 '소의所依'가 무엇인가
에 따라 후기 유식학자와 전기 유식학자의 설법이 다르다.

44

전기 유식학자는 유정의 자체自體, '육처수승六處殊勝'을 소의로 하였고, 후대 유식학자는 아뢰야식阿賴耶識을 소의로 삼았다. 이는 후대 유식학이 본식本識을 더 중히 여겼다는 것을 말한다.

여래장계의 여래장과 유식계의 아뢰야식설을 통일시킨 것은 『능가경楞伽經』이다. 『능가경』은 중국에 4개의 역본이 있다. 현재 3개의 역본이 남아 있는데, 남조 송 원가 20년(443) 구나발타라求那跋陀羅 역의 4권, 원위元魏 보리유지菩提流支 역의 10권, 당 실차난타實叉難陀 역의 7권이다. 이 경전은 "아리야식阿梨耶識을 여래장이라 한다."[24]는 것을 분명히 하였고, 제8식에 정淨과 부정不淨의 두 측면이 있음을 제기했으며, 부정의 측면이 허망분별虛妄分別의 현상계를 생기게 하였으며, 정淨의 측면으로부터 법신, 열반, 진여의 평등 실체계實體界를 확립하였다. 이는 『대승기신론』의 '일심이문一心二門' 사상과 가깝다.

여래장학과 유가학을 융합한 것은 인도 세친世親이 지은 『불성론』이다. 『불성론』은 『유가사지론』 「보살지菩薩地」의 '삼지三持'설을 참조하여 삼인불성三因佛性을 세웠으니 응득인應得因, 가행인加行因, 원만인圓滿因이 그것이다. 하지만 이 논서는 『유가론』의 종자설을 취하지 않고, 종자를 진여로 바꾼 것이다. 진여가 응득인이기 때문에 응득인에 삼종불성을 세운 것인데 주자성성住自性性, 인출성引出性, 지득성至得性이 그것이다. 이러한 논서에서 여래장은 소섭所攝, 은복隱覆, 능섭能攝의 세 가지 의미를 가지며, 일체중생에게 여래장이 있고 일체중생에게 불성이 있다는 것을 상세히 논술하였다.

24 (元魏)菩提流支 譯, 『入楞伽經』, 『대정장』 16, 559쪽. "阿梨耶識名如來藏."

조화와 용합의 성격을 지니고 있는 또 다른 논서로 『대승기신론』이 있다. 이 논서는 중국의 천태·화엄·선종이 다 같이 신봉하고 있어, 중국 불성론을 연구하려면 이 논서를 언급하지 않으면 안 된다. 이는 '일심이문一心二門'을 강령으로 하였다. 일심一心은 즉 심心의 본체이다.

일심으로 광명계光明界·청정계淸淨界·오계悟界를 보는 것이 진여문眞如門이고, 일심으로 무명계無明界·잡염계雜染界·미계迷界를 보는 것은 생멸문生滅門이다. 진여문은 자성청정심自性淸淨心이고, 생멸문은 잡염허망심雜染虛妄心이다. 무명으로부터 허망虛妄한 생멸生滅이 있고, 허망한 생멸의 현실로부터 향상向上을 수습하여 구경의 과위果位에 도달한다. 이를 일심법계一心法界라고 부른다.

이 논서에서 강조하는 '심心'은 결국 이성理性인지 구체심具體心인지 애매모호하다. 중국 불성사상의 '심'도 이 두 가지를 함께 말하여 역시 애매모호한데, 『기신론』은 그 중요한 근원의 하나이다.

위에서 논술한 경론과 비교하면, 중국 불성사상에 영향을 크게 미친 것은 『대반열반경大般涅槃經』40권, 다른 이름으로는 북본北本 『열반경』이다. 북량北涼의 담무참曇無讖이 현시玄始 10년(421) 10월에 고장姑藏에서 번역을 시작하였다.

이 경전은 "묘유를 표준으로 삼고, 불성상주佛性常住를 종지로 하여"[25] 불신佛身은 상常이고, 모든 중생이 다 불성을 가지고 있으며, 일천제도 성불할 수 있다는 사상을 제기한다. 이는 중국 불성사상이 근거하는

---

25 (梁)寶亮, 『大般涅槃經集解』, 『대정장』 37, 379쪽. "以妙有爲指南, 佛性常住爲宗致."

가장 중요한 경전이다. 본서의 제3장에서 집중적으로 이 경전에 대해 논술하기 때문에 여기서는 상세히 논하지 않겠다.

그 외에 여래장학에도 유식학에도 속하지 않지만, 중국에서 천태·화엄·선종의 불성사상을 선양하는 중요한 근거가 되는 경전이 있다. 간단하게 소개하면 그 책은 바로 아래와 같다.

①『화엄경』

『대방광불화엄경大方廣佛華嚴經』의 약칭이다. 『반야경』의 망심연기妄心緣起와는 달리 『화엄경』은 정심연기淨心緣起를 제창하고, 모든 법계法界는 법신불法身佛 비로자나의 현현이고, 청정법신은 모든 법계에 충만하다고 생각한다. 정심연기가 불성사상에 나타나는 것은 '여래성기如來性起'이다. '성기性起'는 바로 성에 기대어 일어난다(稱性而起)는 것이다. 왜냐하면 "여래 지혜가 없는 곳이 없다는 것은, 중생이 없으면 여래 지혜도 있을 수 없다."[26]라고 보기 때문이다. 그러므로 일체중생은 모두 성불할 수 있고, 심지어 일체중생은 원래부터 불佛이었다고 한다. 진晉 태강太康 8년(287) 축법호 역의 『여래흥현경如來興顯經』은 진역晉譯 『화엄경』의 「보왕여래성기품寶王如來性起品」이며, 당역 『화엄경』의 「여래출현품如來出現品」의 다른 번역이다.

②『법화경』

이 경전은 중국에 세 가지 번역이 있다. 다른 이름은 『묘법연화경妙法蓮

<hr>

26 (東晉)佛馱跋陀羅 譯, 『大方廣佛華嚴經』, 『대정장』 10, 272쪽. "如來智慧, 無處不至, 何以故? 無一衆生而不具有如來智慧."

花經』,『정법화경正法華經』 등이다. 이 경전은 이미 꽃이 지고 연 씨가
완성된다는 것으로 삼승三乘은 권(權: 방편)이요, 일승一乘은 실(實:
실제)이라 하여 '회삼귀일會三歸一'을 주장한다. 경에서 말한 '개開·시
示·오悟·입入' 네 가지 대강大綱은 후에 중생이 성불할 수 있는 중국
불성사상의 중요한 근거가 되었다. 부처는 이승二乘에게 수기授記하고,
또한 세 종류의 수레로 사람들을 이끈 뒤에 "큰 수레로 바꿔 타게
한다."[27]는 사상이다. 그래서 중국 승려들은 후에 삼승이 모두 성불할
수 있다는 것을 설명하는 데 이를 사용하였다.

③『유마힐경』
본 경전은 중국에 모두 여섯 가지의 번역이 있는데, 구마라집이 번역한
『유마힐소설경維摩詰所說經』 3권이 가장 유행되었다. 이 경전은 '반야'
를 배경으로 하였지만 공을 논하는 데 소극적이고, 유有를 적극적으로
설하였다. 우리의 현실생활이 바로 진여의 현현이라고 여기고, 지금
이 순간 현실세계는 바로 청정국토이며, 심지어 "마음이 깨끗하면
불토도 깨끗하다."[28]라고 하였다. 이 사상을 기초로 하여 번뇌를 끊지
않고 열반에 들어가는 것을 주장하고, 직심直心에 머무는 것이 바로
도량道場이라고 하였다. 이러한 사상은 중국의 선종에 큰 영향을 주
었다.

　중국 불성사상은 매우 복잡하지만, 경전에 근거하여 말하면 위에서

---

27 "以大車度脫之."
28 "心淨卽佛土淨."

논술한 경론에서 그 원류를 찾을 수 있다. 여러 경론에 나타난 불성사상을 상세히 분석하려면 당연히 몇 장의 논술로는 할 수 없다. 여기서는 중국 불성사상의 경전적 근거를 간략하게 살펴본 것이다.

제2절 불성佛性의 제의諸義와 수기섭화隨機攝化

여러 경론의 불성사상이 다르다는 것을 지적하려면 '각 계파의 불성이론이 왜 서로 다른가?'를 정확히 아는 것이 중요하다. 그러나 이것 또한 전부가 아니다. 만약 한 걸음 더 나아가 '각 부 경론의 불성사상이 어떤 경로를 통하여 이후의 각종 불성이론에 영향을 주었는가?'를 연구하지 않는다면 사실상 어떠한 사정도 이해할 수 없을 것이다.

역사 발전의 사실이 설명하는 바와 같이, 일종의 전통사상의 발전방향을 결정하는 것은 전통사상의 자료 자체가 아니다. 이러한 전통사상을 섭수하고, 나아가 새로운 역사 조건하에 발전하는 그 사상가의 주관적 동기도 아니다. 최종의 결정적인 요소는 그 시대의 경제, 정치 등 사회·역사적 조건 및 당시 사회 각 계층의 상황인 것이다.

사상의 발전과 변화의 최종 원인을 결정하는 것은 결코 유일한 어떤 것도 아니고, 전부가 원인이라고도 할 수 없다. 아래에서 각 경론에 불성의 해석과 정의가 어떻게 나타나는가를 연구 토론하는 것은 근본적으로 불성사상의 발전방향을 결정짓는 것은 아니지만, 불성사상의 발전 변화에 중요한 작용을 일으키는 하나의 요소가 되기 때문이다.

하나의 개념에 대한 정의와 이해가 다르기 때문에, 장기간 논쟁을 초래하는 것은 학술계에 있어서 보편적으로 나타나는 현상이므로 새롭게 느낄 필요는 없다. 불성 문제에서 사람들이 불성사상의 변화, 연변演變 과정을 더 깊이 고찰할 때, 불성의 정의를 어떻게 내릴 것인가, 어떻게 이해할 것인가는 각종 불성이론에 대한 논쟁이 멈추지 않는 중요한 원인의 하나라는 것을 발견할 수 있다.

우선 불성은 각 부 경전에서 명칭이 다르다. 길장吉藏은『대승현론大乘玄論』에서 다음과 같이 지적하였다. "경전에서 불성·법성·진여·실제實際 등으로 말한다. 이는 모두 불성의 다른 이름이다."[29], "불성은 갖가지 이름이 있는데, 하나의 불성을 법성·열반, 또한 반야·일승, 그리고 수능엄삼매首楞嚴三昧·사자후삼매獅子吼三昧로 부른다. 그러므로 대승은 인연에 따라 최적의 방편을 설하여, 각 경전에서도 명칭이 다르다는 것을 알 수 있다."[30] 예를 들면『열반경』에서는 불성,『화엄경』에서는 법계,『승만경』에서는 여래장자성청정심如來藏自性淸淨心,『능가경』에서는 팔식八識,『능엄경』에서는 수능엄삼매,『법화경』에서는 일승一乘,『대품』에서는 반야법성,『유마힐경』에서는 무주실제無住實際라고 부른다.

경전마다 불성에 대한 명칭이 같지 않을 뿐만 아니라, 숨은 뜻도 각각 다르다. 예를 들면 불성은 중생의 깨닫는 성性을 가리키고, 여래장은 중생 속에 여래가 숨겨져 있으며, 중생 속에 여래가 들어 있음을 가리키고, 모든 식성識性을 융합하여 구경에는 청정하니 '자성청정심自

---

29 (隋)吉藏,『大乘玄論』권3,『中國佛教思想史資料選編』2卷, 369쪽. "經中有明佛性·法性·眞如·實際等, 幷是佛性之異名."

30 앞의 책. "佛性有種種名, 於一佛性亦名法性·涅槃, 亦名般若·一乘, 亦名首楞嚴三昧·師子吼三昧, 故知大聖隨緣善巧, 於諸經中說名不同."

性清淨心'이라 한다. 또 제법의 체성이므로 '법성法性'이라 한다. 묘하고 실다워 둘이 아니기에 '진여'라 하며, 근원의 '실제實際'라 한다. 동정動靜이 끊어졌기에 '삼매'라 하며, 이理는 아는 바도 없고 모르는 것도 없음을 '반야'라 한다. 선악이 평등하여 묘용이 둘이 아니기에 '일승'이라 하며, 이理와 용用이 원적圓寂하기에 '열반'이라 한다.

한편, 여러 경론은 항상 다른 각도에서 불성을 논하기 때문에, 불성 문제에서 또 인불성因佛性, 과불성果佛性 등 여러 가지의 논법이 있다. 예를 들면 『대반열반경』에는 인因, 인인因因, 과果, 과과果果 불성설이 있고, 인에는 또 생인生因, 요인了因, 정인正因, 연인緣因 불성설이 있다.

『불성론』에도 또 삼인불성론이 있고, 응득인應得因은 다시 삼종불성으로 나누어진다. 『대반열반경』 권27에 "불성은, 인, 인인, 과, 과과이다. 인은 바로 십이인연이요, 인인은 바로 지혜이며, 과는 바로 아뇩다라삼먁삼보리이고, 과과는 바로 무상대반열반이다."[31]라고 한다.

여기에서는 십이인연을 불성으로 삼은 것은 인因 안에 과를 설함이다. 경전에서 "호과胡瓜는 열병이라 부른다."[32]라고 비유한 것은 호가가 '열병의 인연이 될 수 있기 때문'이라는 것이다. 지혜로 인인불성因因佛性이 된 것은 도생道生의 해설이고, '이理'는 해解를 통하여 얻게 되기 때문에 '이'를 좇아서 불과佛果가 되므로 '이'는 불의 인因이 된다. '해'를

---

31 『大般涅槃經』, 『대정장』 12, 524쪽. "佛性者, 有因·有因因, 有果·有果果. 有因者, 卽十二因緣: 因因者, 卽是智慧: 有果者, 卽是阿耨多羅三藐三菩提: 果果者, 卽是無上大般涅槃."

32 앞의 책. "胡瓜名爲熱病."

통하여 '이'를 얻고, '해'는 '이'의 인이 되므로 인의 인이라 부른다.

승량僧亮 등 의리를 중시하는 승려(義僧)들은 보리를 열반의 인이라 하고, 지혜는 보리의 인이라 하므로 지혜는 열반의 인인이라 하며, '아뇩다라삼먁삼보리'는 과불성이라 한다. 왜냐하면 보리는 관지觀智로 생하는 과이므로 보리는 '과'가 되기 때문이다.

마지막으로 무상보리의 각증覺證 및 장애(障)를 여읜 열반적멸涅槃寂滅에서 보면, 열반은 과의 과로 바로 과과果果이다. 이러한 인불성, 과불성설은 후대의 의승義僧, 특히 남북조 시기 불성의 본유설本有說, 시유설始有說에 대해 쉽게 접근할 수 있게 하였다.

『대반열반경』은 4종의 불성을 나누고 있는데, 인因으로부터 정인正因, 연인緣因, 생인生因, 요인了因으로 나누어져 완전히 같지는 않다. 『불성론』은 삼인불성을 논하고 있다. 『불성론』의 「현체분顯體分·삼인품三因品」에서 불성의 체는 세 가지가 있는데, 삼성이 함유하고 있는 의의를 보면 알 수 있다. "삼종은 삼인삼종불성三因三種佛性을 말한다. 삼인三因은 첫째는 응득인應得因, 둘째는 가행인加行因, 셋째는 원만인圓滿因을 말한다."[33] 여기서 말하는 응득인은 양변 모두 공이 되어 나타나는 진지眞知이다. 가행인은 주요하게 보리심을 가리키고, 이 심으로 37품을 얻을 수 있다. 원만인은 실은 가행加行을 가리키고, 이 가행을 통하여 인원만因圓滿 및 과원만果圓滿을 얻을 수 있다.

이 삼인불성三因佛性은 『열반경』의 정인正因·연인緣因설과 비슷하다. 마땅히 얻을 수 있는 진여는 정인이고, 발심과 가행은 연인이다.

---

33 (陳)眞諦 譯, 『佛性論』, 『대정장』31, 794쪽. "佛性體有三種, 三性所攝義應知. 三種者, 所謂三因三種佛性. 三因者, 一應得因, 二加行應, 三圓滿因."

정인·연인설은 후에 중국 당 시대의 이불성理佛性·행불성行佛性에 대한 쟁론의 중요한 이론 근거의 하나가 되었다.

『불성론』은 삼인불성의 기초에서 또 도전道前·도중道中·도후道後 삼위三位로서 주자성성住自性性, 인출성引出性, 지득성至得性의 삼종불성으로 나누었다. 주자성성은 일체중생은 원래 여래장을 가지고 있다는 것을 말한다. 인출성은 수행의 공덕으로 본성불성本性佛性을 끌어내는 것이다. 지득불성은 인을 충분히 수행하면 여래의 상락아정이 나타난다는 것이다. 이 삼종불성은 실제상 하나의 인위因位와 과위果位, 가능성과 현실성의 상호관계 문제이다.

불성의 해석상으로 보면 인성因性으로써 불성을 해석하고, 체성體性으로써 불성을 해석하는 문제이다. 불성의 이해는 아주 중요하여, 늘 한 터럭만큼만 어긋나도 천지로 벌어진다. 이 점은 중국 불성사상에서 흔히 나타난다.

중국 불성사상은 인도불교에서 온 것이다. 따라서 중국 승려들은 불성의 이해에 대해서 인도불교의 경론에서 영향을 받지 않을 수 없었다. 인도불교의 여러 경론은 불성의 해석과 정의가 다르며, 같은 경론에서도 서로 다른 각도로 불성을 담론한다. (혹은 인因으로부터, 혹은 과果, 혹은 가능可能, 혹은 현실現實로부터 등) 중국의 각 종파가 의거하는 경론도 역시 다르며, 그 근거하는 경론이 동일하다 하여도 논하는 시각이 또한 여러 가지이다. 이러한 여러 가지 원인으로 인해 중국 불성사상은 정의와 해석뿐만 아니라 학설 내용 등의 방면에서도 각각의 설이 다르게 나타났고, 각종 다른 국면을 제창하였다.

해석하고 정의하는 방면에 있어서 중국 승려의 불성설은 대부분 길장吉藏의 『대승현론大乘玄論』, 당唐 균정均正의 『대승사론현의大乘四論玄義』 및 원효元曉의 『열반종요涅槃宗要』 등에 실려 있다.

길장의 『대승현론』 권3에서는 정인불성正因佛性의 11가家를 열거하였고, 원효의 『열반종요』에는 불성을 해석하는 데 있어서 6사師를 열거하고, 균정의 『대승사론현의』는 정인불성의 본본本本 3가家, 말末 10가家를 나열하였다. 지금 이들 3가의 불성의佛性義를 융합하여 개괄하면 다음과 같다.

① 중생이 정인불성이다.

『대승현론』 제1가家, 『대승사론현의』 말 제7가, 『열반종요』 제2사師는 이 설을 지지하였다. 대표인물은 장엄사莊嚴寺의 승민僧旻과 초제招提 백염공白琰公 등이다.

② 육법六法이 정인불성이다.

『대승현론』 제2가가 이 설을 지지하였다. 『대승사론현의』 말 제8가가 "가假와 실實이 모두 정인이다(以假實皆是正因)."라고 하였으며, 대표인물은 승유僧柔, 지장智藏이다.

③ 심心이 정인불성이다.

『대승현론』 제3가, 『열반종요』 제3사가 이 설을 지지하였다.

④ 명전불후冥傳不朽가 정인불성이다.

『대승현론』 제4가가 지지하였고, 『대승사론현의』 말 제5가의 설로서,

중사中寺 법안法安 법사가 심心상에 명전불후의 뜻이 있음을 정인체正因體라 주장하였다.

⑤ 피고구락避苦求樂이 정인불성이다.
『대승현론』제5가, 『대승사론현의』말 제6가가 지지하였다. 대표인물은 법운法雲 법사이다.

⑥ 진신眞神이 정인불성이다.
『대승현론』제6가, 『대승사론현의』말 제4가가 지지하였다. 대표인물은 양무제梁武帝이다. 『열반종요』제4사는 심신心神을 불성체로 삼았다.

⑦ 아뢰야식阿賴耶識 자성청정심이 정인불성이다.
『대승현론』제7가, 『대승사론현의』말 제9가, 『열반종요』제5사가 이 설을 지지하였다.

⑧ 당과當果가 정인불성이다.
『대승현론』제8가, 『대승사론현의』말 제1가, 『열반종요』제1사가 지지하였다. 『대승사론현의』의 본 제1가의 "당유當有를 불성체로 한다."는 것으로 도생道生이 대표이다. 이 '당유의當有義'와 '당과의當果義'는 역사상에서 보면 이 두 가지를 항상 혼돈하여 말하고, 또한 모두 도생을 대표로 한다. 그러나 어떤 사람은 엄격히 두 가지로 나눈다. 이는 '당과의'는 도생설이 아니라고 생각하기 때문인데, 어느 것이

맞는지는 자료의 한계로 인하여 정확히 고증할 수가 없다.

⑨ 득불지리得佛之理가 정인불성이다.

『대승현론』 제9가, 『대승사론현의』 본 제3가, 말 제2가가 지지하였다. 대표인물은 요瑤 법사 및 영근사靈根寺 혜령慧令 승정僧正이다.

⑩ 진여眞如가 정인불성이다.

『대승현론』 제10가, 『대승사론현의』 말 제3가가 지지했고, 대표인물은 영매보량靈昧寶亮이다.

⑪ 제일의공第一義空이 정인불성이다.

『대승현론』 제11가, 『열반종요』 제6사가 지지하였다. 대표인물은 진제眞諦 및 북지北地의 마하연摩訶衍 법사이다.

⑫ 중도가 불성이다.

『대승현론』 제11이 외 하서河西의 도랑道朗 법사가 지지하였다. 또 "이 뜻이 가장 뛰어나다(此義最長)."라고 보았지만 스승 없이 계승된 것이 아쉽다. 사실상 길장 본인이 이렇게 생각하였다. 『대승사론현의』 본 제2가 담무참 법사가 중도진여를 불성체로 하고 열거하였다.

이상 열거한 각 가의 불성에 대한 정의는 대부분 육조六朝 논사論師에게서 나온 것들이다. 중국 불성사상의 성숙과 계통화는 수당 이후의 비교적 대표적인 몇몇 종파에서 이루어졌다.

또 이 종파는 크게 두 가지 계통으로 나눌 수 있다. 하나는 천태·화엄·선종 등으로서, 이 계통은 불성의에 대한 구체적인 해석은 차이가 없는 것은 아니지만, 기본적으로는 모두 진상심眞常心을 불성이라 해석한다.

다른 한 계통은 유식종이다. 이는 무루종자無漏種子로서 불성을 설명한다. 이 시기의 불성사상은 정의와 해석에 멈추지 않고 사상 내용의 선양에 힘을 기울였다. 뒤에서 상세히 밝힐 것이다.

개념의 정확성은 원래부터 일종의 학설체계가 건립한 하나의 중요한 조건이다. 불교학설은 일종의 종교학설로서, 비록 어떤 사상에서 보면 완정성完整性이 없는 것도 아니다. 하지만 총체적으로 말하면 성언량聖言量이 최고의 바른 척도이다. 그리하여 객관적인 시비 표준 같은 것은 근본적으로 존재하지 않는다. 그러므로 상常, 무상無常, 역상역무상亦常亦無常, 비상비무상非常非無常의 '사구집四句執'은 불교학설의 시비를 가릴 수 없으니, 상常·단斷을 모두 집착하지 않는 전형적인 방식이다.

이러한 방식으로 위에서 상술한 불성의佛性義를 증명하는 것으로는 구경에 어떤 종류의 정의가 불성설佛性說의 본의에 더 적합한지를 설명하기에 아주 힘들다. 사실상 불교이론의 중요한 특징 중의 하나가 바로 그 '본의本意'를 하나로 결정할 수 없을 뿐만 아니라 '본의 없음'마저도 없는 '사구를 뛰어넘고(超四句)', '백비가 끊어진(絶百非)' 것이라는 점이다. 그러나 불교가 오직 '초사구', '절백비'에만 의거한다면 오늘날과 같이 많은 불교경전이 없었을 뿐만 아니라 장기간의 역사에 귀의한 많은 신도도 없었을 것이며, 불교가 하나의 세계적인 종교가 될 수도 없었을 것이다. 불교이론의 원융성은 어떤 것에도 집착하지 않는 면이 있는 것 외에, 또 '방편'의 설법을 통하여 삼라만상을 다 총망라하는 것이다.

위에서 상술한 불성의 각각 해석은 사실상 모두 '방편'설에 속한다. '방편'설은 각 명승들의 논서에서 '수기섭화隨機攝化', '인인설법因人說法' 혹은 '요了·불요의不了義' 등으로 불린다.

지엄智嚴은 『화엄오십요문답華嚴五十要問答』에서 무엇 때문에 경전에서 불성에 대한 설명이 다른가에 대하여 "이들이 같지 않음은 유정중생의 근기와 인연이 각각 달라서 하나를 선택하여 설하기 때문"[34]이라 하였다. 또 법장法藏은 『화엄일승교의분제장華嚴一乘教義分齊章』에서 "근기에 따라 거두어 교화하지만 뜻은 서로 위배되지 않는다."[35]라고 하여 각 경론의 불성설을 회통하여 논하였다. 다시 말하면 유정중생의 근기가 각각 다름으로 인하여 모든 경론은 근기에 따라 불설佛說을 설명하니 각각 다르다는 것이다. 하지만 이는 불설의 최고의 정확성과 절대의 진리성眞理性에는 아무런 영향도 미치지 않는다.

법문은 요의了義와 불요의의 구별이 있지만, 불설은 맞다 틀리다의 구별은 없다. 방편은 많은 문이 있지만 근원으로 돌아가면 두 길이 없다. 각 경론의 불성의는 모두 불설이어서 불설의 진리성은 의심을 허락하지 않는다. 이것이 바로 많은 고승들이 불성의 함의에 대한 원통圓通한 설명이다.

---

34 『中國佛敎思想史資料選編』 2卷, 2冊, 67쪽. "此等不同, 爲有情機欲各別, 隨一義說."

35 『中國佛敎思想史資料選編』 2卷, 2冊, 155쪽. "隨機攝化, 義不相違."

각각의 경론은 인도, 중국 승려들의 불성설이고, 비록 사상 내용으로 말하면 모두 피안이고 불국임은 의심할 여지가 없지만, 현실의 근거가 아주 없는 것은 아니다. 다시 말하면 각 부는 생명력이 있는 경론이기에 이렇게 불성을 정의하고 저렇게 불성을 정의하지 않는 것이며, 그 시대를 잘 파악하는 고승은 이러한 불성의를 취하고 저러한 불성의를 취하지 않는 것이다. 이러한 가장 근본적인 원인은 당시의 사회·역사 조건에 따라 결정되었다.

제3절 중국불교 발전의 흐름과 중국 불성사상의 개관

헤겔(Georg Wilhelm Friedrich Hegel, 1770~1831)은 『철학사강연록哲學史講演錄』의 '머리말'에서 "구체적 사실에 들어가기 전에 반드시 하나의 총괄적인 파악이 있어야 한다. 아니면 우리는 오직 부분만 보고 전체를 보지 못하고, 각각의 나무만 보고 전체 삼림은 보지 못할 수가 있다."[36] 라고 지적하였다. 이러한 방법에서 볼 때 중국 불성사상을 하나의 전체로 보고 『중국 불성론』의 고찰을 시도해야 함은 의심할 여지가 없다.

불교는 양한兩漢 대에 중국에 들어오면서 먼저 황로방기黃老方技[37]와 서로 통하고, 그 후 위진魏晉 때부터는 현학玄學에 의지하면서 옥병주미

---

36 『哲學史講演錄』 1卷, 11쪽. 商務印書館, 1983年版.

37 黃老는 道家의 일파로서 황제와 노자를 시조로 받들었으며, 한나라 초기에 休養生息(사회와 인민을 안정시키고 경제력과 인구를 회복시킴)이란 통치이념을 제공하였다. 방기方技는 황로가의 지류로서 주로 양생과 의학을 연구한 집단이다.

玉柄塵尾[38]의 현풍玄風과 서로 격양되었고, 반야학은 양진(兩晉: 西晉과 東晉)에서 점점 주류가 되었다. 남북조 시기 의승(義僧: 의리를 중시하는 승려)이 많이 배출되어 논사論師들이 군림하는 등 불학계에는 각기 다른 학설과 각기 다른 국면이 나타났다.

천태지자天台智者가 '회삼귀일會三歸一'을 제창함에 따라 수당隋唐 불학은 서로 융합하는 조류를 출현시켰다. 이 시기에 나타난 불교의 각 종파는 자신들의 사상에 입각하여 다른 여러 종파를 포용하려고 시도하였다.

그러나 당 중기 이후 선종의 흥행과 발전에 따라 불학계는 또한 넓은 것은 작게 줄이고, 번거로움을 간단하게 하는 추세가 나타난다. 진실로 상주하는 유심唯心이 삼장三藏·십이부경十二部經을 대체하고, 초불超佛의 조사선祖師禪이 월조越祖의 분등선分燈禪으로 되었다. 심心의 종교는 불타의 숭배를 대신하고, 마지막으로 '방할棒喝', '기봉機鋒'의 신비주의로 흘러갔다. 이에 이르러 중국불교는 점차 세력을 잃은 '말법 시대'로 흘러들어갔다.

중국불교의 기나긴 발전과정에서 커다란 흐름을 바꾸는 데 중요한 역할을 한 인물이 있다. 그가 바로 진송晉宋 시대의 축도생竺道生이다. 양진兩晉 이전에 중국에서 대부분 유행했던 것이 성공반야학性空般若學 이라면, 진송 이후 중국불학은 '묘유妙有'를 중심으로 하는 열반불성설 涅槃佛性說이 유행했다. 양진 이전의 불학이 대부분 인도의 불교학설을

---

38 옥으로 된 손잡이와 사슴(고라니)의 꼬리털로 만든 먼지떨이를 말한다. 魏晉 시대 清談家들이 주로 사용한 것으로, 옥병주미에는 속세의 잡다한 일들을 털어내 고 오직 현묘한 이야기만 나눈다는 현학가들의 사상적 특징이 반영되어 있다.

60

흡수 소화하였다면, 진송 이후 불교의 각 종파는 '육경에 빗대어 자신의 사상을 마음대로 해석하는(六經注我)' 태도로 '자기 마음 가운데의 법문(己心中所行法門)'에 더 힘썼고, 이후 불교는 더욱 농후한 중국 색채를 띠게 되어 진정한 중국불학으로 변모하였다. 그리하여 불교 중국화의 과정은 하나의 불성이론 창립과 발전을 실현하였다.

중국의 불성사상은 사유논리학과 역사의 통일된 원칙에 근거하면 최초는 혜원(慧遠, 334~416)의 '법성론法性論'과 양무제(梁武帝: 蕭衍, 464~549)의 '진신설眞神說'이다. 시기적으로 말한다면 축도생(355~434)이 양무제보다 더 빠르다. 혜원과 양무제의 불성사상에는 하나의 공통점이 있다. 둘은 모두 여러 사상의 혼합체이고, 농후한 과도기적 성질을 가지고 있는 것이다. 그리고 둘은 모두 외래의 종교학설이면서 또 중국의 전통사상이다.

혜원과 양무제는 또한 다른 차이점도 있다. 혜원은 '인아(人我: 神)'의 영원한 존재를 인정하고 "무성無性의 성性을 일러 법성法性이라 한다."[39]라고 주장한다. 보응報應은 현현現·생생生·후후後 삼세의 구분이 있다고 하고, "지극(至極: 涅槃)을 불변不變의 성性으로 삼고, 성을 얻고자 하면 극極을 체득하는 것을 종宗으로 삼음"[40]을 선양하였다. 그러나 그 체극體極은 보응을 초월하였다.

양무제의 '진신설'은 중국 전통의 '영혼설'과 인도불교의 '불성아佛性

<hr />

39 『大智論抄序第二十一』, 『出三藏記集』 권10, 『대정장』 55, 76쪽. "無性之性, 謂之法性."
40 (隋)費長房, 『歷代三寶記』, 『대정장』 49, 72쪽. "至極以不變爲性, 得性以體極爲宗."

我'를 그러모아 만든 것이다. 중국의 영혼과 인도의 '불성아'가 본질상의
차별이 있는가를 논하지 않고, 양무제의 '진신'과 인도의 '신아'만 비교
해볼 때 하나는 개인의 윤회보응의 주체이고, 하나는 우주정신으로서
둘은 아주 거리가 멀다. 당연히 혜원과 양무제의 불성설과 인도불교의
불성사상이 상당히 다르다고 하여 둘의 불성설은 중국불교의 불성사상
이 아니라고 할 수는 없을 것이다. 다만 그들의 불성설은 인도불교의
불성사상과 완전히 같지 않았을 뿐이지, 중국불교의 불성사상이 아니
라고 의심할 수는 없다는 것이다.

혜원과 양무제의 불성설은 단지 중국 불성사상의 발단일 뿐이다.
중국불교사에서 진정으로 성공반야학을 계승하고 열반불성사상을 일
으킨 주요 인물은 진송 시대의 축도생이다. 도생은 일찍이 반야학의
대 스승인 구마라집에게 수학하여 『유마경』, 『법화경』 등 대승경전을
폭넓게 섭렵하였다. 그리하여 반야절언般若絶言의 정의精義와 유마사
의維摩四義의 진제眞諦를 깊이 체득하였다.

소본小本『열반경』을 강의할 때, 경문에 의지하지 않고도 독자적으로
'일체중생 실유불성', '일천제도 성불할 수 있다'는 것을 제창하였다.
비록 경전의 증명이 결여되고, 먼저 전래된 불학에 위배되어서 한때는
비난과 배척을 받았다. 하지만 얼마 후에 대본大本『열반경』이 전래되
어 일천제도 성불할 수 있고, 중생에게 모두 불성이 있다는 것이 도생의
설과 일치하여 일시에 대중의 의심이 얼음 녹듯이 풀리고, 고승과
유명 인사들이 다투어 칭찬하고 인정하였다. 이를 계기로 중국불학은
중생실유불성衆生悉有佛性의 불성사상을 주류로 하는 새로운 단계에
들어섰다.

이 주류를 구현한 것은 주로 수·당의 천태·화엄·선종의 삼대 종파이다. 이 세 종파는 하나의 공통점이 있는데, 그것은 모두 '일체중생 실유불성'을 주장한다는 점이다. 각 종파의 불성사상은 당연히 각각의 특징을 가지고 있다. 예를 들면 천태는 중생과 불이 서로 구족함을 말하고, 화엄은 여래성기如來性起를 주장하며, 선종은 즉심즉불卽心卽 佛을 주장한다.

천태종의 불성사상은 실상설實相說을 기초로 한다. 일체제법은 모두 불성을 가지고 있고 '일색일향一色一香, 무비중도無非中道'라고 생각한다. 동시에 또 제법이 서로 구족한다(諸法互具)는 입장에서 출발하여, 성性 안에 염染과 정淨이 모두 구족하고(性具染淨), 범부와 성인이 하나라고 제창한다(凡聖一如). 하지만 천태는 이를 이유로 수행을 부정하지는 않는다. 이는 성구性具의 입장에 보면 평등하고, 수행 각도로 보면 차이가 있다. 성구에서 범부는 성의 선善함이 끊어지지 않았고, 제불도 악惡이 끊어지지 않아서 수행에 따라 불은 곧 완전한 선을 이룰 수 있지만, 범부는 악에 잠겨 있다.

천태는 중국불교의 다양한 특색을 통일한 종파로서, 불성사상은 대부분 천태 대사들의 창조와 노력에서 얻은 것이다. 천태 불성사상은 '자기의 마음 가운데에서 행한 바를 설한 법문(說己心中所行法門)'이라 하였다. 비록 인도불교 제 경론의 사상과 완전히 부합하지는 않지만 중국적인 특색을 잘 나타냈다.

천태의 성구설性具說과는 달리 화엄은 성기性起사상을 제창하였다. 성기는 또 칭성이기稱性而起라고도 한다. 이는 법계연기法界緣起 혹은 정심연기淨心緣起라고도 부르는 것에 바탕으로 하여 불성사상을 표현한 것이다. 유정세간을 모두 칭성이기라고 하면, 사유의 논리에 적합한 결론은 자연적으로 중생이 본래불本來佛이 된다. 그렇다면 범凡과 성聖의 차별이 어떻게 존재하겠는가!

화엄종의 위位로서 해설하면, 진여는 무명無明의 위가 범凡이고 명明의 위가 성聖이다. 화엄종의 불성설은 선명하게 중국적 특색이 나타난다. 이 특색은 화엄종의 '모든 일체는 나를 위해 작용한다(爲我所用)'는 정신에 집중적으로 표현되어 있다. 이전의 각파의 불성사상을 전부 수용하였으며, 모든 경전이 나를 위해 해석된다는 '육경주아六經注我'의 태도로 제경론諸經論에서 근거를 찾았다. 그리하여 오성설五性說이지만 중생실유불성衆生悉有佛性을 방해하지 않고, 또 수행을 말하지만 또 중생본래불衆生本來佛에 영향을 주지도 않는다.

중국불교 제 종파 가운데 중국의 특색을 가장 잘 지닌 것은 바로 선종이다. 선종은 전후기의 구분이 있다. 전기는 또 교외별전敎外別傳의 조사선祖師禪과 자교오종藉敎悟宗의 여래선如來禪으로 나누고, 후기는 초불월조超佛越祖의 분등선分燈禪이라고 한다.

'삼선(三禪: 여래선·조사선·분등선)'의 불성사상은 비록 각각 특색이 있지만 전기는 기본적으로 즉심즉불을 주류로 하고, 후기는 직접 진여를 불성으로 하였다. 전기는 '불성평등佛性平等', '중생유성衆生有性'을 주장하고, 후기는 '진여편재眞如遍在', '무정유성無情有性'을 제창하였다. 또한 전기는 주로 '도유심오道由心悟', '미범오성迷凡悟聖'을 제창하고, 후기는 '성자천연性自天然', '초불월조'를 제창하였다.

당연히 '중생실유불성'의 불성사상은 중국불학의 주류이다. 하지만 중국불학은 다른 사상이 있다는 것을 부인하지 않는다. 아울러 중국

불성사상은 중생실유불성의 사상을 주장하지 않는다고 해도 배척하지
는 않았다.

예를 들면 유식종은 '중생실유불성'을 주장하지 않고 '오종성설五種性
說'을 제창한다. 그러나 사람들이 유식종은 중국불교에 있어서 특별한
중국적인 특색이 없으며, 동시에 또 하나의 단명한 종파라고 인정된다.
그러므로 유식학과 유식종의 '오종성설'이 있지만, 중생실유불성의
불성사상이 중국불학의 주류라는 것에는 다른 의의가 없는 것이다.

중국 불성사상을 연구하려면 남북조에서 발생한 불성의 본유本有와
시유始有의 쟁론을 무시하면 안 된다. 이 쟁론의 자초지종은 불성의佛性
義에 대한 해석이 같지 않음에서 야기된 것이다. 인因으로서 불성을
설명하면 불성은 당연히 본유本有이고, 과果로서 불성을 설명하면
불성은 필연코 시유始有이다. 또한 당과當果로서 불성을 설명하면 불성
은 역본역시亦本亦始이고, 비인비과非因非果의 중도로서 불성을 설명
하면 불성은 또 비본비시非本非始가 된다. 당대唐代에는 행불성行佛性,
이불성理佛性의 쟁론이 있었으며, 이는 본유와 시유의 쟁론과 비슷한
점이 있다.

중국 불성사상은 비록 대부분 중생실유불성을 주로 하지만, 이로
인하여 수행을 무시하는 것은 아니다. 반대로 대부분의 종파는 모두
수행의 연인緣因이 있어야 비로소 성불할 수 있다고 주장한다.

이 수행의 연인에 대하여 각가各家의 해설이 다양하다. 크게 말하면
돈오頓悟와 점수漸修의 두 문으로 나눈다. 돈오를 주장하는 이들은
이불가분理不可分을 근거로 하고, 깨달음은 계단의 구분이 있어서는
안 된다고 제창한다. 점수를 주장하는 이는 정상의 봉우리에 오르기

위해서는 반드시 평지로부터 시작해야 한다고 하였으며, 돈오에서는 깨달음에 계단의 구별이 없어서는 안 된다고 제창하였다. 하지만 두 사상을 자세히 관찰하면 서로 용납하지 않는 것은 결코 아니다. 돈오는 사실상 점수를 전부 버린 것이 아니고, 활연대오豁然大悟하는 그 순간 계단의 여지가 있어서는 안 된다고 보았다. 점수는 대철대오大徹大悟라는 최종목표를 포기하지 않았다. 그리하여 돈오와 점수 사이에는 실지로 통하는 곳이 많다.

마지막으로 불교의 최종목표는 '성불'이고, '성불'은 자오자도自悟自度에 의거하는 것이며, 그리고 제불보살의 자비보구慈悲普救에 의거하는 것이다. 이것은 불성사상의 중요한 한 부분이다. 또한 이는 바로 '오悟와 구救', 곧 자력과 타력의 문제이다. 중국 만당晩唐 이후 선종과 정토종의 두 큰 종파는 이 두 사상의 전형적인 대표이다. 선종은 '자오자도'를 불성사상의 깃발로 하고, 정토종은 제불보살의 대자대비에 호소하였다.

선종은 후기에 이르러서는 심지어 부처를 "한방에 죽여서 개에게 주고 천하태평을 도모하겠다."[41]라고까지 하였다. 정토종은 '말법시대'가 되어 자력으로 구제할 힘이 없음을 깨닫고 오직 아미타불의 자항제도慈航濟度에 의지해야 한다고 하였다.

선禪과 정淨은 분명히 계합되는 곳이 있다. 영명 선사永明禪師는 "선도 하고 정토도 닦으면 마치 호랑이에 뿔 달린 것 같다."[42]라고

---

41 (宋)守堅, 『雲門匡眞禪師廣錄』, 『대정장』 47, 560쪽. "一棒打殺給狗子喫却, 貴圖天下太平."

42 (元)天如惟則, 『淨土或問』, 『대정장』 47, 292쪽. "有禪有淨土, 猶如帶角虎."

하였다. 이는 선정禪淨이 후에 점차 합류되었다는 것을 의미한다.

합류合流, 이것은 중국 불성사상 및 중국불학의 총체적인 발전 추세이다. 수·당 시대에 각 종파의 불성사상은 어느 하나도 경론에 융합되지 않거나, 심지어 내서외전內書外典을 병용하지 않음이 없었다.

유석도儒釋道 삼교를 겸수하여 외래종교와 중국 전통사상이 혼합을 이루면서 불성사상은 농후한 중국화의 색채를 띠게 하였다. 이렇게 중국화된 불성사상과 중국 전통의 심성心性·인성人性학설이 진일보하고 융합하여, 점점 삼교가 하나로 되는 송명宋明의 심성心性·의리義理의 학으로 발전 변화하였다.

제2장 법성法性과 진신眞神

중국에서 불교 반야학般若學의 흥성은 위진魏晉 시기 청담淸談의 도움을 받았다. 그러나 청담은 결국 인생무상의 슬픔을 충분히 만족시킬 수가 없었다. 그러므로 진송 이후 중국불학은 새로운 방향으로 발전하기 시작하였으니, 공空과 현玄을 담론하는 반야학에서 해탈에 중점을 둔 열반불성설涅槃佛性說로 변화하였다.

중국 반야학의 최고의 전성기를 일으킨 사람은 승조僧肇이지만, 가장 먼저 열반불성설을 효시로 전개한 이는 진송 시기의 축도생竺道生이다. 그러나 한 가지 학설의 성행과 쇠약은 어떠한 사상가에 의해 체현體現되기보다는 그 사상가가 처한 시대의 체현이라고 할 수 있다. 그러므로 승조의 성공반야설이나 축도생의 열반불성설은 모두 진송 시기의 현학玄學, 반야학, 열반불성설의 세 가지 사상 조류가 융합되고 대체되는 과정의 한 측면이라 할 수 있다. 만약 승조의 사상을 중국 현학, 중국 반야학의 정점으로 보고, 축도생의 불성사상을 중국 열반학의 시작으로 잡는다면, 이 세 가지 사상 조류의 융합과정을 가장 잘 체현하면서 현학에서 반야로, 다시 열반불성으로 전환하는 과도기적 사상을 가장 잘 나타낸 것은 바로 혜원(慧遠, 334~416)의 '법성론法性論' 위주의 불성학설이다.

제1절 법성론法性論과 본무설本無說

『고승전高僧傳』「석혜원전釋慧遠傳」의 기록에 따르면 "원래 중국에 열반상주涅槃常住의 설은 없고, 수명이 아주 길다는 말이 있을 뿐이었는데, 혜원이 찬탄하여 말하기를 '불은 지극하여 변함이 없는데, 무궁한 이치가 어찌 끝이 있으랴?'라고 하였다. 그리하여 『법성론』에 이르기를 '지극至極은 불변으로써 성性을 삼고, 성을 얻음은 극極을 체오體悟함으로써 종宗을 삼는다.'"[1]라고 한다. 이 서술은 몇 마디 안 되는 문장이지만, 간단명료하게 『법성론』의 기본사상과 혜원의 서술 목적을 잘 보여준다.

　그렇다면 "지극은 불변으로써 성을 삼고, 성을 얻음은 극을 체오함으로써 종을 삼는다."라는 것은 어떠한 의미일까? 여기서 '극極'과 '체극體極'은 모두 불교의 최고 경지(열반)를 가리킨다. 그리하여 불교의 열반은 부적불변不寂不變, 불공불유不空不有를 그 진성眞性으로 한다. 또한 열반의 경지를 증오證悟하고 체험하는 것을 근본으로 하며 '장생구시長生久

---

1 (梁)慧皎, 『高僧傳』 권6, 『대정장』 50, 360쪽. "先是中土未有泥洹常住之說, 但言壽命長遠而已, 遠乃嘆曰 '佛是至極則無變, 無窮之理, 豈有窮耶?' 因著『法性論』曰 '至極以不變爲性, 得性以體極爲宗.'"

視'를 목적으로 하지는 않는다. 이 사상은 반야실상의 정의精義에 아주 부합되기에, 라집羅什은 이를 보고 "변방의 사람들은 비록 경전이 아직 전래되지 않았지만, 이理에 암합暗合하고 있으니, 이 얼마나 묘한 일인가!"²라고 감탄하였다.

라집의 이 말은 우리에게 한 가지 정보를 전해주고 있다. 혜원의 '불변위성不變爲性', '체극위종體極爲宗'의 불성사상을 제기한 것은 라집이 대승반야학을 아직 널리 알리기 전이었다는 것이다.

혜원의 『법성론』은 오래전 유실되었기에, 그가 논증한 사상은 입증할 방법이 없다. 설사 사람들이 『승전僧傳』의 이 서술의 진실성에 대해 어떠한 의심을 하지 않는다고 하더라고 다음과 같은 질문을 제기하지 않을 수 없다. '체극위종'의 불성설은 혜원의 초지일관한 사상이었는가? 아니면 어떤 장소에서 무의식적으로 제기한 것인데 적중한 것일까? 만약 전자라고 한다면 혜원은 무엇에 근거하여 이러한 사상을 제기하였을까? 이러한 질문은 우리로 하여금 혜원과 관련한 사상에 대하여 간단한 고찰을 하도록 한다.

『사문불경왕자론沙門不敬王者論』에서 혜원은 다음과 같이 말하고 있다.

그러므로 본본으로 돌아가고 종宗을 구하는 것은 생生이 그 신神을 속박해서는 안 되며, 세간의 속박을 초월하고 벗어버리는 것은 정情이 그 생을 속박해서는 안 된다. 정이 그 생을 속박하지 않음이

---

2 앞의 책. "邊國人未有經, 便暗與理合, 豈不妙哉!"

곧 생이 멸한 것이다. 생이 그 신을 구속하지 않음이 곧 신이 멈추어버린 것이다. 명신절경冥神絶境이기 때문에 열반이라고 한다.[3]

일체의 우환과 번뇌가 몸이 있기에 인연이 되고, 몸이 없으면 근심은 사라진다. 태어날 때 (본래부터) 품부 받아서 생한 것을 알면 세속의 교화에 따르지 않고서 종을 구하게 되나니, 도리가 여기에 있다.[4]

여기서 혜원은 '명신절경'으로 열반을 설명함으로써 명확히 '반본구종反本求宗'할 것을 주장하고 '존신순화存身順化'하는 것을 반대하였다. 즉 열반은 생멸을 벗어나고, 경계에 머무름이 없으며, 앎도 없고 깨달음도 없는 초연의 경계이다. 이러한 경지에 도달하려면 다만 본체의 체인體認을 거쳐야만 실현할 수 있고, 이른바 존신순화의 상태에서는 도달할 수 없다. 즉 『법성론』의 장생구시長生久視를 반대하는 '체극위종'의 사상과 일치한다.

같은 문헌의 「형진신불멸形盡神不滅」에서 혜원은 또한 다음과 같이 말한다.

확철대오는 본원으로 돌아가는 것이고, 이치(理)에 미혹함은 외물을 좇는 것일 뿐이다. 고대의 도道를 논하는 이들과 또한 완전히

---

3 (梁)僧佑, 『弘明集』 권5, 『대정장』 52, 30쪽. "是故反本求宗者, 不以生累其神: 超落塵封者, 不以情累其身. 不以情累其身, 則生可滅: 不以生累其神, 則神可冥. 冥神絶境, 故謂之泥洹."

4 앞의 책. "達患累緣於有身, 不存身以息患: 知生生由於稟化, 不順化以求宗, 義存於此."

같지는 않지만, 인용하여 밝혀 보겠다. 장자莊子가 현음玄音으로 「대종大宗」(『莊子』「大宗師」)에서 말하기를 "자연이 나를 생함으로써 피로하게 했고, 나를 죽임으로써 쉬게 하였다."라고 하였다. 또 생은 타향살이고, 사死는 진眞으로 돌아가는 것이다. 이른바 생은 큰 근심이고, 무생無生은 본으로 돌아가는 것임을 알 수 있다.[5]

이는 혜원이 『장자』의 뜻을 인용한 유사한 예로서 생은 타향살이고, 사死는 진으로 돌아간 것이라고 한 것이다. 생은 큰 근심이고, 무생은 본으로 돌아간다는 도리를 말해주고 있다. 이는 위에서 말한 "정이 그 생을 속박하지 않음이 곧 생이 멸한 것이다. 생이 그 신을 구속하지 않음이 곧 신이 멈추어버린 것"이라고 하여 명신절경冥神絶境의 열반涅槃의 경계로 보는 기본사상과 완전히 같은 이치를 말하고 있다.

혜원이 말년에 쓴 『대지론초大智論鈔』의 서문에서는 "회광반조回光返照하여 종宗을 구한다."[6]라고 강조한다. 비록 당시 혜원의 일부 기본 관점에는 이미 변화가 발생하였지만, (예를 들면 "무성無性의 성性이 바로 법성法性이다." 등) '체극', '반본'의 관점은 이전 사상과 별다른 구별이 없다. 이 모든 "극極을 체득함을 종으로 삼는" 사상은 혜원의 일관한 기본적인 사상이지, 우연히 빛나는 섬광이 아니라는 것을 설명해 주고 있다.

---

5 앞의 책, 『대정장』 52, 31쪽. "悟徹者反本, 惑理者逐物耳. 古之論道者, 亦未有所同, 請引而明之. 莊子發玄音於『大宗』曰: '大塊勞我以生, 息我以死.' 又, 以生爲人羈, 死爲反眞. 此所謂知生爲大患, 以無生爲反本者也."

6 (梁)僧佑, 『出三藏記集』, 『대정장』 55, 76쪽. "反鑒以求宗."

지금의 문제점은, 혜원은 무엇 때문에 이러한 사상을 가지게 되었는가? 하는 것이다. 라집의 관점에 따르면, 혜원의 사상은 "그윽이 이치에 계합한다(暗與理合)"라고 했는데, 만약 라집의 이 말이 역사적 사실이 부합된다면 혜원의 "극을 체득함을 종으로 삼는" 사상의 근원을 파악하는 것은 우리가 당시 사회의 사상을 이해하는 데 도움이 된다.

주지하는 바와 같이 위진·남북조는 중국 학술사상의 하나의 중요한 전환기였다. 한대漢代의 천도물리天道物理를 탐구하는 사상과 달리, 위진 시기의 사상가들은 만물의 본체를 체험하는 데 중점을 두고 있다. 당시의 현학가들은 대부분 유와 무를 담론하는 것을 취지로 하고, 도道를 체득하고 현玄을 통달함을 최종 목적으로 하였다.

『진서晉書』「왕연전王衍傳」에서는 "하연何宴·왕필王弼이 입론하기를, 천지만물은 모두 무無를 본체로 한다."고 말하고, 왕필은 『노자老子』, 『주역周易』의 주석에서 "사람이 천리天理의 본으로 돌아갈 수 있음은 무無가 용用이기 때문이고, 곧 끝이 없기에 변하지 않는다는 것이다."[7]라고 한다.

이는 형이상학으로써 유무有無의 도리를 말하고, 나아가 인생학人生學에서도 반본反本하여 과녁이 된다고 하는 것도 당시 현학가들 사이의 공통된 흐름이었다. 위진 시기의 불학에 대해 말하자면, 행위의 풍격風格이나 서적을 연구하고 용어와 개념 등의 표현에 있어서 모두 현학과 거의 차별이 없다.

탕용동湯用彤이 『한위양진남북조불교사漢魏兩晉南北朝佛教史』에서

---

7 『老子』와 『周易』에 자세히 나타남.

여러 차례 지적한 것처럼, 위진 시기 현학과 불학은 많은 공통점을 가지고 있으며, 당대 명승들의 이취理趣는 노장老莊에 부합되고, 풍격風格도 현학계의 담객談客들과 유사했다고 한다.

지참(支讖, 지루가참)과 지겸支謙은 부처는 열반·진여·공이라고 말하는데, 노장 현학의 도道·허무虛無와 같이 모두 본체를 가리키고 있다. 두 사람은 신神을 세워 도와 합일하는 것은 모두 반본하여 인생의 진리를 탐구하는 것을 그 목적으로 한다. 이는 당시 불교이론과 현학이 합류의 추세를 보이며, 양자가 모두 '명본明本', '반본反本'을 그 종지로 하고 있음을 설명하고 있다.

혜원의 일생은 대체로 동진 시대에서 시작되고 끝난다. 그의 사상은 기본적으로 먼저 세전(世典: 유가)으로부터 출발하고, 다음으로 노장, 마지막에는 불교에 귀의한다. 『여은사유일민등서與隱士劉逸民等書』에서 혜원은 자기 사상의 연변과정을 회상하여 "어릴 때에는 마음이 세전을 유람하여 그것을 당시의 화원華苑으로 생각하였고, 이어 노장을 만나 명교名敎는 응변應變의 허담虛談일 뿐임을 깨달았다. 지금에 와서는 모든 중생들이 육취六趣에 빠져 있음을 설하는 불교의 이치가 가장 합당하다."[8]라고 하였다.

『고승전』에서도 "어려서 유학을 공부하여, 육경六經을 널리 이해하였고 특별히 노장을 선호하였다."[9]라고 하며, 후에 도안道安을 스승으

---

8 (唐)道宣, 『廣弘明集』 권207, 『대정장』 52, 304쪽. "每尋疇昔, 游心世典, 以爲當年之花苑也; 及見老莊, 便悟名敎是應變之虛談耳. 以今而觀, 則知沉冥六趣, 豈不得以佛理爲先."

9 (梁)慧皎, 『高僧傳』 권6, 『대정장』 50, 357쪽. "少爲諸生, 博綜六經, 尤善老莊."

로 삼고 도안의 『반야경』을 듣고 활연히 깨달음을 얻었으며, "유도儒道 등 구류九流는 다 쭉정이와 겨일 뿐이다."[10]라고 탄식하였다고 한다. 혜원은 불교에 귀의한 후 "신명神明은 뛰어나 초월하고 통찰력은 크고 깊었다."[11]라고 하여 도안으로부터 찬탄을 받았으며, 24세에는 경전에 대한 강의를 하게 된다. 당시 사문沙門에는 유학에 정통한 이들이 많이 있었고, 사대부들 중에도 석교釋敎를 통달한 사람이 적지 않았다. 고승들은 항상 선禪과 현학을 상호 논증하여 반야와 노장을 억지로 비유하고 외서外書로 내전內典을 주석하였는데, 이는 당시 유행하는 '격의格義'의 방법이었다.

혜원은 불교에 통달하고 많은 외부서적(外書)을 읽었기에, 항상 "장자의 뜻을 비교 나열하여 미혹한 이들을 깨닫게"[12] 하였다. 혜원의 스승 도안은 초기에 '격의'의 방법을 사용하였으나, 후에 "이전의 격의는 진리와 많이 위배됨을"[13] 발견하여 '격의'의 방법을 없애려고 시도하였다. 하지만 "특별히 혜원만 청을 들어 속서俗書를 읽게 허락하였다."[14]고 한다. 이는 도안이 혜원을 신임하였고, 혜원의 비유가 불교의 이치에 더 근접해 있었다는 것을 알 수 있다.

혜원의 사상 역정과 위진 시대의 사상 특징을 고찰한 후, 혜원이 어떻게 "경전이 없는" 조건에서 "그윽이 이치와 계합한다."는 '체극위종

---

10 앞의 책, 『대정장』 50, 358쪽. "儒道九流, 皆秕糠耳."

11 앞의 책. "神明英越, 機鑒遐深."

12 앞의 책. "引莊子義爲連類, 於惑者曉然."

13 앞의 책, 『대정장』 50, 355쪽. "先舊格義, 於理多違."

14 앞의 책, 『대정장』 50, 358쪽. "特聽慧遠不廢俗書."

體極爲宗'의 사상을 제기하였는가에 대한 사실을 쉽게 이해할 수 있다. 혜원의 '체극위종'의 법성론 사상은 차라리 인도 대승반야경으로부터 기원된 것이라 하기 보다는 위진의 본체론을 그 기원으로 한다고 할 수 있다. 이 관점은 혜원의 '법성'에 대한 해석에서 더욱 두드러지게 나타난다.

법성은 인도불교에서 실상實相, 진여眞如, 법계法界, 열반, 불성 등과 동등한 의미로서 뜻은 같고 이름만 다르다. 또한 불개불변不改不變, 불생불멸, 유무에 있지 않지만 유무를 떠나지 않는 체성을 가리킨다. 소승들은 대부분 법성을 말하지 않고, 대승들로부터 법성이 등장하였다.

법성의 함의는 위진의 '본무本無'와 표면상 유사하다. 위진 승려들은 거의 '본무'로 진여, 열반, 법성을 말하고 있다. 사실상 양자는 원칙적인 구별을 갖고 있다. 후자는 '무'를 본체로 하여 형이상의 본체가 존재한다는 것을 인정하고, 전자는 '즉공즉유卽空卽有, 비유비무非有非無'를 체성으로 하여 형이상의 본체가 존재한다는 것을 부인한다. 이러한 차별점은 혜원의 법성론이 인도 대승불교의 법성론보다 중국 위진의 '본무설'에 가깝다고 할 수 있는 이유이다.

원강元康의 『조론소肇論疏』에서는 『법성론』의 "문: 성공性空은 법성인가? 답: 아니다."[15]라는 단락을 인용한다. 이 내용은 혜원의 '법성'은 반야성공과 구별된다는 것을 설명한다. 성공性空은 공에서 이름을 얻고 '성'을 공으로 간주하는 것이지만, '법성'의 '성'은 실제 존재하는

---

15 (唐)元康, 『肇論疏』, 『대정장』 45, 165쪽. "問云: 性空是法性乎? 答曰: 非."

것으로 법진성法眞性이다. 사실상 혜원의 '법성론'은 위진의 '본무설本
無說'에 더 근접한 것으로, 형이상의 실체가 있다는 것을 인정한다.
그리하여 혜원은 누차 "본무와 법성은 실체는 같지만 이름이 다를
뿐이다."[16]라고 말하고 "지극은 불변으로써 성을 삼는다."[17]라고 말하
고 있다.

혜원은 『아비담심서阿毘曇心序』에서 "이미 성은 자연적으로 결정되
어 있어 지극한 유극有極에 통달한다."[18]라는 문구로 모든 법의 자성은
자연에서 얻는 것이고, 불개불변이라고 한다. 이러한 불변의 성을
체인體認해야 지당지극至當之極을 통달할 수 있다는 의미이다. 이는
『법성론』의 "지극은 불변으로써 성을 삼고, 성을 얻음은 극을 체오함으
로써 종을 삼는다."와 같은 의미로 모두 불변의 진성으로 법성을 담론하
고 있다. 이는 대승반야학에서 말하는, 제법은 자성이 없다는 것과는
크게 모순된다. 사실상 혜원이 말하는 불변은 대승에서 이해하는 불변
이 아니라 소승이 말하는 제법성의 불변이니, 라집이 사정없이 "희론에
가깝다."[19]라고 말한 것도 이해할 만한 일이다.

법성이 실제로 존재하고 불변한다는 것을 인정하는 기본사상으로부
터 보면, 혜원의 불성은 하나의 주체인 '인아人我'를 승인하고, 이 주체인
'인아'의 사상은 그의 인과응보설과 형진신불멸形盡神不滅론에서 나타
나고 있다.

---

16 (晉)惠達, 『肇論疏』, 『속장경』 54, 59쪽. "本無與法性同實而異名."
17 (隋)費長房, 『歷代三寶記』. 『대정장』 49, 72쪽. "至極以不變爲性."
18 『出三藏記集』 권10, 『대정장』 55, 72쪽. "己性定於自然, 則達至當之有極."
19 (隋)慧遠, 『大乘義章』 卷中 '四大造色'의 문답. "近乎戲論."

윤회업보의 사상은 불교에서 기원된 것이 아니라, 석존 이전에 이미 전통 인도교의 기본교의 가운데 하나였다. 불교는 대범大梵이 우주만물의 창세주라는 등의 인도교 사상을 반대하였지만 윤회업보의 학설은 받아들였다. 그러나 불교의 윤회사상은 인도교와 구별되어, 윤회의 주체를 부정하고 윤회를 방편설로 보고 있다. 하지만 윤회를 말하면서 윤회의 주체를 부인하는 것은 분명한 모순이다. 훗날의 불교는 다른 방향으로 발전하여 경량부經量部가 '승의보특가라勝義補特伽羅'를 주장하고, 독자계犢子系가 '불가설보특가라不可說補特伽羅'를 세우는 것 등 '보특가라(윤회의 주체)'가 사실상 존재한다는 것을 인정하고 있다.

중국에도 화복보응禍福報應의 사상이 존재하며 긴 역사를 갖고 있다. 『주역』에는 "선善을 쌓는 집안은 필히 경사로울 일이 있고, 불선不善을 쌓는 집안은 필히 재앙이 있을 것이다."[20]라는 말이 있다. 증자曾子도 "선을 쌓는 자는 비록 복이 닿지 않더라도 화가 멀어지고, 불선을 행하는 자는 비록 재앙이 오지 않더라도 복과 멀어진다."[21]라고 하였다. 민간에도 많은 화복보응에 대한 전설이 전해지고 있다. 그러나 중국의 보응설과 인도불교의 보응설은 다르다.

첫째로 불교의 보응은 업보業報, 자보自報를 말하고, 중국의 보응은 상제上帝와 귀신鬼神이 선행에는 상을 주고 악행에는 벌하는 것을 통해 실현된다. 둘째로 보응의 주체가 다르다. 불교는 원래 보응의 주체를 부인하다가, 훗날 '불가설보특가라', '승의보특가라' 등으로

---

20 『周易』 "積善之家, 必有餘慶, 積不善之家, 必有餘殃."

21 『廣弘明集』 권10, 『대정장』 52, 157쪽. "人之好善, 福雖未至, 去禍遠矣: 人之爲惡, 禍雖未至, 去福遠矣."

발전하여 보응을 받는 주체를 가지게 되었는데, 중국의 응보 주체는 줄곧 영혼과 신명神明이었다. 셋째로 인도불교의 보응설은 이론의 형식을 취하여 복잡한 분석과 논증으로 인하여 주요한 이론의 모순, 즉 윤회응보와 윤회의 주체가 존재하지 않는 모순으로 나타난다. 하지만 중국의 전통적인 보응설은 경험과 실천의 성질을 나타내고 있기에 주로 실천의 모순, 즉 현실의 사회·인생 현상으로 해석할 수 없는 항탁項橐, 안회顔回의 단명, 백이伯夷, 원헌原憲의 얼어 죽음, 도척盜跖, 장교莊蹻의 복수, 제환齊桓, 환추桓魋, 부유와 강성 등은 모두 선을 쌓고 재앙을 얻고, 흉악하나 경사를 만나는 등의 문제를 말하고 있다. 불리佛理를 깊이 이해하고 세전에 정통한 혜원은 두 가지 보응의 장단점을 정확히 보아 양자를 융합하여 그의 '삼업三業', '삼보론三報論'을 형성하였다.

혜원은 보응이 업보, 자보自報라는 것을 인정하여 하느님의 상벌을 통해 실현되지 않는다는 관점에서 인도불교의 교법을 인용하였다. 그는 불교의 업보설로서 "세 가지 업의 체體가 달라서 스스로 정해진 보報가 있다."[22]는 것을 제기하고, 보는 업에 의하고 업이 있으면 반드시 보가 있다고 주장한다. 보응이론을 응용하여 현실의 인생문제를 해석함에 있어서 혜원의 '삼보론'은 풍부한 원융성을 띠고 있다.

혜원은 "업에는 세 가지 보가 있다. 첫째 현보現報, 둘째 생보生報, 셋째 후보後報이다. 현보는 선악이 이 몸에서부터 시작하고 이 몸이 바로 받는다. 생보는 내생에 받는다. 후보는 혹은 이생, 삼생, 백생,

---

22 『三報論』. 『弘明集』 권5, 『대정장』 52, 34쪽. "三業殊體, 自同有定報."

천생이 지난 연후에 받는다."[23]라고 하였다.

이 '삼보설'은 인생문제를 해석하고, 특히 업보의 명확하지 않은 현상을 해석함에 있어서 아주 원활한 이론이었다. 예를 들면『삼보론』에서 말하기를 "혹은 선을 쌓았더라도 재앙이 모이고, 혹 사악한 행을 짓더라도 경사로움이 닥치는 것은 다 현재의 업이 아직 작용하지 않고, 전생의 행이 보응을 시작함이다."[24]라고 하여 현생의 업은 꼭 현생에서 그 보응을 받는 것이 아니고, 현생의 길흉화복이 현생의 업에 의한 것이 아니라 어쩌면 전생 혹은 백생, 천생 전에 행한 업의 보응일 것이라고 한다.

이 이론에 기초하여 혜원은 또한 세인이 "선을 쌓았으나 경사가 없고 악을 쌓았으나 재앙이 없는 것, 신에게 자기의 불운을 원망하고 재앙이 선인善人에 닥치므로 하늘을 개탄한다."라고 하는 것은 모두 "세속의 전적은 한 생에 한하고 그 외는 알지 못한다. 그 외를 알지 못하기에 도리를 찾는 자가 자기가 보고 듣는 것에 그친다."[25]라고 그 이유를 말하고 있다. 중국의 전통적인 응보설이 설득력이 없는 것도 바로 그것이 보고 듣는 경험에 국한할 뿐, 이러한 보고 듣는 이외의 상상과 담론이 결핍되었다는 것이다.

이러한 논설은 중국 보응의 '국한局限'됨을 보충할 수 있고, 불교사상

---

23 앞의 책. "業有三報: 一曰現報, 二曰生報, 三曰後報. 現報者, 善惡始於此身, 卽此身受. 生報者, 來生便受. 後報者, 或經二生三生, 百生千生然後乃受."

24 앞의 책. "或有積善而殃集, 或有兇邪而致慶, 此皆現業未就而前行始應."

25 앞의 책. "謂積善之無慶, 積惡之無殃, 感神明而悲所遇, 慨天殃之於善人", "世典以一生爲限, 不明其外. 其外未明, 故尋理者自畢於試聽之內."

의 지반을 다지고 대중을 모을 수 있다고 말하고 있다. 사실상 혜원의
'삼보론'은 일정한 범위 내에서 그의 '법성론'보다 더 큰 영향과 작용을
하고 있다. '체극위종'의 사상은 일부 사대부로 하여금 '반본'으로부터
해탈을 얻도록 하지만, 대다수 평민 대중들은 현생에 부처를 믿고
수행하여 내생에 좋은 보응(성불하면 가장 좋고)을 얻기를 원하기 때문
이다.

그러나 혜원의 보응설에서 주의하여 볼 관점은 보응 주체의 관점이
다. 이에 대하여 혜원은 중국 전통사상을 많이 인용하여 '불멸'의 '신神'
으로 간주함으로써 그의 '형진신불멸'론을 형성하였다. 혜원은 '불변지
성不變之性'의 '법성론'에서 출발하여 사람의 '신'은 영원히 존재한다고
선양하며, 이 영구불변한 '신'은 보응의 담당자이자 성불의 근거라고
한다. 일반 사람들은 생사에 유전하는데 이를 '순화順化'라 하고, 불가의
종지는 '반본구종'으로서 사람의 정신 회복과 법성 본체와 결합하면
열반 경지에 진입하고 정신은 법신으로 전환된다고 한다.

혜원은 좌선을 통해 법성 본체가 합일되는 상태를 묘사하기를 "각종
사물의 움직임에서 일一에 이르면 있음이 없고, 광대한 코끼리는 형상
이 없고 불멸이다. 생각도 없고 함도 없지만 하지 않는 것이 없다."[26]라
고 한다. 사람의 정신이 수선修禪을 통해 "무사무위이무불위(無思無爲而
無不爲: 생각도 없고 함도 없지만 하지 않는 것이 없다)"에 도달하면 명신절
경冥神絶境의 열반 경지에 진입한다는 의미이다. 『불영명佛影銘』에서
혜원은 법신을 '영응(靈應: 신령한 감응)'이 존재하는 곳, 즉 법신이

---

26 『廬山修行方便禪經序』, 『出三藏記集』 권9, 『대정장』 55, 65쪽. "運群動以至一而
不有, 廓大象於未形而不滅. 無思無爲而無不爲."

홀로 정신으로 존재한다고 여긴다. 진송晉宋 시기의 종병宗炳은 혜원의 충실한 신도로서, 혜원의 신즉법신神卽法身설을 높이 찬양하고 발전시켜 "몸이 없어도 존재하는 신神을 법신이라 한다."[27], "형상이 없이 신이 존재함을 법신이 상주한다고 한다."[28]라고 말하고 있다.

법신이 홀로 존재하는 신이라면, 정신과 본체가 하나로 합치면 열반의 경지에 진입하기 때문에 정신은 영구 불멸하는가? 아니면 형체形體의 죽음에 따라 흩어지고 소실되는 것인가? 이것은 바로 중생이 성불하는 관건으로 생각되고, 이로부터 남북조의 형신形神의 쟁론이 발생하였다.

인도불교는 원래 신교神敎를 반대하였다. 하지만 중국에서 초기불교는 많은 신명불멸神明不滅을 불법의 근본 본의로 하였다. 물론 이로부터 결론을 내릴 수는 없지만, 신불멸의神不滅義의 불교는 인도불교가 아니라 중국불교의 한 부분으로 하나의 중요한 역사적 단계라고 할 수 있다. 불교는 외래종교로서 중국에 진입한 후, 우선 황로방술黃老方術과 합하였다. 위진 시기는 현학에 의지하고 부합하였다가 수당 시기에 유교, 도교와 어깨를 나란히 하는 의식형태이자 사회역량이 되었다. 불교는 발전과정에서 중국의 전통사상과 융합하기도 하고 투쟁하기도 하였다. 형신形神의 쟁론은 양진 남북조 시기에 불교와 반불교의 두 가지 사상이 서로 쟁론하는 하나의 측면이라 할 수 있다.

혜원은 동진 불교계의 영수領袖로서, 당시 불교학설의 주류 가운데

---

27 『明佛論』, 『弘明集』 권2, 『대정장』 52, 10쪽. "無身而存神, 法身之謂也."

28 『答何衡陽難釋白黑論』, 『弘明集』 권3, 『대정장』 52, 21쪽. "無形而神存, 法身常住之謂也."

하나인 '신불멸론'을 보호하기 위해 많은 노력을 기울였다. 우선 혜원은 '본무本無설'을 근거로 하여 '신'을 세상만물의 본체로 보아 다음과 같이 설한다.

신神은 원융하여 생이 없고 오묘하여 이름도 없다. 만물에 감응하면 동하고 수數를 빌려 행한다. 만물에 감응하지만 물物이 아니기에 물이 천화하여도 멸하지 않는다. 수를 빌리지만 수가 아니고, 그러기에 수가 다해도 끝이 없다.[29]

그 뜻인즉 '신'은 '무생無生', '무명無名'이기에 그가 만물에 감응하는 것은 자신이며, 사물이 아니기에 만물이 먼지로 변하더라도 자신은 소멸되지 않는다는 것이다.

혜원도 중국 고대의 정기설精氣說을 접촉하였지만, 그는 이 가운데 "신은 대체로 한 기운(一氣)으로 처음부터 끝까지 함께 머문다."[30] 및 "형체와 정신이 함께 천화한다."[31]는 유물주의 성분을 반대하고, 정기설을 신비화하여 『사문불경왕자론沙門不敬王者論』 「형진신불멸形盡神不滅」 5에서 다음과 같이 설한다.

신이란 무엇인가? 정精이 극極에 도달해 영靈이 된다. 정극精極은

---

29 『弘明集』 권5, 『대정장』 52, 31쪽. "神也者, 圓應無生, 妙盡無名, 感物而動, 假數而行. 感物而非物, 故物化而不滅; 假數而非數, 故數盡而不窮."

30 (元)念常, 『佛祖歷代通載』, 『대정장』 49, 531쪽. "精粗一氣, 始終同宅."

31 앞의 책, 『대정장』 49, 532쪽. "形神俱化."

괘상卦象으로 그려낼 수 없기 때문에 성인은 묘물妙物이라고 말하였
다. 비록 높은 지혜가 있어도 그 체상體狀을 결정할 수 없고, 그
심오함을 궁구할 수 없다.[32]

여기서 말하고자 하는 것은 '신'은 지극히 정교하여 이름과 모양이
없는 '정령精靈'으로서 성인이 높은 지혜가 있어도 그 모양을 보지
못하고, 그 심오함을 헤아릴 수 없다고 한다. 이러한 '정령'은 형체와
절대적으로 구별되어 '묘물지령妙物之靈'이 있을 뿐만 아니라 형체와
같이 사라지지 않는다.

세 번째로 혜원은 "정情은 물物을 알아차리는 도가 있음"[33]과 달리
"신神은 그윽이 옮겨가는 공능이 있다."[34]라고 본다. '정(情: 형체, 생명)
은 화化의 모체'이고 '신은 정의 근根'이므로, 신은 정화情化를 이탈한
독립적인 실체이다. 이는 앞에서 인용한 "본本으로 돌아가고 종宗을
구하는 것은 생이 그 신神을 속박해서는 안 되며, 세간의 속박을 초월하
고 벗어버리는 것은 정情이 그 생을 속박해서는 안 된다. 정이 그
생을 속박하지 않음이 곧 생이 멸한 것이다. 생이 그 신을 구속하지
않음이 곧 신이 멈추어버린 것이다. 명신절경冥神絶境이기 때문에 열반
이라고 한다."는 사상과 일치한다. 또한 신의 '명이지공冥移之功'에 대해
혜원은 『홍명집』에서 '불과 땔나무의 비유(火薪之喩)'로 설명하고 있다.

---

32 『弘明集』권5, 『대정장』 52, 31쪽. "夫神者何耶? 精極而爲靈者也, 精極則非卦象之
　　所圖. 故聖人以妙物而爲言, 雖有上智, 猶不能定其體狀, 窮其幽致."

33 『佛祖歷代通載』, 『대정장』 49, 532쪽. "情有會物之道."

34 앞의 책. "神有冥移之功."

불꽃은 땔나무로 전해지니, 마치 신이 형체로 전해지는 것과 같다. 불꽃은 다른 땔나무로 전해지니, 마치 신이 다른 형체로 전해지는 것과 같다. 앞의 땔나무는 뒤의 땔나무가 아니라서, 바로 지궁指窮의 묘妙를 알 수 있다. 앞의 형체는 뒤의 형체가 아닌즉 정수情數는 만물에 감응한다. 미혹한 이는 형체의 일생이 어그러짐을 보고 문득 신과 정이 함께 죽는다고 여기니, 마치 불꽃이 한 나무에서 마침을 보고 모두 다 끝났다고 말한다.[35]

혜원의 '불과 땔나무의 비유'의 유심주의적 관점과 그 논리적인 오류는 이미 학계에서 논술한 바가 있기 때문에 여기에서는 더 이상 언급하지 않겠다. 여기서 말하고자 하는 것은 이러한 사상은 중국 고대 전통사상과 인도불교의 불성사상과 연관이 있다는 것이다.

선진先秦의 장자는 일찍 '신화薪火'라는 비유를 사용하였다. 『장자』「양생주養生主」에서 장주는 "땔나무가 다 타도 불꽃은 전달되니 그 끝남을 알지 못한다."[36]라고 하였으므로, 그 의미는 땔나무가 불타 사라지는 순간에도 불은 여전히 전하여져 그 끝이 없다는 것이다. 혜원이 "특히 노장에 뛰어났다."[37]라고 하는 것처럼 필시 이 문장을 보았을 것이고, 앞의 인용문에서 "지궁指窮의 묘妙"라고 언급한 것은

---

35 『弘明集』권5. 『대정장』52, 32쪽. "火之傳於薪, 猶神之傳於形: 火之傳異薪, 猶神之傳異形. 前薪非後薪, 則知指窮之術妙: 前形非後形, 則悟情數之感深. 惑者見形朽於一生, 便以爲神情俱喪, 猶覩火窮於一木, 謂終期都盡耳."

36 『莊子』養生主, "指窮於爲薪, 火傳也, 不知其盡也."

37 『出三藏記集』, 『대정장』55, 109쪽. "尤善老莊."

장자의 이 사상을 채택하여 멸하지 않고 영원히 전해지는 불을 불멸의
'신神'에다 비유했다고 하겠다.

불교 전적에서도 여러 차례 '신화'의 문제를 말하고 있다. 인도불교에
서 설일체유부說一切有部의 나선비구那先比丘는 화전신火傳薪으로 윤
회를 비유하고, 종유과種有果의 설로써 업력을 말한다. 『법구경』에서
도 작기雀器, 화신火薪으로써 형신 분리를 비유하고 있다. 혜원은 「형진
신불멸」에서 "땔나무의 비유는 성전聖典으로부터 연원한 것이다. 그
유통을 잃었기 때문에 심오함을 찾기 어렵고, 미언微言은 가르침 가운
데 잘 드러나지 않는다. 담론하는 자로 하여금 의문을 만들게 한다."[38]라
고 하는데, 이는 내전과 외서들이 모두 '불과 땔나무의 비유'로 형과
신의 관계를 논증하고 있음을 설명하고 있다. 다만 구별되는 것은
혜원은 자신이 필요한 것만 취하여 중국 고대 전통사상과 인도불교에서
의 관련 사상을 결합하여 자신의 '신불멸론'의 논증으로 삼는다는 것
이다.

사상체계와 논리구조로 말하면, 혜원의 '신불멸론'은 그의 '법성론法
性論'의 논증이 되기도 한다. 그것은 각종 방법으로 하나의 영구불변하
는 신의 존재를 증명하는 것은 이 불멸의 신이 본원으로 돌아가고,
본체와 하나로 합하여 열반의 경계에 진입한다는 것을 설명하기 위함
이다.

이로부터 본다면 '신불멸론神不滅論'은 혜원 불성학설의 한 구성 부분
으로서 중요하다. 여기서 반드시 혜원의 '신불멸론' 내지 전반의 '법성론'

---

38 『弘明集』 권5, 『대정장』 52, 31쪽. "火木之喩, 原自聖典, 失其留統, 故幽興莫尋,
微言遂淪於常教, 令談者資之一成疑."

과 진송晉宋 이후에 유행한 열반불성설은 중요한 차이점을 나타내고 있다는 것을 알아야 한다. 그 가운데 가장 중요한 것은 '불멸지신不滅之神'과 '불성아佛性我'의 구별이다. 그러나 '불멸지신'과 '불성아'도 완전하게 대립되는 것은 아니다.

남북조 시기 많은 사람들은 중생은 모두 불성이 있다는 것을 신불멸의 복선伏線으로 간주하였다.[39] 이로부터 본다면, 양자는 공통점을 갖고 있기도 하다.

중국에서 '불멸지신'은 '법성아'로 통하였다. 혹은 '신명神明불멸'을 근본의根本義로 하는 중국의 초기불교는 중생은 모두 불성이 있다는 것을 중심으로 하는 열반불성학으로 통하였다. 이는 라집, 승조가 전하고 있는 대승반야학의 과도기적 표현이라고 할 수 있다. 대승반야학은 중국불교의 발전에 이중적 역할을 하고 있다.

한편, 학승들이 반야학을 연구하는 것을 통해 점차 식識과 신神의 성은 모두 공이며, 법신은 형체가 없고 오고감도 없음을 알아, 그로 인하여 한위漢魏 이래 유전되어오던 유신론有神論을 의심하기 시작한다. 다른 한편으로는 반야학이 유신론의 실체성을 많이 희미하게 하고, 그로 인하여 '불멸지신'이 '불성아'로 통하는 조건을 만들어낸다. 이러한 역할은 혜원의 '법성론'에서도 뚜렷이 나타나고 있다.

혜원의 '법성론'은 본래 '불멸지신'으로 돌아감을 주로 한다. 아울러 본체와 하나로 합하는 것을 인생의 목적으로 보고 있다. 당시의 '법성'은 실체적 성질을 농후하게 띠고 있다. 구마라집이 관중關中에 온 후,

---

39 湯用彤, 『兩漢魏晉南北朝佛教史』 第17章 참조.

혜원은 "서신을 보내 안부를 묻고(致書通好)", 라집 또한 회신을 통해 그가 최초로 번역한 『대품반야경』과 『대지도론』을 혜원에게 선물하며 『대지도론』의 서문을 지어줄 것을 요청한다.

혜원은 『반야경』과 『대지도론』의 연구에 온힘을 기울였고, 의문이 생기면 라집에게 가르침을 청하였으며, 라집 또한 차근차근 대답해 주었다. 이러한 의문들은 후인들에 의해 『혜원문대승심의십팔과병라집답慧遠問大乘深義十八科幷羅什答』이라는 책으로 정리되었다. 여기서 혜원이 '법성'을 실체와 관련된다고 이해한 것에 대하여, 라집은 거침없이 그것은 틀린 생각이라고 지적하며 "법에는 정해진 상이 없다(法無定相)."라고 답하였다. 이러한 것들은 불가피하게 혜원의 사상에 영향을 미치지 않을 수가 없었고, 이러한 영향은 혜원의 훗날 '법성'에 대한 관점에서 표현되어 나타난다.

혜원은 『대지론초서大智論鈔序』에서 다음과 같이 설한다.

생명의 길(生途)은 시작이 없는 경계에서 조짐을 나타내고 변화는 의복倚伏의 장場에서 일어나, 모두가 미유未有에서 생겨나서 있게 되고 기유旣有에서 소멸되어 없어지게 된다. 이를 다하도록 미루어 나가면, 유·무는 하나의 법에서 교대로 뒤바뀌는 것이어서 상대적으로 근원이 되는 것이 아님을 알 수 있고, 생·멸은 하나의 변화에서 동시에 진행되는 것이어서, 허공이 비추는 것처럼 주체가 없음을 알 수 있다. …… 유有이면서 '유'에 속해 있다면 유에 속해 있는 유이고, 무無이면서 무無에 속해 있다면 무에 속해 있는 무이다. 유에 의해서 유가 있다면 비유非有이고, 무에 의해서 무라면 비무非無

이다. 어찌하여 그러한가? 자성이 없는 성품(無性之性)을 법성法性이라고 하기 때문이다. 법성은 자성이 없어서 인연에 의해 생기는 것이다.[40]

이상의 뜻을 정리해본다면, 유무有無는 서로 의존하는 것이지 본원이 아니고, 생멸은 공을 비추지만 주체함이 없으며, 법성은 인연에 의해 생기고, 인연에 의해 생기는 것은 자성이 없다. 이는 대승반야학의 유무상즉有無相卽, 인연성공因緣性空의 사상이다. 원강元康의 『조론소』에서 인용한 『법성론』의 법성은 진성이고, 성공性空이 아니라는 사상과 대비하면 당시 혜원의 '법성론'에는 이미 중대한 변화가 발생하였음을 알 수 있다. 이러한 변화는 혜원의 '법성론'을 신불멸론과 멀어지게 하였고, 점차 반야학을 기초로 한 열반불성학에 접근하게 하였다.

종합하여 혜원의 사상 변화과정을 살펴보면, 그의 '법성'이론은 이중 품격을 나타내고 있다. 혜원은 '법성'을 불변의 법진성法眞性으로 보았고, 법성의 본체는 실유實有에 집착하여 보응 주체가 존재한다는 것을 인정한다. 그러므로 혜원의 '법성론'은 현학의 '본무설'과 영혼불멸론에 보다 근접하였다. 혜원이 성공·무성으로 '법성'을 해석하고, '법성'을 비유비무·공유상즉으로 볼 때 그의 '법성론'은 대승반야학의 색채를

---

40 『出三藏記集序』권10, 『대정장』55, 75쪽. "生塗兆於無始之境, 變化搆於倚伏之場. 咸生於未有而有, 滅於旣有而無, 推而盡之, 則知有無迴謝於一法, 相待而非原: 生滅兩行於一化, 映空而無主, …… 有而在有者, 有於有者也: 無而在無者, 無於無者也. 有有則非有, 無無則非無. 何以知其然? 無性之性, 謂之法性. 法性無性, 因緣以之生."

띠고 있다. 그리하여 '본무설', '신불멸론'과 대승반야학의 결합은 훗날 열반불성설의 조건을 창조하였다. 이로부터 혜원의 불성사상은 현학에서 반야학으로, 다시 열반불성학으로 넘어가는 과도기적인 특성을 띠게 된다.

제2절 진신론과 영혼설

역사적 순서에 의하면 양무제(梁武帝. 소연蕭衍, 464~549)의 진신론眞神論은 응당 축도생의 불성사상 이후에 논술해야 할 것이다. 그러나 사상 내용과 중국 불교사상의 논리적 과정으로 보면 양무제의 진신론은 축도생의 불성사상처럼 '성숙'하지 못하였고, 이론화, 체계화되어 있지도 않다. 일부 측면에서 양무제의 진신론은 혜원의 법성론과 마찬가지로 중국 불교사상이 싹트는 준비 단계로서, 뚜렷한 과도기적 특성을 띠고 있다. 따라서 여기에서는 양무제의 불성사상과 혜원의 사상을 함께 고찰하고자 한다.

양무제의 시대에는 열반불성이 이미 널리 알려져 있었다. 길장吉藏의 『대승현론大乘玄論』과 당唐 균정均正의 『대승사론현의大乘四論玄義』 및 원효元曉의 『열반종요涅槃宗要』에서 각각 불성에 대해 나열하고 있는데, 이는 당시 불성 문제가 이미 불교학설의 중요한 문제로 떠오르고 있었음을 설명한다. 또한 열반불성학의 홍기와 성행은 중국불교가 이미 반야학에서 열반불성학의 새로운 단계에 진입하였다는 증표이기도 하다.

애초에 반야학은 중국에서 현학의 종속물일 뿐이었다. 하지만 현학은 향수向秀와 곽상郭象의 의주義注에 이르러 이미 포화상태에 도달하였다. 당시 현철賢哲들은 더 이상 향수와 곽상 이상의 진보를 하려 하지 않았고, 반야학은 그 틈에 주객이 전도되듯이 현학을 능가하였다.

역사기록에 의하면 지도림支道林의 탁월한 이론 제창에 대해 향수와 곽상 등 중현衆賢들과 모든 유학자들이 감탄하지 않는 자가 없었다. 이는 당시 반야학이 이미 현학의 활로로서 발전하였다는 것을 설명한다. 얼마 되지 않아 반야학은 승조 등에 의해 극한에 달하였고, 본무성공本無性空 사상은 자신의 범위 내에서 더 이상 발전할 수가 없었다. 또한 당시의 경제, 정치의 영향으로 인해 열반불성설은 마침내 뚜렷한 학적인 지위에 오르게 되었다.

사상적으로 본다면 반야는 공을 말하고 열반은 유를 말하기에, 공에서 유에 도달하는 것은 중대한 전환이었다. 이 때문에 불학계에서는 자연히 백가百家가 출현하여 다양한 학설이 분분하는 국면을 면할 수 없었다. 일부 승려들은 반야학과 열반불성설을 대립시키거나 혹은 반야학은 구경究竟이 아니라고 말하고, 심지어 반야경의 진실성을 의심하기도 한다. 양무제는 이들과 달리 교묘하게 양자를 통일시켜 『주해대품서注解大品序』에서 아래와 같이 말한다.

열반은 그 과덕果德을 나타내고, 반야는 그 인행因行을 밝히는 것이다. 과果를 나타내면 상주의 불성이 본本이 되고, 인因을 밝힌즉 무생의 중도가 종宗이 된다. 세속제로서 말하면 열반, 반야이지만, 제일의제第一義諦로 말하면 어찌 그 우열을 담론할 수 있으랴?[41]

반야와 열반은 모두 불법으로서 진위와 우열이 존재하지 않는다. 구별은 단지 반야는 인행因行을 밝히고, 열반은 과덕果德을 나타낸다는 것이다. 인을 밝히는 것은 비유비무, 불생불멸의 중도를 그 종지로 하고, 과를 나타내는 것은 불성상주佛性常住를 근본으로 한다. 세속의 논리로 보면 반야와 열반의 구분이 있겠지만, 양자는 모두 불설의 진리인데 어찌하여 그 우열을 말할 수 있겠는가? 이러한 서술로부터 양무제 소연은 반야와 열반에 대해 편견이 없다는 것을 볼 수 있으며, 그의 기타 논술에서도 그가 반야학을 중시한다는 것을 알 수 있다. 위의 문장과 동일한 서문에서 양무제는 또 다음과 같이 말하고 있다.

마하반야바라밀은 두루 통달하여 바닥이 없고, 텅 비고 툭 트여 끝이 없으며(無邊), 마음의 작용이 있는 곳(心行處)이 소멸되었고, 언어로 설명할 수 있는 길이 단절되어(言語道斷), 수술數術로 구할 수 있거나 의식으로 알 수 있는 것이 아니며, 삼명三明으로도 능히 비출 수 없고, 사제四諦로도 논할 수 없다. 이는 보살의 정행正行이고, 도량의 직로直路이며, 본원으로 돌아가는 진법眞法이고 출요出要를 드러내는 상수上首가 된다.[42]

41 『出三藏記集』 권8. 『대정장』 55, 53쪽. "涅槃是顯其果德, 般若是明其因行. 顯果則以常住佛性爲本, 明因則以無生中道爲宗. 以世諦言說, 是涅槃, 是般若, 以第一義諦言說, 豈可復得談其優劣."

42 『出三藏記集』 권8. 『대정장』 55, 53쪽. "至如摩訶般若波羅蜜者, 洞達無底, 虛豁無邊, 心行處滅, 言語道斷, 不可以數術求, 不可以意識知, 非三明所能照, 非四辯所能論, 此乃菩薩之正行, 道場之直路, 還源之眞法, 出要之上首."

양무제는 반야학을 보살의 정행으로서 불법의 최고로 보고 극히 숭배한다. 그러나 총체적으로 본다면 소연 사상의 중심은 공을 현현顯現하는 반야학에 있는 것이 아니라, 유를 말하는 불성설에 있다. 불성학설은 또한 그의 '진신불성론眞神佛性論'에서 집중적으로 체현되고 있다. '진신불성론'이라 함은 진신을 불성으로 하고 진신을 성불의 근거로 삼는다는 것으로, 소연의 표현으로는 진신이 끊어지지 않았기에 "성불의 도리가 확연"[43]하다는 것이다.

길장의 『대승현론』 권3에서는 "제육사第六師는 진신眞神을 정인불성으로 한다. 만약 진신이 없다면 어떻게 진불眞佛을 얻을 수 있을까? 그러므로 진신이 바로 정인불성이다."[44]라고 한다. 여기서 '제육사'는 양무제를 가리킨다.

원효의 『열반종요』에서도 "제사사第四師가 말하기를, 마음에는 신령하여 없어지지 않는 성性이 있다. 만약 심신心神이 이미 몸 안에 있다면 목석 등의 무정물無情物과 구별될 것이며, 그로부터 대각의 과果를 이룰 수 있는 것이다. 그러므로 바로 심신이 정인正因의 체體가 된다. …… 이것이 양무제의 뜻이다."[45]라고 말하고 있다.

당 균정均正의 『사론현의』에서도 "제사第四 양무소천자梁武蕭天子의

---

43 (梁)蕭衍, 『立神明成佛義記』, 『弘明集』 권9, 『대정장』 52, 54쪽. "成佛之理皎然."

44 (隋)吉藏, 『大乘玄論』, 『대정장』 45, 35쪽. "第六師以眞神爲正因佛性. 若無眞神, 那得成眞佛?故知眞神爲正因佛性也."

45 (新羅)元曉, 『涅槃宗要』, 『대정장』 38, 249쪽. "第四師云, 心有神靈不失去之性, 如果心神已在身內, 卽異木石等非情物, 由此能成大覺之果, 故說心神爲正因體 …… 此是梁武蕭焉衍之誤天子義也."

뜻은 마음에 없어지지 않는 성이 있고, 진신이 정인正因의 체體가 되어 이미 몸 안에 있다면, 목석 등의 심성心性이 없는 물物과는 구별될 것이다. 즉 몸 안에 이미 진신성眞神性이 있기에 진불과眞佛果를 얻을 수 있다."⁴⁶라고 한다. 세 사람의 서술은 명명백백한 증거로서 양무제가 진신불성론을 견지하고 있었다는 것은 의심할 여지가 없다. 그러나 양무제는 무엇 때문에 진신을 불성으로 보며, 어떻게 진신이 불성이라 논증하고, 진신불성론의 핵심은 무엇이며, 진신은 어떻게 성불하는가 하는 문제들은 한층 깊이 연구해야 할 문제이다.

양무제는 『칙답신하신멸론勅答臣下神滅論』에서 "불성의 의미가 반박 되어 꼼짝 못하게 되면, 신멸神滅의 이론이 자연히 유행할 수 있다."⁴⁷라 고 하였다. 이는 양무제가 '진신불성론'을 제시한 초심으로서, 사람들은 진신불성이 있어 모두 성불할 수 있다고 하여 범진范縝의 신멸론神滅論 을 반박하였다.

범진은 '형신상즉形神相即', '형질신용形質神用' 등 여러 측면에서 형形 이 다하면 신神이 멸함을 논증하였다. 양무제의 신불멸론은 그 논증함 에 있어서 범진과 마찬가지로 체용의 관계로써 설명하였다. 그러나 출발점과 논증 과정은 상반된다. 범진은 형에서 출발하여 형이 바로 본질이고 체體이며, 신神은 용用으로 파생한 것이라 주장한다. 소연은 심신心神에서 출발하고 심신에는 체와 용의 두 측면이 있다는 것으로

---

46 (唐)鈞正, 『大乘四論玄義』, 『속장경』 46, 601쪽. "第四梁武蕭天子義, 心有不失之性, 眞神爲正因體已在身內, 則異於木石等非心性物, 此意因中已有眞神性, 故能的眞佛果."

47 『弘明集』 권1. 『대정장』 52, 60쪽. "有佛之義旣躓, 神滅之論自行."

설명하는데, 『입신명성불의기立神明成佛義記』에서 다음과 같이 말한다.

> 심心은 용用의 본本이고, 본은 하나이지만 용은 여러 가지이며, 서로 다른 용은 자연히 흥興과 폐廢가 있지만 하나의 본의 성性은 움직임이 없다. 하나의 본은 바로 무명신명無明神明이다. 무명의 호칭을 생각하면 태허太虛의 목目도 아니고 토석의 무정도 아니니, 어찌 무명이라 하겠는가? 그러므로 식은 응당 명明이 되니, 체는 미혹을 면하기 어렵고 미혹하여 알지 못하는 까닭에 무명이다. 무명체상에는 생과 멸이 있으며 생멸은 그 다른 용이니, 무명심의無明心義는 변하지 않는다.[48]

심心은 본本이고 생멸은 용으로, 본은 오직 하나이고 생멸은 각기 다르며, 생멸에는 차이가 있으나 본의 성은 바뀌지 않는다. 심의 본성은 명明이지만 많은 번뇌에 오염되어 미혹이 생기는데, 이것이 바로 무명의 신명神明이라는 의미이다. 무명신명은 유정한 중생만이 갖고 있는 것으로, 허공이나 토석土石들이 가질 수 있는 것이 아니다. 허공은 무정無情이고 토석은 무심無心하여 유명과 무명의 구분이 없으며, 어리석거나 지혜롭거나 깨닫거나 미혹하다는 구별이 없다. 양무제가 여기

---

48 『弘明集』권9, 『대정장』52, 54쪽. "夫心爲用本, 本一而用殊, 殊用自有興廢, 一本之性不移. 一本者, 卽無明神明也. 尋無明之稱, 非太虛之目, 土石無情, 豈無明之謂? 故知識慮應明, 體不免惑, 惑慮不知, 故曰無明. 而無明體上, 有生有滅, 生滅是其異用, 無明心義不改."

서 말하는 무명신명은 부파불교에서 말하는 "심성은 본래 청정하나 객진번뇌에 의해 오염된다."[49]는 것과 유사하다. 또한 심을 본本으로 하고 생멸을 인因으로 하는 것은 『대승기신론大乘起信論』에서 마음을 진여문眞如門과 생멸문生滅門으로 나누고 진여문을 불변不變·수연隨緣 의 이의二義로 설정하는 사상과 비슷하다.

이러한 사상은 양무제의 전체적인 '진신론'의 이론적 바탕이다. 『의 기義記』에서 그는 또 "번뇌를 가진 자를 무명이라 하고, 일체 선법을 갖춘 자를 명이라 한다."[50] 등의 경설經說을 통해 심心과 식識의 성性은 동일하나 연緣을 따라 달리한다. 그리고 생멸의 용은 다르지만, 심의 본은 다르지 않다는 주장을 논증한다. 이렇게 반복 논증을 통해 양무제 가 얻고자 하는 결론은 생멸은 환경에 따라 이전하고 사라지나 신명의 성은 멸하지 않으며, 신명의 성은 불멸하기에 성불의 도리가 확연하고, 생멸은 환경에 따라 이전하거나 사라지기에 생사를 분명하게 알 수 있다는 것이다.

양무제의 '진신론'은 내용으로 볼 때 복잡하지 않고 이해하기 어렵지 않기 때문에 여기서는 언급하지 않겠다. 여기서 중심적으로 토론하고 자 하는 것은 '진신론'과 중국 전통의 '영혼설', 특히 인도불교의 '불성아' 와의 관계이다.

중국의 전통적인 해석에 의하면 '진신'이라 함은 영혼이고, '신성부단 神性不斷'은 곧 '영혼불멸靈魂不滅'이다. 고대 중국의 화복보응禍福報應

---

49 (唐)玄奘 譯, 『成唯識論』, 『대정장』31, 8쪽. "心性本淨, 爲客塵煩惱所染."
50 『大般涅槃經』, 『대정장』12, 411쪽. "若與煩惱諸結俱者, 名爲無明; 若與一切善法 俱者, 名之爲明."

설은 사람은 죽지만 영혼은 불멸하여, 다시 몸을 받으면 살았을 때 행한 선행공덕과 죄악의 업은 내세에 모두 응보을 받게 되며, 응보의 담당자는 죽지 않는 영혼이다. 양무제의 '진신론'은 보응의 주체를 심신心神이란 이름으로 변경하였고, 논술 방면에서도 불교 용어를 사용하였지만, 기본사상은 중국의 영혼설과 다를 바가 없다. 『입신명성불의기』에서 양무제는 "만약 전심前心이 무간의 중악重惡을 지었고, 후생의 식이 불가사의한 선을 지었다면 선악의 거리가 멀어서 전후생의 차이가 아주 아득한데, 만약 용이 과연 하나의 본이 아니라면 어찌 이와 같이 상속할 것인가?"[51]라고 하고, "신명이 끊어지지 않음이 정精이 되고, 정신은 반드시 묘과妙果로 돌아간다."[52]라고 한다. 이러한 표현들에서 소연은 끝없는 심신이 전후 상속하는 것으로 여기고, 선악 보응의 주체가 되어서 '필귀묘과必歸妙果'로서 반드시 성불할 수 있다고 말하고 있다.

본래 인도불교에서 열반에 들거나 성불하는 것은 중국 전통에서 미신의 '승천당昇天堂'과 도교의 '선화仙化'와 구별되는 것이다. 그 중 가장 큰 구별점은 전자는 본체 및 실체성을 부인하여 '열반무체涅槃無體', '중덕衆德의 총명總名'이라고 말한다면, 후자는 실체성實體性을 띠고 있다는 점이다. 이는 북주北周의 도안道安이 말한 "불법은 생生을 공환空幻으로 보아 몸을 잊고 만물을 제도하고, 도법은 나를 진실로 삼으니, 그러므로 이로 말미암아 양생한다."[53]는 것과 연관이 있다.

---

51 『弘明集』권9. 『대정장』 52, 54쪽. "如前心作無間重惡, 後識起非思妙善, 善惡之理大懸, 而前後相去甚逈, 斯用果本無一體, 安得如此相續."

52 앞의 책. "神明以不斷爲精, 精神必歸妙果."

인도불교에서 성불의 근거는 바로 '불성아'이고, 중국에서 '승천당'의 주체는 영혼이나 신명이어서 서로 차이가 크다. 간략하게 말하면 전자는 출세出世의 진아眞我이고, 후자는 세간아世間我와 생사의 '아我'이다.

그렇다면 출세의 진아는 무엇인가? 철학적으로 말하면 아我와 무아無我의 통일이다. 축도생은 『주유마힐경注維摩詰經』「제자품弟子品」에서 "무아는 본래 생사 가운데 '아'가 없다는 것이지, 결코 불성아佛性我가 없는 것이 아니다."[54]라고 하는데, 불성아는 무아를 전제로 삼은 것으로 무아와 아의 통일이다. 그렇다면 '무아'란 또 무엇인가? 석존 시대의 인도 종교에서는 중생이 살아서 죽을 때까지 전생에서 내세까지에는 생명의 주체가 있는데, 이 생명의 주체를 '아'라고 한다. '아'는 생사에서 유전하는데 불변하기에 '아'는 '여래如來' 또는 '여거如去'라고도 부른다.

예를 들면 '십사치난十四置難'은 인도 종교가 중시하는 문제이다. "무엇이 열네 가지 난문인가? …… 사후에 유신(有神: 신을 지니고)으로 후세에 가는가? 무신(신이 없이)으로 후세에 가는가? (사후에) 혹은 유신으로 가기도 하고 혹은 무신으로 가기도 하는가? 신이 또한 없이(亦無) 가는가? 사후에 유신이 아닌 것으로 가기도 하고 혹은 무신이 아닌 것으로 후세에 가기도 하는가?"[55] 석존은 이러한 문제에 대하여 답하지 않고, 연기설을 세워 일체제법은 모두 자성이 없으며, 인연화합

---

53 『二教論·仙異涅槃』,『廣弘明集』권8,『대정장』52, 139쪽. "佛法以有生爲空幻, 故忘身以濟物, 道法以吾我爲眞實, 故服餌以養生."

54 (後秦)僧肇,『注維摩詰經』권3,『대정장』38, 354쪽. "無我本無生死中我, 非不有佛性我."

55 『大智度論』권2,『대정장』25, 74쪽. "何等十四難? …… 死後有神去後世, 無神去後世, 亦有神去, 亦無神去, 死後亦非有神無亦非無神去後世."

으로 '제법무아諸法無我'라고 했다. 이러한 '무아설'은 불교와 인도의 신교神教를 엄격하게 구분하여 초기불교의 '삼법인三法印'의 하나로 삼고 있다.

불법의 오온무아五蘊無我는 정법正法을 증득하여도 무아이기 때문에 "역시 나를 볼 수 없고 오직 정법을 본다."[56]라고 하여 '정법'의 체오를 해탈로 삼는데, 이는 신교神教가 자아自我를 증득하여 해탈로 삼는 것과는 근본적으로 구별된다.

하지만 불교도 업보윤회를 말하기에, 이미 윤회가 있으면 자연히 무엇인가가 윤회해야 하고, 그렇기 때문에 윤회의 주체가 문제로 떠오른다. 불교의 '무아설'은 윤회의 주체를 부인하는데, 이는 불교 학설로 하여금 극복할 수 없는 모순에 빠지게 한다.

부파불교로 발전한 후 일련의 의문이 생기게 된다. "만약 내가 진실로 없다면 누가 능히 업을 짓고 누가 과를 받는가? 만약 무아라면 업이 이미 없어졌는데, 어떻게 다시 미래의 과가 생기나?"[57], "내가 만약 실제로 없다면 누가 생사윤회로 나아가며, 누가 고를 싫어하여 열반을 구하겠는가?"[58]라고 하니, 불법을 원통하게 하기 위해 부파불교 시기에 '보특가라補特伽羅'설이 출현하게 되었다.

『이부종륜론異部宗輪論』에서 "설일체유부說一切有部는 …… 유정은

---

[56] 『雜阿含經』, 『대정장』 2, 67쪽. "不復見我, 唯見正法."

[57] 『阿毘達摩俱舍論』 권30. 『대정장』 29, 158쪽. "若我實無, 誰能作業, 誰能受果? …… 若實無我, 業已滅壞, 云何復生未來果?"

[58] 『成唯識論』 권1. 『대정장』 31, 2쪽. "我若實無, 誰於生死輪回諸趣, 誰復厭苦求涅槃?"

지금의 유집소有執所이니 단지 가립假立으로 상속한다. 일체 행은 모두
찰나의 생멸이기에 분명히 전생에서 후생으로 전轉할 수 없으므로
세속을 위하여 가설로 보특가라를 만들어 전의를 설명한다."[59]라고
한다. 이로부터 본다면 설일체유부는 가명假名의 보특가라에 의지하여
생사를 상속하고, 유부와 구별되는 독자부犢子部들은 '불가설보특가라
不可說補特伽羅'를 세워서 보특가라로 전이轉移함을 설명한다.

『이부종륜론』에서 "독자부는 …… 보특가라는 즉온卽蘊도 아니고
이온離蘊도 아님을 말하는데, 온蘊·처處·계界에 의지하여 가설로 이름
을 지었다. …… 제법이 만약 보특가라를 떠나면 전세에서 후세로
전이轉移할 수가 없기에 보특가라를 의지하여 전이한다고 할 수 있
다."[60]라고 한다.

독자부가 비록 보특가라로 전이함을 설명하였지만, 여전히 실체아實
體我를 얻을 수 없다고 주장한다. 만약 설일체유부에서 독자부가 설립
한 보특가라가 실유實有인지 아니면 가유假有인지 묻는다면, 독자부는
답하기를 "내가 세운 보특가라는 너희들이 말하는 실유도 가유도 아니
다. 단지 현재세에 섭수하는 유집有執의 오온을 의지하여 보특가라를
세웠다. …… 예를 들면 세간에는 땔나무를 의지하여 불이 일어난다.
…… 땔나무를 여의지 않아야 불이 일어날 수 있음이니, 이 땔나무와

---

59 『異部宗輪論』. 『대정장』 49, 16쪽. "說一切有部 …… 有情但依現有執受相續假立,
   說一切行皆刹那滅, 定無少法能從前世轉至後世, 但有世俗補特伽羅說有轉依."
60 『異部宗輪論』. 『대정장』 49, 16쪽. "犢子部 …… 謂補特伽羅非卽蘊離蘊, 依蘊·處·
   界假施設名. …… 諸法若離補特伽羅, 無從前世轉至後世, 依補特伽羅可說有移
   轉."

불은 다르지도 않고 하나도 아니다."⁶¹라고 할 것이다. 그 의미는 보특가라가 온蘊을 여의지도 않았고 즉온卽蘊하지도 않았으니, 양자는 바로 응하지도 않고 여의지도 아니했으며, 다르지도 않고 같지도 않다는 것이다.

부파불교의 보특가라는 비록 '불성아'의 최초의 모양을 갖고 있지만 열반학의 '불성아'는 아니다. '불성아'는 여래장으로 불성학설에서도 정식으로 도출되었으며, "아는 여래장의 뜻이다. 일체중생 실유불성은 아의 뜻이다. 불법에는 아가 있는데 바로 불성이다."⁶²라는 표현으로서 '불성아'의 '아'는 여래장의 뜻으로, 즉 중생에게 불성의 뜻이 있다는 것이다. 또한 중생이 성불하는 근거인데, 이로부터 보면 '불성아'는 실지로 인도 신교의 '아'와 소승불교의 '보특가라' 내지 중국의 영혼과 상통하는 부분도 있다. 하지만 그들의 구별 또한 소홀히 할 수 없다. 종성宗性의 『명승전초名僧傳鈔』 권13에는 '불성아'와 외도의 '아' 사이의 관계를 서술하는 문답이 있어 두 가지를 구별하고 이해하는 데 도움이 된다.

문: 경에 말하기를, 외도는 망령되이 나를 본다고 하는데, 이를 '사도邪倒'라고 한다. 지금 불성이 바로 나임을 아는 것을 일러

---

61 『阿毗達摩俱舍論』 권29. 『대정장』 29, 152쪽. "非我所立補特伽羅, 如仁所徵實有假有, 但可依內現在世攝有執受諸蘊, 立補特伽羅 …… 比如世間依薪立火 …… 謂非離薪可立火, 而薪與火非異非一."

62 『大般涅槃經』 권7. 『대정장』 12, 407쪽. "我者, 卽是如來藏義, 一切衆生悉有佛性, 卽是我義. "佛法有我, 卽是佛性."

'정견正見'이라 한다. 외도가 왜 사견이 되고, 불성이 어찌하여
정견이 되는가?

답: 외도는 신아神我를 잘못 보고 무상을 상常이라 하니 사견이
아니고 무엇인가! 불법은 제일의공을 불성으로 삼는데, 불佛이
진아가 되고 상주이면서 불변이므로 정견이 아니고 무엇인가![63]

외도의 신아는 실체에 집착하고, 무상을 상으로 하기에 사견이고,
불법의 아는 비유비무, 즉유즉무의 제일의공第一義空을 불성으로 하므
로 정견이라는 것이다.

『대반열반경』에서도 반복적으로 '불성아'와 '무아'의 관계를 말하고
있다. 간단히 한두 가지를 살펴보면 다음과 같다.

열반은 무아로 대자재大自在하기 때문에 대아大我라고 한다.[64]

여래는 일체처에 두루하니, 마치 허공과 같다. 허공의 성은 볼 수가
없듯이 여래 또한 실제로 볼 수가 없지만, 자재하므로 일체에 현현하
니, 이와 같이 자재하므로 대아라 한다. 이와 같은 대아는 대열반이라
한다.[65]

---

63 (梁)寶唱,『名僧傳抄』.『속장경』77, 354쪽. "問曰: 經云外道妄見我, 名之爲邪倒,
   今明佛性卽我, 名之爲正見, 外道何以爲邪, 佛性以何爲正. 答曰: 外道妄見神我,
   無常以爲常非邪而何 佛法以第一義空爲佛性, 以佛爲眞我, 常住而不變, 非正而何"
64 『大般涅槃經』 권23.『대정장』12, 502쪽. "涅槃無我大自在故名爲大我."
65 앞의 책. "如來遍滿一切諸處猶如虛空. 虛空之性不可得見, 如來亦爾實不可見,
   以自在故令一切見, 如是自在名爲大我, 如是大我名大涅槃."

불성은 제일의공이며, 제일의공은 지혜라고 하는데, 이른바 공은
공과 불공을 보지 않고, 지자智者는 공과 부처를 보고 상과 무상,
고와 락, 아와 무아를 모두 보고, …… 내지 일체 무아를 보고 아를
보지 못하면 중도가 아니다. 중도는 불성이라 한다.[66]

불성의 대아大我·진아眞我는 무아·무상과 서로 위배되지는 않으나,
아와 무아, 상과 무상의 통일이고 제일의공이다. 즉 불상불하不上不下,
비유비무非有非無, 불리상하不離上下, 즉유즉무卽有卽無의 중도인 것이
다. 무상을 상으로 삼고, 무아를 아로 삼으니, 하나의 허망한 실체를
집착하는 외도의 '신아'와 '불성아'는 구별되는 것이다.
　여기에서 양무제의 '진신'을 돌아보면, 도대체 생사의 '아'인가 아니면
'불성아'인가? '진신론'의 중심사상은 끊임없는 진신을 윤회보응의 주
체 및 성불의 근거로 한다. 그리하여 신성神性을 상常으로 집착하고,
무상을 상으로 보는 아견我見은 중국 전통 관념의 영혼과 다르지 않다.
하지만 이는 '진신론'을 폄하하려는 게 아니다. 그것은 영혼설과 불성아
를 체현함에 있어서 이론사변에는 깊고 옅음이 있고, 일부는 정교하고
일부는 대략적일 수 있기 때문이다. 하지만 양자는 모두 불교의 불성이
론으로서, 여기서 양자 간의 관계를 같고 다른 점으로 논술하는 목적은
중국 불성학설의 사상 발전을 규명하기 위함이다.

---

66 앞의 책, 『대정장』 12, 523쪽. "佛性者名第一義空, 第一義空名爲智慧, 所言空者不
　見空與不空, 智者見空及與不空, 常與無常, 苦之與樂, 我與無我 …… 乃至見一切
　無我不見我者不名中道. 中道者名爲佛性."

제3절 외래종교와 전통사상

"한 나라에서 이론의 실현 정도는 그 나라의 수요에 대한 만족도가 결정짓는다."[67] 이는 한 국가에서 어떠한 이론의 유행 여부와 그 유행의 정도를 설명해 주는 말이다. 하지만 어떠한 국가나 어떠한 사회의 역사 시기에 무엇 때문에 이러한 이론은 통치적 지위를 차지하고, 다른 이론은 통치적 지위를 차지하지 못하는가? 하는 것은 단일한 이유에 의해 결정되는 것이 아니라 다방면의 복잡한 영향을 받게 된다. 예를 들면 플레하노프(Plekhanov)는 다음과 같이 말하고 있다.

어느 특정 시대의 '지혜상태'를 비판적으로 이해하거나, 어느 한 시대에 무엇 때문에 이러한 학설이 그와 다른 학설들 사이에서 승리하였는지를 해석하려면, 우선 그 이전 시대의 '지혜상태'를 이해해야 한다. 그것은 이러한 학설과 학파들이 그 당시 시대를 통치하였기 때문이다.[68]

이는 사회의 의식형태 사이에서 상호관계에 의해 어느 한 학설이 승리를 한 것이다. 우리가 여기서 말하고자 하는 것은 후자에 근접하는

---

67 『馬克思恩格斯選集』 1卷, 10쪽. "理論在一個國家的實現程度, 決定於理論滿足這個國家的需要程度."

68 『論一元論歷史觀之發展』, 165쪽. "爲著理解每一個特定的批判時代的'智慧狀態', 爲著解釋爲什麼在這一時代中正是這些學說, 而不是另一些學說勝利著, 那就應該預先了解前一時代的'智慧狀態', 應該知道, 哪些學說和學派曾在當時統治過."

것인데, 각종 사회의식 형태 간의 상호관계를 연구 토론하는 것이다. 보다 구체적으로 말하면 혜원, 양무제의 불성설 내지 육조六朝 불학사상의 특징을 통해 외래종교와 중국 전통사상 간의 상호관계를 토론하고자 하는 것이다.

『홍명집弘明集』과 『광홍명집廣弘明集』을 읽은 사람들은 대체로 모두 육조의 의승義僧들이 중국 전통문화를 숙지함은 물론 이에 정통하여 자유롭게 운용하는 데 대하여 탄복한다. 그들의 시문과 논서에서는 유가 성인들의 일화나 세속의 전적을 자유자재로 운용하며, 유가경전 내지 노장사상의 이해 등은 이들 불교도(義僧)가 도사道士 및 사대부들과 비교할 때 전혀 손색이 없었다.

역사의 기록에 따르면, 지도림支道林의 『장자』「소요편逍遙篇」에 대한 주해는 당시의 학자들 어느 누구 하나도 탄복하지 않는 이가 없었다고 하는데, 이는 그가 장자의 뜻을 깊이 이해하고 있었다는 것을 알려준다. 왕몽王濛은 도림에 대하여 "미묘한 경계가 왕필王弼에 가깝다."[69]라고 하고, 은사隱士 유일민劉逸民은 승조에 대하여 감탄하여 "승려 중에 다시 하안何晏 같은 이가 있을 줄은 생각지도 못하였다."[70]라고 말하니, 당시 의승들이 현리에 정통하였음을 알려준다.

하지만 단순히 의승들이 현리에 정통하다는 것으로 반야학이 현학의 출로라고 말하는 것은 일부 측면에서 순서가 뒤바뀐 것이다. 반야학이 현학을 대체할 수 있었던 가장 중요한 원인 중 하나가 바로 반야학이 현학보다 더 '현玄'하고 그 사변의 정도가 현학보다 높기 때문이다.

---

69 『高僧傳』, 『대정장』 50, 348쪽. "造微之功, 不減輔嗣."
70 앞의 책, 『대정장』 50, 365쪽. "不意方袍, 復有平叔."

하안·왕필의 본무론本無論이 '무無'의 본체를 인정한다고 한다면,
승조의 부진공不眞空은 본체마저 부인한다. 상수向秀·곽상郭象의 '독화
獨化'설은 현상세계의 존재를 인정하지만, 반야학의 중도관中道觀은
유무有無의 위에 있으면서도 유무에 떨어지지 않음은 더 이상 말할
필요가 없다. 여기서 현학과 반야학에 대해 전면적인 비교·비평을
하지 않겠지만, 공과 무를 논하는 관점에서 반야학의 사변 정도는
현학보다 훨씬 앞서가고 있다. 이 또한 반야학이 현학의 출로가 된
관건이기도 하다.

반야학이 현학의 변증 발전과정을 대체함은 사람들에게 이러한 시사
를 주고 있다. 어떠한 외래문화가 만약 그 사변 수준이 전통사상보다
높다고 한다면, 인류 사고의 변증적 과정을 따라 최후에는 일정한
사회 역사 조건에서 전통사상을 대체하게 된다.

그러나 혜원, 양무제의 불성학설에서 우리들은 그와 상호 반대되는
현상을 보았다. 인도의 열반불성학은 그 사변 정도로 말하면, 중국
고대로부터 전해진 일부 전통적 미신관념보다 훨씬 높다는 것은 의심할
여지가 없지만, 혜원과 양무제 두 사람의 불교신도에게 불성학설은
화려하고 풍부한 중국 전통사상의 특징을 보이고 있다.

혜원 역시 "많은 외서를 읽었고"[71], "특히 노장의 사상에 밝은"[72]
의승義僧이었다. 양무제는 더욱이 "소싯적에 주공(周孔: 周公과 孔子)을
배우고", "중년에 도서道書로 복귀하고", "말년에 불경을 읽기 시작"[73]한

---

71 앞의 책, 『대정장』 50, 361쪽. "外善群書"

72 『出三藏記集』, 『대정장』 55, 109쪽. "尤善老莊."

73 (梁)蕭衍, 『述三敎詩』, 『廣弘明集』 권30, 『대정장』 52, 352쪽. "少時學周孔",

삼교三敎에 통달한 인물이다. 무엇 때문에 두 사람의 불성학설은 모두 전통적 색채를 띠고 있으며, 현학과 반야학이 지나온 길과 현저한 차이가 나는 것일까? 그렇다면 이 두 사람은 불성학설이 처했던 발전단계의 영향을 받은 것은 아닐까? 외래문화가 이국타향에서 뿌리를 내리고 성장하려면, 우선 그 사회에 의해 이해되고 받아들여져야 한다. 하지만 사람들이 이국문화를 받아들이는 과정에 있어서 종종 전통사상으로 그것을 이해하기 때문에, 이국문화는 농후한 전통적 색채를 띠게 된다.

어쩌면 이것이 바로 엥겔스가 말하는 것과 같이, 전통은 거대한 보수역량이다. 따라서 외래문화에 쉽게 순응하지 않고, 반대로 외래문화는 전통 앞에서 처음부터 타협하기에 어쩔 수 없이 변형되고 난 다음에야 겨우 자리를 굳히고 자신의 발전을 도모할 수 있다.

하지만 헤겔(Hegel)의 『철학사강연록』의 한 구절은 사람들에게 시사하는 바가 크다.

전통은 관리자인 그가 접수한 것들을 충실히 보존하고 고스란히 후대에 전하는 것이 아니다. 또한 전통은 자연의 과도기적 상황과 같지 않아, 그것이 형태와 형식의 무한한 변화와 활동에서 영원히 그 원시적인 규칙을 유지하고 변화하지 않는 것이 아니다. 이렇듯 전통은 석상石像처럼 움직이지 않는 것이 아니라 생기가 넘치고 한줄기 홍수처럼 그의 발원지에서 점점 멀어지고 점차 크게 팽창한다.[74]

"中復歸道書", "晚年開釋卷."

이는 헤겔이 『철학사강연록』에서 일관되게 주장하는 근본적인 사상으로서, 인류 사고의 발전 법칙은 쉬지 않고 추상적인 것으로부터 구체적인 것으로, 간단한 것으로부터 복잡한 것으로 발전하는 과정이라는 것이다. 또한 철학사 연구에 대한 주장도 논리와 역사의 통일을 그 원칙으로 해야 한다고 주장하여, 추상적인 것으로부터 구체적인 것으로의 방법을 채용한다.

이러한 사상들은 외래문화와 전통사상의 상호관계에서 나타나는데, 이는 두 가지 문화가 상호 배척하고 상호 거역하는 일면이 있는 동시에, 일정한 역사 조건에서는 상호 융합한다는 것이다. 헤겔의 이와 같은 사상이 과연 얼마만큼의 진리성이 있는가에 대해서는 여기서는 전반적인 평가를 하지는 않겠다.

혜원과 소연의 불성학설을 보면 양자는 모두 이러한 특징을 갖고 있다. 예를 들면 혜원의 '법성론'은 '불변지성不變之性'에서 '무성지성無性之性'으로 변천하고 변화하여 바로 중국의 전통사상과 인도의 성공반야학이 결합하고, 점차 사변思辨의 정도가 높은 성공묘유性空妙有의 사상으로 건너가는 과도기적인 것이다.

또한 소연의 '진신론'은 신불멸神不滅로 사람들은 모두 불성이 있다고 말하는데, 이는 뚜렷이 두 가지 문화를 융합한 것이다. 그 밖에 소연은 신불멸을 논증하는 과정에서, 외서外書와 세전世典을 함께 인용하고 유학과 도학을 아울러 인용하였기에, 소연의 '진신론'은 여러 사상의 혼합물이라 할 수 있다.

---

74 『哲學史講演錄』第1卷, 8쪽.

사고 발전의 일반적인 논리과정에 의하면, 보다 많은 문화를 융합한 사상일수록 후에 나타난 사상이라 볼 수 있다. 이론적으로 보다 풍부하고 심오한 사상일수록 구체적인 사상이지만, 이는 사고의 일반 논리과정에 준한 것이다. 사상의 구체적인 역사 발전과정에서 사상은 각 사회 역사 조건의 영향을 받아 잠시 뒷걸음질하고 우연히 퇴보하는 현상을 보이기도 한다.

예를 들면 양무제는 축도생 이후의 사람이지만 양무제의 불성사상은 그 이론의 사변 수준이 축도생보다 낮다고 볼 수 있다. 본래 사상 발전의 논리와 역사과정의 일치는 변증법의 한 가지 기본원칙이지만, 이러한 일치는 각각 세부적인 측면과 구체적 형식의 중합이 아니라 단지 보편적이고 필연적인 통일이다. 그리하여 역사 발전과정의 일부 우연적인 요인을 배제한 논리과정은 실제로 "역사과정은 추상적이고 이론상 전후를 일관하는 형식상의 반영에 불과할 뿐이다."[75] 비록 이러한 반영은 수정을 거친 것이지만, 현실의 역사과정 자체는 발전법칙으로 수정된다. 그리하여 사상 내용 및 중국 불성사상의 논리과정에 의거하여 양무제의 '진신론'을 축도생 불성사상을 탐구하기에 앞서 고찰하는 것은 역사과정을 위반하는 것이 아니라, 논리와 역사의 일치이며 원칙의 체현이고, 또한 각 불성사상 간의 내재적 관계와 그 발전과정을 살피고 이해하는 데 더욱 유리하다.

---

75 『馬克思恩格斯選集』 2卷, 122쪽. "不過是歷史過程在抽象的·理論上前後一貫的形式上的反映."

제3장 중생유성衆生有性과 일분무성一分無性

중생유성衆生有性은 일체중생이 모두 다 불성을 갖추고 있어서 능히 성불한다고 하는 반면, 일분무성一分無性은 유정중생有情衆生 중에 한 부류의 중생은 불성이 없어서 영원히 성불할 수 없다는 말이다. 이 점은 중국종파 간의 불성학설佛性學說에 있어서 매우 중요한 분야이다.

그 중의 대표는 유식종唯識宗이다. 한 부류의 중생이 결정코 불성이 없어서(無佛性) 영원히 성불할 수 없다는 것을 주장한다. 반면 천태·화엄·선종 등의 종파는 누구나 모두 성불할 수 있음을 제창한다.

유식종은 중국에 유행한 시간이 짧고 영향이 적은 반면, 후자는 중국의 불학에서 중요한 자리와 중국 불성학설의 주류를 차지하고 있다. 유식종의 불성학설은 인도의 유가행학파에서 유래한다. 중국에 제일 먼저 "모든 중생은 다 불성을 갖추고 있음(一切衆生悉有佛性)"을 주장한 이는 진송晉宋 때의 축도생(竺道生, ?~434)이다.

제1절 천제성불설闡提成佛說과 중토열반성中土涅槃聖

불성은 지극히 신묘하고 완선完善하며, 누(累: 번뇌)가 다하여 스스로 현현하지만, 일천제一闡提는 바른 믿음을 갖추지 않아 선근이 다 끊어지고 불성을 갖추고 있지 않아 성불하기가 어렵다. 이는 불교가 동쪽으로 들어와 한漢으로부터 진晉에 이르기까지 중국불교도의 보편적인 학설이었다.

법현이 번역한 6권『니원경泥洹經』에는 여전히 일천제는 성불할 수 없다고 명시하고 있어, 일천제 무불성설無佛性說은 당시 유행하는 견해였다. 뒤에 대본大本『열반경涅槃經』이 번역되면서 비로소 "일체중생 실유불성"이 표명되어 일천제도 역시 성불할 수 있다는 내용이 담겨 있다. 그러므로 일천제도 성불할 수 있다는 학설은 대본『열반경』이 전해진 이후 비로소 정립되었다. 그러나 축도생 법사는 아직 대본『열반경』이 전해지기 전에 6권『니원경』을 통하여 홀로 일천제성불설을 주장하여, 그 당시 불교계에 많은 풍파를 일으켜 무수한 비평을 받았다. 경전에 증거가 없어 불경에 위배되는 사설邪說이라는 이유였다. 그러나 도생은 경전의 표면의 뜻에 굴하지 않고, 여전히 경전 속의 뜻에 맞추어 뜻을 굽히지 않았으며, 당시의 이론에 동요되지 않았다. 바로 대본『열반경』이 전래된 이후 비로소 도생의 말한 바가 틀리지 않아 일시에 대중의 의심은 얼음 녹듯 하였고, 명승과 유명인사들이 앞 다투어 칭찬하였다. 이에 발맞추어 중국불학계의 '일체중생 실유불성'의 불성사상이 주류가 되는 하나의 새로운 단계를 이루었다.

1. 열반제역涅槃諸譯과 천제제의闡提諸義

도생이 일천제도 성불할 수 있다고 주장할 때, 처음에는 배척을 받았지만 후에는 많은 각광을 얻었다. 그렇게 반전된 이유는 대본『열반경』이 번역되어 전파된 데에 있다. 이와 같은 현상은 불교가 초기에 중국에 들어오면서, 불교계는 불교경전을 떠나서 존재할 수 없었기 때문이다. 후에 불교가 점점 중국화되고 중국불교학자의 저작 논서가 많아지면서, 이론상 중국문화의 특색이 점점 가미되었다. 그에 따라 불교경전의 지고무상至高無上의 작용은 점점 약해져서 십이부경十二部經은 선종의 후기에 이르러서는 마침내 '식우지(拭疣紙: 상처 등을 닦는 휴지)'로 격하된다.

만약 불교의 중국화가 긴 역사의 과정이라면, 불교경전은 긴 역사의 과정에서 각각 다른 영향을 받아 중국불교로 발전했음은 의심할 여지가 없다. 이와 같은 이유에서 중국의 열반불성설을 연구하고자 한다면, 열반경이 중국에 전해지고 변역된 상황을 간단히 살펴봄은 당연한 일이다.

열반경의 중국에로의 전역傳譯을 크게 구분하면 소승과 대승으로 나눌 수 있다. 대승열반경은『장아함경長阿含經』의『유행경游行經』에서 나왔다. 대승의 입장에서 보면『유행경』은 소승열반경에 속한다. 『유행경』은 석존 만년의 언행을 중심으로 기록하고 있고, 대승열반경은 교리를 펴기 위한 목적이다. 소승열반경은 중국에 몇 종의 다른 번역본이 있다.

112

①『불반니원경佛般泥洹經』 2권, 서진西晉 백법조白法祖 역.

②『대반열반경大般涅槃經』 3권, 법현法顯의 역으로 되어 있으나, 탕용동湯用彤 선생의 고증에 의하면, 법현의 역이 아니라 누가 번역했는지 명백하지 않다고 되어 있다.[1]

③『반니원경般泥洹經』 2권, 이 경은 역자들의 이설이 분분하다. 『개원석교록開元釋敎錄』에는 동진東晉 때 실역失譯으로 주장하며, 도혜道慧의 『송제록宋齊錄』과 수대隋代의 『중경록衆經錄』, 『법경록法經錄』에는 구나발타라 역이라고 한다. 탕용동 선생도 이 설을 채택하였다. 지승智升은 구나발타라 번역이라는 것을 의심하고 동진 때 실역의 목록에 포함하였다.

소승불교는 중국불교에서의 지위는 말할 가치도 없는 것이며, 소승 열반경 역시 중국 불성사상에 있어서 영향이 없었다. 중국 불성사상에 비교적 영향이 컸던 몇 부의 현존 대승열반경 역본은 다음과 같다.

①『불설방등니원경佛說方等泥洹經』 2권, 서진西晉 축법호竺法護 역.
②『사동자삼매경四童子三昧經』 3권, 수隋 사나굴다闍那崛多 역. 경 가운데 4동자가 예불하는 이야기에서 유래한 경명이다. 『방등니원경方等泥洹經』과 판본은 같으나 역본이 다르다.
③『불설대반니원경佛說大般泥洹經』 6권, 동진東晉 법현法顯 역. 또한 다른 이름으로 6권본 『니원경泥洹經』이라 한다.
④『대반열반경후분大般涅槃經後分』 2권, 당唐 약나발타라若那跋陀

---

1 湯用彤, 『兩漢魏晋南北朝佛敎史』 第16章 참고.

羅 역.

⑤『대반열반경大般涅槃經』40권, 북량北凉 담무참曇無讖 역. 또 다른 이름으로 '대본大本' 혹은 북본北本『열반경』이라 한다.

⑥『대반열반경大般涅槃經』36권. 또한 다른 이름으로 남본南本『열반경』이다. 『고승전高僧傳』「혜엄전慧嚴傳」에 의하면 "혜엄, 혜관慧觀, 사령운謝靈運 등이『니원경』에 근거하여 품목品目을 더하여" 이루어졌다. 또한 6권『니원경』의 목록은 북본『열반경』을 문자상 고친 것이나, 기본 사상은 남북 양본『열반경』과 차이가 미미하다.

위의 여러 열반경이 중국 불성사상에 미친 영향은 비교적 크며, 현재의 자료로 살펴보면, 법현 역의 6권『니원경』과 담무참曇無讖 역의 북본『열반경』이 중시된다. 6권본『니원경』은 사실상 북본『열반경』의 전반부 10권이며, 바로「수명품壽命品 1」부터「일체대중소문품一切大衆所問品 5」까지인데, 같은 판본이나 번역이 다르다. (전하는 말에 의하면, 종지맹宗智猛이 양주凉州에서 번역한 24권본『니원경』과 이것들은 또한 동본同本이나 번역이 다르다고 함.) 비록 이러하지만, 양부『열반경』에 나타난 일천제의 불성 유무와 성불할 수 있는가의 문제에 있어서 기본사상은 완전히 다르다. 6권본『니원경』권3에는 다음과 같이 서술하고 있다.

일천제가 나태하고 게을러서 시체와 같이 종일 누워만 있으면서, 마땅히 성불한다고 말한다. 만약 성불한다고 한다면, 결코 옳지 않다.[2]

이 문장은 북본 『열반경』 권5와 상응하는데, 문자를 바꾸었을 뿐만 아니라 뜻도 크게 다르다.

만약에 일천제가 구경에도 변하지 않고, 중죄를 범하는 자는 불도를 이루지 못함은 옳지 않다. 왜냐하면 이 사람이 부처님 정법 가운데 마음에 깨끗한 믿음을 얻었다면, 이때 바로 일천제는 소멸된 것이기 때문이다. 만약 다시 우바새를 이루었다면 또한 (일천제의) 단멸을 얻은 것이다. 일천제의 중죄를 범한 자도 이 죄가 멸한 이후 바로 성불을 얻는다. 이러한 까닭으로 필경에도 변하지 않아 불도를 이루지 못한다 함은 옳지 못하다.[3]

또한 6권본 『니원경』 권4에서는 다음과 같이 설한다.

일체중생의 몸 중에는 모두 불성이 있다. 한량없는 번뇌라도 다 소멸하고 나면 부처가 바로 현현하지만, 일천제는 제외한다.[4]

---

2 (東晉)法顯 譯, 『佛說大般泥洹經』. 『대정장』 12, 873쪽. "如一闡提懈怠懶惰, 尸臥終日, 言當成佛. 若成佛者, 無有是處."

3 (北涼)曇無讖 譯, 『大般涅槃經』. 『대정장』 12, 393쪽. "如一闡提, 究竟不移, 犯重禁者, 不成佛道, 無有是處. 何以故? 是人於佛正法中, 心得淨信, 爾時卽便滅一闡提. 若復得做優婆塞者, 亦得斷滅. 於一闡提犯重禁者, 滅此罪已, 則的成佛. 是故言畢定不移, 不成佛道, 無有是處."

4 (東晉)法顯 譯, 『佛說大般泥洹經』. 『대정장』 12, 881쪽. "一切衆生皆有佛性在於身中. 無量煩惱悉除滅已, 佛便明顯, 除一闡提."

반면, 북본『열반경』권7과 상응하는 이 문헌에는 이미 "일천제를 제외함(除一闡提)"의 내용이 보이지 않고, 문구마저도 차이를 보이고 있다.

일체중생은 모두 불성이 있으나 번뇌가 덮인 까닭이니, 마땅히 부지런히 수행하면 번뇌를 끊고 무너뜨릴 수 있다.[5]

또한 6권본의 권6, '회복화灰覆火의 게송' 뒤에 다음과 같이 말한다.

저 일천제는 여래성에 있어서 영원히 단절되었기 때문이다.[6]

같은 회복화의 게송 뒤의 복본『열반경』권9의 문구는 많이 다르다.

저 일천제는 비록 불성이 있지만, 한량없는 죄의 허물로 얽혀있기 때문에 현현할 수가 없는 것이다.[7]

이상 몇 단락의 서로 상응하는 문구를 살펴보면, 일천제의 성불 가능성의 문제에서 두 경전의 취지는 확실히 다르다. 그러나 만약

---

5 『大般涅槃經』.『대정장』12, 405쪽. "一切衆生悉有佛性, 煩惱覆蓋故, 是故應當勤 修方便, 斷壞煩惱."

6 『佛說大般泥洹經』.『대정장』12, 405쪽. "彼一闡提於如來性, 所以永絶."

7 『大般涅槃經』.『대정장』12, 419쪽. "彼一闡提, 雖有佛性, 而無量罪垢所纏, 不能 得出."

북본『열반경』앞의 10권만 본다면, 두 사상이 어떤 근본적인 차별이 있는지는 말하기 어렵다. 왜냐하면 북본『열반경』앞의 10권에는 같은 식으로 "일천제를 제외함(除一闡提)"이라는 사상이 있으며, 또한 일천제의 불성이 있음을 부정하고 있다. 예를 들면 권7의 「여래성품如來性品 4」에 다음과 같이 설한다.

일체중생은 다 불성이 있으나 …… 일천제는 제외한다.[8]

권9의 「여래성품 6」에도 다음과 같이 설한다.

일천제를 제외한 나머지 중생들이 이 경전을 들으면 모두 다 보살을 이룰 수 있다.[9]

일천제(마치 종자가 타버리고 나면 비록 백천만겁의 단비를 만나더라도 싹을 낼 수 없는 것과 같다.)는 이와 같아서, 비록 이와 같은 대반열반미묘경전大般涅槃微妙經典을 듣더라도 결국 보리심의 싹을 낼 수 없다.[10]

이러한 문구는 북본 전반부 10권과 6권『니원경』의 다른 부분과 또한 일치하는 부분도 있음을 설명한다. 그런데 같은 북본『열반경』에

---

8 『大般涅槃經』. 『대정장』 12, 404쪽·417쪽. "一切衆生皆有佛性 …… 除一闡提."
9 『大般涅槃經』. 『대정장』 12, 417쪽. "除一闡提, 其餘衆生聞是經已, 悉皆能作菩薩."
10 『大般涅槃經』. 『대정장』 12, 418쪽. "一闡提如焦種雖遇甘雨百千萬劫終不生芽亦復如是, 雖聞如是大般涅槃微妙經典, 終不能發菩提心芽."

서도 앞부분의 10권과 뒤의 30권에서 일천제성불설에 대한 문제는 비록 연관되고 서로 통하는 부분도 있지만, 서로 간에 모순도 명확하게 볼 수 있다. 예를 들면 권24의 「고귀덕왕보살품高貴德王菩薩品 4」에서 이를 정확하게 말한다.

모든 중생이 불성이 있음을 안다. 불성이 있기 때문에 일천제 등도 본심을 버리고 다 마땅히 삼보리를 이룰 수 있다. 이와 같음을 성문聲聞, 연각緣覺은 알지 못하나 보살은 능히 안다.[11]

또한 권27의 「사자후품獅子吼品 10의 1」에서도 아래의 말을 볼 수 있다.

일천제 등도 다 불성이 있다. 무슨 까닭인가? 일천제 등도 반드시 아뇩다라삼먁삼보리를 이룰 수 있기 때문이다.[12]

일천제도 능히 삼보리를 이룬다는 성불의 사상은 북본 『열반경』 후반부에서 쉽게 볼 수 있으며, 분명하게 적혀 있다. 이는 뒤에 담무참曇無讖이 서역을 방문하여 뒷부분 30권을 새로 추가하였고,[13] 그에 따라

---

11 『大般涅槃經』.『대정장』 12, 505쪽. "知諸衆生皆有佛性. 以佛性故一闡提等舍離本心, 悉當得成三菩提. 如此皆是聲聞緣覺所不能知, 菩薩能知."

12 『大般涅槃經』.『대정장』 12, 524쪽. "一闡提等悉有佛性. 何以故 一闡提等定得當成阿耨多羅三藐三菩提故."

13 『出三藏記集』 권14,『대정장』 55, 103쪽에서 자세히 볼 수 있다.

일천제성불설에 있어서는 앞부분 10권과 많은 차이가 있음을 설명해준다. 이와 같은 차별은 문자의 표현상 문제뿐만 아니라, 뒷부분 30권은 일천제가 어떻게 불성이 있는가에서 더 나아가 어떻게 능히 성불을 이루는가의 이론적인 논증을 나타내고 있다. 권22 「광명품光明品」에 다음과 같은 문장이 있다.

> 일천제는 또한 결정된 것이 아니다. 만약 결정되었다면 이 일천제는 끝내 아뇩다라삼먁삼보리를 이룰 수 없고, 만약 결정되어 있지 않으면 능히 얻을 수 있음은, 너희가 말하는 불성이 끊어지지 않는다고 하는 것과 같다. 무엇이 일천제의 선근을 끊을 수 있다고 하는가? 선근에는 두 종이 있는데, 하나는 안이고 하나는 밖이다. 불성은 안팎의 문제가 아니기 때문에 불성은 끊어지지 않는다. 다시 또 두 종이 있는데, 하나는 유루有漏이고 다른 하나는 무루無漏이다. 불성은 유루와 무루가 아닌 까닭이며, 다시 두 종이 있는데, 하나는 상常이고 다음은 무상無常이다. 불성은 상과 무상이 아니므로 끊어지지 않는다.[14]

다시 말하면 천제는 비록 선근은 끊어졌으나 불성은 끊어지지 않았다는 것이다. 왜냐하면 선근은 내외內外, 상단常斷의 구별이 있으나, 불성

---

[14] 『大般涅槃經』, 『대정장』 12, 493쪽. "善男子, 一闡提者亦不決定, 若決定者, 是一闡提終不能得阿耨多羅三藐三菩提, 以不決定, 是故能得, 如汝所言, 佛性不斷. 云何一闡提斷善根者? 善根有二種: 一者內, 一者外, 佛性非內非外, 以是義故, 佛性不斷. 複有二種: 一者有漏, 二者無漏, 佛性非有漏非無漏, 是故不斷. 複有二種: 一者常, 二者無常, 佛性非常非無常, 是故不斷."

에는 내외, 상·무상의 문제가 아니기 때문이라는 것이다. 이 사상은 대본 『열반경』과 6권 『니원경』을 구별하는 가장 중요한 특징의 하나이며, 또한 북본 『열반경』의 근본사상이 담겨 있다. 북본 『열반경』에는 불성은 세상의 상相을 초월하고, 언설이 끊어졌으며, 내외가 없고, 유무의 양변에 떨어지지 않는 '중도리체中道理體'와 '제일의공第一義空'이라고 한다.

불성은 제일의공이라고 한다. 제일의공은 지혜이다. 여기서 말하는 공은 공과 불공을 말하는 것이 아니라 …… 중도는 불성이 된다.[15]

불성은 바로 일체제불 아뇩다라삼먁삼보리 중의 도종자道種子이다.[16]

중생의 불성은 마치 허공과 같아서 허공은 과거도 아니고, 미래도 아니고, 현재도 아니며, 내외도 아니다.[17]

중생의 불성은 있는 것도 아니고 없는 것도 아니다. …… 불성은 비록 없으나 토끼 뿔과는 다르니, 무슨 까닭인가? 거북이의 털과 토끼의 뿔은 설사 수없이 많은 특별한 방편을 쓰더라도 털은 나지

15 『大般涅槃經』, 『대정장』 12, 523쪽. "佛性者名第一義空. 第一義空名爲智慧. 所言空者不見空與不空 中道者名爲佛性."

16 『大般涅槃經』, 『대정장』 12, 768쪽. "佛性者, 卽是一切諸佛阿耨多羅三藐三菩提中道種子."

17 『大般涅槃經』, 『대정장』 12, 568쪽. "衆生佛性猶如虛空, 虛空者非過去非未來非現在非內非外."

않으나, 불성은 생겨 나온다. 그러므로 불성은 있는 것도 아니고 없는 것도 아니며, 또한 있기도 하고 없기도 하다.[18]

북본『열반경』은 '중도리체'와 '제일의공'으로 불성을 해석함으로써 전반에 걸쳐 불성학설의 근본적인 변화를 가져왔다. 한편으로는 부파불교의 '보특가라補特伽羅'설 및 여래장설에서는 '신아神我'의 색체를 아주 많이 축소시켰으며, 다른 한편으로는 '소상절언(掃相絶言: 상을 제거하고 언어를 끊음)'의 반야학 이론과 연결시켰다. 실제상 역유역무亦有亦無, 비유비무非有非無의 제일의공으로써 불성을 해석함은 완전히 반야학의 유무상즉有無相卽의 중도관이 열반학으로 나타난 것이다. 당연히 이성理性으로써 불성을 해석함은 바로 관정灌頂이『대반열반경현의大般涅槃經玄義』에서 말한 바 있는 '결정설決定說'이다. 다만 새롭게 첨가된 후의 30권은 결코 처음 시작할 때의 '결정설'이 아니며, 제11권부터 제30권까지는 더 많은 '부정不定'으로써 일천제를 설명한다. 예를 들면「범행梵行」등의 품 가운데, 한 방면으로는 보살의 서원으로써 일천제를 구제하며, 또 다른 방면으로는 개미를 죽임은 죄가 있으나 일천제를 죽임은 무죄라고 한다. 또한 한편에서는 일천제는 선근이 끊어졌기 때문이며, 다른 한편에는 일천제를 다시 이근천제利根闡提와 중근천제中根闡提의 둘로 나누는데, 이근利根은 현세의 선근善根이며, 중근中根은 후세에 얻을 선근이라고 한다.

18『大般涅槃經』,『대정장』12, 572쪽. "衆生佛性非有非無佛性雖不能同兔角, 何以故? 龜毛兔角雖以無量善巧方便不可得生, 佛性可生, 是故佛性非有非無亦有亦無."

일천제들을 두 가지로 분별하면, 하나는 현세에 선근을 얻은 것이며, 둘은 후세에 선근을 얻을 것이다. 여래는 일천제가 능히 현재에 선근이 있음을 잘 알아 바로 설법하며, 후세에 얻음을 알고 또한 설법한다. 금생에 비록 쓸모는 없으나 후세의 인因이 되므로 여래는 일천제를 위하여 법요를 잘 설한다.[19]

일천제는 다시 두 종류가 있는데, 하나는 이근利根, 하나는 중근中根이다. 이근의 사람은 현세에 선근을 얻고, 중근의 사람은 후세에 바로 선근을 얻을 것이다.[20]

여기에서 이근利根·중근中根의 설은 실제로 앞부분 10권의 "일천제를 제외한다."는 설과 「사자후獅子吼」와 「가섭迦葉」 등의 품에서 설하는 "천제도 반드시 불성이 있다."는 둘 사이의 과도기이며, 분명히 불성이 있어 성불할 수 있다는 이론을 뒷받침하는 하나의 이론적 교량이다. 왜냐하면 일천제와 선근은 본래 서로 용납이 안 될 뿐 아니라, 일천제는 또한 선근이 완전히 끊어진 사람이기 때문이다. 이는 많은 불교경전에서 반복적으로 설해왔던 것이며, 북본의 앞부분 10권의 명칭 해석에서 보면, 천제는 또한 "살릴 수 없는 시체", "새까맣게 타 버린 씨앗", "이미 구멍 나버린 과일 씨"[21] 등으로 설명되어 있다. 북본 『열반경』

---

19 『大般涅槃經』, 『대정장』 12, 482쪽. "一闡提輩分別有二: 一者得現在善根, 二者得後世善根. 如來善知一闡提能於現在得善根者則爲說法, 後世得者亦爲說法. 今雖無益作後世因, 是故如來爲一闡提演說法要."

20 『大般涅槃經』, 『대정장』 12, 482쪽. "一闡提者復有二種, 一者利根, 一者中根. 利根之人於現世能得善根, 中根之人後世則得."

권5에는 다음과 같이 설한다.

> 믿음이 없는 사람을 일천제라고 한다. 일천제는 구제할 수가 없다.
> 일천제는 일체 모든 선근의 근본이 단멸되어서, 마음이 일체의
> 선법善法에 반연하지 않는다.[22]

또 권9, 권10에도 다음과 같이 설하고 있다.

> 이 병은 제불세존이라도 구제할 수 없으니, 왜냐하면 바로 세상의
> 죽은 시체와 같아서, 의사가 치료할 수 없는 것과 같다.[23]

> 천제는 마치 타버린 종자와 같고, 구멍 나버린 씨앗 같아서, 설사
> 더없는 단비가 내려도 싹을 낼 수가 없다.[24]

일천제가 마치 죽은 시체나 타버린 종자라면, 가령 훌륭한 의사나
단비를 만나더라도 절대로 다시 살아날 수가 없다는 것이다. 다만
북본『열반경』의 뒷부분 30권을 보면 이성理性을 가지고 불성을 해석하

---

21 "不治之死屍", "燒焦之種子", "已鑽之果核"

22 『大般涅槃經』, 『대정장』 12, 391쪽. "無信之人, 名一闡提. 一闡提者, 名不可治", "一闡提者, 斷滅一切諸善根本, 心不攀緣一切善法."

23 『大般涅槃經』. 『대정장』 12, 477~478쪽. "諸佛世尊所不能治, 何以故?如世死屍, 醫不能治."

24 『大般涅槃經』. 『대정장』 12, 667쪽. "闡提如燒焦之種, 已鉆之核, 卽使有無上甘雨, 猶亦不生."

므로, 설령 일천제가 선善이 단멸하더라도 자기가 본래 이미 갖추고 있는 성불의 이성은 결코 없어질 수가 없다. 다만 부처님과 인연이 없어서 이 같은 이불성理佛性을 아직 알지 못한 상태이다. 만약에 일정한 조건을 구비한다면 선지식을 만나거나, 경전을 읽거나, 불법을 듣는 등 불성력佛性力의 인연이 있는 까닭으로 다시 선근이 날 수 있다. 사실상 이것은 정인正因과 연인緣因의 문제이다. 일천제가 연인을 갖추지 않았을 뿐, 정인이 없다는 것은 아니다. 그것은 정인을 갖추면 빠른 자는 현세에 선근을 얻고, 느린 자는 후세에 선근을 얻는다.

따라서 북본『열반경』의 「성행聖行」, 「범행梵行」 등 여러 가지 품들에서 이근利根, 중근中根의 두 종류의 천제는 앞부분 10권의 "천제단선闡提斷善"에서 뒷부분 30권의 천제가 선근을 다시 생기게 한다는 전환의 역할을 하게 되었다. 「가섭」 등의 품들에서는 일천제가 무엇 때문에 선근을 다시 생하는가? 언제 선근이 생기는가? 하는 문제들에 대해 반복적으로 말하고 있다. 천제가 혹은 처음으로 지옥에 들어갈 때 공포감과 두려움이 생기고, 지옥을 나올 때 죄가 다하였기 때문에 선근이 생길 것이라고 말한다. 경전에서는 또한 선성비구善星比丘를 예로 들어 "선성비구는 영원히 선근善根이 단절되었으나, 성도聖道를 수행하면 여전히 삼보리三菩提를 얻을 수 있다."[25]라고 한다.

결론적으로 북본『열반경』은 '천제가 성불할 수 있는가' 하는 문제에서 전후 사상은 일치하지 않으며, 대체적으로 「여래성품」을 위주로 하는 앞의 6품에서는 주로 '일천제를 제외함을 제창하고, 「가섭품」을

---

25 『大般涅槃經』, 『대정장』 12, 563쪽. "善星比丘永斷善根, 修習聖道仍可得三菩提."

124

위주로 하는 뒤의 4품에서는 '일체중생이 모두 불성이 있고 일천제도 성불할 수 있다'고 주장한다. 그 중간의 「성행」, 「범행」, 「영아행」의 세 품들은 과도기적 성질을 띠고 있다. 천제를 '이근천제'와 '중근천제' 두 유형으로 나누고, 이근자는 현세에 선근을 얻고 중근자는 후세에 선근을 얻는다고 말한다. 또한 일천제가 불치不治의 경지에서는 현세와 후세에 선근을 얻을 수 있는 것은 여래의 대비大悲라고 여긴다.

북본『열반경』의 사상적인 모순은 아마도 이 경전의 번역과정을 종합한 데 그 원인이 있는 듯하다. 물론 북본『열반경』은 천제성불의 논리에 모순이 있음에도 그 주된 사상이 '일체중생 실유불성'과 일천제도 성불할 수 있음을 제창하였다는 것을 우리는 조금도 부정할 수 없다. 또한 이치(理)로써 불성을 해석하는 사상이 중국 불성학설에 대한 중대한 영향을 미쳤음을 부인하지 않는다.

2. 중생유성설衆生有性說과 중토열반성中土涅槃聖

진말晉末로부터 '일체중생 실유불성'의 사상은 중국 불성사상의 주류가 되었고, 경제와 정치 및 사회적 의식형태 등 여러 방면의 요인으로 '중생실유불성'을 주류로 하는 불성사상은 한 걸음 더 발전하여 중국불학의 주류가 되었다. 그 중 중국 불성사상 내지 중국불학의 전체적인 방향을 개혁하고 변화시킨 중심적인 인물이 있었으니, 그가 바로 진송晉末 시기의 축도생竺道生이다.

진송 시기, 열반불성학이 막 중국에 전해질 당시 "법현 스님은 멀리 가서 진본을 찾고자"[26] 하여 천축에서『대반열반경大般涅槃經』을 얻고,

그것을 양도揚都에 가지고 와 불타발타라佛馱跋陀羅 등이 "참여하여 번역하고, 상세히 정리해 내어서"[27] 당시 열반불성학을 근거로 하는 주요 경전으로 자리 잡았다.

『대반니원경大般泥洹經』이 일천제가 불성을 갖고 있지 않아 성불할 수 없다고 주장하기 때문에 당시 열반학에 있어서는 일천제는 불성이 없어 성불할 수 없다고 주장하였다.

기록에 따르면, 당시 축도생은 『대반니원경』을 교과서로 하였으나, 도생은 6권 『니원경』을 연구하고 강의하는 과정에서 이 경전이 열반의 정확한 의의를 완벽하게 설명하지 못한다고 생각했다. 그리고 일천제가 불성을 갖추지 못하였다는 설에 의심을 품었다. 일본 원흥사元興寺의 승려 종 법사宗法師는 『일승불성혜일초一乘佛性慧日鈔』에서 『명승전名僧傳』 권10에 나오는 도생의 아래와 같은 표현을 인용하였다.

품기(稟氣: 하늘로부터 품부 받은 기)의 두 뜻은 모두 열반의 정인正因이다. 삼계에 생을 받음은 오직 다 미혹의 과果이다. 천제도 생류生類인데, 어찌 홀로 불성이 없으랴! 대체로 이 경전에서 아직 다 설하지 않았을 뿐이다.[28]

의심은 축도생으로 하여금 한층 더 깊이 열반불성학에 대하여 깊이

26 (梁)僧佑, 『出三藏記集』. 『대정장』 55, 41쪽. "法顯道人, 遠尋眞本."
27 『出三藏記集』. 『대정장』 55, 41쪽. "參而譯之, 詳而出之."
28 (日本)宗法師, 『一乘佛性慧日抄』. 『대정장』 70, 173쪽. "稟氣二儀者, 皆是涅槃正因. 三界受生, 蓋唯惑果. 闡提是含生之類, 何得獨無佛性, 蓋此經度未盡耳."

생각하고 탐구하게 하였다. 도생은 깊은 사고를 거친 후, 언어 밖의
도리를 철저히 깨닫고 감탄하여 다음과 같이 말하였다.

> 상상象으로써 뜻을 다하고 뜻을 얻으면 '상'을 잊는다. 말로써 이치(理)
> 를 설명하고, '이치'를 얻으면 말을 쉼이다. 경전이 동쪽으로 왔으나
> 번역하는 사람의 장애가 많고 대부분 문자의 표면에 뜻이 묶여,
> 원의圓義를 보는 자가 매우 드물다. 통발을 잊고 고기를 얻어야
> 비로소 도라고 말할 수 있다.[29]

도생은 경전의 도리를 분석하여 그 숨은 뜻을 꿰뚫어보아 일천제도
성불할 수 있다고 말하였다. 당시 대본『열반경』은 아직 남쪽으로
전해지지 않은 터라, 그러한 사상은 고립되어 구학舊學의 승려 무리들
에 의해 사설邪說이라고 여겨져서 비판을 받고 추방당하였다. 그러나
축도생은 자신의 주장을 굽히지 않고, 오히려 자신이 주장하는 바를
굳건히 고집하였다. 기록에 의하면 그는 추방당하던 당시 사람들 앞에
서 "만약 나의 주장이 경의에 맞지 않다면 금생에 바로 역질을 마다하지
않으리. 만약 실상에 위배되지 않는다면, 목숨을 버릴 때 사자좌에
머물리라."[30]라고 맹세하고 자리를 떠났다. 처음 호구虎丘에 도착하여

---

29 (梁)慧皎 撰,『高僧傳』.『대정장』50, 366쪽. "夫象以盡意, 得意則忘象. 言以詮理,
   入理則息言. 自經典東流, 譯人重阻, 多守滯文, 鮮見圓義. 若忘筌取魚, 始可與言
   道矣."

30 앞의 책, 366쪽. "若我所說反於經義者, 請於現身卽表癘疾. 若與實相不相違背者,
   願捨壽之時, 據師子座."

도생은 돌멩이에게 설법하여, 만약 경의에 부합되면 완석頑石이 그로
인해 고개를 끄덕인다고 하였는데, 과연 돌멩이가 고개를 끄덕였다.
이러한 이야기가 전파되자 열흘도 안 되어 학도學徒가 수백 명으로
늘었고, 오래지 않아 도생은 여산廬山으로 향하였다. "산중의 대중들이
다함께 공경"[31]하였고 훗날 북량北凉 담무참曇無讖이 번역한 북본北本
『열반경』이 남경南京으로 전해졌는데, 과연 천제가 불성이 있다는
내용이 들어 있어 "그래서 경읍(남경)의 모든 승려가 부끄럽고 참을
수 없어서, 뒤를 좇아가 믿고 따랐다."[32], "천제도 부처가 될 수 있고,
이 또한 근거가 있으며, 돈오는 과보를 받지 않는다는 등 도생이 제출한
내용들은 당시 사람들의 표본이 되었다."[33]라고 하였다. 그리하여 축도
생은 '열반성涅槃聖'이라 불리고, 그의 학설도 사회의 승인을 받아 불교
계의 주도적 사상으로 발전하였다.

　다량의 전기사료에 따르면 축도생은 확실히 중생유성衆生有性, 천제
성불설闡提成佛說을 가장 먼저 제창한 자이고, 축도생의 중생유성의
사상 자체는 그가 집필한 일렬의 저서들에 잘 나타나 있다. 『묘법연화경
소妙法蓮華經疏』, 『주유마힐경注維摩詰經』, 『대열반경집해大涅槃經集
解』등의 저작에서 축도생은 중생유성의 사상에 대해 많은 논술을
하였다.

　『법화경소法華經疏』에서 축도생은 다음과 같이 설한다.

31　앞의 책, 367쪽. "山中僧衆, 咸共敬服."

32　앞의 책, 367쪽. "於是京邑諸僧, 內慚自疚, 追而信服."

33　앞의 책. "時人以生推闡提得佛, 此語有據, 頓悟不受報等, 時亦憲章."

중생은 본래 불지견佛知見이 있지만 번뇌의 장애로 나타나지 않을
뿐이다. 부처가 장애를 여의면 성불한다.[34]

듣기로는 일체중생은 다 부처를 이룰 수 있다.[35]

일체중생이 부처가 아님이 없어서 역시 다 열반을 이룬다.[36]

이처럼 명백하게 중생은 유성有性으로 모두 성불할 수 있다 함은
당연히 해석이 필요 없을 정도이다. 여기서 주의할 점은 도생은『법화
경』의 "불지견을 엶(開佛知見)"으로 중생유성을 설명하고 있다는 것이
다. 이러한 사상은 훗날 불성학설에 큰 영향을 미치며,『법화경』에
나타난 '개開·시示·오悟·입入'의 대강大綱은 훗날 중국 승려가 중생실
유불성衆生悉有佛性을 논증하는 중요한 근거로 되는데, 이것은 축도생
이 제창하고 선양한 것과 관계가 없다고 할 수 없다.
　『주유마힐경』에서도 도생은 중생유성, 중생즉불衆生卽佛을 말하고
있지만, 그 사상과 내용 및 표현방식은 또 다른 양상을 보여주고 있다.
도생은 다음과 같이 설한다.

만약 자기와 부처가 가깝다고 보았다면, 자기와 부처는 그 모습(相)

---

34 (劉宋)竺道生,『法華經疏』.『속장경』27, 5쪽. "良由衆生, 本有佛知見分, 但爲垢障
　　不現耳. 佛爲開除, 則得成之."

35 『法華經疏』.『속장경』27, 5쪽. "聞一切衆生, 皆當作佛."

36 앞의 책, 13쪽. "一切衆生, 莫不是佛, 亦皆泥洹."

이 다를 뿐만 아니라 거리가 먼 것인데, 어떻게 보았다고 하겠는가? 만약 자기 스스로 실상實相을 관(찰)할 수 있다면, 부처를 관(찰)하는 것이 또한 그러하듯이 다시 서로 다르지 않게 되니, 이미 어그러짐이 없게 되어 본 자(見者)가 된다.[37]

만약 부처를 봄(見)을 보는 것이라 한다면, 이런 도리는 본래 없다. 부처는 또한 볼 수 없으니, 부처가 있음을 보지 않는 것이 바로 부처를 보는 것일 뿐이다.[38]

이미 이치(理)를 관찰하여 성을 얻으면, 마땅히 속박이 다하여 열반에 이른다. 만약 마음이 열반을 귀하게 여기어 취하고자 한다면, 다시 열반에 속박된다. 만약 번뇌를 끊지 않고서 열반에 들 수 있다면, 열반과 번뇌의 차이를 보지 않게 되므로 속박이 없다.[39]

여기서는 열반불성涅槃佛性을 말하고 반야사상을 용으로 한다. 중생과 부처는 본래 불일불이不一不異한 것이다. 만약 견불見佛을 견見으로

---

37 (後秦)僧肇, 『注維摩詰經』, 『대정장』 38, 410쪽. "若謂已與佛接爲得見者, 則已與佛相去遠矣, 豈得見乎? 若能如自觀之實相, 觀佛亦然, 不復相異, 已無乖爲得見者也."

38 『注維摩詰經』, 『대정장』 38, 410쪽. "若以見佛爲見者, 此理本無. 佛又不見也, 不見有佛乃爲見佛耳."

39 『注維摩詰經』, 『대정장』 38, 345쪽. "旣觀理得性, 便應縛盡泥洹. 若心以泥洹爲貴而欲取之, 卽復爲泥洹所縛. 若不斷煩惱卽是入泥洹者, 是則不見泥洹異於煩惱, 則無縛矣."

하는 것은 사실상 이미 자신과 부처를 나누어 둘로 만드는 것이다. 중생과 부처의 관계는 자신과 실상의 관계와 같다. 자신은 실상의 체현이고 자신을 떠나서 실상이 없고 실상을 떠나 자신이 없어 양자는 다르지 않다.

또한 이른바 니원泥洹이라 함은, 본래 연루된 속박에서 벗어나 이를 관조하여 성을 얻을(觀理得性) 수 있다. 만약 열반을 바깥의 것으로 여기고 그것을 얻으려 갈망한다면 반드시 열반에 의해 속박될 것이고, 번뇌와 열반은 본래 불일불이한 것으로, 번뇌가 즉시 열반이고 탐욕은 즉시 도이기에 결코 번뇌를 끊고 열반에 들 수 없다.

또한 번뇌와 열반을 둘로 보아 번뇌를 끊고서 열반에 들려 한다면 또다시 열반에 의해 속박된다. 그러므로 번뇌와 열반을 구분하지 않아야 속박이 없이 진정한 열반에 들 수 있다. 이러한 논술은 반야학에서 제법실상이 불일불이하다는 사상들과 얼마나 유사한가! 사실상 축도생의 열반불성학설은 바로 반야실상학般若實相學을 이론의 기초로 하고 있다.

3. 반야실상의般若實相義와 열반불성아涅槃佛性我

축도생은 처음 여산에서 승가제바僧伽提婆에게 수업하여 일체유부一切有部의 교의를 배웠으며 '비담(毘曇: 論部의 총칭)' 등에 대해 커다란 소득이 있었다. 도생은 '비담'을 그 최종으로 하지 않고 열심히 많은 경전들을 연구하였다. 후에 혜예慧睿, 혜엄慧嚴과 같이 장안長安을 행각하면서 구마라집에게서 반야학을 배우고, 반야의 소상절언掃相絕

言의 정의를 깊이 터득하였다. 그러나 도생은 비록 반야에 정통하지만, 그의 학설은 반야를 특징으로 하는 것이 아니라 열반을 가장 자신 있게 생각한다. 도생이 열반에 더 뜻을 둠은 반야를 그 기초로 하기 때문이다. 도생의 사상은 부처(佛)와 불성佛性의 의미를 담고 있으면서도 반야의 실상의實相義와 많이 상통하는 의미를 갖고 있다.

도생의 저작들에서 불성은 아주 넓은 뜻을 담고 있고 그 설법도 아주 많아 실제로 사람들이 당황할 정도이다. 그는 노자의 "도道를 말하면 상도常道가 아니고, 이름을 붙인다면 항상된 이름이 아니다."[40]라는 말과 유사한 논리를 전개하지만, 불성을 설명하면 할수록 이와는 멀리 떨어지게 된다. 이 모든 것을 통틀어 다음과 같이 네 가지로 설하고 있다.

첫째, 체법위불體法爲佛, 법시불성法是佛性, 법즉불法卽佛.

『묘법연화경주소妙法蓮華經注疏』에서 도생은 다음과 같이 여래에 대해 정의를 내린다.

여래如來란 만법은 비록 다르나 일여一如로서는 같은 것이며, 성체聖體로 와서 중생을 교화하는 까닭에 여래이다.[41]

일여一如는 진여眞如로서 진여는 우주본체의 실상實相, 만사만물의 만법萬法과 같아 만법은 비록 각기 다르지만 일여의 실상은 다 같은

---

40 (春秋)老子, 『道德經』, "道可道非常道, 名可名非常名."

41 『法華經疏』, 『속장경』 27, 5쪽. "如來者, 萬法雖殊, 一如是同, 聖體之來, 來化群生, 故曰如來."

것이고, 여래라 함은 이러한 일여의 실상을 입증하기 위해 중생을 깨닫게 하는 성자聖者이다.

『대반열반경집해大般涅槃經集解』와 『주유마힐경注維摩詰經』에서 도 생은 '체법위불'을 직설적으로 말한다.

> 법을 체득하는 것으로 부처(佛)로 삼는 것은, 법을 여의고는 부처가 있을 수 없기 때문이다. 만약 법을 여의지 않고 부처가 있음이 법이다. 그렇기 때문에 부처 또한 법이다.[42]

> 법을 체득함이 부처가 되니, 법이 바로 부처이다.[43]

> 법을 체득함은 그윽이 자연과 합하니, 일체제불이 다 그렇지 않음이 없으므로 법으로써 불성을 삼는다.[44]

그 뜻은 부처라 함은 바로 제법에 있어서 제법과 멀리하지 않는 것이고, 체법體法이라 함은 역시 제법을 체증體證하고 제법과 하나가 되는 것이다. 이는 다른 한 물건이 있어 체증하는 것이 아니라 법이 바로 부처이고, 체증 역시 자연에 귀의하여 자연과 계합함을 이룬다는

---

42 『注維摩詰經』. 『대정장』 38, 398쪽. "生曰以體法爲佛, 不可離法而有佛也. 若不離 法有佛是法也, 然則佛亦法也."

43 (梁)寶亮 등, 『大般涅槃經集解』. 『대정장』 37, 549쪽. "體法爲佛, 法卽佛也."

44 『大般涅槃經集解』. 『대정장』 37, 549쪽. "夫體法者, 冥合自然, 一切諸佛, 莫不皆 然, 所以法爲佛性也."

의미이다. 이는 사실상 실상을 체증하는 것으로 여래를 해석하는 것과
같은 의미이다. 이는 곧 실상은 제법이고 제법이 곧 실상으로서, 양자는
모두 진여의 체현으로 이름은 다르나 그 실체는 동일한 것이다. 달리
말한다면, 이른바 부처라는 것은 "본本을 얻으면 자연이다."[45], "본을
얻으면 성性이라 한다."[46], "어리석음(迷)을 돌이켜 극極으로 돌아간다.
극으로 돌아가면 본을 얻는다."[47]라는 것이다.

축도생의 '체법體法', '귀극歸極'사상과 혜원慧遠의 '체극體極', '구종求
宗'은 일부 유사한 점들이 있는데, 방법으로 말하자면 양자는 모두
체증을 말하며, 이는 그들의 공통점이다. 그러나 양자는 또한 구별이
있다. 이는 주로 무엇을 체증하는가 하는, 즉 체증의 대상에서 나타난
다. 혜원이 체현하고자 하는 '극極'은 '불변지성不變之性'으로 그의 '불변
지성'은 실체성을 가지고 있다. 이는 혜원의 '법성론法性論'으로 '본무설
本無說'에 근접한다. 반면 도생의 '귀극'의 '극'은 결코 실체가 아니라
바로 법, 자연, 실상이다. 이른바 실상이라 함은, 도생의 말을 빌린다면
"지극한 모양은 형상이 없고, 지극한 음音은 무음이다. 희유하고 미묘하
여 사유의 징조도 끊어졌으니 어찌 형상이 있다고 말하랴."[48]라고
한 것으로 세상을 초월한 것이고 말이 끊어진 자리이다. 비록 도생도
"진眞은 변함이 없다."[49]라고 법성을 말하지만, 이러한 불변의 진성은

---

45 앞의 책, 548쪽. "得本自然."

46 앞의 책, 532쪽. "得本稱性."

47 앞의 책, 377쪽. "返迷歸極, 歸極得本."

48 『法華經疏』. 『속장경』 27, 1쪽. "至像無形, 至音無聲, 希微絶朕思之境, 豈有形言
　者哉."

불변의 실체가 아니라 불생불멸의 자연의 성이다. 비유비무非有非無한 이체理體로서 상相을 초월하고 말이 끊어진 실상이다. 그렇기 때문에 도생의 '체법'의 '법', '귀극'의 '극'은 반야의 실상에 보다 근접한 것이다.

이미 '체법위불', '득본자연'이 부처라고 한다면 법法과 자연自然을 불성으로 삼는데, 이는 체體의 의미를 담고 있다. 또한 이것은 도생의 부처와 불성의 숨은 뜻이기도 하다.

둘째, 당리위불當理爲佛, 리위불인理爲佛因, 리즉불理卽佛

이것은 도생 저작 가운데 부처(佛)와 불성佛性의 또 다른 의미이다. 도생은 『주유마힐경注維摩詰經』 등의 저작들에서 다음과 같이 누차 설한다.

이치(理)를 감당하면 부처이고, 어그러지면 범부다.[50]

이치를 좇기 때문에 불과佛果를 이룬다. 이치는 불인佛因이 된다.[51]

부처는 이치를 깨달은 본체이다.[52]

여기서 말하는 '이치(理)'는 비유비무非有非無, 즉유즉무卽有卽無의 중도이체中道理體로서 불교의 진리를 말하기도 한다. 도생의 사상에서

---

49 『大般涅槃經集解』, 『대정장』 37, 419쪽. "眞而無變."

50 『注維摩詰經』, 『대정장』 38, 353. "當理者是佛, 乖則凡夫."

51 앞의 책, 375쪽. "從理故成佛果, 理爲佛因也."

52 앞의 책, 360쪽. "佛爲悟理之體."

중생과 부처는 본래 불일불이不一不異한 것으로, 그들의 구별은 단지 이치에 계합하느냐 못하느냐 하는 것이다. 이치에 계합한 자는 부처이고, 이치에 계합하지 못한 자는 범부이다.

수행의 목적은 이러한 불교의 진리를 해오解悟하고자 하는 것이다. 만약 만법이 비록 분분하지만 모두 중도이체의 체현이라는 것을 깨닫는다면, 세간에는 비록 범부하고 성현聖賢의 구별이 있지만 그들의 구별은 단지 미오迷悟가 같지 않을 뿐이다. 이것을 깨닫는다면 대철대오하는 것이고, 이치를 좇아서 성불하는 것이다.

이미 부처가 이理를 좇아 성불한다면 자연히 이치는 성불의 인이고, 이치는 해오하여 얻는 것이기에, 해解는 또한 인因의 인因으로 된다. 여기서 도생은 주로 해오의 각도로서 부처와 불성을 말하는 것이다. 그리하여 반복적으로 "부처는 이치를 궁구함이 주가 되고"[53], "이치를 궁구하여 성性을 다함"[54]이 부처라고 강조한다. 만약 '체법위불體法爲佛'이 주로 법, 법성, 실상 등의 각도로서 불성을 말하는 것이라면, '당리위불'은 주로 각성覺性, 오성悟性 등의 방법으로 불성을 해석하는 것이다. 이 두 가지 불성설은 후세에 심원한 영향을 미치는데, 초기의 선종은 즉심즉불卽心卽佛, 미범오성迷凡悟聖을 주장하고, 후기의 선종은 무정유성無情有性, 제법본래시불諸法本來是佛을 말하는데, 이들은 도생의 법불성法佛性, 리불성理佛性과 실제로 관계가 없지 않다.

셋째, 법불성法佛性 리불성理佛性의 기초 위에서 축도생은 법, 리, 법성, 실상, 부처, 불성 등을 융합하여 상통시켰다.

---

53 앞의 책, 353쪽. "佛以窮理微主."
54 앞의 책, 375쪽. "窮理盡性."

『대반열반경집해大般涅槃經集解』 등의 저작에서 도생은 법즉시리法即是理를 주장하여 "법은 실제로 이치(理)의 이름이다."[55]라고 하였다. 그 의미는 일체제법一切諸法이 진리의 다른 이름이고, 이체理體의 표현이다. 또한 법은 법성이라고 말한다. "법성은 법의 본분이다. …… 그렇기에 법과 법성의 이치는 같고 이름은 다르지만 말하는 바는 같다."[56]라고 하며, 그 의미는 법성이 법의 본체이고, 제법은 법성의 다른 표현으로서 둘의 이름은 상이하나 실상은 같다는 것이다. 법은 즉 부처이고, 즉 실상이다. 진여가 우주본체에서는 실상實相을 말하고, 여래법신에서는 부처를 말하는 것 등이다. 한마디로 법, 법성, 부처, 불성, 이理, 실상 등은 명칭은 각기 다르지만 사실은 다르지 않고, 모두 진여의 체현으로, 즉 "만법은 비록 다르나 일여一如로서 같다."고 한다.

이러한 사상을 출발점으로 축도생은 진일보하여 불무정토佛無淨土, 법신무색法身無色, 선불수보善不受報 등의 함의를 창립하였다. 사실상 도생이 말하는 부처, 법신과 실상이 동일하다는 것을 깨닫는다면 이상의 사상들은 모두 쉽게 이해가 되는 것이다. 그것은 본래 초사구超四句, 절백비絶百非, 무형무상無形無相, 망언절려忘言絶慮한 것이다. 그러므로 부처는 또 어찌하여 정토가 필요하겠는가? 생사는 자연히 열반인데, 어찌 법신에 무슨 색상色相이 있겠는가? 뜻을 얻으면 상相을 여의고, 이치에 들어가면 언설을 쉴 뿐이다.

---

55 『大般涅槃經集解』. 『대정장』 37, 549쪽. "法者, 理實之名也."

56 『注維摩詰經』. 『대정장』 38, 346쪽. "法性者, 法之本分也. …… 然者法與法性理一而名異, 故言同."

본래 반야는 진공眞空을 말하고, 열반은 묘유妙有를 논한다. 반야는 무아無我를 밝히고, 열반은 진아眞我를 명시한다. 반야는 범부사대가화합凡夫四大假和合을 논술하고, 열반은 일체중생 실유불성을 말한다. 둘은 크게 구별되지만, 축도생에게는 진공과 묘유의 두 가지 사상체계가 하나로 통합되었다. 그 도리가 어디에 있는가? 분명히 이 가운데서 축도생이 깨달았으나 천진한 말투로 보통사람들의 생각과 분별심을 초월하는 요인도 있다. 하지만 반야, 열반 사상의 내용 자체를 대립시키고, 하나의 공통점이 없다고 한다면, 축도생이 설령 편작扁鵲이나 화타華陀의 의술을 갖고 있어도 죽은 사람을 살릴 수 없는 것과 같다. 사실 반야, 열반의 함의는 많은 모순이 있지만, 반야학般若學에서 일체상을 쓸어버리고 실상을 현현하는 것과 열반학涅槃學에서 팔전도八顚倒을 제거하여 진제眞際를 현현하는 것은 다를 바가 없다. 『대반열반경』에서 "반야바라밀로부터 대열반이 나온다."[57]라고 하는 것도 이를 근거로 하는 것이다.

물론 도생이 공유空有를 간단없이 융합하는 것은 그의 사상 중심이 묘유에 있다는 점과 반야학에서처럼 진공을 현현하지는 않는다는 것을 배제할 수는 없다. 이 점은 '아我', '무아無我'를 논술하는 문제에서 뚜렷이 나타난다.

예를 들면 『유마힐경』에서 말하기를 "아我와 무아無我는 둘이 아니다. 이것이 무아의無我義다."[58]라고 하여, 아와 무아를 통틀어 무아의라고 한다고 한다. 도생은 그와 반대로 『주유마힐경』 등에서 다음과

---

57 『大般涅槃經』, 『대정장』 12, 449쪽. "般若波羅蜜出大涅槃."

58 『維摩詰所說經』, 『대정장』 14, 541쪽. "於我無我而不二,是無我義."

같이 설한다.

무아를 설함은 바로 진아眞我를 나타내기 위함이다.[59]

무아는 본래 생사 중의 아가 없다는 것이고, 불성아가 없다는 것이
아니다.[60]

여기서 도생은 무아와 아를 통일하여 '불성아佛性我'라고 하였다.
이른바 '불성아'라 함은 불성이 즉 '아'이고, '부처'이고, '법신'이다.
여기서 아는 세속범부의 아를 말하는 것이 아니다. 세속범부가 말하는
아는 무상無常을 상常으로 하고, 무아를 아로 하는데, 이것의 아와
다른 진상眞常의 아를 말하는 것이다. 하지만 진아眞我 역시 아를 버리고
따로 설립될 수 없고, 또한 생사를 떠나서 열반을 얻거나 번뇌를 여의고
따로 보리를 증득할 수 없다. 생사는 곧 열반이고, 번뇌는 곧 보리菩提이
며, 불성아는 곧 아와 무아와 같다. 그러므로 '불성아'는 실상의 다른
이름이다. 실상은 제법諸法에 즉하지는 않지만 제법에서 떠날 수 없고,
제법의 신비한 본체이다. '불성아'도 생사 중의 아가 아니고 세간의
아도 아니며, 중생의 본성이고 본체인 것이다.

하지만 실상을 우주제법의 본체이고, 불성을 유정중생의 본체라고
한다면 불교의 본의에 부합되지 않는 것이다. 불교는 본래 본체를
부인하고 반대하였다. 이는 불교가 인도 신교 내지 기타 종교와 구별되

59 『大般涅槃經集解』, 『대정장』 37, 452쪽. "爲說無我, 卽是表有眞我也."
60 『注維摩詰經』, 『대정장』 38, 354쪽. "無我本無生死中我, 非不有佛性我也."

는 하나의 표지이다. 하지만 불교는 그 역사 발전과정에서 점점 의식적
으로 혹은 무의식적으로 이 '본의'에서 어긋나게 되었다. 부파불교에서
나타난 보특가라補特伽羅사상과 대승불교의 실상설實相說, 내지 열반
불성학의 '불성아' 등 이것들을 만약 본체라고 하지 않는다면 또한
무엇이겠는가? 비록 불교도들은 비유비무, 즉유즉무, 초상절언超相絶
言, 망언절려忘言絶慮 등 많은 어구들로 이를 형용하고 표현하지만,
이것들은 그들이 이미 어느 순간부터 어떠한 신비의 본체를 승인하고
있다는 해석을 부인할 수 없다. 만약 그렇지 않았다면, 그들에게 석가모
니의 '십사문난十四問難'에 대하여 하나하나 상세한 설명을 하였을 것이
다. 물론 사람들은 현대철학의 '통일성'과 유사한 개념을 부여할 수
있으나, 과연 무엇에 통일하는 것인가? 통일의 대상이 없다면 통일성은
아무것도 아니다.

뒤링(杜林, Karl Eugen Dühring, 1833~1921)은 일찍이 이를 존재에
통일한다는 것으로 해석하기도 하였고, 엥겔스가 말한 바와 같이 "이러
한 존재는 어떠한 내재적 차별도, 어떠한 운동과 변화도 없기에, 사실상
사상의 허무한 대우어對偶語로서 진정한 허무이다."[61]라는 것과 같다.
만약 실상實相, 불성아佛性我를 '진정한 허무'라고 한다면 또한 '악취공
惡趣空'에 빠지게 되는데, 이는 우선 견식이 있는 불교도들의 반대에
직면하지 않겠는가? 그리하여 불교는 본의에 의거하여 본체를 부인하
지만, 이른바 '불성아'는 사실상 중요한 두 가지 의미를 갖고 있다.
하나는 신비의 우주본체이고, 다른 하나는 유정중생의 본성, 본체이다.

---

61 『馬克思恩格斯選集』3卷, 83쪽.

넷째, 중생은 "본래 부처에서 나왔다(本出於佛)"라고 하며, 천제 또한 불성이 있다.

축도생의 법을 체득함이 부처이고, 법은 바로 불성이라는 사상은 중생과 부처의 상호 연관에서 관찰하면, 중생이 부처라는 논리에 부합되는 결론을 얻는다. 여기서 이른바 '불성아'는 실상의 사상이고, 이는 필히 중생이 불성의 체현이라는 결론을 얻게 된다. 축도생의 사상 역시 이와 같은 논리로 발전한다. 『대반열반경집해』 등에서 축도생은 다음과 같이 설한다.

범부가 말하는 아我는 본래 부처에서 나왔다.[62]

이 의미는 세속에서 말하는 유정중생이란 사실상 불성에서 연원한 것이며, 불성에서 파생한 것이다. 이러한 사상은 어떻게 이해해야 할 것인가? 이는 우선 위에서 말한 축도생의 불성에 대한 정의와 연관시켜야 한다. 왜냐하면 축도생에게 있어서 불성은 중생의 본성, 본체이기 때문이다. 다시 말하면 중생은 단지 불성의 체현이고 불성의 끝이기 때문이다. "말은 본으로부터 나온다(末從本出)." 이는 자연에 순종하는 것이고 이치에 부합되는 것이다.

중생은 본래 부처에서 기원하였다는 사상에서 출발하여, 축도생은 한층 깊이 천제성불闡提成佛을 창립하였다. 그는 이렇게 논증하였다. 일천제는 비록 믿음이 없고 선근이 끊어졌지만, 그도 유정중생有情衆生

---

62 『大般涅槃經集解』. 『대정장』 37, 464쪽. "凡夫所謂我者, 本出於佛."

중의 한 종류인 것과 같이, 마찬가지로 불성에서 기원하였다. 일천제도 여전히 불성을 갖추고 있지만 번뇌업장에 덮여 있어 보이지 않을 뿐, 믿음을 일으키고, 불법을 배우고, 선지식을 가까이하는 등 일정한 조건의 힘을 빈다면 부처를 이룰 수 있다. 이 점에 기초한다면, 도생은 또한 '응유연의應有緣義'를 세우고 성불은 정인이 있어야 할 뿐만 아니라, 연인緣因이 필요하다는 것을 주장한다. 이는 별개의 문제이므로 여기서는 생략하도록 한다.

또한 『주유마경집해』에서 축도생은 '체법위중體法爲衆'[63]으로 중생유성설을 논증하였다. '체법위중'이라 함은 법을 본체로 삼는 것인데, 도생의 저작에서는 법, 실상, 불성이 모두 하나로서 둘이 아니므로 이름만 다를 뿐이라고 한다. 그러므로 '체법위중'과 중생이 본래 부처에서 나왔다는 것은 같은 사상의 서로 다른 표현이며, 그 목적은 '일제중생 실유불성'을 설명하기 위함이다.

제2절 일분무성설一分無性說과 법상유식종法相唯識宗

'일체중생 실유불성'의 사상은 도생이 처음으로 주장하였다. 특히 북본北本 『열반경』이 전래된 이후에 비교적 큰 사회적 영향을 일으켰다. 수당隋唐 2대에 걸쳐 천태·화엄·선종 등 여러 종파의 선양에 의해 중생유성의 사상은 점차 중국불학의 주류를 형성하였다.

중국 불성사상의 발전사 중 축도생의 독창적인 공적 및 북본 『열반

---

63 『注維摩詰經』, 『대정장』 38, 398쪽.

경』의 기본경전의 역할은 중국 불성학설을 연구하는 과정에 있어서 각별한 주의를 기울여야 할 것이다. 하지만 어떠한 학설의 유행 여부는 단순히 어느 한 사상가, 혹은 기존 형성된 경전에서 그 원인을 찾아야만 하는 것이 아니라, 그 시대의 경제, 정치 상황과 그로 인해 발생된 사회적 필요성까지 생각해야 한다.

물론 만약 모든 것들의 근본원인을 살펴본다면, 사람들은 무엇 때문에 어떤 시대에는 한 가지 학설만 존재하는 것이 아니라 여러 가지 학설이 병존하고 있는 것에 대해 이해하기가 어렵다. 즉 여러 학설들이 서로 분쟁하는 현상들을 이해하기 어려운 것이다. 중국 고대 사상사 중에는 여러 차례의 제자봉기諸子蜂起, 백가쟁명百家爭鳴의 국면이 나타났다. 이러한 근본 원인은 학설의 보편성 정도 및 학설의 생명력에 있다. 반면 사회적인 수요에 적응하지도 못하고, 또 생명력이 결핍된 사상학설思想學說과 그러한 이론의 제시가 당시 유행을 이끌어내지 못한 이유로도 들 수 있는 것이다. 당대에 출현된 법상유식종의 불성사상은 이러한 유형에 속한다.

1. 천제무성설闡提無性說과 법상유식종

수당 시기 여러 영향력 있는 불교종파 중에는 '중생유성'의 사상 조류를 반대하는 한 종파가 있었다. 이는 법상유식종인데, 일천제의 사람은 불성이 없어서 결정코 성불할 수 없다고 주장한다.

법상유식 등은 만법의 성상性相을 밝힌다고 하여 법상종이라 부르고, 만법은 유식의 현현이라고 하여 유식종이라 부른다. 여기서 둘을 아울리 법상유식종이라 한다. 이 종은 당나라 때 명승 현장(玄奘, 600~664)에 의해 개창開創되고, 규기(窺基, 632~682)에 의해 거의 완성되었다. 이 두 창시인들은 일분무성설一分無性說을 불성사상의 근본의根本義로 삼는다. 그리하여 유식종의 불성사상을 말하고자 한다면 우선 현장·규기부터 담론해야 할 것이다. 현장은 대소승大小乘에 통달하고, 경서를 번역하는 데 있어서 거장이었으며, 불교사상의 일대종사이다. 그는 불성 문제의 해답을 찾기 위해 서행구법을 결심한다. 『대자은사삼장법사전大慈恩寺三藏法師傳』에 의하면, 현장이 법을 얻기 위해 인도로 가던 중 고창高昌을 지날 때 고창왕이 보내주려고 하지 않자, 그는 『사고창왕표謝高昌王表』을 쓰고는 자기가 인도로 가야 되는 이유를 설명하였다.

성인이 가신 지 오래되어 뜻도 들쑥날쑥합니다. 따라서 쌍림 일미의 종지는 당현當現의 이상二常으로 나누어지고, 대승의 둘이 아닌 종지는 남북 두 가지로 나뉘어 어지럽게 쟁론함이 무릇 몇 백 년이며, 천하는 의심덩어리인데 종장宗匠이 결택함도 없습니다.[64]

여기서 그가 말하는 "당현當現의 이상二常"은 본유本有와 시유始有의 두 가지 설을 가리키는데, 바로 불성론에 본유와 시유가 있다. 번역의 방법 및 석가모니 시대와 멀리 떨어진 연유에 의해 각각의 이해가 다르고 설법도 일치하지 않았다. 이 때문에 불성이 본유와 시유 등에

---

64 (唐)慧立本·彦悰箋, 『大唐大慈恩寺三藏法師傳』 권3, 『대정장』 50, 225쪽. "去聖時邈, 義類差舛, 遂使雙林一味之旨, 分成當現二常, 大乘不二之宗, 析爲南北兩道, 紛紜爭論凡數百年, 率土懷疑, 莫有匠決."

144

관한 오랜 동안의 분쟁이 있었다. 또한 중국에 통일된 설법이 없기 때문에 현장은 직접 인도에 가서 친히 경론을 열람하여 그 시비를 가르고자 결심하였다. 여기에서 현장이 서행西行하고자 하는 원인을 찾을 수 있으나, 그의 불성사상에는 지의智顗가 주장하는 "자기 심중心中의 법문을 설하는 것"과 같은 특징이 부족하였음을 알 수 있다.

현장은 인도에 있는 동안 성지를 순례하고, 스승을 찾아 학문을 물으며 법을 듣고 경전을 구하였다. 또한 대승불교의 대표로 대소승 논쟁에 참가하였다. 그는 대소승 경전을 통달하였기 때문에 논쟁에서 상대방을 능가하였다. 이로 인하여 그의 명성이 천축의 여러 나라에 알려져 대승인들에 의해 '대승천大乘天'이라 불렸고 소승인들에 의해 '해탈천解脫天'이라 칭해져 인도불교계에서는 그를 지극히 숭배하였다. 하지만 현장은 그러한 명예에 심취하여 서행의 초심을 버리지 않았고, 결국에는 인도불교도들의 요청을 마다하고 귀국하여 불법을 널리 홍양弘揚하였다. 그러나 그가 귀국하기 직전 이러한 대소승을 관통하고 공空·유有 이종二宗의 뜻을 이해하여, 불교 발원지에서도 더 이상 상대할 자가 없는 거장이 되었음에도 여전히 불성의 문제로 고민하였다. 여기에 두 가지 기록이 당시 현장이 불성에 대한 관심을 갖고 중시하였지만, 또한 어찌할 바를 모르는 그의 심경을 잘 설명하고 있다. 하나는 그가 이란나발벌다伊爛拏鉢伐多국을 유람할 당시 가포덕가남迦布德迦伽藍을 지날 때, 세 가지 서원을 세웠다. 그 중 셋째 서원이 "성교聖敎에서 말하기를, 중생계 한 부류의 무불성無佛性이 있다는데, 지금껏 의심해도 알 수 없다. 만약 불성이 있다면 수행하여 성불할 것이다. 그러하다면 화관華貫을 관음보살의 목에 걸어주고 싶다."[65]라고 한 것이다. 둘째는 인도를 떠나기 직전 인도의 고승들과 일천제도 유성有性인가? 하는 문제를 논의하였다.

현장은 『능가경』을 보고 일천제를 두 가지로 분류하였다. 하나는 성이 끊어졌지만 이 분류의 천제는 연을 만나면 선근과 연결하여 구경에는 성불한다는 것이고, 다른 하나는 대비大悲천제로서 보살은 중생을 위하여 대비심을 일으킨 까닭에 정각을 취하지 않는다는 것이다.

『대집경大集經』에서 설한 바와 같이 보살이 발심하여 중생제도를 서원하였기에 중생을 다 제도하기 전에는 부처를 이루지 않는다는 것이다. 여기서는 천제가 끝까지 무성無性하다고 명시하지는 않았다.

또한 현장은 인도로 가기 전 중국불교계의 대부분이 중생유성설衆生有性說을 주장하는 것을 목격하여 천제무성의 사상을 "만약 중국에 전하여도 반드시 믿지 않을 것이다."라고 우려하였다. 그래서 "원하건대 장차 담론할 때 무불성無佛性의 구절을 버리고 싶다."[66]라고 하였지만, 이러한 사상에 대해 계현戒賢이 "변방 중국의 사람들이 무엇을 알겠는가? 어찌 쉽게 의리義理를 더하고 빼려고 하는가?"라는 질책을 듣자, 현장은 스승의 충고를 받아들여 최종에는 일천제의 무성사상을 중국에 갖고 왔다.

현장은 귀국 후 당나라 왕조의 대대적인 지지를 얻었고, 경서를 번역하면서 또한 제자들을 받아들여 종파를 창립하였다. 그중 현장의

---

65 『大唐大慈恩寺三藏法師傳』 권3, 『대정장』 50, 239쪽. "聖敎稱衆生界有一分無佛性者, 玄奘今自疑不知有不? 若有佛性, 修行可成佛者, 願華貫掛尊頸項."

66 (唐)道倫, 『瑜伽論記』, 『대정장』 42, 615쪽. "若至本國, 必不生信." "願於所將論之內略去無佛性之語."

뒤를 가장 계승한 이는 유식종의 건립에 도움이 된 규기窺基이다.

규기는 '백부소주百部疏主'의 칭호를 갖고 있듯이, 유식종의 주요 저작은 대부분 규기의 손에 의해 집필되었다. 『고승전高僧傳』에서 말하기를 "현장법사는 유가유식종의 개창자이고, 규기는 학문을 견지하고 저술한 종사이다."[67], "현장에게 규기가 없었다면 누가 조사의 그 학풍을 넓혔겠는가?"[68]라고 하는데, 이는 유식종의 창립은 규기에게서 많은 힘을 입었다는 것을 설명한다.

그러나 역사의 기록에 의하면 현장은 그 문하에 인재가 넘쳤고, 몇몇 신라의 학인들은 재식才識을 논하기가 규기에 못지않았다고 한다. 그렇기 때문에 규기는 늘 "근심을 버릴 수 없었다."고 한다. 현장은 규기를 격려하기 위해 몰래 그를 위해 유가유식종을 강의하다가, 가끔 원측圓測 등 제자들이 "먼저 설하는 강의를 엿듣기"[69]도 하였다. 이에 현장은 또 규기를 위해 몰래 오종종성설五種種性說을 강의하고 "오종종성의 종법은 오직 너에게만 전한다. 다른 사람은 모른다."[70]라고 말하였다. 현장은 오종종성설을 종법의 비법으로 규기에게만 전수하여 주었다. 이 또한 오종종성설이 유식종 중의 지위가 비범하였다는 것을 알 수 있다. 뒤에 규기는 현장의 기대를 저버리지 않고, 오종종성설을 견지堅持하고 널리 알리는 데 최선을 다하였다.

---

67 (宋)贊寧, 『宋高僧傳』, 『대정장』 50, 726쪽. "奘師爲瑜伽唯識開創之祖, 基乃守文述作之宗."

68 앞의 책. "奘苟無基則何祖張其學乎."

69 앞의 책. "盜聽先講."

70 앞의 책. "五性宗法, 唯汝流通, 他人則否."

『능가경』에서 천제를 두 가지 유형으로 구분하는 것과 달리, 규기는 천제를 세 가지로 구분하고 있다. 하나는 단선斷善천제이고, 둘째는 대비大悲천제이며, 셋째는 필경무성畢竟無性이다. 또한 그는 단선천제는 인因으로 성불할 수 없고 과果로서는 성불이 가능한 것이며, 대비천제는 과로써 성불하기 어려우나 인으로는 가능하며, 필경무성은 인, 과 둘 다로도 성불할 수 없다고 주장한다. 그리하여 명확히 한 부류의 중생은 불성을 갖고 있지 않아 영원히 성불할 수 없다고 주장한다.

규기는 또한 '소분일체少分一切'로 『열반경』에서 말하는 '일체중생 실유불성'을 회통한다. 그리하여 『열반경』에서 말하는 '일체一切'는 '소분일체'로서 이는 일천제 이외의 일체중생을 가리킨다고 주장한다. 이렇게 『열반경』의 일체실유의 사상은 규기한테서 일부분의 일체로 변하게 되었다. 일부분이 전체와 같다는 것은 무궁한 범위 내에서 이와 같이 말할 수 있으나, 규기 입장에서는 주로 스승의 설법을 옹호하고, 혹은 본종 종법을 견지하기 위해 개념을 바꾸는 수단이라고 할 수밖에 없다. 유식종 사람들은 무조건 경전에 따르는 것이 아니라 유식종의 의리에 부합되는 경전만을 따르고, 유식종과 일치하지 않거나 그와 어긋나는 경전에 대해서는 '육경주아六經注我'의 태도를 취하였다는 것을 볼 수 있다.

규기는 『성유식론장중추요成唯識論掌中樞要』 및 『법화경현찬法華經玄贊』 등의 저서들에서 천제무성의 사상들을 서로 다른 각도로 이불성理佛性과 행불성行佛性을 격발시켰다. 규기는 만약 『열반경』에 의하면 오직 일기一機만 존재하고, 『법화경』에 근거하면 일대승성一大乘性만 존재한다고 여긴다. 하지만 성性은 두 가지로 구분할 수 있다. 하나는 이성理性이고 다른 하나는 행성行性이다. 이불성으로 말하면 일체중생은 모두 불성이 있고, 행불성으로 말하면 일천제는 불성을 갖고 있지 않다. 여기서 천제무성은 주로 행불성이 없는 것을 가리키고, 이불성이 없다고는 말하지 않는다. 이러한 이성·행성설은 뒤에 이불성과 행불성의 문제에 관한 논쟁을 불러일으키기도 한다.

영윤靈潤의 '십사문의十四門義'는 일성개성一成皆成의 사상으로 규기의 행성설을 반박한다. 신태神泰는 오성설五性說로 자은慈恩의 사상을 지지하고, 영윤의 설을 반박한다. 법보法寶는 또 『일승불성구경설一乘佛性究竟說』을 지어 오성설을 비판하고 일성설을 주장하며, 혜소慧沼는 『능현중변혜일론能顯中便慧日論』을 집필하여 오성설을 지지한다. 이러한 반복적인 논쟁들의 중점적인 문제는 이理로써 불성을 설명하거나, 행行으로 불성을 말하는 것이다. 이론으로 불성을 말하면 일체중생은 모두 불성이 있고, 행으로 불성을 말하면 일천제는 끝까지 무성無性이므로 성불할 수 없다.

또한 유식종 사람들은 줄곧 일천제 사람들은 무성하다는 것을 유식종의 근본의로 삼았기 때문에 수隋·당唐대에 출현한 각 종파의 불성학설들로부터 독립한 것이다. 일분무성설이 명확하게 일부 사람들을 불문의 밖으로 내몰았기에, 유식종은 비록 현장·규기 등의 명망과 학문을 입어 한때를 풍미하기는 하였지만, 시간이 갈수록 점차 쇠퇴하여지고 결국에는 단명하는 종파가 되었다. 유식종의 쇠락은 비록 완전히 일분무성설에서 그 원인을 돌릴 수는 없지만, 일분무성설이 시대의 조류에 부합되지 않은 것이 유식종이 쇠락한 중요한 원인이라는 것은 부인할 수 없는 사실이다.

2. 오종종성설五種種性說과 유식제경론唯識諸經論

일분무성설은 오종종성설에서 연유하였고, 또한 종자種子로써 불성을
해석하는 것과 관련되며, 이 종자를 이용하여 불성을 해석함은 『유가사
지론瑜伽師地論』 등 유식경론에서 발단하였다. 『유가사지론』의 「보살
지菩薩地」에서는 다음과 같이 설한다.

무엇을 종성이라 하는가? 간략히 두 종이 있다. 하나는 본성주종성本
性住種性이고, 둘째는 습소성종성習所成種性이다. 본성주종성은 모
든 보살의 육처수승六處殊勝을 이르는데, 이와 같은 상相이 있음은
무시이래로 전전하여 내려오면서 본래부터 갖추어졌기에 본성주종
성이라 한다. 습소성종성은 먼저 선근의 훈습으로 얻어졌기에 습소
성종성이라고 한다. …… 또 이 종성은 또한 종자種子라 이름하고,
또한 계界라고 하고, 또한 성性이라 한다.[71]

『대승장엄경론大乘莊嚴經論』에서도 다음과 같이 설한다.

성종性種 및 습종習種, 소의所依 및 능의能依는 마땅히 유有와 비유非
有임을 아는 것인데, 육도공덕六度功德인 까닭이다.[72]

---

71 (唐)玄奘 譯, 『瑜伽師地論』, 『대정장』30, 478쪽. "云何種性? 謂略有二種: 一·本性
住種性, 二·習所成種性. 本性住種性者, 謂諸菩薩六處殊勝, 有如是相, 從無始世
展轉傳來, 法爾所得, 是名本性住種性. 習所成種姓者, 謂先串習善根所得, 是名習
所成種性. …… 又此種性, 亦名種子, 亦名爲界, 亦名爲性."
72 (唐)波羅頗蜜多羅 譯, 『大乘莊嚴經論』, 『대정장』31, 594쪽. "性種及習種, 所依及

두 논서에서 '본성주종성本性住種性'과 '성종性種', '습소성종성習所成種性'과 '습종習種'은 모두 이름은 같지만 각기 다른 설이다. 『선계경善戒經』의 「제일선행성품第一善行性品」은 '본성本性'과 '객성客性'을 말한다. 『지지경地持經』의 「제일종성품第一種性品」은 '성종성性種性'과 '습종성習種性'을 말한다. 두 논서는 모두 종성을 두 가지로 구분한다. 하나는 시작도 없는 법이본유法爾本有의 종자이고, 다른 하나는 부단히 훈습하여 성취하는 종자이다. 또한 그들의 해설에 따르면 종자와 종성은 통용하는 것이다. 만약 차별이 있다고 한다면, 그것은 아마도 여기서 말하는 종자는 인체因體는 있고 과체果體가 없는 "유有·비유非有"로서 단지 한 가지 과법果法을 일으키는 잠재력이나 가능성으로, 종성은 오로지 무루無漏공덕을 낳는 것이다. 무루공덕은 삼승三乘의 차별이 있으며, 서로 다른 무루공덕은 서로 다른 종자에서 생기므로 유식학은 오종종성설을 창립하였다.

오종종성을 구체적으로 말하면 아래와 같다.

첫째, 성문승종성聲聞乘種性: 불법을 듣고 도를 깨닫기에 이를 성문이라 한다. 이러한 종성을 지닌 사람은 사제四諦를 수행하여 아라한과阿羅漢果를 증득한다.

둘째, 연각승종성緣覺乘種性: 연각 혹은 독각獨覺이라 한다. 이러한 종성은 불법을 듣는 것이 아니라 십이인연의 도리를 관하여 벽지불과僻支佛果를 증득한다.

能依, 應知有非有, 功德度義故."

셋째, 여래승종성如來乘種性: 여래승 또는 보살승菩薩乘이라 부른다. 이러한 종성은 여섯 가지 바라밀다波羅蜜多를 수행하여 불과를 증득한다.

넷째, 부정종성不定種性: 이러한 종성은 과과를 얻는 것이 정해지지 않아, 아라한과 벽지불과를 얻을 수도 있고 성불할 수도 있다.

다섯째, 무출세공덕종성無出世功德種性: 무종성無種性 등으로 부르기도 한다. 이 부류의 중생들은 영원히 삼승무루공덕종성三乘無漏功德種性을 지니고 있지 않아 성불할 수 없다.

이러한 오종종성에 대한 제 경론의 설법은 각기 다르나, 유식종은 오종성에 대해 극단적인 태도를 취하기에 오종설을 말하는 여러 경론들을 모두 똑같이 대하는 것이 아니고, 그에서 필요한 내용들을 인용하고 또한 명확히 일천제무성을 주장하는 경전을 근거로 하여 일분무성설을 고집한다.

예를 들면 유식종이 의거로 하는 규기의 『성유식론술기成唯識論述記』에서 말하기를, 주로 6경과 12론이 있다고 한다. 이러한 경론에서는 명확히 천제무성을 말하는 것도 있고, 천제가 성불할 수 있다는 주장도 있다. 예를 들면 『유가사지론』, 『대승장엄경론』, 『불지경론佛地經論』 등은 무성無性의 사람이 있음을 주장하기도 한다. 『능가경』에는 더욱 선명하게 천제성불의 사상이 들어 있다. 유식종은 종성을 논술함에 있어서 거의 앞에서 언급한 논전을 근거로 하지만 『능가경』의 천제성불의 사상에 대해서는 무시하고 있다.

『유가사지론』은 종성설을 말함에 있어서 불명확하게 그 표현을 흐리

는 부분이 있다. 한편으로 출세간법이 진여眞如종자에서 발생한 것이라
고 주장하고, 다른 한편으로는 필경장종자畢竟障種子가 있는 것으로써
무성설을 세우고 있다. 예를 들면 『유가론』권52에는 유장有障·무장無
障에 의거하여 삼승종성 및 무성을 설명하여, 필경이장畢竟二障의 종자
가 있는 자는 영원히 열반할 수 없는 중생이고, 만약 소지장종所知障種을
지니고 번뇌장종煩惱障種이 없는 자는 하나는 성문聲聞종성이며, 하나
는 연각緣覺종성이라 한다. 만약 필경이장의 종자가 없는 자는 즉
여래如來종성이라 하여, "만약 진여眞如 소연연所緣緣에 통달하는 가운
데 마침내 장애종자(障種子)가 있다면, 반열반般涅槃하지 않는 법의
종성種性인 보특가라補特伽羅를 세운다. 만약 그렇지 않다면 반열반하
는 법의 종성인 보특가라를 세운다. 만약 마침내 소지장所知障의 종자가
있다면, 소의所依에 있어서 베풀어진 번뇌장종자煩惱障種子가 아니며,
그 일부분에 대해서 성문종성聲聞種性의 보특가라를 세우고, 일부분은
독각종성獨覺種性의 보특가라를 세우며, 만약 그렇지 않은 것이라면,
여래종성如來種性의 보특가라을 세운다."[73]라고 말한다. 또한 『유가사
지론』에서는 종을 '본성주本性住'와 '습소성習所成' 두 가지로 구분한다.
이는 『열반경』에 정인, 연인이 있는 것과 유사하다. 비록 『유가론』은
무종성無種性을 담론함에 있어서 대부분 습소성종성을 말하지만, 그가
"무종성 보특가라는 비록 일체의 일체의 일체 종자가 있다고 해도

---

73 『瑜伽師地論』, 『대정장』 30, 589쪽. "若於通達眞如所緣緣中, 有畢竟障種子者, 建立爲不般涅槃法種性補特伽羅, 若不爾者, 建立爲般涅槃法種性補特伽羅. 若有畢竟所知障種子, 布在所依, 非煩惱障種子者, 於彼一分建立聲聞種性補特伽羅, 一分建立獨絶種性補特伽羅. 若不爾者, 建立如來種性補特伽羅."

결코 보리를 증득할 수 없다."[74]라고 주장하므로 실제 이는 본성주종성이 없는 것과 마찬가지이다.

『불지경론佛地經論』은 명확히 무출세공덕종성無出世功德種性을 주장하고 있다. 권2에서 다음과 같이 설한다.

무시이래로 일체유정은 오종성이 있는데, 첫째는 성문종성聲聞種性, 둘째는 독각종성獨覺種性, 셋째는 여래종성如來種性, 넷째는 부정종성不定種性, 다섯째는 무유출세공덕종성無有出世功德種性이다. 나머지 경론에서도 그 상相을 널리 설하여 앞의 네 가지 종성을 분별하여 세웠다. 비록 정해진 시간은 없으나 필경에 멸도할 기약이 있음은 제불의 자비의 선교방편善巧方便이 있는 까닭이다. 다섯째 종성은 출세공덕의 인이 없기 때문에 마침내 멸도할 기약이 없다.[75]

『불지경론』은 또한 '방편설方便說'로써 기타 경전의 중생유성설을 회통한다. 다섯째의 무유출세공덕종성無有出世功德種性은 제불이 저들을 위하여 방편으로 신통을 나투어서, 그로 인하여 그들로 하여금 악취惡趣를 멀리 여의고 인간세나 비상비비상처非想非非想處에 태어나게 한다. 그러나 그 무종성으로 인해 반복해서 악취에 떨어지니 제불은

74 『瑜伽師地論』, 『대정장』 30, 480쪽. "若無種性補特伽羅, 雖有一切一切一切種, 當知決定不證菩提."

75 玄奘 譯, 『佛地經論』, 『대정장』 26, 298쪽. "始無時來, 一切有情有五種性: 一聲聞種性, 二獨覺種性, 三如來種性, 四不定種性, 五無有出世功德種性. 如余經論廣說其相, 分別建立前四種種性, 雖無時限, 然有畢竟得滅度期, 諸佛慈悲巧方便故. 第五種性無有出世功德因故, 畢竟無有得滅度期."

154

방편으로 다시 거듭 구제하기를, 이와 같이 돌고 돌아 미래세가 다할 때 필경에는 그로 하여금 멸하게 한다. "비록 다른 경에 이설異說로 일체유정은 모두 불성이 있어, 다 성불을 할 수 있다고 설하지만, 만약 진여법신불성에서 보면 곧 조금 모자라는 일체유정으로 방편설일 뿐이다."[76]라고 말하는데, 이는 중생유성은 방편설이고, 일분무성만이 참으로 구경의를 말한다고 주장하는 것이다.

『현양성교론顯揚聖敎論』은 오종도리로 종성의 차별을 말하고, 또한 각종의 유정계가 있다고 설하는데 그 가운데 "성문성은 반열반종성 유정계와 불반열반종성 유정계가 있다."[77]라고 서술하고 있다.

『대승장엄경론大乘莊嚴經論』은 무성유정을 '시변반열반법時邊般涅槃法'과 '필경무반열반법畢竟無般涅槃法' 두 가지 종류로 나눈다. 『대승장엄경론』 권1에서는 무성위無性位를 게송으로 묘사하고 있다.

계속하여 악행을 행하여 모든 법이 끊어져서 해탈할 수 없는데, 선善은 작고 또한 인因도 없다. 해석하여 말한다. "무반열반법은 무성위無性位인데, 이는 간략히 두 종이 있다. 첫째는 시변반열반법 이고, 둘째는 필경무반열반법이다. …… 필경무반열반법은 인이 없는 까닭이다."[78]

76 『佛地經論』, 『대정장』 26, 298쪽. "雖余經中宣說, 二說一切有情之類, 皆有佛性, 皆當作佛, 然就眞如法身佛性, 或就少分一切有情, 方便而說."

77 玄奘 譯, 『顯揚聖敎論』, 『대정장』 31, 581쪽. "聲聞乘般涅槃種性有情界, 有不般涅槃種性有情界."

78 앞의 책, 595쪽. "一向行惡行, 普斷諸白法, 無有解脫分, 善少亦無因. 釋曰: 無般涅槃法者是無性位, 此略有二種: 一者時邊般涅槃法, 二者畢竟無般涅槃法 …… 畢

주로 위에서 언급한 경전들은 명확히 일분무성의 오종성설을 주장하고 있다. 이와 달리 『능가경』에서도 오종차별을 말하지만 그는 천제가 성불할 수 있다고 주장한다.

『능가경』은 오늘에 이르기까지 세 종류의 번역본이 있는데 간략히 4권본, 7권본, 10권본이라 한다. 세 본은 모두 오종종성에 대한 설법은 거의 비슷하나 약간의 차이점이 있다. 앞의 네 가지 종성에 대해 세 본에서 모두 논술하고 있는데, 하나는 성문승종성이고 둘째는 연각승종성이며 셋째는 여래승종성이고 넷째는 부정종성이다. 하지만 다섯째 종성에 관하여 4권본에서는 각별종성各別種性이라 하고, 7권본과 10권본에서는 무종성無種性이라 말하고 있다.[79] 『능가경』은 비록 다섯째 종성을 무종성이라 말하지만 다음과 같이 명확하게 설한다.

일천제는 두 종이 있는데 …… 첫째는 일체선근을 태워버렸고, 둘째는 일체중생을 연민함인데, 일체중생계를 다 제도하고자 하는 원이다.[80]

저 일체 선근을 버린 천제가 만약 제불 선지식 등을 만나서 보리심을 발하여 모든 선근이 생하여 문득 열반을 증득한다. 무슨 까닭이냐 하면 …… 제불여래가 일체중생을 버리지 않기 때문이다.[81]

竟無般涅槃法者, 無因故."

79 四卷本第一・七卷本・十卷本 권2 참조.

80 (元魏)菩提流支 譯, 『入楞伽經』, 『대정장』16, 527쪽. "一闡提有二種 …… 一者焚燒一切善根, 二者憐愍一切衆生, 作盡一切衆生界願."

선근을 버린 일천제는 부처의 위신력으로 응당 선근이 생한다.[82]

이는 부처님의 가피력 및 보살대비로 인하여 천제는 모든 선근을
생하여 열반을 증득한다고 말하고 있다. 현장과 규기는 심도 깊게
『능가경』을 연구하였다. 현장은 그로 인해 일분무성의 주장을 바꾸려
하였고, 규기 또한 원활한 방법을 선택하여,『능가경』의 두 가지 천제설
과『장엄경론』등의 필경무성의 사상을 결합하여 세 가지 천제설을
제기하였다. 그 중 앞의 두 가지와『능가경』의 두 가지 천제는 동일한
것이고, 셋째의 천제는『대승장엄경론』,『불지경론』의 필경무성과
같은 것이다. 이 또한 규기가 일분무성을 주장하기 위하여 온갖 궁리를
다하고 생각을 짜낸 증거이다.

사실상 인도에서도 오종설은 고정불변한 것은 아니었다. 난타難陀의
신훈설新薰說은 한때 근본적으로 오종종성설을 동요시켰었다. 난타는
수행에서 얻은 청정법종자(淸淨法種子: 즉 無漏種子)는 비록 기타 종자와
같이 과거의 훈습에 의해 전해지는 것이 아니라, 새로운 훈습을 통해
얻어진다고 주장한다. 이러한 종자는 새로운 훈습을 통해 이루어지는
것이기에 종성은 자연히 불변하는 것이 아니고, 성문과 연각승의 사람
도 훈습하여 보살승의 무루종자를 이룰 수 있다고 여긴다. 그렇기
때문에 오종종성설은 더 이상 고집할 이유가 없다고 생각하였다. 현장,

81 앞의 책. "彼捨一切善根闡提, 若値諸佛善知識等, 發菩提心, 生諸善根, 便證涅槃.
何以故 …… 諸佛如來不捨一切衆生故."
82 (唐)實叉難陀 譯, 『大乘入楞伽經』. 『대정장』16, 597쪽. "捨善根一闡提, 以佛威力
故, 或當善根生."

규기의 오종종성설에 대한 태도는 어쩌면 스승의 올바르지 않고 부족한 가르침을 그대로 계승하여 나간 과정이라고 할 수 있다.

3. 염정소의染淨所依와 아뢰야식

유식종은 일분무성설을 그의 상징으로 하고, 그로 인해 자신의 불성사상을 기타 종파와 구별하는 것 외에, 실제 목표의 호칭상에서도 기타 종파와 크게 구별된다. 유식종은 열반·해탈을 말하지 않고 전의轉依를 강론하는데, 정확히 말하자면 전의를 통하여 열반·해탈을 강론하고 있다.

'전의'는 잡염분雜染分을 버리고 청정분清淨分으로 전환하는 것이다. 변계소집성偏計所執性를 멀리하고 잡염의타기성雜染依他起性을 버리며, 원성실성圓成實性을 깨달아 마지막에 의타기청정분依他起清淨分을 얻는 것이다. 간단하게 말하자면 염染을 버리면 정淨이고, 범凡에서 성聖으로 전환하고, 번뇌를 보리菩提로 전환하며, 생사를 열반으로 전환하는 것이다.

유식종은 비록 진여가 두루 보편하다는 것을 인정하지만, 진여를 때(垢)를 여읜 정淨으로 여기고, 불생불멸의 본체로 보아 현상세계의 생사변화의 근원을 아뢰야식으로 귀결시킨다.

아뢰야식은 심식의 한 이름으로 아리야阿梨耶, 무몰식無沒識이라고도 부른다. 그 외에도 여러 가지로 번역된 이름이 있는데, 본식本識, 택식宅識, 장식藏識, 이숙식異熟識, 소지의所知依, 근본식根本識, 제팔식第八識 등이다.

규기는 『성유식론술기成唯識論述記』 권2에서 말하기를 "아뢰야식을 번역하면 장藏이다."[83]라고 하고, 『혜림음의慧琳音義』 권18에서는 "아뢰야식은 제8식이다. 당唐의 말(한자)로는 장식藏識이다."[84]라고 한다. 법장法藏의 『대승기신론의기大乘起信論義記』에서는 "아리야나 아뢰야이나 범어의 비슷한 발음일 뿐이다. 양대梁代의 진제삼장眞諦三藏은 이름을 근거로 번역해서 '무몰식'이라 하고, 지금 현장법사는 뜻에 의거해서 장식이라 번역하였다. 장은 뜻이고, 무몰 또한 뜻을 잃지 않아, 같으나 이름이 다를 뿐이다."[85]라고 말한다. 당대 일행一行의 『대비로자나성불경소大毘盧遮那成佛經疏』 권2에서는 "아뢰야의 뜻은 함장含藏이고, 정확히 번역하면 실室이다. 모든 온蘊이 이에서 생하고 멸하며, 바로 제온諸蘊의 집인 까닭에 이렇게 이름하였다."[86]라고 하였다.

아뢰야식에 대한 명칭은 아주 많은데, 기본 뜻은 모든 종자를 품고 있다는 의미를 나타낸다. 그리하여 세간만물의 본원이면서 출세열반의 근거인 것이다. 또한 무루종자도 있고, 유루종자도 있다. 이는 양면을 지니며, 불멸不滅하는 진眞의 일면도 있고, 생멸하는 망妄의

---

83 (唐)窺基, 『成唯識論述記』 권9. 『대정장』 43, 301쪽. "阿賴耶識者, 此翻爲藏."

84 (唐)慧琳, 『一切經音義(慧琳音義)』. 『대정장』 54, 422쪽. "阿賴耶者, 第八識也. 唐云藏識."

85 (唐)法藏, 『大乘起信論義記』. 『대정장』 44, 255쪽. "阿梨耶及阿賴耶者, 但梵語訛也, 梁朝眞諦三藏訓名翻爲無沒識, 今時奘法師就義翻爲藏識. 但藏是攝藏義, 無沒是不失義, 義一名異也."

86 (唐)一行, 『大毗盧遮那成佛經疏』. 『대정장』 39, 602쪽. "阿賴耶, 義云含藏, 正翻爲室. 謂諸蘊於此中生, 於此中滅, 卽是諸蘊巢窟, 故以爲名."

일면도 갖고 있다. 둘은 동일하고, 잡염雜染의 일면도 있고, 청정의 일면도 갖고 있는 염정染靜의 소의所依이다.

한편으로 유식종은 '진여'가 아뢰야식의 '실성實性'과 '체성體性'이라고 여긴다. 예를 들면『성유식론』에서는 "이것은 제법승의諸法勝義로서 또한 바로 진여이며, 거의 그 성性과 같은 고로 유식실성唯識實性이라 한다."[87]라고 말한다.

『밀엄경密嚴經』에서는 황금과 반지의 관계로 설명하고 있다. "여래 청정장이 세간의 아뢰야이다. 마치 금과 반지의 관계라 차별이 없다."[88]라는 표현으로 진여 및 여래장과 아뢰야식의 관계를 명확히 설명하고 있다.

다른 한편으로 유식종은 또한 진여가 생멸을 떠나 항상 고요하고 무위無爲한 것이라 주장한다. 규기는『성유식론술기』에서 말하기를 "옛사람이 말하기를 '진여는 제법의 종자다'라고 하는데. 이는 틀렸 다."[89]라고 말하고, 10권『능가경』에서는 "여래장식은 아뢰야식 가운데 존재하지 않는다. 그러므로 다른 칠종식은 생멸이 있다. 여래장식 불생불멸이다."[90]라고 표현한다. 또한 세간의 만법과 만법을 생하는 종자는 모두 아뢰야식에서 생한 것이라 보아 "아뢰야식에 근거하여

---

87 『成唯識論』권9.『대정장』31, 48쪽. "此諸法勝義, 亦卽是眞如, 常如其性故, 卽唯識實性."

88 『大乘密嚴經』.『대정장』16, 747쪽. "如來淸淨藏, 世間阿賴耶, 如金與指環, 展轉無差別."

89 『成唯識論述記』권3.『대정장』43, 309쪽. "舊人云, 眞如是諸法種子者, 非也."

90 『入楞伽經』.『대정장』16, 556쪽. "如來藏識不在阿犁耶識中, 是故七種識有生有滅, 如來藏識不生不滅."

일체의 모든 종자가 있으며, 마음에서 경계가 나타나는 것 같음을 세간이라 말한다."[91]라고 표현하고, 심지어 출세간의 열반도 아뢰야식에 의거해야만 증득할 수 있다고 하여 "무시이래의 계는 일체법의 근거인지라, 이로 말미암아 제취諸趣가 있고 열반도 증득할 수 있다."[92]라고 표현한다. 유식종의 학설에서 진여는 만물의 본체이자, 말로서 표현하기 어렵고 만질 수도 없으며 잡을 수도 없는 것으로, 진여와 아뢰야식이 생한 일체제법과 관계는 또한 끊어버리거나 파괴될 수 없다고 한다. 이토록 본체와 현상을 분리하는 사상은 유식종 학설의 일련의 모순을 야기하였다.

세간법, 출세간법 및 세간법을 발생시키는 유루종자와 출세간법을 생하는 무루종자를 아뢰야식으로 귀결한 후, 유식종은 사상의 중점을 아뢰야식에 두고 있다. 불성사상의 방면에서 주로 아뢰야식을 '소의所依'라고 하는 전의轉依 학설상에서 표현된다.

우선 유식종은 염정染靜의 제법을 아뢰야식으로 귀의시킨다. 아뢰야식은 염정의 소의(依止)이다. 『성유식론』권3에서는 "혹 소지의라 하고 능히 염정이 된다. 제법을 아는 것을 의지依止로 하기 때문이다."[93]라고 말하고, 그들은 가끔 아뢰야식을 청정여래장과 무명구염無明垢染의 합성으로 보기도 한다. "여래의 장藏은 …… 무시이래로 허위와 악습으

---

91 『大乘密嚴經』. 『대정장』16, 740쪽. "依止賴耶識, 一切諸種子, 心如境界現, 是說爲世間."

92 『成唯識論』권3. 『대정장』31, 140쪽. "無始時來界, 一切法等依, 由此有諸趣, 及涅槃證得."

93 『成唯識論』권3. 『대정장』31, 13쪽. "或名所知依, 能爲染淨. 所知諸法, 爲依止故."

로 훈습되어서 장식藏識이라 하고 …… 이 여래장, 식장은 비록 자성청
정이나 객진번뇌에 덮여 겨우 부정不淨만 볼 뿐이다."[94] 이는 사실상
여래장이 훈습을 받으면 진여가 훈습을 받는다는 사상이다. 하지만
유식종은 이러한 사상을 여래장의 사상 방면으로 발전시키지 않았고,
또한 이로부터 여래장불성설 혹은 진여불성설을 발전시키지 않고,
잡염雜染 방면의 내용을 보다 강조하였다. 이는 유식종의 아뢰야식은
'심성본정心性本淨'이 후에 객진번뇌에 오염된 것이 아니고, 청정여래장
이 후에 무명진구無明塵垢에 의해 오염된 것도 아니며, 청정과 잡염이
동시에 존재하고 동시에 아뢰야식에 의지하는 것이다. 아뢰야식은
처음부터 염·정 두 가지의 측면을 갖고 있으며 이중성을 띠고 있는데,
이러한 사상으로 보면 유식종은 자신의 전의설을 창립하고 있다는
사실이다.

　이미 아뢰야식이 일체 염·정의 소의所依라고 한다면, 불교 실천의
최종 목적은 염을 정으로 전환하는 것인데, 문제는 어떻게 염을 정으로
전환하는가 하는 것이다. 유식학은 이러한 임무를 훈습에 주고 있다.

　유식종은 인도에서 출세무루법出世無漏法의 생성에 대해 본래 본유本
有와 신훈新薰의 두 계파를 이루었다. 『유가론』, 『장엄경론』에 근거하
면 본성주종성本性住種性은 본유이고, 『섭대승론攝大乘論』에 의거하면
종자는 훈습에서 생겨나는 것으로 "어찌하여 일체종자의 이숙과식異熟
果識이 잡염의 원인이며, 또한 출세간의 잡염법을 능히 대치對治할

94 (劉宋)求那跋陀羅 譯, 『楞伽阿跋多羅寶經』 권4. 『대정장』 16, 510쪽. "如來之藏
…… 爲無始虛僞惡習所熏, 名爲藏識 …… 此如來藏識藏, 雖自性淸淨, 客塵所覆
蓋, 猶見不淨."

수 있는 정심종자가 생하는가? 출세심은 본래 훈습되지 않았으므로 저 훈습도 맞지 않다. 이미 훈습이 없다면 무슨 종자로부터 나왔는가? 이른바 답하기를, 최고의 청정법계등류의 정문훈습종자로부터 생겼다."[95]라고 표현한다.

중국 유식종은 『유가론』과 『장엄경론』을 더욱 중시하였다. 기본사상으로 말하면 무루종자 본유를 주장하는 계파에 속한다. 사실상 유식종의 일분무성설은 바로 무루종자 본유의 사상을 기초로 삼는다면, 바꾸어 말하면 신훈설은 그의 논리적 발전에 의하면 필연적으로 오성설을 흔들리게 할 것이고, 그로써 일분무성설을 부인하는 결과에 이르게 될 것이었다. 그 이치는 아주 간단하다. 일체종자가 모두 훈습을 거쳐 생길 수 있다면, 본래 무루종자를 갖고 있지 않아도 훈습을 거치면 생할 수 있다. 마찬가지로 성인이 되고 불이 될 수 있기에, 당연히 영원히 불성을 갖추지 못하는 부류와 영원히 열반에 들어가지 못하는 중생이 존재하지 않게 된다.

유식종도 훈습을 말한다. 훈습이라 함은 『성유식론』에서 "무슨 의리에 의거하여 훈습을 확립하는가? 소훈·능훈 네 가지 의의를 갖추니 능히 생장하게 하므로 훈습이라 한다."[96]라고 말한 바와 같이 종자가 자라거나 현행하는 활동을 훈습이라 부른다. 여기서 "생장"이라고 함은

---

95 『攝大乘論』. 『대정장』31, 136쪽. "云何一切種子異熟果識爲雜染因, 復位出世能對治彼淨心種子? 又出世心, 昔未曾習, 故彼熏習決定應無. 旣無熏習, 從何種生? 是故應答: 從最淸淨法界等流, 正聞熏習種子所生."

96 『成唯識論』권2, 金陵刻經處本, 17쪽. "依何等義, 立熏習名. 所熏能熏. 名具四義, 能令生長, 故名熏習."

세 가지 의미를 나타낸다. 첫째는 종자가 현행법現行法을 생성함이다. 아뢰야식은 종자식種子識이라 부르기도 한다. 종자를 함장하고 일체법을 생성하기에 종자는 일체법의 원인이고, 일체법은 종자의 현행이기에 '종자생현행種子生現行'이라 표현한다. 둘째는 현행은 종자를 생한다는 것이다. 현행법은 종자에 대해 아무런 작용도 하지 않는 것이 아니라, 아뢰야식에 영향을 주어 새로운 종자를 형성할 수 있다. 이는 바로 '현행생종자現行生種子'이다. 셋째는 종자가 종자를 생한다는 것이다. 아뢰야식은 현행을 생기할 수도 있고, 기타 종자와 찰나에 상속하여 서로 영향을 주어 새로운 종자를 생성할 수 있다. 이는 '자류상속自類相續'이라 부르고, '종자생종자種子生種子'라고 표현한다. 이러한 세 가지 측면의 의미는 실지로 팔식이 서로 전환하는 것이다.

『성유식론』에 이르기를 "아뢰야식과 제전식(앞의 7식)은 일체시에 서로 돌고 돌아 상생하여 서로의 인因과 과果가 된다.『섭대승론攝大乘論』에서는 아뢰야식과 잡염법은 서로의 인연이 되어서, 마치 초와 촛불이 서로 돌아 생하고 불타듯이, 또 갈대다발과 같이 서로 의지하고 지탱한다."[97]라고 말하고 있다.

아뢰야식과 7식은 비록 늘 인과관계로 전전상생하지만, 근본식이 되고 있는 아뢰야식과 전식轉識으로서의 7식은 완전히 평등한 것은 아니라 주종主從이 있고 능소能所의 구분이 있다. 구체적으로 8식이 전전훈습하는 과정에는 소훈과 능훈이 있다. 소훈에 대하여 『성유식

---

97 『成唯識論』권2, 金陵刻經處本, 11쪽. "阿賴耶識與諸轉識, 於一切時, 展轉相生, 互爲因果. 《攝大乘》說：阿賴耶識與雜染法, 互爲因緣, 如炷與焰, 展轉生燒. 又如束蘆, 互相依住."

론』은 다음과 같이 설한다.

> 소훈所熏에 네 가지 뜻이 있다. 첫째는 견주성堅住性 …… 둘째는
> 무기성無記性 …… 셋째는 가훈성可熏性 …… 넷째는 능훈能熏과
> 함께 공화합성共和合性 …… 오직 이숙식異熟識이 이 네 가지 뜻을
> 구비하여 소훈이라 하고 심소心所는 아니다.[98]

아뢰야식만이 위에서 말한 네 가지 뜻을 가질 수 있기에 아뢰야식만이
소훈所熏할 수 있고, 아뢰야식 이외의 칠전식七轉識 및 기타 심소법은
모두 이러한 조건을 구비하지 못하였기에 소훈하지 못하고, 단지 능훈
할 수 있을 뿐이라는 의미다.

> 능훈의 네 가지 뜻은 첫째 생멸生滅이 있음이요, …… 둘째 승용勝用
> 이 있으며, …… 셋째 증감增減이 있고, …… 넷째 소훈所熏과 화합하
> 여 전식轉識한다. ……[99]

소훈과 능훈은 '공화합성共和合性'과 '화합이전和而轉'의 의의를 갖
고 있다. 그리하여 훈습하는 과정에 소훈과 능훈은 완전히 구분되는
두 가지가 서로 의전할 수 없는 것이 아니라 서로 훈습하며 전전상생展轉

---

98 『成唯識論』 권2, 金陵刻經處本, 17~18쪽. "所熏四義: 一堅住性 …… 二無記性
…… 三可熏性 …… 四與能熏共和性 …… 惟異熟識, 具此四義, 可是所熏, 非心所
等."
99 『成唯識論』 권2, 金陵刻經處本, 18쪽. "能熏四義: 一有生滅 …… 二有勝用 ……
三有增減 …… 四與所熏和合而轉 ……"

相生한다.

　그렇다면 소훈과 능훈은 또한 어떻게 상호 훈습하고 전전상생하는
가? 『성유식론』에서는 다음과 같이 설한다.

　이와 같은 능훈과 소훈식은 같이 생하기에 훈습의 의義가 이루어진
　다. 소훈 가운데 종자를 생장하게 하므로 훈습이라 한다.[100]

　훈은 발發이고 혹은 원인과 결과이다. 습習은 생生이고, 근近이며,
　수數이다. 즉발卽發했기에 과과를 야기하고, 본식 내에 종자를 생하
　게 하고, 생장케 하는 까닭이다.[101]

　위의 두 구절의 문장은 주로 소훈 중인 종자로 하여금 생장한다는
의미를 빌어 훈습을 말하는데, 그 의미는 종종의 수행을 거치면 본식
중의 무루종자를 점점 생장하게 할 수 있다는 것이다. 여기서 한 가지
문제가 생기는데, 만약 수행의 훈습을 통해 무루종자가 생긴다면 무루
종자는 신훈인가? 그렇다면 어찌하여 무루종자가 본유하다고 하는가?
만약 무루종자가 신훈하여 얻을 수 있다면 어찌하여 영원이 종성이
없는 일천제가 존재할 수 있는가? 중국의 유식종은 이러한 의문을
해결함에 있어서 아래와 같은 설법을 사용하고 있다.

---

100 『成唯識論』권2. 『대정장』 31, 10쪽. "如是能熏與所熏識, 俱生俱滅, 熏習義成.
　　令所熏中種子生長, 故名熏習."

101 『成唯識論述記』권3. 『대정장』 43, 312쪽. "熏者, 發也, 或由致也. 習者, 生也,
　　進也, 數也. 卽發致果於本識內令種子生, 令生長故."

166

일체종자는 다 본성이 있어서 훈습으로 생하지 않고, 훈습력으로 말미암아 다만 증장할 뿐이다.[102]

종자라 함은 그가 본래부터 갖고 있는 것이다. 훈습의 힘을 빌려 종자가 생장하고 현현할 수 있으나, 종자를 생할 수는 없다. 사람들은 갖가지의 수행을 통해 한편으로는 점차 무루종자를 증강增强, 자장滋長, 현현顯現하고, 다른 한편으로는 점차 유루종자를 소약消弱, 소실消失, 단멸斷滅하게 한다.

잡염雜染의 유루종자가 완전히 단멸되고 무루종자가 충분히 현현한 뒤에, 본래의 진과 망, 염과 정의 화합체인 아뢰야식은 더 이상 존재하지 않는다. 이때 유식학의 최종 목적인 염染을 전환하여 정淨을 이루고, 또한 해탈解脫하고, 열반에 들어 성불한다. 부연설명을 하자면, 중국에 진제眞諦가 유식학을 전하고 아마라식阿摩羅識을 식의 체성이라 하는데, 이러한 아마라식은 사실상 잡염의 유루종자가 단멸된 아뢰야식의 또 다른 이름이다. 이렇듯 염구를 멀리하는 청정한 아마라식은 사실상 청정심, 청정여래장과 동일한 것이다. 이는 유식종과 여래장 학설이 회통하는 하나의 표현인 것이다.

---

102 『成唯識論』 권2, 『대정장』 31, 8쪽. "一切種子, 皆本性有, 不從熏習. 由熏習力, 但可增長."

제3절 이성평등理性平等과 행성차별行性差別

유식종의 일분무성설은 축도생 이전의 불성사상과 상통하여, 어떤 중생은 본래부터 불성을 갖고 있지 않아 영원히 성불할 수 없다고 주장하고 있다. 하지만 양자가 의거하는 경전과 논증 과정은 그다지 유사하지 않다.

진송晋宋 시대의 천제 무성설은 주로 6권 『니원경』을 그 근거로 하고 있다. 당시 열반불성학이 막 중국에 전해지자 중국의 승려들은 아직 불성사상을 이론적으로 고찰하지 않았기 때문에, 당시에는 천제 무성설의 주요한 근원을 6권 『니원경』의 해석에 두었다.

반면에 유식종의 일분무성설은 중생유성의 사상이 중국에 널리 알려진 후에 나타나게 된 것이다. 사회의 인정을 받고 자신의 영향력을 확대하기 위해 유식종 사람들은 부득이 그에 대해 번잡하고 치밀한 이론 논증을 진행하였다. 이는 유식종의 일분무성설로 하여금 보다 풍부한 경원철학經院哲學적 색채를 띠게 한다.

유식종은 주로 종합적인 『유가사지론』과 『성유식론』 등 유가유식학瑜伽唯識學의 논전을 근거로 한다. 하지만 그들은 『열반경』을 제외하지 않고, 특히 『열반경』 전5품에서 천제무성과 관련한 사상을 취하였다. 『열반경』 가운데 중심적 위치를 차지하는 '일체중생 실유불성'이라는 사상에 대해서는 소분일체少分一切와 이불성理佛性·행불성行佛性의 방면으로 회통하였다. 소분일체라 함은 『열반경』에서 '일체중생'에 대한 해석에서 일천제를 제외한 일체라고 해석하여 '일체중생'의 일체를 일부분이 감소된 일체가 되도록 하였다. 이러한 논법은 별로 상관없는 것을 억지로 끌어다 붙였음은 의심할 필요가 없다.

그와 달리 이불성·행불성은 비교적 원활한 논법이라 할 수 있다. 이불성이라 함은 주로 진여이성眞如理性을 불성으로 한다. 행불성이라 함은 대원경지大圓鏡智 등 네 가지 지智의 종자를 불성으로 하는 것이다. 유식종은 이불성으로 말하면 일체중생은 모두 불성이 있고, 행불성으로 말하면 가지고 있기도 하고 없기도 한데 행불성을 구비하지 못한 자는 영원히 성불할 수 없다고 주장하고 있다. 이에 근거하여 일분무성설의 법문을 세우고 있다. 양자의 가장 큰 구별점은 진여이성을 불성으로 하는 것과 무루종자를 불성으로 하는 것이다.

1. 진여이성眞如理性과 무루종자無漏種子

유식종은 비록 이불성理佛性을 말하지만, 만약 행불성을 갖추지 못하면 영원히 성불하지 못한다고 주장하므로 이러한 이불성의 실체는 허구이고 아무런 의미도 없다. 이는 유식종이 진여를 아뢰야식의 '체성體性', '실성實性'으로 보고 있으나, 그 진여가 아뢰야식에 대해 어떠한 작용도 일으키지 않는 것으로 보는 것과 같다.

본래 유식종은 진여의 항상함과 보편자재함을 부인하려는 생각이 없고, 또한 진여를 출세간법으로 보고 종자와 진여 간의 상호관계를 논하였다. 예를 들면 『유가사지론』의 「섭결택분攝抉擇分」에는 "모든 출세간법은 진여소연연眞如所緣緣종자부터 생긴다."[103]라고 말하고,

---

103 『瑜伽師地論』 권52. 『대정장』 32, 589쪽. "諸出世間法, 從眞如所緣緣種子生."

『섭대승론攝大乘論』에서도 "또 출세심은 …… 최고의 청정한 법계등류法界等流도 정문훈습종자로 생한다."[104]라고 말한다. 위의 두 가지 설은 상통하는 내용을 담고 있다.

『섭대승론』은 대승종성의 입장에서 성립한 학설에 대하여 대승은 정법교正法敎이고 '최청정법계등류最淸淨法界等流'라고 여긴다. 여기에 원성실성圓成實性을 거두어서 "보리분법을 증득한 소연의 경계"[105]를 생한다고 말하고, 이를 "진여소연연眞如所緣緣으로부터"라고 해석하고 있다. 그러므로 대승불법을 듣고 문훈습종자聞熏習種子를 이루어 점점 무루출세간종자를 싹틔울 수 있고, 만약 이 길을 따라 걷다 보면 반드시 종자가 신훈新熏을 얻으며 그로 인해 오종성설이 동요할 수 있다고 하여 일분무성설을 부인하였다.

중국유식종은 『섭론攝論』의 논법을 채용하지 않았다. 『섭론』의 사상으로 '진여소연연종자'를 해석하지 않고, 반면에 진여를 '유위有爲'의 연기법으로 하는 것을 반대하여 단호하게 진여연기론眞如緣起論을 반대하였다. 그들은 만약 진여를 '유위'의 연기법으로 한다면, 무위無爲에서 유위가 생기고, 평등법에서 불평등이 생기는 과실을 범하게 된다고 생각하였다. 비록 유식종 또한 진여의 항상함과 보편자재를 인정하고 특정된 의미에서 '진여소연연부터 무루종자를 이룬다'를 언급하지만, 여기서 말하는 '진여소연연'은 단지 무루종자와 진여가 따르고 서로 계합되기를 요구하는 의미에서 말하는 것일 뿐, 절대 진여에서 '수훈受

---

104 玄奘 譯, 『攝大乘論本』, 『대정장』 31, 136쪽. "又出世心 …… 從最淸淨法界等流, 正聞熏習中所生."

105 玄奘 譯, 『攝大乘論釋』 권5, 『대정장』 31, 344쪽. "證菩提分法所緣境界."

勳'하여 무루종자를 생성하거나, 진여를 종자로 본다는 의미가 아니다.

유식종은 유성有性과 무성無性을 완전히 무루종자에 귀결시키고, 무루종자는 훈습을 통해 얻을 수 없고 다만 본래 갖추어진 것이며, 유정중생이 본래 무루종자를 갖추고 있는가 하는 문제에 대해, 중생이 평등하지 않아서 오성이 각기 다르다고 주장한다. 무엇 때문에 오성이 각기 다른가 하는 문제에 대해, 유식종은 또 "일체계가 차별이 있는 까닭에", "무근 유정이 서로 이理가 상응하지 않기 때문에"[106] 등으로 설명하고 있다.

마지막으로 무엇 때문에 일체계가 차별이 있는가라는 문제에 대한 해답으로 유식종은 불설에 의거하여 "부처가 설하기를, 모든 유정계가 각종이라 하나의 유정계가 아니며, 하열하기도 승묘하기도 해서 성문승 등 열반을 할 수 있는 종성의 유정계도 있고, 열반을 할 수 없는 종성의 유정계도 있다."[107]라고 대답한다. 부처가 이미 "열반을 할 수 없는 종성의 유정계도 있다."라고 설하는 것으로 보아, 유식종은 일부 중생은 영원히 무루종자를 얻을 수 없고, 영원히 열반에 들 수 없다고 주장하는 것도 이치에 맞는 것이다. 유식종은 이렇게 일분무성을 논증하는데, 여기서 관건은 출세하여 열반에 드는 것을 본래 구족한 무루종자에 귀결하는 것이다.

유식종이 이토록 진여가 훈습할 수 있음과 진여를 종자로 보는 것을

---

106 玄奘 譯, 『顯揚聖教論』 권20, 『대정장』 31, 581쪽. "一切界差別可得故", "無根有情不應理故."

107 앞의 책, 581쪽. "佛說諸有情界有種種, 非一有情界, 有下劣勝妙有情界, 有聲聞乘等般涅槃種性有情界, 有不般涅槃種性有情界."

반대하는 주요 원인 중 하나는 바로 진여를 무위법無爲法으로 여기기 때문이다. 무위법은 '유위법有爲法'의 연기법이 될 수 없기에 생기하여 변화하는 종자로 될 수 없다. 하지만 유식종의 출세간법은 무루종자에서 생긴다는 사상 자체는 또 '유위법'에서 '무위법'을 생하는 모순에 빠지게 된다. 이는 무위법은 인과가 아니어서 생멸을 여읜다는 사상에 어긋나기 때문이다. 여기에서 보면 유식종은 '유위법'으로부터 '무위법'이 생긴다는 것으로 '무위법'에서 '유위법'이 생긴다는 것을 반대한 것인데, 이것은 거의 차이가 없는 것이다. 물론 이는 유식종의 번잡한 논증과정이 사람의 인내와 의지를 단련시키고, 사람의 이론사상을 단련시키는 면에서 독특한 작용이 있다는 것을 조금도 부인하지는 않는다.

유식종과 달리 성불의 내재적 근거를 대함에 있어서 축도생과 그에게 영향을 받은 중국의 '중생실유성' 논자들은 진여이성眞如理性, 중도실상中道實相을 불성으로 한다. 그리하여 모두 일체중생이 불성을 가지고 있고 모두 성불할 수 있다고 분명히 주장한다.

『불성론』에서 말하기를 "불성은 바로 인공人空·법공法空 이후에 나타나는 진여이다."[108]라고 하고, 『대승기신론』에서는 "일체중생의 진여는 평등하여 차별이 없는 까닭이다."[109]라고 한다. 진여가 불성이기 때문에 진여는 일체중생에 대해 모두 평등하여 무차별한 것이다. 그러므로 "진여성 가운데 종성을 세운 까닭에 일체중생은 다 불성이 있다."[110]라고 말하는데, 이는 일체유성설의 사상적 맥락이라 할 수 있다.

---

108 (陳)眞諦 譯, 『佛性論』, 『대정장』 31, 787쪽. "佛性者, 卽是人法二空所顯之眞如."
109 『大乘起信論』, 金陵刻經處本, 20쪽. "一切衆生眞如平等無別異故."

물론『열반경』에 천제무성의 사상이 있고, 중국의 불성학설에는 또 유식종이 주장하는 일분무성설이 있기에, 당나라 이후의 일체유성설은 어떻게 무성설을 회통해야 하는가 하는 문제, 즉 "만약 모두 유성이면 무엇 때문에 오종성五種性 가운데 무종성無種性을 세웠는가?"[111]라는 것에 직면하게 된다. 이에 대해 일체유성자들은『보성론』을 통하여 다음과 같이 답한다.

"줄곧 천제가 열반성이 없다고 하여 열반에 들 수 없다는 것을 말하는데, 이것은 무슨 뜻인가? 대승을 비방하는 이에게 보여주기 위한 것이다. 이는 무엇을 밝히기 위함인가? 대승을 비방하는 마음을 전환시키기 위해 무량시無量時에 의지하여 이와 같이 설하는데, 이는 실제로 청정불성이 있는 까닭이다."[112]

또『불성론』에 이르기를, "묻기를, 만약 이러하다면 어찌하여 부처는 중생이 성性 중에 주하지 않아 영원히 열반涅槃에 들지 않느냐고 말했는가? 답하기를, 만약 일찍이 대승을 등졌다면 이것은 일천제의 인因이다. 중생으로 하여금 이 법을 버리게 하기 위한 까닭이다.

---

110 (唐)法藏,『華嚴一乘敎義分齊章』권2,『대정장』45, 486쪽. "就眞如性中立種性故, 則遍一切衆生皆悉有性."

111 앞의 책. "若幷有性, 如何建立五種性中無種性者耶?"

112 (唐)法藏,『大乘法界無差別論疏』권1,『대정장』44, 61쪽. "向說一闡提常不入涅槃, 無涅槃性者, 此義云何. 爲欲示現謗大乘因故. 此明何義, 爲欲迴轉誹謗大乘心不求大乘心故, 依無量時故, 如是說, 以彼實有淸淨性故." 이는 (後魏)勒那摩提 譯,『究竟一乘寶性論』(『대정장』31, 831쪽.)에서 인용된 것임.

만약 천제인闡堤因에 떨어지면 긴 밤에 돌고 돎이 쉼이 없으리라. 이러한 까닭으로 경전은 이와 같이 말하였다. 만약 도리에 따른다면 일체중생은 모두 다 본래 청정불성이 있기에 열반에 들지 못한다면 옳지 못하다. 이른바 불성은 결정코 본유하여 유무有無를 떠난 까닭이다."라고 한다.[113]

『보성론』과 『불성론』의 이야기는 천제무성이 바른 믿음을 갖추지 않아 불법을 비방하는 일천제를 대승의 신앙으로 돌려놓기 위함이다. 도리대로 말하면 일체중생은 모두 청정불성을 갖추고 있다. 경전에서 어떤 때는 천제무성이라 말하고 어떤 때는 천제유성이라 말한다. 일체의 유성자들은 "두 가지 설을 하나는 요의了義, 하나는 불요의不了義이다."[114]라고 회통하고 있다. 즉 무성은 불요의 방편설이고, 유성은 구경究竟의 요의了義설이다. 유식종 사람들에게 유성설을 이해하는 어려움이란 "종성을 논하지만 반드시 유위有爲인데 어찌하여 이들은 진여로서 종성을 삼느냐?"[115]라는 의문이고, 이에 대한 일체유성자들

113 (唐)法藏, 『華嚴一乘敎義分齊章』 권2, 『대정장』 45, 486쪽. "論自有釋. 故『寶性論』云 '一向說闡提無涅槃性, 不入涅槃者, 此義云何? 爲欲示顯謗大乘故. 此明何義? 爲欲回轉誹謗大乘心, 依無量時故作是說, 以彼實有淸淨佛性故.' 又『佛性論』云 '問曰: 若爾, 云何佛說衆生不住於性, 永無般涅槃耶? 答曰: 若曾被大乘者, 此法是一闡提因, 爲令衆生舍此法故: 若墮闡提因, 於長夜時輪轉 不息. 以是義故, 經作此說. 若依道理, 一切衆生悉皆本有淸淨佛性, 若不得般涅槃者, 無有是處. 是故佛性決定本有, 離有離無故.'" 여기에서 인용된 부분은 (陳)眞諦 譯, 『佛性論』, 『대정장』 31, 787쪽.

114 앞의 책. "二說一了一不了."

115 앞의 책, 487쪽. "夫論種性, 必是有爲, 如何此敎約眞如爲種性耶?"

174

의 대답은 "진여가 연緣을 따라 염染과 화합하여 본식을 이룰 때 저
진여 중에는 본각무루가 있어 안으로 훈습하여 중생이 반류反流의
인이 되므로 종성種性이 있다."[116]는 것이다.

　이는 진여는 수연隨緣·불변不變의 두 가지 의미를 갖고 있어, 진여가
연緣을 따라 염染과 화합하여 본식을 이루면 진여의 본각무루는 바로
중생을 훈습하는 종성이 된다는 것이다. 이는 일체유성설과 일분무성
설의 이론적 구별점이라 할 수 있다. 일분무성자들은 진여는 불생불멸
한다고 주장하여 진여에 수연의隨緣義가 있음을 인정하지 않고, 일체유
성자들은 『대승기신론』에 근거하여 진여는 불변·수연의 두 가지 의미
를 포함하고 있다고 주장한다. 또 아뢰야식은 각覺·불각不覺의 두
가지 의미를 갖고 있어, 이러한 아뢰야식에서 각覺하는 것이 바로
불종성이라 주장한다. 그리하여 "구경의 선택이다."라고 하고 "진여이
성으로 성종性種의 성으로 삼는다."[117]라고 하는 것이다. 이와 같이
보면 진여의 수연의를 인정하고 진여의 이성理性을 불성으로 하는
것은 전체 일체유성설의 이론적 기초인 것이다.

2. 이불성理佛性과 행불성行佛性

당나라의 불성사상은 자은慈恩 법사 이후로 일체유성설과 일분무성설
의 논쟁에서 주로 이불성과 행불성의 논쟁에 중점을 두고 있다. 이

116　앞의 책. "以眞如隨緣與染和合成本識時, 卽彼眞中, 有本覺無漏內熏衆生爲返流
　　因, 得爲有種性."

117　앞의 책. "取彼究竟", "眞如理以爲性種性也."

논쟁의 발단은 현장이 새로 번역한 경론에 대한 영윤靈潤의 문제제기와 비판이었다.

영윤은 현장이 새로 번역한 경론에 불만이 있어 예전의 번역 경론과 열네 곳에서 구별되는 점이 있다고 지적한다. 특히 현장의 불성설에 대한 번역을 세 가지 방면으로 비판하였다. 그 중 하나가 그의 일분무성설이 불요의不了義라 한 것이다. 영윤은『화엄경』「여래성품如來性品」의 여래 지혜는 구족하지 않음이 없고 어디에도 있다는 등의 경문을 인용하여, 일분무성설이 마설魔說이고 불교의 근본의根本義가 아니라 지적한다. 둘째는 소분일체少分一切설이 대승을 비방하는 사견邪見이라 비판하였다. 영윤은『열반경』,『승만경勝鬘經』,『보성론』의 많은 경문을 의거로 전분일체全分一切가 불설이고, 소분일체는 이상의 모든 경전들과 서로 모순되는 것이기에 삿된 설이라 비판하였다. 십이인연十二因緣을 중생과 동일하게 볼 때, 만약 무성이라면 이러한 중생은 십이인연이 아니라고 논증하였다. 셋째는 이성理性은 모두 갖추고 있으나 행성行性은 있기도 하고 없기도 하다는 논법을 비판하였다.

영윤의 이러한 비판에는 두 가지의 착오가 있다. 하나는 자신의 이론이 상호모순된 것인데, 신역 경전에는 결정무성決定無性을 말하지 않았다. 다른 하나는『열반경』,『능가경』,『승만경』,『보성론』,『불성론』등에서 말하는 것이 각기 다른데, 그들은 이성이 있으면 행성은 반드시 있다는 데 있다. 영윤의 신역본에 대한 비판에 대해 현장의 제자 신태神泰가 스승의 이론을 변호하고자 영윤의 비판을 하나하나 반박하여, 행성行性을 본식本識 가운데의 대승종자大乘種子로 삼아 진여이성을 불성으로 하는 것을 반대하였다.

그 후 법보法寶가 『일승불성구경론一乘佛性究竟論』을 집필하여 이理
·심心을 불성으로 한다고 주장하였다. 법보는 어떤 때는 『열반』에
근거하여 제일의공(第一義空: 理)을 정인불성正因佛性으로 하고, 또
어떤 때는 『능가』, 『밀엄密嚴』 등의 경론을 의거하여 여래장과 장식(藏
識: 心)을 정인으로 하기도 하였지만, 그는 행불성에 대해 명확히
반대하는 태도를 취하였다.

혜소慧沼는 행불성을 적극 제창하였다. 그의 『중변혜일론中邊慧日
論』은 이불성과 행불성의 구별로써 일체를 설명하였다. 혜소는 법이본
유종자法爾本有種子를 행성으로 보고, 정불성正佛性으로 본다. 이理로
오성五性의 차별을 결정지으며, 더욱더 진일보하여 행성을 유루有漏와
무루無漏로 구분한다. 유루종자는 일체유정들이 모두 가지고 있으며,
무루종자는 있기도 혹은 없기도 하다고 주장한다. 또한 무루종자가
없으면 결정코 성불할 수 없다고 여긴다. 이는 당나라 시대에 이불성,
행불성 등 그들 간에 서로 논쟁이 벌어지게 된 대체적인 상황이다.

일체무성성과 일체유성설의 이·행불성에 대한 기본 관점과 그들이
입론하여 내세운 이론의 근거를 종합하면, 양자의 구별은 주로 일분무
성설은 이불성과 행불성 간에 필연적 관계가 없다고 주장함으로써,
이불성은 구족하지만 행불성을 갖추지 않을 수도 있다고 주장하는
것이다. 반대로 중생유성설은 행불성과 이불성 간의 필연적인 내재적
연관이 있다고 여겨, 이불성이 있으면 필히 행불성이 있다고 주장한다.
이 두 가지 사상의 심각한 구별은 진여관眞如觀의 차별이라 할 수
있다. 전자는 진여를 절대 생멸변화가 없는 것이라 보고 있고, 후자는
진여는 불변不變·수연隨緣의 두 가지 뜻이 있다고 주장하는 것이다.

경전에 의거하여 보면 전자는 『성유식론』을 위주로 하고, 후자는 주로 『열반경』과 『대승기신론』을 그 근거로 하고 있다.

3. 중생유성설衆生有性說과 일분무성설一分無性說

위에서 우리는 주로 세 가지로 중생유성설과 일분무성설의 다른 점에 대해 살펴보았다. 요약하면 다음과 같다.

첫째, 전자는 천태·화엄·선종을 대표로 하여 일체중생은 모두 불성을 갖추고 있어 모두 성불할 수 있다고 주장하고, 후자는 유식종을 대표로 하여 유정중생 가운데 일부 중생은 불성이 없어서 영원히 성불할 수 없다고 주장한다.

둘째, 중생유성설은 진여이성眞如理性부터 내세운 이론이고, 일분무성설은 본유한 무루종자를 불성으로 삼는다.

셋째, 전자는 진여이성을 불성으로 여기고, 진여이성은 항상하고 두루하여 '일체중생'의 일체는 전분일체全分一切라고 여긴다. 후자는 일부 중생은 이불성理佛性만 갖추고 있을 뿐, 행불성行佛性의 본유 무루종자를 갖추지 못한다고 생각하여 소분일체少分一切로 중생유성설을 회통한다.

물론 이는 전체적인 측면에서 말하는 것이고, 이를 보다 세심하게 분석하여 보면 양자의 차별은 더욱 많다. 예를 들면 전자는 일성설一性說을 주장하고, 후자는 오성설五性說을 주장한다. 전자도 오성을 논하지만 위位로 정해진 것뿐이고, 기본상 후자는 오성이 바로 종자라고 말한다. 전자는 오성차별을 신훈이라 말하고, 후자는 오성의 차별이 본유라 말한다. 전자는 이불성과 행불성의 필연관계를 주장하고, 후자는 이성이 있다고 해서 반드시 행성行性이 있는 것이 아니라고 주장한다. 전자는 심心과 이理가 마찬가지라고 주장하지만, 후자는 엄격히 심과 이理를 구분한다. 전자는 이상과 현실이 상즉相卽하여 번뇌가 즉 보리이고 생사가 즉 열반이라 주장한다. 후자는 양자를 확연히 구분하여 무루종자로써 유루종자를 단멸하고, 식識을 지智로 전환하고, 범凡이 전환하여 성聖으로 바뀐다고 주장한다.

또한 진일보하여 두 가지 불성설이 구별되는 것을 살펴보면, 그 원인은 진여관의 차별이라고 볼 수 있다. 전자는 진여를 불변·수연으로 하고 아뢰야식은 각覺·불각不覺의 두 가지 뜻을 가진다고 하여, 진여와 아뢰야식은 같지도 않고 다르지도 않다고 주장한다. 후자는 진여는 절대 생멸의 변화가 없고, 아뢰야식은 일체제법(세간법과 출세간법 포함)의 근원이라 생각하여 진여와 아뢰야식의 직접적 연관을 부인한다. 하지만 진여가 항상하고 두루하여 보편하다는 점에서 양자는 공통점을 갖고 있기도 하다.

만약 두 가지 불성사상에 대해 더 깊이 고찰한다면, 사람들은 중생유성설이나 일분무성설 사이에는 그 이론상에서 모두 극복할 수 없는 모순이 존재하고, 그 모순은 자신의 이론으로도 해결이 어렵다는 것을 발견할 수 있다.

전자는 진여를 불성으로 보아 후자가 제기한 바와 같이 '유위법'은 '무위법'으로부터 생기生起하게 하는 모순이 있다. 후자는 무루종자를 불성으로 하는데, 무루종자에서 출세법이 생기는 것 또한 '무위법'에서 '유위법'을 생성하는 모순이 있게 된다. 또한 중생유성설은 진여를 그 취지로 하는데, 그렇다면 무명잡염無明雜染은 어찌하여 생기는 것인 지 설명하기가 어렵다.

일분무성설은 무루종자를 근본으로 한다. 무루종자는 아뢰야식 가운데 존재하는데, 아뢰야식과 진여가 연관이 없다고 주장한다면 무루종자는 어떻게 생기는 것인지를 설명하기 어렵게 되는 것이다. 사회적 작용에서도 두 가지 불성설은 구별되고 있다. 일체유성설은 불국佛國의 대문을 크게 열어놓고 입장권을 싸게 팔아 고난 속에서 몸부림치는 대중을 능히 끌어들였다. 그리하여 일체유성설은 진송晉宋 이후 줄곧 중국 불성사상의 주류로 자리 잡았다. 반면 일분무성설은 일부 사람들을 불문 밖으로 내몰았기에, 사람들로 하여금 불국의 문턱이 높다고 여기게 하여 성불할 신심을 잃게 하였다. 이는 아마도 일분무성설이 중국에 널리 알려지지 못한 주요 원인이라고 할 수 있다.

제4장 본유本有와 시유始有

남북조 불성사상의 중심은 더 이상 유성·무성의 문제를 논하는 데 메여 있지 않았다. 대본 『열반경』이 유행하고 전파됨에 따라 천제무성의 사상을 논하는 것은 거의 의미가 없었고 점차 소리 없이 자취를 감추기 시작하였다. 반면에 중생유성의 사상이 점점 불학계에 들어와 당시 불성사상의 주류가 되었다. 이 시기 불성학설의 주요한 논쟁은 일체유성설 내부에서 체현되고, 그 중 가장 영향력이 있는 것으로는 불성의 본유와 시유에 관한 것이라 할 수 있다.

제1절 본유설과 시유설

본유설本有說은 불체佛體는 이리의 극극極으로 스스로 천연天然이며, 일체 중생은 본래부터 스스로 깨달음으로 조작을 하지 않더라도 마침내 성불을 한다고 주장한다. 시유설始有說은 청정한 불과가 묘인妙因으로

생하고, 중생의 각성은 인연을 기다려서 겨우 일어나 장애를 부수고
깨달음을 얻어 응당 성불할 수 있다고 주장한다.

현장이 "어지럽게 쟁론함이 수백 년이다."[1]라고 말한 바와 같다.
그 가운데는 순수한 종교적 의미에서의 불성의 해석과 정의에 대한
문제도 있었다. 예를 들면 인因으로 불성을 해석하는가, 아니면 과果로
불성을 해석하는가 하는 것과 행行으로 불성을 해석하는가, 아니면
이理로 불성을 해석하는가 하는 것들이다. 또한 불성학설의 철학문제
도 있다. 예를 들면 원인과 결과의 상호관계에 대한 문제, 인과 사이에
필연적인 연관이 있는가 하는 문제, 결과는 원인 중에 포함되어 있는가
등이다.

불교를 종교라고도 말하고 철학이라고도 말하는 것은 중요한 표현이
다. 즉 불교도들이 종교문제를 의논함에 있어서 늘 종교적 언어로
철학적인 사변思辨을 드러내거나 철학의 사변으로 종교문제를 연구·토
론하기 때문이다. 이는 우리가 불성사상을 연구하면서 각별히 주의해야
할 점이다.

1. 본유설과 실유성悉有性

'본유'는 중생이 모두 불성이 있고 나중에 모두 성불한다는 말이다.
관정灌頂의 『대반열반경현의大般涅槃經玄義』와 길장吉藏의 『열반경유
의涅槃經遊義』의 기록에 의하면, 예전에 세 법사가 있었는데 첫째는

---

1 『大唐大慈恩寺三藏法師傳』 권1. 『대정장』 50, 225쪽. "紛紜爭論凡數百年."

영매소량靈昧小亮이고, 둘째는 요 법사瑤法師이고, 셋째는 개선(開善: 智藏), 장엄(莊嚴: 僧旻)이었다.

소량은 생사 가운데 본래부터 있는 진신眞神의 성으로서 본유를 말한다. 그는 비유의 방법으로 불성의 본유를 설명한다. 예를 들면 값싼 비단으로 황금상을 감싸서 깊은 진흙 속에 묻어 두었는데, 천안자 天眼者가 그것을 주워서 깨끗이 씻어보니 황금상이 드러났다는 것을 예로 든다. 이는 진신眞神의 불체佛體가 만덕을 갖추고 있으나 번뇌에 뒤덮인 것이다. 그러한 미혹을 끊을 수 있다면 불체는 스스로 드러난다 는 것을 말한다. 또한 "이것은 모두 본래 갖추고 있어서 이러한 작용이 있다."[2]라고 말하기도 한다.

『대반열반경집해大般涅槃經集解』에서도 보량寶亮이 해석하기를 "불 성은 만들어지는 법이 아니라서 정인불성이라 한다. 선악에 감응되지 않는데 어찌 만들어지겠는가? 그러므로 신명神明의 체體이고 근본적으 로 이 법성의 근원이 된다. 만약 이와 같은 천연天然적인 바탕과 심신心神 의 본체가 없다면 그 쓰임이 반드시 다를 것이다. 그 쓰임이 항상 이러하니 만들어진 것이 아님을 알 수 있다. 만약 신명이 줄곧 업인연業 因緣으로 구성되었다면 이것으로 체體를 삼지는 않았을 것이다. 지금 어떻게 독신毒身 속에 묘약왕妙藥王이 있다고 말하겠는가? 이른바 불성 은 만들어진 것이 아니다. 정인에 근거하고 있음을 알 수 있다."[3]라고

---

2 (隋)灌頂, 『大般涅槃經玄義』권하. 『대정장』38, 10쪽. "此皆本有, 有此功用也."
3 (梁)寶亮, 『大般涅槃經集解』권20, 『대정장』37, 462쪽. "佛性非是作法者, 謂正因佛 性, 非善惡所感, 去何可造? 故知神明之體, 根本有此法性爲源. 若無如是天然之質‧ 神慮之本, 其用應改. 而其用常爾, 當知非始造也. 若神明一向從業因緣之所構起,

말하고 있다.

요 법사의 주장은 소량과 유사한 점을 가지고 있다. 중생의 심신心神이 끊어지지 않음을 정인불성으로 하여, 일체중생은 다 정인불성을 지니고 있기에 만덕을 갖추지 못해도 성불할 수 있다고 주장하여 "반드시 성취되는 이치로써 본유의 용用으로 삼는다."[4]라고 말한다.

개선과 장엄은 상황에 따라 본시本始를 설명하여 "정인불성은 한 법으로 이치(理)가 둘이 아니다. 다만 본유와 시유가 있을 뿐이다."라고 하는데, 종種이 사라지고 각覺이 일어나는 것을 시유라 하여 "시유의 이치는 본래 이미 있는 것이다."[5]라고 한다. 개선과 장엄은 본시이설本始二說을 주장한다. 불성은 본유도 가지고 있고 시유도 가지고 있어, 체는 하나인데 용이 둘이라 하여 각覺를 일으키는 것을 시유라 하고, 이理를 구족하다는 입장에서 본유를 논한다. 사실상 앞에서 말한 두 법사도 인성因性, 이성理性을 본유의 이치로 하고, 중생은 정인불성이 있기에 성불할 수 있다고 하기 때문에 중생의 불성은 본래부터 구족한 것이라 보았다. 사실 이성본구理性本具로 중생이 불성을 본래 구족한다고 말하는 사람들은 위의 삼가三家뿐만이 아니다. 길장의 『대승현론』에서는 지론사地論師가 '이는 물질로 만들어지는 것이 아니다'라고 하여 본유를 설명하고 도선道宣의 『속고승전續高僧傳』「도총전道寵傳」에서도 지론사의 남북 두 계파와 본시이설本始二說의 관계를 설명하고

不以此爲體者, 今云何言毒身之中, 有妙藥王, 所謂佛性, 非是作法耶? 故知據正因而爲語者."

4 『大般涅槃經玄義』卷下, 『대정장』38, 10쪽. "取必成之理爲本有用也."

5 앞의 책. "正因佛性, 一法無二理, 但約本有始有兩時', '始有之理, 本已有之."

있다. 남북 두 계파의 전승이 각기 다르기에 "낙하(洛下: 낙양洛陽)에
남북 두 계파가 있고 당當과 현現의 두 가지 논법이 여기서부터 나타난
다."⁶라고 한다. 여기서 말하는 당과 현이 바로 본유·시유이다. 지론사
는 본래 '열반'에도 통달한 사람이며, 불성의 문제를 거론하기도 하였다.
하지만 남북 두 계파의 불성에 대한 관점은 각기 다르다. 남도南道는
법성, 진여 등에 의지하여 불성본유설과 유사하고, 북도北道는 아뢰야
식을 근거로 하여 무루종자는 신훈新薰을 기다림이 필요하므로 이는
불성 시유설과 상통하다. 그리하여 도선이 '지론' 두 계파와 본시이설의
관계를 말하는 데는 이유가 있다.

불성은 본유인가, 아니면 시유인가? 모든 대승경전의 설법은 각기
달라서 심지어 한 부의 경전에서도 여러 가지 설법을 말하고 있다.
중국 승려들은 각기 하나의 경전 혹은 같은 경전을 근거로 하지만,
취하는 것이 각기 다르기에 본유 및 시유에 대한 설명에도 여러 가지가
있다.

예를 들면 『여래장경如來藏經』에서는 아홉 개의 비유로 중생이 여래
성이 있다고 설명하고,⁷ 대본 『열반경』에서도 빈여보장貧女寶藏, 역사

---

6 (唐)道宣, 『續高僧傳』. 『대정장』 50, 482쪽. "故使洛下有南北兩途, 當現兩說至此
始也."

7 『여래장경』의 9개 비유. 1) 화생化生한 불佛이 각 연꽃 속에 들어 있다. 2) 꿀은
많은 벌들 속에 에워싸여 있다. 3) 곡식이 껍질 속에 싸여 있다. 4) 순금이 더러운
것 속에 떨어져 있다. 5) 가난한 여인의 집에 보배가 숨겨져 있다. 6) 암라과庵羅果
속의 종자는 보존되어 있다. 7) 금상金像이 더러운 것으로 덮여 있다. 8) 빈천貧賤한
여인이 귀한 동자를 임신하고 있다. 9) 금상金像이 흙으로 만든 거푸집 속에 들어
있다.

액주力士額珠, 암실병옹暗室瓶瓮, 설산첨약雪山甜藥의 비유로, 불성은 가난한 여인의 집에 감추어진 보물 같아 황금을 발견하느냐 못하느냐의 차이만 있을 뿐이라고 말한다.[8] 그 의미는 바로 중생의 불성은 본래 갖고 있는 것이지만 단지 진세의 번뇌에 덮여 있어, 일시적으로 스스로 볼 수 없을 뿐이라는 것이다. 여기서 가난한 여인의 집에 본래 황금이 숨겨져 있는데 황금을 발견하기 전에는 잠시 가난한 여인이고, 일단 발굴하면 거부가 된다고 비유한다. 본유를 주장하는 자는 이를 근거로 중생의 불성은 본유라고 논증한다.

이상의 서술로부터 본유설의 기본관점 및 그가 인용한 경문經文으로부터 보면, 본유를 주장하는 자는 주로 이성理性 및 인성因性으로 불성을 해석한다. 이미 진리가 자연自然하고 불성이 상주하기에 중생에게는 불성이 본래부터 있다는 것이다.

앞 장에서 우리는 중생유성衆生有性설과 일분무성一分無性설 및 양자 간의 상호 논쟁을 논하였다. 여기서는 본유설과 이러한 불성사상이 구경에는 어떠한 관계를 갖고 있는지에 대해 보다 깊이 알아보기로 한다. 중생유성설의 기본관점으로 볼 때, 그 입론立論의 기초가 되는 것 역시 인성, 이성으로 불성을 해석하는 것이다. 그것은 이성은 항상 두루 보편하기에 일체중생은 불성을 다 가지고 있고, 중생이 이미 이러한 정인불성을 가지고 있기에 최후에는 반드시 성불하여 열반을 얻을 수 있다는 것이다.

이러한 관점으로 볼 때 일체유성론자는 모두 불성본유론자라고 할

---

8 『大般涅槃經』, 『大正藏』 12, 407쪽.

수 있다. 물론 불성에 대한 해석과 정의에는 여러 가지 설명이 있고, 불성본유설의 숨은 뜻에 대한 해석들도 각기 다르다. 남북조 시기 일부 중생유성론자들은 불성시유를 제창하는 사람이 있었고, 심지어 일부 승려들은 중생유성설을 설하는 개산開山조사 축도생을 시유론자에 귀결시켜, 시유설은 도생의 당과의當果義에서 기원하였다고 생각하였다. 사실 이것은 도생의 불성사상에 부합되지 않는다.

2. 시유설과 당과의

관련 역사의 기록에 근거하면 시유설始有說은 확실히 당과의當果義에서 시작된다. 길장은 『대승현론』에서 11가家의 불성설을 열거하였다. 그 가운데 제8가는 당과當果를 정인불성으로 한다. 길장은 이 설법을 간파하여 다음과 같이 말한다.

> 당과는 정인불성이다. 예전의 모든 법사들은 이 뜻을 사용하였다. 이것은 시유의 뜻이다. 만약 시유라면 바로 작법作法이다. 작법은 무상無常이고 불성이 아니다.[9]

길장은 위에서 두 가지의 의미를 말하고 있다. 하나는 당과설을 시유의始有義로 여기는 것이고, 다른 하나는 당과는 작법作法이지 불성이 아니라고 주장하는 것이다. 여기서 길장은 비록 당과의가 누구에

---

9 (隋)吉藏, 『大乘玄論』 권3. 『대정장』 45, 35쪽. "當果爲正因佛性, 此是古舊諸師多用此義. 此是始有義. 若是始有, 卽是作法. 作法無常, 非佛性也."

의해 기원되고 누구에 의해 퍼졌는지 명시하지 않았지만, 『현론』에서 길장은 일찍이 광택법운光宅法雲이 피고구락避苦求樂을 정인불성으로 하고 있다고 언급하며, 아울러 그들은 "당과를 여래장이라 하여 당과여 래장이 있다."[10]라고 말하고 있다. 『법화경의기法華經義記』에도 아래와 같이 기록하고 있다.

> 지금 광택光宅 법사가 '지견知見'을 해석해 말하기를 "다만 일체중생 은 당래 불과이다. 중생에게 본래 이 당과가 있지만, 예로부터 오탁五 濁과 장애 또한 무거워서 대승도 감당하지 못하니 그를 당과가 있다고 할 수 없다."고 한다.[11]

이로 보아 광택光宅은 확실히 당과설을 말하고 있었다.

하지만 당唐 균정均正의 『대승사론현의大乘四論玄義』의 기록에 의하면, 정인불성설의 말末 10가家의 제1가는 백마사白馬寺의 애 법사愛法師가 생공(生公: 축도생)의 뜻을 가지고 당과를 정인으로 한다고 기록한다.

또한 원효元曉의 『열반종요涅槃宗要』에서는 법성체의 6가를 설명한다. 그 중 제1사師 역시 당과를 불성체로 하고 있다. 다시 말하면 백마사의 애 법사가 축도생의 뜻을 말하는 것이다. 그리하여 일부

---

10 앞의 책, 36쪽. "指當果爲如來藏, 以有當果如來藏故."

11 (梁)法雲, 『法華經義記』권3. 『대정장』33, 603쪽. "今光宅法師解言'知見'只是一切 衆生當來佛果. 衆生從本有此當果, 但從昔日以來, 五濁旣强, 障礙又重, 不堪大 乘, 不爲其說有當果."

사람들은 당과의當果義가 도생에서 기원된다고 말하고, 심지어 도생을 시유설의 행렬로 귀납한다. 하지만 도생이 생활한 시기는 진송晉宋 시기로, 당시에는 본시本始의 논쟁이 없었다. 당과설이 도생에 의해 시작되었고, 도생이 시유설을 지지하였는지에 대한 검증이 없어 이 점에 의문점들이 존재한다. 비록 도생이『불성당유론佛性當有論』을 집필하였지만 여기서 말하는 '당유'는 일체중생이 모두 불성이 있어 마침내 반드시 성불한다는 말로서, 결코 과의 입장에 의한 시유의 의미가 아니다.

균정의『대승사론현의』에서도 이러한 관점을 볼 수 있다. 즉 "백마사 애 법사는 생공(축도생)의 뜻을 가지고"라는 문장에 이어서 말하기를 "애 법사는『성론』(成唯識論)의 의미를 취하였지, 반드시 도생의 뜻이 아니라고 해석하고 있다."라고 말하는데, 실제로 축도생이 도대체 본유를 주장하는지, 아니면 시유를 제창하는지는 보다 깊이 도생의 불성사상을 고찰하지 않고는 쉽게 결론 내릴 수 없는 문제이다. 축도생 의 불성설의 가장 큰 특징은 반야실상의般若實相義를 기초로 하고 진리 자연을 불체佛體로 해석하여, 이른바 중생유성설을 세운 것이다.『대반 열반경집해』에서는 축도생이 불성을 논한 말들을 많이 인용하였다.

인因으로부터 있는 것이 아니고, 또다시 만들어진 것도 아니다.[12]

본래 자연으로 얻는 것이지, 일어나고 멸하는 것도 아니다.[13]

---

12 『大般涅槃經集解』권54.『대정장』37, 548쪽. "不從因有, 又非更造也."
13 앞의 책. "得本自然, 無起滅矣."

생사에 즉(卽)함이 중도이고, 본유를 밝힌 것이다.[14]

십이인연이 중도가 됨은 중생이 본유임을 밝힌 것이다.[15]

『법화주소(法華注疏)』에는 도생이 직설적으로 중생의 불성이 본유한다고 말하고 있다.

중생이 본래 불지견이 있지만, 다만 때와 장애로 나타나지 않을 뿐이다. 부처님께서 열고 제거해주시면 곧 불지견을 얻어 이룬다.[16]

도생의 불성사상은 전체를 보나, 상술한 구체적인 논술로 보나 본유의本有義를 항상 견지하고 있다. 도생이 시유라고 하는 관점은 도생의 불성사상의 원뜻을 잘못 이해한 듯싶다.

물론 도생의 불성 당유當有는 본유에 속한다. 그리하여 남북조의 시유설이 당과설에서 기원되었다는 가능성을 배제할 수는 없다. 실제로 시유설의 본의가 바로 과果에 대해 세운 말이며, 과에 대한 시유의 설명이다. 그것은 바로 부처는 묘인妙因에서 생기고, 중생은 본래 잡념에 오염되어 청정하지 않으나, 당연히 묘인이 아니기 때문에 불성은 중생에 있어서 당연히 시유이다. 이것이 시유의 첫째 의미이다.

---

14 『大般涅槃經集解』,『대정장』37, 546쪽. "卽生死爲中道者, 明本有也."

15 앞의 책. "十二因緣爲中道, 明衆生是本有也."

16 竺道生,『法華經疏』,『속장경』27, 5쪽. "良由衆生本有佛知見分, 但爲垢障不現耳. 佛爲開除, 則得成之."

시유의의 둘째 의미는 중생은 본래 불성을 갖고 있고 불성이 있기에 필히 불과를 얻을 수 있지만, 범부일 때는 아직 과를 얻을 수 없고, 과를 얻을 수 있기를 바라기에 시유라 한다. 이 두 가지의 함의는 모두 당과의 입장에서 학설을 세웠다. 길장은 『열반경유의』에서 다음과 같이 설한다.

> 불성은 삼세에 걸쳐 얻는 것은 아니지만, 중생이 청정하고 장엄한 몸을 아직 갖추지 못하였으므로, 불성이 미래에 겨우 시작한다고 설한다. 이는 바로 시유를 증명하는 글이다.[17]

> 만약 부처라면 지금이 바로 인중因中이고, 인중에 과가 없으므로 시유의 뜻이다.[18]

여기서 인중에 아직 과가 없기에 불성은 시유라고 말한다. 인중에 아직 과가 없다는 설에 대해 불성시유론자들은 늘 암컷의 말을 팔지만 망아지 돈을 받을 수 없다, 우유 속에 본래 락(酪: 요구르트)이 없고, 호마는 기름이 아니라는 등의 비유로 이를 설명하고 있다. '암컷을 팔지만 망아지 돈을 받을 수 없다'의 비유를 해석하면, 망아지는 암컷이 이후에 출산할 것이므로 지금 암컷을 팔 때 망아지의 값은 받을 수 없다는 말이다. 락은 비록 우유에서 생기지만, 가공해야만 락을 얻을

---

17 吉藏, 『涅槃經游義』, 『대정장』 38, 237쪽. "佛性非三世攝, 但衆生未聚莊嚴淸淨之身, 故說佛性始於未來. 此則證始有之文."

18 앞의 책. "若於佛則今只是因中, 因中未有果, 則始有義."

수 있어서 우유 중에 이미 락이 있다고 말할 수 없다. 기름은 비록 호마에서 생기지만, 마를 반드시 찧어야만 기름이 생긴다고 하여 마 가운데에 이미 기름이 있다고 말할 수 없다는 것이다.

시유설을 주장하는 자들은 불성본유설을 비판하기를, 말을 팔 때 망아지 값을 요구하는 것과 같다고 하여 "인중에 이미 있다는 말은 틀린 것이다."[19]라고 말한다. 여기서 "음식 속에 이미 더러운 것이 들어 있다."[20]라는 말이 있는데, 이는 음식과 변을 같이 섞어 말하는 것과 같다. 시유론자들은 아직 없는 과를 불성시유로 말하기에 당연히 과성果性을 불성으로 하고 있다.

혜원은 『대반열반경의기大般涅槃經義記』에서 시유론자의 말을 인용 하여 "범부는 오직 번뇌만 있으므로 현재 그 아름다운 과덕불성果德佛性 이 없다."[21]라고 하고, 아울러 이를 "직접 확실하게 불성은 마땅히 있으나(當有) 현재는 없다."[22]라고 한다. 이론적으로 이러한 설법도 이해가 가능하다. 그것은 과덕불성果德佛性에 대해 말하면 중생은 마땅 히 있는데 현재는 없다(當有現無)라고 한 것이기에 시유에 속한다. 하지만 만약 이러한 사상과 본유설을 대조해 본다면, 사람들은 또한 모두 불성이 있지만, 하나는 본유를 말하고 다른 하나는 시유를 말한다 는 것을 발견할 수 있다.

---

19 吉藏, 『大乘玄論』 권3. 『대정장』 45, 39쪽. "因中言有之過."

20 앞의 책. "食中已有不淨."

21 (隋)慧遠, 『大般涅槃經義記』 권8. 『대정장』 37, 828쪽. "下人現在唯有煩惱, 是故現 在無其相好果德佛性."

22 앞의 책. "直明佛性當有現無."

또한 각각 자기가 견지하는 근거를 갖고 있고, 그에 따른 이치도 갖고 있다. 그 원인은 무엇인가? 그 중의 관건은 불성의 정의에 대한 해석이 각기 다르기 때문이다. 인因으로 불성을 해석하면 중생은 모두 정인불성을 가지고 있기에 불성은 본유한다. 과果로써 불성을 말하면 중생은 본래 범부 위치에 있고 아직 과위에 도달하지 못하였기에, 과로써 본다면 불성이 시유하다고 입론하여도 당연한 것이다. 길장은 『대승현론』에서 본시이설本始二說과 불성에 대한 해석의 관계를 논술하였다.

석명釋名 …… 3가家가 있다. 제1가가 이르기를, 불성佛性 두 자는 다 과명果名이다. 불은 각覺이라 하는데, 이는 마땅히 인因이 아니기 때문이다. 성은 불개(不改: 바꿀 수 없음)를 뜻하는데, 과체果體가 이미 항상하기에 바꿀 수 없다고 한다. 인중因中에 알지 못함이 있어서 각이 아닌데, 이미 개변하였기에 성性이라 이름할 수 없지만, 중생은 반드시 불성의 이치를 얻을 수 있기에 다 불성이 있다고 한다. 제2사師가 불성을 해석하기를, 인중에 있다 하니 제1가를 비난하여 말하되, 어찌하여 인중에 이러한 이름이 없는가? 인중에 중생 각의覺義가 있기 때문에 부처는 반드시 이理를 감당하여, 바꿀 수 없음(不改)을 성性이라 한다. ……[23]

23 『大乘玄論』권3. 『대정장』45, 38쪽. "釋名 …… 有三家: 第一解云, 佛性兩字, 皆是果名, 佛名覺者, 此故宜非因. 性以不改爲義, 果體卽常, 所以不改也. 因中暗識, 故非覺者, 旣其遷改, 不得名性, 但衆生必有當得此佛性之理, 故言悉有佛性也. 第二師釋佛性者, 此是因中, 難第一家云, 云何言因中無有此名? 因中衆生有覺義故, 是佛有必當之理, 不改名性也. …… "

"한 터럭만 어긋나도 천리로 차이난다."[24]라고 할 수 있다. 본·시의 두 설(本始二説)은 비록 누가 옳고 누가 틀리다고 말할 수는 없지만, 이름의 해석과 정의가 다름에 따라 사상적으로 중대한 차별을 일으키게 됨은 의심의 여지가 없다.

불성시유의는 이상 두 가지의 뜻을 포함한 외에 또 다른 한 가지의 의미를 갖고 있다. 그것은 바로 '천제는 지금은 불성이 없으나 미래에는 마땅히 있다.'라고 말하는 것이다. 수나라 정영사淨影寺 혜원의 『대반열반경의기』에도 이러한 사상을 담고 있다. 혜원은 말한다.

지금은 없지만 응당(당래에) 있다는 말은, 천제 등은 선법은 없으나 불성은 역시 선이며, 그 이理가 없음을 밝힌 것이다. 일천제 등 나머지 죄인을 거론하면, 저들은 지금은 선善의 과성果性은 없으나 성性은 역시 선한 고로 저들이 현재는 불성이 없어 보여도 미래에는 있기 때문에, 천제 등도 다 성이 있어 응당 있다고 밝힌 것이다.[25]

만약 미래에 있고 현재에 없다면, 왜 선이 끊어졌는데 성은 있는가? 부처께서 두 가지로 답하셨다. 하나는 '과음果陰'을 보고 밝힌 것인데, 일천제가 미래에 미혹을 끊고 요견了見을 얻는 고로 '있다'고 설한 것이다. 둘은 '선오음善五陰'을 보고 밝힌 것인데, 일천제의 미래

---

24 "失之毫釐, 差以千里."

25 『大般涅槃經義記』 권8, 『대정장』 37, 828쪽. "現無當有, 言闡提等無有善法, 佛性亦善, 明其理無. 舉一闡提等余罪人, 彼現無善果性, 性亦善, 故彼觀在無有佛性, 以未來有, 故闡提等悉有性者, 明其當有."

불성이 다시 선근을 생하기 때문에 '있다'고 설한 것이다. 앞의 처음 비유는 과거 업으로 현재 과를 얻음을 말하는데, 천제도 응당 있음을 비유로 밝히고 있고, …… 둘째는 응당 선을 생하여 성性을 설하기에 '있다'고 하는데, 그러므로 선이 끊어진 사람은 현재의 번뇌로 선근이 끊어져서 현재는 생할 수 없으며, 미래의 성력性力으로 다시 선근을 생하여 창생하니 응당 있다고 밝힌 것이다.[26]

혜원의 위 서술은 일체중생이 불성을 본래 가지고 있다고 주장하지도, 일분무성설에 속한다고 주장하지도 않는다. 다만 일분시유—分始有를 제창하고 있어, 위진 남북조의 시유설이 이러한 의미에서 시작된 것이 아닌가 하는 추측은, 현재 갖고 있는 자료가 불충분하여 그 증거가 되기에 부족하지만, 여기서 간단하게 언급하여 이러한 설법이 있었다는 것만 살펴보았다.

3. 불성과 성불

위에서 살펴본 바와 같이 본유설은 주로 인因의 입장에서 불성을 말하고, 시유설은 과果로 불성佛性을 말한다는 것을 알 수 있다. 인의 입장에서 불성은 주로 이성理性을 가리키며, 과의 입장에서 불성은 성불性佛을

---

26 앞의 책, 870쪽. "若未來有現在便無云何說言斷善有性? 佛答有二: 一望果陰明一闡提未來斷惑得了了見, 故說爲有: 二是故下望善五陰明一闡提未來佛性還生善根故說爲有. 前中初喩有過去業現在得果, 喩明闡提當得名有 …… 第二以當生善說性爲有, 是故斷善人以現煩惱能斷善根明現不生, 未來性力還生善根彰生在當."

가리킨다. 길장이 말한 바와 같이 "인중에는 불성佛性이라 하고, 과에 이르러서는 성불性佛이 된다."[27]라는 것이나, 혹은 원효가 말한 바와 같이 "과불성은 불의 체성體性이므로 성불性佛이라 한다.", "인불성은 성불하는 인因이므로 불성이다."[28]라는 것과 같다.

불성이라는 이름은 역대로 많은 의미를 담고 있다. 주로 성불의 가능성과 불의 체성에 근거하여 불성을 해석하는 두 가지 의미가 있다. 본시이설 역시 각기 그 중 한 가지 의미를 자신의 입론의 근거로 하여 상대방을 질책하는 것이다. 두 가지 이론은 각기 상반되고 또한 각기 근거를 갖고 있어, 논쟁이 그치지 않고 각기 자신의 이론이 이치에 맞는다는 국면을 조성한다.

시유론자는 실천적인 측면을 고려하여 엄격히 인과를 구분하고, 아울러 과성果性·체성體性의 입장에서 불성을 말하기에 "석가가 있다고 말한 까닭은 미래에 결정코 얻을 수 있기에 있다고 했고, 지금 있는 것은 아니다."[29]라고 표현한다.

반면에 본유론자들은 이론적인 측면에서 인因에 입각하여 입설立設하기에 성性의 뜻은 과果가 아니므로 성이라 부르고, 불성은 정인에 근거하여 말하면 과성을 가리키는 게 아니라고 여긴다. 보량寶亮의 말을 예로 들면 다음과 같다.

---

27 『大乘玄論』권3. 『대정장』 45, 38쪽. "因中名爲佛性, 至果便爲性佛."

28 (新羅)元曉, 『涅槃宗要』. 『대정장』 38, 249쪽. "果佛性者佛之體性故名性佛", '因佛性者作佛之性故名佛性.'

29 『大般涅槃經集解』권54. 『대정장』 37, 549쪽. "釋言有者, 以未來定得故名有, 非今有也."

그러므로 신명神明의 체體가 근본적으로 이 법성法性의 근원이 된다. 만약 이와 같은 천연天然적인 바탕과 심신心神의 본체가 없다면 그 쓰임이 반드시 다를 것이다. 그 쓰임이 항상 이러하니 만들어진 것이 아님을 알 수 있다. 만약 신명이 줄곧 업의 인연으로 구성되었다면 이것으로 체體를 삼지는 않았을 것이다. 지금 어떻게 독신毒身 속에 묘약왕妙藥王이 있다고 말하겠는가? 이른바 불성은 만들어진 것이 아니고 정인에 근거하고 있음을 알 수 있다. 만약 과성이라면 독신 중에는 이치상 자연은 없다.[30]

『대반열반경집해』에도 보량의 표현을 담고 있다.

명확히 부처와 불성은 비록 차별이 없으나, 아직 모두 구족하지는 못하였다. 성불에 다다랐을 때 겨우 차별이 없으나, 지금은 아직 얻지 못하였는데 어떻게 차별이 없는가? 그러므로 부처가 비유를 통해 미래에 있다는 뜻을 분명히 하였다. 현재에는 당과當果가 없으므로 여기서 말하는 유有는 이미 있다는 유가 아니다.[31]

---

30 앞의 책, 462쪽. "······ 故知神明之體, 根本有此法性爲源. 若無如是天然之質·神慮之本, 其用應改. 而其用常爾, 當知非始造也. 若神明一向從業因緣之所構起, 不以此爲體者, 今云何言毒身之中, 有妙藥王, 所謂佛性, 非是作法耶? 故知據正因而爲語者. 若是果性, 則毒身之中, 理自無也."

31 앞의 책, 550쪽. "明佛與佛性, 雖無差別, 要自悉未具足. 至於得佛之時, 乃可無差, 而今未得, 云何無別. 故佛寄喻, 來明未來有義. 現在時中, 無有當果, 故言有非有已有之有也."

그 의미는, 중생이 본래 불성을 가지고 있다고 말하는 유有는 중생이 이미 불과를 가지고 있다는 것을 말하지는 않는다. 불성과 부처는 과지果地에 대해 말한다면 차별이 없지만, 인지因地에 대해 말한다면 차별이 없다고 할 수 없다. 인지의 중생과 과지의 부처의 차별이란, 중생은 정인이 있지만 아직 과불성果佛性을 갖고 있지 않고, 부처는 인과를 원만히 모두 다 구족하고 있다. 이러한 사상으로부터 출발한다면 본유설도 필히 수도修道를 거쳐야 성불한다고 주장하게 된다.

그들이 주장하는 대로 중생은 비록 불성을 가지고 있으나, 무명無明에 덮여 있어 이理를 볼 수 없다면 반드시 수도해야 한다.[32] 중생은 비록 불성이 있어도 당과가 없으면 반드시 수도해야 하는데,[33] 중생과 불은 무차별한 차별이 있다. 무차별은 즉 부처이고, 차별은 미처 구족하지 못한 것으로, 예를 들면 부친이 아들을 낳으면 성姓은 차별이 없지만, 그 용用은 구족하지 못하였기에 반드시 장엄해야 하는 것이다.

구체적인 사상의 내용으로 볼 때, 양자가 모두 수도라는 점을 강조하는 것으로 보면 본시이설은 합일점이 없는 것이 아니라, 그 구별은 단지 하나는 성불하는 성으로서 성불의 가능성으로 불성을 말하고, 다른 하나는 불의 체성으로서 성불의 현실성으로 불성을 해석하고 있다. 그리하여 양자는 수백 년 동안 논쟁을 벌였는데, 불성에 대한 해석이 각기 다른 것이 논쟁의 근원이 된 것이다.

---

32 앞의 책, 520쪽 참조.
33 앞의 책, 828쪽 참조.

제2절 유인필득과有因必得果와 인불즉시과因不卽是果

본·시 이설二說이 말하고자 하는 것은 불성의 문제이지만, 불성사상을 논술함에 있어서도 서로 다른 관점과 각도에서 자신의 인과관을 밝히고 있다. 본 절에서는 이론적인 측면에서 양자의 인과관에 대해 중점적으로 고찰하고자 한다.

본·시 이설의 인과관은 공통점과 차이점이 있다. 공통점은 이미 제1절에서 지적한 바와 같이 양자는 모두 인因과 과果를 구별하였다. 차이점이라면 본유설은 인과 과의 상호관계를 말할 때 주로 양자의 필연적인 관련에 대해 말하고, 시유설은 엄격히 양자를 구분하여 이 기초 위에서 인과 전환의 조건성을 강조한다는 것이다.

1. 유성종작불有性終作佛과 유인필득과

본유설의 기본 근거점은 중생에게는 정인불성이 있기에 언젠가 반드시 불과를 얻게 되고, 필히 갖추게 되어 있기에 불성이 본유本有하다고 말한다. 보량은 다음과 같이 설한다.

분명하게 중생의 불성 또한 그러하여, 몸 가운데 이미 일체종지一切種智가 있지 않으며, 인因이 있기 때문에 중생에게 불성이 있다고 말한다. 만약 이와 같은 천연의 바탕인 신명神明의 주主가 없다면 마침내 닦을 인이 없으므로 미혹을 제하거나 해탈을 구할 수 없다. 그러하기에 정히 신명神明의 도道로써 목석과 달라 장엄할 수 있기

200

때문에 열심히 수도하면 생사를 단멸하고 번뇌(累)를 다할 수 있다.[34]

먼저 낙락酪의 상相이 존재하기에 인因 가운데 과를 설하는 것이니, 반드시 있기 때문에 유有라 말한다.[35]

본유라 함은 몸에 이미 일체종지一切種智가 있는 것이 아니다. 중생의 신체 가운데 목석과 구별되는 신명정인神明正因이 있기에, 미혹을 제거하고 해탈을 얻게 되어 미혹을 끊고 번뇌를 다해 생사를 벗어나 열반에 이르게 된다. 이는 우유 가운데 락酪의 상相이 있어 반드시 락을 만들어 낼 수 있는 것과 마찬가지이다.

승종僧宗은 우유에서 락이 생기지만, 토끼의 뿔은 자라지 않는다고 하였다. 즉 우유에는 락의 성性이 들어 있는 반면, 토끼의 뿔을 자라게 하는 성을 가지고 있지 않다는 것을 설명한다.[36] 그 의미는 우유와 토끼 뿔은 아무 관계도 없으므로 우유 속에 토끼 뿔의 성은 가지고 있지 않지만, 반면에 우유와 락은 필연적인 내재적 연관을 갖고 있기에, 이른바 우유에는 락의 성을 가지고 있다고 말한다.

관정灌頂은 『대반열반경현의』에서 본유론자들의 주장을 인용하여 "목석들은 성불의 도리道理가 없어 본유의 용用은 안 된다. 중생이

---

34 『大般涅槃經集解』권56. 『대정장』37, 555쪽. "明衆生佛性亦然, 非卽身中已有一切種智, 以有因故言有衆生佛性. 若無此天然之質, 爲神明之主, 終不修因, 除迷求解, 正以神明之道, 異於木石, 可得瑩飾, 故智解虛矜, 斷生死累盡."

35 앞의 책. "先有酪相在, 因中說果, 必有故言有也."

36 『大般涅槃經集解』권20. 『대정장』37, 461~462쪽 참조.

반드시 성불함은 지금 여전히 인因이 있기 때문이다. 인은 본유이고, 과는 시유이다. 본유 속에 시유가 있는 이치는 바로 공용의功用義이 다."[37]라고 말하고 있다. 이러한 주장은 위에서 언급한 보량, 승종의 사상과 상통한다. 모든 중생은 목석 등 무정물과 구별되고, 성불의 도리와 성불의 인因을 가지고 있기에, 성불하면 반드시 불과佛果를 얻을 수 있다고 여긴다. 본유론자의 이러한 과果는 인因 속에서 나왔고, 인이 있으면 반드시 과가 있는 사상은 이론사유의 측면에서 볼 때 합리적이라고 볼 수 있다.

그것은 만약 18세기 프랑스 사상가 홀바크(Holbach)의 "어떠한 원인 도 모두 결과를 생하고, 어떤 결과도 원인이 없을 수 없다.", "필연성은 원인과 결과 사이에서 항상 고정 불변하는 관계이다."[38] 등의 사상이 인류의 인식역사에 중요한 공헌을 하였다고 한다면, 그보다 훨씬 앞선 5, 6세기 중국 승려들의 이렇듯 인因과 과果의 필연적인 관계를 말하는 사상들도 인류의 사유 발전에 긍정적인 계몽의 뜻을 갖게 된다. 물론 불성학설에 이러한 인 속에서 과를 설명하는 사상은 전부 중국 승려들에 의해 창조된 것이 아니고, 이미 인도불교의 경론에서도 여러 차례 인과의 관계를 설하였다.

『중론中論』에서 서술한 바와 같이 "법은 인연으로부터 있고, 인이 없다 함은 합당하지 않다. 인이 없는 과果는 있을 수 없고, 과가 없는 인도 없다."[39]라고 한다.

---

37 『大般涅槃經玄義』卷下. 『대정장』38, 10쪽. "木石之流, 無有成佛之理, 則非本有之 用, 衆生必應作佛, 今猶是因, 因是本有, 果是始有, 本有有始有之理, 卽是功用義."
38 『自然的體系』第四章.

202

『대반열반경』에서도 다음과 같이 설한다.

여래도 어떤 때는 인因 가운데 과果를 설하고, 과 가운데 인을 설함은
마치 세인들이 말하기를, 진흙이 병瓶이고 실이 바로 옷이라서 인
가운데 과를 설함과 같다. 과 가운데 인을 설함은 소가 부평초이고,
사람이 바로 음식이라는 것과 같다.[40]

『대지도론大智度論』에서도 다음과 같이 설한다.

사람이 매일 몇 필의 포布을 먹을 수 있는가, 먹을 수 없다. 포를
인연으로 해서 음식을 얻는다. 이를 일러 인 가운데 과를 설함이라
한다. 마치 아름다운 그림을 보고 손재주가 좋다고 말하면, 이는
과 가운데 인을 설함이다.[41]

이러한 인 가운데 과를 설하고, 과 가운데 인을 설하는 사상은 불교학
설 중 하나의 중요한 사유방식이다. 불교학설은 인과관계를 말함에
있어서 늘 그 가운데 많은 세부적인 내용을 생략하고, 그 가운데의

---

39 (姚秦)鳩摩羅什 譯, 『中論』. 『대정장』 36, 6쪽. "法從因緣有, 不應言無因. 無無因有
果, 無無果之因."
40 (北凉)曇無讖 譯, 『大般涅槃經』 권37. 『대정장』 12, 583쪽. "如來或時, 因中說果,
果中說因, 如世間人, 說泥卽是瓶, 縷卽是衣, 是名因中說果. 果中說因者, 牛卽水
蘋, 人卽是食."
41 (姚秦)鳩摩羅什 譯, 『大智度論』 권43. 『대정장』 25, 370쪽. "如人日食數匹布,
不可食, 以布因緣得食, 是名因中說果. 如見好畫, 而言好手, 是爲果中說因."

허다한 필요조건을 경시하며 인과를 동등하다고 본다.

예를 들면 저명한 "직심直心이 바로 정토淨土이다. 탐욕貪慾이 바로 도道이다."[42]와 같은 교설은 인 가운데 과를 설하는 것이므로 인이 바로 과이다.

축도생과 불타발타라의 인불성因佛性과 과불성果佛性에 대한 문답은, 불교도들이 가끔은 심지어 과로써 과를 말하는 것을 보통 수준이고, 인으로써 과를 말하는 것을 고상하다고 말한다는 것을 설명한다. 당시 불타발타라가 축도생에게 열반이 무엇인지 묻자, 도생이 답하기를 불생불멸이라고 하였다. 이에 불타발타라는 "내가 볼 때 너의 견해는 보통사람과 차별이 없다."[43]라고 하였다. 도생이 "선사禪師의 견해로서는 무엇이 열반입니까?"[44]라고 묻자, 불타발타라가 손에 여의(如意: 길상을 나타내는 장식물)를 들어 그것을 바닥에 던지니 도생이 깨닫지 못하였다. 불타발타라가 자리를 뜨자, 도생의 제자가 그를 쫓아가 물었더니 불타발타라가 말하기를, "너의 스승의 말한 것은 다만 불과佛果 위에서 색공色空을 말한 것뿐이다. 인중因中의 색공은 얻을 수 있는 것이 아니다."[45]라고 하였다.

인因 가운데 열반이라면, "하나의 미세한 구멍이 수많은 미세한 구멍이고, 수많은 미세한 구멍은 하나의 미세한 구멍이다. 하나의 미세한 구멍 가운데 수많은 미세한 구멍이 없고, 수많은 미세한 구멍

---

42 "直心是淨土, 貪欲卽是道."

43 (明)曾鳳儀, 『楞嚴經宗通』. 『續藏經』 16, 798쪽. "觀公見解, 未出常流."

44 『楞嚴經宗通』. 『續藏經』 16, 798쪽. "未審禪師如何說涅槃?"

45 앞의 책, 798쪽. "汝師秖說得果上色空, 不會說得因中色空."

204

가운데 하나의 미세한 구멍도 없다."[46]라고 할 것이다. 불타발타라는 여기서 일다상즉一多相卽의 사상으로 열반의 인과관계를 설하는데, 이는 본유론보다 훨씬 진보한 사상이다.

본유론자들은 다만 인 가운데 과가 있다고 말하지만, 발타가 앞에서 인용한『열반경』,『대지도론』등은 인과 과를 직접 동등하게 생각하고 있다. 만약 원인과 결과를 직접 동등하게 만든 인이 바로 과라는 설이 완전히 상대주의에 속한다면 인과 사이의 필연적인 관계를 간과하고, 인 가운데 과가 있다는 설은 어느 정도 합리적 논리를 가지고 있음은 의심의 여지가 없다.

2. 불성비성불佛性非性佛과 인불즉시과

시유론자들은 중생이 성불하는 인성因性과 가능성을 가지고 있다는 것을 부인하지는 않지만, 인중설과因中說果와 인즉시과因卽是果를 반대한다. 중생은 비록 성불하는 정인성을 갖고 있지만, 만약 수행 등 조건을 갖추지 못한다면 중생은 성불할 수 없다고 생각한다. 이는 우유로 비록 락을 만들 수 있지만 발효 등 조건을 거치지 않는다면 여전히 락을 만들 수 없고, 마麻도 비록 기름을 만들 수 있지만 찧는 과정을 거치지 않으면 기름이 나올 수 없다는 말이다.

시유설은 우선 우유와 락의 체와 맛이 각기 다르다는 것을 예로 들어, 인은 과가 아니며 인과 과는 다르다고 설명한다. 그들의 주장은

---

46 『楞嚴經宗通』,『속장경』16, 798쪽. "一微空故衆微空, 衆微空故一微空, 一微空中無衆微, 衆微空中無一微."

"만약 우유 속에 락이 있어 체와 맛이 같다면, 어찌하여 맛이 다른가? 우유가 차고 락이 따뜻함은 그 체가 다름이고, 우유는 달고 락은 시어 그 맛이 다르다. 그 모양이 다름도 말할 필요가 없다. 체와 맛이 다른 것은 명확히 본유本有가 아니다."[47]라고 말하고, 또한 락은 발효 등의 조건을 거쳐야 한다는 것으로써 과果는 시유始有라고 말하고 있다. 인 가운데 본유가 없다는 것이다. 여전히 우유와 락을 예로 들어 설명하기를, 만약 우유를 그냥 한곳에 놓아두고 가공하지도 발효하지도 않으면 한 달이 지나도 우유에서 락이 생길 수 없다. 일정한 조건에서 그들이 말하는 '연緣을 구족'해야만 우유에서 락이 생길 수 있다. "만약 우유 속에 이미 락이 있다면 어찌 연緣을 기다리겠는가?"[48] 연을 기다려야 한다면 우유 가운데 이미 영락이 있다고 할 수 없고, 인 가운데 이미 과가 있다고 말할 수 없는 것이다.

시유론자들은 우유와 영락의 관계에 대한 논술을 통해 그들이 가지고 있는 인과관因果觀을 나타내고 있다. 원인은 비록 결과를 생할 수는 있지만, 원인이 결과인 것은 아니다. 원인이 결과로 변하려면 반드시 일정한 조건-연인緣因의 힘을 빌어야 하고, 다만 인연因緣을 구족해야 결과가 비로소 나온다. 시유론자들은 여기서 알게 모르게 인과 전환의 조건성을 지적하여 말하고 있다. 이러한 사상은 단순한 인중유과因中有

---

47 (隋)慧遠,『大般涅槃經義記』권4.『대정장』37, 704쪽. "若乳有酪體味應同, 云何而得味各異, 乳冷酪熱是其體異, 乳甛酪酢是其味異, 其色亦異略而不辨. 體味各異明非本有."

48 (梁)寶亮,『大般涅槃經集解』권53.『대정장』37, 539쪽. "若乳中先有酪者, 何須待緣耶?"

206

果의 논법에 비해 한 걸음 진보한 사상이라고 볼 수 있다.

더 나아가 시유설의 인과관을 깊이 고찰하면, 사람들은 또한 이러한 사상은 대부분 『열반경』의 정인正因·연인緣因설에서 기원하고 『불성론』의 삼인불성三因佛性의 논법과 아주 근접하다는 것을 발견할 수 있다.

이른바 정인·연인에 대하여 혜원은 『대승의장大乘義章』에서 다음과 같이 그 이름을 해석한다.

> 직접 몸소 감응하는 과가 정인正因이고, 간접적으로 도와서 격발하게 함이 연인緣因이다. 이는 바로 보리와 하나인 과를 얻기 위함이다. 불성의 본체는 과의 근거로서 정인이라 설하고, 육도 등 선행의 방편은 도와서 격발하게 하므로 연인이라 설한다.[49]

다시 말해 직접 과를 생하는 것을 정인이라 하고, 보조 작용을 하는 것을 연인이라 한다. 현대철학의 언어로 해석하면, 정인은 사물의 인과 전환의 내재적 근거이고, 연인은 사물 변화의 외재적 조건이다.

혜원은 불성은 불과를 얻는 근거이기에 정인이라 이름하고, 육도六度 및 모든 선행은 정인이 불과를 얻게 하는 외재적 조건이기에 연인이라고 칭한다. 이러한 설법은 시유론자의 정인·연인설과 일치한다. 시유론자에 있어서 정인은 우유이고 연인은 발효과정이다. 우유가 없으면 락을

---

49 『大般涅槃經集解』 권53. 『대정장』 37, 539쪽. "親而感果名爲正因, 疏而助發名爲緣因, 任就菩提總爲一果. 佛性本體起果義强故說正因, 諸度等行方便助發說爲緣因."

발효시킬 수 없다. 반대로 우유만 있고 건조과정이 없다면 락이 생길 수 없다.

『불성론』에는 삼인불성三因佛性의 논법이 있다. 시유론자들이 말하는 우유는 『불성론』에서 말하는 응득인應得因에 상응하고, 발효는 실지로 가행加行이며, 가행에 근거하여 인因이 원만하여 락酪이 만들어질 수 있다. 가행연인이 없으면 인과가 다르다. 간단히 말하면 이것이 시유설의 인과관이다. 그의 합리적인 핵심은 인과 전환의 조건성을 말하는 것인데, 그 연이 구족해야만 비로소 있다고 말한다는 것이다.

3. 유인필득과와 인불즉시과

본시이설本始二說의 인과관을 대조해 보면, 하나는 인과 간의 필연적 관계에 중점을 두어 인이 있으면 반드시 과가 있다고 주장하고, 다른 하나는 인과를 엄격히 구분하고 인과 전환의 조건성을 말하고 있다. 이 두개의 설이 중국 고대 인과사상을 풍부하게 하고 있으며, 그 역사적 가치는 긍정할 만한 것이다. 하지만 만약 변증유물주의辯證唯物主義 관점으로 보면, 본유론자의 인因이 있으면 반드시 과果가 있다는 설이든, 시유론자의 인이 바로 과가 아니라는 관점이든 모두 종교학설에서 말하는 인과의 그물이라고밖에 볼 수 없다. 원인과 결과는 철학의 범주로서, 원래는 객관세계의 선후를 연계하는 두개의 현상 사이의 필연적 관계를 제시하려는 것이 목적이다.

레닌이 말한 바와 같이 "원인과 결과는 각종 사건의 세계성의 상호의존 관계와 상호연결의 고리로서, 다만 물질이 이 사슬의 한 고리까지

발전한 것이다."[50] 본시론자本始論者들이 말하는 인과는 인과관계의
객관성을 완전히 무시하고 있다. 그리하여 불경에서 많은 인과관계를
말하고 있으나, 시종 과학적인 인과관을 얻어내지 못하고 있다. 이것은
하나의 원인이고, 다른 하나는 변증유물주의 인과관의 기본사상은
원인과 결과를 하나의 대립되는 동시에 통일되는 전체와 과정으로
본다. 그리하여 원인과 결과는 그 범위가 명확히 구분되어, 인은 인이고
과는 과이며, 인을 과로 혹은 과를 인으로 혼돈할 수 없다고 주장한다.
하지만 경전에서 말하는 인과는 늘 원인과 결과의 범주를 혼돈하여
인과를 하나로 본다. 진흙이 바로 병이고, 소가 바로 부평초라고 하는
것을 예로 들 수 있다. 그 중 차이점은 "변증법은 일찍이 헤겔이 말한
바와 같이 상대주의, 부정否定, 회의론懷疑論의 요인을 포함하고 있지
만, 그를 상대주의로 귀결할 수 없다."[51]는 것이다. 그러나 불교의
인과관은 상대주의를 그 최종 귀속으로 한다.

우리가 시유설의 인과관에 대해 말할 때 그들이 어느 정도程度에서
인과 전환의 조건을 도출해 내었다고 말하였지만, 이러한 설법은 단지
특정한 범위 내에서만 그 의미를 갖게 되는 것이다. 그것은 만약 전체적
으로 볼 때 본유론자나 시유론자들은 모두 인과 자체일 뿐, '객관세계의
연관되는 일부분'이 아니라 '주관 연관의 일부분'이기 때문이다.

인과율因果律은 객관세계의 반영이 아니라, 반대로 세계는 인과의

---

50 『哲學筆記』, 142쪽. "原因和結果只是各種事件的世界性的相互依存的普遍聯繫
和相互連結的環節, 只是物質發展這一鏈條上的一環."

51 『列寧選集』 2卷, 136쪽. "辯證法, 正如黑格爾早已說明過的那樣, 包含著相當主
義·否定·懷疑論的因素, 可是它並不歸結爲相當主義."

그물로 이루어진 것이기 때문이다. 이러한 사상은 유물 변증법의 인과
관과 거리가 멀고, 그 도리는 헤아릴 수 없는 것이다.

제3절 역본역시亦本亦始와 비본비시非本非始

사상논쟁의 과정에 대해 말하면, 여러 갈래 물줄기로 이루어진 큰
강과 같아 멀리 갈수록 점점 합류合流되어 간다. 본本·시始의 논쟁도
그와 같다. 본유·시유의 주장이 뒤로 갈수록 점차 본유어당本有於當한
역본역시亦本亦始의 사상과 무소득無所得을 종지로 하는 비본비시非本
非始의 사상이 나타나게 되었고, 최후에는 즉본즉시卽本卽始로 합쳐져
본·시의 논쟁을 결론짓고 있다.

1. 본유어당本有於當과 역본역시

당 균정均正은 『사론현의』 가운데 성실론사成實論師가 본유어당本有於
當으로 본유를 설명하여, 중생은 당래當來에 성불할 수 있다는 것을
이론적으로 말하면 본유라 할 수 있지만, 성불이 당래에 이루어 지지
않는다면 시유인 것이다. 실지로 불성은 본유이기도 하고 시유이기도
한 것이다.

　관정은 『대반열반경현의』에서 장엄莊嚴, 개선開善 때에 따라 본유와
시유를 설명한다. 정인불성은 한 법으로 두 가지 이理가 없어서 이에
때에 따라 본·시로 논한다. 당과當果의 도리道理로 말하면 신명神明은
본래 가지고 있는 것이고, 종種은 사라지고 각覺이 일어나는 것으로

말하면 실제로 시유인 것이다. 또한 시유의 이론은 본래 이미 있다고 말한다. 관정의 설법에 의하면 장엄, 개선도 불성의 역본역시설을 주장하는 것이다.

길장吉藏은 『대승현론』에서 지론사地論師가 말하는 두 가지 불성이 하나는 이성理性이고 다른 하나는 행성行性으로, 리는 물질로 만들 수 없으므로 본유한 것이고, 행은 수행을 거쳐 이루어지므로 시유라고 말한다고 주장한다. 이것으로 보아 지론사 역시 불성이 역본역시亦本亦始하다고 주장함을 볼 수 있다.

균정의 『현의』에서도 지론사는 불성을 세 가지로 나눈다. 첫째는 이성理性, 둘째는 체성體性, 셋째는 연기성緣起性이라고 말한다. 감추어져 있을 때는 이성이고, 나타나면 체성이고, 쓸 때는 연기성이다. 이는 길장이 말한 바와 약간의 차이가 있지만, 그 사상은 아주 비슷하여 모두 불성이 역본역시하다고 주장한다. 이러한 자료들로 볼 때, 남북조 시기의 성실론사成實論師와 지론사들은 본·시 논쟁에 있어 화해하는 태도를 가지고 있음을 알 수 있다. 다른 점이라면 그들은 혹은 때에 따라 본·시를 혹은 이성理性, 행성行性으로, 혹은 이성理性, 체성體性으로 설명하였다는 것이다.

성실론사와 지론사들의 이러한 설법은 실지 서로 다른 입장에서 남북조의 본·시 논쟁에 대해 귀납하고 조화를 위해 노력하고 있으며, 사상 발전의 논리적 과정으로 볼 때 이는 본·시 논쟁의 새로운 발전단계였다.

2. 중도불성中道佛性과 비본비시

역본역시亦本亦始설은 본·시 논쟁을 조화함에 있어서 둘 다 취하는 방법을 선택하였다. 이와 달리 삼론종의 창시자인 길장吉藏은 본시이설 本始二說에 대해 이론적으로 전반적인 부정을 하여 둘 다 버리는 방법을 선택하였다. 길장은 열반은 절백비絶百非·초사구超四句이고, 불성은 초세상超世相·절언표絶言表로서, 본유라고도 할 수 없고 시유라고도 할 수 없으므로 본·시를 말하는 것은 방편설이지 구경究竟의 뜻이 아니기 때문에 세속의 견해이지 진견眞見이 아니라고 하였다. 진眞의 입장에서 말하면 불성은 비본비시非本非始라고 주장한다.

『열반유의涅槃遊義』와 『대승현론』 등의 저작에서 길장은 우선 불성의 본유, 시유와 유본우당有本於當의 삼가三家를 나열하고, 삼가의 설법에 스스로 해결할 수 없는 모순을 밝히고서, 나아가 자신의 관점을 진술한다.

길장은 불성이 본유하다고 주장한다면, 시유론자들이 지적한 바와 같이 우유를 팔면서 락酪의 값을 바라고, 암말을 팔면서 망아지 값을 요구하는 것과 같다. 또한 진신眞神이 힘이 강하다면 무엇 때문에 번뇌 속에 있으면서 나오지 못하고, 수도하여 미혹을 걷어내고서야 비로소 나오는 것인가라는 의문을 제기한다. 또한 만약 불성이 시유하다고 주장한다면 시유는 작법作法이고, 작법은 무상하여 불성이 아니라고 한다. 만약 불성이 본유우당하다고 주장한다면 본유 속에 시유가 있고, 즉 본유는 상常이고 시유는 무상無常인데, 상법常法에는 과거도 있고 현재도 있기에 또한 무상이 되어 본유의 뜻이 아니라는 것이다.

반대로 시유가 본유에 있다고 주장한다면 본유는 상常이고, 상법에는 시유의始有義가 없다는 것이다. 그리하여 길장이 얻은 마지막 결론은 다음과 같다.

> 그러므로 불성은 비본비시非本非始이지만, 중생을 위하여 본·시를 설했을 뿐임을 알라.[52]

불성을 지극히 논하지만 실제로 본·시가 아니다. 다만 여래의 방편설로서 중생의 무상병無常病을 깨뜨리기 위해 일체중생의 불성이 본래부터 있다고 설한 것이고, 이 인연으로써 불도를 이룰 수 있을 뿐이다. 다만 중생은 방편설을 모르고 불성이라는 말에 집착하여 성性의 현상現相에 상락常樂하기에, 여래가 중생의 관상觀相의 병을 깨뜨리기 위하여 본유本有를 숨기고 시유始有를 드러냈을 뿐이다. 불성을 지극히 논하지만 본유도 시유도 아닐 뿐 아니라 또한 비본비시非本非始도 아니다.[53]

다시 말해 본유·시유는 모두 석존의 방편설로서 불성을 지극히 담론하면 비본비시이고, 또한 비본非本도 아니고 비시非始도 아니다. 즉 일체의 유소득有所得은 모두 구경의究竟義가 아니기 때문에, 본유이

---

52 『大乘玄論』권3, 『대정장』45, 39쪽. "故知佛性非本非始, 但爲衆生說言本始也."
53 앞의 책. "至論佛性, 理實非本始. 但如來方便, 爲破衆生無常病故, 說言一切衆生佛性本來自有, 以是因緣, 得成佛道. 但衆生無方便故, 執言佛性, 性現相常樂, 是故如來爲破衆生觀相病故, 隱本明始. 至論佛性, 不但非是本始, 亦非是非本非始."

든 시유이든 간에 이것은 모두 경의經義에 상통하지 않아 모두 불법을
멸하게 하는 이론이라는 것이다.

길장은 삼가三家의 학설을 모두 타파하고 또한 그 과녁을 지론사의
두 가지 불성설에 겨냥하였다. 그는 이성理性의 본유, 행성行性의 시유
설법은 얼핏 보기에는 그 취지가 그럴 듯하지만, 그러나 경의를 유추해
보면 반드시 그런 것만은 아니라고 생각하였다. 우선 길장은 불법에
"언제 이성본유와 행성시유를 말했는가?"[54]라고 보고, 다음으로 "만약
에 이성본유이고 시유가 아니며, 행성시유이고 본유가 아니라면 다시
집착하여 병이 된다."[55]라고 하였다. 어찌하여 다시 집착하여 병을
만드는가에 대하여 길장은 많은 합당한 도리를 말하지 않고, 단지
불의 교화는 대부분 선교방편善巧方便의 설법이었는데, 세간의 천박한
사람들은 이를 옳다고 여기고 그에 미혹되고 집착한다고 말할 뿐이다.
그리하여 구경에는 불성은 비유비무하고 비본비시하며 당현當現 또한
아니지만, 다만 중생들을 위하여 본·시를 말할 뿐이라고 한다. 길장의
이러한 반박은 객관성이 크지 못하였다. 그 이유 가운데 하나는 경전에
"설한 적이 없음"을 근거로 하고, 다른 하나는 자기의 불성설을 전제로
하고 있다는 점이다. ─ 이것은 진정으로 길장이 논증해야 할 부분이다.
─ 만약 앞에서 말한 길장이 상常과 무상無常으로써 본유·시유를 반박
하는 것에 어느 정도 이론적 사변이 있다고 한다면, 이 반박은 억지다짐
의 '성언량聖言量'으로써 사람들을 비평하고 자신의 관점을 가지고
다른 사람들에게 강요하는 것과 같다.

---

54 앞의 책. "何曾說言理性本有行性始有耶?"

55 앞의 책. "若言理性本有非始, 行性始有非本, 更執成病."

그 외에 길장은 또 법사들의 인과불성설을 반박하고 비판하였다. 그는 일체법사들이 불성의佛性義를 해석하거나, 혹은 불성을 인因이지 과果가 아니라고 하거나, 혹은 불성을 과이지 인이 아니라고 하는 것은 인·과의 이의二義로 불성이 아니라고 주장하는 것이라고 하였다. 그는 경문을 인용하여 "무릇 둘이 있음은 다 사견邪見이다."[56]라고 말하고, 또한 "만약 인과가 평등하여 둘이 아닐 때 비로소 불성이라 할 수 있다."[57]라고 말한다.

그렇다면 무엇 때문에 인이나 과를 불성이라 하는 것은 모두 사견인가? 길장은 『열반경』을 그 근거로 하고 있다. 『열반경』에서는 불성을 인因, 인인因因, 과果, 과과果果 네 가지로 분류한다. "불성은 인이 있고, 인인도 있고, 과도 있고, 과과도 있다."[58] 인은 십이인연을 가리키고, 인인은 십이인연에서 생긴 관지觀智이며, 과는 대보리大菩提이고, 과과는 열반이다. 길장은 이러한 것들은 모두 정인불성이 아니라고 주장한다. 왜냐하면 인과 인인의 관계로 볼 때, 발생된 관지觀智는 십이인연에 의해 있는 것이기에 인인이고, 반대로 십이인연은 또한 관지에 의해 현현되는 것이기에, 이른바 관지가 인이고 십이인연이 인인이라고 할 수 있다. 이미 양자가 상호 인과 인인이기에, 이른바 무시무종이며 모두 정인불성이 아니라는 것이다. 보리와 열반도 유사한 논리대로 모두 무시무종하다. 모두 시종이 없기에 인은 방인傍因이지 정인이 아니고, 그러하기에 인, 인인, 과, 과과도 모두 정인이

56 『大乘玄論』권3, 『대정장』45, 38쪽. "凡有二者, 皆是邪見."
57 앞의 책. "若知因果平等不二, 方乃地稱名爲佛性."
58 앞의 책, 37쪽. "佛性者, 有因, 有因因, 有果, 有果果也."

아니다. "만약 인도 아니고 과도 아니라면, 비로소 정인이다."[59]

그 외에 길장은 또 다른 관점에서 인과불성설을 반박하기도 한다. 그는 앞에서 말한 불성을 인이고 과가 아니며, 과이고 인이 아니며, 과이고 인이라고 말하는 세 가지 설법에 맞추어 각각 반박하였다.

첫째, 길장은 이른바 인이고 과가 아니라고(是因非果) 하는 것은 십이인연을 말하는 것으로, 단지 인이 될 뿐 과가 되지 못한다고 한다. 경전에서 말하는 "인이지 과가 아니니, 불성과 같다."[60]는 것이다. 둘째, 이른바 과이고 인이 아니라고(是果非因) 하는 것은 바로 과불성果佛性으로서 경전에서 말하는 "과이지 인이 아니니, 대열반이다."[61]라는 것이다. 셋째, 과이고 인이라고(是因是果) 하는 것은 관지와 보리와 같아서, 관지는 과이고 보리는 인이라고 주장한다.

다른 사람이 길장에게 묻기를 "이 삼구三句는 정인인가?"라고 하자, 길장이 답하기를 "정인이 아니다."라고 하였다. 무엇 때문인가? 그것은 십이인연은 보리의 정인이 아니다. 그 인을 말하는 것은 그가 관지를 생한다는 것을 가리키니, 인인이기 때문이다. 인의 인이면 실지로 인인이다.

대열반 역시 정인正因의 정과正果가 아니라, 다만 보리의 과로서 실지로 과과이고, 관지와 보리 역시 이와 유사한 논리이다. 그러므로 이 세 구절은 "모두 다 방인傍因이지 정인正因이라 할 수 없고, 인도 아니고 과도 아닌 것이 비로소 정인이라고 한다."[62]라고 한 것이다.

---

59 앞의 책, 38쪽. "若言非因非果, 乃是正因耳."

60 앞의 책, 37쪽. "是因非果如佛性."

61 앞의 책, 38쪽. "是果非因名大涅槃."

216

길장이 논하는 불성을 돌아보면, 그는 둘 다 버리는 쌍견雙遣의 방법을 선택하였다. 쌍견이란 "계속 다른 것을 대하니, 바로 모름지기 전부 반대한다."[63]는 것이다. 저쪽이 인이면 비인非因이고, 저쪽이 과이면 비과非果이며, 저쪽이 인과이면 비인비과이고, 본·시 역시 이와 같아서 저쪽이 본·시라고 하면 비본·비시로 대처한다. 이러한 방법을 길장은 또한 '수竪'의 방법이라 명명하기도 한다. '수竪'라고 함은 실지로 일체의 제법諸法, 언어言語, 자성自性을 수파(竪破: 세워서 논파한다는 의미)하고, 얻을 것 없고(無所得) 언어의 표현이 끊어짐(絶言表)을 그 종지로 하는 것이다. 이는 길장이 "그러므로 언어로 이해할 수 있는 종지를 뛰어넘는 것이 마땅히 있음(當有)이니, 이로써 마음을 깨닫는 것을 정인으로 삼고, 이에 부합하여 마음을 관하고 언어로 표현할 수 없으니, 그러므로 가섭존자가 늘 불가사의不可思議라고 찬탄하였다."[64]라고 말한 바와 같은 것이다.

사실상 길장이 쓴 이러한 저작들에서 많은 논술을 하였다. 그 자체가 절언표(絶言表: 언어의 표현이 끊어짐)의 사상에 위반되는 것이다. 또한 그가 취한 모든 것에 대한 부정적인 태도는 본래 일종의 긍정으로서 인과로 불성을 삼아 반대하지만, 자신은 바로 비인비과를 불성으로 하고 있다. 이러한 자신의 논술이 서로 위반되는 현상에 대해 길장 자신도 느꼈기 때문에 '횡론橫論'을 말한다. 이른바 '횡론'은 바로 방편설

62 『大乘玄論』권3, 『대정장』45, 38쪽. "並皆是傍, 不得名正, 非因非果, 乃名正因."
63 앞의 책, 37쪽. "一往對他, 則須並反."
64 앞의 책, 39쪽. "故當有以超然悟言解之旨, 點此悟心, 以爲正因, 付此觀心, 非言可述, 故迦葉每嘆不可思議也."

이라는 것이다.

종합해보면, 일체제법은 모두 얻을 수 없고 말로써 설명할 수도 없으며, 불성 역시 그러하다. 불성을 지극으로 하지만 불성의 피차를 설명할 수 없어서 이것도 맞고 저것도 맞으며, 진眞이고 속俗이며, 인因이고 과果이며, 본本이고 시始이다. 하지만 약으로 병을 치료하는 것처럼 중생을 위한 방편설로서 "진眞도 속俗도 아닌 중도로서, 정인불성으로 삼는다."[65]는 것이다.

길장의 이러한 수파竪破와 횡론橫論의 사상은 사실상 그와 삼론종 내지 중관학파의 무소득을 종지로 하는 본체론 및 양변을 여인 중도사상이 불성사상에 반영된 것이다.

우선 '수파'라 함은 양변을 부정하고 떠나는 것이다. 이러한 사상은 표면적으로 변증법과 유사하며 그 가운데 변증辯證의 요인을 포함하고 있지만, 전체적으로 볼 때는 변증사상과 완전히 반대되는 것이다. 변증법도 부정을 말하지만 단순한 부정이 아니고 무소유의 부정도 아닌 보류적인 부정으로, 변증의 지양止揚이다.

둘째로 변증법에서 또한 양점론兩點論을 말하지만, 그 부정관否定觀은 바로 양점론의 기초이다. 하지만 변증법 가운데 양점론은 대립되면서 또한 통일되는 것으로, 바로 이것에 입각하면서 또한 바로 저것에도 입각한다. 하지만 길장의 쌍견雙遣의 방법은 우선 이쪽이 아니면 저쪽이라는 사상을 전제로 하여, 두 개의 논제를 먼저 상호 대립되고 배척하는 양극兩極에 자리하게 하고, 가정한 양변에서 양변과 멀리 떨어지게

---

65 앞의 책, 37쪽. "云非眞非俗中道, 爲正因佛性."

하는 '쌍견'이다. 전자가 대립통일의 사상을 표현한다면, 후자는 순수하게 이것도 저것도 아닌 형이상학의 사고방법이다.

또 이른바 '횡론'이라 함은 길장의 설법에 의하면 방편설로 약으로 병을 고치는 것이다. 사실상 어떠한 의미에서 이는 삼론종 내지 중관학파의 목적이다. 삼론종은 세간의 일체를 논파하고 부정하지만 방편설의 시설施設로 불국佛國을 보류하고, 세간의 일체를 타파하는 것은 불국에 그 지반地盤을 마련해 주기 위함이다. 그렇지 않다면 늘 무소득을 그 종지로 하면서 말로 나타내는 것은 진리를 위배한다고 주장했던 길장이 무엇 때문에 『유의遊意』, 『현론玄論』 등의 저작을 힘들게 지어서 모든 논설들을 배척하였겠는가?

3. 인과원융因果圓融과 즉본즉시卽本卽始

중국불학은 뒤로 가면 갈수록 점차 합류하는 추세이다. 이것 역시 초기의 본유・시유를 제창함으로부터 인을 논하고 과를 설명하다가, 최후에는 인과가 융합되고, 본・시가 서로 상즉相卽으로 나타난다. 이러한 사상은 주로 수隋・당唐 시기의 몇몇 불교종파에서 나타나기도 한다.

천태종의 지자 대사智者大師는 불성으로 인과를 회통하고, 탐욕이 바로 도道이고, 일색일향一色一香은 다 중도라고 주장한다. 『법화현의』에서 지의智顗는 "범론적으로 말하면 관지觀智가 함께 인과를 회통하니, 달리 말하여 관觀은 인이고 지智는 과이다. 예를 들면 불성도 인과를 회통하니, 달리 말하여 인은 불성이라 하고, 과는 열반이라 한다."[66]고 하였다.

『관음현의觀音玄義』에서 지의는 또 불종불횡不縱不橫으로 불성을 말하는데 "인이지 과가 아님이 불성이라. 이것은 성덕性德이 연인緣因·요인了因이라 함을 근거로 하여 모두 인이라 한다."[67], "과이지 인이 아닌 것이 불성이 됨은 이것은 수덕修德을 근거로 하여 연인과 요인이 다 원만하다."[68], "요인은 바꾸어 말하면 반야이고, 연인의 다른 이름은 해탈이고, 또한 보리과이고 대열반과라고 하여 모두 과라고 칭한다. 불성은 인과를 회통하여 종縱도 횡橫도 아니어서 수덕修德할 때 삼인三因은 종도 횡도 아니나, 과가 원만할 때는 삼덕三德이라 칭한다."[69]라고 한다.

천태종의 장안 대사章安大師 관정은 본유·시유의 제가의 설법을 열람하고 고찰한 뒤 지적하기를 "만약 본유本有와 당유當有를 취하면 삼장三藏의 통교通敎가 아니다. 별교別敎와 원교圓敎의 사문四門의 뜻이다. 본유는 유문有門이고 당유는 무문無門이다."[70]라고 하였다. 또한 이것들은 모두 별가別家의 편견으로 상호 융합되지 않고 문門과 리理도 없으며 원가圓家는 같은 계열에 들 수 없다고 말한다.

---

66 (隋)智顗 說, 灌頂 記, 『妙法蓮華經玄義』권3下. 『대정장』33, 714쪽. "泛論觀智俱通因果, 別則觀因智果. 例如佛性通於因果, 別則因名佛性, 果名涅槃."

67 (隋)智顗 說, 灌頂 記, 『觀音玄義』卷上. 『대정장』34, 880쪽. "是因非果名爲佛性者, 此据性德緣了皆名爲因."

68 앞의 책. "是果非因名爲佛性, 此据修德緣了皆滿."

69 앞의 책. "了轉名般若, 緣轉名解脫, 亦名菩提果, 亦名大涅槃果, 皆稱爲果也. 佛性通於因果, 不縱不橫, 修德時三因不縱不橫, 果滿時名三德."

70 (隋)灌頂, 『大般涅槃經玄義』卷下. 『대정장』38, 10쪽. "若定執本有當有, 非三藏通敎之宗, 乃是別圓四門意. 本有是有門, 當有是無門."

220

그는 수목량전樹木梁箭으로 비유하여, 만약 본유를 고집한다면 이는 목수가 구부러진 나무로 대들보를 만들고, 곧은 나무로 도리를 만드는 데 사용하는 것과 같다는 것이다. 긴 것은 창을 만들고 짧은 것은 화살을 만드는 것은 나무의 천연적인 성질을 그 쓰임으로 한다는 것이다. 하지만 사실상 초목의 생장에는 본래 대들보나 화살의 쓰임이 없다. 목수가 만드는 인연에 따라 용도가 생기는 것이다. 하지만 만약 구부러진 나무를 곧게 만든다면 구부러진 나무는 대들보에 사용되지 않고, 곧은 나무를 구부러지게 가공하면 곧은 나무는 도리를 만드는 데 사용되지 않는다. 긴 나무를 짧게 자른다면 긴 나무는 더 이상 창을 만드는 데 사용되지 않고, 짧은 나무를 더 짧게 잘라 땔감으로 되면 더 이상 화살을 만드는 데 사용되지 않는다. 그렇다면 어찌하여 본유의 용도를 고집하기만 하는가? 또한 경전을 인용하여 "삼세의 모든 법은 시처是處가 없는데 어렵게 본유에 집착하는가?"[71]라고 하였다. 관정은 자기의 관점을 다음과 같이 밝혔다. "지금 경전에 의거하면, 일체제법 속에 모두 안락성安樂性이 있는데 어찌 무성無性의 혹惑을 얻고 다시 무혹無惑의 성性으로 돌아가는가? 종지를 회통하지 못하니 쓸 수가 없다." 사적私的으로 말하면 혹성惑性이 상즉相卽할 뿐, 일체 어떤 법을 수용하지 못하고, 열반이 어떤 법을 세우지 못하겠는가? 일체중생이 곧 열반상涅槃相이고 일체국토가 곧 열반상이다."[72] 이러한

---

71 앞의 책. "三世有法, 無有是處, 何得苦執有當者?"

72 (隋)灌頂, 『大般涅槃經疏』권11, 『대정장』38, 102쪽. "今依經, 一切諸法中悉有安樂性, 那得無性之惑, 覆於無惑之性, 不會旨故不用. 私謂非但惑性相卽, 一切何法不收, 涅槃何法不立, 一切衆生卽涅槃相, 一切國土卽涅槃相."

표현으로 볼 때, 관정도 본이 곧 시, 시가 곧 본, 중생이 곧 불성, 생사가 바로 열반인 원가圓家의 뜻으로 본·시를 해석하고 있다.

화엄종은 더욱이 인과원융因果圓融, 즉본즉시卽本卽始의 사상을 보다 적극적으로 제창하고 선양하였다. 화엄종은 단지 인은 바로 과이며(因卽是果), 본은 바로 시이다(本卽是始)를 말할 뿐만 아니라, 일체가 일一이 고 일이 곧 일체이다, 일념이 구세를 머금었고(一念含九世), 시방이 티끌 속에 들었다(十方入微塵). 일체 세간법과 출세간법이 서로 융합하고 서로 이어져 원융무애圓融無礙하다고 말한다. 지엄智儼은 『화엄일승십현문華嚴一乘十玄門』에서 다음과 같이 설한다.

만약 소승의 설에 따르면 인과는 인을 전환하여 과가 되고, 인이 멸하여 비로소 과를 이룬다. 만약 대승에 의거하면 인과는 동시에 얻는 것이어서 그 무진無盡을 나타낼 수 없다. 마치 연緣을 버리고 성취를 버림으로써 인과를 동시에 성취하는 것이지, 여타의 사물을 성취하는 것이 아니다. 인에는 친소親疏가 있는 까닭에 다함이 있다. 만약 통종通宗이 인과를 밝힌다면 소연疏緣을 들고 친연親緣으로 들어가므로, 성취에 대한 집착을 버릴 때 일체법이 다 일시에 이루어 진다.[73]

---

73 (隋)杜順 說, (唐)智儼 錄, 『華嚴一乘十玄門』, 『대정장』 45, 516쪽. "若小乘說因果者, 卽轉因以成果, 因滅始果成. 若據大乘因果, 亦得同時, 而不彰其無盡. 如似捨緣以成捨, 因果同時成, 而不成余物, 以因有親疏故, 所以成有盡. 若通宗明因果者, 擧疏緣以入親, 是故如捨成時, 一切法皆一時成."

여기서 통종通宗은 바로 화엄종을 가리킨다. 화엄종에 대해 말하면, 인과는 원래 선후先後와 본시本始의 구분이 없고 일체법은 모두 일시적으로 이루는 것이다.

이 외에 지엄智儼은 공空을 보고 본즉시本卽始를 변증한다. 그는 본유는 방이 비어 있는 것과 같아 문을 열고 보면 공이 즉시 본유한 것이고, 이러한 공이 보이지 않는다 하여 없다고 할 수 없으며, 보는 순간부터 비로소 있기에 시유라 할 수도 있다고 말한다.[74] 즉 구분하여 말하면 본·시는 한 가지 이론의 양면이고, 통합하여 말하면 즉본즉시卽本卽始이다.

선종이 초기에 비록 직심直心이 바로 도량道場이라는 사상이 있지만, 다만 미혹하면 범부이고 깨달으면 성인이라는 것에 치우쳐 있다. 그 후기의 "푸르고 푸른 대나무는 다 법신法身이요, 무성한 노란 꽃은 반야 아님이 없다."[75], "물 긷고 땔나무 해옴이 불사佛事 아님이 없다."[76], "발 들고 발 뻗음이 다 도량이도다."[77] 등의 사상들이 출현한 이후 인과가 완전히 구분되지 않고 본·시가 없어졌으며, 혹은 인과가 융합되어 즉본즉시卽本卽始가 이루어졌다고 할 수 있다.

중국불학 중의 불성본시설佛性本始說과 인과불성관因果佛性觀에 대하여 구체적으로 설명하자면 아주 많을 것이지만, 그 연변과정과 발전

---

74 앞의 책.

75 (宋)蘊聞, 『大慧普覺禪師語錄』, 『대정장』 47, 875쪽. "青青翠竹, 盡是法身, 鬱鬱黃花, 無非般若."

76 (淸)儀潤, 『百丈淸規證義記』, 『속장경』 61, 456쪽. "運水搬柴, 無非佛事."

77 (宋)正受, 『嘉泰普燈錄』, 『속장경』 79, 425쪽. "擧足下足, 皆是道場."

의 대체적인 추이는 이상과 같다. 이러한 연변과정 및 발전과정에 대한 고찰을 통하여 우리는 중국 불성사상의 한 부분에 대해 보다 깊이 있고 구체적으로 이해할 수 있었다. 또한 부분은 전체의 한 부분으로서, 만약 우리가 각각의 측면에 대해 비교적 심도 깊은 인식을 갖게 된다면 전체적인 중국 불성사상의 그림은 점차 선명해지고 구체적으로 드러날 것이다. 이는 우리가 범주를 단서로 하여 하나의 측면과 또 하나의 측면으로 중국 불성사상을 연구하는 근거이다. 이러한 근거가 만약 방법론의 높은 경지에 이른다면, 이것이 바로 이른바 추상적인 것에서 구체적인 것에 달하는 방법이다. "추상적인 규정이 사고의 과정에서 구체적으로 재현되는 것이다."[78]

---

78 『馬克思恩格斯選集』 권2, 103쪽.

제5장 성구性具와 성기性起

중국 불성학설은 유성有性·무성無性, 본유本有·시유始有의 논쟁을 지나 또 하나의 새로운 단계에 진입한다. 이 새로운 단계의 불성사상의 중요한 특징은 일체중생 실유불성을 주장하면서 저 실유實有의 불성은 일체중생에 대하여 본유이면서 시유라는 것이다. 더 나아가 본유시유의 회통會通의 기초 위에서 더욱 유심唯心을 제창한다. 이와 같은 사상은 대부분 수·당대의 천태, 화엄 내지 선종 등 몇 개의 큰 불교종파에서 나타난다.

비록 천태·화엄·선종의 삼대 종파는 모두 일체중생이 불성을 본래 구족한다고 주장하지만, 분별하여 말하자면 각 종파의 불성사상은 각각 그 특징을 가지고 있다. 예를 들면 천태와 화엄 두 종에서 천태종은 성구性具를 주장하고, 화엄종은 성기性起를 제창한다. 성구와 성기의 사상은 많은 공통점을 가지고 있지만, 또 작지 않은 다른 점을 가지고 있다. 본 장에서 우리는 성구와 성기를 기본 실마리로 하여 천태와 화엄 두 종의 상호관계를 분석, 비교하여 성구와 성기사상이 전체 중국 불성사상에서 지니는 지위 문제 등을 구체적으로 설명하고자 한다.

제1절 성구설과 천태종

성구는 체구體具, 이구理具라고도 한다. 본각本覺의 성性이 일체 선악善惡 제법을 다 갖추고 있음을 뜻한다. 중생과 부처의 관계에 있어서 일체중생은 이미 본래부터 불성을 갖추고 있고 또 악법도 갖추고 있음을 말한다. 이것은 중국에서 최초로 불교종파를 통일한 천태종 불성학설의 기본사상이다.

중생이 본래 불성을 구족하였다는 것은 인도불교에 있어서 하나의 중요한 문제였지만, 중국에서는 진송晉宋 이후 거의 결정을 짓는다. 그리하여 불성본구佛性本具사상은 천태종의 불성학설이라기보다는 차라리 중국불교계의 하나의 중요한 사상 조류이다.

천태종 불성사상의 특징은 중생의 본구本具의 불성에 있지 않고, 중생이 본래 구족한 불성의 성질性質에 있다. 불교의 전통적인 방법으로 본다면, 불성은 본래 지극히 순純하고 정淨하여 완벽하게 선善하고 미美한 것이라 한다. 인도와 중국의 각 종파는 모두 이와 같이 설하지만, 천태종은 불교의 전통적인 견해를 반대하여 불성은 본래 선한 성품을 구족할(本具善性) 뿐만 아니라 본래부터 악한 법도 갖추고 있음(本具惡法)을 주장한다. 이것은 세상을 놀라게 하는 독특한 사상인데, 그에 따라 천태종의 불성사상과 기타 종파의 불성사상을 엄격하게 구분하고 있다.

1. 성구선악性具善惡과 일념삼천一念三千

원대元代 호계虎溪의 사문 회칙懷則은 『천태전불심인기天台傳佛心印記』
에서 천태 불성사상을 논술하여 천태종 불성사상의 특징을 이해하는
데 큰 도움을 주고 있다.

> 제종은 성구악법性具惡法을 알지 못하고, 구계九界에는 오직 성기性
> 起만을 논한다. 원가(圓家: 천태종)는 성구性具로서 종宗으로 삼는다
> 고 말하는데, 다만 성이 선善만 구족함은 알고 성이 악惡을 갖추고
> 있음은 알지 못한다. 비록 번뇌가 보리이고 생사가 열반이라 하지만,
> 쥐가 찍찍거리고 새가 지저귀는 것처럼 소리는 있고 종지가 없으니,
> 반드시 구계의 악을 닦아 뒤집어야 불계의 성이 선함을 증득함인데,
> 직지인심, 견성성불, 즉심시불 등은 진심眞心의 성불만을 지적함이
> 지 망심妄心을 지적함이 아니다.[1]

여기에서는 기타 불교종파는 비록 성구사상이 있지만, 이들이 설하
는 성구는 겨우 성性이 선을 구족함을 가리키고, 성이 또한 악을 구족하

---

1 (元)懷則, 『天台傳佛心印記』, 『대정장』 46, 935쪽. "諸宗旣不知性具惡法, 若論九界
惟云性起, 縱有說云圓家以性具爲宗者, 只知性具善, 不知性具惡: 雖云煩惱卽菩
提, 生死卽涅槃, 鼠唧鳥空有言無旨, 必須翻九界修惡, 證佛界性善, 以致直指人心,
見性成佛, 卽心是佛等, 乃指眞心成佛, 非指妄心."

고 있음을 알지 못한다는 것이다. 기타 불교종파도 번뇌가 보리이고, 생사가 열반이라 언급하지만 마침내 그 돌아가는 종지는 불계佛界의 성性이 선善, 진심에서 부처를 이루는 데 뜻이 있을 뿐이다. 천태종은 다른 종파와 달라서 불성이 선만 구족할 뿐만 아니라 악도 갖추고 있어, 성불은 진심으로만 짓는 것이 아니라 망심으로도 부처를 이룬다 고 한다.

송宋 사명지례四明知禮의 『관음현의기觀音玄義記』에 또한 이와 같은 대화가 있다.

> 문: 구계九界는 불계佛界에서 보면 모두 다 악계이다. 이와 같은 제악諸惡은 불성에 본래 구족한 것인가?
> 답: 다만 '구(具: 갖추고 있음)'라는 이 한 글자는 더욱더 금종(천태종) 을 나타내는데, 성이 선을 갖추고 있음은 다른 제사諸師는 알고 있지만, 악을 구족하고 있는 연인緣因, 요인了因을 다른 종은 모두 헤아리지 못하고 있다.[2]

지례知禮는 여기에서 확실하게 성이 악도 구족함을 가진다는 것으로 써 천태종과 기타 종파와 사상을 구분하고 있다. 또한 악을 구족하고 있다는 사상을 가지고 천태종을 기타 종파보다 높게 평가하고 있고, 그를 중요한 특징으로 삼고 있음을 알 수 있다. 회칙의 『천태전불심인 기』에서 아래 단을 인용하여 말한다.

---

2 (宋)知禮, 『觀音玄義記』 권2, 『대정장』 34, 905쪽. "問: 九界望佛皆名爲惡, 此等諸 惡, 性本具否? 答: 只具一字, 彌顯今宗, 以性具善, 他師亦知, 具惡緣了, 他皆莫測."

이로 알 수 있듯이 금가(천태종)의 성구性具의 장점은 성악性惡에
있다. 만약 성악이 없으면 반드시 구계九界의 악을 파破해서 불계의
성性인 선이 나타나야 하는데, 이것은 연리緣理로써 구계를 끊는
셈이다.[3]

이 부분은 지례의 사상과 일치하는데, 천태종의 불성사상의 제일
중요한 특징이 성악설性惡說에 있음을 밝히고 있다.

성악설, 혹은 정확히 말해 성에 선악이 구족하다는 사상이다. 여기에
천태종 불성학설이 담겨 있다면, 이 사상의 구체적 내용은 무엇이고,
누가 처음 제창했으며, 누구에 의해 발전되었는가? 그 기본인 연변演變
과정과 발전의 단서는 어떠한가? 그 논리의 근거는 무엇인가? 이와
같은 모든 문제는 우리가 천태종 불성사상을 연구하는 데 있어서 반드시
먼저 정리해야 할 것이다.

관련된 자료에 근거하면, 성구선악性具善惡의 사상은 천태지자天台
智者가 처음 제창하고, 형계담연荊溪湛然, 사명지례 등의 많은 논술이
있다. 지의智顗 대사로부터 시작해 보자.

불성사상의 쟁론은 많은 발단을 고려해볼 때, 불성의 해석에 대한
다양성에 있다. 지의의 불성사상을 토론하기 이전에 반드시 지의의
불성의佛性義에 대한 기본적인 함의를 먼저 고찰해야 한다.

지의는 『법화현의法華玄義』에서 이렇게 불성을 해석하고 있다.

---

3 『天台傳佛心印記』, 『대정장』 46, 934쪽. "是知今家性具之功, 功在性惡. 若無性惡,
必須破九界修惡顯佛界性善, 是爲緣理斷九."

그 일법一法이란 '실상'을 말함이다. 실상의 상은 무상부상無相不相이다. 또 이 실상은 제불이 얻은 법이기 때문에 '묘유妙有'라 한다. 실상은 양변에 있는 것도 아니므로 '필경공畢竟空'이라 한다. 공리空理는 담연湛然하여 같지도 다르지도 않아 '여여如如'라고 한다. 실상은 적멸이니 '열반'이라 하고, 깨닫고 변하지 않으니 '허공'이라 이름하고, 불성은 많은 것을 담고 있으므로 '여래장'이라 하며, 유有에도 무無에도 종속되지 않기에 '중도中道'라 한다. 최상으로 허물이 없기에 '제일의제第一義諦'라 한다.[4]

지의는 여기에서 불성과 실상·여래장·중도·묘유 등을 다 같은 것이라고 지적하고, 또한 바로 무상불상無相不相의 묘유이고, 즉유즉무卽有卽無의 중도라고 말하였다. 지의의 이와 같은 '묘유'의 불성설은 일찍이 중국불학, 특별히 수·당 이후의 몇몇 커다란 불교종파의 불성사상에 깊은 영향을 주었다.

인도불교도 역시 가유假有·환유幻有를 담론하지만, 묘유의 어휘는 거의 사용하지 않았다. 가유·환유와 묘유는 모두 공유상즉空有相卽의 뜻이 있지만, 양자가 중시하는 점은 같지 않아서 전자는 진공眞空에 치우치고, 후자는 묘유에 중점을 둔다.

인도불교의 공을 논하는 주요 학파는 중관학파中觀學派로서 중관반

---

4 『妙法蓮華經玄義』 권8下. 『대정장』 33, 783쪽. "'其一法者, 所謂'實相.' 實相之相, 無相不相. 又此實相, 諸佛得法, 故稱'妙有': 實相非兩邊之有, 故名畢竟空: 空理湛然, 非一非異, 故名'如如': 實相寂滅, 故名涅槃: 覺了不改, 故名虛空: 佛性多所含受, 故名如來藏: 不依於有, 亦不附無, 故名中道. 最上無過, 故名'第一義諦.'"

야학中觀般若學을 주장한다. 무소득無所得을 종지로 삼기에, 불교 반야
가 인도 중관학파의 공유상즉 사상을 소개할 때에 대부분 환유·가유를
사용한다.

중국에서 반야학을 전하고 발전시킨 이는 대부분 라집羅什·승조僧肇
계통이다. 이 계통의 사상은 승조 때에 최고의 정점을 이루었고, 그
후 쇠퇴하였다. 남북조 시기의 길장吉藏 및 그가 창립한 삼론종三論宗은
한때 반야학을 중흥시켰지만, 그 기간은 아주 짧았다. 삼론종은 비교적
반야학에 충실하였고, 그 불성사상은 제4장에서 간단히 소개했는데,
거의 중도로서 불성을 삼지만 삼론종이 설한 중도와 천태종의 중도는
완전히 다르다.

이는 마치 삼론종이 설한 가유와 천태종이 설한 묘유가 일치하지
않는 것과 같다. 전자는 일종의 비유非有·비무非無·비본非本·비시非始
의 '제일의공'인 진공眞空이고, 후자는 일종의 즉유즉무卽有卽無·본시
상즉本始相卽의 묘유妙有 혹은 순유純有라고 한다.

헤겔은 『논리학(Wissenschaft der Logik)』에서 일찍이 지적하기를,
"이와 같은 순유는 순일무잡의 추상抽象이기 때문에 절대絶對의 부정否
定이다. 이와 같은 부정은, 직접적으로 말하면 또한 바로 '무'이다.
…… 저와 같은 불교도들은 만사만물萬事萬物의 보편원칙, 구경의 목적
과 최후에 귀결하는 '무'로서, 또한 같은 추상체抽象體이다."[5], "유는
다만 공허의 무 …… 무는 단지 공허의 유이므로 양자 사이의 구별은

5 黑格爾, 『小邏輯』, 192. "這種純有是純粹的抽象, 因此是絶對的否定. 這種否定,
　　直接地說來, 也就是無 …… 那些佛敎徒認作萬事萬物的普遍原則·究竟目的和最
　　後歸宿的'無', 也是同樣的抽象體."

겨우 호칭상의 구별일 따름이고, 혹은 완전한 추상적인 구별일 뿐이다.", "기초基礎가 없는 것은 양자의 공통된 규정 때문이다."[6]라고 한다. 그리하여 양자는 환상幻想의 태공太空에서 생각대로 상통相通할 수 있다. 당연하지만, 불교의 진공묘유와 헤겔의 순무純無, 순유純有는 완전히 상통하지는 않는다. 불교의 진공설이 무자성無自性으로써 공을 설명함은 철학계에서 설한 공, 무와는 같지 않지만, 바로 이 점은 불교가 하나의 구세주救世主를 인정하여 그것을 기본 전제로 삼는 일반종교와 구별되게 한다. 그러므로 '묘유'의 이론은 앞문으로 쫓아낸 창세주創世主를 다시 뒷문으로 요청하여 들어오게 하는 것이다. 왜냐하면 '묘유'라는 것은 실제상 하나의 복장服裝을 바꾸어 입은 본체이고, 세계만유의 본원本源익 때문이다.

수·당 양대 및 그 이후의 중국불교에 있어서 '묘유妙有'사상은 상당히 중요한 지위를 점유하고 있다. 그들은 어떤 때는 정심淨心이라 하고, 어떤 때는 진심眞心이라고 부른다. 하지만 모두 일체 세간법, 출세간법, 일체유정중생의 본원을 즉유즉무의 '묘유'로 귀결시킨다. 이어서 수·당 각 종파에서 '묘유'의 사상을 맨 먼저 이론적으로 천명하고 논술한 이는 바로 천태종의 지자(智者: 智顗) 대사이다.

지의智顗의 '묘유'사상은 주로 성구선악을 특징으로 한다. 성구선악의 사상은 또한 삼인불성三因佛性설을 통하여 표현되기 때문에, 우선 지의의 삼인불성설을 살펴볼 필요가 있다. 삼인불성이란 정인불성正因佛性·요인불성了因佛性·연인불성緣因佛性이다. 지의는 많은 저서에서

---

6 黑格爾,『小邏輯』, 194. "有只是空虛的無 …… 無只是空虛的有", "兩者之間的區別, 只是一指謂上的區別, 或完全抽象的區別."

삼인불성을 거론하였는데, 호칭 또한 비교적 통일되어 모두 정인正因·요인了因·연인緣因으로 말하지만, 삼인의 내용은 각각 다르다.

『법화현의』권10상에서 지의는 법성실상法性實相을 정인으로 삼고, 반야관조般若觀照를 요인으로, 오도공덕五度功德을 연인으로 삼는데, 다음과 같이 설한다.

법성실상이 바로 정인불성이고, 반야관조가 요인불성이며, 오도공덕으로 반야를 도와 격발함이 바로 연인불성이다.[7]

『법화현의』권5 아랫부분에서 지의는 삼인불성을 다음과 같이 설한다.

삼궤三軌는 삼불성과 상통하는데, 진성궤眞性軌는 바로 정인성이고, 관응궤觀應軌는 요인성이며, 자성궤資成軌는 바로 연인성이다. 그러므로 아래 문장에서 말한다. "너는 실제로 나의 아들이요, 나는 실제로 너의 부친인 것이 곧 정인성이다." 또 말한다. "내가 옛적에 너에게 무상도無上道를 가르친 까닭에 일체의 지智와 원願을 잃지 않고 있는 것과 같으니, 지는 곧 요인성이고 원은 바로 연인성이다."[8]

---

7 『妙法蓮華經玄義』권2下.『대정장』33, 802쪽. "故知法性實相卽是正因佛性, 般若觀照卽是了因佛性, 五度功德資發般若卽是緣因佛性."

8 『妙法蓮華經玄義』권5下.『대정장』33, 744쪽. "三類通三佛性者, 眞性軌卽是正因性, 觀應軌卽是了因性, 資成軌卽是緣因性. 故下文云: 汝實我子我實汝父, 卽正因性, 又云: 我昔教汝無上道, 故一切智願猶在不失, 智卽了因性, 願卽緣因性."

이 삼인설은 성불의 진성眞性을 정인으로 삼고, 관지觀智를 요인으로, 서원誓願과 공덕을 연인으로 삼고 있는데, 앞에서 설한 것과 언어는 다르나 사상은 다르지 않다.

『법화문구法華文句』와 『마하지관摩訶止觀』에서는 지의가 삼인의 설법상에 있어 다른 점을 보이고 있는데, 『법화문구』권10상에서 지의는 다음과 같이 설한다.

경전을 독송함은 바로 요인불성이고, 모든 보살도를 행함은 연인불성이며, 감히 가벼이 보지 않고 깊이 존경함은 바로 정인불성이다.[9]

『마하지관』권9하에서 지의는 십이인연十二因緣으로써 삼인불성을 설한다.

만약 무명을 전환하여 불지명佛智明이 된다면, 초발심으로부터 십이인연을 아는 것이 삼불성이다. 십이인연을 통관通觀하여 지혜가 나옴이 요인불성이다. 십이인연을 관하여 마음에 제행이 구족함은 연인불성이라 한다.
만약 나누어 관(別觀)한다면, 무명無明·애愛·취取가 요인불성이고, 행行·유有는 연인불성이며, 나머지 칠지七支는 정인불성이다.[10]

9 (隋)智顗, 『妙法蓮華經文句』, 『대정장』34, 141쪽. "讀誦經典卽了因佛性, 皆行菩薩道卽緣因佛性, 不敢輕慢而復深信者, 卽正因佛性."

10 (隋)智顗, 『摩訶止觀』권9下, 『대정장』46, 126쪽. "若轉無明爲佛智明, 從初發心知十二因緣是三佛性. 若通觀十二因緣智慧, 是了因佛性: 觀十二因緣心具足諸行, 是緣因佛性. 若別觀者, 無明愛取則了因佛性, 行有則緣因佛性, 等七支則正因

이 외에 인공人空을 요인으로, 법공法空을 연인으로 삼는 설도 있다.[11] 반야관지를 요인으로, 해탈을 연인으로 삼기도 한다.[12] 또한 중도中道를 정인으로 삼고, 가假와 공空을 연인과 요인으로 삼는 것은 지의의 많은 논저에서 볼 수 있다.

지의의 삼인불성의 기본사상은 비유비무·불염부정不染不淨의 실상을 정인불성으로 삼고, 실상에 대한 관조觀照를 드러내는 반야지혜를 요인불성으로 하며, 각지覺智를 돕고 정성正性을 열어 나타나게 하는 공덕선행을 연인불성으로 삼는 것이다.

또한 정인불성의 불염부정을 연 씨로써 비유하는데, 연 씨 자체는 진흙 속에 있지만 오염되지 않고, 상락아정常樂我淨이며, 부동불괴不動不壞하는 것처럼 일체중생의 정인불성도 이와 같다고 한다.[13]

『법화문구』 권4하에 또 말하기를, "실상은 영구적으로 무자성無自性이며, 무자성은 바로 정인불성이다."[14]라고 한다. 정인불성의 무염정無染淨, 비선악非善惡과 다르고, 연인과 요인은 염정이 있어서 선악을 갖춘다. 『관음현의』 권2의 대화는 다음과 같다.

문: 연인과 요인이 이미 성덕선性德善이 있다면, 또한 성덕악性德惡
　　도 있는가?

佛性."

11 『觀音玄義』 卷上. 『대정장』 34, 878쪽.

12 앞의 책, 880쪽.

13 『妙法蓮華經玄義』 권7下. 『대정장』 33, 733쪽.

14 『妙法蓮華經文句』, 『대정장』 34, 58쪽. "實相常無自性, 而無自性者, 卽正因佛性."

236

답: 구(具: 갖추고 있다).¹⁵

정말로 "다만 '구具', 이 한 글자는 금종(今宗: 천태종)을 나타낸다."라
는 말과 같다. 바로 이 연인·요인이 악을 구족하다는 설 때문에 천태종의
불성사상은 각 종파와는 달리 독자적으로 한 파를 형성하게 된다.

『법화현의』와 『마하지관』 등의 저서 가운데는 지의의 연인·요인이
악을 갖추고 있다는 사상이 논술되어 있다. 예를 들면 『마하지관』에는
지의가 정확히 말하고 있듯이 "무명無明·애愛·취取는 요인불성이고,
행行·유有는 연인불성이다."¹⁶, "무명·애·취가 이미 번뇌도煩惱道라면
번뇌도가 바로 보리이다. …… 요인불성이다."¹⁷, "업행業行이 박법縛法
이다."¹⁸, "행유업도가 바로 해탈이며, 해탈과 자재는 연인불성이다."¹⁹
라고 한다. 이것은 무명에서 전환하여 명明이 되고 속박이 변하여
해탈을 이룸이니, 연인·요인이 염정선악染淨善惡을 구족하고 있다고
거론한다.

회칙懷則은 『천태전불심인기天台傳佛心印記』에서 천태의 삼인불성
을 대략 다음과 같이 설한다.

구계九界에는 삼인이 있는데 성염性染은 요인이고, 성악性惡은 연인

15 『觀音玄義』, 『대정장』 34, 882쪽. "問: 緣了旣有性德善, 亦有性德惡不? 答: 具."
16 『摩訶止觀』 권9下, 『대정장』 46, 126쪽. "無名愛取卽了因佛性, 行有卽緣因佛性."
17 앞의 책. "無名愛取旣是煩惱道, 煩惱道卽是菩提 …… 了因佛性也."
18 『法華玄義』 권2下, 『대정장』 33, 700. "業行是縛法."
19 앞의 책. "行有業道卽是解脫, 解脫自在緣因佛性."

이며, 염染·악惡이 둘이 아님이 악정인惡正因이다. 어찌하여 오직 수덕修德에 국한되는가? 불계에도 삼인이 있는데 성선性善은 연인이고, 성정性淨은 요인이며, 선善·정淨이 둘이 아님이 바로 선정인善正因이다.[20]

여기에서는 구계九界와 불계佛界를 나누어 논한다. 성염성정은 요인이고, 성악성선은 연인이며, 염정染淨·선악善惡이 둘이 아님이 정인이다. 만약 "십법계로 합함"이라면 "삼인이 구족"[21]한다. 왜냐하면 '제법실상'은 권權이나 실實에서도 나오지 않고, 제법은 동체同體에서 선악이 연인·요인이며, 실상은 동체에서 선악이 정인이기 때문이다. 연인·요인과 정인의 관계는 제법과 실상의 관계와 같아서 권權과 실實의 관계이고, 동일한 체의 양면이다. 이렇게 합하면 삼인이 구족한다.

"연인에는 반드시 요인·정인이 갖추어져 있음을 말하고, 정인에도 반드시 연인·요인이 구족함을 말한다. 일一에는 반드시 삼三을 갖추니, 삼이 바로 일이다. 말에 떨어져서 원의圓義를 잃지 말고, 성의聖意를 욕되게 하지 말라."[22] 이 삼인이 서로 구족하다는 설은 천태 불성사상의 정의精義를 깊이 얻음이다. 만약 삼인이 서로 구족하지 않는다면 설령 연인·요인이 악을 갖추었다 하더라도 또한 성이 본래 악을 구족한다는

---

20 『天台傳佛心印記』, 『대정장』 46, 934쪽. "若爾九界三因, 性染了因, 性惡緣因, 染惡不二是惡正因: 豈惟局修: 佛界三因, 性善緣因, 性淨了因, 善淨不二卽善正因."

21 앞의 책. "十法界離合讀之", "三因具足."

22 앞의 책. "言緣必具了正, 言了必具緣正, 言正必具緣了. 一必具三, 三卽是一, 毋得守語害圓誣罔聖意."

결론을 얻기 어려울 것이며, 반면 연인·요인이 염악을 구족함을 이끌어
내고, 삼인이 서로 구족함의 논증을 더한다면 이론상 바로 성구염정性具
染淨, 성구선악性具善惡의 결론에 도달할 수 있다. 천태지자는 바로
이와 같은 사유의 길을 따랐다.

우선 지의는 일체중생이 정인·요인·연인 삼덕을 다 갖추고 있다고
말한다. 『법화현의』에서 말한다.

지금 『법화경』에서는 부자父子에 비유하여 천성天性을 결정한다.
객이 아니기 때문에 상불경보살은 이 뜻을 깊이 얻음은 마치 일체중
생의 정인은 불멸이니 가벼이 해서는 안 되며, 모든 과거불이 현재
멸한 후, 만약 한 구절을 듣고 다 불도를 이룬다면 요인이 불멸이며,
고개를 숙이고 손을 드는 것도 다 불도를 이루는 것이 바로 연인이
불멸인 것이다. 일체중생은 이 삼덕三德을 갖추고 있다.[23]

『법화문구』, 『관음현의』 등의 저서에는 지의가 본구本具의 각도에
중점을 두고 연인·요인이 본래부터 있는 것이지, 지금에 있는 것은
아니라고 논증하고 있다.

『법화문구』 권10상에 지의는 설하기를, "정인불성은 태고부터 본래
당유當有이며, 연인·요인불성의 종자는 본유이지, 지금에 비로소 있는

---

23 『法華玄義』 권6下, 『대정장』 33, 757쪽. "今『法華』定天性, 審父子, 非復客作,
故常不輕深得此意, 如一切衆生正因不滅, 不敢輕慢, 於諸過去佛現在若滅後, 若
有聞一句, 皆得成佛道, 卽了因不滅: 低頭擧手, 皆成佛道, 卽緣因不滅也. 一切衆
生, 無不具此三德."

것이 아니다."[24]라고 한다.

『관음현의』권상에는 지의가 또한 "지금 정명원교正明圓敎는 삼종 장엄의 인이고, 불은 양종 장엄의 과를 구족하므로, 이 인因과 과果의 근본은 바로 성덕性德의 연인·요인이다. 이 같은 성덕은 본래부터 있는 것이지 지금에 있는 것은 아니다."[25]라고 설한다.

그 다음으로 삼인본구를 주장하는 기초로부터 지의는 한 걸음 더 나아가 삼인이 서로 구족함(互具)을 제창한다. 이 방면의 사상에 대하여 지자는 비공비유非空非有의 중中을 정인이라 하고, 가假는 연인이고, 공空은 요인으로 삼고 나아가 공·가·중 삼제三諦는 원융무애하여 상즉 相卽하며 호구互具함을 체현하고 있음을 설한다. 공을 설하면 가·중 또한 공이고, 하나가 공이면 일체도 공이며, 가를 설하면 공·중 역시 가이며, 하나가 가이면 일체도 가이고, 중을 설하면 공·가 역시 중이며, 하나가 중이면 일체도 중이다. 즉공卽空·즉가卽假·즉중卽中은 비록 삼三이지만 일一이고, 일이지만 삼으로서 서로 방해하지 않는다. 이것 이 지의의 공·가·중의 일이면서 삼, 삼이면서 일인 사상이다.

지의는 공·가·중을 가지고 정인·요인의 사상을 설명하는데, 송대宋 代의 준식遵式은 이를 평하여 다음과 같이 설한다.

천태가 논하는 불성은 다른 종파와 다르다. 제가의 대부분은 이理와

---

24 『妙法蓮華經文句』. 『대정장』 34, 140쪽. "正因佛性, 通亘本當, 緣了佛性種子本有, 非適今也."

25 『觀音玄義』. 『대정장』 34, 880쪽. "今正明圓敎三種莊嚴之因, 佛具二種莊嚴之果, 原此因果根本卽是性德緣了也. 此之性德, 本自有之, 非適今也."

240

진여를 불성으로 삼는데, 천태는 원용하게 십계를 논하고 중생과
부처는 서로 융통하여 실實이고 권權이면서 동시에 일념一念에 들어
있다고 말한다. 일념은 무념(空)이기에 바로 '요인불성'이고, 일체법
을 구족하기에(假) 즉 '연인불성'이며, 비공비유(中)는 바로 '정인불
성'이다. 일념에서 생하는 법이 바로 공·가·중이니, …… 원묘圓妙하
고 심절深絶하며 불가사의하다.[26]

회칙懷則은 『천태전불심인기』에서 다음과 같이 설한다.

다만 하나의 사리事理에서 삼천三千은 공성空性의 요인이고, 가성假
性의 연인이며, 중성中性의 정인이다. 삼제가 만약 성구가 아니라면
이 같은 의義는 무엇으로 말미암아 성립하겠는가? 삼천은 삼제일
뿐 아니라 또한 삼제가 바로 삼천이기 때문에 말하기를, 중제는
일체법을 통섭하고, 진제는 일체법을 끊으며, 속제俗諦는 일체법을
세우니, 삼천은 중中이고, 중으로서 주가 되어 일一이 삼三이니,
본유가 관조觀照하는 묘경妙境이라 칭한다.[27]

<hr>

26 (宋)遵式, 『天竺別集』 卷下, 『爲王丞相欽右講法華經題』. "天台所談佛性, 與諸家
不同. 諸家多說一理眞如名爲佛性, 天台圓談十界, 生·佛互融, 若實若全, 同居一
念. 一念無念空, 卽了因佛性: 具一切法假, 卽緣因佛性: 非空非有中, 卽正因佛
性.' 是卽一念生法, 卽空·假·中 …… 圓妙深絶, 不可思議."

27 『天台傳佛心印記』, 『대정장』 46, 935쪽. "只一事理, 三千卽空性了因, 卽假性緣因,
卽中性正因. 三諦若不性具, 義何由可成? 不但三千卽三諦, 亦乃三諦卽三千, 故
云, 中諦者統一切法, 眞諦者泯一切法, 俗諦者立一切法, 三千卽中, 以中爲主,
卽以而三, 名爲本有所觀妙境."

삼제는 마치 이(伊: ∴)의 세 점과 같아서, 하나도 서로 섞이지 않으면서, 셋이 서로 여의지 않음이 대열반이라 칭한다.[28]

준식과 회칙의 이 양단의 평술은 간결하게 천태의 정연요인正緣了因을 마치 공가중空假中의 삼제와 같이 원융무애하고 상즉호구相卽互具하다고 대략적으로 서술하고 있다. 이와 같은 삼인호구三因互具 사상의 창립은 천태가 이미 이론상 성구선악 사상의 논증을 완성했음을 나타내고 있다.

여기서 간단히 지의의 사상이 진행되는 과정 및 논증의 순서를 돌아본다. 우선 지의는 불성을 정인·요인·연인의 셋으로 나누었고, 그 다음은 정인이 비염정非染淨·무선악無善惡이고, 연인·요인은 구염정具染淨·유선악有善惡이라고 지적한다. 다시 또 반복적으로 삼인불성은 본래부터 구족하고 지금에 있는 것이 아니라고 설명한다. 마지막으로 삼인호구, 원융무애를 가리킨다. 이와 같은 계통의 부연과 논증을 통해 천태의 성구염정, 선악의 사상은 의론議論의 이유와 바탕이 있고 이치에 맞아 자연스럽게 결과가 생긴 것이다.

성구선악의 사상이 구체적 문제를 설명함에 있어서 또한 이와 같은 어려운 하나의 문제를 만난다. 이미 성구선악이라면 일천제가 다시 선근을 내는 것이 문제가 되지 않지만, 불성이 이미 구악이라면 부처는 다시 악을 생하는가? 이와 같은 문제에 천태는 정확히 답하고 있다.

『관음현의』 등의 저서에서 어떤 사람이 지의에게 물었다. "천제闡提

---

28 『天台傳佛心印記』, 『대정장』46, 935쪽. "三諦如三點伊∴, 一不相混, 三不相離, 名大涅槃."

不斷禪根)가 선이 끊어지지 않았기에 다시 선근을 생하는데, 제불은
성악性惡이 끊어지지 않아서 다시 제악諸惡을 일으키는가?" 지의는
답하였다. "천제는 성덕性德의 선이 끊어지지 않아서, 연緣을 만나면
선을 격발하기 때문에 다시 선근이 나온다고 하였다. 제불은 비록
성악性惡이 끊어지지 않았으나, 부처는 영원히 악을 반복하지 않는다."
무슨 까닭인가? 지의는 한 걸음 더 나아가 논증하여 다음과 같이
말한다.

천제는 성선性善을 통달하지 않은 까닭에 다시 선인善因에 물들
수 있으며, 다시 수선修善을 일으켜 제악을 대치한다. 부처는 비록
성악性惡이 끊어지지 않았어도 능히 악을 통달하였는데, 악에서
벗어났기 때문에 악인惡因에 물들지도 않고, 수악修惡을 다시 일으키
지 않는다. 그러므로 부처는 영원히 악으로 돌아가지 않는다.[29]

이 의미를 살펴보면, 천제는 선성善性이 끊어지지 않았고 또 성선을
통달하지 못한 까닭에 수선修善하여 선으로 악을 대치한다. 제불은
달라서 이미 성악性惡이 구족하고 또 악성惡性을 통달하였기에, 본래부
터 악법을 잘 알고 있어서 악을 닦는 문제는 존재하지 않는다. 그러므로
제불은 영원히 악에 떨어지지 않는다.
　『관음현의』에서 지의는 다른 각도로써 제불이 다시 악을 생하지

29 『觀音玄義』卷上. 『대정장』 34, 882쪽. "闡提旣不達性善, 以不達故, 還染善因, 得起修善, 廣治諸惡. 佛雖不斷性惡, 且能達惡, 以達惡故, 於惡自立, 故不染惡因, 不得起修惡. 故佛永不復惡."

않음을 논증하여 다음과 같이 설한다.

> 다 같이 말하듯이, 천제는 비록 선근이 완전히 끊어졌지만, 아리야식
> 阿梨耶識은 곧 무기무명無記無明과 선악의 의지(소의)가 되어 일체의
> 종자가 되는데, 천제는 무기무명이 끊어지지 않았기에 다시 선을
> 생하고, 부처는 무기무명을 끊어 마쳤기 때문에 훈습되는 것이
> 없어서 다시 악이 생기지 않는다.[30]

이는 훈습력薰習力으로써 천제가 다시 선을 생하고, 부처는 다시는
악을 생하지 않는다고 말한다. 유가유식학의 이론에 따르면, 성불은
바로 식識을 전환하여 지智를 이루는 것이다. 아리야식이 이미 존재하
지 않으므로 부처를 훈습할 수 없어서 다시 악이 생기지 않는다. 이는
유식이론설에 근거하면 일리가 있는 것 같다.[31] 지의가 제창한, 천제는
성선이 끊어지지 않고 제불도 성악이 끊어지지 않았다는 것은 도대체
"무엇을 나타내기 위함인가?"[32] 어떤 이가 준식遵式에게 물으니, 준식
이 다음과 같이 설한다.

> 수행으로써 성性을 연구하면 성이 항상함을 나타낸다. 선과 악의

---

30 『觀音玄義』卷上, 『대정장』34, 882쪽. "若由他人, 明闡提雖斷盡善, 被阿梨耶識卽
此無記無明, 善惡之依持, 爲一切之種子, 闡提不斷無記無明, 故還生善. 佛斷盡無
記無明, 應無所熏, 故不還生惡."

31 앞의 책.

32 『天竺別集』卷下, 『答王知縣書』, 『속장경』57, 39쪽. "意何所顯?"

두 길은 십계十界를 벗어나지 않는다. 수악修惡의 극한은 천제를 넘지 못하는데, 수선修善의 궁극이 어찌 제불을 넘으랴! 양자는 성을 논하지만 선악은 함께 존재하고, 성선은 또 천제에게도 있으며, 성악은 또 제불에게도 있으니 양자는 둘이 아니고, 삼천의 이치(理)는 다 같으므로 천제도 성불을 기약할 수 있다.[33]

이 의미를 살펴보면, 천태는 천제가 성선이 끊어지지 않고, 제불은 성악이 끊어지지 않았음을 제창하는 것에는 지선至善의 부처까지도 악을 구족하고, 극악極惡의 천제조차도 선을 구족함을 통하여 십계가 서로 구족하고 삼천의 이치(理)가 다 같음을 설명한다. 그러므로 천제는 성불을 기약할 수 있다. 이렇게 말하는 것은, 특정한 의미에서 본다면 천태의 성구선악설의 종지에 부합한다.

천태가 성구선악을 제창한 뜻은 중생과 부처가 원융하고 범성凡聖이 평등하며 일색일향一色一香의 무비중도無非中道일 뿐임을 설명하기 위함이다. 다만 만약에 성구선악의 사상을 지의의 전체 불학사상 계통에 놓고 고찰한다면, 지의는 성구선악설로써 십계가 서로 구족하고 삼천의 이치가 균등함을 설하기보다는 바로 십계가 서로 구족함과 일념삼천一念三千의 이론을 기초로 삼아 그의 성구선악설을 세우기를 설한 것이라고 하겠다.

십계十界가 서로 구족한다는 말은 십법계 가운데 하나의 계界는

---

33 앞의 책, 39쪽. "對修硏性, 意顯性常. 善惡二途, 不出十界: 修惡之極, 莫若闡提: 修善之窮, 豈過諸佛. 二人論性, 善惡俱存, 性善且對闡提, 性惡且論諸佛, 二人不二, 三千理均, 故得闡提有成佛之期."

동시에 나머지 구계를 구족한다는 것이다. 십법계는 불·보살·연각·성
문·천·인·아수라·아귀·축생·지옥의 십계이다. 앞의 4계는 사성四聖
이라고도 하며, 뒤의 6계는 또 육범六凡이라 한다. 이전의 불교학설에서
는 십계를 피차彼此로 차단하여 서로 융통시키지 않았는데, 지의는
그것이 옳지 않다고 한다. 십계를 서로 구족하게 하여, 불계는 보살계
이하 9계를 구족하고, 지옥계 또한 축생계 이상의 9계를 구족한다고
주장한다. 지의는 『법화현의』에서 다음과 같이 설한다.

> 하나의 법계가 9법계를 구족함을 체광體廣이라 하고, 9법계는 바로
> 불법계佛法界로서 위고位高라고 한다. 10법계는 즉공卽空·즉가卽
> 假·즉중卽中으로 용장用長이라 하고, 즉일卽一로써 삼三을 논하고,
> 즉삼卽三으로써 일一를 논하니, 각기 다르지도 않고 횡橫하지도
> 않고 일一도 아닌 까닭에 묘妙하다고 칭한다.[34]

이 십계호구十界互具설은 경론에서 아직 보지 못했으나, 천태지자는
뜻에 따라 이름을 지었고, 창조성이 풍부하기는 하나 항상 비난을
받았다. 천태의 십계호구 등의 사상은 경론에 구체적인 문구가 없는데
어찌 사용할 수 있는가에 대한 질문에 천태는 다음과 같이 답한다.

> 단지 뜻이 경론에 부합한다면 문구가 없다고 어떻게 의심하겠는가?

---

[34] 『法華玄義』권2. 『대정장』33, 692쪽. "一法界具九法界名體廣, 九法界卽佛法界名
位高, 十法界卽空卽假卽中名用長, 卽一二論三, 卽三而論一, 非各異亦非橫亦非
一, 故稱妙也."

246

…… 지금 우리가 불법을 해석하는 데 있어서 곳곳에 이름을 보고 뜻을 만들고, 뜻에 따라 이름을 세운다. 혹은 문구의 증거가 있고, 혹은 문구의 증거가 없기도 하다. 만약 문증文證이 있으면 의심할 여지가 없지만, 문증이 없어도 또한 반드시 의의를 따를 것이다.[35]

이 부분은 천태종 불성사상의 특징과 성격을 상당히 반영하고 있다. 경론에 국한되지 않음을 직접 진술하는 "자신의 마음에서 행해지는 법문(己心中所行之法門)"이라고 할 수 있다. 천태는 그 지관止觀학설과 교판敎判사상에서 모두 이와 같은 정신을 관철하고 있다. 천태가 불교학설에 있어서 대부분 '육경주아六經注我'의 태도를 취함은 천태의 불교학설로 하여금 더 많은 중국적 특색을 구족하게 하여, 가장 중국화된 불교종파를 이루게 한다.

지의는 다시 그의 십계호구설과 혜문慧文의 일심삼관一心三觀 사상 및 혜사慧思의 십여시실상설十如是實相說 등을 서로 배합하여 '일념삼천一念三千'의 학설을 구성한다. '일심삼관一心三觀'이란 그 연원은『대지도론大智度論』과『중론中論』에서 나왔고, 제창자는 북제北齊의 혜문慧文 선사이다.『마하반야경摩訶般若經』의 시작 부분에서 지혜를 도종지道種智・일체지一切智・일체종지一切種智의 삼종으로 나누고 있는데, 이 삼자는 높고 낮음과 계층의 차별이 있어, 반드시 반야를 수습해야 겨우 도달할 수 있다고 본다.『대지도론』에서는 이 부분의 경문을

35 (隋)智顗,『四敎義』권1.『대정장』46, 723쪽. "但使義符諸經論, 無文何足質疑 …… 今一家解釋佛法, 處處約名作義, 隨義立名, 或有文證, 或無文證. 若有文證, 故不應疑, 無文證者, 亦須得意."

해석할 때, 삼종 지혜는 비록 계층의 차별이 있지만, 최후에는 원만圓滿에 도달하여 일시에 '한 마음 가운데 증득함(一心中得)'을 얻는다고 한다.

혜문은 이 사상과 『중론』의 '삼시게(三是偈: 인연으로 생한 모든 법을 나는 공이라 설하니, 이것은 또한 가명假名이며, 또한 중도의 뜻이다[因緣所生法, 我說卽是空, 亦爲是假名, 亦是中道義.])와 연결시켜, 일심一心 또한 공·가·중 세 방면으로 동시에 관찰하여 공·가·중 삼종의 관문觀門을 성립시킨다고 한다. 이렇게 원래의 '삼지일심三智一心'을 '삼제일심三諦一心'으로 발전시키는데, 이것이 바로 혜문의 '일심삼관'이다. 혜사는 '일심삼관'의 기초로부터 다시 발전이 있게 된다. 그는 『법화경』에서 설한 '십여시十如是'를 근거로 하여 '실상實相'으로 귀결하게 하니, 실상의 구체적인 내용이 '십여시'이고, '십여시'는 바로 제법의 실상이라고 말한다. 지의는 혜문의 '일심삼관', 혜사의 '십여시실상설'과 자기의 십계호구설을 크게 혼합하고 아울러 제법실상을 최후에 일념심一念心으로 귀결시키니, 이것이 바로 그 '일념삼천一念三千'설이다.

『법화현의』 권2상에서 지의는 다음과 같이 설한다.

이 일법계는 십여시를 구족하고, 십법계는 백여시를 구족하며, 또 일법계는 구법계를 구족하니, 바로 백법계에는 천여시가 있다.[36]

일심은 십법계를 구족하고, 일법계는 또 십법계와 백법계를 구족하

36 『法華玄義』 권2, 『대정장』 33, 693쪽. "此一法界具十如是, 十法界具百如是, 又一法界具九法界, 則有百法界千如是."

248

며, 일계는 삼십종의 세간을 구족하니, 백법계는 삼천종세간이다.
이 삼천은 일념심一念心에 있는 것으로, 만약 마음(心)이 없다면
그만이지만, 한 찰나의 마음만 있으면 바로 삼천이 구족하다.[37]

의미를 살펴보면, 십법계가 서로 구족하기 때문에 백법계를 이루고,
일법계에 또 십여시를 구족하기에 백법계에 천여시千如是가 있다는
것이다. 또한 세간을 오온세간五蘊世間, 유정세간有情世間, 기세간器世
間의 셋으로 나눈다. 즉 이 천여시에 삼종세간을 서로 곱하면 삼천종의
세간을 얻는다. 다른 하나의 구성법은 십법계가 서로 백법계를 구족하
니, 십여시와 삼종세간을 서로 곱하면 삼십종 세간이 되고, 그 후
각 백법계에서 각 삼십종 세간을 얻으니 삼천종 세간이 된다. 이 삼천세
간은 자생自生도 아니고 또한 타생他生도 아니며, 바로 일념심과 결부된
다. 사람들의 지금 이 순간의 매 일념심은 모두 원만하게 일체제법을
구족한다. 마음이 일체법을 생하는 것이 아니고, 마음이 바로 일체법이
다. 이것이 바로 "한 찰나의 마음만 있으면 바로 삼천이 구족하다."는
것이다.

지금 매순간의 일념심에 모두 삼천종세간이 구족하다면, 성구선악
을 설함이 또한 크게 놀랄만한 가치가 있겠는가? 만약에 일념삼천의
사상이 대부분 경론에서 나왔다면, 또한 무엇 때문에 경론에 비추어
나타낸다 하고 뜻에 따라 이름을 세우지 못하겠는가? 이것이 바로

---

37 『摩訶止觀』, 『대정장』 46, 54쪽. "夫一心具十法界, 一法界又具十法界, 百法界,
一界具三十種世間, 百法界卽三千種世間. 此三千在一念心, 若無心而已, 介爾有
心, 卽具三千."

천태 성구선악설의 이론적 근거 및 그 사상적 맥락이다.

성구선악설은 지의가 처음 제창하였지만, 몇몇 선구자의 성악설의 사상 요인이 있었음을 배제해서는 안 된다. 이 방면에 있어 천태종 3조로 일컬어지는 혜사는 지의의 성구선악설의 선구라고 할 수 있다. 혜사의 『대승지관법문大乘止觀法門』에는 성구염정性具染淨과 관련된 많은 논술이 있다. 우선 혜사는 진여가 장애로부터 벗어나는 공능功能을 불성이라 해석한다. 어떤 사람이 "진여에서 장애를 벗어남을 성정열반性淨涅槃이라 하고, 진여에 장애가 있음을 응당 성염생사性染生死라 해야 하는데, 어떻게 이를 불성이라고 부르는가?"라고 묻자, 혜사는 다음과 같이 답한다.

전(纏: 번뇌, 장애)의 실(實: 진여)은 체體에 염성染性을 구족하기 때문에 생사의 용用을 건립할 수가 있고, 체에 정淨을 구족하기 때문에 필경 장애를 벗어나는 능력을 불성佛性이라고 부른다.[38]

진여의 전纏에는 염·정의 두 가지 성性이 있고, 그 염성染性은 생사의 용을 세우니, 그의 정성淨性은 장애를 벗어남이 가능하다고 말한다. 장애를 벗어남이 가능함을 불성이라 한다. 다만 이 부분을 볼 때, 혜사는 불성이 바로 정淨이라고 주장한다.

실제로 같은 『대승지관법문』에서 혜사는 불성이 바로 정성이라고 정확하게 말한다. 예를 들면 어떤 이가 묻기를, "여래장이 염·정의

---

38 (隋)慧思, 『大乘止觀法門』 권2. 『대정장』 46, 649쪽. "在纏之實, 雖體具染性故, 能建生死之用, 而卽體具淨故, 畢竟有出障之能故稱佛性."

두 가지 성을 구족하는데, 수행으로써 성을 이루었는가? 아니면 그냥 그대로의 성인가?"[39]라고 하자, 혜사는 다음과 같이 대답한다.

이것은 이체理體로서 바꾸지 않는 그대로의 성성이지 수습修習으로 이루어진 성이 아니다. 그러므로 불성의 대왕大王이라 한다. 조작법 造作法이 아닌데 어찌 수행하여 이루어지겠는가! 불성은 바로 정성淨 性이다. 조작으로 만들 수가 없기 때문에 염성染性과 저것(정성)은 같은 체體이고, 법계의 법이(法爾: 본래 있는 것)이며, 수습하여 성취할 수는 없다.[40]

이 부분에서 보면, 혜사는 염정染淨 두 가지 성性이 공동으로 하나의 이체理體에 구족하다고 주장하면서, 모두 수습으로써 이루어지거나 조작되는 것이 아닌 '법계법이法界法爾'라 하고, 다만 불성이 염을 구족 하다는 사상은 포함하지 않는다고 한다.

다른 부분의 논술에서 혜사는 각심覺心으로써 불성을 해석하면서 말하기를, "불의 이름은 각覺이고, 성性의 이름은 심心이다. 이 정심淨心 의 체를 불각不覺함이 아니므로 각심覺心이라 설한다."[41]라고 한다. 이 정심의 체는 당연히 염성을 구족할 수 없다고 말한다.

---

39 앞의 책, 648쪽. "如來之藏具染淨二性者, 爲是習以成性, 爲是不改之性耶?"

40 앞의 책, 649쪽. "此是理體, 用不改之性, 非習以成性也. 故云佛性之大王, 非造作 法, 焉可習成也! 佛性卽是淨性, 旣不可造作故, 染性與彼同體, 是法界法爾, 亦不 可習成."

41 앞의 책, 642쪽. "佛名爲覺, 性名爲心, 以此淨心之體, 非是不覺, 故說爲覺心."

그러나 같은 『대승지관법문』에서 혜사는 누차 일체중생, 일체제불이 오직 하나의 여래장이라고 언급한다. 이 여래장은 본래부터 염·정두 가지 성을 구족하고 있다고 한다. 염성을 구족하기 때문에 일체중생 등의 염사染事를 현현할 수가 있다는 것이다. 이 여래장(藏)을 재장본주(在障本住: 장애가 있지만 본래로 머묾)의 법신法身이라 하고 또한 불성이라 한다. 정성淨性을 구족하기 때문에 제불의 정덕淨德을 현현할 수있으므로 이 장을 출장(出障: 장애를 벗어남)의 법신이라 한다.[42] 여기에서 혜사는 염성구족의 재장본주의 법신으로써 불성을 해석하고, 이두 가지 법신설에서 이미 불성에 염染을 구족하다는 사상의 싹을 머금고있음을 분명하게 나타내고 있다. 그러나 혜사의 두 가지 법신설을자세히 고찰하면, 혜사가 설한 불성구염과 지의의 성구염정설은 사실상 거리가 아주 멀다. 예를 들면 어떤 사람이 '법신은 오직 하나이고평등하여 둘이 없는데 어찌하여 두 종의 법신을 설하는가?' 하고 물으니, 혜사가 다음과 같이 답한다.

이는 두 가지 함의가 있다. 첫째는 사사로써 체體를 잡음(以事約體)으로 두 가지 이름을 설하고, 둘째는 사사를 잡아 성性을 판별하고(約事辯性) 성으로써 체를 잡음(以性約體)으로 두 가지 이름을 설한다. '이사약체以事約體'로써 두 법신을 말한 것은, 비록 법신은 하나지만현현하는 상相은 범부와 성인이 다르기 때문이다. 그러므로 '이사약체'로써 제불법신과 중생법신의 구별을 설한다. 그러나 그 심체는평등하여 실제로 다르지 않다. …… '약사변성約事辯性'과 '이성약체

以性約體'로써 범凡·성聖의 법신法身이 다른 이름을 가진다고 설한
다. 이 진심眞心으로써 정덕淨德을 현현할 수 있기 때문이니, 곧
진심이 본래 정성을 구족함(本具淨性)을 알 수 있다. 다시 이 진심이
염사染事를 현현할 수 있기 때문에 진심이 본래 염성을 구족함(本具染
性)을 알 수 있다. 본래 염성을 구족하기 때문에 중생법신이라 하고,
본래 정성을 구족하기 때문에 제불법신이라 한다. 이와 같은 원인으
로 범·성의 법신의 다른 이름을 가지는 것이다. 만약 두 가지 성의
공능을 없애버리고 심체를 논한다면 바로 비염비정非染非淨, 비성비
범非聖非凡, 비일비이非一非異, 비정비란非靜非亂하여 원융평등하
므로 어떤 이름도 붙일 수 없다.[43]

현현하는 사상事相으로 말하면 범성凡聖의 구별이 있다. 심체心體의
성능性能으로 말하면 염정染淨의 다름이 있다. 진심이 정덕淨德을 현현
할 수 있기에 진심이 본구정성本具淨性임을 알 수 있으며, 진심이 염사染
事를 현현할 수 있기에 본구염성本具染性임을 알 수 있다. 다만 심체로
말한다면 바로 비염비정으로 원융하여 일미一味이며, 범성이 평등하다

43 앞의 책, 649쪽. "此有二義, 一者以事約體, 說此二名. 二者約事辯性, 以性約體,
說此二名. 所言以事約體, 說二法身名者, 然法身雖一, 但所現之相, 凡聖不同,
故以事約體, 說言諸佛法身, 衆生法身之異. 然其心體平等, 實無殊二也. …… 所
言約事辯性, 以性約體, 說有凡聖法身之異名者, 所謂以此眞心能現淨德故, 卽知
眞心本具淨性也. 復以眞心能現染事故, 卽知眞心本具染性也. 以本具染性故, 說
名衆生法身; 以本具淨性故, 說名諸佛法身, 以此義故, 有凡聖法身之異名. 若廢二
性之能以論心體, 卽非染非淨, 非凡非聖, 非一非異, 非靜非亂, 圓融平等, 不可
名目."

는 것이다. 여기에서 혜사는 진심체眞心體를 염·정의 두 가지 용用으로
본래 구족함을 설명한다. 여래장, 진심체가 열반의 용으로 정성의
본구를 설명하고, 생사의 상을 현현시키는 것이므로 염성의 본구를
설명한다. 이것과 지의가 십계十界의 원융호구圓融互具로써 성구염정
을 설명함은 많이 다르다.

관정灌頂의 『대반열반경소大槃涅槃經疏』에도 혜사와 비슷한 사상이
있는데, 불성체는 비선비악非善非惡으로, 선악은 체體의 두 가지 용用이
라고 본다. "용이 선善이면 라운(羅云: 羅喉羅)이 섭화됨과 같고, 용이
악惡이면 선성(善星: 闡提比丘 혹은 四禪比丘)을 거둠과 같다. 두 사람이
이렇다면 나머지도 그러하다."[44]

관정灌頂은 지의의 강의원고를 정리하고 천태의 사업을 계승하는
데 큰 공헌을 하였지만, 그는 이론상에 있어서는 이렇다 할 업적이
없으며, 지의의 성구염정의 사상도 발전시키지 못하였다. 도리어 9조祖
형계담연荊溪湛然이 천태의 성악사상을 발전시킨다.

『관경소묘종초觀經疏妙宗鈔』 권하에 형계荊溪의 이와 같은 부분이
실려 있다. "다른 종宗은 수성修性을 밝히지 못한다. 만약 진여일리眞如
一理를 성성이라 한다면, 연에 따르는 차별이 수修라고 하지만, 형계荊溪
가 있을 때 많은 사람이 이렇게 말하였다. 다른 종은 다 같이 성기性起를
세우고 성구性具를 말하지 않으니, 깊이 생각할 수 있어야 한다."[45]라고

---

44 (隋)灌頂, 『大般涅槃經疏』, 『대정장』 38, 42쪽. "用善則羅云被攝, 用惡則善星堪收,
二子旣然, 余皆可例."

45 (宋)知禮, 『十二不門指要鈔』, 『대정장』 46, 715쪽. "荊溪云, 他家不明修性. 若以眞
如一理名性, 隨緣差別爲修, 則荊溪出時甚有人說. 故知他宗同極, 只立性起不云

한다. 담연이 이 부분을 지적하는 바는, 바로 화엄종의 성기설性起說을 대단하게 여기지 않고, 다만 진여일리眞如一理를 성性이라 하고, 수연차별隨緣差別을 수修라 함은 어떤 심오한 곳도 없으니, 오직 천태의 성구사상만이 최고이며, 독보적인 종파로서 다른 종파보다 높다는 것이다.

담연은 또 『마하지관보행전홍결摩訶止觀輔行傳弘訣』 권5에서 말하기를, "여래는 성악을 끊지 않고, 천제는 성선을 끊지 않는다는 이 뜻을 분명하게 지적한 이후, 많은 막힘이 스스로 사라졌다."[46]라고 한다. 성구선악의 사상이 불교의 모든 의문을 해결하는 열쇠로 간주하니, 담연은 천태 성악설을 높이 숭상하였다고 볼 수 있다.

그러나 천태의 성악설을 기록, 논술하고 이론상으로 더욱 발전시킨 이로는 송대 천태 산가파山家派의 최고 인물인 사명지례四明知禮를 들 수 있다. 지례知禮의 성악설이 가지는 중요한 관점은 무명無明은 무시무종無始無終이다. 『사명존자교행록四明尊者教行錄』에는 지례와 선승禪僧 청태淸泰의 문답이 실려 있는데, 지례의 불성사상을 이해하는 데 많은 도움이 되므로 간략히 몇 가지를 선택하여 대강의 뜻을 살펴보기로 하겠다.

청태가 무명과 법성의 전후前後와 시종始終의 유무有無를 물었을 때, 지례는 무시무종無始無終이라 답한다. "만약 본구를 논하면 평등일성平等一性으로서 비진비망非眞非妄이므로 무명·법성이라고도 말할 수 없고, 유시유종有始有終이라고도 논할 수 없다." 그러므로 "무명·법

性具, 深可思量."

46 (唐)湛然, 『摩訶止觀輔行傳弘訣』, 『대정장』 46, 296쪽. "如來不斷性惡, 闡提不斷性善, 點此一意, 衆滯自消."

성의 체는 하나이므로 전후前後가 없다."[47]라고 하였다. 아울러『대승기신론』을 인용하여 "여래장은 전제前際가 없는 까닭에 무명無明의 상相 또한 시始가 없다."[48]라는 것을 증거로 하였다. 그러나 "만약 무명이 시종이 없다고 말하면 어찌하여 불과위佛果位가 있고, 무명을 완전히 끊고 난 뒤에야 겨우 불과佛果를 이룰 수 있는가?" 청태가 이렇게 힐난하며 묻자, 지례는 답하기를, "만약 각오覺悟할 때는 망妄이 바로 진眞임을 통달하고, 무명이 바로 법신임을 요달하는 것이다. 수문修門의 입장에서 말한다면 마땅히 망을 끊어야 할 터인데, 비록 망을 끊는다고 말하지만 망체妄體가 본래 진眞인데 어떻게 망을 끊을 수 있겠는가? 그러므로 무명은 또한 종終이 없다고 한 것이다."[49]라고 한다.

각오는 결코 무명을 끊고 각오하는 것이 아니라 망妄이 바로 진眞임을 통달하여 문득 각오가 된다는 것이다. 설령 수문의 설에서 불과위는 마땅히 망을 끊어야 한다고 하더라도, 망체가 본래 진인 까닭에 망을 끊는다는 말은 바로 지의가 설한 것과 같이 부처는 단지 수악修惡을 끊는 것이지 성악性惡을 끊는 것이 아니므로 무명은 끝이 없는 것이다.

지례의 무명이 무시무종하다는 사상은『불성론』의 "진은 홀로 생할 수 없고 망 또한 홀로 이룰 수 없으니, 진망이 화합해야 비로소 있을 수 있다."[50]라는 것과『기신론』의 진여는 불변不變·수연隨緣의 두 가지

---

47 (宋)宗曉,『四明尊者敎行錄』,『대정장』46, 891쪽. "若論本具, 平等一性, 則非眞非妄, 而不說有無明·法性, 亦不論於有始有終. 無明·法性體一, 故起無前後."

48 (梁)眞諦 譯,『大乘起信論』,『대정장』32, 580쪽. "如來藏無前際故, 無明之相, 亦無有始."

49『四明尊者敎行錄』,『대정장』46, 891쪽. "若覺悟時, 達妄卽眞, 了無明卽是法性. 約修門說, 義當斷妄, 雖曰斷妄, 妄體本眞, 妄所何斷, 故曰無明亦無有終."

뜻이 있다는 근거가 된다. 이미 진여불성이 본래 진망의 화합체이므로 바로 그 체로서 말하지만, 이미 비진非眞이고 비망非妄이니, 비록 성불하였다 하더라도 무명은 끊어지지 않기 때문에 무명은 끝이 없다. 염업染業으로서 망을 이끌어 미迷를 이루어 범위凡位에 들어가고, 범위의 중생은 본미本迷에서 야기했으므로 무명은 비롯함이 없다. 지례와 청태가 비록 구문십답九問十答으로 변론하였지만, 그 주된 관점은 대체적으로 이와 같다.

2. 탐욕즉도貪欲卽道와 삼제원융三諦圓融

만약 앞에서 논술한 천태 성구사상이 어느 정도 진망이원眞妄二元의 색채가 있었다면, 탐욕즉도貪慾卽道의 사상에는 진과 망이 다시 통일된다. 망은 진의 망이고, 진은 망의 진으로서 망이 곧 진이니, 즉진즉망卽眞卽妄으로 양자는 원융상즉圓融相卽하여 천태의 사상으로 하여금 또한 일원론一元論으로 나아가도록 한다.

천태종의 창시자 지의의 저작 가운데 이와 같은 몇 구절의 대표적 표현이 있다. "고개 숙이고 손을 올림이 다 불도이고", "일색一色, 일향一香이 중도中道 아님이 없다."[51]는 것이다. 일체제법이 다 불법이고, 부처도 이러하며 중도도 그러하고, 일여一如로서 양여兩如가 없으니, 모두가 중도실상中道實相의 체현體現이라는 것이다. 이것이 천태종 불성학설 가운데 하나의 중요한 사상인 까닭에 지의는 이를 여러 차례

---

50 『四明尊者教行錄』, 『대정장』 46, 893쪽. "單眞不生, 獨妄難成, 眞妄和合, 方有所爲."
51 "低頭擧手, 皆成佛道", "一色一香, 無非中道."

반복하여 강조한다. 예를 들면 『법화현의』에서 지의는 다음과 같이
설한다.

고개를 숙이고 손을 쳐들고, 흙을 쌓고 모래를 쌓음이 다 불도이다.
비록 갖가지 법이 있으나 그 실제는 일승一乘으로 들어간다. 제행은
다 묘妙하며 조粗는 상대相待가 되지 못하니, 상대가 곧 절대絶待이
다.[52]

일체 음입(陰入: 五蘊과 六根)이 곧 보리菩提이니 이것을 떠나서
보리가 없으며, 일색일향이 중도 아님이 없으니 이것을 떠나서는
달리 중도가 없다. 안이비설眼耳鼻舌이 다 적정문寂靜門이니, 이를
떠나서 달리 적정문이 없다.[53]

일체제법에는 다 안락성安樂性이 있으니, 바로 절대絶待의 실상이
경체經體이다.[54]

『마하지관』에서 지의는 법성法性을 대지大地에 비교하는데, 대지는
비를 얻어 새싹과 독초를 다 생하듯이, 법성도 이와 같아서 행도行道의
비를 만나면 선업善業과 악업惡業의 싹을 동시에 생한다.

---

52 『法華玄義』,『대정장』33, 716쪽. "低頭擧手, 積土弄砂, 皆成佛道. 雖說種種法,
其實爲一乘. 諸行皆妙, 無粗可待, 待卽絶矣."

53 앞의 책, 688쪽. "一切陰入卽是菩提, 離是無菩提, 一色一香, 無非中道, 離是無別中
道: 眼耳鼻舌皆是寂靜門, 離此無別寂靜門."

54 『法華玄義』,『대정장』33, 781쪽. "一切諸法中悉有安樂性, 卽絶待明實是經體."

258

『화엄』에 설하기를, "불자야, 심성心性은 하나인데 어찌하여 종종의
제업諸業을 생하는가?"라고 묻자, 답하기를, "비유컨대 대지는 하나
이지만 온갖 싹을 생하듯이, 대지가 비를 얻으면 독초와 여러 싹도
일시에 다투어 피어나니, 지금의 법성지法性地가 행도行道의 비를
얻으면, 선악업의 싹이 일념에 앞 다투어 일어난다. 업은 법계로
제법의 도읍이니, 부사의不思議의 경境이라 일컫는다."라고 하였다.⁵⁵

이 부분에서는 일체제법이 모두 중도실상의 체현이며 안락성이라
하고, 모든 불법을 이러한 관점에서 논한 것이다. 물론 만약 이뿐이라면
천태 불성사상은 조금도 자기의 특색이 없다. 천태 불성사상의 주요한
특색 가운데 하나는 "삼독三毒이 바로 도道이며"⁵⁶, "지옥계에도 불성이
있고"⁵⁷, "백법계百法界 천여시千如是가 불경계佛境界이다."⁵⁸ 등 극단
의 주장에서 나타난다. 『마하지관』에서 지의는 다음과 같이 설한다.

만약 폐蔽가 법성을 장애하면 법성은 마땅히 파괴된다. 만약 법성이
폐를 장애하면 폐는 응당 일어나지 않으니, 폐가 곧 법성이다. 폐가
일어나면 바로 법성이 일어남이고, 폐가 멸한다면 법성이 멸함인
줄 알아야 한다. 『무행경無行經』에 이르기를, "탐욕이 바로 도이고,

---

55 『摩訶止觀』, 『대정장』 46, 114쪽. "『華嚴』云: 佛子, 心性是一. 云何能生種種諸業?
答云: 譬如大地一, 能生種種芽, 地若得雨, 毒藥衆芽一時沸發, 今法性地得行道
雨, 善惡業芽一念競起. 業名法界諸法之都, 故稱不思議境."
56 (唐)知周, 『梵網經菩薩戒本疏』, 『속장경』 38, 452쪽. "三毒卽是道".
57 (唐)道暹, 『法華經文句輔正記』, 『속장경』 28, 786쪽. "地獄界有佛性".
58 『妙法蓮華經玄義』, 『대정장』 33, 696쪽. "百界千如是佛境界."

에치悲癡도 이와 같다."라고 하였다. 이와 같은 삼법 가운데 일체의
불법이 구족하다. 만약 사람이 탐욕을 떠나서 다시 보리를 구함은
마치 하늘과 땅의 차이와 같다. 탐욕이 바로 보리이다. 『정명경淨名
經』에 이르기를, "비도非道에 행行하면 불도를 통달한 것이다."라고
하였다.[59]

'폐弊'라는 말은 바로 악행惡行과 염법染法이다. 폐와 법성이 결코
다른 것이 아니라는 뜻으로, 하나가 둘이며 둘이 곧 하나라는 것이다.
이와 같이 하나가 둘이고 둘이 하나라는 것은 또한 여의면 둘이 되고
합하면 하나가 된다는 것이 아니고, 상즉호융相卽互融하여 한 물건의
양면이라는 것이다. 법성을 여의고 폐를 설하며 폐를 떠나서 법성을
설함은 불가능한 것이다. 법성이 곧 폐이고, 폐가 곧 법성이다. 탐욕과
보리도 또한 이와 같아서, 탐욕을 떠나서 보리를 구하는 것은 불가능하
며, 보리를 여의고 탐욕을 설함도 불가능한 것이다.

불교학설에 악행과 악법의 극단은 삼독三毒·오역五逆보다 더한 것이
없지만, 지의의 사상에서는 오역이 바로 보리이고, 삼독이 바로 도이다.
예를 들면 『마하지관』 등의 저작에서 지의는 다음과 같이 설한다.

업이 중重해도 오역을 넘지 않는다. 오역이 바로 보리이고, 보리와

---

59 『摩訶止觀』, 『대정장』 46, 18쪽. "若蔽礙法性, 法性應破壞. 若法性蔽礙, 蔽應不得
起, 當知蔽卽法性, 蔽起卽法性起, 蔽息卽法性息. 『無行經』云, 貪欲卽是道, 悲癡
亦如是. 如是三法中, 具一切佛法. 若人離貪欲, 而更求菩提, 譬如天與地, 貪欲卽
菩提, 淨名云, 行於非道, 通達佛道."

오역이 두 상相이 아니니, ······ 일체의 업연業緣이 다 실제實際에
주住하여, 오지도 가지도 않으며 인도 과도 없는 것이다. 그러므로
업을 관하는 것이 바로 법계인法界印이다. 법계인으로도 사마四魔를
무너뜨릴 수 없는 것이니, 왜냐하면 마魔가 바로 법계인이기 때문
이다.[60]

탐애貪愛·마원魔怨이 불모佛母이다.[61]

마계魔界도 이러하기 때문에 불계도 그러하고, 불계도 이러하고
마계도 그러하니, 일여一如이지 두 가지 여如가 없다.[62]

어찌하여 탐애가 바로 도道이고, 마원을 불모라 하는가? 지의는
외구外寇의 예를 들어 말하기를, 외구는 바로 공훈功勳의 본원으로
외구를 파破하기 때문에 대공명大功名·대부귀大富貴를 얻을 수 있고,
만약 외구가 없으면 또한 공훈을 세울 길이 없다고 한다. 또 "무량한
탐욕이 여래종如來種이니, 또한 이와 같아서 (무량한 탐욕은) 보살로
하여금 무량한 백천법문을 내게 한다. 땔감이 많을수록 불길이 맹렬하
고, 두엄더미에서 청초靑草가 생겨나듯이 탐욕이 도라는 것은 이것을

60 앞의 책, 11~12쪽. "觀業重者, 無出五逆. 五逆卽是菩提, 菩提五逆無二相 ······
一切業緣皆住實際, 不來不去非因非果, 是爲觀業卽是法界印. 法界印四魔所不
能壞, 魔不得便, 何以故? 魔卽法界印."
61 『觀心論』. 『대정장』 46, 587쪽. "貪愛·魔怨是佛母."
62 (隋)智顗, 『釋摩訶般若波羅密多經覺意三昧』. 『대정장』 46, 626쪽. "魔界如卽是佛
界如, 魔界如, 佛界如, 一如無二如."

말하는 것이다. 만약 탐욕을 끊고서 탐욕이 공空한 자리에 머무른다면 어떻게 일체법문을 생하겠는가?"[63]라고 한다. 실제로 이와 같은 해설은 수문修門의 입장에서 말한 것이다. 탐욕이 도이고, 불계도 이러하고 마계도 그러하니, 일여一如이지 두 가지 여如가 없다는 것은 본의가 아니다. 탐욕이 도이고, 오역이 바로 보리이기 때문에, 양자는 상용호즉이고 다시 두 상이 없음을 가리킨다. 외구를 파하고 공훈을 세운다는 말의 외구와 공훈, 두엄더미에서 청초가 나온다는 말 가운데 분퇴糞堆와 청초는 뚜렷하게 두 가지 물건으로서, 양자 사이에는 단지 일종의 원인과 결과의 관계이지 상용호즉의 관계가 아니므로, 이것은 명백히 천태 원교圓敎의 본의는 아니다.

천태에서 탐욕이 바로 도라는 것을 초심에서 따져보면 대체적으로 둘로 볼 수 있다. 하나는 방편설方便說로 근기에 따라 제도하는 것이고, 둘째는 삼제원융三諦圓融으로 즉망이진卽妄而眞이라 하는 것이다.

『마하지관』에는 지의가 왜 '탐욕즉도'를 제창했는지를 다음과 같이 언급하고 있다.

부처님이 설한 탐욕즉도貪慾卽道는, 부처님은 일체중생의 박복薄福한 근기를 알아 결정코 선善에서 수도修道가 불가능함을 보고, 만약 그 죄罪에만 맡긴다면 유전流轉함이 끝이 없기에, 탐욕에서 지관을 수습할 수 있도록 하고 있다. 극한에서는 멈출 수 없는 까닭에

---

63 『摩訶止觀』 권4下. 『대정장』 46, 47쪽. "無量貪欲是如來種亦複如是, 能令菩薩出生無量百千法門, 多薪火猛, 糞堆生華, 貪欲是道, 此之謂也. 若斷貪欲住貪欲空, 何由生出一切法門."

이렇게 설한다. …… 만약 어떤 중생이 악에서 지관을 수습함이 적합하지 않다면, 부처는 제선諸善이라는 이름으로 도道를 삼으라고 설한 것이다. 부처는 위의 두 설이 있다고 한다.[64]

그렇다면 탐욕즉도와 선법즉도善法卽道 등은 모두 같은 것이며, 다 불설佛說로서 나무랄 데가 없는 것이다. 다만 중생의 근기가 달라 근기가 둔한 자, 박복한 자에게 부처는 탐욕즉도를 설하여 이와 같은 중생들로 하여금 악惡 가운데에서 수도하게 하고, 이근자利根者와 그와 같은 악 가운데 수도가 맞지 않는 자에게는 탐욕이 도라고 설하지 않고, 제선諸善으로써 도를 삼으라고 설한다.

지의의 학설에는 탐욕과 도뿐만 아니라 생사와 열반, 번뇌와 보리 등도 모두 상융호즉으로서 위로는 왕공귀족王公貴族에서 아래로는 평민백성에 이르기까지 안분지족安分知足의 착한 사람에서 온갖 악한 행동을 하는 악도에 이르기까지 불국佛國의 대문은 모두 이들을 위하여 항상 열려있다고 한다.

악자에게 '탐욕즉도'를 말하여, "비록 많은 폐蔽를 했어도 성聖을 이룰 수 있다."라고 함은 "악 가운데 도가 있는 까닭이다."[65]라고 한다. 왕공귀족이나 탐관오리에게도 말하기를, "식솔을 거느리고, 관官을 관리하고 바깥일을 보는 중에 도를 얻을 수 있다."[66]라고 한다. 한마디로

---

64 앞의 책, 19쪽. "佛說貪欲卽是道者, 佛見機宜知一切衆生底下薄福, 決不能於善中 修道, 若任其罪流轉無已, 令於貪欲修習止觀, 及不得止, 故作此說 …… 若有衆生 不宜於惡修止觀者, 佛說諸善名之爲道, 佛具二說."

65 앞의 책, 17쪽. "貪欲卽道", "雖行衆蔽而得成聖", "以惡中有道故."

말하면, 일체의 선법과 악행이 다 같이 불도를 통달할 수 있으며,
심지어 이것이 바로 불도라고 한다. 그러므로 천태의 '탐욕즉도' 또한
순수한 방편설이라고는 할 수 없지만, 지의의 원교이론 가운데 하나의
구성 부분이며, 실상설實相說과 원융삼제圓融三諦 사상의 필연적 산물
인 것이다.

지의의 학설에서는 실상이 곧 중도·여래·허공·불성으로 일컬어진
다. 실상은 비고비영非枯非榮·비정非淨·비부정非不淨·즉공卽空·즉가
卽假·즉중卽中인 것이다.[67] 지의는 실상을 따르면 바로 도이고, 실상을
위배하면 도가 아니라고 주장한다. 당연히 이것은 양변설이다. 만약
원교에 따르면 비도非道에서도 수습하여 불도를 통달할 수 있다. 무슨
까닭인가 하면 "제악諸惡·비악非惡이 다 실상實相"[68]이고, 공空과 가假
가 또한 바로 중中이기 때문이다.

『마하지관』 등의 저서에서 지의는 보살과 이승二乘은 다르다고 한다.
이승은 비록 범부보다 높아서 공을 볼 수 있지만 단지 불공不空을
보지 못한다고 지적하고, 보살은 공을 볼 뿐만 아니라 불공도 볼 수
있다고 한다.

보살이 가假를 좇아서 공空에 들어감은 스스로를 동여맨 누에고치
(縛繭)의 굴레를 파함이니, 범부와 같지 않다. 공을 좇아서 가에
들어감은 다른 이가 박견縛繭을 파함이니, 이승과 다르다.[69]

---

66 앞의 책, 17쪽. "帶妻挾子, 官方俗務皆能得道."

67 『法華玄義』 권4上. 『대정장』 33, 17쪽 참조.

68 『摩訶止觀』 권2下. 『대정장』 46, 17쪽. "諸惡·非惡皆是實相." 참조.

옛적에 혜안慧眼은 다만 공만 보고 불공은 보지 못했지만, 지금에 혜안을 열었다 함은 불공을 본 것이기에, 불공은 바로 불성을 본 것이다.[70]

실제로 겨우 공만 본 것과 공을 본 상황에서 다시 불공을 본 것은 보살과 이승의 구별되는 부분일 뿐만 아니라, 열반불성학과 반야학이 구별되는 부분이다. 지의는 불성묘유佛性妙有의 적극적인 제창자로서, 당연하게 묘유설을 진공설보다 높게 본다. 그가 겨우 공만 보았다면 상락아정常樂我淨은 없다. 그러하기에 반드시 공 위에서 다시 불공을 보아야 하기에, "지혜 있는 사람은 공과 불공을 본다."[71]라고 한 것이다.

공空과 불공을 본다는 말은 바로 가假를 좇아서 공에 가기도 하고, 또한 공을 좇아서 가에 들어가기도 한다는 것이다. 당연히 지의의 사상은 여기에서 끝나지 않는다. 보살이 공을 좇아서 가에 들어감은 이승이 겨우 공만 보고 불공을 보지 못한다는 것보다는 높다는 전제 위에서, 지의는 진일보하여 "공과 가를 조정하여도 아직 왕王을 얻지 못하고, 이승이 공에 들어가고 보살이 가에서 나오더라도 법왕法王이라 할 수 없다."[72]라고 지적한다. 지의의 불성사상의 특징은 여기에 있다.

---

69 앞의 책, 75쪽. "菩薩從假如空, 自破縛繭, 不同凡夫: 從空如假, 他破縛繭, 不同 二乘."

70 『法華玄義』권2下. 『대정장』 33, 700쪽. "昔者慧眼但見於空, 不見不空, 今開慧眼 即見不空, 不空卽見佛性."

71 『摩訶止觀』권6上. 『대정장』 46, 75쪽. "智者見空及與不空."

72 『法華玄義』권4上. 『대정장』 33, 724쪽. "空假調直未得爲王, 所以二乘入空菩薩出 假不名法王."

가를 좇아서 공에 들어가고(從假入空), 공을 좇아서 가에 들어가는(從空入假) 기초 위에서 다시 비공비가非空非假·즉공즉가卽空卽假의 중도를 최고로 삼는다. 이것은 바로 지의의 즉공·즉가·즉중의 삼제원융 사상이다. 『법화현의』 권8상에서 지의는 다음과 같이 지적한다.

> 무엇이 실상인가? 보살이 일상一相에 들어가 무량상無量相을 알고, 무량상을 알고서 다시 일상에 들어가는 것이다. 이승은 겨우 일상에 들 뿐 무량상을 알지 못한다. 별교別教는 비록 일상에 들어가고 또 무량상에 들어가더라도 다시 일상에 들어갈 수 없다. 이근利根보살은 '즉공'이므로 일상에 들어가고, '즉가'이므로 무량상을 알고, '즉중'이기에 다시 일상에 들어간다. 이와 같은 보살의 지도대해智度大海에 대한 깊은 궁구窮究는 '일심즉삼一心卽三'으로 진정한 실상체實相體이다.[73]

일상一相이라는 것은 곧 공空이며, 무량상은 바로 가假이며, 다시 일상에 들어감이 바로 중中이다. 이승은 공만 알고 가를 알지 못하고, 별교는 공도 알고 또 가도 알지만 공과 가에서 다시 중에 들어갈 줄 모르고, 원교는 이미 공가를 알고 다시 공가空假에서 중中으로 들어가니, 즉공·즉가·즉중으로 일심이 바로 삼三이니, 이것이 진실로 실상체라고

---

[73] 앞의 책, 731쪽. "何等是實相? 謂菩薩入於一相, 知無量相: 知無量相, 又入一相: 二乘但入一相, 不知無量相: 別教雖入一相, 又如無量相, 不能更入一相: 利根菩薩卽空故入一相, 卽假故知無量相, 卽中故更入一相, 如此菩薩深求智慧大海, 一心卽三, 是眞實相體也."

하는 의미이다.

별교·원교라는 말은 지의의 교판教判학설에서 열거된 화법사교化法四教의 제3, 제4의 두 가지이다. 지의는 『사교의』 주에서, 불교를 내용에 따라서 네 종류로 나누었다. 바로 '장藏·통通·별別·원圓'이다. 첫째는 '장'으로, 바로 삼장교三藏教이다. 이 교는 주로 "인연생멸의 사성제四聖諦의 도리를 밝힌다."[74]라고 하기 때문에 소승에 속한다. 둘째는 '통'이다. "삼승을 함께 계승하였기 때문에 통이라 하며, 이 교는 인연즉공因緣卽空, 무생無生의 사진제四眞諦의 이치를 밝히는 것"[75]으로 대부분 반야를 가리킨다. 셋째는 '별'이다. "앞의 두 교와 구별되고, 뒤의 원교도 구별되므로 '별'이라 한다."[76] 이 교는 "인연因緣, 가명假名, 무량無量, 사성제四聖諦의 이치를 바르게 밝히는 것"[77]으로, 『법화』의 원리圓理 이외의 대승교의를 가리킨다. 넷째는 '원'이다. "이 교는 부사의不思議 인연, 이제중도二諦中道, 사리事理를 구족하여 구별이 없음을 밝혀 최고의 상근기를 교화하기에 원교라 한다."[78]는 것이다. 이것이 바로 천태가 밝힌 원융이론이다.

지의는 이 사교의 불성사상이 각각 다르다고 생각하고 번뇌와 보리, 공과 가와 중으로서 서로의 관계를 말한다. 삼장교가 밝힌 생멸사제리

---

74 『四教義』 권2, 『대정장』 46, 721쪽. "明因緣生滅四聖諦理."

75 『四教義』 권2, 『대정장』 46, 721쪽. "三乘同稟, 故名通, 此教明因緣卽空·無生四眞諦理."

76 灌頂, 『天台八教大意』, 『대정장』 46, 769쪽. "別前二教, 別後圓教, 故名爲別."

77 『四教義』 권2, 『대정장』 46, 722쪽. "正明因緣假名無量四聖諦理."

78 앞의 책, 722쪽. "此教明不思議因緣, 二諦中道, 事理具足不別, 但化最上利根之人, 故名圓教也."

生滅四諦理는 번뇌 가운데 보리가 없고, 보리 가운데 번뇌가 없어서, 번뇌와 보리가 서로 용납하지 않는다고 주장한다.

통교가 설한 무생사제리無生四諦理는 바로 법성이 고집苦集과 다르지 않지만, 단지 고집에 미迷해서 법성을 잃었을 뿐이다. 이것은 마치 물과 물이 얼어서 된 얼음과 같아서 얼음은 물과 다른 것이 아니라는 것이다. 고집을 이해하였다면 고집이 없으니, 즉 법성을 잘 아는 것이다. 번뇌와 보리도 이와 같아서, 제법이 인연성공因緣性空이므로 바로 번뇌가 보리임을 알았다고 한다.

별교가 밝힌 무량사제리無量四諦理도 또한 비록 공을 담론하고 가를 설하지만, 별교가 설한 공가空假와 앞의 이교 및 원교가 설한 공가는 다르다. 예를 들면 별교도 비록 공을 설하지만, 단지 공만 아니고 가도 설하는 까닭에 통교가 설한 공과는 다르다. 별교도 비록 중도中道의 일체종지一切種智를 설하지만, 원교가 설한 초발심, 즉 일체종지를 구족하지 않는 까닭에 원圓이 아니다.

마지막으로 원교가 밝힌 무작사제리無作四諦理는 법성과 일체법이 둘도 아니고 다르지도 않다고 주장한다. 범법凡法을 떠나서 다시 실상을 구함은 마치 이 공을 회피하고 저 밖의 공을 구함과 같다. 그러므로 일체 범법이 곧 실법實法임을 알아야지, 범凡을 버리고 성聖을 향해서는 안 된다는 것이다. 번뇌가 보리, 생사가 열반이란 말은 일색일향이 다 중도이므로 즉공卽空·즉가卽假·즉중卽中인 것이다.[79]

지의는 『법화경』이 경전 가운데 높고, 천태종도 어느 종파보다 심오

---

[79] 『四敎義』 권2, 『摩訶止觀』 권1 참조.

하다고 보는데, 관건은 바로 이 '원圓' 한 글자이다. '원'에 대하여 지의는 다음과 같이 말한다. "의義에는 여러 갈래가 있으나 간략히 여덟 가지가 있다. 1. 교원教圓, 2. 이원理圓, 3. 지원智圓, 4. 단원斷圓, 5. 행원行圓, 6. 위원位圓, 7. 인원因圓, 8. 과원果圓"[80]이 그것이다. 이 팔원八圓의 핵심은 '이원理圓'이다. '이원'이란 말은 바로 "중도가 일체법이며, 이理는 편중되지 않았다."[81], "마땅히 일념이 즉공·즉가·즉중임을 알아야 한다."[82]라는 것이다.

지의는 만약 공·가·중 세 개가 다르다면 전도顚倒된 것이라 한다. 다르지 않다면 부전도不顚倒라고 하는데, 부전도이기 때문에 번뇌가 없고, 번뇌가 없기에 '정淨'이라 한다. 번뇌가 없으니 업이 없고, 업이 없으므로 '아我'라고 한다. 업이 없기 때문에 보報가 없고, 보가 없기에 '락樂'이라 한다. 보가 없으니 생사가 없고, 생사가 없으므로 바로 '상常'이라 여긴다. 상락아정常樂我淨의 사덕은 원만하기에 '일실제一實諦'라 이름한다. 일실제는 곧 실상이며, 이와 같은 실상은 바로 공·가·중이다.[83] 공·가·중이 바로 하나이면서 셋이고, 셋이면서 하나이기 때문에 일공一空은 일체공一切空이고, 일가一假는 일체가一切假이며, 일중一中은 일체중一切中으로 이것이 바로 여래행이라고 한다.[84]

---

80 『四教義』권1. 『대정장』46, 722쪽. "義乃多途, 略說有八: 一教圓, 二理圓, 三智圓, 四斷圓, 五行圓, 六位圓, 七因圓, 八果圓."

81 앞의 책, 722쪽. "中道卽一切法, 理不偏也."

82 『摩訶止觀』권1. 『대정장』46, 8쪽. "當知一念, 卽空卽假卽中."

83 『法華玄義』권8下. 『대정장』33, 781쪽 참조.

84 『法華玄義』권4下. 『대정장』33, 725쪽 참조.

여기에 이르러 우리는 지의의 '탐욕즉도' 사상의 근원이 어디에 있는
지를 알 수 있다. 일체제법이 다 실상이고, 일념은 바로 공·가·중이기
때문에 번뇌도 그냥 두고, 보리도 그냥 두고, 생사·열반도 그냥 내버려
두면 바로 본래 상즉상융相卽相融의 "일체의 악법은 세간이 만든 업"으로
모두 "실상과 더불어 서로 위배되지 않는"[85], "하나의 색色과 하나의
향香이 중도 아님이 없는"[86] 것이다.

'탐욕즉도'의 사상은 지의 이후로 천태종 불성사상의 중요한 구성요
소가 되었다. 장안관정章安灌頂과 형계담연 모두 지의의 이와 같은
사상을 계승하고 발전시켰다. 관정은 『관심론소觀心論疏』에서 힘을
기울여 지자의 원교圓敎 일념심一念心, 즉 중도여래보장中道如來寶藏의
사상을 선양하면서 다음과 같이 말한다.

이 방등경方等經 이후 반야교를 설한다. 그 다음 반야 이후 법화
원교圓敎를 설하였다. 경전에 이르기를 "바로 방편을 버리고 무상도
無上道를 설한다."라고 함은 바로 지금 설하는 원교관圓敎觀이다.
일념심을 관觀함은 바로 중도여래보장中道如來寶藏이며 상락아정의
불지견佛知見이다. …… 그러므로 앞의 삼교는 모두 지금 원교 묘관
妙觀의 방편임을 알아야 한다. 그러므로 경전에 감탄하기를 "초발심
때가 바로 도량이다"고 하고, 또 말하기를 "초발심 때가 석가모니를
넘어섰다."고 하였다.[87]

---

85 『摩訶止觀』 권2下, 『대정장』 46, 18쪽. "一切惡法世間産業", "與實現不相違背."
86 『法華玄義』 권1上, 『대정장』 33, 683쪽. "一色一香, 無非中道."
87 『觀心論疏』 卷上, 『대정장』 46, 600쪽. "此方等後說般若敎也. 次般若後說法華圓

270

관정은 다시 "보살이 성불하기 전에, 번뇌가 보리이다."라는 경문을
인용하여 "미심迷心은 번뇌생사이고, 오심悟心은 바로 보리열반으로,
곧 보리와 번뇌가 다시 두 법이 없다."[88]는 것을 설명한다. 그는 다시
얼음과 물로써 비유하여 "추울 때는 물이 얼어 얼음이 되고, 온난하면
얼음이 녹아 물이 된다.", "번뇌악법이 곧 불종佛種이다. …… 이는
곧 일체가 불법 아님이 없고, 일색일향이 중도 아님이 없음을 설명한
다."[89]라고 하였다. 담연은『십불이문十不二門』에서 또한 파波와 습濕이
서로 다르지 않음을 비유하는데, 염체染體가 바로 정淨이고, 무명이
곧 법성이라고 설명한다.[90]

　이처럼 '탐욕즉시도貪慾卽是道'는 천태종 불성사상의 중요한 구성요
소이다. 물론 기타 불교종파 및 인도불교의 경론에도 이와 같은 사상을
배제하지는 않는다. 실제로 중국에 있어서 지의 이전에도 많은 고승들
이 이 사상을 제창하였고, 인도불교의 경론에도 항상 '탐욕즉도' 및
이와 비슷한 설법이 나타났다. 다만 다른 점은 천태종은 '탐욕즉도'에
대하여 자기의 '원의圓意'를 부여했을 뿐이다. 예를 들면『제법무행경諸
法無行經』에 이러한 부분이 다소 있는데, 다음과 같이 말한다.

教. 經云 '正直捨方便但說無上道', 卽是說今圓敎觀. 觀一念心, 卽是中道如來寶
藏, 常樂我淨佛之知見. …… 故知前之三敎并是爲今圓敎妙觀之方便. 故經嘆云
'初發心時機坐道場', 又云 '初發心時已過於牟尼.'

88 『觀心論疏』卷上.『대정장』46, 599쪽. "迷心爲煩惱生死, 悟心則菩提涅槃, 是則菩
提煩惱更無二法."

89 앞의 책, 599쪽. "寒結水爲冰, 暖卽溶冰爲水", "煩惱惡法卽是佛種 …… 斯則一切
無非佛法, 一色一香, 無非中道."

90 『十不二門·染淨不二門』.『대정장』46, 703쪽 참조.

탐욕의 실성實性은 곧 불법의 성이며, 불법의 실성은 또한 탐욕의 성으로, 두 법은 일상一相이기에 무상無相이라 한다.[91]

탐욕이 열반이고, 진심과 치심이 또한 이러하니, 이 삼사三事 가운데 무량한 불법이 있다. 만약 어떤 이가 탐貪·진嗔·치痴를 분별한다면 이 사람은 부처와 거리가 먼 것으로, 마치 하늘과 땅과 같은 차이이다. 탐욕과 보리, 이것은 하나로서 둘이 아니고, 다 한 법문에 들어가 평등하여 다름이 없다.[92]

지의의 설법에 따르면, 이 설은 탐욕이 곧 법성이며, 탐욕이 바로 열반으로 양자는 일상一相이기에 무상無相이며, 모두 연기공緣起空의 평등법문이라 하여 양자의 상즉을 논하고 있으니, 천태의 원의圓義와는 거리가 멀다.

『유마힐경』에 설한 "삼독三毒과 사전도四顚倒와 육십이견六十二見 및 일체번뇌가 다 불종佛種이다."[93]와 "보살은 비도非道를 행하여도 이것은 불도를 통달함이 된다."[94]라는 사상 또한 이와 가깝다. 모두

91 『諸法無行經』卷下. 『대정장』15, 759쪽. "貪欲之實性, 卽是佛法性, 佛法之實性, 亦是貪欲性, 是二法一相, 所謂是無相."

92 앞의 책, 759쪽. "貪欲是涅槃, 嗔癡亦如是, 於此三事中, 有無量佛法. 若有人分別, 貪欲嗔恚癡, 是人去佛遠, 譬如天與地. 貪欲與菩提, 是一而非二, 皆人一法門, 平等無有異."

93 (姚秦)鳩摩羅什 譯, 『維摩詰所說經』, 『대정장』 권14, 549쪽. "三毒四顚倒, 六十二見及一切煩惱皆是佛種."

94 앞의 책, 549쪽. "菩薩行於非道, 是爲通達佛道."

272

제법을 좇아 평등하고, 소상절언掃相絶言의 관점에서 탐욕과 불성의
상즉을 거론하는데, 역시 평등상平等相에서 다시 일상—相으로 들어가
는 천태종의 사상과는 조금 다르다.

승조僧肇·길장吉藏·혜원慧遠 등은 그들의 주소註疏와 논저에서 각각
다른 각도에서 '탐욕즉도'의 사상을 선양하였다. 예를 들면『주유마힐
경注維摩詰經』에서 승조는 다음과 같이 말한다.

칠사七使와 구결九結은 중생을 뇌란惱亂시키는 까닭에 번뇌라 하니,
번뇌의 진성이 바로 열반이므로 지혜가 강한 자는 번뇌를 관하여
바로 열반에 들어가는 것이지, 번뇌가 끊어지기를 기다려서 나중에
열반에 들어가는 것이 아니다.[95]

승조의 번뇌진성은 바로 열반이다. 또한 제법성공, 평등일미平等—味
의 의의에서 상즉을 논술한다.

삼론종의 창립자 길장은 일체제법은 불생불멸不生不滅·비유비무非
有非無의 중도실상으로부터 입론立論하여 '탐욕즉도', '번뇌즉열반'을
설한다.『대승현론』에서 길장은 다음과 같이 말한다.

다른 종파는 앞에 번뇌가 있으니, 뒤에 지혜를 일으켜서 그 번뇌를
파破한다. 내외의 대소승은 모두 번뇌가 성함이 있기에 지금 (번뇌
를) 단멸한다고 말한다. 즉 번뇌가 멸하지 않았기에 지금 번뇌를

95『注維摩詰經』권2.『대정장』38, 345쪽. "七使九結, 惱亂群生, 故名爲煩惱, 煩惱眞
性卽是涅槃, 慧力强者觀煩惱卽是如涅槃, 不待斷而後入也."

구하는 것이다. 만약 본래 (번뇌가) 스스로 생함이 없다면 지금
또한 멸함도 없을 것이다. 만약 이와 같이만 안다면 전념前念은
걸림이 없고, 후념後念은 해탈이 되어 미혹을 끊을 수 있다. 다른
사람들이 번뇌와 번뇌 없음을 둘로 보는 것은, 바로 명과 무명이
같은데도 어리석은 사람이 둘이라 하는 격이다. 지금 번뇌와 번뇌
아님이 본래 두 상相이 없음을 밝힌 까닭에 미혹을 능히 끊을 수
있다.[96]

'탐욕즉시도'는 탐욕은 본래 적멸이며 자성청정으로 바로 실상이니,
만약 이를 깨달으면 바로 반야라고 칭하니, …… 어찌 하나의 탐관貪
觀 속이라 하여 모든 불도가 구족하지 않으랴.[97]

수대隋代의 정영사淨影寺 혜원慧遠은 생사와 번뇌, 업 등을 왜 여래종
如來種으로 삼는 것인가에 대해 다음과 같은 세 가지 해석을 하고
있다.

첫째, 불성연기는 중생범부의 불선오음不善五陰으로 이루어지니,
이 불선오음체는 진심으로서 여래장인如來藏因의 종자로 삼을 수 있기

---

96 『大乘玄論』 권3. 『대정장』 45, 47쪽. "他家前有煩惱, 後起智慧, 破彼煩惱, 內外大
　　小乘, 皆言有煩惱生, 而今斷滅, 卽煩惱不滅, 今求煩惱, 本自不生, 今亦無滅. 若能
　　如是知, 前念爲無礙, 後念爲解脫, 故能斷惑. 外人見煩惱無煩惱二, 卽同明無明,
　　愚者謂二, 今明煩惱不煩惱, 本無二相, 故能斷惑."
97 앞의 책, 56쪽. "'貪欲卽是道'者, 然貪欲本來寂滅, 自性淸淨, 卽是實相, 如斯了悟,
　　便名般若 …… 豈非一貪觀中具諸佛道."

에 '여래종'이라 한다. 그러므로 『열반경』에 이르되, 무명 등의 결(結: 번뇌)은 모두 불성으로, 성性은 종種과 같다고 한다.

둘째, 불선중생不善衆生은 생사를 싫어하여, 위로 불도를 구하는 까닭에 일체악一切惡과 불선법不善法을 여래종이라 칭한다. 그러므로 『지지地持』에서 설하기를, 번뇌가 있어 정법을 기꺼이 구하려 하는 까닭에 유인有因이라 하고, 인은 종과 같다고 한다.

셋째, 번뇌가 있는 이는 비도非道로서 중생을 섭수할 수 있고, 이것으로 불도행을 통달할 수 있기 때문에 여래종如來種이라 한다.

혜원은 이처럼 진망화합眞妄和合으로 중생의 불선오음을 집성한다. 이 불선한 오음체에 여래장성如來藏性이 있고, 중생은 번뇌가 있기에 기꺼이 불도를 궁구한다는 등의 의의에서 번뇌를 여래종으로 삼는다고 논한다. 이것과 천태종이 설한 '탐욕즉시도'는 거리가 멀다.

불교 경론에는 청정여래장은 무명번뇌로 뒤덮이고, 자성청정심은 구진垢塵번뇌로 오염되었다고 한다. 중국 화엄종에서 정심연기淨心緣起의 기초에서 설한 번뇌즉보리煩惱卽菩提를, 천태종에서는 모두 지진즉진指眞卽眞이지 천태의 즉망이진卽妄而眞이 아니라고 본다. 회칙懷則은 이러한 사상과 천태 원교의 차별을 평론하여 다음과 같이 설한다.

그러므로 모든 스승들이 말한 '즉卽'(예를 들면 번뇌즉보리)은 '지진즉진指眞卽眞'이지 '지망즉진指妄卽眞'이 아님을 알아야 한다. '보리즉보리'이고 '열반즉열반'이다. 즉음이시卽陰而示가 아니면서, 또 수발지상修發之相도 없고, …… 또다시 성악性惡이 곧 불성의 다른 이름인지 알지 못한다. 번뇌심煩惱心과 생사색生死色이 다 불성이 없다. 번뇌심은 무불성無佛性인 까닭에 상종相宗에서는 성성을 이승二乘으로 결정한 것이고, 극악의 천제는 성불할 수 없음은 생사색이 불성이 없는 까닭이다. 저 성종性宗에서는 담벽와석은 성불할 수 없다고 한다. 구계의 번뇌, 생사와 수악修惡을 타파하고, 불계의 성선性善과 불성을 나타내는 까닭에 단지 과지果地에서 융통融通됨을 알 수 있을 뿐, 인심因心에서 본구本具함은 알 수 없다. 만약 이와 같다면 무정無情이 무성無性일 뿐만 아니라 유정有情 또한 무성이다. 어떻게 진여심의 입장에서 유심唯心을 설하는 것이 곧 비로자나를 이루어 불성에 진상색眞常色이 있다 하겠는가?[98]

회칙은 이 부분에서 비교적 간단하게 천태 원교가 번뇌즉보리의 문제에서 기타 삼교(특히 별교)의 근본적으로 구별됨을 들추어내고 있다. 하나는 성선性善을 주장하고, 또 하나는 성악性惡을 주장하여, 성선을 주장함은 번뇌즉보리라고 담론하지만, 결국 근본으로 돌아가면 지진즉진, 보리즉보리, 열반즉열반이 된다. 성악을 제창함은 번뇌즉보리煩惱卽菩提, 즉망이진卽妄而眞, 즉가즉중卽假卽中이다. 이 즉망이진, 즉가즉중은 천태의 불성사상과 다른 종의 불성사상을 구분하면서,

---

[98] 『天台傳佛心印記』권1. 『대정장』46, 935쪽. "故知諸師言卽如煩惱卽菩提指眞卽眞, 非指妄卽眞, 是則合云菩提卽菩提, 涅槃卽涅槃也. 旣非卽陰而示, 又無修法之相 …… 又復不了性惡卽佛性異名. 煩惱心, 生死色皆無佛性. 煩惱心無佛性, 故相宗定性二乘, 機惡闡提不成佛, 生死色無佛性故. 彼性宗謂牆壁瓦礫不成佛, 須破九界煩惱生死修惡, 顯佛界性善佛性故. 但知果地通融, 不了因心本具. 若爾非但無情無性, 有情亦無. 何者約眞如心說唯心, 則成遮那有佛性眞常色."

또 천태 불성사상의 이론 근거가 여기에 있음을 도출해내고 있다. 그러므로 천태종이 설한 탐욕즉시도의 연원은 모두 즉공·즉가·즉중의 삼제원융 사상에서 나온다.

3. 전미개오轉迷開悟와 정혜쌍수定慧雙修

천태는 성구선악을 주장하고 탐욕즉도를 제창하지만, 지의의 설법에 근거하면 이것은 절대로 수선修善을 반대하거나 사람에게 악을 짓도록 권고하는 것은 결코 아니다. 『마하지관』에서 다음과 같이 설한다.

> (어떤 사람이) 지계持戒, 수선修善하는 이를 조롱하여 비도非道라고 말하고 순전히 사람들에게 여러 악을 짓도록 가르친다. 안목이 없는 이는 시비是非를 가리지 못하고, 신근神根이 둔하고 번뇌가 무거워서 그 설한 바를 듣고 그 욕정에 따라서 다 엎드려 믿고 좇아서 십금계十禁戒를 막론하여 짓지 않는 것이 없어 죄가 산만큼 쌓이며, 백성으로 하여금 소홀히 하기를 풀과 같게 하고, 국왕과 대신은 이로 인해 불법을 멸하려 한다.[99]

이렇게 불교를 멸하는 것에 대하여 지의는 또한 『사기史記』에 보이는 '고위 관부가 완적阮籍의 흐트러진 머리와 풀어헤친 옷깃을 본받으려

---

99 『摩訶止觀』 권2下. 『대정장』 46, 19쪽. "笑持戒修善者謂言非道, 純敎諸人遍造衆惡. 盲無眼者不別是非, 神根又鈍煩惱復重, 聞其所說順其欲情, 皆信伏隨從, 放捨禁戒無非不造罪積山岳, 遂令百姓忽之如草, 國王大臣因滅佛法."

하고, 이웃의 여인이 서시西施의 찡그린 얼굴을 본받으려 하는 것'이라
는 구절을 인용하여 비판하고 있음을 볼 수 있다.

이로부터 지의는 성악을 주장하면서 또한 수선을 제창함을 엿볼
수 있다.

만약 이론상으로만 말하자면 성악설은 심지어 성선설에 비교하면
더욱 쉽게 수도修道의 결론을 얻을 수 있다. 이것은 마치 순자荀子가
인성본악설人性本惡說을 제창하여 '예의법도禮義法度'로써 '성을 변화
시켜 후천의 거짓에서 깨어나는 것(化性起僞)'과 같다고 강조한다.

지의는 비록 수도를 위하여 성악설을 제창한 것은 아니지만, 지의의
여러 논저를 살펴보면 수도에 무게를 두고 있고, 게다가 그 수도의
방법도 많은 특징을 가지고 있으며, 천태종의 전체 사상에서 아주
중요한 위치를 점유하고 있다. 지의는 범부와 부처는 바로 성구性具에
서 말하면 평등하여 둘이 아니라고 한다. 범부는 성선이 끊어지지
않았고 제불도 악이 끊어지지 않았지만, 다만 수습의 입장에서 말하면
차별이 현격하다. 부처는 완벽하게 선善하고, 범부는 악惡에 잠긴
것이다. 범부가 악에 침몰함은 수악修惡이 가득 찬 것이고, 제불의
완벽한 선은 수악을 끊어 다했기에 수선修善이 가득 찬 까닭이다.
『마하지관』에서 지의는 다음과 같이 설한다.

여래신如來身은 금강金剛의 체體로서 모든 악을 이미 다 끊었고
모든 선을 널리 행할 줄 아니, 삼덕이 필경 다비茶毘를 넘었음은
말할 필요가 없다. 이(여래신)를 승乘이라 이름하며, 보승寶乘으로
바로 도량에 이르러 살바야(薩婆若: 一切智)에 머문다.[100]

278

『법화현의』에서 지의는 또 오悟로써 부처를 다음과 같이 설명한다.

확연이 대오大悟하여 세간과 출세간의 일체제법을 깨달아 알았으므
로 부처라 한다.[101]

이미 모든 선을 다 알고 일체법을 깨달은 부처라고 한다면, 어떻게
수선하는가? 어떻게 법을 깨달을 것인가? 지의는 반드시 "무명의 겨
(糠)를 대치하여 법성의 쌀(米)을 현현시킨다."[102]라고 하고 "무명이
전변하여 명明이 된다."[103]라고 여긴다.

무명과 명은, 지의의 학설에서는 또한 본래 불일불이不一不異이며
상즉호융相卽互融이다. 지의는 무명과 명, 이것은 마치 악과 선의 관계
와 같아서 "악성상惡性相은 곧 선성상善性相이며, 악을 말미암아 선이
있고, 악을 여의면 선도 없다."[104]는 것이기에 양자는 하나이면서 둘이
고, 둘이면서 하나라고 생각한다. 단지 이것은 바로 성性과 이理의
입장에서 설한 것이다. 만약 수修와 사事의 입장에서 설한다면 성선性善
은 구족하지만 수선修善은 구족하지 않고, 이理는 구족하되 사事는

---

100 앞의 책, 129쪽. "如來身者金剛之體, 衆惡已斷, 衆善普會, 三德究竟過茶無字可
　　說, 是名乘是寶乘直至道場, 到薩婆若中住."

101 『妙法蓮華經玄義』권7. 『대정장』33, 766쪽. "朗然大悟, 覺知世間出世間一切諸
　　法, 名之爲佛."

102 『摩訶止觀』권7下. 『대정장』46, 100쪽. "治無明糠, 顯法性米."

103 앞의 책, 82쪽. "無明轉變爲明."

104 『妙法蓮華經玄義』권5下. 『대정장』33, 743쪽. "惡性相卽是善性相, 由惡有善,
　　離惡無善."

구족하지 않는다. 이것은 마치 대나무 속에 화성火性이 있지만, 아직 바로 화사火事가 아닌 까닭에 대나무는 있어도 불꽃은 없는 것과 같으며, 만약 연을 만나면 곧 일을 이루어서 불꽃이 된다. 그러므로 지의는 설하기를 "악이 바로 선성善性이나 아직 선사善事는 아니니, 연을 만나 사事를 이루어 바로 악을 뒤집을 수 있다", "모든 악을 뒤집으니, 바로 선이 이루어진다."[105]라고 하였다.

선사善事는 악을 뒤집어서 이루어지고, 명성明性은 또한 무명을 깨뜨려 이루어진다. 지의는 무명을 떠나서 명성明性을 수습하는 것은 불가능하다고 주장한다. "만약 무명이 끊어지면 일체 선법이 나오는 곳이 없으니, …… 불도를 어떻게 이룰 것인가? …… 어찌 무명성을 끊고서 다시 명성을 수습하겠는가?"[106] 이것은 마치 만약 "폐(蔽: 폐단, 惡行染法)가 일어나지 않으면 관觀을 닦을 수 없고, …… 폐가 곧 악어惡魚이고 관觀이 바로 낚시의 미끼이니, 만약 고기가 없다면 미끼를 쓸데가 없다. 다만 고기가 있다면 크고 많은 것이 오직 좋을 뿐이다. 모두 낚시의 미끼를 버리지 않는다면 이 폐를 오래지 않아 제어할 수 있다."[107]라고 하였다. 악어가 없다면 미끼도 쓸모가 없듯이, 모든 폐가 없다면 관혜觀慧도 수습을 일으킬 길이 없는 것이다.

물론 위에서 말한 수행은 바로 무명을 전환하여 명이 된 것이지,

---

105 『妙法蓮華經玄義』권5下. 『대정장』33, 744쪽. "惡卽善性爲卽善事, 遇緣成事卽能翻惡", "翻於諸惡, 卽善資成."

106 『摩訶止觀』권4下. 『대정장』46, 47쪽. "若斷無明, 一切善法則無生處 …… 佛道何得成 …… 豈可斷無明性更修明性."

107 앞의 책, 17쪽. "蔽若無起不得修觀, …… 蔽卽惡魚, 觀卽釣餌, 若無魚者釣餌無用, 但使有魚多大惟佳, 皆以釣餌隨之不捨, 此蔽不久堪任乘御."

무명을 여의고 명성明性을 수습한 것이 아니다. 수행의 결과 및 수행의 근거를 잡아서 한 설법이며, 아울러 수행의 본체를 지적한 것이지 어떤 수행의 문제를 답하는 것이 아니다. 그러므로 이와 같은 사상은 단지 지의가 수행이론을 설하기 전에 든 복선으로 보이며, 천태종 수행이론의 핵심에 관하여 주요하게 지의가 제창한 지관병중止觀幷重, 정혜쌍수定慧雙修의 수행방법을 나타내고 있다.

지의는 중생법은 너무 넓고 불법은 아주 높은 까닭에, 초학불자는 종종 불법을 어렵게 본다고 여긴다. 다만 『화엄경』에서는 "심心·불佛과 중생衆生이 차별이 없다."라고 하니 "학불자學佛者는 자기의 심을 관觀함이 쉬워 능히 심을 관할 수 있음은 곧 상정上定이 되고, 상정은 바로 불성이다."[108]라고 한다. 지의는 여기에서 관심觀心을 학불學佛의 요령要領으로 삼고 있고, 또 관으로써 정定을 해석하고 정을 불성으로 해석한다. 이 부분은 다른 어떤 것과 구별되는 낯선 것이다.

본래 정定은 선정禪定의 뜻이다. 또한 지止라고도 한다. 의意가 어지러운 마음을 멈추어 일경一境에 집중하는 것을 말한다. 혜慧는 또한 관觀이라고 한다. 바로 지혜를 관상觀想하는 것을 말한다. 이것은 불교의 두 가지 수행방법이다.

불교가 중국에 들어온 이후 수행방법에 있어서 일찍이 남의북선南義北禪의 국면이 출현했다. 남방은 관과 지혜를 중시하고, 북방은 지止와 선정禪定을 중시하였다. 『홍명집弘明集』과 『속고승전』의 기록에 의하면, 남북조南北朝 시기에 남조의 불교는 특히 의리義理를 중시하였으며,

---

108 『妙法蓮華經玄義』 권2上. 『대정장』 33, 696쪽. "學佛者但自觀心則爲宜, 能觀心者, 則爲上定, 上定者, 卽是佛性." 참조.

당시의 승려들은 대부분 "경문을 인용하여 의리를 토론함"[109]을 최고로 삼았다. "진송晉宋 이후부터는 무릇 의론議論하는 이는 모두 큰소리로 다투어 서로를 칭찬하였다."[110], "선법禪法에 대하여는 전부 멸시하였다."[111]라고 한다. 이와 반대로 북조北朝 불교는 대부분 좌선을 중시하였기 때문에 경전을 설함을 반대하고 실수實修를 중시하며, 공론空論에 반대하였다.[112] 이와 같은 국면은 혜사慧思가 남방으로 내려와 정혜쌍수定慧雙修를 제창한 이후로 조금씩 바뀌었다.

혜사의 대부분 학설은 선을 중심으로 하여 "일체는 선禪으로부터 생한다."[113]라는 주장을 토대로 하며, 또한 정定과 혜慧가 발하는 '정혜쌍거定慧雙擧'를 제창한다. 『제법무쟁삼매법문諸法無諍三昧法門』 등의 저작에서 혜사는 말하기를, "선지禪智의 방편은 반야의 어머니요, 교혜巧慧는 방편의 아버지이다. 선지·반야·무착혜無著慧는 화합하여 여래의 자식을 생한다."[114]라고 하였다. 선정·지혜를 함께 여래를 생하는 부모로 삼은 것이다. 이것은 '정혜쌍거'의 사상으로 남북학설을 초보적으로 융통하여 '남의북선'을 점점 융합 합류시킨 것이다. 그러나 전적으로 '남의북선'의 대업을 통일하고 완성시킨 이는 천태지자 대사이다.

혜사는 지의의 스승이다. 지의의 불학사상은 자연히 그 스승의 영향

109 『弘明集』 권12, 『대정장』 52, 85쪽. "申訴經誥, 暢說義理."
110 『續高僧傳』, 『대정장』 50, 462쪽. "自晉宋相承, 凡議論者, 多高談大語, 競相夸罩."
111 『續高僧傳』 권17, 『대정장』 50, 564쪽. "至於禪法, 蓋蔑如也."
112 『洛陽伽藍記』 권2 참조.
113 (陳)慧思, 『諸法無諍三昧法門』 卷上, 『대정장』 46, 627쪽. "一切皆從禪生."
114 앞의 책, 630쪽. "禪智方便般若母, 巧慧方便以爲父, 禪智般若無著慧, 和合共生如來子."

이 없지는 않았겠지만, 지의의 지관학止觀學으로 본다면 대부분 "관심觀心에서 나옴"[115]으로 "천태지자의 설은 자기 심중의 법문"[116]이다. 이 부분은 다만 깊게 지의의 지관학설을 분석한다면 명료하게 알 수 있다.

먼저 지의는 혜사의 정혜쌍개定慧雙開 사상을 계승하여, 지관을 전미개오轉迷開悟와 무명강無明糠에 대치하여 법성미法性米를 현현하게 하는 중요한 방법으로 삼는다. 『수습지관좌선법요修習止觀坐禪法要』에서는 다음과 같이 말한다.

니원泥洹으로 들어가는 길은 여러 가지이다. 그 긴요함을 논하자면 지·관 두 법을 벗어나지 않는다. 그러므로 지止는 번뇌를 조복하는 초문이요, 관觀은 미혹을 끊는 정요定要이다. 지는 심식心識을 배양하는 좋은 자원이며, 관은 신해神解를 격발하는 묘술妙術이다. 지는 선정의 승인勝因이며, 관은 지혜의 근거이다. 만약 사람이 정·혜 두 법을 성취하고자 하면 자리自利·이인利人의 법을 모두 구족해야 한다.[117]

위의 뜻은 열반에 들어가는 방법이 여러 길이지만 가장 긴요한 것은 지·관 두 법이라는 것이다. 만약 지·관 두 법을 성취하고자 한다면

---

115 『摩訶止觀』 권3上. 『대정장』 46, 26쪽. "本於觀心".

116 앞의 책, 1쪽. "天台智者說己心中所行之法門."

117 智顗, 『修習止觀坐禪法要』. 『대정장』 46, 462쪽. "若夫泥洹之法, 入乃多途. 論其急要, 不出止觀二法. 所以然者, 止乃伏結之初門, 觀是斷惑之正要: 止則愛養心識之善資, 觀則策發神解之妙術: 止是禪定之勝因, 觀是智慧之由借. 若人成就定慧二法, 斯乃自利利人法皆具足."

자리이타를 행하고 보살을 짓고 부처를 이루어야 한다.

그 다음에 지의는 지·관 두 법은 마치 수레의 두 바퀴와 같고, 새의 두 날개와 같아서 한쪽이라도 소홀이 하면 안 되고 마땅히 지관을 함께 중히 여겨 정혜쌍개定慧雙開해야 한다고 본다. 또한『소지관小止觀』[118]에서는 다음과 같이 말한다.

만약 선정과 복덕만을 닦고 지혜를 닦지 않는다면 어리석은 자라고 하고, 지혜만 치우쳐 배우고 선정과 복덕을 닦지 않는 자는 미치광이 라고 한다.[119]

지의가 설하기를, 성문聲聞은 정력定力은 좋으나 지혜가 없어서 불성을 보지 못한다고 한다. 왜냐하면 정력은 바로 복전공덕福田功德이며, 복전공덕은 다만 유위법有爲法으로 유위로는 불성을 볼 수 없기 때문이다.[120] 반대로 별교의 보살은 지혜는 많고 정은 적은데, 혜가 많고 정이 적은 것도 역시 불성을 볼 수 없다.[121] 무슨 까닭인가? 지자는 바람 가운데의 등불로 비유하기를, 지혜는 분명하나 정심定心이 적으면 심心이 어지러이 흔들리기 때문에 마치 바람이 부는 가운데 등불이나 물체를 정확히 비출 수 없는 것과 같다고 한다.

---

118 『小止觀』은 『修習止觀坐禪法要』의 다른 이름이다.

119 앞의 책, 462쪽. "若偏修禪定福德, 不學智慧, 名之曰愚: 偏學智慧, 不修禪定福德, 名之曰狂."

120 『妙法蓮華經玄義』 권5下. 『대정장』 33, 741~742쪽 참조.

121 『摩訶止觀』 권3上. 『대정장』 46, 24쪽 참조.

284

『관음현의』 등의 저작에서 지의는 또 말하기를, 만약 정은 있는데 혜가 없으면 이 정을 치정痴定이라고 하였다. 이것은 마치 맹인이 눈먼 말을 타는 것과 같아서 반드시 구렁에 떨어질 것은 의심의 여지가 없다고 한다.

아울러 정확한 방법은 마땅히 "복혜상자福慧相資하고 두 바퀴는 평등"[122]해야 하며 "문혜쌍수聞慧雙修하고 의관쌍거義觀雙擧"[123]해야 한다고 설한다. 만약 생각 생각에 머무름이 없으면 마치 달리는 준마와 같으므로 지止로써 산란함을 대치해야 한다. 반면 만약 혼미하여 잠만 자고자 하여 멍하니 기억하지 못하면 반드시 관觀으로써 혼침을 타파해야 한다. 지를 닦은 지 오래지만 격발되지 못하면 바꾸어 관을 닦아야 하며, 관을 닦은 지 오래나 장애를 제거하지 못하였다면 바꾸어 지를 닦아야 한다. 지관정혜는 마치 음식과 단약과 같아서 서로 도와 두 가지를 아울러 사용하면 불성을 보고 불도를 이룰 수 있을 것이다.

지의의 지관병중止觀并重, 정혜쌍수의 사상은 '남의북선'을 종합한 결과임에는 의심이 없다. 수행의 방법으로 말하지만, 지의의 지관쌍수 사상은 중국불교의 역사상 중요한 전환점이다. 이것은 하나의 중요한 전환을 촉진시켰던 근본원인이 되는데, 천태지자의 귀결이라기보다는 그가 처한 시대의 귀결이라고 해야 한다.

주관적인 요소로서 말하자면, 지의는 의리義理를 깊이 통달하여 '사변이 폭포가 떨어지는 것 같음(辯類懸河)'이 비록 그 중요한 하나의 원인이 되지만, 더 중요한 원인은 지의는 '시대에 맞는 일을 아는

122 『法華玄義』, 『대정장』 34, 881쪽. "福慧相資, 二輪平等."
123 『法華玄義』 권1上, 『대정장』 33, 686쪽. "聞慧兼修, 義觀雙擧."

사람(識時務者)'이었던 것이다. 그 당시 그가 남북통일 시대의 조류에 순응해야 하는 까닭에, 북방 선학과 남조 반야학을 결합하고 지관·정혜를 한 화로에 제련하여 하나의 통일된 수행방법을 창립할 수 있었다. 만약 남북조 시기의 수행학설이 남북의 그 취지와 거리가 멀었다면, 그 이유는 대부분 당시의 남북 사회의 경제·정치의 행태가 다르게 조성되었던 까닭이다. 천태의 지관병중止觀幷重의 학설은 곧 남북통일의 경제·정치형태의 산물인 것이다. 실제로 수행방법이 이러할 뿐만 아니라 지의가 제일 먼저 통일된 불교종파를 창립할 수 있었던 가장 근본적인 원인도 또한 당시 출현한 하나의 통일된 수왕조隋王朝였던 것이다. 이것은 마치 엥겔스(Friedrich Von Engels, 1820~1895)가 "통일된 군주가 없다면 통일된 신神이 출현할 수 없는데, 다만 신의 통일성은 통일된 동방 전제군주의 반영일 따름이다."[124]라고 말한 것과 같다.

셋째, 지의의 지관학설이 중국에서 독자적으로 한 종파를 형성한 까닭은 또한 지의가 지관에 특정한 함의의 내용을 부여한 이유이다. 지의는 지관학설의 건립에 힘써 노력하였는데, 그는 정혜定慧로써 지관을 해석하는 전통적인 방법에 매이지 않고, 지관학설과 천태 삼제 원융이론을 결합하여 독창성을 가진 천태지관학설을 세웠다.

지의의 저작 가운데 '지관'에 대한 함의는 광범위하다. 어떤 때는 "법성이 적연寂然함을 지止라 하고, 적寂하여 상조常照함을 관觀이라 한다."[125]라고 하고, 어느 때는 "발보리심發菩提心이 바로 관이고, 삿된

---

124 『馬克思恩格斯全集』 27卷, 65쪽. "沒有統一的君主絶不會出現統一的神, 至於神的統一性不過是統一的東方專制君主的反映."

125 『摩訶止觀』 권1, 『대정장』 46, 2쪽. "法性寂然名止, 寂而常照名觀."

마음을 쉼이 곧 지"[126]라고 한다. 그리고 "'반본反本하여 환원還源하니,
법계가 모두 적寂함을 '지止'라 해석하고, '무명無明의 심을 관찰하여
법성에 상등하여 본래 다 공'임을 '관觀'으로 해석한다."[127]라는 것이다.
이 몇 부분의 해석은 기본적으로 성적심식性寂心息으로서 '지'를 해석하
고, 반야관지로써 '관'을 해석한 것인데, 전통적인 관점과 거의 큰
차별이 나지 않는다. 진정으로 지의의 지관학설과 전통적인 지관이론
을 구별시키는 것은 그의 '삼지삼관三止三觀'설이다.

삼지三止에 대하여 지의는 "지는 삼종이 있다. 첫째로 체진지體眞止,
둘째로 방편수연지方便隨緣止, 셋째로 식이변분별지息二邊分別止이
다."[128]라고 하고, 더 나아가 이 '삼지'를 다음과 같이 말한다.

첫째, 체진지는 제법은 연을 좇아서 생하니, 인연이 공空하기에
주主가 없고, 심심心이 쉬어 본원을 통달하는 까닭에 '사문沙門'이라
칭한다. 인연은 가합假合・환화幻化・성허性虛로 체體가 되고, 망상을
반연함에 공을 보니 바로 식息이고, 공은 곧 진眞임을 알 수 있기
때문에 '체진지'라고 말한다.
둘째, 방편수연지는 …… 공空・비공非空이기 때문에 '방편'이라 말하
는데, 병病과 약藥을 분별하기 때문에 수연이라 하고, 심이 속제에서
쉬는 까닭에 '지'라 한다.

---

126 앞의 책, 5쪽. "發菩提心卽是觀, 邪僻心息卽是止."
127 앞의 책, 56쪽. "還源反本法界俱寂, 是名爲止." "觀者觀察無明之心, 上等於法性,
本來皆空."
128 앞의 책, 24쪽. "止有三種: 一・體眞止, 二・方便隨緣止, 三・息二邊分別止."

셋째, 식이변분별지는 생사에 유전하거나 열반에 머무름은 모두 한쪽에 치우쳤기에 중도가 아니며, 속俗은 속이 아니므로 속 또한 적연寂然하고, 속이 아님을 얻을 수 없어 공 또한 적연함을 알기 때문에 '식이변분별지'라고 한다.[129]

눈 밝은 사람은 한 번 보고 알 수 있듯이, 이 '삼지'는 공·가·중 삼제를 말한다. '체진지'는 공을 체험하고 본본을 통달함을 말하고, '수연지'는 가에 수연하여 속에 안주한다는 뜻이며, '식이변분별지'는 양변의 견해를 쉬고 비진비속非眞非俗의 중도를 현현함을 뜻한다. 이 세 가지 이름은 지의 스스로 말하기를 "경론에서 보지 못하였다."고 했으며, 그는 "삼관三觀을 보고 뜻에 따라 이름을 세웠다."[130]라고 하였다. 그러므로 이 삼지설은 순전히 지의가 제창한 셈이다. 지의의 불교학설이 가지는 독창성 및 '육경주아六經注我'의 정신이 여기에서 중요하게 표현되고 있다.

'삼관'은 바로 공관空觀·가관假觀·중도제일의제관中道第一義諦觀이다. 공관은 가를 통하여 공에 들어가 제법성공을 관하는 것이고, 가관은 공을 통하여 가에 들어가 제법의 가유假有를 관하는 것이며, 중도관은 공·가 어느 쪽도 아니므로 진·속을 모두 취하여 비가비공非假非空과

<hr>

129 앞의 책, 24쪽. "一·體眞止者, 諸法從緣生, 因緣空無主, 息心達本源, 故號爲沙門. 知因緣假合幻化性虛故名爲體, 攀緣妄想得空卽息, 空卽是眞, 故言體眞止. 二·方便隨緣止 …… 知空非空故言方便, 分別藥病故言隨緣, 心安俗諦故名爲止. 三·息二邊分別止, 生死流動涅槃保證, 皆是偏行偏用不會中道, 今知俗非俗俗也寂然, 亦不得非俗空也寂然, 名息二邊分別止."
130 『摩訶止觀』 권3. 『대정장』 46, 24쪽. "未見經綸", "映望三觀隨義立名."

역진역속亦眞亦俗의 중도관에 들어가는 것이다. 공·가·중 삼관설은
지의가 창조한 것이기에 그는 다음과 같이 설한다.

이와 같이 해석은 관심觀心에서 얻은 것이지, 실제로 경전을 읽고
이를 얻은 것은 아니다. 다른 사람의 의심을 피하고 믿음을 증장시키
기 위하여 다행히 수다라(修多羅: 경전)와 일치하기 때문에 인용하여
증명할 뿐이다.[131]

위의 뜻은 삼관의 해석이 관심에서 비롯된 것이지 경전으로부터
나온 것은 아니라는 것이다. 비록 논술하는 과정에서 적지 않게 경문을
인용하지만, 이것은 다만 의심을 회피하고 믿음을 증장시키기 위함이
고, 또한 공교롭게도 몇 가지 경문은 그가 설한 부분과 서로 계합하므로
인용하여 증명한 것이다. 이러한 설법은 실제實際와 서로 부합한다.
지의의 삼지삼관설은 비록 먼저 행한 자의 사상적 영향 및 경전적
근거가 있긴 하지만, 천태지자의 "자기 심중에서 행한 법문"인 측면이
강하다.

지관학설은 천태사상에 있어서 중요한 위치를 차지하고 있다. 원조元
照는 『수습지관좌선법요서修習止觀坐禪法要序』에서 일찍이 지관과 천
태학설의 관계를 다음과 같이 담론하고 있다.

만약 만법의 본원을 궁구하고, 제불의 수증을 고찰하고자 한다면

---

131 앞의 책, 26쪽. "如此解釋, 本於觀心, 實非讀經安置次此. 爲避人嫌疑, 爲增長信,
  幸與修多羅合, 故引爲證耳."

'지관'만 한 것이 없다. 천태 대사가 영산靈山에서 몸소 법을 받고
지관을 계승하였다. 대소大蘇에서 깨달음을 얻으니, 깨달음은 지관
이다. 삼매를 닦음이 지관이다. 종변이설縱辯二說은 지관을 설한다.
그러므로 자기 심중에 행한 법문이라고 말한다. 즉 천태교종이
비록 번다하나 종요宗要는 지관을 넘지 않으며, 지관을 버리고 천태
도天台道를 충분이 밝힐 수 없으며, 천태교를 담론할 수도 없다.[132]

　원조의 설법에 따르면, 지관은 거의 천태교의 대명사가 되었다.
이와 같은 설법은 비록 약간의 과장된 어귀가 보이지만, 어느 정도
근거를 가지고 있다. 왜냐하면 천태 대사의 지관학설이 이미 일종의
수행방법일 뿐만 아니라, 삼지삼관과 천태의 모든 원융이론을 통하여
관통하고 있기 때문이다. 예를 들면 지의가 설한 중관은 바로 "즉공卽空·
즉가卽假·즉중卽中"[133]이면서, 삼지삼관 최후에는 또 일념심一念心에
귀결된다. "삼지삼관은 일념심에 있고, …… 차제次第를 타파함이 삼지
삼관으로, 삼관일심三觀一心이라 한다."[134] 이처럼 지관학설은 일심삼
관一心三觀, 일념삼천一念三千, 원융삼제圓融三諦 등의 이론으로 통일된
다. 이것으로 보면 천태교가 "종요는 지관을 넘지 않는다."[135]고 한

132 『修習止觀坐禪法要』, 『대정장』 46, 462쪽. "若夫窮萬法之源底, 考諸佛之修證,
　　莫若止觀. 天台大師靈山親承, 承止觀也: 大蘇妙悟, 悟止觀也: 三昧所修, 修止觀
　　也: 縱辯二說, 說止觀也: 故曰說己心中法門, 則知天台教宗部雖繁, 要歸不出止
　　觀, 捨止觀不足以明天台道, 不足以議天台教."
133 『摩訶止觀』 권9. 『대정장』 46, 131쪽. "卽空·卽假·卽中."
134 앞의 책, 131쪽. "三止三觀在一念心 …… 爲破次第三止三觀名三觀一心."
135 『修習止觀坐禪法要』, 『대정장』 46, 462쪽. "要歸不出止觀."

설은 충분한 이유가 있다.

천태종 원융이론의 궁극적인 목표는 당연히 성불이다. 그러므로 지관학설의 귀의처는 여전히 심원心源을 반조反照하고 중도를 체증體證하는 것에 있다. 만약에 천태의 성구선악설이 중도본체와 서로 대립된다면 진망眞妄·선악善惡·염정染淨의 구분이 있게 되고, 그러면 전체 학설의 귀숙歸宿으로 삼는 중도본체는 또한 지관을 통하여 자기와 자기 스스로의 결합을 거친다. 그리고 하나의 '지관' 수습을 통하여 또 자신에게 다시 돌아오는 중도본체는 이미 본래 그것의 진망무별眞妄無別, 선악호구善惡互具의 중도불성이 아니고, 수악修惡을 끊어 다하고 (그러나 여전히 성악性惡은 끊지 않음) 모든 선을 가리키며, 선성善性이 아님을 널리 행하여 장애를 모두 걷어내고 대철대오大徹大悟하는 여래성불이다. 이것이 천태종 불성사상의 대략적인 내용이다.

제2절 성기설과 화엄종

천태가 '성구'를 제창하는 것과 달리 화엄종은 '성기性起'를 주장한다. 성기라는 단어는 진역晉譯『화엄경』「보왕여래성기품寶玉如來性起品」에서 나오는데, 당역唐譯『화엄경』에는 이름을 「여래출현품如來出現品」으로 바꾼다. 화엄종의 창시자 법장法藏은『화엄경탐현기華嚴經探玄記』에서 '여래성기如來性起'에 대하여 두 가지 설이 있다고 하는데, 첫째는 자성주自性住에서 지득과至得果에 이르는 까닭에 '여래'라 하고, 불개不改로서 성性을 삼고, 기起가 현용顯用함을 일컬어 '여래성기如來性起'라고 한다. 둘째는 진리로서 여如, 성性이라 하고, 현용顯用으로서

기起, 래來라고 하여 여래로써 성기를 삼는다. 전자는 여래출현如來出現을 성기로 삼고, 후자는 바로 여래를 성기로 삼는다. 당역 『화엄경』은 여래출현을 성기로 해석하기 때문에 '여래성기품'이 '여래출현품'으로 된 것이다.

'성기'사상에는 화엄종 불성학설의 핵심이 들어 있고, 성기로부터 출발하여 화엄종 불성사상이 전개된다. 예를 들면 중생의 본성本性은 무엇인가? 중생과 부처의 관계는 어떠한가? 일체중생 실유불성一切衆生悉有佛性은 맞는가? 만약 실유悉有하다면 어찌하여 어떤 경론 및 불교종파에서는 오종성五種性 가운데 무성無性이 있음을 설하는가? 구경에는 유성설有性說이 불설佛說인가? 아니면 무성설無性說이 불설인가? 혹은 어떤 것이 방편설方便說이고 어떤 것이 구경의究竟義인가? 유성설과 무성설 사이의 상호관계는 어떠한가? 불성은 인因인가? 또한 과果인가? 본유本有인가? 시유始有인가? 대부분 중국 불성학설에서 나타난 문제들에 대하여 화엄종은 거의 모두 성기설의 기초 위에서 하나하나씩 답하고 있다. 당연히 이 부분의 문제에 답하기 전에, 먼저 화엄종의 성기설과 화엄종의 세계관의 관계, 즉 여래성기와 법계연기法界緣起의 상호관계 문제를 해결해야 한다.

1. 여래성기如來性起와 법계연기法界緣起

여래성기를 간단히 말한다면, 바로 칭성이기(稱性而起: 자성을 의지하여 일어남)이다. 중생과 부처의 관계에서 말하면, 일체중생은 여래 지혜를 구족하였기 때문에, 다만 칭성이기稱性而起하면 바로 부처를 이룰 수

292

있다. 바로 불성과 만법의 관계를 말한다. 일체제법은 모두 불성의 체현이라 하고, 불성을 떠나서는 다시 한 법도 없다는 것이다. 지엄智嚴 은 『화엄오십요문답華嚴五十要問答』에서 말한다.

불성은 일체 범성凡聖의 인因이고, 일체 범성은 모두 불성으로부터 생장한다.[136]

여래장은 일체의 제불, 보살, 성문, 연각 내지 육도중생 등의 체體 이다.[137]

이 뜻은 여래장·불성이 사성육범四聖六凡, 즉 일체중생의 인因이고 체體라는 것이다. 지엄은 이를 지하와니池河瓦泥로 비유하여 설명한다. 불성은 마치 위없는 큰 못으로 각각의 하류河流가 모두 이 못으로부터 흘러나오니, 각각의 하류는 비록 차별이 있으나 물物의 체體는 완전히 같다고 한다. 불성은 또한 진흙과 같아서, 모든 와편瓦片이 모두 진흙으로 만들어지니 와편의 형상은 천차만별이나 진흙의 체는 같다. 유정중생만 불성의 체현일 뿐 아니라 시방의 이사理事, 세간의 티끌 모두가 불성의 현현인 것이다. 『화엄경의해백문華嚴經義海百門』에서 법장은 다음과 같이 설한다.

---

136 (唐)智儼, 『華嚴五十要問答』 卷下. 『대정장』 45, 532쪽. "佛性者, 是一切凡聖因, 一切凡聖皆從佛性而得生長."
137 앞의 책, 532쪽. "如來藏是一切諸佛菩薩聲聞緣覺, 乃至六道衆生等體."

의정(依正: 依報와 正報)을 분별하면 한 티끌 큰 바다는 '의보'이고,
불신지혜광명은 '정보'이다. 지금 이 티끌은 불지佛智의 현현한 바이
고, 모두가 불지이기 때문에 광명 가운데 티끌과 불찰佛刹이 드러
난다.
미세微細를 감정하면 이 티끌 및 시방의 모든 이사理事 등이 모두
불지佛智의 현현 아님이 없다.[138]

법장의 이 설은 지엄보다 다시 진일보하여, 일체유정중생뿐만 아니
라 심지어 미세한 티끌 등 무정물까지도 불지佛智의 현현이라고 보는
것이다. 그러나 일체중생, 제사만법諸事萬法이 불성의 체현體現이라고
제창한 이 관점은 화엄종의 독창만은 아니고, 많은 대승경론에 모두
이와 같은 사상이 있다. 이것은 중국불교에서 축도생竺道生 이후부터
대부분의 불교사상가가 이와 같이 설하였다. 화엄종 불성사상의 특징
은 중생만물을 생기하는 이 불성은 본명순정本明純淨하여 터럭 하나
오염되지 않았다고 여긴다. 예를 들면 법장은 『화엄일승교의분제장華
嚴一乘教義分齊章』에서 다음과 같이 설한다.

『열반경』에 이르기를 "불성은 제일의공第一義空이라 하고 지혜라고
한다."라고 하였다. 이들은 모두 본각本覺의 성지性智이고 성종性種
이라 한다.[139]

---

138 (唐)法藏, 『華嚴經義海百門』, 『대정장』 45, 629쪽. "辯依正者, 謂塵毛刹海, 是依,
    佛身智慧光明, 是正. 今此塵是佛智所現, 舉體全是佛智, 是故光明中見微塵佛刹.
    鑒微細者, 謂此塵及十方一切理事等, 莫不皆是佛智所現."

『수화엄오지망진환원관修華嚴奧旨妄盡還源觀』에서 법장은 불성이 하나의 자성청정원명체自性淸淨圓明體라고 설한다.

현현하는 일체一體는 자성청정원명체라고 한다. 이것은 바로 여래 장 가운데 법성의 체로, 본래부터 성은 스스로 만족이고 더러운 곳에서도 때 묻지 않으며, 부정不淨을 닦을 수 있기에 자성청정이라 한다. 성체性體는 두루 비추어 그 어떤 깊은 곳도 비추지 않음이 없으니 원명圓明이라 한다.[140]

지엄은 『화엄경지귀華嚴經旨歸』에서도 다음과 같이 설한다.

여래장 불성체는 그저 보법普法이고 진법眞法으로 어떤 사마邪魔도 그 속에 들어갈 수 없고, 그런 까닭에 사인邪人과 정인正人을 불문하 고 함께 진정眞正을 얻는다.[141]

화엄종의 저술 가운데 불성의 함의는 천태종이 설한 것과는 판이하 다. 천태종의 성악에 대한 극단적인 제창은 자종自宗의 불성사상으로

---

139 (唐)法藏, 『華嚴一乘敎義分齊章』 권2. 『대정장』 45, 487쪽. "『涅槃經』云: '佛性者, 名第一義空, 名爲智慧.' 此等幷就本覺性智, 說爲性種."

140 (唐)法藏, 『修華嚴奧旨妄盡還源觀』. 『대정장』 45, 637쪽. "顯一體者, 謂自性淸淨 圓明體. 然此卽是如來藏中法性之體, 從本以來, 性自滿足, 處染不垢, 修治不淨, 故云自性淸淨. 形體遍照, 無幽不燭, 故曰圓明."

141 『華嚴五十要問答』 卷下. 『대정장』 45, 532쪽. "如來藏佛性體, 唯是普法, 唯是眞 法, 於中無有邪魔得入其中, 是故不問邪人正人, 俱得眞正."

하여금 다른 종과 달리 독자적인 종파를 형성케 한다. 반면에 화엄종은
바로 불성이 순선純善하다고 주장하고, 정법淨法으로서 청정하고 지고
지선한 원명체圓明體이고 본각지本覺智라고 한다.

그렇다면 어찌하여 순정지선純淨至善의 본각지에서 미망잡염迷妄雜
染의 중생 내지 지옥·축생 등의 사악법四惡法이 생하는가? 이것은
성선설性善說에서 피할 수 없는 문제이다. 여기에 화엄종은 다음과
같이 해석한다.

> 육도범부六道凡夫와 삼승현성三乘賢聖은 근본이 모두 영명청정靈明
> 淸淨한 일법계심一法界心이다. 자성을 깨닫는 보광寶光이 각기 원만
> 하기에 본래 제불이라 하지도 않고 중생이라 하지도 않는다. 다만
> 이 마음이 영묘자재하여 자성을 지키지 않으므로 미오迷悟의 연을
> 따라 업業을 짓고 보報를 받으므로 중생이라 한다. 도를 닦아 진眞을
> 증득하면 비로소 제불이라 한다. 또 비록 연을 따르나 자성을 잃지
> 않기에 항상 허망하지 않고 변하지 않으며 파괴될 수 없으니, 그저
> '일심'이라 하고 '진여'라 칭한다. 그러므로 이러한 일심은 진여와
> 생멸 이문二門을 구족하여 일찍이 부족함이 없다.[142]

이것은 『대승기신론』에서 심心이 진여·생멸 두 문을 구족한다는

---

142 (唐)宗密, 『禪源諸詮集都序』 권4. 『대정장』 45, 409쪽. "謂六道凡夫, 三乘賢聖,
根本悉是靈明淸淨一法界心. 性覺寶光, 各各圓滿, 本不名諸佛, 亦不名衆生. 但
以此心靈妙自在, 不守自性, 故隨迷悟之緣, 造業受報, 遂名衆生: 修道證眞, 遂名
諸佛. 又雖隨緣而不失自性, 故常非虛妄, 常無變異, 不可破壞, 惟是一心, 遂名眞
如. 故此一心, 常具眞如生滅二門, 未曾暫闕." 참조.

뜻이며, 불변하는 영묘진심靈妙眞心이 수연隨緣하여 생멸변화가 생기하는 것으로 해석함을 알 수 있다. 동일한 저작 가운데 종밀宗密은 다시 아뢰야식阿賴耶識이 각覺·불각不覺의 두 가지를 구족하고 있는데, 본각진심이 어떻게 사성육범四聖六凡을 생하는지 해석하고 있다.

종밀이 설하기를, 본각진심은 비록 일체유정중생의 근본이기는 하나, 선지식의 교화를 만나지 못하면 불각不覺 가운데 생각이 일어난다. 생각이 일어난 후 드디어 상相이 있음을 보게 되고, 상을 보는 까닭에 근신세계根身世界가 망령되이 나타난다. 이러한 근신세계가 꿈속의 경계인 줄을 알지 못하고 반대로 집착하여 결정코 있다고 여겨 법집法執을 이룬다. 이미 법집이 있으니, 다시 자타自他의 다름을 보게 되어 바로 아집我執이 생긴다. 법집과 아집이 있는 까닭에 탐진치貪嗔痴와 각 종의 사량분별이 있고, 이것을 이유로 선악 등의 업을 짓는다. 업이 이루어지면 벗어나기 어려운 까닭에 육도윤회의 고통과 온갖의 악법의 상이 있다.[143] 이것은 본각진심에서 생기는 잡염중생雜染衆生 및 사종악법에 대한 화엄종의 계통적 해석으로, 그 근거는 여전히 『대승기신론』의 진망화합眞妄和合에 있고, 아뢰야식의 각·불각 이의二義에 있다.

종밀은 비록 화엄종 인물로 대접받고 있지만 최소한 화엄과 선 양종을 겸한 인물이라고 볼 수 있다. 그의 사상은 대부분 융합성을 가지고 있다. 특히 남종南宗 하택荷澤계의 선학禪學 사상을 포함하고 있다. 그는 불교의 입장에서 제일 먼저 삼교합일三敎合一을 제창한 중요한

---

143 (唐)宗密, 『禪源諸詮集都序』 권4 참조.

사상가 가운데 한 사람이다.

종밀 사상의 특징은 융합의 성격을 가진 『대승기신론』을 높게 평가하는 결정력이 있다. 종밀 이전의 몇몇 화엄 조사의 저작에도 『대승기신론』에 대하여 역시 높게 평가한다는 점에서 결정된다. 경전적 근거에 있어서는 도리어 명확하게 『화엄경』을 종본宗本이라 말하고, 『화엄』은 주主이고, 여러 경전은 반伴이라고 말한다. 비록 학설의 내용으로 보면 화엄종 사상과 『화엄경』은 완전히 일치하지는 않지만, 그 불성학설은 대부분 『화엄경』의 정심연기관淨心緣起觀의 영향을 받고 있음은 의심의 여지가 없다. 그러므로 종밀의 '성기'설을 담론한 후에 반드시 다시 돌아와 그 밖의 화엄 대사들이 어떻게 여래성기를 거론하는지를 고찰해야 할 것이다.

『화엄경』의 정심연기관은 일체제법이 법신불法身佛의 정현呈現으로 청정법신淸淨法身이 온 세계에 충만하다고 한다. 중생도 당연하게 예외가 아니어서, 일체중생도 오로지 청정불지淸淨佛智의 체현이므로 중생도 여래 지혜를 구족하지 않음이 없다. 『화엄경』 「여래출현품」에서 다음과 같이 설한다.

여래 지혜는 어떤 곳에도 이르지 않는 데가 없다. 왜냐하면 한 중생도 여래 지혜를 구족하지 않는 이는 없기 때문이다. 다만 망상으로 전도顚倒되어 집착하여 증득하지 못할 뿐이다. 만약 망상만 여의면 일체지一切智·자연지自然智·무애지無碍智가 곧 앞에 나타난다.[144]

---

[144] (唐)實叉難陀 譯, 『大方廣佛華嚴經』, 『대정장』 10, 271쪽. "如來智慧, 無處不至. 何以故? 無一衆生, 而不具有如來智慧. 但以妄想顚倒執著, 而不證得. 若離妄想,

또한 중생은 이미 여래 지혜가 구족하기 때문에 잡염雜染의 신신身이 현현하기도 하고, 윤회의 고품를 받기도 한다. 중요한 원인은 미망迷妄의 집착으로, 만약 미망전도상迷妄顚倒想을 여의면 자신 가운데 여래 지혜를 깨달아 바로 부처와 다르지 않다. 화엄종은 이 같은 사상에서 출발하여, 의망依妄과 이망離妄으로 생불범성生佛凡聖을 구별하고 있다.

만약 망념에 의지하면 차별이 있고, 망념을 여의면 그저 하나의 진여이므로 해인삼매海印三昧라고 말한다.[145]

진여본각은 마치 바다와 같고, 망념차별은 풍랑風浪과 같다. 바람으로 인하여 파도가 있고, 바람이 그치면 바다는 맑고 편안하다. 중생도 이와 같아서, 망妄으로 인하여 종종차별이 있고, 망념이 다하면 마음은 안정되기에 그저 진여본각일 뿐이다. 이 하나의 의망과 이망사상을 화엄 제4조인 징관澄觀은 대부분 미오迷悟로써 설하는데, 『대화엄경약책大華嚴經略策』에서 다음과 같이 말하고 있다.

진원眞源은 둘이 없고 묘지妙旨는 균등한데, 미오가 다르기 때문에 중생과 부처가 있다. 진眞에 미迷하여 망妄을 일으키기에 거짓으로 중생이라 한다. 망이 곧 진임을 체득하면 부처라 한다. 미혹하면 온전히 진리에 미迷한 것이다. 진을 여의면 미도 없다. 깨달으면

一切智·自然智·無礙智則得現前."
145 『修華嚴奧旨妄盡還源觀』, 『대정장』 45, 637쪽. "若依妄念而有差別, 若離妄念, 惟一眞如, 故言海印三昧也."

바로 망이 본래 진이지 새로 있는 것이 아니다. 미로 인하여 무명이
어지러이 일어나니, 마치 동쪽을 집착하여 서쪽으로 삼는 것과
같다. 오悟는 진리에 의지하여 생기니, 마치 동쪽이 본래 바뀌지
않음과 같다. 상相의 입장에서 가칭假稱으로 중생이고 부처이라
일컫지만, 체體에 의거하는 까닭에 서로 받아들인다. 이러한 진원을
보지 못하면 미혹에서 아직 깨어나지 않음이고, 이 현묘함을 요달한
다면 성불은 잠깐이다.[146]

이 부분의 주요한 의미는 중생과 불이 근본적으로 둘이 아니지만,
다만 미오의 부동不同으로 인하여 구별이 있다는 것이다. 진眞에 미迷하
여 망妄을 일으키기에 임시로 중생이라 한다. 만약 망이 곧 진임을
체득하면, 중생은 곧 불이다. 이와 같은 설법은 선종의 "미범오성迷凡悟
聖", 곧 "미하면 중생이고, 깨달으면 바로 부처(迷卽衆生悟卽是佛)"라는
사상과 조금의 차이도 없다. 이것은 또한 징관이 융합한 선종사상의
한 표현이라 할 수 있다.

징관은 박학다식하여 어려서 일찍이 선종의 유명한 각 종파에서
참학하였다. 우두계牛頭系의 혜충慧忠과 도흠道欽, 하택계荷澤系의 무
명 선사無名禪師, 북종北宗 신수계神秀系의 혜운慧雲 등을 참방하고
가르침을 받았다. 그가 살던 시대는 마침 남악회양南嶽懷讓·청원행사青

---

146 (唐)澄觀, 『大華嚴經略策』. 『대정장』 36, 704쪽. "夫眞源莫二, 妙旨常均, 特由迷
悟不同, 遂有衆生及佛. 迷眞起妄, 假號衆生: 體妄卽眞, 故稱爲佛. 迷則全迷眞理,
離眞無迷: 悟則妄本是眞, 非是新有. 迷因無明橫起, 似執東爲西: 悟稱眞理而生,
如東本不易. 就相假稱生佛, 約體故得相收. 不見此源, 迷由未醒: 了斯玄妙, 成佛
須臾."

原行思·하택신회荷澤神會 등의 선법이 융성했던 시기였으므로 징관은 크게 선종의 영향을 받았다. 이와 같은 영향은 앞에서 언급한 미범오성 설 이외에, 법장의 학설에 이미 나타난 '삼계유심三界唯心'의 경향에서 진일보한 것이다.

법장의 불성사상은 비록 대부분 일진법계연기一眞法界緣起에서 근거 하지만, 십현十玄 등의 이론으로 성기사상을 논술할 때는 "법성이 융통 하기 때문에"[147] 원융무애를 강술하였고, 또한 "각각은 유심唯心으로 현현한 까닭으로"[148] 만사만물의 상입상즉相入相卽을 해석하였다.

그는 『일승교의분제장』에서 강술했던 십현문十玄門의 제9문을 또한 "유심회전선성문唯心回轉善成門"이라 칭하고 "모두 이 마음의 자재한 작용이지 다시 다른 물건이 없다."[149]라고 분명히 말한다. "일체법이 모두 유심의 현현이며 달리 자체自體가 없기 때문에 크고 작음이 마음을 따라서 돌아 바로 무애無碍에 들어간다고 밝힌다."[150]라고 하였다.

징관은 『대승기신론』의 '일심이문一心二門'설을 높이 평가하고 있다. 더욱이 선종의 즉심즉불卽心卽佛 사상에 영향을 받았기에 법장의 유심 설 기초에서 다시 일심법계무진연기一心法界無盡緣起설을 제창한다. 이것으로서 화엄 성기사상을 발전시키고, 세계만유世界萬有를 모두 일심一心에 귀결시키면서 말하기를 "일체의 만유는 바로 일심이다."[151]

147 (唐)法藏, 『華嚴經探玄記』 권1. 『대정장』 35, 124쪽. "法性融通故."
148 『華嚴經探玄記』 권1. 『대정장』 35, 124쪽. "各唯心現故."
149 『華嚴一乘敎義分齊章』 권4. 『대정장』 45, 507쪽. "悉是此心自在作用, 更無余物."
150 (唐)法藏, 『華嚴經旨歸』. 『대정장』 45, 595쪽. "明一切法皆唯心現, 無別自體, 是故大小隨心回轉, 卽入無礙."

라고 하였으며, 그리고 '영지지심靈知之心'으로써 『기신론』의 '본각本
覺' 등을 해석하였다.

징관의 불성사상이 특히 가치 있는 점은 성기의 입장에서 천태의
성악설을 융합하여 화엄종 성기설의 본래 함의를 변화시켰다는 것이
다. 본래 법장의 성기설은 칭성이기稱性而起이다. 칭합稱合된 성性은
이름이 번다하여 혹은 불지佛智·불성·여래장자성청정심이라고도 하
지만, 모두 순정지선純淨至善으로 티끌만큼도 오염되지 않았다.

징관은 『화엄경소』에서 설하기를, 마음은 하나의 총상總相인데 청정
연기淸淨緣起로 "깨치면 성불임(悟之成佛)"을 강술하고, 반면 잡염연기
雜染緣起로써 "미하면 중생이 됨(迷作衆生)"을 논술한다. 연기는 비록
염정이 있으나 소연所緣의 체는 다름이 없다. 이것은 바로 성기가
정淨일 뿐만 아니라 또한 염染인 것을 설명한다. 권21에서 징관은
또 중생과 부처의 체는 모두 무진無盡으로서 여래에게 성악性惡이
끊어지지 않음과 천제에게 성선性善이 끊어지지 않음을 설한다.

무진은 곧 분별없는 상相이다. 마땅히 말하기를 "마음과 불과 중생의
체성體性이 다함이 없다."라고 한다. 망妄의 체가 본래 진眞이기에
연緣이 다함이 없다. 그런 까닭에 여래는 성악이 끊어지지 않았고,
또한 천제는 성선이 끊어지지 않았다.[152]

---

151 (唐)宗密, 『注華嚴法界觀門』. 『대정장』 45, 684쪽. "總該萬有, 卽是一心."
152 (唐)澄觀, 『大方廣佛華嚴經疏』. 『대정장』 35, 658쪽. "無盡卽是無別之相. 應云:
    心佛與衆生, 體性皆無盡. 以妄體本眞, 故緣無盡. 是以如來不斷性惡, 亦就闡提
    不斷性善."

302

『수소연의초隨疏演義鈔』 권1에서 징관은 또한 다음과 같이 설한다.

만약 교철交徹로 논하면, 성심聖心에서 범심凡心을 보는 것은 마치
습濕에서 파도를 보는 것과 같다. 그러므로 여래는 성악이 끊어지지
않았으며, 또 불심佛心 가운데에 중생 등이 있다.[153]

이 양단의 논술은 천태사상과 비슷할 뿐 아니라 언어 또한 유사하다.
이것은 천태 성악사상을 흡수한 결과임이 틀림없다.
징관 사상의 융합성은 자신의 『수소연의초』 권2에서 스스로 인정하
고 있다.

경전을 이해하여 자기의 관觀을 이루니, 즉사卽事·즉행卽行이다.
입으로는 그 말을 담론하고, 마음으로는 그 이치(理)를 깨닫는다.
이심전심의 종지로써 제불의 증득한 바를 열어 보인다. 남북 이종二
宗의 선문을 회통하고 태형(台衡: 천태) 삼관三觀의 현취玄趣를 통섭
統攝한다. 교와 망언亡言의 종지를 합하면 마음과 제불의 마음이
같다.[154]

이 부분에서 보면, 징관은 천태와 선종사상을 흡수해 융합했을 뿐만

---

153 (唐)澄觀,『大方廣佛華嚴經隨疏演義鈔』,『대정장』36, 8쪽. "若論交徹, 亦合言及
聖心而見凡心, 如濕中見波. 故如來不斷性惡, 又佛心中有衆生等."
154 앞의 책, 17쪽. "造解成觀, 卽事卽行. 口談其言, 心詣其理. 用以心傳心之旨,
開示諸佛所證之門. 會南北二宗之禪門, 攝臺衡三觀之玄趣. 使敎合亡言之旨, 心
同諸佛之心."

아니라 정확하게 교선教禪의 융합을 제창한다. 이 사상은 오조五祖 종밀에게 깊은 영향을 준다. 종밀의 선교일치론은 징관의 교선융합 사상을 계승하고 발전시켰다. 당연히 종밀은 사상의 합류를 제창함에 있어서 징관보다 진일보한다. 징관이 선교융합의 실마리를 열었다고 한다면, 종밀은 공개적으로 유불도儒佛道 삼교의 합일을 제창한다.

화엄종 교의는 하나의 제경론諸經論, 제종파諸宗派 사상의 융합성을 가지고 있다. 경전의 근거를 말하자면, 먼저 청정묘유淸淨妙有를 설한 『화엄경』으로부터, 여래장의 『여래장경』에 이르고, 이어서 유가유식 학과 여래장불성설을 융합한 『대승기신론』에 이르러 화엄종 사람들이 종宗을 창립하고 교설을 세우는 근거가 된다.

사상의 내용을 말하자면, 화엄종은 처음 출발할 때는 불성청정佛性淸 淨, 칭성이기稱性而起로서 불성사상의 표지로 삼았다. 후대에 갈수록 유심의 경향과 미범오성迷凡悟聖을 강술하고, 심지어는 본종과 대립적 인 천태의 성악설을 성기설의 궤도軌道로 끌어들인다. 이것은 비록 성기설 내용을 풍부하게는 하지만, 도리어 성기설의 고유한 특징을 변화시켰다.

종밀은 『기신론』의 일심이문一心二門, 진여의 불변·수연의 이의二 義, 아뢰야식에 각과 불각이 있음을 가지고 생불生佛·범성凡聖의 상호 관계를 해석하였다. 그 가운데 어느 정도의 사상이 화엄에 속하고 어느 정도의 사상이 선종에서 왔는지, 실제로는 이미 엄격한 구분이 어려워졌다. 중국 불성사상은 수당隋唐 이후부터 점차 합류하는 추세이 니, 이는 그 가운데 하나의 중요한 표지라고 하겠다.

화엄종 성기사상의 변천(衍變)과정 및 발전추세에서 보았듯이, 성기사상은 결코 그 자신 세계관의 근거를 부정하지 않는다. 이러한 근거를 크게 말한다면 불교의 연기이론이고, 구체적으로 말하자면 바로 화엄종 자가自家의 법계연기法界緣起설이다.

연기라는 것은 일체사물이 모두 연을 기다려 일어남과 일정한 조건으로써 생기 변화하는 것을 뜻한다. "이것이 있으므로 저것이 있고, 이것이 생하므로 저것이 생한다."[155] 세간의 제법만 이와 같을 뿐만 아니라 일체 출세간법 역시 연기의 인식에 의지한다. 이것은 불교 각종의 경론 및 세계관과 종교학설의 이론적 디딤돌이다.

화엄종도 또한 예외가 아니어서, 그 성기사상이 설한 칭성이기稱性而起는 실제로 바로 청정불지, 본각진심이 연을 기다려서 사성육범四聖六凡의 모든 계계界를 현기現起하고, 망념을 여의면 곧 깨달아서 모두 부처가 됨을 가리킨다. 다만 이것은 주로 생불生佛의 관계로 연기를 담론한다. 만약 이러한 성기설의 연기관과 화엄의 세계관 내지 화엄종의 전체 학설체계를 연계한다면, 화엄종의 성기설은 전체 화엄종의 학설체계 가운데 최종적 위치는 어디에 있는가, 혹은 제한적으로 말한다면, 성기설의 연기관과 전체 화엄종의 연기관은 구경에 무슨 관계인가 하는 것이다.

화엄종 사람들은 일찍이 교판과 결합하여 연기를 네 종류로 나누었다. 첫째는 소승小乘의 업감연기業感緣起, 둘째는 대승 시교始教의 아뢰야연기阿賴耶緣起, 셋째는 대승 종교終教의 여래장연기如來藏緣起, 넷째는 화엄 원교圓教에서 설한 '법계연기法界緣起'이다. 화엄종은 자기의

---

155 (劉宋)求那跋陀羅 譯, 『雜阿含經』 권10. 『대정장』 2, 67쪽. "此有故彼有, 此生故彼生."

연기관을 최고 구경·최고 원만하다고 말하면서 이를 법계연기라고
한 것이다.

그렇다면 무엇을 '법계연기'라 하는가? 먼저 무엇이 '법계法界'인가?
불교경론에서 '법계'라는 말은 일반적으로 실상實相·실제實際·진여眞
如 등의 다른 이름으로, 일체 현상現象의 본원과 본질을 가리킨다.
하지만 화엄종에서 설하는 '법계'는 특정 함의含義가 있다. 법장은
『화엄종의해백문華嚴宗義解百門』에서 다음과 같이 설한다.

> 입법계入法界는 바로 하나의 작은 티끌의 연기로서 법法이고, 법은
> 지智를 따라 나타나므로 용用에 차별이 있는데, 이것이 계界이다.
> 이 법은 성性이 없기 때문에 곧 분제分齊가 없고, 원융하여 두 상相이
> 없으며, 진제眞際와 허공계 등과 같다. 두루 일체에 통달하고 처소에
> 따라 현현하니 명료明了하지 않음이 없다. …… 만약 성상性相이
> 존재하지 않으면 이법계理法界가 되고, 사상事相이 완연하여 걸림이
> 없으면 사법계事法界가 된다. 이사理事는 합하여 걸림이 없으니,
> 둘이면서 둘이 아니고 둘이 아니면서 둘이니, 이것이 법계이다.[156]

연을 따라 현현하는 구체적 사물이 법法이고, 제법이 쓰임에 있어
각각 차별이 있으므로 이것이 바로 계界이다. 근본적 입장에서 말하면,

---

156 『華嚴經義海百門』, 『대정장』 45, 621쪽. "入法界者, 卽一小塵緣起, 是法: 法隨智
  現, 用有差別, 是界. 此法以無性故, 則無分齊, 融無二相, 同於眞際, 與虛空界等.
  遍通一切, 隨處顯現, 無不明了. …… 若性相不存, 則爲理法界: 不礙事相宛然,
  是事法界. 合理事無礙, 二而無二, 無二卽二, 是爲法界也."

일체법은 무자성無自性으로, 허공虛空·진제眞際와 동일하여 성상性相·형체形體의 차별이 없다. 성상이 존재하지 않는 것은 곧 '이법계'이지만, 연을 따라 현현하는 구체적 사물에서 본다면 이 또한 사상事相이 완연하므로, 이것이 바로 '사법계'이다. 성상이 존재하지 않은 '이법계'와 사상이 완연한 '사법계'는 또한 둘이면서 둘이 아니니, 원융무애한 이것이 바로 '법계'이다.

징관은 『대화엄경약책大華嚴經略策』에서 다음과 같이 설한다.

법계는 총상總相이니, 이리와 사사를 포함해도 장애가 없이 모두 궤도를 유지할 수 있고, 성분性分을 갖추고 있다. 연기는 체에 칭합하는 대용大用이다.[157]

『화엄책림華嚴策林』에서 법장은 또 다음과 같이 설한다.

부처는 무생無生·공적空寂으로 몸을 삼고, 또한 법계의 무기無起로써 체를 삼는다. 다만 이 이리를 증득하면 부처는 이리를 따라 몸을 현현하여 무생에 들어갈 뿐이고, 법은 지智를 따라 상相을 현현하나 상은 곧 무상無相이다.[158]

---

157 (唐)澄觀, 『大華嚴經略策』. 『대정장』 36, 702쪽. "法界者, 是總相也, 包理包事及無障礙, 皆可軌持, 具於性分. 緣起者, 稱體之大用也."

158 (唐)賢首, 『華嚴策林』. 『대정장』 45, 597쪽. "佛以無生空寂爲身, 亦以法界無起爲體. 但證此理, 佛隨理以現身, 但入無生. 法隨智以顯相, 相卽無相."

이는 앞부분의 논술과 뜻이 서로 가깝다. 또한 이사를 포함하고 있으며, 이사원융의 무성상無性相인 총상을 법계라고 한다. 다른 점은 이 두 부분에서 진일보하여 법계는 일체현상이고, 시방제불의 체를 포함하며, 연기는 체의 대용임을 지적한다.

만약 이것으로만 본다면 화엄종에서 설한 '법계'와 기타 불교경론 중의 제일의공第一義空·진여·실제·실상 등과 특별한 차이가 없다. 이들은 모두 성상이 존재하지 않고 상적常寂하여 변함이 없으며, 비유비무非有非無, 공유상즉空有相卽의 본체이다. 이와 같은 본체를 현대철학의 용어로 말하면 '존재일반存在一般'이다.

물론 화엄종은 여기에서 그치지는 않는다. 그들은 '법계연기'설로서 다른 종파 연기관과 구별하는 상징으로 삼기 때문에 진일보하여 '법계'에 특정한 함의를 부여하고 또한 '법계'를 하나의 순정지선純淨至善의 본체로 간주한다. 화엄종 조사들의 말을 빌리면 '청정불지淸淨佛智'·'진심眞心' 혹은 '여래장자성청정심如來藏自性淸淨心'이라고 부른다. 화엄종 대사인 지엄·법장·징관·종밀의 찬술에는 모두 '지정진심至淨眞心'을 일체제법(세간 출세간을 포함하여)의 본원으로 보고, 일체현상은 모두 이 '진심'의 연을 따른 현현이며, 이 '심' 이외에 다시 다른 물건이 없다고 생각한다.

연기는 마치 티끌을 보는 것과 같다. 이 티끌은 자심自心의 현현이다.[159]

---

159 『華嚴經義海百門』, 『대정장』 45, 627쪽. "明緣起者, 如見塵時, 此塵是自心現."

308

티끌은 자심의 현현이 된다. 마음을 여의면 다시 한 법도 없다.[160]

위의 제의문(諸義門: 十玄門)은 모두 이 마음(如來藏自性淸淨心)의 자유자재한 작용일 뿐, 다시 다른 것이 없으니 '유심전唯心轉'이라 한다. 마땅히 그 뜻을 헤아려 해석해야 한다.[161]

불심佛心을 여의고 교화할 중생이 없는데, 하물며 설한 가르침이 어디 있겠는가? 그러므로 그저 불심이 현현한 바이다. 이 뜻은 무엇인가? 모든 중생에게 자체自體가 따로 없나니, 여래장을 끌어들여서 중생을 이룬다. 그러나 이 여래장은 곧 불지佛智로 증득한 자체이므로 중생 전체를 모두 불지심佛智心 가운데 둔다.[162]

　여기에서 말한 '심'·'여래장자성청정심'·'불지심'은 모두 '진심'·'청정심'을 가리킨다. 뜻은 세간의 모든 시방의 이사理事 및 일체중생 모두가 이 '진심'으로 본체로 삼으며, 모두 이 '진심'의 체현이라는 말이다. 이것이 바로 법계연기의 첫째 의미이다.
　법계연기의 두 번째 의미는 법계로써 체를 삼고, 연기로써 용을 삼는다는 것이다. 연기의 대용이 있기 때문에 시방의 이사는 분명하고,

---

160 앞의 책, 631쪽. "塵爲自心現也. 離心之外, 更無一法."
161 『華嚴一乘教義分齊章』 권4. 『대정장』 45, 507쪽. "此上諸義門十玄門, 悉是此心如來藏自性淸淨心自在作用, 更無余物, 名唯心轉, 宜思釋之."
162 『華嚴經探玄記』 권1. 『대정장』 35, 118쪽. "離佛心外無所化衆生, 況所說教?是故惟是佛心所現. 此義云何, 謂諸衆生無別自體, 攬如來藏以成衆生. 然此如來藏卽是佛智證爲自體, 是故衆生擧體總在佛智心中."

법성과 중생이 더불어 현현한다. 『화엄경의해백문』에서 법장은 다음
과 같이 설한다.

현종玄宗은 아득하나 모습은 연기로써 현창할 수 있다. 지극한 도(至
道)는 희유하여 법계에 들어와도 볼 수가 없다. 그러므로 체를 통하여
용을 나타낸다. …… 합하면 바로 법계이니 적적하여 둘이 없다.
현현하는 연기는 마땅히 셋을 이루나니 동動·적寂·이理가 원융하면
비로소 체용體用이 나타난다.[163]

의미를 살펴보면, 법계는 적적하여 둘이 없어서 말하기도 보기도
어려우니 오직 연기를 통하여 비로소 현현할 수 있다. 여기에서 연기는
마치 글자를 나타나게 하는 잉크와 같아서 이것이 없다면 영상影像이
현현하지 못한다. 연기가 있기에 만상이 현창顯彰하는 것이다. 이것은
앞에서 언급한 '이법계'의 성상이 존재하지 않고, 허공과 진제와도
막연하여 오직 연기를 통하여 비로소 사상이 완연하다는 뜻이다. 징관
은 『화엄법계현경華嚴法界玄鏡』에서 또 다음과 같이 설한다.

법성은 텅 비고 끝없이 넓어 연기로도 생각하기 어렵다. 나의 부처님
세존께서 법계원융으로써 신身을 삼고, 연기로써 용을 삼으니, ……
나누어지지 않고 두루하며 가지 않고 두루하다. 감응하여 바로

---

163 『華嚴經義海百門』, 『대정장』 45, 634쪽. "夫玄宗渺茫, 像在緣起而可彰: 至道希
夷, 入法界而無見. 故標體開用 …… 合則法界寂而無二, 開乃緣起應而成三. 動寂
理融, 方開體用."

310

통달하고, 전후를 볼 수 있다.[164]

이것은 법장이 계界로써 체를 삼고 연기로써 용을 삼는 사상의 연속이
고 발전이다. 의미는 법계(법성)가 나누어지고, 셋도 없지만 두루
보편하여 일체제불의 체이고 신身이며, 연기로 감응하여 용이 되므로
전후 만상萬象의 견見이 있다는 것이다.

화엄종 사람들에게는 법계연기에 대한 많은 논술들이 있다. 그 중
하나의 중요한 사상은 바로 법계연기의 체용관계로서 진심본체와 제법
만상의 상호관계를 설명하는 것이다. 법계가 없으면 연기도 어찌할
도리가 없다. "체는 용의 본이다. 용을 의지해서 체가 일어난다."[165]는
것이다. 연기가 없으면 법계는 항상 공적空寂하여 현기現起할 도리가
없어 "체는 용을 의지하여 현현(體依用顯)"한다는 것이다. 이 법계연기
의 체용설은 현대철학의 용어를 빌리면 바로 세계만물의 본원이 되는
'존재일반'이니, 일정한 조건을 의지해서 세계만물을 변현變現시키고
파생하여 나오게 한다. 사실 화엄종이 설한 '법계'는 그 주된 경향에서
본다면 '여래장자성청정심'·'진심' 혹은 '청정묘유'에 속하지만, 법장
및 징관·종밀의 주소註疏와 논저에서 이는 명확하게 '심'을 구체적인
심으로 보는 경향이 있다. 화엄종 세계관의 이 같은 융합성과 학설을
모두 흡수하고, 포함하지 않는 것이 없도록 시도하는 것과 관련이
있다. 경전의 근거로 말하자면 또한 화엄종이 『대승기신론』을 최고로

164 『大華嚴經略策』, 『대정장』 36, 703쪽. "法性寥廓, 緣起難思. 我佛世尊, 融法界以
　　爲身, 總緣起而爲用 …… 不分而遍, 不去而周. 感而遂通, 見有前後."
165 『華嚴經義海百門』, 『대정장』 45, 635쪽. "體爲用本, 用依體起."

하는 것과도 관련이 있다. 『대승기신론』에서 설한 '심'은 일신一身에 두 가지 부여된 경향이 있다. 즉 진심을 가리키면서 또한 구체적인 심의 뜻을 함유하는데, 이것은 화엄종 사상에 대하여 일정한 영향을 일으킨다. 실제로 화엄종에서 뿐만 아니라 중국 수·당의 불교종파, 특히 천태·선종 등이 모두 이 같은 경향이 있다. 즉 모두 '심'을 본종사상의 귀극歸極으로 삼는다. 다만 이 '심'은 대부분 '진심'과 '구체심具體心'의 이중성을 가진다. 물론 각 종파의 치중하는 점은 다르다.

전체적으로 살펴보면, 법계는 체이고 연기는 용이라는 사상은 화엄종의 이론원칙 혹은 세계관이라고 말할 수 있다. 만약 이론원칙으로서 화엄종의 각종 사상을 보면 모두 이 하나의 원칙으로부터 출발하고 있다. 이는 세계관으로서 곧 화엄종의 각종 구체적 견해의 개괄이고 총결이다. 실제로 이것은 한 상황의 두 가지 측면이다. 예를 들면 화엄종의 성기사상은 바로 법계를 체로 하고 연기를 용으로 하는 사상이 원칙적으로 그 출발점이 되고 근거가 된다. 이미 법계의 본체가 연기의 대용大用을 통하여 세간 일체제법에 현현하고 파생하여 나왔기 때문이다. 그렇다면 '여래장자성청정심'은 일정한 조건(迷 혹은 悟, 번뇌 혹은 지혜)을 빌려서 일체의 범성중생凡聖衆生을 체현한다. 당연히 이치에 맞아 자연스럽게 결과가 생긴 것이라고 볼 수 있듯이, 성기설은 실제로 법계가 체가 되고 연기가 용이 되는 사상이 중생과 부처의 관계에서 나타나는 구체적인 운용이다. 반대로 『화엄경』의 세계관으로서는 이것은 본래 하나의 공허하고 추상적인 이론원칙이 아니라, 개괄하고 총결하는 화엄종의 수많은 구체적 관점과 견해로 이루어진 일종의 총체적인 견해이다. 그러므로 화엄종의 세계관에서 중생과 부처의 관계를 담론하는 성기설은 또 화엄종의 총체적 사상의 한 부분과 한 측면을 이루었다고 할 수 있다. 물론 불교는 성불을 목표로 하기 때문에 중생과 부처의 관계는 줄곧 불교 연구의 가장 중요한 문제이다. 그러므로 중생과 부처의 관계를 내용으로 하는 성기설은 자연히 화엄종의 총체적 사상 가운데 하나의 중요한 구성 부분이 되었다.

2. 본래시불本來是佛과 무진연기無盡緣起

법계는 체가 되고 연기는 용이 된다는 설명은 화엄종 '법계연기'설의 기본 관점이다. 다만 이것만으로 법계연기를 논한다면, 아직 완전히 법계연기의 사상을 이해했다고 할 수 없다. 왜냐하면 어떤 의미에서 보면 법계연기에는 또 하나의 중요한 특징이 있기 때문이다. 이것은 중중무진重重無盡 혹은 무진연기無盡緣起이다. 화엄종은 이것으로써 기타 종파의 불교이론과 다른 입론을 표명하고 있다.

화엄종의 많은 저술에서는 법계가 비록 체가 되지만 단지 체만 되는 것이 아니고, 연기가 비록 용이 되지만 또한 순전한 용인 것만은 아니다. 체용體用의 사이는 다른 것도 아니고 같은 것도 아니며 용합되지도 않는다. 체와 용이 각각 서로를 전부 수용하며 원통하여 하나의 경계속이며, 용합하여 자재하니 단정하기가 곤란하다. 법장의 『화엄책림』에서는 다음과 같이 말한다.

이 모든 법계를 체體로 삼고 연기를 용으로 삼으니, 체용이 각각 전부를 수용하고 하나의 극극에 원만히 통한다. 연기緣起의 사상事相

은 반드시 성性을 수용하여 이루어진다. 법계현종法界玄宗은 또한 연을 의지하여 공空을 나타낸다. 서로 사무쳐서 체용이 현묘한 자리까지 통한다. 사상을 말한다면 바로 유有는 공空의 본원에 사무쳤고, 유를 말하면 곧 공이 유의 표면에 투철하였다. 때로는 둘을 모두 들어 터럭만큼도 의론을 갖추지 못했고, 때로는 서로 이루어서 광대한 담론도 또한 나타난다. 이理는 사事를 전부 섭수하고 사를 전부 제시하여 이가 되고, 사事는 따로 사가 있는 것이 아니라 사물이 이理를 갖추어서 사가 된다.[166]

이 부분의 중심사상은 체용이 현통玄通하고 이사가 융합하여 체는 용 이외에 따로 다른 체가 아니라는 것이다. 체는 용이 있기에 현현한다. 용은 또한 체를 떠나서 따로 있는 용이 아니라 용이 곧 체이다. 이理는 사事 밖에 따로 있는 이가 아니고, 온전히 사를 수용하거나 드러내서 이가 된다. 사는 이를 떠나서 따로 있는 사가 아니다. 물은 이를 구족하여 사가 된다는 것이다. 『화엄경의해백문華嚴經義海百門』에서 법장은 이사와 체용을 논할 때 다음과 같이 말한다.

체용을 관찰하면, 진진塵이 무생無生·무성無性의 일미一味임을 요달한 것이 체이다. 지혜로써 이理를 관조할 때 사상事相의 완연함을 방해하지 않는 것이 용이다. 사상은 비록 완연하나 항상 무소유이기 때문에 용이 곧 체이다. 마치 수많은 강이 바다로 흘러 들어가는 것과 같다. 비록 바다가 일미一味이나, 항상 수연隨緣하므로 체가 곧 용이다. 마치 바다를 들어 수많은 강을 밝힌 것과 같다. 이사가 서로 융합하기에 체용이 자재하다. 만약 상입相入하면 용의 차별이 생긴다. 만약 상즉相卽하면 체는 항상 일미이다. 항상 일一이고 항상 이二인 이것을 체용이라 한다.[167]

체용과 이사의 관계가 이미 상입相入이며 또 상즉相卽이라는 것이다. 상입이면 용이 일어나 차별이 열리고, 상즉이면 체는 항상 일미一味를 현현하니, 이사는 원융이며 체용은 자재하다. 체용과 이사뿐만 아니라 본말本末·인과因果·색심色心·능소能所·생불生佛이 모두 그러하다. 법장은 진상塵相으로 말末을 비유하고, 공성空性으로 본本을 설명하고 있다. 진塵은 비록 상相이 있으나 상이 다하지 않음이 없기 때문에 또한 말末이 아니다. 공空은 비록 무성無性이지만 연緣이 이루어짐을 장애하지 않기에 본本이 아니다. 비본非本으로서 본이 되기에 비록 공이지만 항상 유有이고, 비말非末로서 말末이 되기에 비록 유有이지만 항상 공이다. 결국 본말은 상입相入하고 상즉相卽하여 곧 원융무애하다. 인과因果 또한 그러하다.

---

167 『華嚴經義海百門』. 『대정장』 45, 635쪽. "觀體用者, 謂了達塵無生無性一味, 是體; 智照理時, 不礙事相宛然, 是用. 事雖宛然, 恒無所有, 是故用卽體也. 如會百川以歸於海, 海雖一味, 恒自隨緣是故體卽用也. 如擧大海以明百川, 由理事互融, 故體用自在. 若相入, 則用開差別; 若相卽, 乃體恒一味. 恒一恒二, 是爲體用也."

진진塵이 연기하여 사상事相이 현전함이 인因이 된다. 사상에 즉하되 체가 공하여 불가득不可得함이 곧 과果이다. 과는 인과 다르지 않기에 온전히 인이 원만하니 과라고 칭한다. 인은 과와 다르지 않기에 온전히 과가 원만하니 인이라 칭한다. 만약 인이 과를 얻지 못하면 과 또한 과가 아니며, 만약 과가 인을 얻지 못하면 인 또한 인이 아니다. 모두 동시에 성립하여 차별과 다름이 없다. 그러므로 초발심 때에 바로 정각正覺을 이룬다. 정각을 이미 이루었지만 초심인 것이다.[168]

이러한 인과관은 본유本有·시유始有, 인불성因佛性·과불성果佛性설을 단번에 부정하는데, 인은 과와 구별되지 않고 과 또한 인과 구별되지 않아 동시에 성립된다는 것이다. 어떠한 구별도 되지 않으니, 어찌 본시本始와 전후前後를 말할 수 있겠는가?

결론적으로 화엄종의 학설에서는 일체제법이 모두 서로 체가 되고 용이 되어, 일진一塵을 들면 이理이고 사事이며, 하나의 사로 말하면 인이고 과이다. 일법이 인연을 따라 만법이 일어나고, 만법이 인연을 거두어 일법에 입入한다. 중중重重의 연기로 인해 연기의 의가 무한하므로 무진연기無盡緣起라 한다. 이러한 무진연기의 사상은 화엄종의 '육상원융六相圓融', '사법계四法界' 및 '십현무애十玄無礙'의 학설에서 집중적

---

168 앞의 책, 631쪽. "塵卽是緣起事相現前, 爲因: 卽事體空而不可得, 是果. 果不異因, 全以因滿稱爲果也: 由因不異果, 全以果圓稱之爲因也. 若因不得果, 果亦非果也: 若果不得因, 因亦非因也. 皆同時成立, 無別異故. 是故初發心時, 便成正覺: 成正覺已, 乃是初心."

으로 표현된다.

'육상원융', '사법계'와 '십현무애'의 사상 자체와 그 유심의 본질
및 궤변 수단은 학술계에서 이미 제시하였고, 비판된 바가 있기에
여기서 더 이상의 서술은 생략한다.[169] 하지만 '육상', '십현'의 신학적
귀속과 종교적 의의는 앞사람들이 별로 언급하고 논의하지 않은 내용이
기에 여기서 연구를 시도하고자 한다.

'육상', '십현', '사법계'는 표현이 다양하고 논술 또한 현란하지만,
그 근본적인 의미는 일체 연기법들 간에 상입상즉하고 원융무애함을
말하는 것이다. 시간적인 구세일념九世一念이나, 공간적으로 미세하고
광활한 것들은 모두 "법성이 융통하기 때문이고", "유심이 현현하기
때문에" 원융무애하다. "구세九世를 거두면 찰나에 들어가고, 일념을
펼치면 영겁永劫을 갖춘다."[170], "일즉다一卽多이지만 걸림이 없고, 다즉
일多卽一이지만 원만히 통한다."[171], "하나하나의 미세 티끌 등에 모두
불신佛身이 있어서 원만보편하다."[172], "일체 찰해刹海의 있는 바가 모두
여래의 한 털구멍의 현현이다."[173] 이러한 학설들은 신학神學적 목적과
종교적 의의가 명확하여 일체제법이 서로 융합되고 상즉하는 것으로

---

169 任繼愈, 『華嚴宗哲學思想略論』, 『漢唐佛教思想論集』 98~112쪽. 侯外廬, 『中國
　　思想通史』 第4卷上 第4章, 第2節, 郭鵬, 『隋唐佛教』 "六相與十玄", 方立天, 『華嚴
　　金獅子章校釋』.

170 『華嚴經探玄記』. 『대정장』 35, 124쪽. "法性融通故", "唯心所現故", "攝九世以入
　　刹那, 舒一念而該永劫."

171 앞의 책, 107쪽. "一卽多而無礙, 多卽一而圓通."

172 『華嚴經旨歸』. 『대정장』 45, 591쪽. "一一微細塵毛等處, 皆有佛身圓滿普遍."

173 앞의 책, 591쪽. "所入一切刹海, 總在如來一毛孔現."

중생과 부처는 본래 구별되지 않는다는 것을 설명한다. 중생은 부처의
중생이고 부처는 중생의 부처이다. 중생 마음 안의 부처가 부처 마음
안의 중생에게 설법하고, 부처 마음 안의 중생이 중생 마음 안의 부처
설법을 듣는다. 중생과 부처는 본래 하나이면서 둘이고, 둘이면서
하나이다.

법장은 『화엄경의해백문』에서 다음과 같이 말한다.

중생 및 진모塵毛 등이라 함은 전부가 불보리의 이리理로 이루어진
중생인 까닭이다. 그러므로 중생의 보리신菩提身 가운데 부처의
발보리심發菩提心을 본다. …… 지금 불이 진내塵內의 중생을 교화하
고, 중생은 다시 진내 부처의 교화를 섭수하기 때문에 부처는 곧
중생의 부처이고, 중생은 곧 부처의 중생이다.[174]

단지 이 단락으로 볼 때, 법장은 아직 중생과 부처를 하나로 보지
않고 단지 상자상대相資相待하는 입장에서 중생과 부처의 관계를 말하
고 있는 듯하다. 하지만 법장의 무진연기 사상은 그로 하여금 상자상대
를 극한으로 보지 않고, 필연적인 논리로 생불일여生佛一如, 중생이
바로 부처라는 경지로 나아가도록 결정지어 주고 있다. 『화엄경탐현
기』에서 법장은 다음과 같이 설한다.

---

174 『華嚴經義海百門』, 『대정장』 45, 628쪽. "衆生及塵毛等, 全以佛菩提之理成衆生
故. 所以於衆生菩提身中, 見佛發菩提心 …… 今佛敎化塵內衆生, 衆生復受塵內
佛敎化, 是故佛卽衆生之佛, 衆生卽佛之衆生."

불심을 떠나서 교화된 중생이 없는데, 하물며 설한 가르침이겠는가?
그러므로 오직 불심으로 나타난 것일 뿐이다. 왜 그런가? 모든
중생이 다른 자체自體가 없고, 여래장을 끌어서 중생을 이룬다.
그러나 이 여래장은 곧 불지佛智의 증득을 자체로 하므로, 중생
전체는 모두 불지심 가운데에 있다.[175]

중생이 불지佛智 이외에 자체가 있는 것이 아니라 모두 불지의 마음속
에 있다는 것이다. 이는 중생즉불衆生卽佛을 말하는 것이다. 중생즉불
뿐만 아니라 불즉중생佛卽衆生인 것이다. 또한 법장은 다음과 같이
말하고 있다.

모든 것이 중생심에 있다고 함은 중생을 떠나서 다른 불덕佛德이
없는 까닭이다. 왜 그런가? 부처가 중생심에서 진여眞如를 증득하여
부처가 되고, 또한 시각始覺과 본각本覺이 동일한 까닭이다. 그러므
로 다 중생심 가운데에 있다. 체體를 따라 용用을 일으키는 화신化身
은 곧 중생심 가운데 진여의 대용大用이지, 다시 다른 부처가 없다.[176]

본래 부처는 특별한 것이 아니라 중생심의 진여를 증득하여 생긴

---

175 『華嚴經探玄記』, 『대정장』 35, 118쪽. "離佛心處無所化衆生, 況所說教? 是故惟是
佛心所現. 此義云何? 謂諸衆生無別自體, 攬如來藏以成衆生. 然此如來藏卽是佛
智證爲自體, 是故衆生擧體總在佛智心中."
176 앞의 책, 118쪽. "總在衆生心中, 以離衆生心無別佛德故. 此義云何? 佛證衆性心
中眞如成佛, 亦以始覺同本覺故, 是故總在衆生心中. 從體起用, 應化身時卽是衆
生心中眞如用大, 更無別佛."

것이다. 이는 중생심 속의 진여가 체에서 용을 일으킨 결과이다. 법신불法身佛이 이러할 뿐만 아니라 화신불化身佛 역시 중생심 속의 진여의 대용大用이며 그 외에 다른 부처는 더 이상 없다는 것이다.

중생즉불, 불즉중생의 사상은 법장 이후 징관澄觀, 종밀宗密에 의하여 많은 작용을 하게 되었다. 징관은 『답순종심요법문答順宗心要法門』에서 다음과 같이 말하고 있다.

마음, 마음이 부처를 짓는데, 일심도 불심佛心 아님이 없다. (종밀 주: 염념念念이 전부 진眞이다.) 처처處處에 진眞을 증득하나, 일진一塵도 불국佛國 아님이 없다. 진망眞妄·물아物我가 각기 전체를 수용한다. (종밀 주: 둘이면서 둘이 아니다.) 심·불·중생이 확연히 일치한다. (종밀 주: 둘이 아니면서 둘이다.)[177]

일심도 불심 아님이 없고, 일진도 불국 아님이 없으며, 진망眞妄·물아物我를 잊으면 하나로 모든 것을 섭수할 수 있어 중생즉불이라 표현하지 않아도 그 뜻을 잘 알 수 있다는 것이다. 종밀은 『화엄원인론華嚴原人論』에서 직설적으로 "지금 지교至教의 입장으로는 바야흐로 본래 부처를 깨닫는 것이다."[178]라고 말하고 있다.

본래 중생과 불은 미망과 깨달음으로써 말할 수 있다. 이 점에 대해서

---

177 (唐)澄觀 作, 宗密 注, 『答順宗心要法門』, 『속장경』 58, 426쪽. "心心作佛, 無一心而非佛心宗密注: 念念全眞: 處處證眞, 無一塵而非佛國宗密注: 卽染而淨. 眞妄物我, 擧一全收宗密注: 二而不二: 心佛衆生, 炳然齊志宗密注: 不二而二."
178 (唐)宗密, 『原人論』, 『대정장』 45, 710쪽. "今約至教, 方覺本來是佛."

는 화엄종에서도 반복적으로 강조하기를 "어리석음과 깨달음이 같지
않기에 드디어 중생과 부처가 있다."[179], "어리석다면 사람이 법을 따르
니 법법이 차별이 있어 사람마다 같지 않고, 깨닫는다면 법이 사람을
따르니 사람사람이 일치하고 만경萬境이 융합한다."[180], "미迷와 오悟의
연緣을 따라서 업業을 짓고 보報를 받으니 중생이라 한다. 도道를 닦아
진眞을 증득하면 드디어 제불이라고 한다."[181]라고 표현한다. 지금에
와서 화엄종에서는 부처는 즉 중생이고 중생은 본래 부처라고 말하고
있다. 이를 불가佛家의 논리로 말하면, 자기가 한 말이 서로 어긋나는
착오를 범한 것이다. 그리하여 본래 부처라는 사상은 늘 비난을 받게
되었다.

  묻기를, 중생은 미迷하고 제불은 오悟가 되는데, 체體가 비록 하나라
  면 용用의 측면에서 차이가 있다. 만약 중생이 부처와 통하면 제불은
  미迷이고, 만약 부처가 중생과 통하면 중생은 오悟가 되는가?[182]

  이 의미는 중생이 미망하고 제불은 깨어있어 비록 양자의 체는 같으나
용이 각기 다르다는 것이다. 여기서 중생과 부처는 융통하고 상즉한다

---

179 『大華嚴經略策』. 『대정장』 36, 704쪽. "特由迷悟不同, 遂有衆生與佛."
180 『答順宗心要法門』. 『속장경』 58, 426쪽. "迷則人隨法, 法法萬差而人不同. 悟則法
    隨於人, 人人一致而融萬境."
181 (唐)宗密, 『禪源諸詮集都序』. 『대정장』 48, 409쪽. "隨迷悟之緣, 造業受報, 遂名
    衆生: 修道證眞, 遂名諸佛."
182 (唐)法藏, 『華嚴策林』. 『대정장』 45, 597쪽. "問: 衆生爲迷, 諸佛爲悟, 體雖是一,
    約用有差. 若以衆生通佛, 諸佛合迷: 若以佛通衆生, 衆生合悟."

고 말한다. 이는 또 제불이 미망하고 중생이 깨어있다는 결론에 도달하게 된다. 이러한 난제에 대해 법장은 다음과 같이 대답한다.

> 항상 비중생非衆生으로서 중생이 되고, 또 비제불非諸佛로서 제불이되니, 존재의 입장에서 항상 없음을 장애하지 않고, 괴멸壞滅이항상 이루어짐을 방해하지 않는다. 연을 따라서 중생의 이름을세움이지, 어찌 중생을 얻을 수 있겠는가? 체體를 잡아서 방편으로법신의 명호를 시설한 것이지, 어찌 제불을 구할 수 있으랴? 망妄이진眞의 근원에 사무치니 일상一相에 거하여 항상 있으며, 진眞이망妄의 지말까지 갖추었으니 오도五道에 들어가서 항상 공이다.정혹情惑으로 이계二界를 설하기 어렵고, 지혜라야 일여一如를 통하여 설하기 쉽다. 그런 두 가지를 보내고 두 가지를 세워 서로 이루어진다. 제불을 중생신에서 보고, 중생을 불체에서 관조한다.[183]

이러한 대답은 명확히 중생은 본래 중생이 아니고 제불도 본래 제불이아니며, 단지 연에 따라 얻게 된 가명이고 체에 의해 얻게 된 별명이니,어디서 중생제불을 구할 수 있을지를 말하고 있다. 통상의 속제俗諦로본다면 생불의 차별이 있겠지만, 지혜의 진제眞諦로 말하면 중생과부처는 하나인 것이다. 화엄 원가圓家로 보면 이론은 언제든 성립되어

---

183 앞의 책, 597쪽. "恒以非衆生爲衆生, 亦非諸佛爲諸佛, 不礙約存而恒奪, 不妨壞而常有. 隨緣具立衆生之名, 豈有衆生可得? 約體權施法身之號, 寧有諸佛可求? 莫不妄徹眞源, 居一相而恒有: 眞該妄末, 入五道而常空. 情該則二界難說, 智通乃一如易說. 然後雙非雙立互成, 見諸佛於衆生身, 觀衆生於佛體."

322

중생을 관조하려면 부처에서 이를 체현하고, 부처를 관조하려면 중생
신에서 그를 보아야 하는데, 그리하여 중생이 부처이고 부처가 중생인
것이다.

화엄종 사조四祖 징관도 똑같은 비난을 만나게 되는데, 다음과 같이
설한다.

묻기를, 중생과 부처의 미오迷悟가 같지 않아 중생은 육도에서 윤회
하지만, 부처는 불덕원만하다. 어찌하여 설하기를 중생즉불과 불즉
중생으로 둘이 서로 수용하여, 인과를 혼란시키고 완전히 법리法理
를 어그러지게 하는가?[184]

이 의미는 중생이 부처라고 하는 것이 인과를 혼돈한 것으로 불리佛理
에 어긋난다는 것이다. 여기에 대해 징관은 어떠한 대답을 할 것인가?

진원眞源은 둘이 없고 묘지妙旨는 항상 동일하다. 미오迷悟가 같지
않음으로 인하여 드디어 중생과 부처가 있다. 진眞이 미迷하여 망妄
을 일으키니 임시로 중생이라 한다. 망을 체달하면 진이므로 부처라
고 한다. 미迷는 곧 진리에 미함이니 진眞을 떠나버리면 미도 없다.
오悟는 곧 망이 본래 진이지 새로 있는 것이 아니다. 미함으로 인하여
무명無明이 어지럽게 일어남이 마치 동쪽을 고집하여 서쪽이라 함과
같다. 오悟는 진리를 통하여서 생기니, 마치 동쪽이 본래 바뀌지

footnote
184 『大華嚴經略策』, 『대정장』 36, 704쪽. "問: 衆生與佛, 迷悟不同, 生則六道循環,
佛則不德圓滿. 如何有說, 卽生卽佛, 而互相收, 渾亂因果, 全乖法理."

않은 것과 같다. 상相의 입장에서는 중생 및 부처라고 임시로 칭하고, 체의 입장에서도 서로 수용함을 얻는다.[185]

이는 거의 법장의 사상으로 그 근본은 서로 다를 바가 없다. 단지 가명이 다를 뿐이고 본체는 상즉하고, 단지 가상假相에 의해 생불生佛로 달리 불린다고 말한다. 이러한 논란은 오조 종밀까지 계속되었다.

종밀은『대승기신론』의 마음은 진여眞如·생멸生滅 이문二門을 갖고 있고, 진여는 불변不變·수연隨緣 이의二義를 갖고 있으며, 진망화합眞妄和合의 아뢰야식阿賴耶識은 각覺과 불각不覺 등의 사상이 있다는 사상들로 본다.

체계적으로 답변하기를, 육도범부六道凡夫와 삼승성현三乘聖賢은 그 근본에 있어서 모두 하나의 영명청정靈明淸淨 법계심法界心이고, 제불이라 부르지도 중생이라 이름하지도 않는다. 단지 이 신령스럽고 묘한 진심이 자성自性을 지키지 않아 연에 의해 업業을 짓고 보報를 받게 되어 중생이라는 이름을 얻게 된 것이다.

이 마음은 비록 연를 따라 관하여 중생이 되지만, 항상하여 변함이 없고 파괴할 수 없기에, 오직 일심으로 진여라 이름한다. 그리하여 이러한 마음은 진여·생멸 이문二門을 갖고, 진여 또한 불변·수연 이의二義를 갖게 되어 "진眞이 불변不變인 까닭에 망妄의 체는 공이니 진여문眞

185 앞의 책, 704쪽. "夫眞源莫二, 妙旨常均. 特由迷悟不同, 遂有衆生及佛. 迷眞起妄, 假號衆生: 體妄卽眞, 故稱爲佛. 迷則全迷眞理, 離眞無迷: 悟則妄本是眞, 非是新有. 迷因無明橫起, 似執東爲西: 悟稱眞理而生, 如東本不易. 就相假稱生佛, 約體故得相收."

如門이 된다. 진이 수연인 까닭에 망이 진을 이루니 생멸문生滅門이다. 생멸이 곧 진여이기에 모든 경전은 부처도 중생도 없고, 본래 열반이며 상적常寂하여 무상無相이라 설한다. 또한 진여가 곧 생멸이기에 경전에 법신法身이 오도五道에 유전하니 중생이라 칭한다고 한다."[186]라고 말한다. 즉 중생과 불의 구별이 생긴 것은 생멸문의 수연의에 의한 것이라고 한다. 진여가 변하지 않고 다만 일심의 관점에서 보면, 생불生佛은 구별되지 않아 중생이 부처이고 부처가 중생인 것이다. 종밀은 이를 "부처님의 말씀이 서로 위배되는 것 같으나 위배되는 바가 없다."[187]라고 말한다.

법장, 징관과 종밀의 이러한 논술은 화엄의 '중생은 본래 부처이다'라는 사상에서 표현된 것이다. 이러한 논술에서 이른바 '중생은 본래 부처이다'라는 사상은 사실상 무진연기, 원융무애의 사상이 중생과 부처(生佛)의 관계에 운용된 것이라는 것을 볼 수 있다. 물론 이 또한 일종의 학설로서, 특히 비교적 높은 이론적 사변을 갖춘 학설로서 여러 가지 현상 자체를 파악해야 할 뿐만 아니라 이러한 현상의 근원을 설명해야 할 것이다.

화엄종의 무진연기, 생불상즉의 사상은 중생과 불이 서로 융통되고 상즉하다는 것을 포함한 모든 현상을 말한다. 또한 무엇 때문에 서로 융통되고 상즉하며, 그 이론적 근거가 무엇인지를 설명해야 할 것이다.

---

186 『禪源諸詮集都序』권4. 『대정장』48, 409쪽. "由眞不變, 故妄體空, 爲眞如門: 有眞隨緣, 故妄成眞, 爲生滅門. 以生滅卽眞如, 故諸經說無佛無衆生, 本來涅槃, 常寂無相. 又以眞如卽生滅, 故經云法身流轉五道, 名曰衆生."

187 앞의 책, 409쪽. "於佛語相違之處, 自見無所違也."

이 점에 있어서 화엄종은 무엇을 어떻게 했는지 철저히 설명하고 있다. 이러한 설명 자체가 화엄종의 이론적 특징과 사고방식을 나타내는지 등의 문제들은 화엄종의 설명을 본 후 다시 논평하기로 하자.

『화엄경지귀華嚴經旨歸』와 『화엄경탐현기華嚴經探玄記』에서 법장은 일체제법이 무엇 때문에 원융무애하고 중중무진한 것인가에 대하여 열 가지 이유를 말하고 있다. 『화엄경지귀』 「석경의釋經意」 제8에서는 다음과 같이 기재하고 있다.

> 법상法相은 원융하기에 실제로 인因하는 바가 있다. 인연이 무량한데 간략히 10가지로 나눈다. 1은 제법이 정해진 상相이 없음을 밝히기 때문이고, 2는 유심唯心으로 나타나는 까닭이고, 3은 환幻같은 사事인 까닭이며, 4는 꿈같이 현현하기 때문이고, 5는 승통력勝通力인 까닭이며, 6은 심정용深定用인 까닭이고, 7은 해탈력解脫力인 연고이며, 8은 인因이 한계가 없는 까닭이고, 9는 연기로 서로 연유하는 까닭이며, 10은 법성이 융통한 까닭이다. 이 열 가지에서 하나만 따르면 저 제법이 혼융무애混融無礙하다.[188]

『탐현기』에서는 또한 열 가지 이유를 다음과 같이 말하고 있다.

---

188 『華嚴旨歸』, 『대정장』 45, 594쪽. "夫以法相圓融, 實有所因, 因緣無量, 略辯十種. 一爲明諸法無定相故, 二唯心現故, 三如幻事故, 四如夢現故, 五勝通力故, 六深定用故, 七解脫力故, 八因無限故, 九緣起相由故, 十法性融通故. 於此十中, 隨一卽能令彼諸法混融無礙."

문: 어떤 인연이 있어 제법의 이와 같은 혼융무애를 얻는가?

답: 인연이 무량하여 진술하기가 어렵다. 간략히 10가지를 들어 무애를 해석하겠다. 1은 연기가 서로 연유하는 까닭이고, 2는 법성이 융통한 까닭이며, 3은 각각이 오직 심으로 나타난 까닭이고, 4는 마치 환幻같이 실답지 않은 까닭이며, 5는 대소大小가 일정하지 않는 까닭이며, 6은 무한한 인因이 생하는 까닭이며, 7은 과덕果德이 극도로 원만한 까닭이고, 8은 승통勝通하고 자재한 까닭이며, 9는 삼매의 대용大用인 까닭이고, 10은 해탈이 불가사의한 까닭이다.[189]

이상은 『탐현기』의 열 가지이다. 『지귀』 가운데 네 번째인 "꿈같이 현현하기 때문이고"를 "과덕이 극도로 원만한 까닭이고"로 표현한 것 외에 기타 아홉 가지 이유는 거의 같다고 볼 수 있다. 단지 설법상에서 약간의 차이가 있고 앞뒤 순서가 틀릴 뿐이다. 하지만 법장이 "인연이 무량하여 진술하기가 어렵다."라고 말하고, 여기서 또 "간략히 열 종류를 들었다."라고 말하며, "이 열 가지에서 하나만 따르면 저 제법이 혼융무애混融無礙하다."라고 말하고 있다. 그러므로 앞뒤 순서나 몇 개 이유에 얽매이지 말고, 그것의 주요한 종지를 깨닫는다면 원융이론의 이론적 근거가 어디에 있는지 찾아낼 수 있다.

---

189 『華嚴經探玄記』 권1. 『대정장』 35, 124쪽. "問: 有何因緣令此諸法得有如是混融無礙? 答: 因緣無量, 難可具陳. 略提十類, 釋此無礙: 一緣起相由故, 二法性融通故, 三各唯心現故, 四如幻不實故, 五大小無定故, 六無限因生故, 七果德圓極故, 八勝通自在故, 九三昧大用故, 十難思解脫故."

아래에 그것에 대해 약간의 분석을 진행하고자 한다.

첫째, "유심唯心으로 나타난다."는 것은 이해하기가 쉽다. 즉 제법은 달리 자체自體가 없으니 크거나 작거나 마음에 따라 회전回轉되기에, 오고감에 장애가 없다는 것이다.

둘째, "법성이 융통한다."는 것은 이론적 사변이 비교적 강한 것으로 이것을 이해하는 것은 화엄종의 원융무애 학설의 자세한 내용을 이해하는 데 도움이 될 것이다.

법장은 '단지 사상事相에 대해 말하면, 각종 사상들은 서로 장애가 있어서 상즉相卽하고 서로 상입相入할 수 없다'고 말한다. 또한 단지 이체理體를 놓고 본다면, 이성理性은 순수한 일미一味로 상입상즉의 문제가 존재하지 않는다. 그리하여 법장은 이사융통理事融通하고 혼융무애混融無礙하며, 사사무애事事無礙하다는 결론을 얻는다.

이사무애理事無礙란 어떠한 사물이나 현상들은 인연으로 된 이체理體의 산물이기에 이체의 현현이라 할 수 있다는 것이다. 첫째, 사물은 이체를 떠나 자주적으로 존재할 수 없다. 만약 사물이 인연이체에 의해 현현하지 않고, 자주적으로 존재한다면, 이는 사물이 이치밖에 있다는 과실을 범하게 된다. 둘째, 각각 사물은 모두 이理의 전체를 포함하고 있다. 만약 사상事相이 모든 이체를 다 포함하지 못하여, 이의 전체를 포함하지 않는다고 말한다면, 이것은 진리에 경계가 있다는 과실을 범한 것이다. 진리는 나눌 수 없다. 바로 각각 하나의 사상이 이의 전체를 포함함을 근거로 하기에, 법장은 더욱 사사무애[190]를 세웠

---

190 『華嚴經旨歸』에서 자세히 볼 수 있다.

다. 이렇듯 각각 사상들은 전체의 이를 포함하기에, 일진을 들면 우주를 다하는 것이고, 일념을 놓으면 구세九世을 놓고, 법법이 평등하고, 사사事事가 원융하여, 일이 일체에 즉할 수 있고 일체가 즉일할 수 있다.

사상적 논리과정으로 보면, 법장의 '법성융통法性融通'의 사상은 사물이 곧 이치이고 이치가 곧 사물로서 사사상즉事事相卽한다는 것이다. 여기서 한 개의 완전하고 나누어질 수 없는 이체는 법장의 원융사상의 매개체이다. 이러한 이체는 인연에 의해 일체 사물을 현현하고, 그 자체는 나눌 수 없는 것이다. 이는 인연으로 인해 인지된 모든 사물들이 모두 원만무결하게 이체의 전체를 갖도록 한다. 그러므로 제법은 일미一味이지만 각 사상은 같지 않다. 철학적 사상으로 보면, 이러한 '법성융통'의 설법은 개별이 일반이고 일반이 즉 개별로 즉차즉피卽此卽彼한 것이다. 만약 개별이 일반이라는 것을 논술하려면 각각 구체적인 현상들 간에는 모두 보편적인 관계가 존재하고, 공통된 특징 혹은 본질을 갖게 됨을 밝혀야 한다.

화엄종은 일부 변증법적 사상요인을 추출하였다. 그렇다면 일반이 즉 개별이라는 사상과 차즉피此卽彼의 설은 궤변이고 상대주의인 것이다. 첫째, 어떠한 일반들도 모두 개별의 한 부분이고, 한 부분은 개별의 본질이며 일반은 개별의 전체全體가 아니다. 하지만 화엄종은 양자를 완전히 동등하다고 말하는데 이는 원칙적인 착오가 아닐 수 없다. 둘째, 일반이 개별과 완전하게 같을 수 없는 것은, 일반은 많은 개별에 공통한 본질적 추상으로, 각 개별의 특수한 본질의 규정성規定性을 전제로 한다는 점을 일반적으로 인정한다. 각각의 구체적인 사물은 특수한 본질의 규정성을 떠났기에, 일반 또한 이를 일반으로 볼 수 없게 된다. 화엄종의 사사무애의 가장 중요한 이론적 근거는 각각의 사상事相들은 모두 이理의 전체를 갖고 있어 법법이 평등하고 사사원융하다는 것이다.

사람들이 화엄종의 이러한 사상에 대한 비판은 각각의 사물이 이理의 전체를 갖고 있다는 데 입각하고 있지만 사실상 이것은 오해이다. 혹은 이러한 비판은 적절하지 않다고 말해야 한다. 어떤 의의에서 각각의 사상이 이의 전체를 갖는다는 표현 자체는 틀린 것이 아니다. '어떠한 개별도 모두 일반이다'라는 표현 자체가 틀린 말이 아닌 것과 같다. 그러므로 화엄종이 이로부터 상대주의로 전변轉變한다고 말할 수는 없다.

화엄종이 상대주의에 치우친 것은 사상事相을 이체理體에 포함시킨 데 있는 것이 아니라, 이체를 사상에 포함시킨 데 있다. 즉 화엄종이 각각의 사상이 이理의 전체를 포함한다고 논증한 후, 직접 각각의 사상이 모두 동등하다고 말한다. 사실상 화엄종 자체의 이론으로 말한다면 각각의 사상은 비록 이의 체현이지만, 사상의 현기現起는 모두 연기되는 것이 아닌가? 이러한 인연을 기다린다는 것은 실제 각각의 사상들에게 각기의 특징, 내용과 규정성을 부여하는 것이다. 화엄종의 '사사무애'의 사상은 이러한 연을 기다려서 일어나는 특수한 규정성을 생략한 것이다. 그러므로 이것이야말로 화엄종이 상대주의에 치우치게 된 관건이라고 해야 한다.

330

3. 방편오성方便五性과 화엄오교華嚴五敎

화엄종의 원융무애 사상은 불교의 여러 경론과 중국불교의 제 종파 내지 각종 각파의 불성학설에 대한 태도에서도 나타난다. 화엄종의 사상에는 일진一塵은 시방十方을 포함하고, 일념一念은 구세九世를 포함 한다고 하였으니, 자연히 일체의 불교이론은 각 종파 내지 여러 학파의 불성사상들이 상호 융합되어 나타난다. 하지만 화엄종이 법계를 말하고 연기를 말하며, 체體를 말하고 용用을 말하는 것과 같이, 각개의 경론종 파와 불성사상도 선교방편善巧方便의 이름 아래 근기에 따라 교敎와 종宗을 설립할 수 있었다. 화엄종은 자신의 종파를 불교의 가장 높은 위치에 놓았으며 또한 이를 의義로써 오교五敎로 나누고, 이理로써 십종十宗으로 구분하여 일체유성一切有性, 중생즉불衆生卽佛을 구경결 정설로 하였다. 아울러 중생 근기의 차별을 방편설로써 오성五性으로 말하고 있다.

『화엄일승교의분제장華嚴一乘敎義分齊章』과 『화엄경탐현기華嚴經 探玄記』에서 법장은 역대의 십가十家가 세운 교문敎門[191]을 '귀경龜鏡'이 라 하고, 천태의 오시팔교五時八敎설을 참조하여 자신만의 "법法을 통하여 교敎를 나누고", "교의 종류는 다섯이고", "이理로써 종宗을 나누고, 종에는 열 가지가 있다."[192]는 교판학설을 착안하였다.

---

191 『華嚴經旨歸』에서 자세히 볼 수 있다.
192 『華嚴一乘敎義分齊章』, 『대정장』 45, 481쪽. "就法分敎", "敎類有五", "以理開宗, 宗乃爲十."

법法으로 설립된 오교五敎는 다음과 같다.

첫째, 소승교小乘敎: 우법이승교愚法二乘敎라 부르기도 하는데, 대승교의 교법을 감당하지 못하는 성문승聲聞乘, 사아함경四阿含經을 예로 들 수 있다.

둘째, 대승시교大乘始敎: 소승에서 대승으로 인도하려는 이들을 위한 교법이다. 반야般若 등 경전과 유가瑜伽, 유식唯識 등 제론을 예로 들 수 있다.

셋째, 대승종교大乘終敎: 대승 구경의 교문, 승만勝鬘, 능가楞伽 등 경전과 기신起信, 보성寶性 등 제론을 가리킨다.

넷째, 돈교頓敎: 돈융무애頓融無礙의 교문으로 유마힐경維摩詰經 등을 예로 들 수 있다.

다섯째, 원교圓敎: 원융무애圓融無碍의 교문으로 법화法華, 화엄華嚴 등 경전을 가리킨다.

법장의 이러한 교학설은 "반드시 불설이 각각 계합하게 하였다."[193]고 하여 각 불설佛說들 간의 모순을 조화하기 위한 것 외에 당시 전국을 유행하던 유식종唯識宗을 반대하는 현실적인 요구가 있었다. 하지만 법장이 기타 불교종파들을 반대하는 데는 하나의 선명한 특징이 있다. 바로 단순히 부정하고 배척하는 방법이 아닌, 비판하고 흡수하는 방식이다.

그는 우선 상대방의 지위를 비하시키고, 그를 자기의 체계體系 중에 흡수하여, 자기 체계의 일부를 이루도록 한다. 이렇게 함으로써 상대방을 폄하하는 목적을 이룰 수 있을 뿐만 아니라, 자신의 종파를 넓히고

---

193 『華嚴經探玄記』에 자세히 볼 수 있다. "務令聖說各契其宜."

다른 종파보다 높은 위치에 올려놓을 수 있었다. 그의 오교설은 이러한 방법을 채택하여 천태의 교판사상을 흡수하면서도, 또한 천태를 '점돈漸頓'이지 '원돈圓頓'이 아니라고 억압한다. 그의 십종론十宗論은 또 규기窺基의 8종설八宗說을 기초로 하면서도, 또한 8종八宗 이외 2종二宗을 더하여 자신의 '원명구덕종圓明具德宗'(즉 別敎一乘)을 각 종파보다 높은 위치에 놓았다. 사실상 법장이 말하는 십종을 보면 아홉 번째의 '상상구절종相想俱絶宗'과 열 번째의 '원명구덕종圓明具德宗'을 새로 더한 것 외에 앞의 팔종은 모두 규기의 설법에 근거한 것이고, 단지 명칭만 바꾸었을 따름이다.[194]

화엄종의 교판학설은 본문에서 고찰하는 주요 대상이 아니기에 구체적인 사상에 대해서는 분석하지 않겠다. 단지 오교설과 화엄종의 오성설은 직접적인 관련이 있기에 우선 오교를 인용하여 종성種性의 차별을 말하고, 또한 법장이 어떻게 방편의方便義로 오성을 말하는지 살펴보도록 하겠다.

『화엄일승교의분제장』에서 법장은 오교의 불성설에 대해 상세하게 논술한다. 법장의 주장에 의하면 다음과 같다.

> 만약 소승에 의하면 …… 이 교 중에 부처님 한 사람을 제외하고는 나머지 일체중생은 모두 대보리성大菩提性이 있지 않다고 설하고 있다.[195]

---

194 十宗: 法我俱有宗, 法有我無宗, 法無去來宗, 現通假實宗, 俗妄眞實宗, 諸法但名宗, 一切皆空宗, 眞德不空宗, 相想俱絶宗, 圓明具德宗. 『華嚴經探玄記』에서 자세히 볼 수 있다.

만약 소승교의에 의거한다면 부처만이 불성을 갖추게 되고, 그 외 일체중생은 모두 불성이 없게 된다는 것이다.

시교始敎는 바로 무상법無常法에서 종성種性을 세웠기 때문에 일체 유정에 두루할 수 없으므로, 오종성五種性 중에 일분무성一分無性 중생이 있는 것이다.[196]

이는 유식종을 가리킨다. 유식종은 무루종자無漏種子를 종성種性으로 한다. 무루종자는 유위법有爲法, 무상법無常法이기에 일체유정을 두루 포함할 수 없다. 그리하여 이러한 교에서 설립한 오종종성 가운데 일부 중생은 무루종자를 갖지 못하여 영원히 성불할 수 없는 것이다.

종교終敎는 바로 진여의 성性에서 종성을 세웠기 때문에 곧 일체중생 에 두루하고, 모두 다 유성有性한 것이다.[197]

종교終敎는 진여를 불종성佛種性으로 한다. 진여는 항상 두루 보편하기에 일체중생은 모두 불성을 가지게 된다. 법장은 또한 중생은 마음이 있고, 마음만 있으면 반드시 아뇩다라삼먁삼보리 등을 이룬다는 종교終

---

195 『華嚴一乘敎義分齊章』권2, 『대정장』45, 485쪽. 이하 『華嚴一乘敎義分齊章』 2권을 인용한 내용은 더 이상 주석하지 않는다. "若依小乘 …… 此敎中除佛一人, 余一切衆生皆不說有大菩提性."
196 "約始敎, 卽就有無常法中立種性故, 卽不能遍一切有情, 故五種性中卽有一分無性衆生."
197 "約終敎, 卽就眞如性中立種性故, 則遍一切衆生皆悉有性."

敎의 중생유성설을 평술하였다.

돈교頓敎의 입장에서 밝히면 오직 하나의 진여로 말을 여의고 상相을
설하는데, 이름을 종성이라고 한다. 또한 성습性習의 다름을 나눌
수 없는데, 왜냐하면 일법一法으로 이상二相이 없는 까닭이다.[198]

이것은 문수도 말을 않고, 정명淨名도 말할 수 없는 '입불이법문入不二
法門'이다. 이 법문은 제법이 모두 불생불멸이며, 언어를 여의고 상을
버려 둘이면서 둘이 아니라는 데 취지가 있다. 하지만 일념이 생기지
않으면 이를 부처라 부르고, 지위의 점차漸次가 없기 때문에 돈頓을
세웠다.

마지막으로 원교인데 법장은 다음과 같이 설한다.

일위一位는 즉 일체위一切位이고, 일체위는 즉 일위이기 때문에
십신十信이 심에 원만하여 곧 오위五位를 거두어 정각을 이룬다.
보현법계普賢法界를 의지하여 인드라망이 중중하고 주主와 반伴을
구족하기에 원교圓敎라 칭한다.[199]

하나가 일체이고 일체가 하나이며, '중생즉불, 불즉중생'이라는 화엄

---

198 "約頓敎明者, 惟一眞如, 離言說相, 名爲種性, 而亦不分性習之異, 以一切法由無
二相故."

199 "明一位卽一切位, 一切位卽一位, 是故十信滿心, 卽攝五位成正覺等. 依普賢法
界, 帝網重重, 主伴具足故, 名圓敎."

종의 교법이다. 이러한 원교에 대하여, 법장은 다시 동교일승同敎一乘
과 별교일승別敎一乘으로 나눈다. 이른바 동교일승은 일다무진一多無盡
의 법으로 시교, 종교 등의 가르침에서 현현하여 이승, 삼승으로 하여금
모두 원융무애의 법계인 『법화경』에서 말하는 '회삼귀일會三歸一'에
들어가는 것이다. 또한 별교일승은 시교, 종교 등의 가르침과 구별되는
화엄종의 특유의 원융일승법圓融一乘法을 말하는 것이다. 이러한 구분
은 오교의 불성설을 회통하기 위함이고, 또한 자신들이 다른 종파보다
높다는 것을 나타내기 위함이다.

이러한 오교의 불성설을 살펴보면, 그 논리적 과정은 소승에서 대승
으로 부처 한 사람이 유성有性하다는 데에서 일체중생이 모두 다 유성有
性하다는 데로 전개되는 과정이다. 대승 모든 교들 가운데 시교始敎의
일분무성一分無性과 종교終敎의 일체유성一切有性의 대립에서 돈교의
유무有無를 말하지 않고, 점차漸次가 구분이 없으며, 일념이 생하지
않으면 곧 부처이고, 최후에 원교의 일위一位가 일체위一切位이고 일성
一成이 일체성一切成으로 통일되는 과정이다.

그렇다면 법장은 또한 어떻게 오교불성설을 회통하고 어떻게 원교로
모든 교를 통일시켰는가? 그가 시교의 일분무성과 종교의 중생유성의
대립을 회통한 것을 예로 들어본다. 어떤 사람이 묻기를 "만약 유성하다
면 어떻게 오종성중 무성을 설립할 수 있는가?" 하고 물으면, 법장은
『보성론』, 『불성론』을 근거로 하여 일분무성이라 함은 "대승을 비방하
여 나타나기 때문"이고, "대승을 비방하는 마음을 전환하여", "만약
도리에 근거하면 일체중생은 다 본래 청정불성이 있다."라고 답한다.
또한 누가 "앞의 시교에서 결정코 무성중생無性衆生이고, 이 종교終敎는

모두 유성有性이라면 어떻게 회통하랴?"라고 물으면, 법장이 답하기를 "두 설은 하나는 요의了義이고, 하나는 불요의不了義이므로 서로 위배되지 않는다."[200]라고 답하여 모든 질문들이 일분무성설이 중생유성설의 비난에 집중되게 된다.

문: 만약 종교終教에 의지한다면 일체중생은 다 성불을 하는데, 곧 중생이 비록 많으나 또한 마침내 끝이 있다. 만약 이와 같이 말한다면 마지막에 성불하는 이는 교화될 대상이 없다. 교화될 것이 없기에 이타利他행이 부족하다. 이타행을 할 수 없다면 성불할 도리가 없으니, 제불의 이타공덕이 끊어져 다했기 때문이다. 그러므로 만약 일체가 다 성불을 한다는 것과 중생이 끝없어 다함이 없다는 말은 곧 스스로 위배하여 과실이 된다. 중생계가 끝이 없다면 영원히 성불할 수 없기 때문이다. 또 만약 한 부처가 무량중생을 제도한다면 중생계는 감소하여 마침이 있는가? 만약 점점 감소한다면 반드시 끝이 있다. 감소는 있는데 다함이 없다면 도리가 맞지 않다. 만약 감소가 없다면 즉 멸도滅度가 없고, 멸이 있는데 감소가 없다면 도리가 맞지 않기 때문이다. 이와 같은 도리에 근거하면 『불지론佛地論』 등은 이러한 이유로 어떤 유정이 무성無性하다는 것을 세운 것이니, 위의 모든 과실을 벗어난다. 이것은 무슨 뜻인가?[201]

---

200 "若幷有性, 如何建立五種性中無性耶?", "欲示顯謗大乘因故", "欲回轉誹謗大乘心", "若依道理, 一切衆生悉本有淸淨佛性", "前始教中決定說有無性衆生, 此終教中幷皆有性, 云何會通?", "二說一了一不了, 故不相違."

201 "問: 若依終教, 一切衆生皆當作佛, 卽衆生雖多亦有終盡. 若如是說, 最後成佛卽無所化. 所化無故, 利他行闕. 利他行闕, 成佛不應道理, 又令諸佛利他功德有斷

위와 같은 힐난은 시교의 일분무성설의 중요한 이론의 의거이자 종교가 중생유성설을 세우면서 회피할 수 없는 일련의 실질적인 이론적 문제이기도 하다. 다시 말해 종교終敎의 설법에 따르면 일체중생은 모두 성불할 수 있다. 만약 중생이 모두 성불하여 중생이 하나도 남지 않았다면 부처 또한 교화할 대상이 없게 되어 제불은 이타利他의 수행이 결핍하게 된다. 하지만 부처는 반드시 자리이타의 덕행이 원만해야 한다. 이타의 수행이 부족하게 되면 부처는 부처라 할 수 없게 된다. 반대로 만약 중생이 모두 성불하여 중생이 다함이 없다는 것은 자기가 한 말과 어긋나는 과실을 범하게 된다. 그것은 끝이 없다는 것은 중생은 영원히 성불할 수 없다는 것을 설명하기 때문이다. 또한 부처가 중생을 제도하여 성불한다면 중생계가 감소되는가? 만약 감소가 없다면 멸도滅度가 없게 되고, 감소가 있다면 다함의 기약이 있게 된다. 시교가 일분무성을 세운 것은 바로 이러한 과실을 면하기 위한 것이다. 이러한 힐난은 불가의 논리를 운용한 것으로 얼핏 보기에는 종교終敎의 중생유성설을 궁지로 몰아넣는 것인데, 법장은 태연히 대응하여 다음과 같이 답한다.

만약 중생이 유성有性인 까닭으로 성불하여 다함이 있다는 것은, 즉 중생계가 감소한다는 견해이다. 중생계가 이미 감소한다면 불계

盡故. 知其一切盡當作佛, 而言衆生終無盡者, 即有自語相違過失. 以無終盡者, 永不成佛故. 又如一佛度無量人, 於衆生界有損已不? 若有漸損, 必有終盡: 有損無盡, 不應道理. 若無損者, 即無滅度, 有減無損, 不應理故. 依如是道理, 『佛地論』等由此等由建立無性有情, 離上諸過失, 此義云何?"

338

는 반드시 증가하기 때문에, 불계가 문득 증가한다는 견해이다. 이와 같은 증감은 정견正見이 아니다. 『부증불감경不增不減經』에 설하기를, "사리불이여, 대사견大邪見자는 이른바 중생계가 증가한다는 견해를 가지거나 중생계가 감소한다는 견해를 가진 것이다."라고 한다.[202]

법장의 답변은 아주 길므로 여기서는 단지 그 대략적인 뜻을 서술하기로 한다. 전체적인 답문으로 보면 표면상에서 법장은 『부증불감경』을 근거로 하고 있으나, 사실상 그가 논증하는 주요 근거는 다음과 같은 두 가지가 있다. 하나는 "중생의 결정된 상相은 얻을 수 없기 때문에 …… 마치 허공과 같고 …… 허공의 경계를 구하고자 하여도 마침내 끝이 없다. 이미 허공과 같다면 당연하게 그 경계를 구할 수 없다. 이것은 종교終敎의 이론으로 시교始敎를 반격하는 것이다."[203]라고 하는 것이다. 다른 하나는 증감견增減見이 있는 것은 "여실히 일법계一法界를 알지 못하기 때문에 능히 일법계를 보지 못하는 연고이다."[204]라는 것이다. 이는 화엄의 원교이론을 근거로 하는 것이다.

원교이론은 중생은 즉 불이고 불은 즉 중생이니, 어찌 증가되고 감소하는 것이 있을 수 있느냐 하는 것이다. 만약 증감이 없다면 힐난에

---

202 "若謂衆生由有性故, 幷令成佛說有盡者, 是卽便於衆生界中起於減見. 衆生界旣減, 佛界必增, 故於佛界便起增見. 如是增減, 非是正見. 是故『不增不減經』云: '舍利弗, 大邪見者, 所謂見衆生界增, 見衆生界減.'"
203 "衆生定相不可得故 …… 猶如虛空 …… 求空邊際, 終不可盡. 旣如虛空, 當然不可求其涯際, 這可說是以終敎之理論回敬始敎."
204 "不如實知一法界故, 不能實見一法界故."

답하지 않아도 자체모순에 빠지게 되기에, 법장은 나중에 결론을 짓기를 "위와 같은 과실을 피하기 위하여 무성無性을 세웠다. 그 허물을 말하는 것이 아니고, 이 종宗에 떨어졌기 때문이다. 그러므로 무성은 구경의 요의가 아니다."[205]라고 하는데, 그 의미는 시교가 자체의 이론을 근거로 하여 위에서 말한 과실을 피하기 위해 일분무성설을 세운 것이다. 이것은 틀렸다고 말할 수는 없으나, 이는 이제 막 대승의 근거에 진입한 이들이 말하는 시교의 사상이지 구경의究竟義는 아니라는 것이다.

시교만이 이러한 것이 아니고 기타 각 교들도 마찬가지이다. 누군가 법장에게 "어찌하여 종성種性은 모든 교가 같지 않는가?"[206]라고 묻자, 법장이 답하기를, "여기에서 두 가지가 있는데, 첫째는 법의 입장에서 은현隱顯의 서로 수용함을 분별한다. 두 번째는 근거를 잡아서 득법得法의 다름을 밝힌다."[207]라고 하였다.

종성種性이 본래 연기무애緣起無礙한 것이나, 이를 교법이라 일컬어 오종의 근기根機로 하고, 방편으로 일문一門을 강술하는 것은 모두 근기에 따라 교화하는 것으로, 그 뜻은 서로 어긋나지 않는다는 의미이다.

사실상 법장의 사상에는 오종불성이 연기무애한 것일 뿐만 아니라, 오교 자체도 서로 흡수하고 융통한 것이다. "혹은 종합하여 하나이다. 본말本末의 융합함을 말하는데 오직 하나의 선교善巧법일 뿐이다.",

---

205 "是故欲避上諸失, 建立無性, 不謂彼過, 還墮此宗. 是故, 無性非爲究竟了義."
206 "云何種性約諸敎差別不同耶?"
207 "此有二義: 一·約法辨隱顯相收. 二·約機明得法分齊."

"혹은 둘로 나누어진다. 첫째는 본교本教로 별교일승別教一乘을 말하는데 제교諸教의 본이 되는 까닭이며, 둘째는 말교末教로 소승삼승小乘三乘을 말하는데 본교를 따라 흐르기 때문이다.", "혹은 오직 하나의 원교로 다른 상相이 다하기 때문이다.", "혹은 그 오교五教를 방편으로 하기 때문이다."[208] 등의 설법들은 많지만, 중심사상은 단 두 가지이다. 하나는 오교五教는 방편법문으로 상호 섭취하고 융통한다는 것이고, 다른 하나인 원교는 본본으로 모든 교들을 모두 통일시킬 수 있다는 것이다.

법장은 모든 교와 제 종파들의 불성설 간의 모순을 조화했을 뿐만 아니라, 원교의 입장에서 제 경론의 불성설들 사이의 모순을 회통하였다. 예를 들면 『유가사지론』에서 종성을 말하기를, 하나는 본성주本性住이고, 다른 하나는 습소성習所成이라고 한다. 본성주라 함은 '법이본유法爾本有'한 것이고, 습소성은 선근善根을 연습하여 얻는 것이다.

하지만 『인왕경』과 『본업영락경本業瓔珞經』에서는 습習을 습종성習種性으로 삼고, 오랜 연습의 누적으로 이루어지는 것을 성종성性種性이라 한다. 이러한 두 가지 설은 일치하지 않은 것이나, 법장은 아주 교묘하게 그의 원융성 이론으로 양자를 통합시킨다.

법장이 말하기를, 『유가론』은 비록 '법이본유'로 성종성을 말하고, "선근을 훈습하여 얻는다."[209]는 것으로 습종성을 말하여, "유가瑜伽에

---

208 『華嚴一乘教義分齊章分齊章』 권1, 『대정장』 45, 482쪽. "或總爲一. 謂本末溶融, 惟一大善巧法", "或開爲二: 一本教, 謂別教一乘, 爲諸教本故: 二末教, 謂小乘三乘, 從彼所流故", "或惟一圓教以餘相皆盡故", "或具五教, 以攝方便故."
209 앞의 책, 485쪽. "串習善根所得."

서는 이미 종성을 갖추고 나서 능히 발심한다고 하며, 즉 성습性習의 법이 일종성一種性을 이룸을 알 수 있다. 그런 까닭에 둘의 연기는 둘이 아니고, 하나라도 빠진다면 이루어지지 않고, 또한 성性이 먼저이고 습習이 뒤가 된다고 할 수 없다."[210]라고 말한다.

또한 『인왕경』 등의 경전에서 오랜 습習이 쌓여서 성性이 된다는 것은 "위位를 가지고 설"한 것이고, "그러므로 경전에는 습을 통하였기에 성이 이루어지고, 논에는 성을 의지했기에 습이 일어나고, 진실로 이 둘은 서로 연기를 이루는데, 두 상相이 없는 까닭이다. 경론은 서로 말하기를 의義가 바야흐로 구족한다."[211]라고 말하고 있다. 법장의 '무진연기'로 융통하면 모래도 진주로 변하여 모두에게 좋은 결론을 얻을 수 있게 된다.

사실상 무진연기의 원융이론에 근거하면 제 경론의 불성설도 그렇고 오교중의 불성설도 그렇듯이 방편설에 불과하고 결론적으로 중생즉불이고 불즉중생이며, 양자는 구분되지 않고 혼용무애하다. 이는 바로 화엄종이 중생과 부처의 관계에 대한 최종적 결론이다.

210 앞의 책, 485쪽. "然瑜伽旣云具種性者方能發心, 卽知性習二法成一種性. 是故此二緣起不二, 隨闕一不成, 亦不可說性爲先, 習爲後."

211 앞의 책, 486쪽. "是故經說習故成性, 論中說爲依性起習, 良以此二互成緣起, 無二相故. 經綸互說, 義方備足."

제3절 중도불성과 화엄경계

앞의 두 절에서 논술한 바와 같이 천태와 화엄 두 종파는 불성사상에 관하여 적지 않은 공통점을 가지고 있으면서도, 또한 많은 다른 점을 가지고 있다. 예를 들면 양자는 모두 일체중생은 불성이 있다고 주장한 다. 모두 심불心佛과 중생은 차별이 없고, 단지 미혹하면 범부이고 깨달으면 성인이며, 모두 원교圓敎를 그 극치로 생각하고, 자신의 종파 를 원교라고 여기는 등의 공통점을 갖고 있다.

다른 점이라면 천태의 성구性具설은 선악을 갖는 것을 그 상징으로 하고, 화엄의 성기性起설은 불성의 순수함을 그 특징으로 한다. 또한 천태의 성구설은 즉망卽妄이 바로 진眞임을 주장하고 제불은 성악性惡 이 끊어지지 않았다고 여기나, 화엄의 성기설은 중생은 본래부터 부처 이고 자성은 본래 청정하다고 제창한다.

천태의 성구설은 미迷를 전환하여 깨달음에 이름을 주장한다. 그 방법은 지관止觀을 동시에 중시하는 것이나, 화엄의 성기설은 중생과 부처의 체는 둘이 아니라고 제창하고 망妄을 버리고 본원으로 돌아가도 록 한다. 또한 이러한 각각의 차별들은 한 가지 문제점에 집중되게 되는데, 그것은 바로 양자가 근거로 하는 불교이론이 각기 다르다는 것이다. 천태의 성구설은 실상설實相說에서 변화한 일념삼천一念三千 을 근거로 하고, 화엄의 성기설은 연기의 중중무진重重無盡을 기초로 한다.

물론 다른 점이든 공통점이든 모두 전체적인 측면에서 말하는 것이 고, 구체적으로 그들의 사상 내용을 파헤쳐 본다면 두 종파의 차별점도 서로 계합契合하는 사상을 갖고 있고, 양자의 공통점 또한 중요한 차별을 나타낸다. 다음으로 그러한 예를 고찰해 보겠다.

1. 생불호구生佛互具와 생불상즉生佛相卽

천태종이든 화엄종이든 불문하고, 그들은 모두 많은 경론에서 "심心·불佛·중생衆生 이 셋은 차별이 없다."는 문구를 인용하곤 하는데, 양자는 모두 나중에 중생과 부처를 하나의 묘유妙有의 진심에 귀결시킨다. 하지만 상세하게 이 삼자의 관계를 논술하면, 이론적 차별은 보다 명확하게 드러난다.

『화엄경』에는 '심·불·중생'에 관한 다음과 같은 게송이 있다.

심心은 화가와 같아서 온갖 오음五陰을 그리니, 일체 세계 가운데 법으로 창조되지 않는 것이 없다. 심과 더불어 불佛도 또한 그러하고, 불과 더불어 중생도 그러하다. 심, 불 및 중생 이 셋은 차별이 없다. 제불은 일체가 심으로부터 나온다는 것을 다 요달하였는데. 만약 이와 같이 이해하면 저 사람은 진불을 본다.[212]

지의智顗는 이 게송을 해석하기를, 심·불·중생은 셋이 모두 서로 구족하므로 삼자는 각기 자기 속에 기타 양자를 포함하게 된다. 심은

---

212 (東晉)佛馱跋陀羅 譯, 『大方廣佛華嚴經』 권10. 『대정장』 9, 465쪽. "心如工畫師, 畫種種五陰, 一切世界中, 無法而不造. 如心佛亦爾, 如佛衆生然. 心佛及衆生, 是三無差別. 諸佛悉了知, 一切從心轉. 若能如是解, 彼人見眞佛."

중생과 부처를 가지고 있고 부처는 심과 중생을 갖추고 있으며, 중생은 심과 부처를 가지게 된다. 지의는 다음과 같이 말한다.

만약 자기의 마음이 중생심과 불심을 구족하지 못했음을 관한다면 이것은 체협體狹이고, 구족했다고 관한다면 체광體廣이다.[213]

이것은 체體를 잡아서 설함으로써 심·불·중생 삼자가 서로 구족함을 말한다. 사실상 이 또한 천태가 반복하여 강조하는 제불은 성악性惡이 끊어지지 않았고, 천제는 성선性善이 끊어지지 않아서, 사事적인 측면에서 생불生佛이 같지 않다고 말하고, 이理로써 생불이 둘이 아니라는 사상이다.

화엄종은 천태와 달리 이 게송을 심·불·중생의 관계에서 삼자가 일체一體로서 본래 차별이 없다고 해석한다. 법장은 『화엄책림』에서 다음과 같이 말한다.

제불이 중생에게 있음을 보고, 중생이 불체佛體에 있음을 관한다.[214]

중생과 부처는 본래 일체로서 부처를 떠난 중생이 없고, 중생의 신身에서 부처를 보고 불체佛體에서 중생을 보아야 한다는 의미이다. 『망진환원관妄盡還源觀』에서 법장은 또 다음과 같이 말한다.

---

213 『法華玄義』 권6上. 『대정장』 33, 747쪽. "若觀己心不具衆生心佛心者, 是體狹, 具者是體廣."

214 『華嚴策林』. 『대정장』 45, 597쪽. "見諸佛於衆生身, 觀衆生於佛體."

일체一體를 드러내면 자성청정의 원명圓明한 체를 말한다. 그러한즉
이것은 여래장 가운데 법성의 체로서, 본래부터 지금까지 성은
스스로 만족한다. 더러운 곳에서도 물들지 않고, 닦는다고 깨끗해지
는 것이 아니기 때문에 '자성청정'이라 말한다. 성체性體는 두루
비추어 깊어도 비추지 못하는 곳이 없기 때문에 '원명'이라 한다.
또 흐름을 따라 더러움을 만나도 더러워지지 않으며, 흐름을 거슬러
더러움을 제하여도 깨끗해지지 않고, 또한 성체(聖體: 佛)에 있어서
도 더함이 없고, 범신(凡身: 衆生)에 처하여도 감소되지 않아서,
다만 은현隱顯에 따라 다를 뿐이지, 차별로 달라지는 것이 아니다.[215]

즉 심·불·중생은 본래 모두 자성청정의 원명한 체라는 것이다. 비록
나타나고 감춰지는 차별이 있지만, 더러운 곳에 있어도 더렵혀지지
않고 청정으로 다스리면 제불의 수가 증가되지 않고 중생의 수가 줄어들
지 않으며, 성체性體는 모든 것을 비추게 되는데 이를 원명이라 한다.
　종밀은 『선원제전집도서禪源諸詮集都序』에서 한 걸음 더 법장의 심·
불·중생의 삼자일체三者一體 사상을 선양하여 다음과 같이 말한다.

근본은 모두 영명하고 청정한 하나의 법계심法界心이다. 성각性覺의
보광寶光은 각각 원만하다. 본래 부처란 이름이 없고 또한 중생이란

---

215 『修華嚴奧旨妄盡還原觀』, 『대정장』 45, 637쪽. "顯一體者, 謂自性淸淨圓明體.
　　然此卽是如來藏中法性之體, 從本以來, 性自具足. 處染不垢, 修治不淨, 故云自
　　性淸淨. 性體遍照, 無幽不燭, 故曰圓明. 又, 隨流加染而不垢, 返流除染而不淨,
　　亦可在聖體卽佛而不增, 處凡身卽衆生而不減, 只有隱顯之殊, 而無差別之異."

이름도 없다. ······[216]

염정染淨 제법이 이 마음 아님이 없다. 심이 미迷하였기 때문에 망령되이 혹업惑業을 일으키고, 나아가 사생육도四生六道, 염예染穢 의 국계國界가 있다. 심이 깨달은 연고로 체를 좇아 용이 일어나니, 사등육도四等六度 내지 사변시방四辨十方, 묘신정찰妙身淨刹에 현현 하지 않는 곳이 없다. 이미 이 심이 제법을 일으켰기에 제법은 온전히 곧 진심이다.[217]

중생·불·사성육법四聖六凡 내지 물듦과 청정한 일체제법은 모두 본각진심本覺眞心의 현현이고, 그들의 용의 일어남은 각기 다르지만 그 체는 원래 둘이 아니라는 것이다.

위에서 말한 두 종파의 심·불·중생 삼자의 관계에 대한 논술의 차이점은 무엇인가? 만약 양자가 중생과 부처를 마음으로 통일하는 유심적 경향이 있다는 관점으로 본다면 양자는 큰 차이가 없다. 하지만 중생과 부처의 상호관계를 논증함에 있어서 양자의 구별은 확연히 나타난다.

천태는 호구互具를 주장하지만 이체二體의 의심을 면하기 어렵다. 화엄은 상즉相卽을 주장하여 자연히 오직 일체一體이다. 그 가운데

---

216 『禪源諸詮集都序』. 『대정장』 48, 409쪽. "根本悉是靈明淸淨一法界心. 性覺寶光, 各各圓滿. 本不名佛, 亦不名衆生 ······ "

217 앞의 책, 405쪽. "染淨諸法, 無不是心. 心迷故, 妄起惑業, 乃至四生六道, 雜穢國界. 心悟故, 從體起用, 四等六度, 乃至四辯十力, 妙身淨刹, 無所不現. 旣是此心現起 諸法, 諸法全卽眞心."

이론적인 구별로서 첫째, 한쪽(천태)은 어느 정도 이원론의 경향을 띠고 있는 반면에, 다른 한쪽(화엄)은 철저한 진심일원론眞心一元論이다. 둘째, 우리는 앞에서 천태와 화엄 두 종파는 모두 '심·불·중생 셋은 차별이 없다'라고 말하는데, 이는 공통점이기는 하지만 깊이 살펴보면 이 공통점 자체의 차이를 발견할 수 있다. 양자가 어떻게 심·불·중생 삼자의 상호관계를 보고 있는지를 논증하는 과정에서 우리는 비록 양종은 삼자에 대한 관점이 일치한 것은 아니지만, 모두 중생과 부처를 마음으로 통일한다는 공통점을 갖고 있다고 지적하였다. 이제부터는 이 공통점은 또한 어떤 점에서 다른지를 살펴보도록 하자. 그것은 양자가 말하는 심의 의미가 각기 다른 것이다.

천태종이 말하는 '심'은 단지 진심眞心만을 가리키는 것이 아니다. 이 점에 대하여 회칙懷則은 『천태전불심인기天台傳佛心印記』에서 명백히 설명한다. 회칙은 기타 종파들은 성性이 악惡을 구족함을 모르고 단지 성性이 선善만 구족하다고 알고 있다고 비난하여 "진심이 성불함이지 망심妄心을 가리키는 것은 아니다."[218]라고 하여 진심으로 성불한다는 것을 즉심즉불이라 한다면, 이는 사실상 진을 진이라고 하는 것이지, 망을 진이라고 말하는 게 아니라는 것이다.

회칙은 이러한 설법은 보리가 즉 보리이고 열반이 즉 열반이라는 식의 동의어의 반복이라 비난받는다. 회칙의 이러한 설법은 천태의 사상에 부합된다. 천태종이 말하는 마음은 진심만을 말하는 게 아니라 사실상 망심을 포함한다. 이 마음은 진망眞妄의 이원二元적 성질을

---

218 『天台傳佛心印記』, 『대정장』 46, 935쪽. "乃指眞心成佛, 非指妄心."

348

포함하게 된다. 하지만 화엄종이 말하는 마음은 순수한 청정심, 진실심, 본각진심本覺眞心을 말하는 것이다. 화엄종의 저술에서는 반복적으로 이 점을 서술하고 있다. 진망 이원의 마음을 대상으로 하면 매 일념심一念心은 삼천법계를 갖게 되어 더렵혀지더라도 청정함에 지장이 없고, 악하더라도 선을 방해하지 않아서 일색일향一色一香은 중도인 것이다. 반면에 순정지선純淨至善의 진심을 대상으로 한다면 모든 것은 진심을 갖게 되어 중생은 본래 부처이다.

2. 수선개오修善開悟와 이망환원離妄還源

불성사상에서 천태와 화엄의 구별점은 또한 양자의 수행이론에서도 표현된다. 그들의 공통점으로 보면 양자는 모두 미혹되면 범부이고, 깨달으면 성인이라는 사상을 가지고 있다. 그리하여 모두 미迷를 전환轉換하여 깨닫기를 주장한다. 하지만 무엇이 전미개오轉迷開悟인지에 대한 해석과 어떻게 전미개오하는지에 대한 양자의 사상은 또한 각기 다르다.

천태종은 성구염정性具染淨, 성구선악性具善惡의 사상을 출발점으로 하여 하나하나의 중생의 심체心體와 매개의 제불심체는 본래 염染과 정淨의 두 개 성性을 갖고 있다고 한다. 중생은 염업染業으로 성性을 어지럽혀 생사 등과 같은 염사染事들이 생기고, 제불은 정업淨業으로 정성淨性을 다스리기에 열반涅槃 등 정사淨事가 있게 된다는 것이다.

혜사慧思는『대승지관법문大乘止觀法門』에서 다음과 같이 말한다.

낱낱의 중생 심체心體와 하나하나의 제불 심체는 본래 이성理性이
구족하므로 차별의 상相이 없이 일미一味로 평등하고, 고금古今
이래로 무너진 적이 없다. 다만 염업染業으로 성性을 훈습하였기에
생사의 상이 나타나고, 정업淨業으로 성을 훈습하였기에 곧 열반의
용이 나타난다.[219]

　중생 생사의 상相은 염업이 훈습된 결과라고 한다면, 제불열반의
용은 정업의 훈습이 이룬 것이니, 생사의 고해에서 빠져나와 열반경계
에 진입하려면 반드시 염사染事를 멀리하고 널리 정업淨業을 지어야
한다.
　지의는 혜사의 성구염정의 사상을 이어받았으나, 그 설법에 있어서
는 혜사와 일치하지는 않는다. 지의는 성구선악에 그 출발점을 두어
중생과 부처 그들의 성은 모두 악을 지니고 있다는 점에 있어서는
구별이 없으나, 중생은 선성善性이 있고 제불은 악성惡性이 있는데,
양자의 차별은 단지 중생은 선을 닦지 않아 악사惡事로 몸이 감겨
있다고 한다. 천제들은 수선修善은 끊어졌고 수악修惡은 충만하다.
제불은 수악은 끊어졌고 수선은 충만하다. 그렇다면 수선과 수악은
생불生佛의 근본적인 구별점이라 할 수 있고, 범凡을 벗고 성聖이 되려면
당연히 수악을 끊고 열심히 선을 닦아야 할 것이다.
　위의 사상으로 보면, 천태의 수행이론은 전반적으로 실질적인 수행

---

219 『大乘止觀法門』 권1. 『대정장』 46, 646쪽. "——衆生心體, ——諸佛心體, 本具二
　性, 而無差別之相. 一味平等, 古今不壞. 但以染業熏染性故, 卽生死之相顯矣,
　淨業熏淨性故, 卽涅槃之用現矣."

에 치우쳐 짙은 실천의 색채를 띤다.

이와 반대로 화엄종의 수행사상은 순수한 이론적인 방식을 취하고, 실질적인 수행을 많이 중시하지 않는데, 이것은 그들이 주장하는 중생의 자성은 본래 청정하다는 사상과 관계가 있다.

화엄종의 불성사상의 중요한 특징 중 하나가 바로 중생과 불은 본래 하나의 자성청정원명한 체이고 단지 여러 종류의 망념 때문에 사성육범, 대천세계의 많은 차별이 생기게 된다. 만약 이러한 망념들을 멀리하고, 그 자신이 본래 미망迷妄에 의한 것이라는 것을 깨닫는다면 모든 성인도 방편이 되고, 그러면 초발심은 문득 정각正覺이 되어 중생이 곧 부처인 것이다. 법장은 『수화엄오지망진환원관修華嚴奧旨妄盡還源觀』의 서두에서 다음과 같이 말한다.

> 만교滿敎는 불가사의하여 한 티끌에도 몰록 현현하고, 원교圓敎는 헤아리기 어려워 털 하나에도 전부 나타난다. 그러나 용用으로써 체體를 나눈 것이지 차별이 있는 것이 아니니, 사事는 이理를 의지해 나타나니 저절로 하나의 형形이 있다. 마치 병이 생기면 약이 생기고, 망妄이 생하면 지혜가 생기는데, 병이 망이기에 곧 약도 망이니, 빈주먹으로 울음을 그치게 하는 것과 같다. 심이 통한즉 법이 통하니, 허공을 끌어서 두루함을 보인다. 이미 깨달았다면 어찌 막히고 통하겠는가? 백비百非로 그 반연攀緣을 쉬고, 사구四句로 그 증감增減을 끊기 때문에 약과 병이 둘 다 끊어지고, 고요함과 어지러움이 함께 융화하며 능소能所가 사라짐으로써 현종玄宗에 들어가고, 성상性相이 끊어져서 법계에 돌아간다.[220]

사물의 천만차별이 모두 망심妄心이 분별한 결과이고, 그 실제를
궁구해 보면 본래 하나라는 의미이다. 또한 이러한 하나의 체용體用의
구분은 병이 있으면 약이 생기고, 마치 빈주먹을 흔들어 울음을 멈추는
것과 같은 것이다. 만약 원종圓宗의 무진연기無盡緣起의 진리를 깨닫는
다면 병과 약이 같이 사라지게 되어 능소能所가 함께 소멸되고, 성상性相
이 끊어져서 법계에 들어가게 된다. 법장은『기신론』의 "무량의 공덕장
功德藏과 법성의 진여해는 이른바 해인삼매海印三昧라 한다."와 여러
경전들에서 설하는 "삼라만상이 한 법으로 나타난 것이다."[221]는 구절
을 인용하여 "망이 끊어지면 본원으로 돌아간다(妄盡還源)."는 이치를
말한다.

일법一法은 이른바 일심一心이며, 이 심은 곧 일체의 세간법과 출세간
법을 섭수하여서 곧 일법계의 대총상大總相법문이 된다. 오직 망념
에 의지하여 차별이 있는 것이므로 만약 망념을 여의면 오직 하나의
진여일 뿐이다.[222]

---

220 『修華嚴奧旨妄盡還原觀』. 『대정장』 45, 637쪽. "夫滿敎難思, 窺一塵而頓現:
圓宗回測, 睹纖毫以齊彰. 然用就體分, 非無差別之勢, 事依理顯, 自有一際之形.
其猶病起藥興, 妄生智立, 病妄則藥妄, 擧空拳以止啼. 心通則法通, 引虛空而示
遍. 旣覺旣悟, 何滯何通. 百非息其攀緣, 四句絶其增減, 故得藥病雙泯, 靜亂俱融,
消能所以入玄宗, 泯性相而歸法界."
221 앞의 책, 637쪽. "無量功德藏, 法性眞如海, 所以名爲海印三昧." "森羅及萬象,
一法之所印."
222 앞의 책, 637쪽. "言一法者, 所謂一心也, 是心卽攝一切世間出世間法, 卽是一法界
大總相法門體. 惟依妄念而有差別, 若離妄念, 惟一眞如."

352

다만 일체 망념만 멀리할 수 있으면 중생이 본래 자성청정의 진여불이
라는 것이다.

징관澄觀과 종밀宗密은 법장法藏의 사상을 따라 수증修證을 말하기를
"진이 미혹하여 망妄이 일어나니 임시로 중생이라 부르고, 망이 곧
진임을 체달하였다면 부처라 칭한다."[223], "그러나 미오의 뜻이 다른
것은 순역順逆의 차제가 다른 것이다. 앞의 진眞이 미迷하여 망을 쫓으
면, 미세함으로부터 순차가 생기고 전전展轉하여 거친 데 이른다.
뒤에 망을 깨달아 진에 돌아가고, 거친 곳으로부터 역으로 차제를
끊어버리고 전전하여 미세에 이른다."[224]라고 한다. 미迷라고 하는
것은 진眞이 미혹되어 망을 좇는 것이고, 오悟라고 하는 것은 망妄을
깨닫고 진에 돌아간다는 의미이다. 그리하여 망을 깨닫고 진을 증득하
면 바로 부처인 것이다. 종밀은『원인론原人論』에서 이것을 '원인原人'의
극치라 일컫는다.

우리들은 다생겁래로 진종眞宗을 만나지 못해서 자기의 원신原身으
로 반본反本하는 것을 알지 못하고, 단지 허망의 상相에 집착하여
범부의 일을 달게 받아들여 혹은 축생 혹은 인간이다가, 지금 지교至
教의 근원을 알아 바야흐로 본래 부처임을 깨닫는다.[225]

---

223 『大華嚴經略策』.『대정장』 36, 704쪽. "迷眞起妄, 假號衆生, 體妄卽眞, 故稱
爲佛."
224 『禪源諸詮集都序』.『대정장』 48, 409쪽. "然迷悟義別, 順逆次殊, 前是迷眞逐妄,
從微細順次生起, 展轉至粗, 後乃悟妄歸眞, 從粗重逆次斷除, 展轉至細."
225 『原人論』.『대정장』 45, 710쪽. "我等多劫, 未遇眞宗, 不解返自原身, 但執虛妄之
相, 甘任凡下, 或畜或人, 今約至教原之, 方覺本來是佛."

이것은 바로 화엄종에서 진이 미혹되어 망을 좇는 것을 중생이라 하고, 망을 여의어 진을 증득하는 것을 제불이라 하는 사상이다. 이러한 사상으로 볼 때 화엄종의 수증학설修證學說은 순이론純理論의 형식을 취했을 뿐만 아니라, 그 출발점 또한 천태와 구별되는 것이다. 화엄은 기본적으로 본래불本來佛이라는 입장에서 중생을 보기 때문에, 망을 버리고 본원으로 환원하여 진을 증득하여 성불한다는 것을 주장한다. 그와 반대로 천태는 중생의 입장에서 성불을 말하기에 악을 버리고 선을 수행한다는 표현이 있게 된 것이다.

물론 천태도 미오迷悟를 말한다. 지의가 말했듯이 "확연히 깨달으면 세간 출세간의 일체제법을 깨달아 알아 부처라 칭한다."[226] 지관쌍수止觀雙修로 미迷를 전환하여 깨달음을 얻을 것을 주장하나, 천태가 말하는 미迷는 무명無明이 본래 구족한 것으로, 이것은 화엄이 망을 따르고 미迷를 떨치는 것과는 구별되는 것이다. 무명이 본래 구족한 것은 물론 선을 수행하여 깨우쳐야 비로소 범부에서 성인으로 들어간다. 망을 따르고 미迷를 떨치고, 다만 망을 여의고 본원에 환원하기만 하면 자연히 성불하게 되므로 본래불인 것이다.

3. 중도불성中道佛性과 화엄경계華嚴境界

천태와 화엄의 불성사상 간의 주요한 차이점과 공통점을 논술한 후, 우리는 한 걸음 더 나아가 양종의 불성사상을 밝힌 근거로서 불성의佛性

---

226 『妙法蓮華經玄義』, 『대정장』 33, 766쪽. "朗然大悟, 覺知世間出世間一切諸法名之爲佛."

義를 가지고 비교할 수 있다.

전반적으로 천태종 전체의 불성학설과 중도中道를 불성으로 하는 주장은 직접적인 관계가 있다. 화엄종의 성기性起사상은 완전히 순수하고 물들지 않는 '여래장자성청정심如來藏自性淸淨心'에 출발점을 두고 있다. 중도를 불성으로 하여 표현하고자 하는 것은 유무有無를 떠나지 않고 공가空假를 보내지 않는 성이 염정染淨을 모두 갖춘 일념삼천一念三千의 제법의 실상이고, 청정심을 출발점으로 하는 성기性起는 원융무애한 청정경계를 추구한다.

구체적으로 말하면, 천태종 사람들이 보기에 일체의 불교학설은 모두 원교圓敎를 그 극치로 한다. 이승二乘과 통교通敎보살은 비록 공空을 보지만 불공不空을 보지 못하고, 불공을 보지 못하기에 불성을 보지 못한다고 그들은 말한다.

별교別敎보살은 공을 보며 또한 공에서 가假에 들어가지만, 그들은 가假로 인하여 중中에 들어갈 수 없다. 그리하여 또한 극치가 아니다. 원교圓敎보살은 이와 달리 공을 볼 뿐만 아니라, 공으로 인하여 가假에 들어가고 더욱더 공·가로 인하여 중에 들어갈 수 있는 즉공卽空·즉가卽假·즉중卽中이며, 이것은 곧 중도라는 것이다. "중도는 양변을 숨기고 조합하므로", "왕의 칭호를 얻는다."[227] 지의는 『마하지관摩訶止觀』에서 다음과 같이 말한다.

이승二乘 및 통교보살은 초관初觀이 있다. 이들은 정定은 많으나

---

227 앞의 책, 774쪽. "中道遮二邊而調直", "故得稱王."

혜慧가 적어서 불성을 보지 못한다. 별교보살은 제이관第二觀은
갖추었는데, 이들은 혜는 많으나 정이 적어서 불성을 보지 못한다.
두 관은 방편이 되고, 제삼관을 얻어야 불성을 본다.[228]

초관初觀이라 함은 공관空觀을 말하고, 이관二觀은 즉 가관假觀이며,
제삼관은 중도제일의제관中道第一義諦觀을 말하는 것이다. 즉 중도제
일제관만이 불성을 볼 수 있는 것이다.

중도라 함은 천태종의 학설에서 말하는 '묘유妙有', '여여如如', '여래
장如來藏', '실상實相' 등이다. 지의는 다음과 같이 설한다.

어떤 것이 실상인가? 보살이 일상一相에 들어가면 무량상無量相의
앎을 이른다. 무량상을 알면 또 일상에 들어서, …… 즉공卽空인
연고로 일상에 들고, 즉가卽假인 까닭으로 무량상임을 알고, 즉중卽
中이기 때문에 다시 일상에 들어간다. 이와 같이 보살은 지도대해智
度大海를 깊이 구하니, 일심이 곧 삼이며 이것이 참다운 실상체實相體
이다.[229]

이것만이 즉공·즉가·즉중의 중도이고, 비로소 참다운 진실의 실상

---

228 『摩訶止觀』권3上, 『대정장』46, 24쪽. "二乘及通教菩薩有初觀分, 此屬定多慧少
不見佛性: 別叫菩薩有第二觀分, 此屬慧多定少亦不見佛性. 二觀爲方便, 得入第
三觀則見佛性."

229 『妙法蓮華經玄義』권8上, 『대정장』33, 781쪽. "何等實相?謂菩薩入於一相, 知無
量相, 又入一相 …… 卽空故入一相, 卽假故知無量相, 卽中故更入一相. 如此菩薩
深求智慧大海, 一心卽三, 是眞實相體也."

체라는 의미이다. 이는 중도와 실상에 대한 지의의 독특한 견해이다. 하지만 실상이라는 단어는 불교경전에서 많은 의미를 담고 있다. 가장 기본적인 의미는 현대 철학적 용어로 말하면 일체제법의 본체이다. 제법의 본체를 말하는 것이기에 자연히 삼계육도三界六道 내지 삼천대천세계三千大千世界와 일체 염정제법染淨諸法은 어느 것도 그 범위에서 벗어날 수 없다. 이 또한 천태가 말하는 성구염정, 일념삼천이다.

물론 중도를 종지로 하는 것은 중국불교에서 천태뿐이 아니다. 길장이 창립한 삼론종 역시 중도를 불성으로 한다. 어떤 의미에서 삼론종에서 숭상하는 중도는 그 정도가 천태종보다 훨씬 더 깊다고 할 수 있다. 하지만 이 두 종파에서 말하는 중도의 의미는 다르다. 그들의 차이점에 대하여 우리는 앞에서 이미 서술한 바가 있다. 삼론종은 진공眞空 혹은 순무純無에 치우치고, 천태는 묘유妙有 혹은 순유純有를 중시한다. 이처럼 양종은 중도관의 사유방식에 있어서도 차이점을 가지고 있다.

삼론종의 '중'은 공유空有·진속眞俗에 대한 '중'이고, 천태의 '중'은 하나인 본체의 삼면관三面觀으로 "하나도 아니고 셋도 아니며, 하나이면서 셋(非一非三, 而一而三)'의 관계로서 '공' 가운데 '가'·'중'이 있고, '가' 가운데 '공'·'중'이 있으며, 또한 '중'은 '공'과 '가'를 포함하는 즉공·즉가·즉중이다. 그리하여 천태의 '중도'는 '삼제원융三諦圓融'의 '중'이다. 만약 양자의 '중도'에 형상적인 비유를 하자면, 삼론종의 '중'은 한 폭의 그림이 비어 있지도 그려져 있지도 않는 평면도이고, 천태종의 '중'은 한 폭 그림이 공가중空假中 삼제가 원융무애圓融無碍한 입체도立體圖라 할 수 있다.

천태가 실상에 기초하여 제법본구諸法本具, 원융무애圓融無碍를 말

하는 것과 달리, 화엄종은 자성청정에 그 출발점을 두어 제법의 상입상
즉相入相卽, 원융무애를 말하고 있다. 일체제법이 자성청정심(혹은 一眞
法界)으로 일어난 것이라고 한다면, 일체중생은 본래 모두 여래 지혜를
갖추고 있고, 일체중생은 모두 본래불인 것이다. 간단히 말해 화엄경계
華嚴境界이다.

화엄경계는 어떤 의미에서 하나의 직관으로 증득하지만, 분석하거
나 말로 표현할 수 없는 경계이다. 그 의미의 하나는 정체관整體觀이고,
다른 하나는 무애관無礙觀이다. 정체관이란 일체제법, 미진微塵과 같이
작은 데로부터 시방十方까지, 찰나刹那처럼 짧은 것에서 구세九世처럼
긴 것, 평범한 중생에서 제불과 성현에 이르기까지 모두 이 청정심의
완전한 체현이다. 미진은 작다 하여 빠지지 않고 시방은 크다 하여
증가하지 아니하니, 찰나·구세와 중생·제불도 또한 그러하다.

무애관이란 일체제법이 모두 원만하게 이 청정심의 전체를 포함한다
는 것이다. 그리하여 시방을 거두어 미진에 들어가고 일념 속에 구세가
들었으며, 제불이 곧 중생이고 중생은 본래불이며, 일체의 일체는
모두 서로 흡수하고 원통하여 원융무애한 것이다. 이러한 원융무애,
중중무진의 정경情景을 법장은 인드라망因陀羅網이라 묘사한다. 이러
한 인드라망에서 만약 일체제법 간의 상호관계만을 강조한다면 일부
변증법적인 부분도 보일 수 있다. 하지만 전반적으로 이것은 완전한
하나의 종교적인 유심론과 극단적인 상대주의이다. 변증법에서 말하
는 연계聯系란 구체적인 사물의 구체적 관계를 말하는 것이고, 구체적
인 사물간의 구체적 관계가 필연적으로 그 구체적인 규정성規定性과
규칙성을 갖게 된다. 반대로 법장이 말하는 원융무애의 인드라망은

단지 화엄종 조사들의 주관세계主觀世界에만 존재하고, 제석궁帝釋宮

에만 존재하게 되는 것이다. 결국 화엄경계는 완전한 하나의 종교적

경계라 할 수 있다.

제6장 즉심즉불卽心卽佛과 무정유성無情有性

중국 불성사상은 천태·화엄의 두 종파에 이르러 이미 중생과 부처를 일심에 귀결시키는 유심적인 경향이 나타났다. 이러한 경향은 당唐 이후로부터 더욱 강렬해진다. 혜능이 선종을 창립한 이후 '즉심즉불'을 종파의 강골(綱骨: 벼리와 골자)로 삼게 되는데, 이는 중국 불성학설의 유심론이 이미 극단에 이르렀음을 보여주고 있다. 그러나 사물의 발전이 극에 달하면 반드시 반전하듯이, 전기 선종의 즉심즉불 불성사상의 반동反動으로서 만당晩唐 이후의 후기 선종은 한층 더 심心의 질곡桎梏을 타파하며 그 정도가 나날이 심해졌다. 불성을 일체무정물無情物에까지 밀어붙인 것이다. "푸르고 푸른 대나무가 모두 법신이며, 활짝 핀 노란 꽃이 반야 아님이 없다(青青翠竹, 盡是法身, 郁郁黃花, 無非般若)"는 명제가 한때의 풍조로 되었다. 따라서 즉심즉불의 조사선祖師禪은 부처를 능가하고 조사를 초월(超佛越祖)하는 분등선分燈禪으로 일변하여, 방할棒喝과 기봉機鋒의 신비주의가 심心의 종교를 대체하게 되었다.

360

그리하여 육조의 '혁명革命'이 뿌린 씨앗은 마침내 스스로를 부정하는 결과를 초래하게 되었다.

제1절 즉심즉불과 선종 6조

선종은 스스로 '교외별전教外別傳'이라고 한다. 이른바 영산회상에서 석가가 꽃을 들어 보이자 가섭이 미소로써 답하였다는 것은 바로 법을 전하였다는 것이다. 그 후에는 이심전심以心傳心이 되어, 인도의 제28 조 보리달마가 중국에 와서 중국선종의 초조初祖가 되었다. 달마의 뒤를 이어 혜가慧可, 승찬僧璨, 도신道信, 홍인弘忍의 네 조사가 있으며, 제6대에는 혜능慧能에게 전해짐으로써 그는 선종의 제6조라고 칭해지고 있다.

실제로 혜능 이전에도 선법禪法과 선학禪學이 있었지만, 엄밀한 의미에서의 선종이란 없었다. 선종은 혜능이 최초로 창립한 것이다. 보리달마는 『오성론悟性論』에서 이미 "직지인심直指人心, 견성성불見性成佛, 교외별전教外別傳, 불립문자不立文字"에 대하여 언급하였으나, 심원心源을 바로 가리켜 견성성불한다는 이러한 사상을 진정으로 상세히 밝히고 선양시킨 사람은 혜능이다.

혜능은 중국 선학의 발전과정에 있어서 중요한 인물인 까닭에 불교사에는 '육조의 혁명'이라는 설이 있다. '육조의 혁명'이라는 설은 학자에 따라 의견과 이해가 각기 달라 지금 논하지 않지만, 혜능 이후 중국 선학에 근본적인 변화가 일어났음은 의심할 바 없는 사실이다.

혜능은 도대체 어떤 면에서 중국 선학사상으로 하여금 근본적인 변화가 일어나도록 했던 것일까? 요약하면 대체로 다음과 같은 세 가지가 있다. 첫째, 즉심즉불卽心卽佛의 불성설佛性說, 둘째, 돈오견성頓悟見性의 수행방법, 셋째, 세간을 떠나지 않는 자성자도自性自度의 해탈론이다. 둘째와 셋째의 사상에 대해서는 제7, 8장에서 중국 불교사상의 수행방법과 해탈이론을 결합시켜 역사적인 설명을 할 것이다. 본 장에서는 즉심즉불의 사상에 치중하여 분석 논술하면서, 중국불교사 가운데 심心이 없는 무정물無情物도 불성이 있다고 주장하는 사상과 함께 고찰하기로 하겠다. 따라서 어느 정도 대립되는 이 두 가지 사상이 어떤 내재적 관계를 가지고 있는지 탐구함으로써 만당晚唐 이후의 중국 불성사상의 발전 추세 및 모종의 법칙을 살펴보고자 한다.

1. 불성평등佛性平等과 심성본정心性本淨

혜능은 중국불교사에서 풍부한 전기傳奇적 색채를 띤 인물이다. 그의 일생동안의 종교적 실천은 처음부터 끝까지 명심견성을 학불學佛의 근본으로 삼았으며, 박학다식함과 경전을 설하고 참선하는 것을 입도入道의 수단으로 삼지 않았다. 그의 출가는 『금강경』을 읽는 소리를 듣고 마음에 깨달은 바가 있어 스승을 찾아 학불할 결심을 하면서부터 시작된다. 법을 얻음에 있어서도 심성은 항상 청정하다는 깊고 오묘한 뜻을 깨달은 몇 구절의 게송으로 인해 선종의 의발을 이어받게 되었다. 또한 그가 십여 년 간의 잠적 이후에 광주廣州 법성사法性寺에서 다시 법을 펴게 된 것도 "바람이 움직임도 깃발이 움직임도 아니라, 그대들의 마음이 움직인다."라는 한마디 말로 인해, 결국은 상당한 영향력을

362

가지고 있던 인종印宗 법사로 하여금 제자의 예를 드리게 하였다. 이러한 전설들은 완전히 믿을 만하다고는 할 수 없으나, 혜능의 불학사 상이 명심견성을 근본으로 삼고 있다는 것은 의심할 바 없는 사실이다.

그러나 혜능의 명심견성 사상은 어찌하여 오조 홍인으로부터 특별한 인가를 받고, 그에게 의발을 전수하도록 할 수 있었던 것일까? 그는 출신이 비천하고 지의智顗, 현장玄奘, 그리고 법장法藏과 같이 당시의 최고통치자로부터 직접적인 지지를 얻은 것도 아니었다. 어찌하여 천태, 유식, 화엄의 삼대 종파와 대항할 수 있는 불교종파를 창립할 수 있었고, 결국에는 이들을 압도하여 만당 이후 중국불교의 대명사가 되었던 것일까? 이는 중국불교를 연구함에 있어서 반드시 찾아야 할 근본적인 문제 중의 하나이다. 이러한 문제들을 해결하기 위해서는, 먼저 혜능의 사상을 분명히 밝혀내야 한다.

혜능의 사상은 그가 처음으로 홍인 법사를 친견할 때 답한 말 가운데 서 이미 나타나 있다. 그는 광동廣東의 신회新會에서 먼 길을 마다하지 않고 호북湖北 황매黃梅로 찾아가 홍인 법사를 친견하였다. 그러자 홍인이 다음과 같이 물었다.

너는 어느 곳 사람인데 이 산에까지 와서 나를 예배하며, 지금 나에게서 새삼스레 구하는 것이 무엇이냐?[1]

1 (唐)惠能,『南宗頓教最上大乘摩訶般若波羅蜜經六祖惠能大師於韶州大梵寺施法壇經』는 간략히 敦煌本『壇經』이라 한다.『대정장』48, 337쪽. 이하의 인용문은 『壇經』에서 나오므로 다시 출처를 밝히지 않겠다. "汝何方人? 來此山禮拜吾, 汝今向吾邊復求何物?"

혜능이 답하였다.

제자는 영남 사람으로 신주의 백성입니다. 지금 짐짓 멀리서 와서 큰스님을 예배하는 것은 다른 것을 구함이 아니옵고 오직 부처가 되는 법을 구할 뿐입니다.[2]

홍인이 혜능을 꾸짖으며 다시 말하였다.

너는 영남 사람이요 또한 오랑캐이니, 어떻게 부처가 될 수 있단 말이냐?[3]

혜능이 답하였다.

사람에게는 남북이 있으나 불성은 남북이 없습니다. 오랑캐의 몸은 스님과 같지 않사오나, 불성에는 무슨 차별이 있습니까?[4]

질문도 명쾌하고 대답 또한 명백하다. 사람에게는 남북과 귀천의 차이가 있으나, 불성은 본래 남북과 귀천이 없으며 모두가 평등하다는 것이다. 지금 출가하려는 사람이 단도직입적이고 불성 문제에 대해 이토록 범상치 않은 말투로 답하게 되면, 자연히 홍인의 눈에 들게

---

2 "弟子是嶺南人, 新州百姓. 今故原來禮拜和尙, 不求余物, 惟求作佛."

3 "汝是嶺南人, 又是獦獠, 若爲堪作佛?"

4 "人卽有南北, 佛性卽無南北. 獦獠身與和尙不同, 佛性有何差別?"

마련이다. 전하는 말에 의하면, 홍인은 그때 불법에 대해서 그와 더 이야기하고 싶었으나 좌우에 사람들이 많아 더 말하지 않고, 그를 방앗간으로 보내어 방아 찧는 일을 맡아보게 하였다고 한다.

혜능의 홍인과의 대화에서 드러난 불성평등의 사상은 도대체 일시적인 사상인가? 아니면 일관된 기본 사상인가? 이 문제는『단경』에 명확한 답이 나와 있다. 다음의 예가 대표적인 말로서, 이로부터 혜능의 불성평등사상을 일부분이나마 엿볼 수 있다. 혜능은 다음과 같이 설한다.

비유하건대, 빗물이 하늘에 있는 것이 아니라 용이 구름을 충분히 일으켜서 비를 내리는 것과 같다. 그래서 모든 중생, 모든 초목, 모든 유정有情과 무정無情을 모두 촉촉하게 적시는 것이다. 모든 하천이 바다로 들어가 하나로 합쳐지는 것처럼 중생의 본성 가운데 있는 반야지혜도 이러한 것이다.[5]

이 말은 두 가지 의미를 지닌다. 첫째, 모든 중생에 있어서 불성은 마치 만물에 있어서의 빗물과 같이 항상 골고루 적셔주어 어느 하나도 빠짐이 없다. 둘째, 하나도 빠짐이 없기 때문에 모두가 다 평등하다. 여기에서 혜능은 실유悉有로 평등을 설하고 있으니, 이른바 중생은 모두 다 불성을 지녔으므로 불성은 평등하다는 것이다.

중생실유불성衆生悉有佛性의 사상은 혜능이 처한 불교계에 있어서

---

5 "譬如雨水, 不從無有, 原是龍能興致, 令一切衆生, 一切草木, 有情無情, 悉皆蒙潤, 百川衆流, 卻入大海, 合爲一體, 衆生般若之智, 亦複如是."

결코 새로운 견해는 아니다. 중국 불교사상가들은 축도생竺道生 이후로 다수가 이러한 견해를 가졌으며, 실유로 평등을 설함도 단순히 원뜻에서 파생시킨 것으로서, 결코 세상을 깜짝 놀라게 하는 견해는 아니었다. 혜능의 불성사상의 특징은 사실상 실유를 주장하고 평등을 제창함에 있는 것이 아니라, 실유와 평등을 어떻게 해석하였는가에 있다. 이 문제에 대하여 혜능은 다음과 같이 말한다.

사람의 성性은 본래 청정하다.[6]

세상 사람들의 성이 본래 청정하여 만법萬法이 다 자성自性 가운데 있다.[7]

보리반야의 지혜는 세상 사람들이 본래 스스로 지니고 있다.[8]

세상 사람들의 성이 청정함은 마치 깨끗한 하늘과 같으며, 혜慧는 해와 같고 지智는 달과 같다.[9]

이러한 말들을 중국 불교사상사의 입장에서 고찰한다면 첫째, 혜능은 실유悉有를 주장하고 있을 뿐만 아니라 또한 본유本有의 유파流派에

---

6 "人性本淨."
7 "世人性本淸淨, 萬法在自性."
8 "菩提般若之智, 世人本自有之."
9 "世人性淨, 猶如淸天, 慧如日, 智如月."

속하며, 둘째, 본유의 반야지혜로 불성이 본유함을 설하는 것은 진송晉宋 시대 이후의 중국 불교사상가들 다수가 이렇게 설했다. 인도의 여러 경전에서도 이미 "심성은 본래 청정하나, 객진번뇌客塵煩惱에 오염되어 있다."라고 누차 언급하였으므로, 이는 실로 혜능의 개발이 아님을 알 수 있다. 혜능사상의 독특한 점은 바로 인성人性, 자성自性, 심성心性에 대한 그의 구체적인 논설에 있다.

그렇다면 혜능은 어떻게 인성, 자성, 심성을 논술했던 것일까? 『단경』에서 이렇게 설하고 있다.

본성이 곧 부처요, 본성을 떠나 따로 부처가 없다.[10]

부처는 곧 자성이니 몸 밖에서 구하지 말라.[11]

스스로 부처님께 귀의하고 다른 부처님께 귀의한다 말하지 않았느니라. 자성으로 돌아가지 않으면 의지할 곳이 없다.[12]

자성이 능히 만법을 머금고 있는 것, 이것이 큰 것이니 만법은 모든 인성 가운데 있다.[13]

---

10 "本性是佛, 離性無別佛."
11 "佛是自性, 莫向身外求."
12 "自歸依佛, 不言歸依他佛. 自性不歸, 無所依處."
13 "自性能含萬法是大, 萬法在諸人性中."

여기에서 혜능은 자성과 부처를 동일시하여 자성을 떠나 또 다른 부처가 없으며, 이른바 부처에게 귀의함은 자성에게 귀의하는 것으로서, 자성을 떠나 귀의할 곳이 없다고 여겼다. 또한 자성에 대하여 인성으로 설하였다. 다시 말하면 자성은 바로 인성 가운데 있어 중생의 몸을 떠나 다른 부처를 찾으면 안 된다는 것이다. 후학들은 이를 한층 더 발전시켰는데, 신회神會는 소주장사蘇州長史인 당법통唐法通의 질문에 답할 때, 금과 그릇의 관계로 불성과 중생은 다름이 없음을 설했고,[14] 정각淨覺은 『능가사자기』에서 얼음과 물로 중생과 부처를 해석하였다.

진여묘체眞如妙體는 생사를 떠나지 않는다. 성도聖道는 현묘하지만 색신色身의 안에 있다. 색신은 청정하며 번뇌 가운데 붙어있다. 생사의 성性은 진眞으로 열반 가운데 머문다. 고로 중생과 불성은 본래 하나임을 알아야 한다. 물이 얼음이 되었으나 체體가 어찌 다르랴. 얼음은 자기 내재적 성질의 장애로 말미암음이니, 중생의 계박과 같다. 수성水性의 영통함은 불성이 원만청정함과 같다.[15]

『황벽단제선사완릉록黃蘗斷際禪師宛陵錄』에서 희운希運은 산골짜기에서 소리를 찾는 것으로서 자신을 떠나 몸 밖에서 부처를 찾음을

---

14 『南陽和尙問答雜徵義』石井本, 楊曾文 편집 및 교정, 『神會禪師禪話錄』, 中華書局, 1996, 87쪽.

15 (唐)淨覺, 『楞伽師資記』, 『대정장』 85, 1283쪽. "眞如妙體, 不離生死之中: 聖道玄微, 還在色身之內. 色身淸淨, 寄住煩惱之間: 生死性眞, 權住涅槃之處. 故知衆生與佛性, 本來共同. 以水況冰, 體何有異. 冰由質礙, 喩衆生之繫縛: 水性靈通, 等佛性之圓淨."

비유하였다. 그는 이렇게 말한다. 부처를 찾을 생각이 있다면 곧 잘못이다. 이는 마치 어리석은 사람이 산 위에서 한 번 소리를 질러 메아리가 울리면 곧장 산 아래로 달려가지만 끝내는 아무것도 찾지 못하고, 거기서 또 한 번 소리를 질러 산 위에서 메아리가 울리면 다시 산 위로 달려가는 것과 같다. 이렇게 천생만겁千生萬劫을 찾아도 결국은 소리를 찾지 못한다. 자신을 떠나 따로 부처를 찾는 사람도 이와 마찬가지로 "단지 소리를 찾고 메아리를 좇는 사람일 뿐으로서 허망하게 생사에 유랑하는 자이다."[16] 이는 조사의 의취意趣와는 거리가 너무도 멀다. 조사의 의취란 다음과 같다.

만약 중생을 알면 곧 불성을 볼 수 있다. 만약 중생을 알지 못하면 만겁萬劫 동안 부처를 찾더라도 만나기 어렵다. 내가 지금 너희에게 어떻게 자심自心의 중생을 알고, 자심의 불성을 볼 것인가를 가르치겠다. 내가 너희들에게 설하노니, 후대의 사람이 만약 부처를 보고자 한다면 중생만 알 것이다. …… 자성을 깨달으면 중생이 부처이다. 자성을 깨닫지 못하면 부처가 중생이다. 자성은 평등하면 중생이 곧 부처이다.[17]

이 단락에서 보면, 혜능은 이미 단순히 자성으로 부처를 설하지

16 (宋)賾藏, 『古尊宿語錄』 권3, 『속장경』 68, 20쪽. "只是尋聲逐響人, 虛生浪死漢."
17 "若識衆生, 卽見佛性: 若不識衆生, 萬劫覓佛難逢. 吾今敎汝, 識自心衆生, 見自心佛性. 吾與汝說, 後代之人, 欲求見佛, 但識衆生 …… 自性若悟, 衆生是佛: 自性若迷, 佛是衆生: 自性平等, 衆生是佛."

않고 있으며, 또한 자심이 불성이고, 미혹迷惑하면 범부이고 깨달으면
성현이라는 설이 더해져있음을 엿볼 수 있다. 이는 하나의 중요한
전환으로서 이때부터 혜능은 심원을 직접 가리켜 중생과 부처를 일심一
心에 귀결시켰다.

『황벽단제선사완릉록』에는 혜능의 불성사상에 대한 희운의 수많은
평술과 해석이 실려 있다. 그는 다음과 같이 말한다.

조사는 직설로 일체중생의 본심·본체가 본래불이라고 지적한다.
수행을 가자假藉하거나 점차에 있지 않고 명암明暗에도 있지 않다.[18]

즉심즉불은 위로는 제불에 이르고, 아래로는 꿈틀거리는 작은 미물
에까지 다 불성이 있는 동일한 심체心體이다. 그러므로 달마가 서천
西天으로부터 와서 오직 일심법一心法을 전하고, 바로 일체중생이
본래 부처로서 수행이 필요치 않다고 가르쳤다. 다만 지금 자심을
알고 자신의 본성을 보면 되는 것이니, 달리 다른 것을 구하지
말라.[19]

희운의 견해에 의하면, 혜능은 중생의 본심과 본체가 본래 부처임을
직접 가르쳤다는 것인데 희운의 이러한 견해는 실은 『단경』으로부터

---

18 (唐)裴休, 『黃檗斷際禪師宛陵錄』, 『대정장』 48, 385쪽. "祖師直指一切衆生本心本
   體本來是佛, 不假修成, 不屬漸次, 不是明暗."
19 앞의 책, 386쪽. "卽心卽佛, 上至諸佛, 下至蠢動含靈, 皆有佛性, 同一心體. 所以達
   摩從西天來, 惟傳一心法, 直指一切衆生本來是佛, 不假修行, 但如今識取自心,
   見自本性更莫別求."

370

나온 것이다. 『단경』에서 혜능은 늘 마음으로 부처를 설하였고, 즉심즉불을 제창하였던 것이다. 예를 들면 그는 다음과 같이 말한다.

나의 설법을 너희들은 들어라, 자심自心이 곧 부처이니 다시 의심하지 말라. 밖으로는 한 물건도 세울 수 없고, 본심에서 만 가지 법이 다 생긴다. 고로 경전에 이르기를 "마음이 생기면 갖가지 법이 생기고, 마음이 멸하면 갖가지 법이 멸한다."라고 하였다.[20]

나의 마음에 스스로 부처가 있다. 자기에게 만약 불심佛心이 없다면 어디에서 진불眞佛을 구하겠는가?[21]

보리를 다만 마음에서 찾아야지 어찌 바깥에서 찾으려 하는가? 이것을 의지하여 수행하면 서방이 다만 눈앞이다.[22]

불지견佛知見은 다만 너의 자심이지, 다시 달리 부처가 없다.[23]

앞에서 성性으로 부처를 설하면서 성이 곧 부처이고, 성을 떠나 다른 부처가 없다는 혜능의 말을 많이 인용했는데, 여기에서 혜능은 또 마음(心)이 곧 부처이고 마음을 떠나 부처가 따로 없음을 거듭

20 "聽吾說法, 汝等諸人, 自心是佛, 更莫狐疑. 外無一物而能建立, 皆是本心生萬種法. 故經云: 心生種種法生, 心滅種種法滅."
21 "我心自有佛, 自若無心佛, 何處求眞佛."
22 "菩提只向心覓, 何勞向外求玄? 聽說依此修行, 西方只在眼前."
23 "佛知見者, 只汝自心, 更無別佛."

강조하고 있다. 그렇다면 도대체 어느 설이 정확한 것일까? 혹은 마음과 성은 도대체 어떠한 관계일까? 이 문제에 대해서는 혜능 스스로가 대답하도록 하자. 『단경』에서 다음과 같이 말한다.

심心은 곧 땅이요 성性은 곧 왕王이다. 왕은 심지心地 위에서 거주하니 성이 있으면 왕이 있고, 성이 없으면 왕은 없느니라. 성이 있기에 몸과 심이 있고 성이 없으면 몸과 심이 무너진다. 부처는 자기의 성이 지은 것이니 몸 밖에서 구하지 말라. 자성에 미혹하면 부처가 곧 중생이요. 자성을 깨달으면 중생이 곧 부처니라.[24]

그러므로 알라, 모든 만법이 다 자신 가운데 있느니라. 그럼에도 어찌 자심自心을 좇아서 진여본성眞如本性을 단박에 나타내지 못하는가?[25]

"심은 땅이고 성은 왕이다."라는 설에 따르면, 심은 토대이고 성은 심 위에 머물고 있다. 그러나 "성이 있기에 몸과 심이 있고, 성이 없으면 몸과 심이 무너진다."라는 설에 따르면, 성은 또한 몸과 심의 근거로 되어버린다. 이처럼 혜능의 사상 가운데 심과 성은 일정한 범위에서 결코 엄격한 구별이 없으며, 서로 의존하고 서로 안팎이며, 심이 성이고 성이 곧 심인 것이다. 그리고 이른바 일정한 범위라는

---

24 "心是地, 性是王, 王居心地上, 性在王在, 性去王無, 性在身心存, 性去身心壞. 佛向性中作, 莫向身外求. 自性迷卽是衆生, 自性覺卽是佛."

25 "故知一切萬法, 盡在自身之中, 何不以於自心頓現眞如本性."

것은 곧 유정의 중생계를 가리킨다. 준동함령蠢動含靈에게 있어서 이른 바 자성이란 자심自心에 기탁하고 심지心地에 거처하고 있는 것으로서, 중생의 심 또한 자성의 체현體現이며, 자성을 떠나면 중생의 몸과 마음도 없게 된다. 그러므로 일체제법으로 말하자면 성은 만물의 근원인 것이다. 생불(生佛: 중생과 불)의 범위 내에서 말하자면, 심은 제불의 근본이다. 중생계에서 심과 성은 하나이자 둘이며, 둘이며 하나인 것이다. 만법의 본원으로서의 진여본성은 중생계에게 있어서 곧 중생의 자심自心이며 심을 떠나 또 다른 부처는 없기 때문에 즉심즉불이라 한다. 이로부터 즉심즉불은 중생과 부처(生佛) 관계에서 자성이 부처임을 구체적으로 서술한 것임을 엿볼 수 있다.

만약 혜능이 중생과 부처를 일심에 귀결시킨 사상을 불성사상사에서 보면, 결코 앞사람이 말한 적 없었던 것이 아니다. 실제로 중국 불성사상은 수당 이후로부터 천태·화엄 두 종파의 불성사상에 이미 두드러지게 나타나 있고, 이들은 제각기 다른 입장에서 "마음과 부처와 중생, 이 삼자는 서로 차별이 없음"[26]을 거듭 논증하였다. 그렇다면 혜능이 말하는 즉심즉불과 천태·화엄 두 종파가 선양시킨 "마음과 부처와 중생, 이 삼자는 서로 차별이 없다."와는 도대체 어떤 구별이 있는 것일까? 이 문제에 해답하기 위해서는 우선 혜능이 말하는 심心의 구체적인 함의를 명확히 해야 한다.

앞장에서 이미 지적한 바와 같이, 천태·화엄의 두 종宗은 모두 생불生佛을 일심에 귀결시켰으나, 양자가 말하는 함의는 결코 서로 동일하지

---

26 『大方廣佛華嚴經』, 『대정장』 9, 465쪽. "心佛及衆生, 是三無差別.'

않다. 만약 천태가 말하는 심이 실상에 비교적 가깝다고 한다면, 화엄종이 말하는 심은 '여래장자성청정심如來藏自性淸淨心' 혹은 '일진법계―眞法界'를 가리키는 것이다. 이 사실은 아주 명확하다. 만약 혜능이 말하는 심도 완전히 '진심眞心', '청정심'을 가리키는 것이라면, 선종의 즉심즉불의 사상도 실제로는 화엄의 견해를 답습하고 있는 것이다. 다만 많이 농축시켰을 뿐, 어떠한 특색을 지니고 있다고는 말할 수 없으며 더욱이 '육조의 혁명'이라고 말할 수도 없다. 물론 이는 혜능이 말하는 심 가운데 결코 진심, 청정심이 티끌만큼도 포함되어 있지 않다는 것은 아니다. 혜능이 말하는 심은 대승불교에서 말하는 '여래장자성청정심'의 영향을 깊이 받고 있을 뿐만 아니라, 인도 부파불교의 '심성본정心性本淨'설과도 유사하고 상통하는 부분이 있음은 의심할 바 없다.

예를 들면, 『단경』에서 혜능은 "하늘은 항상 맑고 해와 달은 항상 밝으나, 다만 구름이 덮이면 위는 밝고 아래는 어두우니, 지혜의 바람이 불어 구름과 안개를 다 걷어버리면 삼라만상이 일시에 모두 나타난다."[27]라고 하여 '중생의 심성이 본래 청정함'을 설명하였다. 이는 구리 그릇이 본래 깨끗하나 먼지와 때가 묻어 깨끗하지 않기 때문에 먼지와 때를 제거하면 깨끗한 그릇이 현현한다는 등 심성의 본래청정함을 설명한 분별론자分別論者 및 일심상속론자―心相續論者의 사상과 비슷하고, 설명방식에도 유사한 점이 있다. 『아비달마대비바사론阿毗達摩大毗婆沙論』에는 다음과 같은 두 구절이 실려 있다.

---

27 "天常淸, 日月常明, 爲浮云蓋覆, 上明下暗, 忽遇風吹云散, 上下俱明, 萬象皆現."

어떤 이는 심성본정心性本淨이라고 여기는데, 예를 들면 분별론자分別論者들이다. 저들은 심성은 본래 청정한데 객진번뇌에 오염되어 바로 상相이 청정하지 않다고 한다. …… 저들이 설한 염오심染汚心과 불염오심不染汚心은 그 체體가 다르지 않다. 만약 상응하는 번뇌가 끊어지지 않으면 염오심이라 하고, 만약 상응하는 번뇌가 이미 끊어졌다면 불염오심이 된다. 마치 구리그릇 등에 때를 제거하지 않았다면 유구기有垢器라 하고, 때를 이미 제거하였다면 무구기無垢器라 하는데, 마음도 또한 이와 같다.[28]

어떤 이는 단지 일심이라고 하는데, 예를 들면 일심상속론자一心相續論者들은 이렇게 말한다. 유수면심有隨眠心과 무수면심無隨眠心은 그 성성性이 서로 다르지 않다. 성도聖道가 현전함이 번뇌와는 서로 위배되지만 심성心性과는 위배되는 것이 아니니, 이는 번뇌와 대치하기 위함이지 심心과 대치하려는 것이 아니다. 옷을 씻고 거울을 닦고 금을 제련하는 등은 같은 일이다.[29]

분별론자와 일심상속론자는 모두 그의 의리義理로 분석하고 논증하

28 『阿毗達摩大毗婆沙論』권27. 『대정장』27, 140쪽. "有執心性本淨, 如分別論者. 彼說心性本淨, 客塵煩惱所染汚故, 相不清淨, …… 彼說汚染不染汚心, 其體無異. 謂若相應煩惱未斷, 名汚染心, 若時相應煩惱已斷, 名不染心. 如銅器等未除垢時, 名有垢器等, 若除垢已, 名無垢器, 心亦如是."

29 앞의 책, 110쪽. "有執但有一心, 如說一心相續論者, 彼作是說, 有隨眠心, 無隨眠心, 其性不異, 聖道現在, 與煩惱相違, 不違心性, 爲對治煩惱, 非對治心. 如洗衣·磨鏡·煉金等物."

지 않고, 비유로써 심성이 본래 청정함을 설명하였다. 혜능의 '하늘은 항상 맑음(天常淸)'이라는 일설도 이러한 특징을 지니고 있다. 그러나 전반적으로 보면, 혜능이 말하는 '심성본정心性本淨'은 부파불교에서 말하는 '심성본정'의 함의와는 서로 다른 것이다.

분별론자와 일심상속론자가 말하는 본래 청정한 심성과 객진번뇌는 자체와 외삭外鑠, 본성과 객성客性의 구분이 있으며, 번뇌란 외래적이고 부속적인 것으로서 진애塵埃와 번뇌를 제거하기만 하면 본성은 청정한 모습으로 돌아온다고 보았다.

그러나 혜능의 심성본정설은 이와 다르다. 본래 청정한 심성과 번뇌진구煩惱塵垢의 관계를 대함에 있어서, 주와 객의 구분을 주장하는 것이 아니라 양자를 더욱 일원화시키는 추세이다. 다시 말해 객진번뇌란 심성 밖에 독립하여 존재하는 물체가 아니라 미혹과 망념으로 인한 것으로서, 상을 여의고 무념無念하기만 하면 자성이 본래 청정하다는 것이었다. 혜능의 심성본정설과 분별론자의 심성본정설의 사상의 차이점에 관한 증거로 혜능의 득법게得法偈를 들 수 있다.

주지하다시피 혜능의 득법게는 티끌을 털어내고 거울을 닦는 것, 즉 불진마경拂塵磨鏡설을 주장하지 않고 오히려 불진마경설을 반대하는 사상을 지표로 삼고 있다. 비록 이 게송은 여러 판본이 있어 견해가 일치하지 않으나, 주요한 견해는 두 가지이다. 하나는 "보리는 본래 나무가 없고, 거울 또한 본래 받침대 없네. 불성은 항상 청정하거니, 어디에 티끌과 먼지가 끼겠는가?(菩提本無樹, 明鏡亦無臺. 佛性常淸靜, 何處有塵埃)"라는 것이고, 다른 하나는 "보리는 본래 나무가 없고, 밝은 거울 또한 본래 받침대 없네. 본래 한 물건도 없는데, 어디에 먼지가 끼겠는가?(菩提本無樹, 明鏡亦非臺, 本來無一物, 何處惹塵埃)"라는 것이다. "불성은 항상 청정하니, 어디에 먼지가 끼겠는가?"라는 것이든, "본래 한 물건도 없는데 어디에 먼지가 끼겠는가?"라는 것이든 혜능은 불성과 진공眞空 이외에 진애塵埃가 따로 존재하지 않음을 명확하게 주장하고 있다. 이로부터 알 수 있듯이, 혜능의 심성본정心性本淨설은 인도 부파불교의 심성본정설과 근본적으로 다른 것이다.

실제로 혜능의 심성본정설이 인도 부파불교의 '심성본정'의 견해와 유사하다고 하기 보다는 대승불교의 '여래장자성청정심'에 더욱 가깝다고 함이 더 나을 것이다. 여래장 학설의 특징은 바로 중생의 번뇌의 덮임(覆藏) 가운데 본성청정한 여래가 있다는 것이다.『승만경』등의 경전에서는 여래장을 마음의 본질과 연결시켜 "자성은 청정하나 마음이 오염되어 있는 것"이며 더 나아가 '공여래장空如來藏'의 뜻으로, 공의 지혜로 번뇌를 끊어버림으로써 '자성청정심'이 나타남을 제창하고 있다.『단경』에서 말하는 "상相을 여의기만 하면 자성의 본체는 청정한 것이다."[30], "사람의 체성體性은 생각마다 머무르지 않고, ……모든 법 위에 생각 생각이 머무르지 아니하면 곧 속박이 없는 것이다. 그러므로 무주無住로 본本을 삼는다."[31] 그리고 "만법을 다 통달하고 만행을 갖추어 일체에 물듦이 없으되 모든 법상을 떠나 얻는 바가 없는 것이 최상승最上乘이다."[32] 등은 사고방식에 있어서『금강경』의 '성공性空'사상에 가까우며, 불성사상에 있어서는『승만경』등의 경전

---

30 "但能離相, 性體淸淨."

31 "爲人體性念念不住, …… 於一切法上念念不住, 卽無縛也, 以無住爲本."

32 "萬法盡通, 萬行具備, 一切不染, 離諸法相一無所得, 名最上乘."

에서 설한 '공여래장'의 뜻과 동일한 의미를 지니고 있다.

『승만경』 등의 경전에서는 또한 '공여래장' 위에서 더 나아가 '불공여래장不空如來藏'을 세웠다. 이른바 '불공여래장'이란 바로 여래장으로서 성불할 수 있고, 부처의 공덕을 갖추고 있는 까닭으로 공하지 않다는 것이다. 심성설과 연결시킨다면 바로 자성청정심의 체는 공이 아니라는 것이다. 이러한 자성청정심의 체가 공이 아니라는 사상은 여래장 불성학설로 하여금 심성心性과 서로 결합하는 길로 들어서도록 하였다. 또한 불성사상도 이때부터 점차적으로 유심적인 경향이 나타난다. 이러한 경향의 집대성을 이룬 것은, 불교경론으로 말하자면 마땅히 『대승기신론』을 첫째로 꼽아야 한다.

『대승기신론』은 '일심이문一心二門'을 근간으로 삼아 일체제법을 일심에 귀결시켰고, 진여眞如·생멸生滅의 이문二門 및 불변不變·수연隨緣의 이의二義로 본체本體와 현상現象, 청정자성과 오염된 제법의 상호관계를 해석하였다. 이론적으로 심心·불佛과 중생의 상호관계를 가장 체계적으로 천명함으로써 중국 불성사상(특히 천태, 화엄과 선종)이 의거하는 가장 중요한 경론의 하나로 되었다. 그러므로 혜능이 말하는 심의 함의를 연구하고자 한다면 부파불교까지 멀리 거슬러 올라갈 수도 있겠지만, 무엇보다도 직접적인 영향을 받고 있다고 할 수 있는 『대승기신론』을 자세히 살펴볼 필요가 있다.

『기신론』에서 설한 심은 원칙적으로 말하자면 진여·생멸의 이문을 포섭하고 있다. 그러나 구체적인 논술과정에서는 오히려 때로는 여래장 자성청정심, 진심眞心을 가리키며, 때로는 눈앞의 구체적, 현실적인 심을 가리키기도 한다.

『기신론』의 이러한 일심이면서 이임二任인 경향은 중국 불성사상에
서 말하는 심心으로 하여금 애매모호한 성격을 많이 띠게 하였다.
천태·화엄·선종도 역시 마찬가지이다. 물론 각 종파의 종지나 논증방
식이 동일하지 않으므로 심에 대한 각 종파의 해석과 파악도 서로
같지는 않다. 화엄·선종을 예로 들면, 화엄종에서 설한 심이란 구체적
인 마음의 성분이 없지 않으나, 총체적으로 말하자면 주로 여래장자성
청정심을 가리키고 있다. 이 점에 대해서는 앞 장에서 이미 충분히
설명한 바이다. 반면에 혜능이 말하는 심에도 역시 여래장자성청정심
의 뜻이 내포되어 있기는 하나, 주로 목전의 현실적인 인간의 심을
가리키고 있다. 이에 대해서는『단경』의 수많은 논술을 통해 증명할
수 있다. 예를 들면 혜능은 다음과 같이 말하고 있다.

경전의 말씀 가운데 오직 스스로의 부처님께 귀의한다고 하였고,
다른 부처에게 귀의한다고 말하지 않았으니, 자성自性에 귀의하지
아니하면 의지할 바가 없다. 지금 이미 스스로 깨달아 제각기 자심自
心의 삼보三寶에게 귀의해야 한다. 안으로는 심성心性을 다스리고
밖으로는 다른 사람을 공경하는 것이 자귀의自歸依하는 것이다.[33]

다만 심지心地가 깨끗하면 서방이 여기서 멀지 않고, 마음에 깨끗하
지 아니한 생각이 일어나면 염불하여 왕생하고자 하여도 이르기
어렵다.[34]

---

33 "經文明言自歸依佛, 不言歸依他佛. 自性不歸, 無所依處. 今旣自悟, 各須歸依自心
三寶. 內調心性, 外敬他人, 是自歸依也."

너희는 지금 마땅히 믿어라! 불지견佛知見은 단지 너의 자심이지 달리 부처가 없다. …… 내가 또한 모든 사람에게 권하니, 자심 가운데 항상 불지견을 열라.[35]

너는 자기의 본심만 보고 바깥 법의 상相에 집착하지 말라. 법에는 사승四乘의 차별이 없다. 사람의 마음이 스스로 네 가지로 나누어 법에 차등이 있을 뿐이다.[36]

스스로 귀의한다 함은 자성 가운데의 착하지 않은 마음, 질투하는 마음, 속이는 헛된 마음, 나라는 마음, 교만한 마음, 다른 사람을 경멸하는 마음, 다른 사람을 얕보는 마음, 삿된 견해를 가진 마음, 제 잘났다는 마음을 없애고, 나아가 모든 삶 속에서 착하지 않은 행동을 하지 않고, 늘 자기의 허물을 보고 다른 사람의 좋고 나쁜 점을 말하지 않는 것이 스스로 귀의하는 것이며, 늘 모름지기 마음을 낮추어서 널리 다른 사람들을 공경하면 곧 성품을 보고 통달하여 다시는 막히거나 걸림이 없나니, 이것이 스스로 자신의 성품에 귀의하는 것이다.[37]

---

34 "心地但無不善, 西方去此不遙: 若懷不善之心, 念佛往生難到."

35 "汝今當信, 佛知見者, 只汝自心, 更無別佛 …… 吾亦勸一切人, 於自心中常開佛之知見."

36 "汝觀自本心, 莫被外法相, 法無四乘, 人心自有等差."

37 "自歸依者, 除卻自性中不善心, 嫉妒心, 諂曲心, 吾我心, 狂妄心, 輕人心, 慢他心, 邪見心, 貢高心, 及一切時中不善之行, 常自見己過, 不說他人好惡, 是自歸依. 常須下心, 普行恭敬, 卽是見性通達, 更無滯礙, 是自歸依."

여기서 말하고 있는 심心, 인심人心과 자심自心은 실제 '여래장자성청
정심'으로 이해하기 어려우며, 이들은 대부분 목전의 현실적인 인간의
마음을 가리키고 있는 것이다.

환상의 우주를 노닐던 '청정심'을 바로 목전의 현실적인 인간의 심으
로 변화시킴은 이론에서 보면 다소 간단하고 거칠지 모르나, 이는
중생 자심이 본래 부처임을 직접 지적하여 중생과 부처의 거리를 축소시
켰다. 재가와 출가, 세간과 출세간, 생사와 열반 사이의 한계를 타파하
였으며, 세속화된 종교를 지표로 삼은 선종은 마침내 불교를 위한
더욱 커다란 지반地盤을 얻어냈고, 더욱 많은 신도들을 사로잡게 되었
다. 이것이 바로 혜능의 즉심즉불 사상이 중국불교에서 가지고 있는
의의라 할 수 있다.

2. 명심견성明心見性과 이상무념離相無念

혜능은 중생과 부처, 더 나아가 일체제법을 모두 자심에 귀결시켰으므
로, 그의 전반적인 불교이론은 이 심心을 둘러싸고 논리적으로 전개된
다. 기타의 종교 실천에 있어서도 역시 이 심에 대해서만 진력하게
되었다. 여기서는 혜능이 자심을 토대로 하여 세운 일련의 불성이론을
살펴보고자 한다.

혜능은 인성본정人性本淨, 불성평등, 자심이 부처임(自心是佛), 심을
떠나 다른 부처가 없음을 제창하였다. 그러나 그가 출가하려고 할
무렵, 자신이 영남의 오랑캐이므로 부처가 될 수 없다고 홍인에게
질책 받았듯이, 현실세계에서는 모든 법이 삼라만상이고, 중생은 천차

만별하여 지혜와 우매愚昧의 차이가 크고, 범성凡聖이 일치하지 않기 때문에, 이로 인해 혜능의 불교이론에 대하여 다음과 같은 질문들을 제기할 수 있다. 즉 중생의 심성은 본래 청정한 것이고, 불성은 중생에게 있어서 모두 평등한 것인데, 어찌하여 현실세계에는 지우범성智愚凡聖 등의 여러 가지 차별이 있는 것인가? 중생 자심이 본래불이고, 마음을 떠나 다른 부처가 없는데, 어째서 현실세계에서는 결코 누구나 성불할 수 없는 것인가? 이른바 자심작불自心作佛, 즉심즉불의 참된 함의는 도대체 무엇인가? 중생이 본래 불성을 구족함에서부터 성불에 이르기까지에는 도대체 어떤 조건을 갖추어야 하고 어떤 방법을 써야 하는가? 어떻게 수행해야 하는가? 등이다. 전반적인 혜능의 불성사상은 모두 다른 각도에서 이러한 질문에 답하고 있다고 할 수 있다.

혜능은 학불學佛에 있어서 명심견성明心見性보다 더 중요한 것은 없다고 보았다. 『단경』에서 말하기를 "본심을 모르면 법을 배워도 이익이 없으니, 마음을 알아 자성을 보아야만 곧 큰 뜻을 깨닫는다."[38]라고 한다.

명심明心이란 일체제법이 모두 마음에서부터 생하고, 모두 일심一心에서 나오는 것이며, 일심이면서도 "만법을 다 통달하고 만법을 갖추어"[39] "심이 생하면 갖가지 법이 생하고 심이 멸하면 갖가지 법이 멸하며"[40], 모든 법도 예외가 없어서 마음을 떠나 부처가 따로 있는 것이 아니라 자심이 곧 부처임을 깨닫는다. 이러한 일심이 만법을 다 갖추고

---

38 "不識本心, 學法無益, 識心見性, 卽悟大意."
39 "萬法盡通, 萬法具備."
40 "心生卽種種法生, 心滅卽種種法滅."

382

자심이 곧 부처라는 진리를 밝게 터득하면 제불의 경계와 다름이 없음을 깨닫는다는 것이다.

그리고 견성이란 바로 자심이 본래 불성을 갖추고 있으며 자성이 본래 부처임을 발견하는 것이다. 실제로 명심과 견성은 한 사물의 두 가지 측면으로서, 오로지 명심해야만 불성이 본래부터 구족함을 볼 수 있다. 견성한 자라는 것은 바로 자심이 본래 부처임을 밝게 깨달은 자를 가리킨다.

명심견성이라는 것은 비록 말로는 간단하지만 몸으로 행하자면 쉬운 일이 아니다. 세상의 수많은 범부와 중생들은 비록 모두 다 본래 이러한 부처가 될 수 있는 마음을 갖추고 있으나, 이 즉심즉불의 진리를 밝게 터득하지 못한 까닭에 외계의 갖가지 법상法相에 집착하여 망령되게 분별을 일으킴으로써 생사의 상相과 윤회의 고통이 있게 된다. 『단경』에서 다음과 같이 말한다.

사람의 성은 본래 깨끗함에도, 허망한 생각으로 진여가 덮인 것이므로, 망념妄念만 여의면 성은 스스로 깨끗하다.[41]

본성은 스스로 정淨하고 스스로 정定이다. 그러나 다만 경계를 보고 경계를 생각하면 곧 어지럽게 된다.[42]

밖으로 경계에 집착하여 망념의 뜬구름이 덮여 자성이 밝지 못할

---

41 "人性本淨, 由妄念故蓋覆眞如, 但無妄念, 性自淸淨."
42 "本性自淨自定, 只爲見境, 思境卽亂."

뿐이다.[43]

신회神會가 말하기를, "얻는 것이 있다면 그것은 곧 얽매임이다."[44]라고 하였고, 정각淨覺도 "심성은 생함도 없고 멸함도 없다. 일체의 법은 오직 망념으로 인하여 차별이 있을 뿐이다. 만약 망념을 여의면 다른 경계의 상이 없다. 그러므로 일체법은 본래부터 …… 오직 일심이기 때문에 진여라 한다."[45]라고 하였다.

희운希運은 『균주황벽산선사전심법요筠州黃檗山禪師傳心法要』에서 더욱 명확하게 말하고 있다.

제불과 일체중생은 오직 일심一心일 뿐, 거기에 다른 어떤 법도 없다. …… 그러나 중생은 다만 상相에 집착하여 밖에서 구하므로, 구하면 구할수록 점점 더 잃는 것이다. 부처에게 부처를 찾게 하고, 마음으로 마음을 붙잡는다면 겁劫이 지나고 형形이 다하더라도 바라는 것은 얻을 수 없는 것이다.[46]

---

43 "於外著境, 被妄念浮雲蓋覆, 自性不得明朗."

44 『南陽和尙問答雜徵義』石井本, 楊曾文編校, 『神會禪師禪話錄』, 中華書局, 1996, 72쪽. "以有所得者, 卽是繫縛."

45 『楞伽師資記』, 『대정장』85, 1283쪽. "所謂心性不生不滅. 一切法惟因妄念而有差別. 若離妄念, 別無境界之相. 是故一切法, 從本以來, …… 惟是一心, 故名眞如."

46 (唐)裴休, 『黃檗山斷際禪師傳心法要』, 『대정장』48, 379쪽. "諸佛與一切衆生, 惟是一心, 更無別法 …… 但是衆生著相外求, 求之轉失. 使佛覓佛, 將心捉心, 窮劫盡行終不能得."

이러한 것들은 모두 일체제법이 본래부터 오직 일심뿐임을 가리킨다. 중생과 불 역시 그러하여, 자심은 곧 생불生佛이고 생불은 곧 자심이다. 중생이 이 마음이 바로 부처임을 깨닫지 못하고, 더 나아가 견성성불하지 못하는 근원은 바로 어지러이 망념을 일으켜 외경에 집착하는 것에 있다.

견성성불하지 못하는 근원을 찾았다는 것은 실제로는 어떻게 견성성불하는가 하는 방법을 찾았다는 것이다. 중생이 범속凡俗에 빠져들어 생사의 고해에서 윤회하는 근본원인은 어지럽게 망념을 일으켜 외경에 집착하기 때문이다. 이 생사의 고해를 벗어나 범속으로부터 성현의 경지에 들려면, 가장 중요한 것은 당연히 여러 가지 망념을 멸하고 여러 외경을 여의는 것이다. 선종은 바로 이렇게 말하고 있는 것이다. 『단경』에서 다음과 같이 설한다.

너희 본성은 마치 허공과 같아서, 일물—物도 볼 수 없음을 요달하면 정견正見이라 칭한다. 일물도 없음을 알 수 있으면 진여라 칭하고, 청황靑黃이나 장단長短도 없다. 단지 본원이 청정함만 보면 각체覺體는 원만하니 곧 견성성불이라 하며 또한 여래지견如來知見이라 칭한다.[47]

모든 법을 취하지도 아니하고 버리지도 않으니, 곧 자성을 보아 불도를 이룬다.[48]

---

[47] "汝之本性, 猶如虛空, 了無一物可見, 是名正見. 無一物可知, 是名眞知, 無有靑黃長短, 但見本源淸淨, 覺體圓明, 卽名見性成佛, 亦名如來知見."

모든 법을 보되 그 모든 법에 물들고 집착하지 않는 것이 무념이다.
모든 곳에 두루하지만 그 모든 곳에 집착하지 않고, 단지 본심本心을
깨끗이 하여 육식六識으로 하여금 육문六門으로 나가게 하여 육진六
塵에서도 물듦이 없고, 오고감에 자유로워 통달하여 거리낌이 없는
것이다. 이것이 곧 반야삼매般若三昧이며 자재해탈이니, 무념행無念
行이라고 칭한다.[49]

나의 이 법문은 예로부터 돈頓과 점漸을 모두 세우고 무념無念을
종宗으로 삼았다.[50]

이러한 것들은 모두 다 선종이 무념으로 종宗을 삼고 있음을 말하고
있다. 이른바 무념이란 모든 법을 취하지도 않고 버리지도 않으며,
물들거나 집착하지 않아 억지와 조작이 없이 자연스러우며 자재해탈함
을 가리킨다. 이는 선종이 종宗을 세운 근본이다. 혜능의 후학인 하택신
회荷澤神會는 무념사상을 선양함에 있어서 최선을 다하였다. 신회는
다음과 같이 말한다.

무념은 성인의 법이다. 범부가 만약 무념을 닦는다면 곧 범부가
아니다.[51]

---

48 "於一切法不取不捨, 卽見性成佛道."
49 "若見一切法, 從不染著, 是爲無念. 用卽遍一切處. 但淨本心, 使六識從六門走出,
   於六塵中, 無染無雜, 來去自由, 通用無滯, 卽是般若三昧, 自在解脫, 名無念行."
50 "我此法門, 從上以來, 頓漸皆立無念爲宗."
51 『南陽和尙問答雜徵義』石井本, 『神會禪師禪話錄』, 中華書局, 1996, 79쪽. "無念

증오證悟를 결심한 이는 삼군三軍 앞에 임하여 칼날 아래에서 칼이
날아와 몸을 갈라도 무념하나니, 견고하기가 금강 같아 터럭만큼도
움직임이 없다. 설령 항사恒沙와 같은 부처가 와도 한 생각의 기쁜
마음도 없어야 하고, 항사 같은 중생이 일시에 멸함을 보아도 한
생각 자비심도 일으키지 않아야 한다. 이것이 대장부요, 허공 같은
평등심을 얻은 것이다.[52]

모든 법이 단지 나의 마음속 물건일 뿐인데, 하물며 태산이 무너지고
시퍼런 칼날이 눈앞에 다가온들 어떻고, 내 몸 역시 다만 마음이 변화하
여 나타난 것일 뿐이니, 어찌 크게 놀랄 필요가 있겠는가.
　신회의 무념설에 대하여 대다수의 후세 사람들은 이것이 선종을
정통적으로 전수받은 것으로 보고 있다. 종밀宗密은 『중화전심지선문
사자승습도中華傳心地禪門師資承襲圖』에서 이렇게 말한다.

하택종荷澤宗은 …… 달마가 온 본의本意이다. …… 즉 이러한 적寂의
지知를 확립함은 이전에 달마가 전한 공적심空寂心이다. …… 공적의
지知를 돈오함인데, 지知 또한 무념無念, 무행無行으로 어디에 아상我
相, 인상人相이 있는가? 제상諸相이 공임을 깨달으면 진심무념으로
생각이 일어나면 곧 깨달아, 깨달은 즉 무無다. 수행의 묘문은 오직

者, 是聖人法. 凡夫若修無念者, 卽非凡夫."
52 『南陽和尙問答雜徵義』石井本, 『神會禪師禪話錄』, 中華書局, 1996, 81쪽. "決心證
者, 臨三軍際, 自刃相向下, 風刀解身, 日見無念, 堅如金剛, 毫微不動. 縱見恒沙佛
來, 亦無一念喜心, 縱見恒沙衆生一時俱滅, 亦不起一念悲心. 此是大丈夫, 得空平
等心."

여기에 있다. 그러므로 비록 만행으로 수행한다고 해도 오직 무념을 종宗으로 삼는다.[53]

신회의 무념설은 가까이는 혜능의 사상을 계승하고 있으며, 또한 멀리는 『대승기신론』과 상접하고 있다. 『기신론』에서 말하기를, "만약 생각을 관하여 마음이 무념인 줄 알면, 이미 수순하여 진여문眞如門에 들어갈 수 있다."[54]라고 한다. 여기에서도 『대승기신론』은 선종사상에 영향을 끼친 중요한 논전임을 알 수 있다.

이상무념離相無念의 사상은 하택 계통에 의하여 계승되고 선양되었을 뿐만 아니라 강서江西 마조도일馬祖道一의 문인인 혜해慧海와 백장회해百丈懷海의 제자인 희운希運 등도 모두 무념을 입종立宗의 종지와 학불學佛의 근본으로 삼았다. 희운은 다음과 같이 말한다.

학도인學道人이 만약에 성불을 얻고자 한다면 일체불법을 다 공부할 필요는 없다. 오직 구할 것도 없고 집착할 것도 없음을 배울 뿐이다. 구함이 없으면 마음이 생하지 않고, 집착이 없으면 마음이 멸하지 않는다. 생하지도 멸하지도 않음이 곧 부처이다.
그러므로 일체제법은 모두 다 마음이 짓는 것이다. …… 지금 다만 무심無心만 익히면 모든 연이 한순간에 다 쉬게 되니, 망상妄想

53 (唐)宗密, 『中華傳心地禪門師資承襲圖』, 『대정장』 33, 34쪽. "荷澤宗者 …… 是達摩遠本意也. …… 卽此立寂之知, 是前達摩所傳空寂心也. …… 頓悟空寂之知, 知且無念無形, 誰爲我相人相. 覺諸相空, 眞心無念, 念起卽覺, 覺之卽無. 修行妙門惟在此也. 故雖備修萬行, 惟以無念爲宗."
54 『大乘起信論』, 『대정장』 32, 579쪽. "若能觀念知心無念, 卽能隨順入眞如門."

분별分別하지 말라. 인人도 아我도 없고, 탐진貪瞋과 증애憎愛, 이기고 지는 것도 없다. 다만 이러한 각종 망상만 버리면 성性은 스스로 본래 청정하기에 바로 보리법과 불佛 등을 닦음이 된다. 만약 이 뜻을 알지 못한 채 설령 많이 배우고 어렵게 수행하기를 나무뿌리를 먹고 풀로 옷을 삼더라도, 자심을 알지 못하면 모두 사행邪行이 된다.[55]

『대주선사어록大珠禪師語錄』 권상에도 혜해慧海의 선종의 종지에 관한 한 단락의 문답이 실려 있다.

문: 이 돈오문頓悟門은 무엇을 종宗으로 삼으며, 무엇을 지旨로 삼는가?
답: 무념을 종으로 삼고, 망심妄心이 일어나지 않음을 지로 삼는다.
문: 이미 무념을 종으로 삼는다고 했지만 아직 궁금한 것이 있다. 무념이라 할 때 어떤 념이 없다는 것인가?
답: 무념은 사념邪念이 없음이다.
문: 무엇이 사념이며, 무엇이 정념正念인가?
답: 있음과 없음을 생각하는 것이 곧 사념이요, 유무를 생각하지 않음이 정념이다.[56]

---

55 『黃檗斷際禪師宛陵錄』, 『대정장』 48, 381쪽. "學道人若欲得成佛, 一切佛法總不用學, 惟學無求無著. 無求卽心不生, 無著卽心不滅, 不生不滅卽是佛. 故知一切諸法皆由心造 …… 如今但學無心, 頓息諸緣, 莫生妄想分別, 無人無我, 無貪瞋, 無憎愛, 無勝負, 但除卻如許多種妄想, 性自本來淸淨, 卽是修菩提法佛等. 若不會此意, 縱你廣學, 勤苦修行, 木食草衣, 不識自心, 皆名邪行."

다시 말해 무념이란 단지 사념이 없다는 것일 뿐, 정념이 없다는
것은 아니라는 것이다. 이른바 사념이란 유有을 염하고 상相에 집착함
이 사념일 뿐만 아니라, 무無를 염念하고 공空에 집착하는 것도 사념이
다. 오로지 유有와 무無를 넘念하지 않고 상에 집착하지 않을 뿐만
아니라, 공空에도 집착하지 않아야 정념인 것이다. 이러한 견해는
혜능의 본의에 부합하는 것으로서, 혜능은 『단경』에서 이미 본성이
허공과 같음을 제창하는 동시에 비었다는 공견空見이 있어서는 안
된다고 주장했던 것이다. 예를 들어 그는 이렇게 말한다.

너희들은 다만 마음을 허공과 같이 하되, 공견에 집착하지 아니하면
응용함에 걸림이 없다.[57]

세상 사람들의 묘성妙性이 본래 공하여 가히 한 법도 얻을 수 없으니,
자성이 진실함은 또한 다시 이와 같다. 선지식아, 내가 지금 공을
설하는 것을 듣고 공에 집착하지 않도록 하라. 무엇보다 첫째로
공에 집착하지 말아야 한다.[58]

---

56 (唐)慧海,『頓悟入道要門論』,『속장경』63, 18쪽. "問: 此頓悟門, 以何爲宗?以何爲
旨? 答: 無念爲宗, 妄心不起爲旨. 問: 旣言無念爲宗, 未審無念者, 無何念? 答:
無念者無邪念. 問: 云何爲邪念? 云何爲正念? 答: 念有念無, 卽名邪念. 不念有無,
旣名正念."

57 "汝但心如虛空, 不著空見, 應用無碍."

58 "世人妙性本空, 無有一法可得, 自性眞實, 亦夏如是. 善知識, 今聞慧能說空, 便卽
著空, 第一莫著空."

상相에 집착하면 오직 사견만 기르고 공에 집착하면 오직 무명無明만 기른다.[59]

선종의 이상무념離相無念의 사상은 반야학의 소상절언掃相絶言 및 제법성공諸法性空의 사상과 많이 계합하는 점이 있다. 역사에 전해지는 혜능의 전기에서는 선종이 『능가경』[60]에 의지하다가 혜능에 이르러서는 『금강반야경』에 직접 의지하였다는 말은 아마도 근거가 없는 말은 아닐 것이다. 『단경』에는 다음과 같은 문구가 있는데, 이로부터도 선종과 『금강경』의 관계를 매우 잘 표명할 수 있다.

선지식들아, 만약 매우 깊은 법계法界에 들고 반야삼매에 들고자 하는 사람은 반야바라밀의 행을 바르게 닦을 것이니, 오로지 『금강반 야바라밀경』 한 권만 지니고 읽는다면 곧 견성하여 반야삼매에 들어가게 될 것이다.[61]

물론 총체적으로 말하면, 선종이 반야학을 받아들인 것은 대체적으

---

59 "若全著相, 卽長邪見, 若全執空, 卽長無明."

60 『續高僧傳・慧可傳』에서 말하기를, 초조 달마 대사가 4권 『능가경』을 혜가에게 주면서 말하기를 "내가 중국을 관찰해보니 오직 이 경이 맞다. 너는 (이 경에) 의지하고 행하면 세상을 제도할 수 있다."라고 하였다. 『능가사자기』 권5에 또 말하기를 "도신, 홍인은 두 종류의 경전에 의지하였는데, 하나는 『능가경』 …… 또 하나는 『文殊說般若經』에 의지하였다."라고 한다.

61 "善知識, 若欲入甚深法界入般若三昧者, 直修般若波羅蜜行. 但持『金剛般若波羅蜜經』一卷, 卽得見性入般若三昧."

로 그 가운데 비유비무非有非無의 중도사상을 받아들인 것이다. 이러한
까닭으로 사유방식에서는 선종이 단순히 공과 유를 논하는 것이 아니라
공유空有에 집착하지 않고 유무有無에 집착하지 않으며, 출몰함이 모두
두 가지 도道를 떠나 궁극적으로는 두 가지 법을 없애버리는 것으로
표현된다. 거기에서 체현體現되고 있는 것은 유무에 떨어지지 않음과
공유상즉空有相卽의 중도사상이다. 예를 들면 『단경』에서 혜능은 이상
무념離相無念에 대해 다음과 같이 논하고 있다.

> 만상萬象은 있지만 있는 것이 아니다. 일심一心은 공하지만 공이
> 아니다.[62]

> 밖으로는 상相에서 상을 여의고, 안으로는 공에서 공을 여읜다.
> 만약 상을 집착하면 곧 무명無明만 증장시킨다. …… 만약 어떤
> 사람이 의義를 물을 때, 유有를 물어오면 무無로 대하고, 무를 물으면
> 유로 대하며, 범凡을 물으면 성聖으로, 성을 물어오면 범으로 대하여,
> 두 법이 서로 인因이 되게 하여 중도의中道義를 이끌어내야 한다.[63]

> 만약 어떤 이가 묻기를 "무엇이 암暗인가?"라고 한다면 "명明은 인因
> 이고, 암은 연緣이며, 명이 없으면 바로 암이다. 명으로써 암을
> 나타내고, 암으로써 명을 나타내어, 오고감이 서로 인이 되게 하여

---

62 "萬象有而非有, 一心空而非空."
63 "外於相離相, 內於空離空. 若全著相, 卽長無明, …… 若有人問義, 問有將無對,
問無將有對, 問凡以聖對, 問聖以凡對, 二法相因生中道義."

중도의中道義를 이룬다."라고 답하라.[64]

설법은 근본 종지를 떠나지 않아야 하나니, 먼저 반드시 삼과법문三
科法門을 내세우고, 삼십육대법三十六對法을 사용하여 나타나고 사
라짐에 바로 양변을 떠나라. 일체법을 설함에 자성을 여의지 말아야
한다. 홀연히 어떤 이가 법을 물어오면 말에는 다 쌍을 이루리니,
모두 대법對法을 사용해야 한다. 오고감이 서로 인이 되게 하여
구경에는 두 법을 모두 버려서 다시 갈 곳이 없어야 한다.[65]

이로부터 알 수 있듯이, 혜능은 직접적으로 연기성공緣起性空으로
이상무념離相無念을 설하지 않았다. 대신에 모든 법은 있으면서 있는
것이 아니며, 일심一心은 공하면서 공하지 않다고 보았다. 더 나아가
상에서 상을 떠나고 공에서 공을 떠나, 양변을 벗어나 모두 대법對法을
취하는 중도사상으로서 이상무념을 설하였다. 신회가 중도의 뜻으로
혜능의 무념사상을 해석한 적이 있는데, 그는 이렇게 말한다. "무념을
보는 것이 중도의 제일의제第一義諦이다."[66] 이는 혜능의 무념의 본래
취지에 깊이 계합하고 있는 것이다.

---

64 "設有人問: 何名爲暗? 答云: 明是因, 暗是緣, 明沒卽暗: 以明顯暗, 以暗顯明,
來去相因, 成中道義."

65 "說法不離本宗, 先須擧三科法門, 用三十六對, 出沒卽離兩邊, 說一切法, 莫離自
性. 忽有人問法, 出語盡雙, 皆取對法, 來去相因, 究竟二法盡除, 更無去處."

66 『南陽和尙問答雜徵義』石井本,『神會禪師禪話錄』, 中華書局, 1996, 74쪽. "見無念
者, 中道第一義諦."

3. 선비좌와禪非坐臥와 도유심오道由心悟

이상의 논술에서 알 수 있듯이, 선종의 이상무념離相無念의 사상은 단순히 객관세계의 일체제법을 부정하는 것을 목적으로 삼고 있는 것이 아니라 "삼계가 다른 법이 아니고, 오직 일심이 짓는 것"[67]에 대하여 설명하는 것을 취지로 삼고 있다. 중생을 대함에 있어서 일체중생의 존재를 부정하기 위함이 아니라, 일체중생의 목전의 현재심이 본래 부처이고, 중생과 부처는 본래 다른 둘이 아니며, 미혹과 깨달음의 차별이 있을 뿐이다. 자성이 미혹하면 중생이고 한 생각 깨달으면 중생이 부처임을 설명하기 위한 것이었다. 바로 모든 범凡과 성聖의 근원을 일심의 미혹과 깨달음에 귀결시킴으로써 선종은 자신만의 불성 학설을 확립하였다.

마음에 머물러 정좌靜坐하는 전통적 수행방법과는 달리 혜능이 창립한 선종은 "선이 앉고 누움에 있지 않음(禪非坐臥)"을 주장하고 있다. 『단경』에는 다음과 같은 일화가 있다.

선종에서는 홍인 이후부터 '남쪽은 혜능이요 북쪽은 신수(南能北秀)'라고 칭해지고 있었다. 혜능이 남쪽에서 강의를 하는데, 혜능의 법이 '직지인심 견성성불'하게 한다는 말을 듣고, 그 당시 형남荊南 옥천사玉泉寺에 거주하던 신수가 몰래 제자 지성志誠을 파견하여 설법을 듣게 하였다. "앉아서 듣기만 하되, 내가 보내서 왔다 하지 말라. 들은 대로 그 뜻을 기억하여 돌아와서 나에게 말하여라."[68]라고 거듭 당부하였다.

---

67 (唐)玄覺, 『禪宗永嘉集』, 『대정장』 48, 632쪽. "三界無別法, 惟是一心作."
68 "但坐聽法, 莫言吾使汝來. 汝若聽得, 盡心記取, 卻來說吾."

394

그런데 뜻밖에 지성은 조계에 도달한 후 혜능의 법문을 듣고 "그 말끝에 문득 깨달아(言下便悟)" 바로 일어나서 예배하고 스스로 자신의 신분과 온 이유를 혜능에게 말하였다. 혜능이 그의 스승이 평소에 어떻게 가르치는가를 묻자, 지성이 말하였다. "스승은 항상 제자들에게 마음에 머물러 정을 관조하되(住心觀靜), 항상 앉고 눕지 말라(長坐不臥)고 가르치고 있습니다."라고 답하였다. 이에 혜능은 바로 답하기를 "주심 관정住心觀靜은 병일 뿐 선禪이 아니다. 오래 좌정하여 몸을 괴롭게 한다면 도리어 어떤 이익이 있겠는가?"[69]라고 하면서 게송을 하나 지었다.

살아서는 앉아서 눕지 못하고, 죽어서는 누워서 앉지 못하네. 한 덩어리 냄새나는 뼈 무더기로 어찌하여 공과功課를 세우겠는가.[70]

이 기록은 아마 남종의 후학들이 자기 종파를 추켜올리기 위해 대대적으로 과장하고 꾸민 것일지는 모르겠으나, 이것은 적어도 주심住心과 좌선에 대한 남종의 태도를 명확히 표현하고 있다.

『경덕전등록』에는 또 한 편의 일화가 수록되어 있다. 당唐 중종中宗이 설간薛簡을 파견하여 혜능을 경성京城으로 초대한다는 칙서를 보냈으나, 혜능은 질병을 핑계로 완곡히 거절하였다. 설간은 선법에 관하여 혜능에게 가르침을 구하면서, 경사京師에서는 많은 대덕들이 좌선을 하여 불도를 닦는다며, 그에 대한 견해를 물었다. 이에 혜능은 불도는

---

69 "住心觀靜, 是病非禪: 長坐拘身, 於理何益!"
70 "生來坐不臥, 死去臥不坐. 一具臭骨頭, 何爲立功課."

좌선에 있는 것이 아님을, 경전의 "만약 여래가 앉고 누움을 말한다면 이는 곧 사도邪道가 된다."라는 문구를 인용하고서 그 까닭에 대하여, 여래란 "어디로부터 오는 것도 아니며 또한 어디로 가는 것도 아니기 때문이다. 생겨나지도 않고 없어지지도 않는 것이 여래청정선如來淸淨禪이요, 모든 법이 공적空寂한 것이 여래청정좌如來淸淨坐이다."[71]라고 답하였다. 이 문구는 혜능의 좌선에 대한 태도를 표명하고 있을 뿐만 아니라, 또한 이러한 태도를 취하게 되는 이론적 근거를 나타내고 있다. 즉 모든 법은 본성이 공적한 것이고, 여래도 그 어떤 물건이 아니며, 모든 것은 오고감이 없고 생과 멸이 없는데 어찌 앉음이 있겠는가? 어떻게 선을 닦는가? 여래가 앉거나 눕는다고 말한다면 이는 이미 사도이며 불도가 아니라는 것이다.

물론 혜능이 선정禪定을 설하지 않는 것은 아니지만, 그가 말하는 선정은 전통적인 주심정좌住心靜坐와는 크게 차이가 있다. 그는 이렇게 말한다.

밖으로 상相을 떠남이 선禪이요, 안으로 어지럽지 않음이 정定이다.[72]

밖으로 선禪하고 안으로 정定하므로 선정이라고 한다.[73]

---

71 『景德傳燈錄』 권5. 『대정장』 48, 136쪽. "無所從來, 亦無所去, 無生無滅, 是如來淸淨禪, 諸法空寂, 是如來淸淨坐."
72 앞의 책, "外離相爲禪, 內不亂爲定."
73 앞의 책, "外禪內定故曰禪定."

갖가지 경계에 부딪쳐도 어지러워지지 않는 것이 곧 진정眞定이다.[74]

본래부터 혜능은 이상무념離相無念을 선정으로 삼고 있었던 것이다. 이러한 선정관禪定觀은 선종 발전사에 있어서 하나의 전환점이다. 왜냐하면 혜능 이전의 능가사楞伽師들은 좌선을 주장하여 "만약 한 사람이라도 좌선을 하지 않고서 성불하였다면 옳지 않다."[75]라고 했기 때문이다. 중국선종의 초조로 일컬어지는 보리달마도 '벽관壁觀'으로 말미암아 불교사에 이름을 날렸다. 『경덕전등록』에서는 그에 대해 이렇게 말하고 있다. "달마가 숭산嵩山 소림사少林寺에 머물면서 벽을 마주보고 앉아 종일토록 가만히 있으니, 사람들이 달마의 마음을 헤아릴 수 없었다."[76] 사조四祖 도신道信도 역시 "수십 년 동안 옆구리가 자리에 닿지 않았다."[77] 그리고 능가楞伽의 여서余緒를 계승하고 이어받은 북종의 신수도 주심정좌를 수행의 근본방법으로 삼았다.

혜능은 전통적 수행이론에 구속당하지 않고, 그의 명심견성明心見性, 이상무념離相無念의 사상에 근거하여 선은 좌와坐臥가 아니라는 주장을 명확히 제기하였다. 이로부터 선비좌와禪非坐臥 사상은 선종의 수행이론에 있어서 중요한 원칙의 하나가 되었다.

신회는 혜능의 사상을 이어받아 항상 응심정좌凝心靜坐하는 것을

74 앞의 책, "若見諸境不亂者, 是眞定也."

75 『楞伽師資記』권1, 『대정장』 85, 1285쪽. "若有一人不因坐禪而成佛者, 無有是處."

76 (宋)道原, 『景德傳燈錄』, 『대정장』 51, 219쪽. "寓止於嵩山少林寺, 面壁而坐, 終日默默, 人莫之測."

77 『禪源諸詮集都序』, 『대정장』 48, 404쪽. "數十年脅不至席."

질타하였다. 그는 숭원崇遠의 질문에 답하는 중에 이렇게 말한다. "만약에 사람들로 하여금 마음을 응결시켜 선정에 들고 마음을 정지하여 청정을 보게 하고, 마음을 일으켜 밖을 관조하고 마음을 거두어 안을 증명하는 것을 가르친다면, 이는 보리를 장애할 뿐이다."[78] 또한 "여기서 '좌坐'란 생각이 일어나지 않음(念不起)이 좌이고, '선禪'은 불성을 보는 것이 선이다. 그러므로 사람에게 몸이 앉고 마음이 머무는 것이 입정이라고 가르치지 않는다."[79]라고 지적하였다.

『오경전五更轉』의 게송에서 신회는 또 다음과 같이 말한다. "성性을 요달함이 해탈인데, 어찌하여 단좌端坐하여 수고롭게 공부하겠는가?"[80] 신회의 이러한 견해들은 대체로 여전히 명심견성, 이상무념의 사상으로서 선비좌와禪非坐臥를 해설하고 있는 것이다.

선종사에서 유명한 회양懷讓이 마전磨磚한 일화도 선비좌와를 설명하기 위함이다. 『고존숙어록古尊宿語錄』의 '혜능 제1대 전법(大鑒下一世)' 가운데 이러한 일화가 실려 있다. 마조도일馬祖道一이 남악전법원南嶽傳法院에 거주하고 있을 무렵, 그의 스승인 회양은 전에 혜능이 "그대 뒤에 말이 하나 출현할 것인데, 천하 사람을 놀라게 할 것이다."[81]라고 들은 적 있었기에 여러모로 마조를 유도하였다.

78 『菩提達摩南宗定是非論』, 『神會禪師禪話錄』, 中華書局, 1996, 31쪽. "若敎人凝心入定, 住心看淨, 起心外照, 攝心內證者, 此是障菩提."

79 『菩提達摩南宗定是非論』, 『神會禪師禪話錄』, 中華書局, 1996, 31쪽. "今言坐者, 念不起爲坐: 今言禪者, 見本性爲禪. 所以不敎人坐身, 住心, 入定."

80 『荷澤寺神會和尙五更轉』石井本, 『神會禪師禪話錄』, 中華書局, 1996, 127쪽. "了性卽知當解脫, 何勞端坐作功夫."

81 "汝向後出一馬駒, 踏殺天下人."

어느 날 암자 앞에서 벽돌을 한참동안 갈았다. 이에 마조가 물었다. "벽돌을 갈아 어쩌려고 하십니까?" 회양이 답하였다. "벽돌을 갈아 거울을 만들려고 한다." "벽돌을 간다고 거울이 될 리가 있습니까?"라고 마조가 묻자, 회양은 이 틈을 타 그를 일깨워주었다. "벽돌을 갈아 거울이 되지 못한다면 좌선하여 어떻게 부처가 되겠는가?" 마조는 서둘러 물었다. "그렇다면 어떻게 해야 성불할 수 있습니까?" 회양은 말하기를 "예컨대 소가 수레를 끄는데, 만약 손수레가 움직이지 않는다면 수레를 때려야 하겠는가? 소를 때려야 하겠는가?"라고 하였다. 다시 "그대가 지금 좌선하고 있는 것인지, 좌불坐佛을 익히고 있는 것인지 도대체 알 수가 없다. 만약 좌선을 익히고 있다면 선이란 결코 앉아 있는 것이 아니며, 좌불을 익히고 있는 중이라면 부처는 원래 정해진 상相이 없다는 사실을 명심하게. 머무름이 없는 법에서는 응당 취하거나 버리지 않아야 하네. 그대가 만약 좌불을 흉내 내려 한다면 그것은 곧 부처를 죽이는 것이며, 만약 좌의 상相에 집착한다면 정작 깊은 이치를 깨닫지 못할 것일세."[82] 이 말을 듣고 마조는 활연히 깨달음을 얻었다고 한다. 여기에서 천명한 선비좌와의 사상은 혜능이 설간에게 가르친 말을 그대로 복제한 것으로, 이를 통해 회양은 모든 법이 공적함을 여래청정좌如來淸淨坐로, 오고가지 않고 생함과 멸함이 없음을 여래청정선如來淸淨禪으로 간주하였다.

선비좌와禪非坐臥의 사상은 선종사상의 발전과정에서 명실상부하

---

82 『古尊宿語錄』 권1, 『속장경』 68, 3쪽. "汝學坐禪, 爲學坐佛? 若學坐禪, 禪非坐臥, 若學坐佛, 佛非定相, 於無住法不應取捨. 汝若坐佛, 卽是殺佛, 若執坐相, 非達 其理."

게 더욱더 굳어졌다. 여기서는 선사들의 선비좌와에 관한 논술을 많이 열거하지는 않고, 대표적인 선사들의 몇 단락 대표적인 논술만 가려내 어 이 사상이 발전하는 개요를 살펴보도록 하겠다.

선종사에서 '일숙각一宿覺'이라 불리는 현각玄覺은 그의 유명한『영 가증도가永嘉證道歌』에서 다음과 같이 읊었다. "행行하는 것도 선이요, 앉는 것도 선이니, 말과 침묵 동動과 정靜에 항상 편안하네. 창과 칼을 들이대도 언제나 태평이요, 독약을 먹더라도 한가하고 한가하네. 나의 스승 부처님은 연등불을 뵈옵고서 다생겁에 일찍이 인욕선인忍辱 仙人이 되셨도다."[83] 이러한 행주좌와 어묵동정이 모두 선이라는 사상 은 겉으로 보기에는 선비좌와 사상에 대한 반론인 듯하지만, 실은 양자가 표현하고 있는 것은 동일한 사상이다. 이 모든 법이 공적空寂하 고, 부처는 정해진 상相이 없으며, 모든 것이 마음의 체현이다. 그러면 선비좌와라고도 할 수도 있고, 또한 앉거나 눕는 것이 모두 다 선이라고 도 할 수 있는 것이다.

혜해는 이렇게 말한다. "성性 밖의 일은 없나니, 묘용妙用은 동動과 적寂에 다 묘妙할 것이요, 심진心眞은 어語와 묵默에 모두 진眞한 것이요, 도를 아는 자는 행주좌와가 바로 도다. 자성自性이 미迷한 연고로 만혹萬惑이 부풀어 생할 따름이라."[84] 중요한 것은 행주좌와 자체에 있는 것이 아니라, 자성의 미혹과 깨달음에 있어 깨달은 자는 행주좌와

---

83 (唐)玄覺,『永嘉證道歌』,『대정장』48, 396쪽. "行亦禪, 坐亦禪, 語默動靜體安然: 縱遇鋒刀常坦坦, 假饒毒藥也閑閑. 我師得見燃燈佛, 多劫曾爲忍辱仙."

84 『景德傳燈錄』,『대정장』51, 443쪽. "無有性外事. 用妙者, 動寂俱妙, 心眞者, 語默總眞: 會道者行住坐臥是道, 爲迷自性, 萬惑滋生."

가 선이고 도이지만, 자성이 미혹하면 모든 것이 혹惑이라는 것이다.

선종은 선비좌와를 주장할 뿐만 아니라, 또한 경전독송을 대수롭지 않게 여기기도 한다. 『진주임제혜조선사어록鎭州臨濟慧照禪師語錄』에는 다음과 같은 내용이 기재되어 있다. 어느 날 혜조 선사에게 왕상시王常侍가 방문하여 함께 승당에 들어가 구경을 하다가 왕상시가 혜조에게 물었다. "이 방의 스님들은 경전을 보십니까?" 혜조 선사가 답하였다. "경전을 보지 않습니다." 왕상시는 "좌선은 하십니까?"라고 묻자, 선사는 "좌선도 하지 않습니다."라고 하였다. 왕상시는 "좌선도 하지 않고, 경전도 보지 않는다면 결국 무얼 하십니까?"라고 묻자, 선사가 말하였다. "모든 사람들이 다 부처가 되고 조사가 되게 합니다."[85]라고 하였다. 간경하지도 않고 좌선하지도 않는다는 이러한 견해는 혜조 한 사람만의 이상한 지론이 아니라 선종의 기본사상이다. 선종의 입장에서 보면, 모든 독송과 언설은 "다만 철없는 아이를 교화할 뿐"[86]이고, 마치 "앵무새가 사람 말을 배우지만 말에 담긴 사람의 뜻을 모르는 것"[87]과 같은 것이다. 왜냐하면 "경전은 부처님의 뜻을 전하는 것인데, 부처의 뜻은 얻지 못하고 단지 외우기만 한다면 부처의 말만 배우는 사람에 지나지 않아, 이러한 까닭에 허락하지 않는다."[88]라는 것이기 때문이다. 또한

---

85 『古尊宿語錄』 권4, 『속장경』 68, 30쪽. "這一堂僧還看經么? 師云: 不看經. 侍云: 還學禪么? 師云: 不學禪. 侍云: 經又不看, 禪又不學, 畢竟作個什麼?師云: 總敎伊 成佛作祖去."

86 『黃檗斷際禪師宛陵錄』, 『대정장』 48, 384쪽. "只是化童蒙耳."

87 『景德傳燈錄』, 『대정장』 51, 443쪽. "如鸚鵡只學人言, 不得人意."

88 앞의 책, 443쪽. "經傳佛語, 不得佛意, 而但誦, 是學語人, 所以不許."

희운은 이렇게 말한다. "직지인심, 견성성불하되, 언설에 있지 않다."[89] 불교사에서는 예전에도 사의四依와 사불의四不依 및 십이부경은 방편이고, 소상절언掃相絶言이 구경究竟이라는 등 여러 견해가 있었으나, 선종과 같이 경전독송을 앵무새가 말을 배우는 데에 비유하고, 또 이를 입종立宗의 주요 원칙으로 삼은 것은 보기 드문 것이다.

도는 언설에 있지 않다는 것과 관련되는 또 하나의 중요한 사상은 불립문자不立文字이다. 불립문자설은 초조 달마 때부터 있었는데, 달마가 이르기를 "나의 법은 이심전심 불립문자이다."라고 하였다. 선종은 교외별전으로 마음으로써 마음을 전하고, 마음으로써 마음을 인印하며, 문자를 세우지 않고, 심원을 직접 가리키는 데 주안점이 있다는 말이다.

양억楊億도 『경덕전등록』에서 다음과 같이 말한다. "쌍림에서 입멸할 때, 음광飮光에게 단독으로 집중하였고, 굴구屈呴를 전함은 달마에서 비롯되었다. 불립문자이며 직접 심원을 가리키니, 계단을 밟지 않고 지름길로 불지에 오르며, 오엽五葉에 이르러 비로소 이루어졌다."[90]

이로부터 달마가 중국 불립문자설의 최초 제창자임을 엿볼 수 있다. 달마 이후부터 여러 조사들은 대대로 전하여, 삼조 승찬僧璨은 사조 도신道信에 대해 다음과 같이 말한 적 있다. "성도聖道는 그윽한 곳에

---

89 『黃檗山斷際禪師傳心法要』, 『대정장』 48, 384쪽. "直指人心, 見性成佛, 不在言說."

90 『景德傳燈錄』, 『대정장』 51, 196쪽. "而雙林入滅, 獨顧於飮光, 屈呴相傳, 首從於達摩. 不立文字, 直指心源, 不踐階梯, 徑登佛地, 逮五葉而始成."

통하나니 말로써 미치지 못한다. 법신法身은 공적空寂하니, 보고 듣는 것으로 미칠 수 없다. 곧 언어는 문자로 한낱 수고로울 뿐이다."[91]

육대의 혜능에 이르러서는 이러한 불립문자의 주장을 선종의 중요한 원칙의 하나로 삼아 더욱 크게 선양시켰다.『경덕전등록』의 기록에 의하면, 혜능은 출가하여 스승을 찾는 길에 이미 이러한 사상을 가지고 있었다. 혜능이 신회新會에서 호북湖北 황매黃梅로 가는 도중 소주韶州를 지날 때, 한 비구니가『열반경』을 읽고 있었는데, 듣고 나서는 비구니한테 경전에 담긴 뜻을 해설해주었다. 비구니는 그가 교리에 정통한 것을 보고, 경전을 들고 와서 글자를 묻기에, 혜능이 말하기를 "글자를 알지 못하니 뜻을 물어라."라고 하였다. 비구니가 말하기를, "글자도 모르는데, 뜻을 어떻게 이해한다는 말입니까?"라고 하자, 혜능이 말하기를, "모든 부처의 미묘한 진리는 문자와 관계가 없는 것이다."[92]라고 하였다.

『고승전』에도 혜능이 항상 "만약 문자만 취한다면 부처의 뜻이 아니다."[93]라고 말하였다고 기록되어 있다.『단경』에도 불립문자에 관한 견해가 많은데, '무명무자無名無字'라거나 혹은 "본성은 스스로 반야의 지혜를 지니고 있어서 문자를 빌리지 않음을 알라."[94]라고 하였다.

---

91 『楞伽師資記』권1,『대정장』85, 1286쪽. "聖道幽通, 言詮之所不逮: 法身空寂, 見聞之所不及. 卽文字語言, 徒勞設施也."

92 『景德傳燈錄』,『대정장』51, 235쪽. "字卽不識, 意卽請問", "字尙不識, 曷能會義?", "諸佛妙理, 非關文字."

93 『宋高僧傳』권8 ,『대정장』50, 754쪽. "若取文字, 非佛意."

94 "知本性, 自有般若之智 …… 不假文字."

한마디로 말해 혜능의 불교사상에서 불립문자는 중요한 원칙의 하나
이다.

혜능 이후에 불립문자의 사상은 더욱 성행하였다. 혜해는 다음과
같이 말한다. "언어와 문자 위에서 뜻을 헤아려 알려고 하지 말라."[95],
"어리석은 이는 문자를 향하여 구하고, 깨친 이는 마음을 향하여 깨닫는
다."[96], "뜻을 얻은 자는 표명의 말을 초월할 것이요, 이치를 깨친
자는 문자를 초월할 것이다. 법은 언어 문자를 넘어선 것이라 어찌
몇 글자 가운데 구하리오. 이로써 보리를 발한 자는 뜻을 얻고 말을
잊으며 이치를 깨치고 教교를 버리나니, 또한 마치 물고기를 잡고서
통발을 잊고, 토끼를 얻고서 올가미를 잊는 것과 같다."[97]

희운은 지공志公의 말을 인용하여 말하기를, "부처란 본래 자기 마음
으로 짓는 것인데, 어찌 문자 속에서 구할 것인가?"[98]라고 하였다.
이러한 말들은 모두 하나의 공통점이 있다. 그것은 바로 문자를 여의고
마음을 향하여 깨달으며, 물고기를 잡고서 통발을 잊어야 하고, 뜻을
깨우치고서 언설을 잊어야 함을 주장하고 있는 것이다.

선종의 이러한 사상은 그들이 경전을 부처의 말씀으로, 선禪을 부처
의 뜻으로 간주하는 것과 관련이 깊다. 선은 부처의 뜻이기 때문에

---

95 『景德傳燈錄』, 『대정장』 51, 422쪽. "莫向言語紙墨上討意度."

96 앞의 책. "迷人向文字中求, 悟人向心而覺."

97 앞의 책, 423쪽. "得意者越於浮言, 悟理者超於文字, 法過言語文字, 何向數句中求,
是以發菩提者, 得意而忘言, 悟理而遺教, 亦猶得魚忘筌, 得兔忘蹄也."

98 『黃檗山斷機禪師傳法心要』, 『대정장』 48, 383쪽. "佛本是自心作, 那得向文字
中求."

마음으로 깨닫는 것이 중요한 것이지, 결코 글로 쓰거나 말로 표현해서
는 안 된다. 글로 쓰거나 말로 표현한다면 기껏해야 통발이나 얼을
수 있을 뿐이지만, 마음으로 이해하고 깨달으면 물고기와 토끼를 얻을
수 있다. 그러므로 선문에서는 결국 모든 귀착점을 마음의 깨달음에
두고 있다. 선종의 입장에서 보면, 불법의 공부는 모두 깨닫고 못
깨달음에 달려 있는데, 깨닫지 못하면 어리석은 범부이고 중생이며,
한 생각 깨달으면 지혜로운 성인이며 부처인 것이다.

 『단경』에서는 거의 전부 도는 마음을 깨달음에 있다고 하여, 미혹하
면 범부이고 깨달으면 성인이라는 이치를 설하고 있다. "앞생각이
미혹하면 곧 범부요, 뒷생각이 깨치면 곧 부처이다."[99], "깨닫지 못하면
부처가 곧 중생이고, 한 생각 깨달으면 중생이 곧 부처이다."[100], "자성
이 미혹하면 곧 중생이고, 자성이 깨달으면 곧 부처이다."[101], "도는
마음으로 깨닫는 것인데, 어찌 앉는데 있겠는가?"[102] 선종의 후학들도
또한 한 마음의 미혹과 깨달음으로써 범성생불凡聖生佛을 많이 설하였
다. 신회는 말하기를, "깨달아 마치면 곧 불성이요, 깨달아 마치지
못하면 무명無明이다", "깨달으면 번뇌가 보리이고, 미迷하면 북쪽으로
가서 초나라를 찾는다."[103]라고 하였다. 현각은 말하기를, "실상實相은

---

99 앞의 책. "前念迷卽凡, 後念悟卽佛."

100 앞의 책. "不悟, 卽佛是衆生, 一念悟, 衆生是佛."

101 앞의 책. "自性迷卽是衆生, 自性覺卽是佛."

102 앞의 책. "道由心悟, 豈在坐也."

103 『南陽和尙問答雜徵義』石井本, 『神會禪師禪話錄』, 中華書局, 1996, 112쪽. "覺了
   者卽是佛性, 不覺了卽是無明", "悟之乃煩惱卽菩提, 迷之則北轅而適楚."

천진이며, 신령스러운 지혜는 조작함이 없어 사람이 미하면 그것을 잃고, 깨달으면 그것을 얻는다."[104]라고 하였고, 혜해는 "깨달으면 곧 부처이고, 미혹하면 중생이다."[105]라고 하였다.

희운은 더욱이 불법을 한 마음의 깨달음에 귀결시키고 있다. 어떤 사람이 "심이 이미 본래 부처인데 다시 육도만행六度萬行을 닦아야 합니까?"[106]라고 묻자, 그는 이렇게 답하였다. "깨달음은 마음에 있지 육도만행과 관계가 없다. 육도만행은 모두 교화의 문으로 접물하여 중생을 제도하는 보조적인 일이다."[107]

희운의 이러한 사상은 멀리로는 달마를 계승하고 가까이로는 혜능에 근접한 것이었다. 신회의 『보리달마남종정시비론菩提達摩南宗定是非論』의 기록에 의하면, 보리달마가 양무제와 만났을 때 양무제梁武帝가 묻기를 "짐朕이 절을 짓고 사람을 제도하며 불상을 조성하고 사경했는데, 어떠한 공덕이 있습니까?"[108]라고 묻자, 달마가 "공덕이 없습니다." 라고 대답하였다. 양무제는 듣고 나서 매우 불쾌하게 여겨 마침내 그를 나라 밖으로 보내었다고 한다.

혜능은 『단경』에서 이 일에 대하여 언급하면서 해명하였다. "공덕은 자성의 안에서 찾는 것이다. 보시하고 공양을 올림으로써 구할 것이

---

104 『禪宗永嘉集』, 『대정장』 48, 394쪽. "實相天眞, 靈智非造, 人迷謂之失, 人悟謂之得."

105 『景德傳燈錄』, 『대정장』 51, 444쪽. "悟卽是佛, 迷號衆生."

106 『黃檗斷際禪師宛陵錄』, 『대정장』 51, 384쪽. "心旣本來是佛, 還修六度萬行否?"

107 앞의 책. "悟在於心, 非關六度萬行, 六度萬行儘是化門接物度生邊事."

108 『菩提達摩南宗定是非論』, 『神會禪師禪話錄』, 中華書局, 1996, 18쪽. "朕造寺度人, 造像寫經, 有何功德不?"

아니다. 이같이 복전과 공덕은 다른 것으로서, 양무제가 이치를 바르게 알지 못한 것이지 달마 대사께 허물이 있는 것은 아니다."[109] 혜능은 이처럼 공덕과 복전을 구분하여 설명하였다. 공덕은 자성을 떠나지 않는 것으로서 단지 자성의 안에서 찾을 수 있을 뿐이고, 보시나 공양 등 복전으로써는 능히 미칠 수 있는 바가 아니라는 것이다. 희운은 바로 달마와 혜능의 이러한 사상에 의하여 불법을 모두 한 마음의 깨달음에 귀결하고, 육도만행을 모두 이단으로 간주하였다. 이러한 것은 실로 선종이 오직 마음만 공부하면 된다는 수행이론을 극단으로 밀어붙인 것이라 할 수 있다.

제2절 무정유성無情有性과 후기 선종

혜능은 천태, 화엄 두 종파의 유심불성론에서 한 걸음 더 나아가 자심에 귀결하여 직지인심, 견성성불을 제창하였다. 이와 같이 유심론의 중생 실유불성은 최극점에 이르게 되었고, 유심의 방향으로는 이미 발전할 여지가 거의 없어졌다. 이로 말미암아 중당中唐 이후부터, 불성사상은 중생유성衆生有性에서 만물유성萬物有性의 방향으로 발전하는 경향이 나타났다.

---

109 "功德須自性內見, 不是佈施·供養之所求也, 是以福田與功德別. 武帝不識眞理, 非我祖師有過."

1. 무정유성과 형계존자荊溪尊者

중국불교사에서 가장 처음으로 무정유성을 본종의 불교사상의 표지로
삼고, 이론적인 면에서 그것에 대하여 전반적인 논증을 진행한 이는
천태의 제9조로 존중받고 있는 형계담연荊溪湛然이다. 형계가 처해
있던 당 중기에는 선종이 성행하고 있었다. 화엄종도 상당한 세력을
가지고 있었으나, 이에 비하여 천태종은 침체와 쇠퇴에 빠져 있었다.
이러한 엄준嚴峻한 형세에 직면한 담연은 과감하게 천태의 부흥을
자신의 임무로 삼았다. 그는 늘 문인들에게 말하였다. "도는 행하기
어렵다는 것을 나는 알고 있다. 옛 성인들은 고요함을 통해 근본을
관하고, 움직임을 통해 만물에 부응하였다. 두 가지 중 어디에도 머물지
않아야 비로소 대지를 밟을 수 있다. 그러나 지금 사람들은 공空이라고
다 쓸어버리거나, 혹은 유有에만 집착하니, 자신도 병들고 남도 병들게
하여 도가 널리 쓰이지 못한다. 이를 바로잡아야 하는데 내가 아니면
누가 하겠는가?"[110] 이 말에서 보면, 담연은 천태의 부흥에 대하여
능동적이고 "내가 아니면 누가 있겠는가?"라는 기개가 보인다. 물론
기개에만 그친 게 아니라 천태를 부흥시키려고 그 구체적인 방법을
강구하여 마침내 '무정유성無情有性'이라는 기치를 높이 들어올렸다.
  '무정유성'이란 주로 유정중생에게 모두 불성이 있을 뿐만 아니라
담벽과 기와, 돌 등 무정물無情物마저도 모두 불성이 있음을 가리킨다.

---

110 (宋)志磐,『佛祖統紀』,『대정장』49, 188쪽. "道之難行也, 我知之矣. 古先至人,
   靜以觀其本, 動以應乎物, 二俱不住, 乃蹈於大方. 今之人或蕩於空, 或膠於有,
   自病病他, 道用不振. 將欲取正, 捨予誰歸."

이러한 설은 오직 중생만이 불성을 가지고 있다는 전통적인 견해를
타파함으로써 불성의 범위를 현저하게 확대시켜, 당시에 비교적 큰
영향을 일으켰다. 담연의 천태를 중흥시키는 서원도 이루어졌고, 그
또한 이로 말미암아 '천태 제9조'의 보좌에 추앙되었다.

담연의 '무정유성' 사상은 『금강비金剛錍』에 집중적으로 구현되어
있다. 아래에서는 『금강비』를 위주로 하면서 이를 담연의 기타 저술들
과 결합시켜 그의 '무정유성'설에 대하여 간략히 고찰해보도록 한다.

『금강비』는 "꿈을 빙자하여 객에게 기탁하고, 빈주賓主를 세운다."[111]
라는 구절을 통해 잠꼬대에 빙자하여 무정유성설을 제기한 후에, 객의
질문에 답하는 형식을 가설하여 무정유성 사상을 천명하였다. 객이
말하기를 "나는 석가가 가르친 경전을 다 보았고, 쌍림의 설법도 모두
불성을 설했지 무정無情을 지적하지는 않았는데, 너는 어찌 홀로 무정
에 성性이 있다고 하는가?"라고 하자, 주인이 답하기를 "이전의 사람들
은 심지어 일천제도 무성無性이라 했는데, 무정무성無情無性설이 어떻
게 이상할 것인가? 전혀 대소와 권실權實의 나눔을 알지 못하는구나.
예를 들어 말해보면 『열반경』 가운데 불성은 하나만 있는 것이 아니다.
「가섭품」에 이르기를 '옛날의 불성은 이른바 십력十力·무외無畏·불공
不共·대비大悲·삼념三念·삼십이상三十二相·팔십종호八十種好'인데,
어찌 이 문장은 인용하지 않는가? 만약 인용한다면 일체중생도 또한
불성이 없는데, 하물며 와석瓦石을 말해 무엇 할 것인가!"[112]라고 하였

111 『金剛錍』. 『頻伽精舍大藏經』 陽帙第十冊. 이하의 인용문은 『금강비』에서 나오는
데 출처를 생략하겠다. "假夢寄客, 立以賓主."
112 앞의 책. "古佛性者, 所謂十力無畏不共大悲三念三十二相八十種好, 爲何不引此

다. 즉 한 부의 『열반경』에도 불성에 대한 해설이 한 가지뿐이 아니므로,
그중 「가섭품」에 보면 십력十力·사무외四無畏 등으로 불성을 해석한
것이 있다. 만약 이러한 견해에 의하면 비단 기와, 돌이 무성일 뿐만
아니라 일체중생도 모두 불성이 없다는 것이다. 담연의 입장에서 와석
이 무성이라고 함은 경문의 방편이다. 만약 이치에 의지한다면 결국은
다른 전철이 없어서, 일체제법은 모두 불성이 있는 것이다. 그는 천태의
장藏·통通·별別·원圓의 네 가지 설을 이어받아, 소승에 의지하면 무정
이란 설이 있고, 대승에 의지하면 불성이란 말이 있으며, 어리석은
이는 융통을 모르므로 무정무성의 설이 있다고 보았다. 그는 한 걸음
더 나아가 법화 이전의 삼장교三藏敎·통교通敎 및 삼승교는 모두 권교權
敎에 속하므로 "무정이라 말하고 유성이라고 말하지 않았다."[113]는 것이
다. 만약 실교實敎의 원인원리圓人圓理에 의지하면, "마음 밖에 경계가
없는데, 어떤 것이 유정이고 무정인가? 법화회法華會 가운데 일체가
사이가 없는데, 초목草木과 지사미地四微[114]가 어찌 다르랴. 발을 들어
길을 닦아 다 보저寶渚로 나아감은 손가락 퉁기고 합장함이 다 성불의
인因이다."[115], "장교藏敎는 육보六寶를 보았고, 통교通敎는 무생無生을
보았고, 별교別敎는 전후의 생멸을 보았으며, 원교圓敎는 이사理事가

文, 令一切衆生盡無, 何獨瓦石!'

113 앞의 책. "可云無情不云有性."

114 땅의 네 가지 미세한 것들. 곧 색향미촉色香味觸의 극히 미세한 원소. 이 사미四微가
색법色法의 원소元素이고, 사미에 의지하여 지수화풍地水火風 사대四大가 이루어
진다고 한다.

115 앞의 책. "心外無境誰情無情, 法華會中一切不隔, 草木與地四微何殊, 擧足修途皆
趣寶渚, 彈指合掌咸成佛因."

410

일념에 구족함을 보았다."116라고 지적하였다. 여기에서 담연은 천태의
'일념삼천一念三千'설을 끌어들여 그의 무정유성설을 논증하였다. 즉
"일념 가운데의 이리는 삼천이 구족하다. 그러므로 일념 가운데 인과因
果·범성凡聖·대소大小·의정依正·자타自他가 다 구족하다고 말한다.
그러므로 모든 곳이 삼천을 다 갖추었다. 이 삼천성은 중리中理이다.
유무라 해도 맞지 않고 또 유무라 해도 틀리지 않다. 무슨 까닭인가?
함께 실상이기 때문에 실상은 본유로 제법을 구족한다."117라는 것이다.
일념삼천으로써 실상설을 말하는데 실상제법이 구족하지 않음이 없으
며, 무정물 또한 자연히 그 범주를 벗어날 수 없다.

담연이 보기에 실상實相, 불성佛性, 법계法界 등은 비록 명칭은 다르나
그 체는 다름이 없고, 또한 "체는 같으나 작은 차이도 없지 않다."118라고
하였다. 그는 무릇 '성性'이 붙은 것은 거의가 성聖의 입장과 이리의
각도에서 한 말이다. 예를 들어 불성·이성理性·진성眞性·장성藏性·보
성寶性 등이 있으며, 무릇 '성性'자가 붙지 않은 것은 대다수가 범성凡聖·
인과因果·이사理事를 통한다. 예를 들어 법계法界·실상實相 등이 있는
데 작은 차이가 있음으로 인하여 여러 경전에서는 명칭이 복잡하고
다양하며, 해설이 동일하지 않다고 보았다.

그는 또한 『열반경』에서 불성을 많이 언급하였음을 예로 들고 있다.

---

116 앞의 책. "藏見六寶, 通見無生, 別見前後生滅, 圓見事理一念具足."
117 앞의 책. "一念中理具三千, 故曰: 念中具有因果凡聖大小依正自他. 故所變處無非
　三千. 而此三千性是中理. 不當有無有無自爾. 何以故. 俱實相故. 實相法爾具足
　諸法."
118 앞의 책. "然雖體同不無小別."

부처는 과인果人으로서, 일체중생은 모두 당과當果의 성을 지닌 까닭에
이에 치중하여 '중생유성衆生有性'이라고 말하고 있다. 미혹한 자는
이러한 연유緣由를 모르고, 중생은 유성하나 체體가 편재遍在함을 모르
기 때문에 '무정무성'이라 말하고 있다고 보았다. 실제로 능소能所가
이미 유심唯心의 조작으로, 심체는 방소方所에 국한되지 않기에, 이른
바 시방불토가 다 중생의 이성심종理性心種에 있으며, 한 티끌과 한
마음이 곧 일체중생과 부처의 심성心性인데, 담장, 기와 등의 무정물이
어찌 홀로 예외가 되겠는가! 담연의 이 말은 삼계유심三界唯心으로서
무정유성을 설하고 있는 것이다.

이 밖에 담연은 또한 천태의 삼인불성三因佛性설로서 무정유성을
논증하였다. 중생유성이라 말하고 무정유성이라고 말하지 않음은 권
교權敎가 단지 정인正因만을 불성으로 삼을 뿐, 수성修性에 있어서
삼인三因의 여의고 합함에 이르지 못한 것이다. 만약 천태종의 원의圓意
에 의하면 삼인三因이 호구互具하는 것이며, 정正·연緣·요了 모두가
불성이라고 보았다.

천태는 항상 공空·가假·중中의 삼제三諦로서 요了·연緣·정正의 삼인
을 비유했다. 모든 가명시설假名施設이 다 연인緣因이라 볼 수 있기
때문에, 연인 또한 불성인데 어찌하여 무정이 불성이 없다고 말할
수 있는가라는 것이다. 그는 또한 정인불성설과 무정유성을 회통시킴
으로써 이렇게 말한다. "이것은 전부 이성理性의 삼인으로 아직 발심發
心이 없고, 가행도 없기 때문에 성性은 연인·요인과 함께 정인이다.
그러므로 중생은 다 정성正性이 있다."[119] 중생은 모두 정성正性을 가지
고 있다고 했으니, 신심信心은 이미 갖추어져 "이어서 이 성性은 내외가

없이 허공에 두루하고, 제불 등의 법계와 하나이며, 이미 믿음이 두루함을 나타낸다. 다음에는 두루 구족하여 이미 제불 등이 법계와 같음을 현시한다. 그러므로 이 두루한 성性이 제불의 몸을 구족하고 있다."[120]는 것에 의거하면 된다. 담연의 이러한 견해에 따르면, 중생이 불성을 지녔다고 함은 법을 믿고 불문에 들어서게 하기 위한 방편설이다. 결론적으로 논하자면 제불 등의 법계, 일체무정법도 역시 모두가 제불의 몸을 지니고 있다.

이상에서 담연은 주로 천태종의 원의원리圓意圓理로써 무정유성을 논증하였다. 교는 대소와 권실權實의 구분이 있고, 장·통·별·원의 다름이 있기 때문에 천제무성, 중생유성, 무정유성 등의 여러 견해가 있다. 방편에는 여러 문이 있지만 근본으로 회귀하는 데는 두 길이 없으며, 이치에 의지하여 설하면 결국에는 두 갈래의 경로가 없다고 보았다. 천제무성의 말은 말의 표면에 의거한 것으로, 원의를 보지 못했음은 말할 필요가 없다. 중생실유불성을 주장하지만, 무정도 불성을 지녔음을 모르는 사상이라면 임시변통적인 소종小宗의 논설이다. 오직 삼계유심과 제법실상, 삼인호구三因互具를 인식하고, 나아가서 심체가 본래 편재함과 실상제법의 구족, 연인·요인도 역시 제불의 몸체를 지녔다고 이해함으로써 일체무정물도 모두 불성을 지녔음을 깨우쳐야만 비로소 이러한 사상을 대교大教라 하며, 비로소 요의了義한 것이고 구경설究竟

---

119 앞의 책. "此全是理性三因由未發心未曾加行, 故性緣了同名正因, 故雲衆生皆有
正性."

120 앞의 책. "次示此性非內外遍虛空, 同諸佛等法界, 既信遍已, 次示遍具, 既同諸佛
等於法界, 故此遍性具諸佛之身."

說이라는 것이다.

2. 목석유성木石有性과 진여편재眞如遍在

담연은 자가自家의 원의圓義로써 무정유성을 논증한 것 이외에, 또한
『열반경』의 "불성은 이미 허공과 같음" 및 진여편재眞如遍在의 사상으로
써 무정유성을 논증하였다. 『금강비』에서 담연은 『열반경』「가섭품」
의 "중생의 불성은 허공과 같고, 안도 아니고 바깥도 아니다."[121]라는
말을 인용하여 논술하고 나서 "허공이 어찌 섭수하지 못하겠는가?"[122],
"허공이라 말하는데, 무엇을 덮지 못하겠는가? 어찌 담벽, 기와와
돌 등을 방기하랴?"[123]라고 말한다. 즉 불성은 허공과 같고, 허공은
포함하지 않는 것이 없으니, 담벽과 기와, 돌 등의 무정물이 어찌
예외가 있을 수 있겠는가?라는 것이다. 『대열반경소大涅槃經疏』에서
담연은 또 다음과 같이 말한다.

장안관정章安灌頂은 경전을 의지해서 불성이 일체처에 두루함을
알았으나 말을 하지 않았을 뿐이다. 당시의 사람들이 아직 일체중생
이 불성이 있다는 믿음이 없다고 생각했는데, 어찌 그 두루 보편함을
보이랴? 불성은 이미 공空 등 삼의三義를 구족하니, 곧 삼제三諦로서
일체제법은 삼제 아님이 없고, 불성 아님이 없다. 만약 그러하지

---

121 앞의 책. "衆生佛性犹如虛空, 非內非外."
122 앞의 책. "虛空何不收"
123 앞의 책. "虛空之言, 何所不該? 安棄牆壁瓦石等耶?"

414

않다면 어찌하여 중생의 몸 속에 허공이 있다 말하겠는가? 중생이
이미 있는데 나머지가 어찌 없으랴! 나머지가 만약 없으면 허공이라
할 수 없다. 생각하고 생각해 보아라.[124]

이는 위에서 말한 "허공이라 말하는데, 어떤 곳을 덮지 못하랴?"[125]와
같은 뜻으로서, 만약 무정물이 불성을 지니고 있지 않다면 불성은
허공이라 칭해서는 안 된다는 것을 뜻한다.

담연의 무정유성에 대한 논증에는 천태의 거의 모든 원융이론이
스며있다. 무정유성을 설명함에 있어서 도움이 되는 경문經文과 논전論
典, 불성이론이라면 그는 결코 소홀히 하지 않았을 것이다. 그 중
가장 집중적으로 파악하고 가장 많이 운용한 것은 진여불성이론이라
하겠다.

담연은 『대승기신론』의 진여는 불변不變과 수연隨緣의 두 가지 뜻이
있음을 근거로 삼아 지적하였다. 일체만법은 모두가 진여이고, 이는
불변함으로 말미암은 것이며, 진여가 곧 만법이니 그것은 수연인 것이
기 때문이다. 만약 무정에게 불성이 없다고 한다면 만법에 진여가
없는 것이 아닌가? 그는 물결과 물을 비유로 삼아 이렇게 말한다.
세상에는 물결이 없는 물이 없고, 젖어 있지 않는 물결이 없으며,

---

124 (隋)灌頂, 『大般涅槃經疏』. 『대정장』 38, 184쪽. "章安灌頂依經具知佛性遍一切
處, 而未肯彰言, 以爲對人尙未信有, 安示其遍. 佛性旣具空等三義, 卽三諦, 是則
一切諸法無非三諦, 無非佛性. 若不爾者, 如何得云衆生身中有於虛空. 衆生旣有,
餘處豈無. 餘處若無, 不名虛空, 思之思之."
125 앞의 책. "虛空之言, 何所不該?"

물결에는 깨끗함과 탁함의 구별이 있으나, 젖어 있음에 어찌 혼탁함과 맑음의 차별이 있겠는가? 깨끗함도 있고 탁함도 있지만 하나의 성품에는 다름이 없고, 만물과 진여의 관계 역시 마찬가지여서, 수연하여 제법이 있기는 하나, 제법은 진여가 아닌 것이 없다. 어째서인가? 불변하기 때문이다. 진여에 수연과 불변의 두 가지 뜻이 있음을 인정하면서, 또한 무정제법이 불성이 없다고 한다는 것은 스스로의 말과 어긋나는 것이 아닌가?

이상의 논술 가운데는 표현된 적이 없는 이론 전제인 진여를 불성으로 한다는 취지가 내포되어 있다. 이 점에 대하여 담연은 스스로 이렇게 한 것이라고 했는데, 그 목적은 진여불성설에 대한 '야객野客'의 힐난詰難을 이끌어냄에 있었다. 과연 야객은 이 말을 듣고 나서 꿇어앉아 물었다. "파도와 물의 비유는 그 이치가 실답다. 저는 일찍이 어떤 이가 『대지도론』을 인용하는 것을 듣고 말하기를, 진여가 무정 가운데 있어서는 법성法性이라 하고, 유정의 내에 있어서는 불성이라 하는데, 무슨 연고로 불성이란 이름을 세웠는가?"[126] 담연이 말하였다. 나는 친히 『대지도론』의 전문을 읽고 상세히 찾아본 적이 있으나, 『대지도론』에 이러한 설이 있음을 결코 발견하지 못했으니, 이는 아마도 세상 사람들이 장소章疏의 말을 잘못 인용하여 틀린 말을 또 틀리게 전한 것이다. 실제로 제법을 불각不覺이라 이름하고, 제법은 각覺이며, 중생에게 있어서도 역시 본래부터 불각不覺의 이理가 있어 각이나 불각의 지혜가 있어본 적이 없으며, 제법도 역시 마찬가지이다. 한 걸음 나아가

---

126 앞의 책. "波水之譬其理實然. 僕曾聞人引『大智度論』云, 眞如在無情中但名法性, 在有情內方名佛性, 何故立佛性之名?"

서 말하면 각과 불각은 본래부터 스스로 회통하여 일여한 것이며,
하나이자 별개의 둘이 아니라는 것이다. 소각所覺은 능각能覺을 여의지
않고, 능각은 각으로 불각을 삼으며, 불각에 각이 없으면 법성이 이루어
지지 않으니, 각에 불각이 없으면 어떻게 불성이 세워지겠는가? 그러므
로 불성이 있는 법성을 소종小宗라 말한다. 즉 법성이 불성이어야
비로소 대교大敎라 한다. 이후에 담연은 또한 불교경론에서 말하는
실상實相·실제實際·법계法界·진성眞性을 예로 들어 다음과 같이 지적
한다.

여러 경론에서 말하는 실상·진성 등은 도대체 법성이 또한 무정물
가운데 있는가? 아니면 동일한 진여를 유정과 무정의 두 파로 나눈
것인가? 만약 하나의 진여를 유정과 무정의 두 파로 나눈다면, 경론에는
어찌하여 무정법無情法·무정실제無情實際 등의 논법이 없는가? 더 나아
가서 말하자면, 만약 무정에 있으나 법성이라 이름하고 불성이라 이름
하지 않는다면, 어찌하여 『화엄경』에서는 제법에 사나舍那의 성이
본래부터 있다고 하는가? 참된 불체佛體가 일체제법 가운데 있는 것이
라면, 어떻게 무정 가운데서 불성이라 이름하지 않는다고 할 수 있겠는
가? 그리고 마지막으로 담연은 "진여수연眞如隨緣은 다시 말하자면
불성수연佛性隨緣이고, 진여와 불성은 체가 동일하고 명칭이 다르며,
불성은 곧 인법이공人法二空이 현현한 진여이다."라는 결론을 얻어
낸다.

'진여편재眞如遍在'로서 무정유성을 설한 이것은 담연의 무정유성설
의 가장 유력한 이론 근거이자 또한 반대론자를 믿게 할 수 있는 최고의
이론이다. 왜냐하면 중국불교의 각종 각파는 모두가 한결같이 진여가

항상 편재遍在함을 인정하고 있었고, 진여를 불성으로 삼은 것 역시 천태 한 종만의 독특한 제창이 아니었기 때문이다. 진여가 항상 편재함을 인정하면 또한 불성은 진여의 다른 별칭이므로 무정유성은 실로 자연스럽게 이루어지는 것이다.

실제로 무정유성 사상에 대한 고찰에 있어서 중요한 것은 담연이 어떻게 이러한 사상을 제기할 수 있었는가를 지적함이 아니라, 마땅히 어째서 담연에 이르러서야 이러한 견해를 제기하게 되었는가를 연구해야 한다. 왜냐하면 중국 불성이론에서 보면, 무정유성의 사상은 거의 중생유성의 사상과 같이 그 역사가 유구하기 때문이다. 여기에서 중생유성의 사상에 대해 간략히 거슬러 올라가 살펴보도록 하자.

축도생竺道生의 중생유성설은 이불성理佛性, 진리자연眞理自然에 근거를 두고 있었다. 이 외에 도생의 많은 저서 가운데서 볼 때 법·실상·불·불성은 모두가 명칭은 상이하나 실체가 동일한 것으로서, 이는 실제로 이미 일체제법은 모두 다 불성이 있다는 사상을 포함하고 있었다. 천태지자는 실상설을 기반으로 하여 '일색, 일향이 중도 아님이 없음'을 제창하였으니, 무정유성의 사상도 역시 마땅히 주제에 포함되어 있어야 할 뜻인 것이다. 화엄종은 정심연기를 주로 하고 일체제법을 하나의 여래장자성청정심에 귀결하였으며, "꽃 한 송이에 하나의 세계가 들었고, 나뭇잎 하나에 한 여래가 들었다."[127]라는 것을 제창하여 역시 무정물을 불성 밖에 배제하지 않았다. 삼론종의 가상嘉祥 대사는 더욱 "무소득無所得한 이에게 있어서 공空이 불성일 뿐만 아니라 일체

---

127 앞의 책, "一花一世界, 一葉一如來."

초목도 불성이다."[128]라고 밝혀 말하였다. 그는 『열반경』의 "일체제법 가운데 모두 안락성安樂性이 들어 있다."[129]라는 등의 경문을 근거로 통문의通門義에 따라 일체중생 실유불성이고 초목도 그러하다고 지적하였다.

이처럼 무정유성의 사상은 역사상 오래전부터 있었던 것으로서 담연의 발명이 아니며, 담연의 역할은 주제 속에 마땅히 포함되어 있어야 할 뜻을 끌어내어 제시했음에 지나지 않는 것이다. 그가 무엇 때문에 무정유성설을 끌어내어 제시하고 또한 이를 하나의 기치로 삼았는가에 관해서는, 이를 통해 천태의 영향력을 확대시켜 기타 여러 종파와 대결함으로써 천태를 부흥시키고자 한 것이다. 또한 중생유성의 사상이 중당中唐에 이르러 이미 진부하고 상투적인 논조로 되어 별로 관심이 없었는데, 만약 한 걸음 더 불성의 범위를 확대하고 불성에 대해 새로운 명목을 세우지 않는다면 중당 이후 나날이 변해가는 불교의 쇠퇴와 침체의 추세를 돌려놓을 수 없었을 것이기 때문이다. 담연의 첫째 목적은 달성되었다. 무정유성설이 쇠퇴한 불교의 형세를 돌려놓을 수 있었는가에 관해서는, 무정유성 사상을 한 걸음 더 발전시킨 후기 선종의 흥망과 쇠퇴의 변화과정에서 그 개요를 엿볼 수 있다.

---

128 『大乘玄論』 권3. 『대정장』 45, 42쪽. "於無所得人, 不但空爲佛性, 一切草木是佛性也."

129 앞의 책. "一切諸法中, 悉有安樂性."

3. 성자천연性自天然과 가불매조呵佛罵祖

담연은 '무정유성'으로써 천태를 중흥시켰다. 기타 여러 종파도 모두가
스스로의 종문을 다시 부흥시킬 경로를 모색하고 있었다. 그 결과는
선종이 한 수 높아, 만당晚唐 이후에 선종이 각 종파 위에 웅거雄據하면서
중국불교의 사조를 이끌고 나가는 하나의 큰 종파가 되었다. 그 사상적
특징은 즉심즉불卽心卽佛로부터 초불월조超佛越祖로 나아간 것이다.

이론에서 보면 초불월조는 즉심즉불 사상의 논리에 걸맞은 발전이
다. 즉심즉불의 '심'은 사실상 포함하지 않은 것이 없는 하나의 보물단지
로서, 자심이 일체를 구족한 것인데 구태여 부처에게 구하고 조사에게
구할 필요가 있는가? 이는 혜해慧海가 강서마조의 말을 인용하여 "너
자신에게 보물(寶藏)이 일체 구족되어 있어 사용이 자재하므로 밖으로
구할 것이 없다."[130]라고 말한 바와 같다. 또한 한 걸음 더 나아가
자심을 관찰하면, 일체一體인 삼보三寶가 항상 현전해 본래 스스로
천연스럽고 조작함이 없음을 발견하게 된다. 후기 선종은 또한 여기에
서 변화 발전시켜 자연의 순리 그대로 맡겨, 배고프면 먹고 졸리면
잠자는 등의 수행이론을 제기하였다.

초불월조의 사상에 관하여는 『진주임제혜조선사어록鎭州臨濟慧照
禪師語錄』에 매우 대표적인 말이 몇 단락 실려 있다.

오늘날 도를 배우는 사람들이 무엇보다 중요한 것은 스스로를 믿는

---

130 『景德傳燈錄』. 『대정장』 51, 440쪽. "汝自家寶藏一切具足, 使用自在, 不假外求."

420

것이다. 밖으로는 찾지 말라.[131]

그대들이 만약 부처를 구하면 불마佛魔에게 붙잡히고, 조사를 구하면 조마祖魔에게 묶이게 된다. 그대들은 만약 구하는 것이 있으면 모두가 고통이니, 아무런 일 없느니만 못하니라.[132]

만약 어떤 사람이 부처를 구한다면 그는 부처를 잃을 것이고, 만약 어떤 사람이 도를 구한다면 그는 도를 잃을 것이며, 조사祖師를 구한다면 그는 조사를 잃을 것이다.[133]

부처를 구하고 조사를 구하며 우상을 숭배하는 것으로, 사람으로 하여금 세속의 번뇌에서 벗어나고 고해를 건너도록 할 수 없을 뿐만 아니라, 오히려 도를 얻고 해탈하는 데 장애가 된다는 것이다. 이른바 "한 조각 흰 구름이 계곡에 가득하니, 돌아오던 산새 둥지를 찾지 못하네."[134]라는 것도 이러한 의미이다. 이러한 사상에서 출발하여 후기 선종은 한 걸음 더 나아가 "부처를 만나면 부처를 죽이고, 조사를 만나면 조사를 죽이고, 나한을 만나면 나한을 죽여야 함"[135]을 주장하였

---

131 (唐)慧然,『鎭州臨濟慧照禪師語錄』.『대정장』47, 499쪽. "如今學道人, 且要自信, 莫向外覓."
132 앞의 책. "爾若求佛, 卽被佛魔攝, 爾若求祖, 卽被祖魔縛, 爾若有求皆苦, 不如無事."
133 앞의 책, 502쪽. "若人求佛, 是人失佛, 若人求道, 是人失道, 若人求祖, 是人失祖"
134 (宋)集成,『宏智禪師廣錄』.『대정장』48, 2쪽. "一片白雲橫谷口, 幾多歸鳥盡迷巢."

고, 이렇게 해야 "비로소 해탈을 얻음"이라고 보았다.

운문종雲門宗 문언文偃 선사는 누군가가 부처님께서 태어나자마자 일곱 걸음을 걸은 후에 한손을 들어 하늘을 가리키고 또 한손은 땅을 가리키면서 '천상천하 유아독존'이라고 하였다는 말을 듣고 "내가 그 당시에 있었다면, 한 방에 때려죽여 굶주린 개에게나 주어 세상을 태평하게 했을 것이다."[136]라고 하였다.

더욱이 덕산선감德山宣鑑 선사는 '가불매조呵佛罵祖'로 유명하다. 『오등회원五燈會元』의 기록에 의하면, 덕산은 원래 남방선종의 도를 믿지 않았는데, 남방에서 선학이 크게 성행한다는 이야기를 듣고 화가 나서 다음과 같이 말하였다고 한다. '헤아릴 수 없이 많은 출가인들이 천겁을 부처님의 위의威儀를 배웠고 만겁을 부처님의 계행 준수에 힘써왔어도 성불을 이루지 못했건만, 남방의 작은 귀신들이 감히 직지인심, 견성성불한다고 허풍을 떨다니, 내 그들의 소굴을 습격하여 그 종자들을 없애고 부처님의 은혜에 보답하리라.' 그가 남방으로 가는 도중에 낙양洛陽을 지나면서 떡을 파는 한 노파를 만나, 점심을 하려고 떡을 청하였다. 이때 노파는 덕산이 등에 무언가를 지고 있는 것을 보고 무엇이냐고 물었다. 덕산이 『청룡소초青龍疏鈔』라고 답하자, 노파가 또 물었다. 무슨 경전을 말한 것입니까? 덕산이 『금강경』이라고 답하자, 노파가 말하였다. 내가 여쭤보는 말에 대답을 잘 해주면 떡을

---

135 『鎭州臨濟慧照禪師語錄』. 『대정장』 47, 500쪽. "逢佛殺佛, 逢祖殺祖, 逢羅漢殺羅漢."

136 『雲門匡眞禪師廣錄』. 『대정장』 47, 560쪽. "我當時若見, 一棒打殺與狗子喫却, 貴圖天下太平."

그냥 드리겠습니다. 만약 대답하지 못한다면 다른 곳에 가서 사십시오. 『금강경』에는 과거심도 얻을 수 없고, 현재심도 얻을 수 없고, 미래심도 얻을 수 없다고 했는데, 어느 마음으로 점심을 들고자 합니까? 순간 덕산은 눈을 휘둥그렇게 뜨고 말문이 막혀버렸다. 이에 노파가 그더러 용담龍潭에 찾아가서 도를 배우라고 일러주었다. 이후에 용담 선사의 여러 가르침 아래 마침내 크게 깨달음을 얻고 나서는 모든 경소經疏를 불태워 버리고, 나아가 부처를 꾸짖고 조사를 매도하였다. 그가 이르기를 "보리달마는 냄새나는 야만인이다. 석가모니는 별 볼일 없는 똥 닦는 막대기(干屎橛)요, 문수·보현은 변소 치는 사람이다. 등각묘각等覺妙覺이란 족쇄를 벗어난 평범한 인간성일 뿐이며, 보리와 열반은 당나귀를 매어두는 나무 기둥에 불과하다. 십이분교十二分敎 교학은 귀신의 장부에 지나지 않으며, 종기의 고름을 닦아내는 휴지일 뿐이다."[137]라는 것이다.

후기 선종은 부처를 구하지 않는 것에서부터 가불매조呵佛罵祖에 이르고, 심지어 "부처를 만나면 부처를 죽이고, 조사를 만나면 조사를 죽이며", "부처를 삶고, 조사를 삶는다."라고 한 것은 선종이 이미 일체 우상에 대한 숭배를 반대하고, 명심明心을 추종하고 견성을 귀히 여겼음을 보여주고 있다. 이와 관련하여 그들의 수행이론은 경론의 독송과 도를 배워 수행하는 것을 반대하고, 순임자연純任自然하여 본연의 천연스럽고 참되며 자재로운 부처가 될 것을 주장하고 있는 데서

---

137 (淸)超永,『五燈全書』.『속장경』81, 517쪽. "達摩是老臊胡, 釋迦老子是干屎橛, 文殊普賢是揮屎漢, 等覺妙覺是破戒凡夫, 菩提涅槃是系驢橛, 十二分敎是鬼神簿, 拭瘡疣紙."

나타난다.

혜해慧海의 문인이 혜해에게 물었다. 경론은 부처님 말씀인데 독송하고 교를 의지해서 봉행하는데 어찌 견성하지 못하는 겁니까? 혜해가 답하기를 "마치 미친개는 흙덩이를 좇고 사자가 사람을 무는 것과 같음"[138]이니, 참선하고 도를 닦는 것은 "단지 소리와 형상을 따라 달려갈 뿐"[139]이라 하였다.

임제의현臨濟義玄 선사에게도 또한 "경을 보거나 가르침을 듣는 것은 모두 업을 짓는 것이다."[140]라는 말이 있다. 그는 "경을 보지 않고", "참선하지 않으며", "모든 사람들이 다 부처가 되고 조사가 되게 함"[141]을 주장하였다. 나안(懶安, 회해)은 위산潙山에서 "위산의 밥을 먹고 위산의 똥을 누었지만, 위산의 선은 배우지 않았다. 단지 소를 한 마리 돌봤다."[142]라고 하였다. 선문에서는 더욱더 "염불소리를 듣고 선당을 씻도록 했고"[143], "염불을 한 번 하고 나서 삼일 동안 양치질을 하였다."[144]라는 등의 말이 전해지고 있다. 종합해 보면, 경전독송과 염불, 참선은 이미 부처를 구하고 조사를 예배하는 것과 같이, 윤회의 악업이자 해탈의 장벽과 동일시되었다. 해탈을 구하려면 오직 심신心身에서

---

138 (宋)普濟, 『五燈會元』. 『대정장』 80, 79쪽. "如狂狗趂塊, 師子咬人."

139 『景德傳燈錄』. 『대정장』 51, 440쪽. "只是逐聲色走."

140 『鎭州臨濟慧照禪師語錄』. 『대정장』 47, 499쪽. "看經看教, 亦是造業."

141 앞의 책, 503쪽. "不看經", "不學禪", "總敎伊成佛作祖去."

142 『景德傳燈錄』. 『대정장』 51, 267쪽. "喫潙山飯, 屙潙山屎, 不學潙山禪, 祇看一頭水牯牛."

143 앞의 책. "聞念佛聲, 筋人以水洗禪堂."

144 앞의 책. "念佛一聲, 漱口三日."

구하고, 자성에서 보아야만 한다는 것이다.

전기 선종에서 즉심즉불의 조사선이 자심의 미혹과 깨달음을 많이 강조한 것과는 달리, 후기 선종에서는 심과 성의 본자천연本自天然의 성질에 더욱 치중하고 있다. 설봉雪峯 선사가 목판에 적은 "본래 천연이라 쪼고 다듬을 필요가 없다."는 말이 백장회해의 눈에 들어 "진짜 납승이라면 칼날의 흔적이 전혀 없지."[145]라고 하였다고 한다. 이는 당시에 선종이 불성의 의지처인 심성에 대한 견해를 아주 잘 드러내고 있으며, 또한 당시에 선종이 순임자연純任自然과 조작하지 않음을 주장하는 수행기풍을 나타내고 있다.

혜해 선사는 "선사께서도 도를 닦음에 있어 노력을 들이십니까?"라고 문인이 묻는 말에 이렇게 대답하였다. "배고프면 밥 먹고 피곤하면 잔다네."[146] 혜능의 제5대 법손인 종심從諗은 "어떤 것이 칠불입니까?"라는 질문에 "잠이 오면 자고 일어나고 싶으면 일어난다."[147]라고 대답하였다. 선감宣鑒도 다음과 같이 말하였다. "너희들은 다른 곳에서 깨달음을 구하지 말라. 달마 대사도 이곳에 와서 다만 조작造作하지 말라고 가르친다. 옷 입고 밥 먹고, 대변보고 소변보는 것이다. 다시 생사를 두려워함도 없고, 얻을 열반도 없고, 증득한 열반도 없다. 그저 일상 속에 일없는 사람일 뿐이다."[148] 백장회해는 다음과 같은

---

145 『雪峰義存禪師語錄』．『속장경』 69, 75쪽. "本自天然, 不勞雕琢", "本色住山人, 且無刀斧痕."
146 『景德傳燈錄』．『대정장』 51, 247쪽. "和尙修道, 還用功否?", "飢來吃飯, 困來卽眠."
147 『古尊宿語錄』 권14,『속장경』 68, 85쪽. "如何是七佛?", "要眠卽眠, 要起卽起."
148 (宋)宗杲,『正法眼藏』．『속장경』 69, 574쪽. "諸子, 莫向別處求覺. 乃至達摩小碧

시를 지었다. "위산潙山 수고우水牯牛를 놓아라. 소고삐 맨 줄을 집착하는 사람이 없다. 녹양방초에 봄바람이 부니 높은 데 누워 자면서 자유를 만끽하라."[149]

『학림옥루鶴林玉露』에는 한 비구니가 지은 시가 실려 있다. "종일토록 봄을 찾아 이산 저산 헤매다 돌아오니 매화 향기에 웃음이 나네. 봄은 가지 위에 한참인 것을."[150] 유명한 『영가증도가』에 보면 첫머리에 바로 "그대들은 보지 못했는가? 배움을 끊고 함이 없는 도인은 망상을 제거하려고도 진을 구하려고도 하지 않는다. 무명과 실성이 곧 불성이고, 환화幻化의 공신空身이 바로 법신이다. 법신을 깨달으면 일물一物도 없으니, 본원의 자성이 그대로 천진불天眞佛이다."[151]라고 적혀 있다. 이러한 시와 게송, 문구들은 너무 많아서 일일이 다 거론할 수가 없는데, 그 핵심적인 뜻은 모두 성자천연性自天然, 불가조탁不假雕琢, 절학무위絕學無爲, 불가도부不加刀斧이며, 이렇게 하면 본원의 자성이 천진스러운 부처로 될 수 있음을 설하고 있다.

순임자연純任自然의 수행방법은 부처, 불성을 자연무위의 사상과 갈라놓을 수 없는 것이다. 후기 선종의 저서에서 부처와 불성은 개별적인 물체라 말할 수 없다. 만약 꼭 억지로 부처라고 말하고자 한다면

眼胡僧到此來, 也只是敎你莫造作, 着衣吃飯, 屙屎送尿, 更無生死可怖, 亦無涅槃可得, 無涅槃可證, 只是尋常一个無事人."

149 "放出潙山水牯牛, 無人堅執鼻繩頭. 綠楊芳草春風岸, 高臥橫眠得自由."

150 (明)曾鳳儀, 『楞伽經宗通』. 『속장경』 16, 835쪽. "盡日尋春不見春, 芒鞋踏遍隴頭云. 歸來笑拈梅花嗅, 春在枝頭已十分."

151 『永嘉證道歌』. 『대정장』 48, 395쪽. "君不見, 絕學無爲閑道人, 不除妄想不求眞. 無明實性卽佛性, 幻化空身卽法身. 法身覺了無一物, 本源自性天眞佛."

426

닿는 곳마다 모두 부처이고, "푸르고 푸른 대나무가 모두 법신이며, 활짝 핀 노란 꽃이 반야 아님이 없음"[152]이며, "움직이고 행하고 말하고 침묵하고 울고 웃는 것이 다 부처"[153]이며, "물을 긷고 나무를 하는 것이 불사 아님이 없음"[154]이요, "수많은 종류 중의 하나하나에 다 부처가 들어 있음"[155]이 바로 모두 이러한 뜻을 가리키고 있는 것이다. 만약 이전의 불성이론이 일체제법 가운데서 하나의 절대적인 본체를 추상화해내어 그것을 부처·불성으로 삼았다고 한다면, 후기 선종은 그와 반대로 행함으로써 이 본체의 부처를 다시 만물 가운데 돌려보냈다. 그러므로 수많은 종류 중의 하나하나에 다 부처님이 들어 있다는 것이다.

수많은 종류의 하나하나에 다 부처가 들어 있는데, 더 이상 무엇을 구하겠는가? 일단 구하는 바가 있으면 이미 도와 어긋나고 마魔에 들게 되며 '서래대의西來大意'에 위배되기 때문이다. 이로부터 또한 일련의 '기봉機鋒', '방할棒喝', '화두話頭', '공안公案'이 발전 변화하여 나타나게 된다.

여러 공안에서 가장 논의의 화제로 되었던 것은 "어떤 것이 조사가 서쪽에서 오신 뜻인가?"[156]를 꼽아야 할 것이다. 조주趙州는 "뜰 앞의

---

152 『景德傳燈錄』 권28. 『대정장』 47, 557쪽. "靑靑翠竹, 盡是法身, 鬱鬱黃花, 無非般若."
153 『古尊宿語錄』 권2. 『속장경』 68, 15쪽. "擧動施爲, 語默啼笑皆是佛."
154 (淸)儀潤, 『百丈淸規證義記』. 『속장경』 63, 456쪽. "運水搬柴無非佛事."
155 『黃蘗斷際禪師宛陵錄』. 『대정장』 48, 386쪽. "萬類之中, 個個是佛."
156 『鎭州臨濟慧照禪師語錄』. 『대정장』 47, 504쪽. "如何是祖師西來意?"

잣나무"라 했고, 운문은 "마른 똥막대기"[157]라고 했으며, 도일은 "지장
의 머리는 희고, 회해의 머리는 검다."[158]라고 했고, 구봉九峰은 "일촌의
거북이 털이 아홉 근이 된다."[159]라고 했으며, 종심從諗은 "앞니에 털이
돋는 것"[160]이라고 하는 등 여러 가지가 있었다. 어느 날 용아龍牙
화상이 '조사서래의'에 관하여 취미翠微에게 묻자, 취미는 선판禪板을
좀 갖다 달라고 하면서 받자마자 다짜고짜 그것으로 후려쳤는데, 의현
義玄에게 다시 묻자, 의현은 방석을 가져오라고 하고는 역시 받는
즉시 그것으로 후려쳤다.[161] 결론적으로 '서래의'는 본래 마음으로만
깨달을 수 있을 뿐, 말로써는 전할 수가 없다는 것이다. 영산회상에서
석가가 꽃을 들어보이자 가섭이 미소로 답했다는 것은 바로 법을 전하는
것이었다. 이 후에는 '이심전심', '심심상인心心相印'하여 절대로 여러
언설로 표현해서는 안 되며, "한 물건이라고 말한다 해도 맞지 않는
것"[162]이다.

　임제의현臨濟義玄 본인도 과거에 불법의 대의大意를 세 번 묻고 세
번 두들겨 맞은 역사가 있어, 그 후에 크게 깨닫고 조사가 된 후에
역시 같은 방법으로 문인들을 대하였다. 누군가 어떤 것이 불법의

157 (明)語風圓信·郭凝之, 『金陵清涼院文益禪師語錄』, 『대정장』 47, 591쪽. "庭前柏
　子樹."
158 (宋)才良, 『法演禪師語錄』, 『대정장』 47, 657쪽. "藏頭白, 海頭黑."
159 (宋)法應集 (元)普會續集, 『禪宗頌古聯珠通集』, 『속장경』 65, 707쪽. "一寸龜毛
　重九斤."
160 『禪宗頌古聯珠通集』, 『속장경』 65, 590쪽. "扳齒生毛."
161 『古尊宿語錄』 권1 참조.
162 『古尊宿語錄』 권4, 『속장경』 68, 29쪽. "一說似一物則不中."

대의인가 물으면, 먼저 할을 하고 나서 바로 후려쳤다. 그는 방할棒喝에 대해 다음과 같이 해석하였다. "산승이 금일에 일이 부득이해서 간청에 순응하고, 인정에 굽히어 방금 이 법좌에 올랐느니라. 만약 조종祖宗 문하의 종지로서 대사를 들어 보이자면 결정코 입을 열면 어그러지니, 그대들도 발붙일 틈이 없다."[163], "결정코 입을 열면 어그러진다."라는 말 한마디에서 방할의 자세한 내막을 드러내 보이고 있다.

　현각玄覺은 불교사에서 유명한 '일숙각一宿覺'이다. 그는 어떻게 하여 일숙하고 깨우쳤던 것일까? 전하는 바에 의하면, 현각은 일찍이 천태지 관법문 및 유마維摩의 불이不二의 취지를 깊이 알고 있었다 한다. 그가 혜능에게 참례할 때 "세 번 절하고 앉으라."[164] 하였는데, 혜능이 말하기를, "대체로 사문이란 삼천위의三千威儀와 팔만세행八萬細行을 갖추어야 하거늘, 대덕은 어디서 왔기에 이렇게 큰 아만을 내는가?"라고 하자, 현각이 말하였다. "나고 죽는 일이 크며, 덧없음이 매우 빠르옵니다." 혜능이 "그렇다면 어찌하여 남이 없음을 체득해서 빠름이 없음을 요달하려 하지 않는가?"라고 하자, 현각은 "체體는 곧 남이 없고, 요달하면 본래 빠름이 없습니다."라고 답하였다. 이 대답으로 혜능의 인가를 받자, 현각은 위의를 갖추고 예배를 한 다음 하직인사를 고하였다. 혜능이 말하였다. "돌아감이 너무 빠르지 않느냐?" "본래 스스로 움직이지 않거니, 어찌 빠름이 있겠습니까?" "누가 움직이지 않는 줄 아느냐?" "당신께서 스스로 분별을 내시옵니다." "네가 참으로 생이 없는 도리를

---

163 『鎭州臨濟慧照禪師語錄』, 『대정장』 47, 496쪽. "山僧今日事不獲已經, 曲順人情, 方登此座. 若約祖宗門下, 稱揚大事, 直是開口不得, 無你措足處."
164 (元)宗寶, 『六祖大師法寶壇經』, 『대정장』 48, 357쪽. "繞師三匝, 振錫而立."

알았구나." "생이 없음에 어찌 뜻이 있겠습니까?"라고 하였다. "뜻이 없다면 누가 분별하는가?" "분별하는 것 역시 뜻이 아닙니다." 이에 혜능이 말하였다. "장하다. 하룻밤만 묵어가거라." 그날 밤을 자고 간 현각을 당시에 '일숙각'이라 칭하였다.

　기봉機鋒, 방할棒喝, 화두와 공안은 언뜻 보기엔 막무가내인 것 같으나, 이러한 거침없는 지껄임과 엉터리 같은 말 뒤에는 황화黃花, 녹엽綠葉 그리고 일체제법, 더 나아가서 위로는 모든 부처, 아래로는 변소 구멍, 마른 똥 막대기에 이르기까지 모두가 티끌만큼도 분별이 없으며, 또한 구분할 수 없다는 사상적 토대가 포함되어 있다. 그러므로 누군가 부처는 무엇인가? 혹은 무엇이 부처인가? 라고 할 때, 혹은 꽃은 붉고 잎은 푸르며, 장삼張三은 남자이고 이사李四는 여자라고 할 때, 이미 제법의 불가분별不可分別의 기본사상에 위배되고 있는 것이다. 그렇다면 어떻게 해야 할 것인가? 선종은 일종의 '둘러서 선을 설함(繞路說禪)'의 방법을 택하였다. 즉 동을 물으면 서를 말하고, 이것을 물으면 저것으로 말하는 것이다. 이렇게 말하는 본의를 이해하지 못하고 '서西'를 말한다고 하여 '서'에 집착하고, 저것을 말한다고 하여 저것에 집착한다면, 또 이것의 얽매임을 떠나 그것의 질곡桎梏으로 빠지게 된다. 그러므로 기봉과 화두 가운데 선사가 무엇을 말하는가가 중요한 것이 아니라, 어째서 이렇게 말하는가가 중요한 것이다.

　예를 들면 선사가 석가모니는 간시궐干屎橛이고, 제불은 변소 구멍과 같다고 하는 것은 결코 제불이 정말로 이러한 사물이라는 것이 아니라, 이러한 비유를 통하여 묻는 자로 하여금 제불이 없는 곳이 없음을 깨닫도록 하는 것이다. 실제로 '제불이 무엇인가'에 대해 대답하기보다는 차라리 대답하지 않든가, 혹은 정면으로 대답하지 않는 것이 선사의 본의에 더욱 가까운 것이다. 따라서 선사는 들은 체 만 체하고 대답하지 않거나, 혹은 동문서답하는 경우가 더욱 많았다. 물론 발로 차고 주먹으로 치거나, 소리를 지르고 몽둥이로 후려침으로써 사람으로 하여금 그렇게 묻는 자체가 불법에 위배되는 것이며, 서래대의에 어긋남을 깨우치게 할 수도 있다. 만약 기봉, 방할, 공안과 화두 배후에 포함된 이러한 사상을 분명히 밝히게 된다면, 기봉, 방할은 표면상과 형식상에서는 일종의 신비주의적이지만 결코 신비주의로 귀결되지 않음을 인정해야 한다. 왜냐하면 그 사상적 토대에서 말하자면 일종의 극단적인 상대주의이기 때문이다. 과거의 기봉 등의 사상에 대한 연구들에서는 대다수가 그 중에 내포된 신비주의를 나타내 보이고 있는데, 이는 당연히 필요하고 정확한 것임에 틀림없다. 하지만 불학 연구의 깊이가 끊임없이 깊어짐에 따라, 또한 반드시 한 걸음 더 나아가 이러한 신비적 방법의 배후에 숨어 있는 상대주의 사상을 드러내야 할 것이다.

제3절 즉심즉불과 무정유성

중국 불성사상의 전반적인 발전과정에서 보면, 천제무성闡提無性으로부터 중생유성에 이르는 과정을 거쳤고, 최종적으로 '모든 만물 하나하나가 다 부처'라는 무정유성無情有性의 이론으로 발전하였다. 천제무성으로부터 중생유성에 이르는 사상의 진화과정에 대하여서는 제3, 4, 5장에서 이미 구체적으로 논술했고, 본 장의 앞 두절에서는 후자의 진화과정, 즉 중생유성으로부터 무정유성에 이르기까지의 발전의 과정에 대하여 간략하게 서술하였다. 따라서 본 절에서는 중국불교사와 관련되는 불성사상과 결합시켜 중생유성과 무정유성에 대하여 대략 분석하고 비교하도록 하겠다.

1. 목석무성木石無性과 무정유성

목석무성의 사상은 처음에는 심신心神 불성설의 대립적 측면에서 제기된 것이었다. 양무제와 보량寶亮 등은 신명스럽고 오묘한 체(神明妙體)를 불성으로 삼아, 목석은 마음이 없기 때문에 목석무성이라 하였다. 그리고 균정均正은 보량의 말을 인용하여, "만약 외물이 비록 진여이기는 하지만 심식心識이 아니기 때문에 생生이 이미 멸하였다."[165]라고 하였다. 백마사白馬寺 애 법사愛法師는 미래의 당과當果를 정인불성正因佛性으로 삼아, 이것으로써 목석은 당과의當果義가 없다고 판단했다. 이는 당과의가 없다는 의미에서 목석무성을 설한 것이다. 축도생의 이불성理佛性과 진리자연眞理自然설에는 실제로 이미 무정유성의 사상이 포함되어 있었으나, 천제유성에 대해 정면으로 반박할 때 그가 든 논거는 "천제는 생을 머금은 종류인데, 어찌 홀로 불성이 없겠는가?"였다. 이러한 설도 목석이 생명이 없기 때문에 불성이 없음을 설명하고 있다. 실제로는 불교사에서 무릇 신명神明이나 심식心識, 나아가서 각오覺悟의 성性으로 불성을 해석한 경우, 대부분이 중생유성을 논증함과 동시에 목석무성의 사상을 포함하고 있다.

---

165 (唐)均正,『大乘四論玄義』,『속장경』 46, 601쪽. "若外物者, 雖卽眞如, 而非心識, 故生已滅也."

무정과 유정의 불성의 유무에 관한 문제에 대하여 처음으로 전면적이고 체계적인 논술을 전개한 것은 삼론종의 창시자인 길장吉藏이다. 『대승현론大乘玄論』에서 길장은 이외理外와 이내理內, 통문通門과 별문別門, 그리고 소득인所得人과 무소득인無所得人 등의 다른 각도에서 중생과 초목의 불성유무의 문제를 논술하였다. 그는 이외理外로 말한다면 "이理 밖에 본래 중생이 없는데, 어떻게 이 외의 중생에게 불성이 있음을 묻겠는가? …… 그러므로 이理 밖에 이미 중생도 없고 또 불성도 없다."[166]라고 하고, 만약 이내理內로 말한다면 "중생에게 불성이 있을 뿐만 아니라 초목에게도 불성이 있다."[167]라고 하였다. 사람들이 그의 이러한 견해에 대해 의아함을 표시할 때, 그는 태연하게 응답하면서 아울러 "견문이 좁아 모든 것이 신기해 보이는 것"[168]이라고 말하였다. 그 후 그는 수많은 경문과 이전 대덕들의 설을 인용하여 증거로 삼으면서, 이내理內설로써 초목도 불성이 있음을 설명하였다. 예를 들면 그는 『대집경大集經』에서 말하는 "일체제법을 관하면 보리 아님이 없다."[169]는 것과 승조僧肇가 말하는 "도가 멀리 있으랴? 부딪히는 것마다 진眞이다. 성聖이 멀리 있으랴? 깨달으면 바로 신神이다."[170] 그리고 『열반경』에서 말하는 "일체제법은 모두 안락성安樂性이 있다."라는

---

166 (隋)吉藏, 『大乘玄論』, 『대정장』 45, 40쪽. "理外本自無有衆生, 哪得問言理外衆生有佛性不 …… 是故理外旣無衆生, 亦無佛性."

167 앞의 책, 40쪽. "不但衆生有佛性, 草木亦有佛性."

168 앞의 책. "少聞多怪."

169 앞의 책. "觀一切諸法, 無非是菩提."

170 앞의 책. "道遠乎哉, 卽物而眞, 聖遠乎哉, 體之卽神."

등의 문구들을 인용하고 서술하면서 증명한 다음, "이것은 일체제법의
의정依正이 둘이 아님을 설명한다. 의정이 둘이 아닌 까닭으로 중생이
불성이 있으니, 바로 초목도 불성이 있다."[171], "만약 중생이 성불할
때에는 일체 초목도 성불한다."[172]라고 말하였다.

여기에서 길장은 의정불이依正不二로써 초목유성을 설하였다. 즉
초목과 중생은 서로 의보(依)와 정보(正)인 것이므로 억지로 중생을
정으로 삼고, 초목을 의로 삼아서는 안 되며, 또한 초목을 정으로
삼고 중생을 의로 삼아서도 안 되는 것으로, 양자는 하나이고 둘이
아니며 다르지도 않다는 것이다. 이는 바로 '통문명의通門明義'이다.
"만약 별문別門으로 논하면 그렇지 않다. 무슨 까닭인가? 중생은 마음의
미혹함이 있기에 깨달음의 이치가 있고, 초목은 마음이 없어서 미혹하
지 않는데 어찌 깨달음이 있겠는가?"[173] 이는 마음이 있는지 없는지,
그리고 대오각성할 수 있는지 없는지에 따라 초목은 마음이 없으며,
마음이 없기 때문에 미혹하지 않고 또한 이른바 대오각성도 말할 수
없음을 설한 것이다.

이 밖에 길장은 또한 반대되는 각도에서 이내理內에 중생이 없고
불성도 없으며, 이외理外에 중생이 있고 불성이 있음을 논증하였다.
또한 "마음으로 보면 초목과 중생이 어찌 다시 다름이 있겠는가?"[174]라

---

171 앞의 책. "此明一切諸法, 依正不二, 以依正不二故, 衆生有佛性, 則草木有佛性."

172 앞의 책. "若衆生成佛時, 一切草木亦得成佛."

173 앞의 책. "若論別門者, 則不得然, 何以故? 明衆生有心迷, 故得有覺悟之理, 草木無
心, 故木迷, 宁得有覺悟之義?"

174 앞의 책, 41쪽. "觀心望之, 草木衆生豈復有異?"

434

고 한 것처럼 있다면 모두 있고 없다면 모두 없다, 있기도 하고 없기도 하며, 있지도 않고 없지도 않다고 설명하였다. 실제로는 길장의 사상적 방법에 의하면 이내理內와 이외理外, 그리고 불성이 있음과 없음을 설한 것은 결코 그의 목적이 아니었고, 그의 목적은 서로 상반되는 두 가지 측면의 논증을 통하여 최종적으로 "불성은 있지도 않으며, 이내理內와 이외理外도 아니기 때문에 만약 깨달음을 얻으면 유무有無, 내외內外가 평등하여 둘이 아님이 비로소 정인불성이라 할 수 있다."[175] 를 설명하는 데 있다. 집착이 있는 '유소득인有所得人'에 대하여, 『열반경』에서는 명확하게 언급한 불성으로서의 공空도 또한 불성이 아니며, 불성 자체도 역시 불성이 아니라고 하였다. 또한 추호의 집착도 없는 '무소득인無所得人'에 대해서는 공이 불성일 뿐만 아니라 일체 초목도 더불어 불성이라고 하였다.

수隋의 정영사淨影寺 혜원慧遠은 『대반열반경』에 근거하여 불성에 관한 논술을 두 가지로 나누었다. 『대열반경의기大涅槃經義記』에서 혜원은 이렇게 말한다.

첫째, 능지성能知性은 진식심眞識心을 말하는데, 이 진식심은 중생에게 있고 밖의 법에는 없다. 그러므로 앞에 말한 불성은 중생을 이른다. 또 망심처妄心處에 이 진심眞心이 있고, 망심이 없는 곳엔 진심이 없다. 그러므로 앞에서 말하기를, 무릇 단지 마음만 있으면 다 불성이 있다.[176]

---

175 앞의 책, "至於佛性非有非無, 非理內非理外, 是故若得悟, 有無內外, 平等無二, 始可名爲正因佛性."

둘째, 소지성所知性은 이른바 유무와 유무가 아닌 등 일체법문이다. 이것은 내외가 통달이니, 오직 내에만 있는 것은 아니다. 지금 이것을 논한 것은 처음(능지성)의 입장에서 말한 것뿐이다.[177]

혜원의 이성설二性說은 지성知性의 진식심眞識心으로써 『대반열반경』에서 말하는 "불성이 아닌 것은 이를테면 일체의 담과 벽과 기와와 돌 등의 무정물이다."[178]를 해석한 것이며, 동시에 유무가 아닌 소지성所知性으로 내외로 통하는 '허공', '중도' 등의 불성론을 설한 것이다.

원효元曉도 『열반종요涅槃宗要』에서 혜원과 유사한 사상을 천명하였는데, 논술한 각도가 혜원과 달랐다. 원효는 보불성報佛性과 법불성法佛性의 이종불성설로서 무정의 불성 문제를 설하였다. 어떤 사람이 『열반경』에서는 담, 벽, 기와와 돌 등 무정물이 불성이 아니라고 설하면서, 또한 불성은 허공과 같아 내육입內六入도 아니고 외육입外六入도 아니며, 내외를 합하였기 때문에 중도라 칭한다고 하는데, 만약 뒤의 문구에 의하면 기와, 돌 등의 물체는 불성이 되니, 이렇게 서로 위배되는 것을 어떻게 회통해야 하는가를 묻자, 원효는 이렇게 답하였다.

통교通敎로 해석하여 말하기를, 만약 유정과 무정이 서로 다르다는

---

176 『大般涅槃經義記』권10. 『대정장』37, 88쪽. "一能知性, 謂眞識心, 此眞識心衆生有之, 外法卽無. 故上說言佛性者謂衆生也. 又妄心處有此眞心, 無妄心處卽無眞心. 故上說言凡有心者悉有佛性."

177 앞의 책. "二所知性, 所謂有無非有無等一切法門, 此通內外不惟在內. 今此所論, 約初言耳."

178 『大般涅槃經』, 『대정장』12, 581쪽. "非佛性者, 所謂一切牆壁瓦石無情之物."

입장에 의거한다면 기와와 돌 등 물질은 불성이라 할 수 없다. 만약 오직 식의 전변으로 나타난다는 입장에 의하면 내외가 둘이 없어 합하여 불성이 된다. …… 앞 문구가 보불성報佛性이 되고, 뒤에 인용된 문구는 법불성法佛性이 된다. …… 역시 서로 위배되지 않는다.[179]

즉 보불성으로 말하자면 기와, 돌 등의 무정물은 불성이 아니고, 법불성으로 말하자면 불성은 일체유정과 무정에 두루 있다는 것이다.

선종 남종의 직계제자인 하택荷澤은 불성이 일체유정에 두루 있으나 무정에는 있지 않음을 명확히 주장하였다. 우두산牛頭山 원 선사袁禪師 와 신회神會 사이에 다음과 같은 문답이 있다.

문: 불성은 일체처에 두루합니까?

답: 불성은 일체유정에게 보편하지, 일체무정에게는 없다.

문: 선배 대덕들은 다 말하기를 "푸르고 푸른 대나무가 모두 법신이 며, 활짝 핀 노란 꽃이 반야 아님이 없다."라고 하는데, 지금의 선사는 무슨 까닭으로 불성이 일체유정에게만 있고 일체무정에 게 없다고 말합니까?

답: 어찌 푸르고 푸른 대나무를 공덕법신과 같다 하겠는가? 어찌 활짝 핀 노란 꽃을 반야의 지혜와 같다고 하겠는가? 만약 푸른

179 『涅槃宗要』, 『대정장』 38, 253쪽. "通者解云, 若依有情無情異門, 瓦石等物不名佛性, 若就惟識所變現門, 內外無二合爲佛性 …… 若前文爲報佛性, 後所引文爲法佛性 …… 亦不相違."

대나무와 노란 꽃이 법신과 반야와 같다면, 여래가 어떤 경전에
서 푸른 대나무와 노란 꽃에게 보리를 수기해 주었다고 설했던
가? 만약 푸른 대나무와 노란 꽃이 법신과 반야와 동일하다
하면 이것은 외도의 설이다. 무슨 까닭인가?『열반경』에 이르기
를, 명명백백한 문장이 있는데, 불성이 없는 것은 무정물이라고
한다.[180]

선종은 원래 교외별전으로 유명하다. 신회는 여기에서 오히려 평소
와 달리 경전과 전고를 인용하고 있다. 물론 경전을 인용했느냐의
여부는 주요한 것이 아니며, 중요한 것은 그의 사상이 경전을 필요로
하는가이다. 그의 사상과 경전이 서로 위배되는 경우, 그는 당연히
경전으로서 자신을 속박하지 않겠지만, 경전의 논술이 자신의 필요에
부합할 경우에는 자연히 자유자재로 인용함으로써 자신의 논거를 강화
시키는 것도 무방한 것이다.

신회가 경전의 이 단락을 인용한 것은 주로 이 단락의 논술이 그의
사상과 완전히 부합하고, 조사선의 즉심즉불이 실은 자심의 미혹과
깨달음도 강조해서인데, 이 심은 또한 보통 말하는 진심眞心, 청정심淸

---

180 『南陽和尙問答雜徵義』, 石井本, 『神會禪師禪話錄』, 中華書局, 1996, 86, 87쪽.
"問: 佛性遍一切處否? 答曰: 佛性遍一切有情, 不遍一切無情. 問曰: 先輩大德皆言
道, '青青翠竹, 盡是法身, 郁郁黃花, 無非般若', 今禪師何故言道, 佛性獨遍一切有
情, 不遍一切無情? 答曰: 豈將青青翠竹同於功德法身? 豈將郁郁黃花等般若之
智? 若青竹黃花同於法身般若, 如來於何經中說與青竹黃花授菩提記? 若是將青
竹黃花同於法身般若者, 此卽外道說也. 何以故? 『涅槃經』云, 具有明文, 無佛性
者, 所謂無情物也."

438

淨心과 약간 다르다. 중생의 목전의 현재심에 더욱 치중하고 있으므로, 그 불성설은 자연히 마음이 없는 청죽과 황화를 밖으로 배척하게 되기 때문이다. 신회가 이렇게 황화반야설黃花般若說에 반대하는 것에 대하여, 마조도일馬祖道一의 문하인 혜해는 진일보하여 "좌주座主가 어떤 연고로 청청취죽青青翠竹이 모두 다 법신法身이고 울울황화鬱鬱黃花가 무비반야無非般若임을 허락하지 않는가?"라고 묻자, 혜해는 다음과 같이 답한다.

> 법신은 형상이 없는데, 취죽은 형상으로 이루어졌다. 반야는 지知가 없는데, 황화로써 상相을 현현하였다. 저것은 황화취죽이지만, 반야 법신이 있는 것은 아니다. 그러므로 경전에서 말하기를, 부처의 진법신眞法身은 마치 허공과 같고, 물物에 감응하여 형形을 나타냄이 마치 물 가운데 달이 담긴 것 같다 하였다. 황화가 만약 반야라면 반야는 곧 무정물과 동일해야 하고, 취죽이 만약 법신이라면 취죽 또한 응용할 수 있어야 한다.[181]

이른바 법신은 마치 허공과 같아, 사물에 응하여 형상을 나타낼 수 있다. 만약 취죽이 바로 법신이라 한다면 취죽도 마땅히 응화應化하여 기타 사물로 현현할 수 있어야 한다는 것이다. 이른바 반야는 본래 신령스럽고 오묘한 지혜를 가리키는데, 만약 황화가 바로 반야라 한다

---

181 『景德傳燈錄』, 『대정장』 51, 441쪽. "法身無象, 應翠竹以成形, 般若無知, 對黃華顯相, 非彼黃華翠竹而有般若法身也. 故經云: 佛眞法身, 猶若虛空, 應物顯行, 如水中月. 黃華若是般若, 般若卽同無情, 翠竹若是法身, 翠竹還能應用."

면, 반야는 곧 무심무식無心無識의 무정물과 같이 되어버리는 것이
아닌가 하는 것이다.

혜해가 이렇게 한 차례 해설하고 난 후에도 좌주는 여전히 그 뜻을
알지 못하였다. 그러자 혜해는 계속해서 이렇게 말하였다. 실제로
시是와 비非는 모두 지나치게 판에 박힌 듯이 집착할 필요가 없다.
만약 견성한 자라면 그렇다고 해도 맞고 그렇지 않다고 해도 맞으며,
만약 견성치 못한 사람일 때는 취죽을 말하면서 취죽에 집착하고,
황화를 말하면서 황화에 집착하고, 법신을 말하면서 법신에 막히고,
반야를 설하면서 반야를 알지 못하나니, 언제나 집착하여 깨닫지 못한
다는 것이다. 이 부분은 길장이 말하는 무소득인無所得人에게 있어서
중생과 초목은 모두 다 불성이고, 소득인所得人에게 있어서 중생과
초목은 모두가 불성이 아니라는 것과 흡사한 점이 있다. 물론 양자의
귀착점은 서로 반대되는 것으로, 길장은 무소득을 귀착점으로 삼았으
나 선종은 본각진심本覺眞心을 종지와 귀착점으로 삼았다. 그러나 선종
에 대해서도 일률적으로 말할 수는 없다. 왜냐하면 전기의 선종은
인심人心과 자심自心에 더욱 치중했고, 후기 선종은 만류 가운데 하나하
나가 부처(萬類之中, 個個是佛)라는 것에 더욱 치중하는 바로 취죽법신翠
竹法身, 황화반야黃花般若설인 것이다.

2. 본각진심本覺眞心과˚ 진여불성

목석무성木石無性과 무정유성無情有性의 두 가지 불성설이 말하는 사상
적 내용에서 보면, 양자는 공통점이 있으면서 또한 차이점이 있다.

하나는 불성을 오로지 중생의 범위에만 국한시켰고, 다른 하나는 불성을 만물 가운데로 확대시킨 것이다. 만약 양자의 다른 점에 대해 한 걸음 더 나아가 살펴보면, 우리는 두 가지 불성설이 서로 다르게 된 근본원인은 불성의 뜻에 대한 해석이 다른 것임을 발견할 수 있다. 목석무성설은 심식心識, 각성覺性으로써 불성을 해석하였고, 무정유성설은 진여로 불성을 해석했던 것이다.

무정유성설은 담연湛然과 후기 선종을 대표로 들 수 있다. 담연의 무정유성설이 어떻게 진여편재로부터 무정유성을 추론했는가에 관해서는 제2절에서 이미 상세하게 논술하였다. 따라서 여기에서는 다시 후기 선종의 무정유성설이 무엇을 이론 근거로 삼았는지 살펴보도록 한다.

엄밀하게 말해 후기 선종은 결코 직접적으로 진여를 불성으로 삼은 것이 아니라, 마음을 불성으로 삼았다. 그러나 이 마음은 이미 혜능이 말하는 자심自心, 인심人心과 동일하지 않은 것으로, 전자는 주로 목전의 현재심을 가리키고 후자는 진심眞心의 의미를 더욱더 지니고 있다. 불교에서 말하는 진심은 이미 유정물의 심식에 국한되지 않고 일체제법의 본원으로 간주되었으므로, 바로 이러한 사상에서 출발하여 후기 선종은 비로소 '황화반야설'과 '물을 긷고 나무를 하는 설'이 있게 된 것이다. 이 점에서 말하면 선종의 세계관의 귀속문제는 실로 한가지로 말할 수 없다. 만약 전기 선종의 세계관이 주관유심주의主觀唯心主義(당연히 객관유심주의의 성분도 포함함)에 더욱 근접한 것이라면, 후기 선종은 전체적으로 객관유심주의, 상대주의에 속한다.

무정유성설과 달리 목석무성설은 심신心神, 자성의 깨달음을 많이

강조하는데, 이러한 설은 '심신불성론心神佛性論'과 '미범오성迷凡悟聖
설'이 가장 전형적이다. 심신불성론은 양무제梁武帝·보량寶亮 등을 대
표로 들 수 있고, 미범오성설은 천태·화엄·선종이 공통적으로 제창한
것이다. 여기에서 조사선의 직지인심, 견성성불은 일심의 깨달음을
더욱 중요시하였다.

종밀宗密은 『중화전심지선문사자승습도中華傳心地禪門師資承襲圖』
에서 다음과 같이 말한다. "달마서래達摩西來는 오직 심법心法만을 전할
뿐이다. 그러므로 스스로 말하기를, '나의 법은 이심전심하고 불립문자
다'라고 한다. 이 마음은 일체중생의 청정본각淸淨本覺으로, 또한 불성
이라고도 칭한다."[182], "불도를 구하려면 반드시 이 마음을 깨우쳐야
한다."[183] 종밀이 여기에서 말하는 본각의 마음이란 바로 전기 선종에서
말하는 자심이다. 즉 "일체유정은 모두 본각의 진심을 지니고 있으
며"[184] 미혹함에 있든 깨달음에 있든 이 마음은 다름이 없다는 뜻이다.
불도를 구하려면 밖으로 멀리 찾을 필요가 없이 이 본각의 진심이
본래 부처임을 깨우치면 된다. 성불하려면 이 마음을 깨우쳐야 하는데,
담, 벽과 목석 등 무정물은 본래부터 마음이 없기 때문에 당연히 목석유
성이라 할 수 없다. 간단하게 말하자면 이것이 바로 목석무성설의
사상 발전과정 및 이론 근거이다.

182 (唐)宗密, 『中華傳心地禪門師資承襲圖』, 『속장경』 63, 33쪽. "然達摩西來, 惟傳心
法, 故自云: '我法以心傳心, 不立文字.' 此心是一切衆生淸淨本覺, 亦名佛性."
183 앞의 책, 33쪽. "欲求佛道, 須悟此心."
184 (唐)宗密, 『原人論』, 『대정장』 45, 710쪽. "一切有情, 皆有本覺眞心."

3. 육조六祖의 혁명과 심心의 종교

선종이 수없이 많은 말을 한 것은 단지 사람들로 하여금 마음 하나를 알도록 가르치기 위한 것으로, 선종사상을 연구함에 있어서도 반드시 마음에 공功을 들이지 않으면 안 된다. '육조의 혁명'을 논함에 있어서도 마땅히 마음으로부터 이야기해야 한다.

이른바 '육조의 혁명'이란 혜능이 불교의 종교의식, 불성설, 수행방법 등에 대하여 일련의 중대한 개혁을 단행함으로써 선종으로 하여금 가장 중국적인 특징을 지닌 불교로 되게 한 것을 가리킨다. 그러므로 이른바 '육조의 혁명'은 결코 불교의 혁명화가 아니라 불교의 중국화인 것이다.

본장의 첫머리에서 지적한 바와 같이 '육조의 혁명'은 주로 즉심즉불의 불성설, 돈오견성의 수행방법과 세간을 떠나지 않고 자성자도自性自度하는 해탈론의 세 가지 측면에서 나타난다. 여기에서 먼저 혜능의 즉심즉불에서 '심'의 구체적인 함의로서의 숨은 뜻 및 그 종교적 의의를 살펴보도록 한다.

학술계와 불학계에는 선종이 말하는 '심'이란 '진심', '여래장자성청정심'을 가리키는 것으로, '육단심肉團心'이나 '구체심具體心'을 가리키는 것이 아니라고 보는 견해가 있다. 필자는 이러한 견해는 어느 정도 도리가 있으나, 선종에서 말하는 '심'에 대해 두리뭉실하게 통일시켜서는 안 되며 구체적으로 분석하고 상대해야 한다고 본다.

첫째로, 인도 불교경론에서는 항상 '심'에 대해 언급하고 있다. 예를 들면 "삼계유심三界唯心, 만법유식萬法唯識", "심과 부처와 중생, 이 세 가지는 서로 차별이 없음"[185], "심은 마치 그림을 잘 그리는 화가와 같아서 능히 모든 세간을 다 만들어낸다."[186] 등이 있다. 경론에서 말하는 이러한 '마음'은 확실히 '육단심'이나 '구체심'을 가리키는 것이 아니라 '진심', '여래장자성청정심'을 가리키고 있다. 그러나 이것은 선종이 말하는 '심'이 반드시 '진심'이어야만 한다는 것을 의미하지는 않는다. 반면, 만약 선종이 말하는 '심'과 인도 불교경론에서 말하는 '심'이 조금도 다름이 없이 모두 '진심', '청정심'을 가리킨다면, 선종이 가장 중국적 특색을 지닌 중국불교가 된다는 것이 오히려 불가사의한 일인 것이다.

둘째로, 중국불교에서 유독 선종만이 유심설을 제창한 것은 아니다. 실제로 중국불교는 천태 이후에 이미 유심적인 경향이 나타났으며, 화엄종은 더욱이 법계진심法界眞心을 만법의 본원으로 간주하고 화엄종 학설의 귀착점으로 삼았다. 만약 선종이 말하는 '심'도 역시 순전히 '진심'에 속한다면, 그것은 천태와 화엄종과 같은 것을 되풀이함에 지나지 않으며, '육조의 혁명'은 더구나 말할 필요가 없는 것이 아닌가?

셋째로, 후기 선종의 황화반야설과 물을 긷고 나무하는 설은 확실히 일종의 '모든 만물 하나하나가 다 부처'라는 무정유성론이다. 그들이 말하는 '마음'은 '진심', '여래장자성청정심'에 더욱 근접하고 있음에 틀림없음은 부인할 수 없다. 하지만 이는 전기 선종의 미혹과 깨달음에 의지하고 직지直指하여 견성見性하는 마음이 목전의 현재심을 가리킨다는 것은 티끌만큼도 의심할 필요가 없다.

---

185 『大方廣佛華嚴經』, 『대정장』 9, 465쪽. "心佛與衆生, 是三無差別."
186 『大方廣佛華嚴經』, 『대정장』 10, 102쪽. "心如工畵師, 能畵諸世間."

넷째로, 전기 선종에서 말하는 '심心'의 내재적인 숨은 뜻을 나타내는 가장 직접적인 근거는 『단경』의 마음에 대한 구체적 논술이다. 이 점에 대하여 본장의 제1절 '불성평등과 심성청정'에서 이미 『단경』의 "안으로는 심성心性을 다스리고 밖으로는 다른 사람을 공경하라.", "불선不善의 심을 품으면 염불하여 왕생하고자 하여도 이르기 어렵다.", "법에는 사승四乘이 없는데 사람의 마음에는 스스로 차별이 있다.", "마땅히 늘 하심下心으로 널리 공경을 행해야 한다." 등의 많은 논술을 열거하여, 이러한 마음은 '진심', '여래장자성청정심'으로서 이해하기란 매우 어렵다는 것을 설명하였다.

마지막으로 전기 선종의 즉심즉불설과 후기 선종의 무정유성설의 구별로부터 전기 선종은 단지 중생유성, 중생즉불에 국한되어 있을 뿐이지만, 어째서 후기 선종은 '모든 만물 하나하나가 다 부처임'을 주장하였는가를 설명하였다. 여기에서 주된 요인의 하나는 목전의 현재 인심을 직접 가리키고, 다른 하나는 신비주의의 기봉, 방할, 화두와 공안의 배후에 만물 가운데 편재하는 하나의 '진심'이 숨겨져 있다는 것에 있다.

겉으로 보면 혜능의 직지인심·즉심즉불설은 단지 심의 성질을 바꾼 것일 뿐이나, 실제로 이러한 변경은 선종사상이 하나의 중대한 전환을 가져오도록 만들었다. 사유형식에서 말하면 구체적이고 현재적인 인심人心으로써 추상적이고 현묘玄妙한 불교학설에 의해 백방으로 다듬어진 '여래장자성청정심'을 대체한 것이었다. 이러한 교체는 실제로 혜능이 외재적인 종교를 내재적인 종교로 변화시킨 것이며, 부처님을 숭배하는 데서 자심自心을 숭배하는 것으로 바뀌었다. 한마디로 말해 석가

모니의 불교를 혜능은 '마음의 종교'로 변화시킨 것이었다. 이러한
'마음의 종교'가 지닌 사상의 실질과 그 종교적 의의는 16세기의 마르틴
루터의 기독교에 대한 개혁과 약간 유사하다.

그는 권위에 대한 신앙을 타파한 반면, 신앙의 권위를 회복시켰다.
그는 승려를 속인으로 변화시켰지만, 속인을 승려로 변화시켰다.
그는 사람들을 외재적인 종교로부터 해방시켰으나, 종교가 사람들
의 내재적 세계가 되도록 하였다. 그는 육체를 쇠사슬에서부터
해방시켰지만, 또한 마음에 쇠사슬을 채웠다.[187]

---

187 『馬克思恩格斯選集』권1, 9쪽. "他破除了對權威的信仰, 卻恢復了信仰的權威.
他把僧侶變成了俗人, 但又把俗人變成了僧侶. 他把人從外在的宗教解放出來,
但又把宗教變成了人的內在世界. 他把肉體從鎖鏈中解放出來, 但又給心靈套上
了鎖鏈."

제7장 돈오頓悟와 점수漸修

중생에게 불성이 있는가와 중생이 성불할 수 있는가는 불성학설의
중요한 내용 가운데 하나이다. 그러나 불교는 성불 해탈을 최종 목적으
로 삼기 때문에 자연히 불성이 있는가? 성불할 수 있는가? 등과 같은
공허한 이론적인 설명에 만족하지 않고, 도대체 어떠한 조건 하에
성불하고, 어떻게 해야 성불하는가? 하는 등의 실천적인 문제에 더욱
관심을 가질 수밖에 없다.

중국불교는 어떤 의미에서는 실천적인 색채를 풍부하게 지닌 불교이
다. 그러므로 이 문제가 특히 두드러지게 나타나고 있다. 만약 인도불교
의 불성론이 상대적으로 중생이 불성이 있는가, 성불할 수 있는가?
등 이론적 문제의 번잡한 논증에 많이 주력하였다면, 중국불교는 줄곧
어떻게 성불하는가, 어떠한 조건에서 성불하는가? 등 실천적 문제에
더욱 관심을 가졌다.

물론 인도의 불성론도 "최초에 한 마음을 냈을 때 곧 바른 깨달음을

이룬다.”[1]라는 것과 같은 견해가 적지는 않다. 이러한 견해는 대부분 이론적인 측면에서 "마음과 부처와 중생, 이 세 가지는 서로 차별이 없음"을 설명한 것이며, 종교수행에 관해서도 여러 생에 걸쳐 점차 닦음을 많이 주장하였다.

중국불교의 불성론은 그렇지 않다. 점수를 주장하는 이도 적지 않았지만, 축도생이 돈오성불을 제창한 이후부터 돈오사상은 중국불교의 수행론에서 줄곧 매우 중요한 지위를 차지하고 있다. 육조 혜능의 선종에 이르러 돈오성불의 사상은 더욱더 수행학설의 주류로 등장하게 되었다. 중국불교에서 돈오사상은 지극히 중요한 지위를 차지하였고, 이는 우리가 중국 불성학설을 연구함에 있어서 마땅히 돈오사상에 대해 특별히 중시해야 함을 결정지었다.

제1절 돈오견성頓悟見性과 이불가분理不可分

돈오사상이 축도생으로부터 시작되었다는 이러한 견해는 단지 특정된 의미에서만 옳을 뿐이다. 왜냐하면 중국불교사에서 돈오설은 결코 도생이 최초로 제기한 것이 아니다. 도생 이전에 이미 지둔支遁, 도안道安, 혜원慧遠, 승조僧肇를 비롯한 명승名僧들이 돈오의 사상을 가지고 있었기 때문이다. 그러나 지둔, 도안 등 법사들의 돈오설과 도생의 돈오설은 구체적인 사상면에서 서로 차이점이 있다. 불교사에서는 이러한 돈오설을 두 가지로 나누어 '소돈오'와 '대돈오'라고 하고 있다.

---

1 『大方廣佛華嚴經』, 『대정장』 9, 449쪽. "初發心時, 便成正覺."

1. 소돈오小頓悟와 대돈오大頓悟

이른바 '소돈오'의 주요 사상은 칠주七住에서 돈오함을 주로 하고 있다.
『출삼장기집出三藏記集』권7 남제南齊 유규劉虯의 「무량의경서無量義經
序」에 다음과 같이 실려 있다.

> 지旨를 얻은 사람을 찾아보면 지둔支遁과 도안道安부터이다. 지공(支
> 遁)은 무생을 논할 때, 칠주七住를 도혜道慧의 구족으로 삼았고,
> 십주十住에서 비로소 능能을 현현할 수 있으니 표면적으로는 이
> 둘이 다르나, 극조極照에서 말한다면 바로 하나이다. 안공(道安)은
> 다른 관점에서 논변하는데, 삼승은 바로 시작할 때를 말하고, 정혜定
> 慧는 마침내 이루어진 이후이니, 이것은 구하는 순간에는 근기에
> 따라 셋으로 나누어지나, 깨달은 후에 그 혜慧는 둘이 아니다.[2]

『세설신어世說新語』「문학편文學編」주注에서도 또한 다음과 같이
말한다.

> 『지법사전支法師傳』에서 말하기를, "법사는 십지十地를 연구하여,
> 돈오가 칠주七住에 있음을 알았다."라고 한다.[3]

---

2 (蕭齊)劉虯, 『無量義經序』, 『대정장』9, 384쪽. "尋得旨之匠, 起自支安. 支公之論無
  生, 以七住爲道慧陰足, 十住則群方與能, 在迹斯異, 語照則一. 安公之辯異觀, 三乘
  者始簣之日稱, 定慧者終成之實錄, 此謂始求可隨根而三, 入解則其慧不二."
3 『世說新語·文學篇注』, "『支法師傳』曰: 法師研十地, 則知頓悟於七住."

이러한 견해에 의하면 지둔支遁과 도안道安 법사는 앞의 육지六地는 진성眞性을 깨달은 것이 아니며, 칠지에 이르러야 비로소 무생無生의 도리를 깨닫게 된다고 주장하고 있다. 칠지는 공덕의 행이 아직 원만하지 못하지만, 도혜道慧가 이미 구족하기 때문에 반야로 관조할 때 팔·구·십지와 다름이 없다. 따라서 법성은 지극한 이理이므로 나눌 수 없음을 깨달을 수 있다는 것이다. 여기에서 말하는 칠주, 십주는 바로 칠지, 십지이다. 십지설에는 대승, 소승, 일승이란 세 근기의 구별이 있지만, 여기에서 말하는 십지는 대승보살의 십지를 가리킨다. 이 십지에 관하여, 불교학설에서는 본래부터 세 가지를 중시해야 된다고 생각하였다. 그것은 첫째로 환희지歡喜地로서 이것은 범凡을 떠나 성聖에 들어가는 시작이다. 둘째로 제10의 법운지法雲地로서 공덕이 원만하여 대법신大法身을 얻었음을 말한다. 셋째로 제7의 원행지遠行地로서 유루有漏를 끊고, 처음으로 무루無漏를 증득하여 온갖 세간과 이승二乘을 훨씬 뛰어넘어 처음으로 무생법인無生法忍을 얻는 것이다. 지둔과 도안 법사는 바로 이 칠지를 관건으로 삼았다. 칠지 이전에는 배움의 단계와 점차가 있다. 반면 칠지 이후에는 무생의 도리를 깨닫게 된다고 보았으며, 이것으로부터 돈오의 뜻을 세웠다.

중국불교사에서의 돈점논쟁을 고찰해보면, 칠지七地를 관건으로 삼아 돈오의 뜻을 세운 이는 지둔, 도안 두 스님뿐만이 아니다. 수대의 석 법사碩法師도 『삼론유의의三論遊意義』에서 이렇게 말하고 있다.

소돈오를 사용하는 법사는 여섯이다. 첫째는 승조僧肇 법사, 둘째는 지도림支道林 법사, 셋째는 진안타眞安埵 법사, 넷째는 사통邪通

법사, 다섯째는 광산(匡山: 여산) 원遠 법사, 여섯째는 도안 법사이다. 이 법사들은 칠지 이상에서 무생법인을 깨닫는다고 하였다.[4]

여기에서 양진兩晉 시대에는 이미 수많은 명승이 칠주에 돈오한다고 주장했음을 알 수 있다. 그들이 어떻게 칠주에 돈오의 뜻을 세웠는가에 관하여 혜달慧達의 『조론소肇論疏』에 구체적인 전술轉述과 설명이 많이 기재되어 있다.

원 법사는 말하기를, 이승二乘은 아직 무생無生을 얻지 못하였고, 비로소 칠지 이상에 능히 얻을 수 있다고 하였다. 타 법사는 이르기를, 삼계三界의 제결諸結은 칠지의 무생을 얻자마자 일시에 몰록 끊어지니, 보살의 견제見諦가 된다고 하였다.[5]

혜원은 이승을 초월한 무생의 도리를 칠주에서 처음 얻는다는 점에서 칠주 돈오를 세웠고, 타埵 법사는 칠주에서 처음으로 무생법인을 얻어 일체제결一切諸結이 일시에 단박 끊어진다는 것으로써 칠주 돈오를 세웠다는 것이다.

한편 혜원이나 타 법사와 달리, 승조는 칠주에서 처음으로 불이不二

4 (隋)碩法師, 『三論游意義』, 『대정장』 9, 384쪽. "用小頓悟師有六家也. 一肇師, 二支道林師, 三眞安埵師, 四邪通師, 五匡山遠師, 六道安師也. 此師云七地以上悟無生法忍也."

5 (晉)惠達, 『肇論疏』, 『속장경』 54, 55쪽. "遠法師云: 二乘未得無生, 始於七地, 方能得也: 埵法師云: 三界諸結, 七地初得無生, 一時頓斷, 爲菩薩見諦也."

의 도리를 통달하게 된다는 것으로써 칠주 돈오의 뜻을 세웠다. 『조론
소』에 다음과 같이 말한다.

조 법사 또한 소돈오의小頓悟義가 같다. 무엇 때문인가? 곧 이제二諦
는 용이고, 둘이 없음이 체가 된다. 이제는 통발이고, 둘이 아님이
중中이다. 육지六地 이하는 유무가 합쳐지지 아니한 것이다. 둘이
없는 이치(理)이지만 아직 완전히 하나가 되지 못했기에 아직 이치를
깨닫지 못하였다. 만약 칠지 이상에서 유무를 함께 섭렵하면 비로소
이치를 깨달았다 칭한다. 『조론』 제49권을 해석하여 말하기를,
"사捨에는 두 종이 있다. 하나는 결結을 버리고 시施를 행함이요,
둘은 결을 버리고 도道를 얻음이다. 이것은 사결捨結을 사捨로 삼는
것인데 두 번째 사결을 인연으로 하여 칠지에 이르러야 비로소
결結을 버림이다."라고 하였다. 이전의 대덕 가운데 소돈오를 주장했
던 이는 이 문구를 사용하였다.[6]

이는 승조 법사 등의 논술 가운데 "칠지에 이르러서는 결을 버리게
된다."는 것을 근거로 삼는다. 칠지 이전에는 불이不二의 도리를 통달하
지 못해 유와 무를 겸하여 취할 수 없으나, 칠지 이상은 불이의 뜻을
통달하여 유와 무를 동시에 관할 수 있으므로, 칠지에서 돈오를 얻을

---

6 앞의 책, 55쪽. "肇法師亦同小頓悟義. 何者? 卽二諦是用, 無二爲體: 二諦是詮,
不二爲中. 而六地以還, 有無不幷, 無二之理, 心未全一, 故未悟理也. 若七地以上,
有無雙涉, 始名悟理. 釋論第四十九卷云:'捨有二種, 一捨結行施, 二捨結得道. 此以
捨結爲捨, 與第二捨結作因緣, 至七地乃能捨結.' 中代名德, 執小頓悟者執此文."

수 있다는 것을 세웠다는 뜻이다.

또한 소돈오의가 있다. 칠지는 생사의 무소유를 깨달음이 분명하다.
이것은 『대론大論』에서 나온 것이다.[7]

소돈오의 출처가 『대론』인지에 관해서는 여기서 잠시 논하지 않기로
한다. 그러나 사상적 내용으로 볼 때, 그 돈오의 뜻은 불생불멸, 유무쌍
섭有無雙涉의 무생의 이치를 입론의 근거로 삼은 것이다. 이는 세간의
형상을 초월하고 언어의 표현이 단절되어 입을 열면 도가 끊어지고,
마음이 일어나지마자 그곳도 멸한다는 반야학의 사상과 서로 상통하는
것이다.

소돈오의 여러 견해를 고찰하면, 칠주에서 도혜道慧를 구족하고,
제결諸結을 완전히 끊어버림으로써 처음으로 무생법인無生法忍을 얻게
되며, 이미 불이不二의 이치를 깨달았기 때문에 칠주에서 돈오한다고
한다. 하지만 칠주는 이를 통달하기는 했으나 공덕이 원만하지 못하고,
아직 궁극적으로 체體를 증득하지 못했으며, 궁극적으로 법신을 증득
하기 위해서는 여전히 팔, 구, 십지를 닦아야 한다. 이러한 견해에
대하여 도생은 그렇지 않다고 반대하였다. 그 이유는 삼지三地를 더
닦아야 한다면 법성의 이체理體를 두루 얻지 못하였다는 것으로서,
이를 얻지 못했는데 어떻게 깨달음이라 칭할 수 있겠냐는 것이다.
그리고 만약 또 닦아야 한다면 법성과 이체는 나눌 수 있다는 것이다.

---

7 (隋)吉藏, 『二諦義』 卷下, 『대정장』 45, 111쪽. "又有小頓悟義, 明七地悟生死無所
有, 此出大論."

454

지극한 이치를 만약 나눌 수 있다면, 이치에 들어서는 지혜도 두 가지로 나눌 수 있게 된다. 이는 이불가분理不可分의 뜻과 어긋나는 것이기 때문이다. 그러므로 축도생이 보기에 지둔, 도안 등 법사들의 돈오의 뜻은 여전히 점오에 속하며 돈오가 아니었다.

축도생은 십주十住 이내에 도를 깨달을 가능성이 없어 모두가 대몽大夢의 경계이며, 십주 이후의 '금강심'에 이르러서야 활연히 대오大悟하여 일체의 결혹結惑을 완전히 끊어버리고, 이것으로써 정각正覺을 얻고 법신을 증득한다고 보았다. 길장吉藏은 『이제의二諦義』에서 이렇게 말한다.

> 대돈오에 대해 축도생이 말하기를, "과보果報는 변사變謝의 입장이고, 생사는 대몽의 경계이니, 생사로부터 금강심金剛心에 이르기까지 모두 꿈이다. 금강심 이후에 활연히 크게 깨달으니, 다시 보이는 바가 없다."라고 하였다.[8]

축도생의 대돈오와 지둔, 도안 법사의 소돈오의 차별을 살펴보면, 대체로 하나는 이치의 깨달음과 체의 증득을 하나로 결합시키고, 다른 하나는 이치의 깨달음과 체의 증득을 두 개로 나누었다는 데 있다. 지둔, 도안의 소돈오는 칠주에 돈오할 수 있으나 십주에 이르러야 비로소 체를 증득할 수 있다고 보았다. 축도생의 대돈오는 "이치는 오직 하나의 궁극(理惟一極)"이고, "이치를 궁구하고 나면 보임(窮理乃

---

8 『二諦義』卷下, 『대정장』 45, 111쪽. "大頓悟義, 此是竺道生所辯. 彼云: 果報是變謝立場, 生死是大夢之境, 從生死至金剛心, 皆是夢, 金剛後心豁然大悟, 無復所見也."

睹)"이기 때문에 반드시 십지에 이르러 금강심이 현현해야 비로소 깨달았다 할 수 있다고 주장하였다. 혜달慧達은『조론소』에서 다음과 같이 도생의 뜻을 논술하였다.

> 돈오에는 두 가지 다른 해석이 있다. 하나는 축도생 법사의 대돈오에서 말하기를, "돈頓이라는 것은 이치가 불가분임을 밝히는 것이고, 오悟는 완전히 비춤을 말한다. 불이不二의 깨달음으로써 나눔이 없는 이치(理)에 부합하는 것이니, 이지理智에 걸림이 없음을 돈오라고 한다."라고 하였다.[9]

『대반열반경집해大般涅槃經集解』권1에서도 축도생의 서문을 인용하여 다음과 같이 말한다.

> 진리는 스스로 그러하다. 깨달음 또한 진리에 부합符合한다. 진眞은 차등이 없으니, 깨달음에 어찌 변화를 용납할 것인가? 변화가 없는 체體는 담연하여 항상 비추지만, 다만 미혹하면 근본에 어긋나므로, 사事가 아직 내게 있지 아니할 뿐이다.[10]

축도생의 법성이체法性理體는 본유로서 차등이 없으며, 열반불성은

---

9 『肇論疏』,『속장경』54, 55쪽. "而頓悟者, 兩解不同. 第一竺道生法師大頓悟云, 夫稱頓者, 明理不可分, 悟語機照. 以不二之悟, 符不分之理. 理智恚釋, 謂之頓悟."
10 (梁)寶亮,『大般涅槃經集解』,『대정장』37, 377쪽. "夫眞理自然, 悟亦冥符. 眞則無差, 悟豈容易? 不易之體, 爲湛然常照, 但從迷乖之, 事未在我耳."

담연하게 항상 비춘다. 능히 깨닫는 지혜는 둘 아닌 이치(理)에 부합하기에 돈오가 된다. 이치는 나눌 수 없는 것이기 때문에 깨달으면 전부 깨달아야 하며 단계를 용납하지 않는다는 것이다.

『법화경소法華經疏』에서 도생은 다른 측면에서 이미 무생법인을 얻었다면 더 이상 삼지三地를 닦을 필요가 없음을 설명하였다.

무생법인을 참답게 깨달아 얻은 이들이 어찌 말을 필요로 하겠는가? …… 아직 이치(理)를 보지 못한 때는 반드시 언어를 필요로 하겠지만, 이미 이치를 보았다면 어찌 언어를 쓰겠는가? 통발과 올가미를 빌어 물고기와 토끼를 구하지만, 물고기와 토끼를 이미 잡았다면 통발과 올가미를 어찌 시설하겠는가?[11]

이미 무생을 얻었다면 언어와 형상을 초월하는데, 이는 마치 물고기와 토끼를 이미 잡았다면 통발과 올가미는 버려도 된다는 것이다. 만약 칠주에서 무생을 이미 얻고, 그 뒤에 또 반드시 닦아야 한다면 이는 곧 손가락에 집착해 달을 잊어버리고 통발을 얻고 나서 물고기를 잊어버린 것과 마찬가지이다. 불교사에서 도생의 학설을 '상외지담象外之談'이라 부르는데, 이것이 바로 하나의 예이다. 『고승전』에 축도생의 문구가 기재되어 있다.

형상으로써 뜻을 다하고, 뜻을 얻으면 상을 잊는다. 말로써 이치(理)

---

11 앞의 책. "得無生法忍, 實悟之徒, 豈須言哉 …… 夫未見理時, 必須言津, 旣見於理, 何用言爲, 其猶筌蹄以求魚兔, 魚兔旣獲, 筌蹄何施?"

를 설명하고, 이치를 얻으면 말을 쉼이라. 경전이 동쪽으로 왔으니 번역하는 사람의 장애가 많고, 대부분 문자와 표면의 뜻에 묶이고, 내면의 뜻을 아주 조금 볼 뿐이다. 통발을 잊고 고기를 얻어야 비로소 도라고 말할 수 있다.[12]

이로부터 도생의 학설은 이치에 들어가 말이 쉬니 뜻을 얻음을 중히 여겼다는 것을 알 수 있다. 불교의 언어로 표현하자면, 법에 의지하고 사람에 의지하지 않으며, 요의了義에 의지하고 불요의不了義에 의지하지 않으며, 의義에 의지하고 언言에 의지하지 않으며, 지智에 의지하고 식識에 의지하지 않는다는 것이다. 역사에서는 도생을 '사의보살四依菩薩'이라 칭하는데 이것이 그 유래 가운데 하나이다.

『고승전』 및 『송사宋史』의 기록에 의하면, 도생이 '이초상외理超象外', '돈오성불'을 제창한 이후로부터 당시 대부분 사람들이 "추앙하고 경탄하였다."라고 한다. 『속고승전』에서는 승민僧旻의 말을 이렇게 기재하고 있다. "송대에 도생을 높게 평가하였는데, 돈오로써 경전을 통하였다."[13] 이로부터 도생의 돈오설이 유송劉宋 시기에 이미 시대의 풍조가 되었음을 알 수 있다.

이후 축도생의 돈오설을 널리 발양시킨 사람으로는 송宋의 도유道猷, 법애法瑗 등과 제齊의 유규劉虯 부자 및 법경法京 등의 법사가 있다.

---

12 (劉宋)竺道生, 『法華經疏』, 『속장경』 27, 15쪽. "夫象以盡意, 得意則象忘. 言以詮理, 入理則息言. 自經典東流, 譯人重阻, 多守滯文, 鮮見圓義. 若忘筌取魚, 始可與言道矣."

13 (唐)道宣, 『續高僧傳』, 『대정장』 50, 462쪽. "宋時貴道生, 開頓悟以通經."

전하는 바에 의하면, 송의 문제文帝 역시 도생의 돈오설을 매우 높이
평가하였다. 일찍이 도생이 입적한 이후 도생의 돈오의頓悟義을 찬술하
였는데, 승필僧弼 등의 비난을 받자 "만약 죽은 자를 다시 일어나게
할 수 있다면 어찌 제군들에게 굽힐 바가 되겠는가?"[14]라고 한탄하면서
즉시 당시에 도생의 돈오설을 언급한 도유와 법애를 입경入京하게
하여 도생의 돈오의를 상세하게 설명하게 하였다. 당시 논쟁하는 이들
이 끝없이 일어나는데 도생의 돈오의는 어떤 예리함도 좌절시키고
어떤 날카로움도 꺾었다. 황제는 탁자를 치며 쾌재를 불렀다. 법애가
언급한 돈오의도 도유에 못지않았다. 전하는 바에 의하면, 하상지何尙
之가 그가 설한 돈오의를 듣고 나서 "항상 말하기를 도생의 입적 이후
미언微言이 영원히 끊어졌는데, 금일 다시 상외지담象外之談을 듣고
보니 하늘은 이 문의文義를 아직 잃지 않았구나!"[15]라고 감탄하였다고
한다. 남제南齊의 유규劉虯도 항상 도생의 돈오의를 선양하였는데 "세인
누구도 굴복시킬 수 없었다."라고 전해지고 있다. 그는 일찍이 당시의
돈점 양가의 단점과 장점에 대해 이렇게 평가하였다. 점漸은 "유인하는
말로 실제의 말이 아니다."[16], "미문微文으로 형체形體를 접인하니,
점의 설은 거의 허락한다."[17], 그러나 "묘를 얻고 나면 점이 아니니,
이는 필연이기 때문이다."[18], "상을 잊고 의를 얻으니 돈의頓義가 첫째이

---

14 앞의 책, 100쪽. "若使逝者可興, 豈爲諸君所屈."

15 (梁)慧皎, 『高僧傳』, 『대정장』 50, 376쪽. "常謂生公歿後, 微言永絶, 今日夏聞象外
之談, 可謂天未喪斯文也."

16 (蕭齊)劉虯, 『無量義經序』, 『대정장』 9, 384쪽. "接誘之言, 非稱實之說."

17 앞의 책. "微文接粗, 漸說或尤."

다."[19]라고 하였다.

　도생의 돈오의 뜻을 설명하고 선양시킨 인물로는 위의 여러 법사 이외에 영향력으로 볼 때 가장 유명한 이는 남조 유송劉宋 시기의 대시인大詩人인 사령운謝靈運을 꼽아야 한다. 사령운은 저술『여제도인 변종론與諸道人辯宗論』에서 도생의 돈오의 뜻에 대하여 극도로 추종하 고 찬양하였다. 그 특징은 공자와 석가모니의 교설을 융합시킨 것에 있다는 것이다. 그는 다음과 같이 말한다.

　불교의 교설에서 성도聖道는 비록 멀지만 배움이 쌓이면 능히 이를 수 있고, 쌓임이 다하면 생生을 비추므로 마땅히 점오漸悟이다. 공자의 교설에서 성도는 이미 미묘하여 비록 안회顏回가 '가깝다(殆 庶)'라고는 하지만, 그 체體는 두루 비춤이 없어 이치(理)는 일극一極 으로 돌아온다. 새롭게 논하는 도사가 있어, 고요히 비춤이 미묘하여 단계를 용납하지 않는다. 배움의 쌓임은 끝이 없으니 어떻게 스스로 종결되겠는가? 지금 불교의 점오를 버리고 그 능지能至만을 취하고, 공자의 '가까움(殆庶)'을 버리고 그 일극을 취한다. 일극은 점오와는 다르게 능히 가깝지 않음에 이를 수 있다. 그러므로 이치가 나아가는 바는 비록 각각의 논지를 취하여 합하였지만, 공자와 석가모니의 본의를 떠나지 않았다. 물物을 구제한다는 말은 도가道家에서 제창 하는 득의得意의 설이니, 감히 이러한 절충을 스스로 인정하여 신론 新論으로 삼는 것이다.[20]

---

18 앞의 책. "妙得非漸, 理由必然."

19 앞의 책. "忘象得意, 頓義爲長."

460

이 말의 주요한 뜻은 불교는 성불이 비록 멀기는 하지만, 점수漸修하고 배움을 쌓으면 이를 수 있기 때문에 "돈오를 닫고 점오를 연다."[21]라고 본 것이다. 한편, 유교는 성인의 경지는 배움을 통하여 이르기 어려워 설사 안자顏子와 같을지라도 다만 '가까움(殆庶)'일 뿐으로 "적학積學을 닫고, 일극一極을 연다."[22]는 것이다. 지금 새롭게 논하는 도사가 있어 (축도생), "단계를 용납하지 않음"의 설을 세우고 점수하고 배움을 쌓는 것을 반대하는데, 은연중에 무척 이 견해에 찬성한다. 대체로 불교는 점오의 설이 있긴 하지만 '이를 수 있다(能至)'는 종지가 있는 것으로, 지금 그것의 이를 수 있음을 취하고 점오를 버릴 수 있다. 유교에는 비록 '가까움'의 설이 있으나 그것에는 일극의 논설이 있는 것으로, 지금 역시 그것의 가까움을 버리고 그 일극을 취할 수 있다. 이렇게 절충하여 말하면 성불할 수도 있거니와 또 점오도 아닌 바, 합쳐서 말하면 바로 '돈오성불'인 것이다. 사령운의 이러한 돈오성불설은 공자와 석가모니의 교설을 융합시킨 것이며, 이는 그의 발명이자 『변종론辨宗論』이 가치가 있는 점이기도 하다. 그러나 단지 돈오의 설을 세운 것에 관해서만은 도생의 설을 계승한 것이다.

사령운이 행한 도생의 돈오의 뜻에 대한 진술과 선양은 또한 여러

---

20 『廣弘明集』, 『대정장』 52, 224쪽. "釋氏之論, 聖道雖遠, 極學能至, 累盡鑒生, 方應漸悟. 孔氏之論, 聖道雖妙, 雖顏殆庶, 體無鑒周, 理歸一極. 有新論道士, 以爲 寂鑒微妙, 不容階級. 積學無限, 何爲自絶? 今去釋氏之漸悟, 而取其能至: 去孔氏 之殆庶, 而取其一極. 一極異漸悟, 能至非殆庶. 故理之所去, 雖合各取, 然其離孔·釋矣. 余謂二談救物之言, 道家之唱, 得意之說, 敢以折中自許. 竊謂新論爲然."
21 앞의 책, 225쪽. "閉其頓了, 開其漸悟."
22 앞의 책. "閉其累學, 而開其一極."

도인과의 답변 가운데에서도 나타나고 있다. 승유僧維의 "무에 의지하
여 유를 규명할 경우를 어찌 점오라고 하지 않을 수 있겠는가?"[23]라는
물음에 사령운은 이렇게 말한다.

> '누累'가 없어지지 않으면 '무無'는 얻을 수 없다. 누의 폐단을 다
> 없애야 비로소 무를 얻을 수 있을 뿐이다. 누가 없어지면 곧 무이다.
> …… 유有에 머무는 동안은 학습이지 깨달음이 아니다. 깨달음은
> 유표有表에 존재하나, 배움에 의탁하여 도달한다. 다만 단계는 어리
> 석은 이를 가르치는 논설이고, 단박 깨달음은 진리를 터득하는
> 이론이다.[24]

이것은 '누累'를 없애지 않으면 '무'를 얻을 수 없으며, 누가 없어져야
'무'를 얻을 수 있기 때문에, 깨달음은 '유표有表'에 있다는 말이다.
'유표'라는 것은 바로 도생의 '상외象外'라는 뜻이다. 즉 득의망상得意忘
象인 것이다. 그러므로 "단계는 어리석은 이를 가르치는 논설이고,
단박 깨달음은 진의를 터득하는 이론이다."라고 하는 것이다.
　사령운의 "깨달음은 유표에 달려 있다."는 '상외'의 논지에 대해 승유
가 다시 물었다. "희종希宗을 배움에 있어 응당 매일매일 진보한다."[25],
"만약 매일 진보함은 점오漸悟가 아닌가?"[26] 이에 사령운이 답하였다.

---

23 앞의 책. "若資無以盡有者, 焉得不謂之漸悟?"

24 앞의 책. "夫累旣未盡, 無不可得: 盡累之弊, 始可得無耳. 累盡則無 …… 在有之時,
　學而非悟, 悟在有表, 託學以至. 但階級敎愚之談, 一悟得意之論矣."

25 앞의 책. "涉學希宗, 當日盡其明."

명明은 점으로 이를 수 없으나, 신信은 교教로 인해 생긴다. 어찌하여 이렇게 말하는가? 교로 인하여 신信이 생겨 나날이 진보하는 공력이 있다. 점漸은 명이 아니기 때문에 입조入照의 일부분에도 들어감이 없다. 그러나 도를 향해 선심善心을 일으켜 누累를 없애고 나면 구구垢에서 나온다. …… 심에는 본래 누累가 없는 것이 아니다. 한번 깨달으면 만 가지 막힘이 동시에 다할 뿐이다.[27]

즉 교教를 인인因하여 신信이 있으니 나날이 진보하는 공력은 있으나, 이치(理)를 깨닫고 진리를 터득하는 것은 점수로써 이를 수 있는 것이 아니다. 교를 인하여 나날이 진보하는 공력은 비록 티끌과 속박을 조복할 수는 있으나, 이는 다만 학습이라 일컬으며, 오직 "만 가지 막힘이 동시에 다해야만(萬滯同盡)" 깨달았다고 할 수 있다는 것이다. 이는 "견해見解는 오悟이고, 문해聞解는 신信이다."라는 도생의 사상과 상통하는 것이다.

셋째로 승유의 물음에 답하는 가운데 사령운은 한층 더 나아가 학學은 점漸이고 가假이고 권權이지만, 오悟는 조照라 이름하고 돈頓이고 진眞이고 상常이며, 지智와 이理를 깨달았다는 사상을 천명하고 논술하였다. 또 혜린慧驎의 진지眞知와 가지假知가 어떻게 다르냐는 질문에 사령운은 다음과 같이 답한다.

---

26 앞의 책. "若日進其明者, 得非漸悟乎?"

27 앞의 책. "夫明非漸至, 信由教發. 何以言之? 由教而信, 則有日進之功: 非漸所明, 則無入照之分. 然向道善心起, 損累生垢伏 …… 非心本無累. 至夫一悟, 萬滯同盡耳."

가지假知는 누를 조복한다. 그러므로 이치(理)는 잠시 용用이 된다.
용이 잠시 이치에 있으나 그 지知는 항상하지 않는다. 진지眞知는
적寂을 관조하므로 이치는 항상 용이 된다. 용이 항상 이치에 있으므
로 영원히 진지가 된다.[28]

'가지'는 속박을 조복하지만 '진지'는 적寂을 관조해야 한다는 뜻이다.
혜린慧驎이 다시 "이치는 심心에 있고, 누累 또한 심에 있는데 장차
어떻게 버릴 것인가?"라고 묻자, 사령운은 다음과 같이 답하였다.

누累의 일어남은 마음에서 비롯되니, 마음이 촉발되어 '누'가 생긴다.
'누'가 항상 촉발되는 까닭은 마음이 나날이 어두워지기 때문이다.
가르침에 따라 용을 쓰는 것은 마음에서 '누'를 나날이 조복하기
때문이다. '누'의 조복이 오래되면 '누'가 소멸된다. '누'의 소멸은
'누'가 조복된 이후에 일어난다.[29]

이것을 신信하고 수행하는 것은 단지 '누'의 조복일 뿐이며, 이치(理)
를 터득해야만 비로소 '누'가 소멸된다는 것이다.
그렇다면 '복루伏累'와 '멸루滅累' 양자는 어떤 구별이 있는 것일까?
사령운은 말한다.

---

28 앞의 책. "假知者累伏, 故理暫爲用: 用暫在理, 不恒其知. 眞知者照寂, 故理常爲用:
用常在理, 故永爲眞知."
29 앞의 책. "累起因心, 心觸成累. 累恒觸者心日昏, 敎爲用者心日伏. 伏累彌久,
至於滅累, 然滅之時在累伏之後也."

'복루'와 '멸루'는 겉모습은 동일하나 실제는 다르므로 살피지 않으면 안 된다. '멸루'의 체體는 객관과 주관을 모두 잊고 유와 무를 하나로 보는 것이지만, '복루'의 상태는 남과 나의 정情을 구별하고 공空과 실實을 차별하고 자기와 남을 분리하는 것이므로, 결국은 막힘에 빠진다. 유무도 하나이고 물아物我도 동일하니, 관조해야만 나올 수 있다.[30]

이 '복루'는 물아物我와 자타自他의 나눔이 있고, 공실空實과 유무有無의 다름이 있어서 막힘에 들어가기에 진오眞悟가 아니라는 것이다. '멸루'는 물아物我를 동시에 잊고 유무를 함께 관하는 경계에 도달하였으므로 만 가지 막힘이 동시에 다하니 진오가 된다. 이 사상은 도생이 불이不二의 이치를 터득한 것을 돈오로 삼은 것과 흡사하다.

사령운의 돈오설은 비록 구체적인 표현과 논술에서 도생의 돈오설과 차별이 없는 것은 아니지만, 그 이론적 근거는 도생의 학설에 입각한 것임은 매우 분명한 것이다. 그와 여러 도인道人 사이에서 오고가는 문답의 수많은 말들을 통해, 문교신수聞教信修는 배움을 쌓는 것이니 점차 깨칠 수 있을 뿐, 유표有表에서 이치(理)를 깨치고 상외象外에서 진리를 터득해야 함을 설명하고 있다. 이는 실로 도생의 '상외지담象外之談'의 재창再唱이라고 하겠다.

도생의 돈오설은 사령운, 도유, 법애 등 명승과 문사文士들에 의해 추앙되고 선양되었으나, 그의 논설에 반대하는 사람들도 상당히 많았

---

30 앞의 책. "伏累滅累, 貌同實異, 不可不察. 滅累之體, 物我同忘, 有無一觀. 伏累之狀, 他己異情, 空實殊見. 殊實空·異己他者, 入於滯矣. 一無有, 同我物者, 出於照也."

다. 관련된 자료의 기재에 의하면 최초로 점오로써 돈오설을 반박한 것으로 승조의 『열반무명론涅槃無名論』을 꼽을 수 있다.

『열반무명론』은 '유명有名'과 '무명無名' 양자의 상호 논란을 구절십연九折十演의 형식을 통하여 제시하였는데, 소돈오가 대돈오를 반박하는 것과 대돈오가 소돈오를 힐난하는 것을 모두 나열하였다. 문장 가운데 '유명'은 돈頓을 가리키고 '무명'은 점漸을 의미한다. 구절九折에서 반박한 점漸은 지둔, 도안 등의 칠주돈오七住頓悟설이고, 십연十演에서 힐난한 돈은 대돈오설이다. 양자의 기본관점은 대체로 앞에서 논술한 바와 같아 자세한 내용은 여기서 다루지 않고 한두 가지만 간단하게 들어 대의를 살펴보도록 하겠다.

『열반무명론』의 '제10 책이責異'에서 '유명有名'은 무위無爲와 아我가 하나이고, 하나는 셋이 있어서는 안 된다는 것으로서, 증득하면 전부 증득하여 단계를 용납하지 않는다고 논술하고 있다.

한편 '제11 회이會異'에서 '무명'은 세 마리의 새가 그물을 빠져나오는데, 새가 저마다 서로 다르다는 것으로써 '유명'을 반박한다. 삼승三乘의 중생은 비록 무위無爲는 같으나, 승乘마다 서로 다르다는 뜻이다.

'제12 점漸'에서 '유명'은 또 불이不二의 지智로서 불분不分의 이치(理)를 비추며, 이치와 지는 본래 하나의 동일한 체여서 비추면 원만히 관觀하게 된다고 답하였다.

점오를 주장하는 무명은 이理와 체體는 하나이다. 무명은 형체가 없고 말을 하면 도가 끊어진다. 보살은 이처럼 둘이 아닌 무위無爲의 이를 증득한 자로서, 마땅히 차제次第로 들어가야 한다. 중생의 근기에 깊고 얕음이 있기 때문에 깨달음은 삼승의 구별이 있음을 주장하였다.

이는 실로 점오를 주장하는 기본관점으로서, 이理에는 본래 차별이
없고 사람에게 차별이 있는 것으로, 중생 근기에 깊고 얕음의 차이가
있음으로 인해 깨달음에 삼승의 단계와 차제의 차별이 있다는 뜻이다.

점오를 주장하여 돈오를 반박한 인물로는 이 무명씨 외에 또 사령운의
『변종론』에서 열거한 법조法肇, 승유僧維, 혜린慧驎, 법강法綱 등 여러
승려가 있다. 송 문제를 비난한 승필僧弼도 점오를 주장하고 돈오를
반박한 대표적 인물 가운데 하나이다. 그러나 돈오설을 반대한 여러
승려 가운데 가장 유명한 인물로는 당연히 혜관慧觀을 꼽아야 한다.

혜관은 중국에서 최초로 교판敎判을 한 명승으로, 그는 전체의 불설
을 '돈'과 '점'의 두 교파로 나누었다. 그 중 '돈교'는 『화엄경』의 설을
가리키고, 점교 내에서는 오시五時로 나누었다. 첫째는 '삼승별교三乘別
敎'(『아함경』 등)이고 둘째는 '삼승통교三乘通敎'(『반야경』 등)이고, 셋째
는 '억양교抑揚敎'(『유마힐경』 등)이며, 넷째는 '동귀교同歸敎'(『법화경』
등)이며, 다섯째는 '상주교常住敎'(『열반경』 등)이다. 혜관의 교판에 입각
해서 보면, 그는 대부분의 경전을 점교의 범위 안으로 포섭시켰다.
이로부터 그의 점교에 대한 신뢰와 중요성을 엿볼 수 있다. 점교의
사상은 주로 『점오론漸悟論』에 나타나 있다. 『점오론』에서 다음과
같이 말한다.

문: 삼승점해실상三乘漸解實相을 말하였는데, 경전에 이르기를, 삼
승三乘이 공동으로 실상實相을 깨달아 도를 얻었다. 그렇다고
실상의 이치(理)가 삼종이 되는가? 삼종의 깨달음이기에 삼종의
과果인가? 실상은 오직 공空일 뿐인데, 어찌 삼종이 있는가?

만약 실상의 이치가 하나라면 깨달음도 하나일 텐데, 어찌 과가
세 가지인가? 깨달음이 하나라면 마땅히 삼종이 될 수 없다.
답: 실상은 하나도 얻을 수 없는데 삼종의 연緣이 있다. 행자가
공을 깨달음에 옅고 깊음이 있음이니, 행자로 인하여 삼종이
있는 것이다.[31]

이는 "연이 세 가지 있음"과 "수행자가 다르므로 세 가지가 있음"으로
서, 깨달음은 하나이지만 과果는 세 가지임을 설한 것이다. 즉 실상이
공할 뿐이나, 깨닫는 자의 근기에 깊고 얕음의 차별이 있기 때문에
삼승의 다름이 있다는 것이다. '돈頓'을 시설한 자가 다시 묻기를 "만약
실상은 하나도 얻을 수 없는데 그것을 깨달아 이치(理)를 다 궁구하였
고, 깨닫지 못하면 담장을 대면하는 것인데, 어찌 깊고 얕음의 다름이
있다고 하여 수행자에 따라 세 가지가 있다고 하는가?"[32]라고 하자,
혜관은 다시 다음과 같이 대답하였다.

만약 수행자가 실상이 무상無相임을 깨달았다면 먼저 그 상相을
알아야 하고, 뒤에 그 무상을 깨달아야 한다. …… 여래는 인연의
시종始終을 통찰하고 생사의 결정상決定相은 필경 얻을 수 없음을

---

31 (梁)寶唱, 『名僧傳抄』, 『속장경』 77, 353쪽. "問: 三乘漸解實相日, 經云, 三乘同悟實
相而得道. 爲實相理有三耶? 以悟三而果三耶? 實相惟空而已, 何應有三? 若實相
理一, 以悟一而果三者, 悟一則不應成三. 答曰: 實相乃無一可得, 而有三緣. 行者
悟空有淺深, 因行者而有三."

32 『名僧傳抄』, 『속장경』 77, 353쪽. "若實相無一可得, 悟之則理盡, 不悟則面墻,
何應有深淺之異, 因行者而有三?"

깨닫는다. 이것은 상相이 비상非相임을 아는 까닭으로, 이것을 일러 실상을 깨달은 '상자上者'라 하고, 보살은 생사의 십이인연을 관찰하여 오직 그 종終을 보고 그 시始를 알지 못하기에, 비록 상이 비상임을 깨달았으나 인연의 시를 알지 못하므로 실상을 깨달은 '중자中者'라 한다. 이승二乘들은 오직 생사의 법이 인연으로써 있다는 것을 관하였기에 비록 상이 비상임을 깨달아 생사에 집착하지 않았지만, 인연의 시와 종을 알지 못하는 까닭으로 실상을 깨달은 '하자下者'라고 말한다. 이는 실로 둘이 없으나 수행자의 관조에 따라 명암이 있는 것이다. 저 모든 인연을 관찰하면 다하고 다하지 못함이 있으니, 그러므로 실상에 삼승三乘의 구별이 있다.[33]

이는 비록 이치(理)는 불이不二이지만 삼승이 실상을 관하는 방법의 차이에 따라 인연의 시작과 종말, 그리고 생사의 상이 불가득임을 통찰함이 다를 수 있다. 다만 그 종말만 보고 그 시작을 보지 못하거나, 인연의 시작과 종말을 알지 못하고 생사의 법이 인연에 의해 있는 것만을 총체적으로 관하기 때문에 실상에는 삼승의 구별이 있다는 뜻이다. 이것은 실상관법實相觀法으로써 삼승의 구별을 설한 것인데, 단순히 근기의 깊고 얕음과 사람 사이의 차별로써 과果가 세 가지

---

33 『名僧傳抄』, 『續藏經』 77, 353쪽. "若行人悟實相無相者, 要先識其相. 然後悟其無相 …… 如來洞見因緣之始終, 悟生死決定相畢竟不可得, 如是識相非相, 故謂之悟實相之上者: 菩薩觀生死十二因緣, 惟見其終而不識其始, 雖悟而非相, 而不識因緣之始, 故謂之悟實相之中者: 二乘之徒, 惟縱觀生死之法是因緣而有, 雖悟相非相, 不著於生死, 而不識因緣之始終, 故謂之悟實相之下者. 理實無二, 因於行者照有明暗, 觀彼諸因緣, 有盡與不盡, 故於實相而有三乘之別."

있음을 설한 데 비해 한층 더 진일보된 것이라 할 수 있겠다.

중국불교는 남북조 시기의 여러 논사와 명승에 의해 경쟁적으로 크게 발전하고 나서, 수·당 이후에는 통일된 불교종파를 지표로 삼는 새로운 단계로 들어섰다. 수·당 각 종파의 불교에 대한 학설은 대다수가 겸융兼融하고 통합하는 태도를 취하였기 때문에 이때의 돈점사상은 남북조 시기와 같이 서로 대립하는 국면에 있지 않았다. 따라서 흔히 교판敎判을 빌어 돈·점의 두 가지 사상을 하나의 학설체계에 포섭시켰다. 양자의 지위는 결코 완전히 평등하지 않고, 높고 낮음, 깊고 얕음의 구분이 있었다. 일반적으로 말하자면 모두 돈오는 깊고 진실하고 요의了義인 반면에, 점오는 얕고 권權이며 방편설이라고 보았다. 천태종이 바로 이러했고 화엄종도 역시 마찬가지였다.

천태에는 화법사교化法四敎와 화의사교化儀四敎의 구분이 있다. 그 가운데 화의사교는 중생의 기연機緣이 동일하지 않다는 것에 의해 형식상에서 전체의 불설을 점·돈·부정不定·비밀秘密의 4교로 나누었다. 이른바 '점'이라는 것은 차제행次第行, 차제학次第學, 차제입도次第入道이며, '돈'이라는 것은 초발심할 때가 곧바로 도량에 앉음이라는 것이다.

『마하지관摩訶止觀』에서 천태는 남악南岳이 전한 세 가지 지관을 첫째는 점차漸次, 둘째는 부정不定, 셋째는 원돈圓頓이라 일컬었다. "점은 처음은 얕고 뒤가 깊음이 마치 사다리를 오르는 것 같다."[34], "원돈은 처음과 뒤가 둘이 아니니, 마치 통달한 이가 하늘로 오르는

---

34 『摩訶止觀』, 『대정장』46, 1쪽. "漸則初淺後深, 如彼梯登."

것 같다."³⁵, "점도 처음에는 또한 실상을 아는데 실상을 이해하기
어려우니 점차적으로 수행한다."³⁶ 그러므로 먼저 귀계歸戒를 닦은
후에 선정을 닦으며, 그 뒤에 실상을 닦을 것을 주장하였다. 즉 "원돈은
처음 실상을 연할 때 경계를 지음이 곧 중中이니, 진실 아님이 없다.
연법계이고 일념법계이니 일색·일향이 중도 아님이 없다."³⁷ 여기에서
천태는 원돈을 구경으로 삼고, 점차를 방편으로 삼았다는 것이 매우
분명하게 나타나고 있다. 그러나 천태 역시 방편인 점차를 폐하지
않고 대소돈점大小頓漸이 서로 상자相資이라고 주장하였다.

　문: 무엇이 상자相資인가?
　답: 소小는 대大에게 듣고, 소를 부끄러워하고 대를 흠모하니 '돈頓'
　　으로써 '소'를 돕는다. 부처님이 선길(善吉: 須菩提)에게 교를
　　전하기를 명령하고, 대익大益보살은 '점漸'으로써 '돈'을 돕는
　　다.³⁸

만약 '소'를 가지고 '대'를 명확하게 한다면 바로 '돈'·'점'이 상자相資
함이고, 만약 '소'를 알고 '대'로 돌아감은 바로 돈·점이 융합함이다.³⁹

---

35 앞의 책. "圓頓初後不二, 如通者騰空."

36 앞의 책. "漸初亦知實相, 實相難解, 漸次而行."

37 앞의 책. "圓頓者, 初緣實相, 造境卽中, 無不眞實. 系緣法界, 一念法界, 一色一香,
無非中道."

38 『妙法蓮華經玄義』, 『대정장』 33, 683쪽. "問: 云何相資? 答: 小聞於大, 恥小而慕大,
是爲頓資小: 佛命善吉轉教, 大益菩薩, 是爲漸資頓."

39 앞의 책. "若帶小明大, 是頓漸相資, 若會小歸大, 是頓漸泯合."

마땅히 알라. 곧 '돈'이면서 '점'이고, 바로 '점'이면서 '돈'이다.[40]

이것이 바로 천태의 점돈漸頓 문제에 있어서 점을 권權으로, 돈을 실實로 삼으면서 점돈이 서로 의지하게 함으로써 점돈을 융합시킨 원융의 사상적 방법이다.

화엄종은 천태의 교판학설을 받아들여 법에 의해 오교五敎로 나누었다. 바로 '소승교小乘敎', '대승교大乘敎', '종교終敎', '돈교頓敎', '원교圓敎'이다. 법장法藏은 때로는 앞의 삼교를 점·돈 두 교로 더 나누기도 하였다.

이른바 점교는 시始·종終 두 교의 해행解行이며, 아울러 언설이 있고 단계 차제가 있어 인과因果를 서로 계승하여 작은 것에서 현저함에 이르니, 통틀어 '점'이라 한다.[41]

'돈'은 언설이 몰록 끊어지고 이성理性은 몰록 나타나며, 해행解行이 몰록 이루어지니, 일념이 불생不生하여 즉시 부처와 동등하게 된다.[42]

법장의 점·돈 두 교의 순서에 대한 배열을 보면, 그는 돈교가 점교보다 한 단계 높다고 보았음에 틀림없다. 징관澄觀도 같은 사상을 지니고

---

40 앞의 책. "當知卽頓而漸, 卽漸而頓."
41 『華嚴一乘敎義分齊章』권1『대정장』45, 481쪽. "所謂漸敎, 以始終二敎所有解行, 并在言說, 階位次第, 因果相承, 從微至著, 通名爲漸."
42 앞의 책. "頓者, 言說頓絶, 理性頓顯, 解行頓成, 一念不生, 卽是佛等."

472

있었다. 그는 『대화엄경약책』에서 다음과 같이 말한다.

> 교는 얕고 깊음이 있고, 근根은 수승하고 열등함이 있다. 미微로써
> 현저함에 이르니, 점교漸敎는 열등한 근기를 유인한다. 초심은 돈원
> 頓圓이니, 원교는 상사上士를 끌어들이며, 이미 원신圓信이고 원해圓
> 解이며, 만행萬行은 원수圓修이니, 돈오는 단박에 이루어지며 만덕萬
> 德은 원만히 구족한다.[43]

여기에서 징관도 점교를 근기가 하열한 중생을 이끌기 위한 얕은
교로 보고, 돈원頓圓을 극치로 삼았다. 이는 법장이 '돈' 이후에 다시
'원圓'을 세운 것과 일치한다. 왜냐하면 화엄종이 보기에는 돈교도
가장 궁극적이고 요의了義한 교가 아니며, 궁극적이고 요의한 것은
마땅히 원교이기 때문이다. 그러므로 그들은 돈·점 위에 원융圓融의
교를 더 세웠다. 그들이 보기에 이치(理)에는 깊고 얕음이 없는데,
어찌 돈·점이 있겠느냐는 것이었다. 얕음에 의탁해 이치가 현현하고,
점점 들어갈수록 점점 깊어지니 '점'이라 칭한다. 바로 체가 분명하니,
이치는 나눌 수 없어 '돈'이라 한다. '돈' 밖에 '점'이 없고 '점'은 곧
'돈'을 받아들이니, 돈·점이 나열되어 하나도 아니고 다르지도 않으며,
이와 같이 증오證悟하면 돈·점이 동시에 없어지는데, 언설을 빌려서
억지로 돈·점이라고 한다. 이러한 견해에 의하면 점·돈은 모두 방편시
설이며, '원교'야말로 궁극적이고 요의한 것이다.

---

43 『大華嚴經略策』, 『대정장』 36, 704쪽. "夫敎有淺深, 根有勝劣. 從微至著, 漸敎誘於
劣機: 初心頓圓, 圓敎披於上士, 旣圓信圓解, 萬行圓修, 頓悟頓成, 萬德圓備."

천태와 화엄의 점·돈의 두 사상에 대한 논술을 종합하여 보면, 그들은 비록 돈오를 중시하였으나, 단지 그것을 원융이론 가운데의 일문一門으로 간주하였을 뿐, 아직 종宗을 창립하고 교판敎判하는 강골綱骨로 삼지는 않은 듯하다. 진정으로 돈교에 대해 입종立宗의 강골을 부여한 것이라면 당연히 혜능의 조사선祖師禪을 꼽아야 한다.

2. 돈오견성頓悟見性과 조사선법祖師禪法

조사선은 전통 선학과 상대되는 하나의 선법이다. 전통의 선학은 여래선如來禪이라 칭한다. 이 선법은 중요한 특징이 두 가지가 있다. 첫째, 불교경전을 근거로 삼는 것이다. 종밀宗密은 '교내선教內禪'이라 칭하였고, 후세의 사람들은 '차교오종借教悟宗' 혹은 '자교오종藉教悟宗'이라 부르기도 하였다. 둘째, 수행방법에서 점수를 주로 하는 것이다. 혜능 이전 능가사楞伽師들의 대다수가 이에 속한다.

조사선은 이와 반대로서 첫째, 교외별전教外別傳을 지표로 삼았기 때문에 종밀은 이를 '교외선教外禪'이라 칭했으며, 둘째, 수행방법에서 직지심원直指心源, 돈오성불頓悟成佛을 세웠다. 육조혜능은 이러한 선법의 실제적인 창시자이다.

불교계와 학술계에서는 일반적으로 혜능 이전에는 선학禪學은 있는데 선종禪宗은 없었으며, 선종은 혜능에 의해 처음으로 창시된 것이라고 보고 있다. 이러한 견해에는 어느 정도 일리가 있다. 왜냐하면 혜능 이후부터 선종은 비로소 비교적 엄격한 조직형식과 자종自宗의 이론적인 강골綱骨을 갖추었기 때문이며, 이 이론적 강골은 앞 절에서 이미 언급한 '즉심즉불'의 사상 외에 또 하나 있다. 바로 지금부터 분석하고 논술하고자 하는 '돈오견성頓悟見性' 사상이다.

돈오사상의 역사적 발전에서 볼 때, 시창始創의 공을 단지 혜능에게 만 돌릴 수는 없으나 최초로 돈오를 성불의 가장 근본적인 방법으로 삼은 것은 혜능이다. 물론 혜능 이전의 천태·화엄 두 종파도 모두 돈오를 매우 중시하였고, 일찍이 진송晉宋 무렵의 축도생은 이미 돈오 를 제창하였다. 그러나 각 학설이 말하고 있는 돈오는 실제로 그 함의가 혜능의 돈오설과 완전히 일치하지는 않는다. 축도생의 돈오를 예로 들자 면, 돈오는 십주十住 이후에 금강심金剛心이 현현하여 활연히 열리고 밝아지는 것인데, 이는 혜능이 직접 제창한 자심自心이 돈오하여 성불 한다는 것과는 실로 거리가 멀다. 천태·화엄도 돈오를 설했으나 수행론 의 측면에서 볼 때, 지관쌍수止觀雙修와 이망환원離妄還源을 더욱 중히 여겼다. 혜능 이전의 능가사楞伽師들은 대다수가 점수였다. 『능가경』 에 부처님이 대혜大慧보살의 "어떻게 일체중생의 자심현류自心現流를 깨끗이 제거합니까? 점차로 깨끗하게 되는 것입니까? 단번에 깨끗하게 되는 것입니까?"[44]라는 물음에 답하는 한 단락의 말이 있다.

점차로 깨끗해지는 것이지, 한 번에 깨끗해지는 것은 아니다. 비유컨 대 암마라菴摩羅의 과일이 점차로 성숙해진 것이요, 한 번에 된 것이 아닌 것과 같다. 중생의 자심현류自心現流를 깨끗이 함도 또한 이와 같아서, 점차로 깨끗하게 되는 것이지 한 번에 된 것이 아니다.

---

44 (劉宋)求那跋陀羅 譯, 『楞伽阿跋多羅寶經』 권1, 『대정장』 16, 485쪽. "如何除一切 衆生自心現流, 爲頓爲漸?"

비유컨대 질그릇을 만드는 사람이 여러 그릇을 만들 때 점차로 된 것이요, 한 번에 된 것이 아닌 것과 같다. …… 비유컨대 대지大地가 모든 숲과 약초와 만물을 자라게 하는데, 점차로 자라게 한 것이요, 한 번에 이루어진 것은 아닌 것과 같다. …… 어떤 사람이 모든 음악과 노래와 춤과 글씨쓰기와 그림그리기 등 여러 가지 기술을 배우는데 점차로 알아진 것이요, 한 번에 아는 것이 아닌 것과 같다. 부처님께서 중생의 자심현류를 깨끗이 함도 또한 이와 같아서 점차로 깨끗하게 한 것이요, 한 번에 깨끗하게 한 것은 아니다.[45]

이 문구는 주로 수행에 관한 말이다. 만약 성불설에 의하면 능가사 역시 돈오를 설하지 않은 것은 아니다. 이 단락의 점수설 뒤에 『능가경』은 또 "밝은 거울이 일시에 모든 무상無相과 색상色像을 함께 나타내는 것과 같다."[46], "해와 달의 광명이 일시에 모든 색상色像을 두루 비추고, 모든 색상을 함께 나타내는 것과 같다."[47] 등으로써 여래가 일체중생의 자심현류를 깨끗이 제거하는 것을 비유하였다. 그러나 여기에서 말하는 '돈'은 수행한 후에 불과佛果에 도달하는 한 찰나를 가리킨다.

종밀이 말한 바와 같이 "마치 나무를 벨 때 조각조각 점점 찍다가

45 『楞伽阿跋多羅寶經』권1, 『대정장』16, 485~486쪽. "漸淨非頓, 如庵羅果漸熟非頓, 如來淨除一切衆生自心現流亦複如是, 漸淨非頓: 譬如陶家造作諸器漸成非頓 … 譬如大地漸生萬物非頓生也. … 譬如人學音樂書畫種種技術漸成非頓. 如來清除一切衆生自心現流亦複如是, 漸淨非頓."
46 『楞伽阿跋多羅寶經』권1, 『대정장』16, 486쪽. "明鏡頓現一切無相色相."
47 앞의 책. "日月輪頓照顯示一切色像."

한 번에 단박 거꾸러뜨림과 같다. 또 멀리 도성에 나아갈 때 한 걸음 한 걸음 점점 행하다가 하루에 단박에 다다름과 같다."[48]는 것과 같으며, "위로 네 단계의 '점'은 수행에 있어서 아직 이치(理)를 증득하지 못했고, 밑으로 네 가지 '돈'은 이미 이를 증득했기 때문"[49]이다. 이러한 논설로부터 보면, 능가사가 말하는 '돈'은 혜능의 돈오에 가깝다고 하기보다는 "금강심이 현현하여 활연히 대오大悟한다."는 견해와 더욱 흡사하다고 해야 한다.

구체적으로 말하면, 보리달마로부터 오조홍인에 이르기까지의 능가사들은 모두 점수를 매우 중시하였다. 예를 들어 달마선법은 일정한 의미에서 말하자면 '벽관壁觀'을 지표로 삼고 있고, 홍인은 "생각 생각 연마하여 천천히 천천히 마음을 안정함"[50]을 제창하였다. 신수神秀의 선법은 "때때로 부지런히 털고 닦아서 티끌과 먼지가 끼지 않게 하는 것"[51]을 특징으로 하고 있다. 이러한 것들은 모두 혜능 이전의 능가사들이 돈오도 설하였지만, 수행론에 있어서는 여전히 점수를 위주로 하였음을 설명하고 있다. 혜능이 선학 발전사에서의 중요한 역할을 한 것 하나가 바로 홍인 이전의 몇 대 조사들의 전통사상과는 달리 '즉심즉불'의 입론을 바탕으로 하여 '돈오견성'설을 더 세운 것이다.

『禪源諸詮集都序』 권3, 『대정장』 48, 407쪽. "猶如伐木, 片片漸斫, 一時頓倒, 亦如遠詣都城, 步步漸行, 一日頓到."

(唐)宗密, 『圓覺經大疏釋義鈔』 권3, 『속장경』 9, 536쪽. "上之四漸, 約於修行, 未證理故; 下之四頓, 約已證理故."

(唐)弘忍, 『最上乘論』, 『대정장』 48, 379쪽. "念念磨煉", "緩緩靜心."

(唐)澄觀, 『大方廣佛華嚴經隨疏演義鈔』, 『대정장』 36, 164쪽. "時時勤拂拭, 莫使惹塵埃."

혜능의 불성학설은 중국불교사에서 가장 간결하다. 그러나 『단경』을 읽어본 사람들은 주지하다시피 문장이 번거롭고 중복되어 있다고들 한다. 『단경』이 수많은 말을 했지만 그 귀착점은 결국 '돈오견성, 즉심즉불'의 여덟 자를 벗어나지 않는다. 만약 자심自心을 버린다면 혜능의 전반적인 불성학설은 의지할 곳이 없게 되며, 또한 돈오를 떠나서는 혜능의 자심 역시 몹시 혼돈스러워지고 말 것이다. 돈오견성, 돈오성불은 혜능, 더 나아가서는 전반적인 선종수행론의 진수眞髓이다.

앞에서 이미 혜능이 자심의 미혹과 깨달음을 어리석음과 지혜로움, 범부와 성인을 구분하는 차이점으로 보았다고 지적하였다. 자성을 미혹하면 어리석음이고 범부이며 중생이다. 자성을 깨달으면 지혜로움이고 성인이며 부처이다. 이 사상과 천태·화엄 두 종파의 구별은 미혹과 깨달음 자체에 있는 것이 아니라 미혹과 깨달음의 주체에 있는 것이다. 즉 한쪽은 미혹과 깨달음의 주체를 '진심眞心'에 두었고, 다른 한쪽은 '자심自心'으로 미혹과 깨달음을 설하였다. 여기서 한 걸음 더 나아가 지적해야 할 것은 선종이 말하는 깨달음은 또한 이전의 여러 학파에서 말하는 깨달음과 다르다는 것이다. 『단경』에는 혜능이 돈오에 대하여 논하는 부분이 상당히 많다. 대요大要를 살펴보면 다음과 같다.

그러므로 일체만법이 다 자신의 마음 가운데 있음을 알아야 하며, 어찌 자심自心에서 나오지 않았는데 몰록 진여본성을 현현하겠는가?[52]

내가 홍인 화상 처소에서 한 번 듣고 즉시 크게 깨달아 단박에 진여 본성을 보았기 때문에, 장차 이 교법이 후대에 유행하여 도를 배우는 자는 보리를 단박에 깨달아(頓悟) 자기의 본성을 한꺼번에 깨닫게 한다.[53]

만약 무생돈법無生頓法을 깨달으면 서방을 보는 것도 다만 찰나에 있다. 돈교대승을 깨닫지 못하면 염불을 하여도 왕생의 길은 멀다.[54]

미혹하면 누겁을 지나고 깨달음은 찰나간이다.[55]

혜능이 여기에서 말하는 돈오頓悟는 여러 단계를 모두 겪고 고행하며 수행해서 이치(理)를 증득한 이후의 홀연한 깨달음을 가리키는 것이 아니다. 사람들의 현재의 마음 하나하나가 모두 자심 가운데에서 진여의 본성이 문득 나타날(頓現) 가능성이 있고, 모두 무생돈법無生頓法을 깨달을 수 있음을 가리킨다. 이 가운데의 돈오는 차제次第에 따라 수행하는 것과 전혀 관련이 없으며, 깨치고 못 깨우침이 관건이다. 예를 들면 혜능은 "만약 근기가 낮고 어리석은 이가 스스로 깨닫지 못한다면 선지식을 찾아 최상승법을 배우고, 바른 길을 가르침 받으라."

---

52 "故知一切萬法, 盡在自身心中. 何不從自心頓現眞如本性?"
53 "我於忍和尙處, 一聞言下大悟, 頓見眞如本性, 是故將此敎法流行後代, 會學道者 頓悟菩提, 令自本性頓悟."
54 "若悟無生頓法, 見西方只在刹那. 不悟頓敎大乘, 念佛往生路遙."
55 "迷來經累劫, 悟則刹那間."

라고 말하였다. 겉으로 보기에 이것은 기타 종파가 말하는 수행증득과 다름이 없으나 실제로는 이른바 선지식을 찾아서 도를 가르침 받아 견성하는 데의 '도道'와 '성性'도 "역시 사람의 성품 가운데 있으며 본래 스스로 갖추고 있어"[56], "밖으로 구할 필요가 없다."[57]라고 설한다. 만약 자심이 삿되고 미혹하여 깨닫지 못하고 망념이 전도顚倒되면, 설령 선지식으로부터 가르침을 받았다 하더라도 해탈할 수 없다. 여기 에서의 관건은 첫째, 선지식의 개시開示와 지도가 있고 없음에 있는 것이 아니라 깨달음의 여부에 있다는 것이다. 둘째, 선지식도 밖으로 구해서는 안 되며, "만약 밖을 취하여 선지식을 구하여 해탈하기를 바란다면 삿된 것"[58]이며, "자심이 진정한 선지식이고 곧 해탈"[59]이라는 것이다. 자신의 본심을 알게 되면 찰나에 망념이 모두 사라진다. 이것이 바로 "자심의 선지식을 안다."[60]는 것이며, "한번 깨달으면 부처인줄 안다."[61]는 것은 깨달으면 바로 스스로의 마음이 본래 부처임을 알게 되며, 그 사이에는 어떠한 단계와 차제次第도 필요하지 않다는 것이다. 셋째, 만약 스스로 깨달은 자라면 더욱 밖으로 선지식을 구할 필요가 없고, 다시 모든 단계와 차제를 거쳐야 할 필요도 없다. 이것은 한 생각 깨달으면 이미 부처이니, 억지로 선지식의 가르침을 빌어 견성할

---

56 "亦在人性中, 本自具有."

57 "不假外求."

58 "若取外求善知識, 望得解脫, 無有是處."

59 "自眞正善知識, 卽得解脫."

60 "識自心善知識."

61 "一悟則知佛也."

필요가 없고, 단계와 차제 또한 더욱더 말할 필요도 없기 때문이다.

넷째, 선종의 돈오견성과 불가수습不假修習은 또한 그의 공덕관功德觀에서 나타난다. 불교에는 선행을 쌓고 복을 닦는다는 것으로 공덕을 설하는 경우가 많은데, 선종은 공덕은 복전福田에 있지 않다고 보았다.

혜능은 "공덕은 스스로의 마음으로 짓는 것이고, 복과 공덕은 다른 것이다."라고 보았다. 이러한 관점에 의하면 선을 쌓고 수행하는 것은 의심할 바 없이 헛수고이며, 명심견성, 돈오성불과는 전혀 상관없다. "여래선如來禪은 수행도 증득도 있고, 조사선祖師禪은 증득도 수행도 없다."[62]라는 설이 있다. 이 한마디 말로 두 가지 선법의 수행관에서의 근본적인 차별을 밝혔다고 할 수 있다.

수습할 필요가 없는 돈오사상은 최초로 혜능에 의해 제창된 이후부터 선종 불성론의 기본원칙의 하나로 되었다. 그 가운데 원래부터 적전嫡傳으로 칭해지는 하택荷澤 계통이 그 선양에 진력을 다하였다. 종밀은 "하택종은 전부가 조계의 법이지, 다른 교지敎旨는 없다."[63]라고 하였다. 이는 물론 틀리지 않다. 조계의 법은 실제로 신회神會에 의해 빛나고 발양되었다는 것도 사실이다. 종밀의 『승습도』에 의하면, "혜능 화상 멸도 후 북종의 점교가 크게 유행하였기에 돈문을 널리 전하는 데 장애가 되었다. …… 이십 년 동안에 종교가 침체하였다. 천보天寶 초에 하택계가 이 돈문을 크게 선양하니, 바야흐로 신수 문하의 사승師承은 방방이 되고, 그 법문은 점漸이 됨이 드러났다."[64]라고 기재되어

62 "如來禪有修有證, 祖師禪無證無修."
63 『中華傳心地禪門師資承襲圖』, 『속장경』 63, 31쪽. "荷澤宗者全是曹溪之法, 無別敎旨."

있다. 이로부터 돈오법의 중흥의 공은 마땅히 신회에게 돌려야 함을 알 수 있다.

신회의 돈오에 대한 논설 가운데 형상적인 비유가 하나 있다. 바로 "날카로운 칼로 실 꾸러미를 단박 내리쳐버린다(利劍斬束絲)"라고 하는 것이다. 무행無行이라는 한 제자가 신회에게 묻기를 "중생의 번뇌는 무량무변하여 제불여래와 보살마하살도 오랜 겁을 거쳐 수행하여도 여전히 얻지 못하고 있습니다. 어찌하여 용녀가 찰나의 발심으로 정각을 이루는 것입니까?"[65]라고 하자 신회는 이렇게 대답하였다.

발심에는 돈점이 있고, 미오迷悟에는 더디고 빠름이 있다. 만약 어리석으면 바로 누겁累劫이 되지만 깨달음은 잠깐이다. 이 뜻을 이해하기가 어려우니 너를 위하여 먼저 비유를 들고, 뒤에 이 뜻을 설명하면 이를 이해할 수 있을 것이다. 예를 들면 한 뭉치의 실은 그 수를 헤아릴 수가 없다. 하지만 만약 합하여 한 다발의 줄로 만들어 나무 위에 올려두고 날카로운 칼로 자르면 일시에 모두 끊을 수 있다. 실 가닥은 비록 많으나 칼을 이길 수 없다. 보리심을 내는 것도 이와 같다.[66]

---

64 앞의 책, 31쪽. "能和尚滅度後, 北宗漸敎大行, 因成頓門弘傳之障 …… 二十年中宗敎沉隱. 天寶初, 荷澤之路, 大播斯門, 方顯秀門下師承是傍, 法門是漸."

65 『南陽和尚問答雜徵義』石井本, 『神會禪師禪話錄』, 中華書局, 1996, 92쪽. "衆生煩惱, 無量無邊, 諸佛如來, 菩薩摩訶薩歷劫修行, 由不能得, 云何龍女刹那發心, 便成正覺?"

66 『南陽和尚問答雜徵義』石井本, 『神會禪師禪話錄』, 中華書局, 1996, 92쪽. "發心有頓漸, 迷悟有遲疾. 若迷卽累劫, 悟卽須臾. 此義難知, 爲汝先以作事喩, 後明斯義,

실 가닥이 많긴 하지만 한칼에 끊어진다. 마찬가지로 중생은 비록
번뇌가 많으나, 무생의 이치를 깨달으면 일체의 번뇌와 망념이 단번에
모두 끊어진다는 뜻이다. 여기에 번뇌와 망념이 모두 끊어진 까닭에
성불한다는 도리가 명백히 드러나 있다.

그렇다면 돈오성불과 신습수행信習修行은 또한 어떤 관계인 것일까?
『신회어록神會語錄』 가운데 신회와 지원智圓 화상 사이의 문답이 있다.
이것은 하택계와 남종의 이 문제에 대한 견해를 매우 잘 표현하고
있다.

지원智圓이 묻기를, "일체중생에게 다 수도를 말하는데, 수도자가
한 생에 성불을 할 수 있습니까?"라고 하자, 화상이 답하기를, "성불
할 수 있다." …… 또 묻기를, "어떻게 찰나경에 수습修習하고 바로
성불합니까? 원컨대 이 의심을 끊고 싶습니다."라고 하자, 답하기를,
"수습이라 말한다면 바로 유위법有爲法이 되고, 헤아려보면 무상無常
에 속하는데 무상은 생멸을 떠났다."라고 하였다. 또 묻기를, "일체제
불은 수습을 통하여 과과가 원만하고 불도를 이루었습니다. 지금
수습을 빌리지 않는다고 어떻게 그렇게 말할 수 있습니까?"라고
하자, 답하기를, "신행과 수습이라고 한다면 지각智覺에서 떠나지
않은 것이고, 이미 지각이 있다면 바로 조용照用함이 있으니, 이와
같이 인과가 완연하지만, 생멸이 본래 없는데 어찌 수습을 가자假藉
할 것인가?"라고 하였다. 또 묻기를, "제불이 도를 이룸도 다 지각으

或可因此而得悟解. 譬如一綖之絲, 其數無量, 若合爲一繩, 置於木上, 利劍一斬,
一時俱斷. 絲雖數多, 不勝一劍. 發菩提心, 亦復如是."

로 말미암은 것인데, 지금 지각을 여의고 어떤 것이 도입니까?"라고
하자, 답하기를, "도체道體는 무물無物이고, …… 또한 무공명無空名,
무상無相, 무념無念, 무사無思로 지견知見이 미치지 못하고, 무증無證
으로 도성道性은 전부 무소득이다."라고 하였다.[67]

  이 인용문은 다소 길지만 돈오와 수습의 중요한 문제에 있어서 남종의
근본적인 견해 및 이론적 근거와 관련되기 때문에 여기에 옮겨 보았다.
이 단락은 다섯 개의 기본사상을 가지고 있다. 첫째, 수도자가 한
생에 성불할 수 있음을 긍정하였다. 둘째, 망념을 제거하고 성체무생性
體無生하기만 하면 찰나에 성불하는 것으로 한 생을 필요로 하지 않는다
고 보았다. 셋째, 성불은 수습하지 않아도 된다. 왜냐하면 수습은
유위법이고 유위법은 생과 멸이 있으나, 부처는 무위이고 생멸을 떠나
고 여윈 것이기 때문이라고 주장하였다. 넷째, 일체 신행信行과 수습은
모두 각지覺智에 의지해야 하는 것으로, 이미 각지가 있다면 조용照用이
이미 있어 불과佛果가 완연한데 왜 수습할 필요가 있겠는가라고 보았다.
다섯째, 도체무물道體無物, 즉 도성은 하나도 얻을 것이 없으며, 하나도
얻을 것이 없기 때문에 마땅히 무념無念·무사無思·무지無知인 것으로,

---

67 『荷澤宗神會禪師語錄·補遺』, 『中國佛教思想資料選編』 第2卷 第4冊 107~108쪽.
  "智圓問: 一切衆生皆云修道, 未審修道者一生得成佛不? 和上言: 可得 …… 又問,
  云何刹那頃修習卽得成佛? 願斷此疑. 答: 言修習卽是有爲諸法, 計屬無常, 無常者
  離生滅. 又問: 一切諸佛, 修習果滿, 得成佛道: 今言不假修習, 云何可言? 答: 夫所
  信行修習, 不離於智覺, 旣有智覺, 卽有照用, 如是因果宛然, 生滅本無, 何假修習.
  又問: 諸佛成道, 皆因智覺, 今離智覺, 何者是道? 答: 道體無物 …… 亦無空名,
  無相·無念·無思·知見不及, 無證者, 道性俱無所得."

484

이 이치(理)를 통달하기만 하면 곧 해탈을 얻을 수 있다고 보았다. 여기에서 다섯째의 기본사상은 신회가 설한 이 단락의 귀착점이며, 또한 남종의 돈오성불, 불가수습不假修習 사상의 이론적 근거이기도 하다.

다시 말하자면, 이른바 도라는 것은 본래부터 무사無思·무위無爲이다. 무물無物을 체로 삼는 것으로 도를 이루고자 함에 있어서 조작할 필요가 없다. 다시 멀리 밖으로 구할 필요가 없으며, 오직 이 무생의 이치를 체오體悟하여 무상無相·무념無念·무사無思·무견無見하게 되면 바로 성불하고 해탈을 얻을 수 있다는 것이다. 신회의 이 단락의 논술은 겉으로 보기에는 비교적 번잡하지만, 실제로 그 사상의 실질은 혜능의 '이상무념離相無念', '명심견성明心見性'과 완전히 그 궤軌를 같이 한다. 신회가 오로지 조계선법만 이어받고, 조계선법은 신회에 의해 크게 떨쳐졌다고 말하는 근거가 되는 바로 그 중요한 표현의 하나이다.

선종은 혜능, 신수 이후부터 남북의 두 계통이 나타나 역사상 남능북수南能北秀, 남돈북점南頓北漸이라 칭해지고 있다. "돈·점 문하가 서로 만남을 원수와 같이 하고, 남종과 북종이 서로 적으로 대함이 마치 초楚와 한漢의 사람들과 같이 한다."[68]라고 하였다. 실제로 남·북, 돈·점의 대립이 여기까지 이른 것은 혜능 이후의 일이다. 특히 신회가 "신명을 아끼지 않고" 남종 돈교를 널리 선양시켰는데, 이는 북종 점교와 서로 대결하고 정통을 다투는 과정에서 나타나고 있다. 남종 돈교가 전통적인 점교를 대체하여 최종적으로 선종의 정통으로 된 것은 사회의

---

68 『禪源諸詮集都序』 권2, 『대정장』 48, 402쪽. "頓漸門下, 相見如仇讐, 南北宗中, 相敵如楚漢."

역사적 근원 이외에, 신회의 "신명을 아끼지 않는" 돈법 선양활동이 중요한 작용을 일으켰던 것이다. 따라서 신회 또한 이로 인하여 선종 칠조七祖의 보좌에 올랐다.

남·북 두 종과 병립하는 종파로 당시에 또한 우두牛頭, 홍주洪州 등의 종파가 있었다. 우두선은 공空한 곳에 불공不空의 이치를 드러내는 것을 중히 여겼다. 종밀은 이를 "공을 통달하였으므로 돈오문에서 보면 반 정도이고, 정情을 잊었기에 점수문에서 보면 부족함이 없다."[69] 라고 평하였다.

한편 홍주선은 "마음을 일으키고 생각을 움직이고 손가락을 튕기고 눈동자를 움직이며, 작용하고 행위하는 모든 것이 불성 전체의 작용이다."[70]라고 주장하였다. 이에 대하여 종밀은 "그 종파는 돈오문에는 비록 가까우나 점수문에는 어긋나 있었고"[71], "조금의 차이에 전부가 잘못 되었다."[72]라고 평가하였다.

종밀이 보기에 북종은 점법을 주장하고 홍주종은 돈법을 주장하였다. 우두종은 돈점겸반頓漸兼半이고, 남종은 먼저 돈오 후 점수로써 먼저 깨달은 뒤에 닦는다는 것이었다. 이러한 설은 어느 정도 도리가 있는 것으로, 그것의 구체적 내용에 관해서는 점과 돈 사이의 상호관계에 대하여 논술할 때 구체적으로 평술評述하기로 한다.

---

69 『中華傳心地禪門師資承襲圖』, 『속장경』 63, 35쪽. "已達空故, 於頓悟門而半了; 以忘情故, 於漸修門而無虧."

70 앞의 책, 33쪽. "起心動念, 彈指動目, 所作所爲, 皆是佛性全體之用."

71 앞의 책, 35쪽. "彼宗於頓悟門雖進, 而未得於漸修門."

72 앞의 책, 35쪽. "有誤而全乖."

　신회 이후에 남종의 세력은 점차 커져 갔고, 돈오법문도 점차 선종의 기본사상으로 되었다. 또한 시간의 흐름에 따라 날로 불교계의 추앙을 받았고, 나아가서는 시대적 조류로 발전 변화하였다. 이러한 형세는 한편으로는 현실사회의 필요에 인한 것이고, 다른 한편으로는 선종 후학의 적극적인 선양에 인한 것이나. 그에서 돈오선법에 대해 가장 부지런히 힘을 기울이고 그것의 선양에 가장 힘을 다한 인물로는 여전히 마조 문하의 혜해慧海와 회해懷海의 제자인 희운希運이라고 할 수 있다.

　혜해의 저술로서 『돈오입도요문론頓悟入道要門論』이 있다. 이 글은 문답의 형식을 통하여 돈오의 부분적인 기본사상에 대해 비교적 상세하게 밝혔다. "어떤 법을 닦아야 곧 해탈을 얻을 수 있겠습니까?"[73]라는 질문에 대해, 그는 "오직 돈오의 한 문만이 곧 해탈을 얻을 수 있느니라."[74]라고 답하였다. "어떤 것을 돈오라고 합니까?"[75]라고 다시 묻자, 그는 "돈이란 단박에 망념을 없앰이요, 오란 얻을 바 없음을 깨치는 것이니라."[76]라고 답하였다. 이렇게 돈오를 해석하는 것은 혜능의 '이상무념離相無念', 신회의 '무상, 무념無念, 무사無思, 무지견無知見'의 사상과 상통하는 것이다. 이에 대하여 혜해는 문장의 아랫부분에서 이미 명문明文으로 언급하였다. 어떤 사람이 "이 돈오문은 무엇으로 종宗을 삼고 무엇으로 지旨를 삼는 것입니까?"[77]라고 묻자, 그는 "무념無念을

73 (唐)慧海, 『頓悟入道要門論』, 『속장경』 63, 18쪽. "欲修何法, 即得解脫?"
74 앞의 책. "唯有頓悟一門, 即得解脫."
75 앞의 책. "云何爲頓悟?"
76 앞의 책. "頓者頓除妄念. 悟者悟無所得."
77 앞의 책. "此頓悟門以何爲宗, 以何爲旨?"

종으로 삼고, 망심이 일어나지 않음(妄心不起)을 지로 삼는다."[78]라고 답하였다. 이로부터 혜해의 돈오설은 혜능, 신회의 '무념'사상을 종지로 삼고 있음을 엿볼 수 있다.

혜해의 『돈오입도요문론』은 또한 돈오의 각도에서 불성론 중의 근본적인 문제, 즉 언제 성불하는가? 하는 문제에 대하여 명확한 해답을 주고 있다. 그는 다음과 같이 말한다.

> 돈오란 금생을 여의지 않고 곧 해탈을 얻나니, 무엇으로써 그것을 아는가? 비유컨대 사자새끼가 처음 태어날 때도 사자인 것과 같으니, 돈오를 닦는 사람도 또한 이와 같아서 돈오를 닦을 때에 곧 부처님 지위에 들어간다. 마치 대나무가 봄에 순이 나서 그 봄을 지나지 않고, 곧 어미 대나무와 같게 되어 함께 다름이 없는 것과 같다. 왜냐하면 마음이 공하기 때문이다. 돈오를 닦는 사람도 또한 이와 같아서 순식간에 망념을 없애버리고, 영원히 인아人我을 끊어서 필경 공적空寂하다. 곧 부처님과 같게 되어 다름이 없는 까닭에 범부가 성인이라고 한다.[79]

이 말의 비유는 좀 억지스럽긴 하지만, 기본사상은 비교적 명확하다. 바로 닦을 때에 곧 부처의 지위에 들어가고, 필경 공적하기 때문에

---

78 앞의 책. "無念爲宗, 妄心不起爲旨."

79 앞의 책, 22쪽. "頓悟者, 不離此生, 而得解脫. 何以知之? 譬如師子兒, 初生之時, 卽眞師子. 修頓悟者亦複如是, 卽修之時, 卽入佛位. 如竹春生筍, 不離於春, 卽與母齊, 等無有異. 何以故? 爲心空故, 修頓悟者, 亦複如是. 爲頓除妄念, 永絕人我, 畢竟空寂, 卽與佛齊, 等無有異, 故云卽凡卽聖也."

범부와 성인은 평등일여平等一如하다는 것이다. 이러한 사상을 토대로
하면 성불은 당연히 금생을 떠나지 않을 수 있는 것이다.

돈오법문을 널리 발양시킨 다른 한 분의 중요한 선사로는 "조계
육조의 직계 법손이요, 서당西堂과 백장百丈의 법질法侄"[80]이라고 칭해
지는 희운이다. 희운의 돈오사상의 주요 특징은 "직하直下에 바로 이것
이고, 생각을 움직이면 곧 틀렸다. 이렇게 한 다음에야 본래의 부처가
된다."[81]라는 것이다. 이러한 사상은 주로 혜능의 '즉심즉불', '이상무념'
사상을 근거로 삼고 있다. 그는 "제불과 일체중생은 오직 일심一心일
뿐, 별다른 법이 있는 것이 아니다."[82]라는 기본사상을 반복하여 말하고
있다. 곧 "직하에 자심이 본래 부처임을 몰록 요달하면 한 법도 얻을
것이 없으며, 한 가지도 더 닦을 게 없으니, 이때가 진여불眞如佛이다."[83]
라고 지적하였다. 그는 도를 배우는 사람이 만약 요결要訣을 알고자
하거든 가장 중요한 것은 "다만 마음에 한 물건도 집착하지 말라."[84]고
하였다. 만약 마음에 물건의 집착이 있고, 마음 밖을 향하여 외경을
좇는다면 그것은 바로 도둑을 자식으로 삼는 것이며, 도에 어긋나고
이치에 위배되는 것이라고 보았다. 반면, 직하에 깨닫고 심과 경계가
하나가 되어 즉심즉불卽心卽佛이면 진실로 세속을 벗어난 사람이라고

---

80 (唐)裴休, 『黃檗山斷機禪師傳心法要』, 『대정장』 48, 379쪽. "曹溪六祖之嫡孫,
西堂百丈之法侄."

81 앞의 책. "直下便是,動念卽乖, 然後爲本佛."

82 앞의 책. "諸佛與一切衆生, 惟是一心, 更無別法."

83 앞의 책, 381쪽. "直下頓了, 自心本來是佛, 無一法可得, 無一行可修, 此時眞如佛."

84 앞의 책. "莫於心上著一物."

보았다. 이러한 사상을 기반으로 희운은 돈오와 점수의 상호관계를 깊이 논술하였다.

희운은 도를 배우는 사람이 만약 이 심체心體를 깨닫지 못하면 마음 위에 마음이 생겨나 밖으로 부처를 구하게 되며 모양에 집착하면서 수행하게 되는데, 이는 모두 악법이지 보리도가 아니라고 보았다. 그는 말하기를, 마음을 증득하는 데는 비록 느리고 빠름이 있어, 어떤 이는 법문을 듣고 한 생각에 바로 무심無心을 얻는가 하면, 어떤 이는 십신十信, 십주十住, 십행十行, 십회향十廻向에 이르러서야 무심을 얻기도 하고, 어떤 이는 십지十地에 이르러서 비로소 무심을 얻기도 한다. 한순간에 얻은 것과 십지를 거쳐서 얻은 것은 효용은 같은 것이며, 깊고 얕음의 차이도 없다. 십주, 십지에 고행하면서 수행하는 이는 "다만 긴 세월 동안 헛된 고생만 하는 것일 뿐이며"[85], "비록 삼아승지(三祇)를 수행 정진해서 모든 지위를 거치더라도 한 생각 증득하는 순간에 이르러서는 원래의 자기 부처를 깨달을 뿐이요, 그 위에 아무것도 얻어 더할 것이 없어"[86], "돌아보면 여러 겁 동안의 공들인 것이 모두가 꿈속의 허망한 것이다."[87]라고 하였다. 따라서 도를 배우는 사람은 실로 증득하였다 할 것이 없으며, 바로 직하의 무심인 것으로 "시방의 모든 부처님께 공양 올리는 것이 한 사람의 무심도인에게 올리는 공양만 같지 못하다."[88]라고 하여 무심할 수 있으면 바로 구경이라 하고, 도를

---

85 앞의 책, 380쪽. "只是曆劫枉受辛勤耳."

86 앞의 책. "縱使三祇精進修行. 曆諸地位. 及一念證時, 只證元來自佛, 向上更不添一物."

87 앞의 책. "卻觀曆劫功用, 總是夢中妄爲."

490

배우는 사람이 만약 직하에 무심하지 못하면 수많은 겁을 거쳐 수행해도 결국은 성불할 수 없다고 보았다. 이러한 무수무증無修無證, 직하돈요直下頓了의 사상은 혜능과 신회의 돈오설을 극치로 밀고 나갔다. 그 후의 돈오사상은 근본적인 측면에서 보면 더 이상 발전하지 못하였으며, 단지 그것을 한층 더 신비화시킨 것에 지나지 않았다.

3. 직하돈료直下頓了와 이불가분理不可分

돈오사상의 역사적 발전을 고찰할 때, 축도생의 '한 번 깨달으면 뜻을 얻음'으로부터 선종의 '직하돈료直下頓了'에 이르기까지 그들이 말하는 돈오의 함의가 동일하지는 않다. 그러나 도에 들고 성불하는 것은 모두 한 찰나의 활연한 열림, 대철대오大徹大悟라는 점에서는 공통적인 것이다. 또한 이러한 공통점을 이루게 된 근본 원인은 서로의 답습이나 우연한 마주침 때문이 아니라, 여러 견해가 모두 하나의 같은 이론적 기초를 갖추고 있는 것으로 모두가 이불가분理不可分을 돈오설의 근거로 삼았기 때문이다.

도생의 돈오설은 모두 반야실상의 뜻에서 유래되었다. 실상이라 함은 무상無相의 상相이고 제법의 본체이다. 부처라 함은 바로 '본을 얻으면 성이라 칭하고(得本稱性)', '본을 얻어서 스스로 그러함(得本自然)'이다. 왜냐하면 제법의 본체는 무상의 상이기 때문이다. 본체를 얻는 것은 모양으로써 얻을 수 없고 말로 전할 수 없다. 뜻을 얻음을

---

88 앞의 책. "供養十方諸佛, 不如供養一個無心道人."

귀히 여기기 때문에 도생의 '상외지담象外之談'과 '득의지설得意之說'이 있게 된 것이다. 그리고 제법의 실상은 상외象外를 초월한 것이다. 그것은 순수하게 추상적인 본체이고 그 이치는 실로 불가분인 것이다. 이치(理)가 불가분不可分이면 본체를 얻고 체를 터득하는 지혜는 단계적인 점차를 용납하지 않는 것이기 때문에 도생은 불이不二의 깨달음으로 불분不分의 이치에 부합할 것을 주장하였다. 이로부터 도생이 말한 '불이'의 돈오사상은 실제로는 '이불가분'의 사상을 토대로 삼고 있음을 알 수 있다.

'이불가분理不可分'의 사상은 축도생이 최초로 제기한 것이 아니다. 이 문제에 있어서의 축도생의 공헌은 바로 그의 '진리자연眞理自然', '득본칭성得本稱性'의 불성사상을 이것과 분할할 수 없는 이체理體와 연계시키고, 한 걸음 더 나아가 이러한 순전純全의 이체에 대한 깨달음의 단계를 용납하지 않고, 반드시 돈오해야 한다는 사상을 창립한 것에 있다. 예를 들어 축도생 이전에『수능엄경首楞嚴經』에 주서注序를 찬술한 무명의 저자가 이미 명확하게 '지극한 이치는 나눌 수 없다(至理不可分)'는 사상을 제기하였다. 그는 다음과 같이 말한다.

적寂은 얻을 수도 없고 나눌 수도 없다. 그러므로 그의 문장에 이르기를, 모든 제국諸國에 두루하기에 또한 나누어짐도 없고, 법신은 무너지지도 않는다. …… 상像을 나눌 수 있겠는가? 만약 지리至理를 나눌 수 있다면 이는 지극至極이 아니다. 나눌 수 있으면 모자람이 있고, 이것이 이루어지면 흩어진다. 이른바 법신은 완성과 모자람이 끊어지고 합하고 흩어짐이 존재하지 않는다. 영감靈鑒과 현풍玄風은 종적이 같고, 원신圓神과 대양大陽은 함께 막힘이 없다. 그 나누어지지 않음(不分)을 밝히면 (비록) 만류가 다르게 보일지라도 법신은 완전히 이를 성취하는 것이니, 이것이 또한 마땅하지 아니한가. 그러므로 '나누어지지도 않고 무너짐도 없다'고 한 것이다.[89]

이는 법신法身은 무너지지 않는 완전이고, 지극한 이치(至理)는 나눌 수 없음을 가리킨다. 이러한 사상에 의하면 원래는 진일보하여 이치에 들어서는 깨달음은 마땅히 일시에 돈료頓了하여 단계적인 점차를 용납하지 않음을 제기할 수 있었으나, 이 문장의 저자는 여기까지 미치지 못하였으므로 돈오설을 최초로 제창한 공로를 도생에게 돌리고 있다.

축도생의 돈오사상은 다른 하나의 특징이 있다. 그것은 '깨달은 자는 스스로 깨닫는다(悟者自悟)'는 것으로, 이러한 사상은 도생이 열반학을 본성本性의 학설로 삼는 것과 떼어놓을 수 없는 것이다. 축도생이 보기에 불성이란 함생含生의 본성이다. 부처란 본으로 돌아가 성을 얻음을 가리키는 것이기 때문에, 깨달음은 반드시 스스로 깨닫는 것으로 신수문해信修聞解와 다르다고 제창하였다. 이러한 사상의 진일보한 발전은 그 후의 선종의 심성학설心性學說에 발전의 길을 개척하였다.

선종 불성설의 가장 핵심적인 부분은 실상實相, 본성本性, 그리고

---

89 『出三藏記集』, 『대정장』 55, 48쪽. "所以寂者, 未可得而分也. 故其篇云, 悉遍諸國. 亦無可分, 於法身不壞也. …… 像可分哉? 若至理之可分, 斯非至極也. 可分則有虧, 斯成則有散. 所謂爲法身者, 絶成虧, 遣合散. 靈鑒與玄風齊蹤, 圓神與大陽俱暢. 其明不分, 萬類殊觀, 法身全濟, 非亦宜乎. 故曰不分無所壞也."

진리를 모두 일심에 귀결시킨 것이다. 심心, 성性, 이理 등의 명칭은 서로 다르나 실제로는 같은 것이다. 성이 곧 이理이고 심이며, 마음 밖에는 더욱이 한 물건도 없어, 이른바 부처라는 것은 본심, 본체가 본래 부처라는 것이다. 자심이 본래 부처이고, 얻을 법이 하나도 없음을 직하에 깨달으면 이것은 곧 진여불眞如佛이다. "성이 곧 마음이요, 마음이 곧 부처이고, 부처가 곧 법이니"[90], "마음으로써 다시 마음을 구하지 말고, 부처를 가지고 다시 부처를 구하지 말 것이며, 법을 가지고 다시 법을 구하지 말라. 그러므로 도를 배우는 사람이 당장에 무심하여 묵연히 계합契合할 뿐이다."[91] 다시 말해 이른바 직하돈료直下頓了란 자심을 직접 가리켜 본불本佛로 삼는 것이고, 심체란 만유를 포함하는 전체를 가리키는 것이다. 마음 위에 더욱이 한 물건도 집착해서는 안 되고, 또한 마음 밖으로 다른 것을 구해서도 안 된다. 이러한 직하돈요설은 비록 축도생의 돈오설과 표현이 다르지만, 그 사상은 실질적으로 크게 다름이 없다. 즉 모두가 이체(理體: 心體)를 불가분不可分의 통일체로 삼는 것을 기반으로 하면서, 나아가 이 불가분의 이체심체에 대한 깨달음은 점차적인 것이 아니라 반드시 '돈頓'이라고 보았다. 간단하게 말하자면, 이것이 바로 중국 불성론 가운데 돈오설의 사유방법이다.

---

90 『黃檗山斷機禪師傳心法要』, 『대정장』 48, 381쪽. "性卽是心, 心卽是佛, 佛卽是法."

91 앞의 책. "不可以心更求於心, 不可以佛更求於佛, 不可以法更求於法. 故學道人直下無心, 默契而已."

제2절 불진간정拂塵看淨과 인연견성因緣見性

돈오와 서로 대립되는 다른 한 가지의 수행방법은 점수이다. 점수의 수행방법은 비록 중국 불성론 가운데 주도적인 지위를 차지하지는 않지만, 대다수의 중국 승려들은 또한 점수를 완전히 폐기할 것을 주장하지 않았을 뿐만 아니라, 점수를 도에 들어가서 성불하는 기본방법으로 삼은 사람도 적지 않았다. 그러므로 돈오설을 살펴본 이후, 점수의 수행방법에 대하여 간단하게 고찰해볼 필요가 있다.

1. 차제수행次第修行과 삼승불교三乘佛教

이른바 점수란 점진적인 수행을 통하여 범부에서 성인으로 전환하고, 도에 들어가서 해탈하는 것을 가리킨다. 불교에는 범부에서 성인으로의 전환은 단지 성불이라는 하나의 길에만 그치는 것이 아니고, 그 수행에도 본래부터 단계와 차원의 구별이 있다. 예를 들면 보살은 줄곧 부처와 나란히 사성四聖으로 칭해지고 있으므로 수행방법을 고찰할 경우, 성불이라는 하나의 길에만 국한되지 않고 마땅히 그 이전의 세 단계도 함께 고려해야 한다.

앞의 삼성三聖은 불교에서 삼승과三乘果라고도 한다. 아라한은 성문승과聲聞乘果이고, 벽지불僻支佛은 연각승과緣覺乘果이며, 보살은 보살승과菩薩乘果이다. 삼승三乘과 삼성三聖에 관해서는 인도불교에서 많이 논술하였지만, 중국불교에서는 매우 적게 언급되어 있다.

불교가 동쪽으로 전래된 초기에 대·소승의 이승이 함께 전해졌으며,

그 당시에는 항상 삼승의 설이 있었다. 그리고 소승불교가 쇠락하고, 도생이 일승을 널리 선양시킨 이후부터, 특히 천태에서 회삼귀일會三歸一을 제창한 이후부터 중국불교는 대승의 천하로 되었는데, 그로부터 특히 일승一乘이 번성하였다.

당唐에 이르러 현장의 유식종이 오종종성五種種性설을 제창하게 되면서 삼승교는 다시 부흥의 세력을 얻게 되었다. 그러나 영향은 컸지만 지속시간은 매우 짧았다. 그리고 유식종 이후의 화엄종이 또 일승을 성대하게 선양시켰고, 선종은 더욱더 교외별전을 표지로 삼았으므로, 중국에 대한 삼승교의 영향은 매우 제한되었다. 중국불교의 주류는 마땅히 천태종과 화엄종의 일승교, 그리고 교외별전의 선종으로 귀결시켜야 한다.

각 승乘의 불교이론에서의 갖가지 차별을 명확히 밝히는 것은 중국불교와 인도불교의 수행론에서의 구별을 파악하고, 중국불교의 수행론에서 점수의 방법이 어찌하여 주도적 지위를 차지하지 못했는가를 이해하는 데 도움이 되는 것은 틀림없다. 소승, 삼승, 그리고 일승의 여러 교파는 불성론의 측면에서 많은 차이가 있다. 누가 성불하는가의 문제에 관하여 소승은 오직 보살이 차제로 부처를 이룬다고 주장한다. 삼승교는 반은 이룰 수 있고 반은 이룰 수 없다. 만약 직진直進 및 회심回心 양종의 사람들은 수행하여 십천겁十千劫이 원만하고 감임지堪任地에 머무르면 아울러 모두 부처를 이룬다. 만약 지위에 이르지 못하면 더불어 일천제와 같아서 부처를 이루지 못한다.

일승의一乘義에 의거하면 일체중생은 의依 및 정正을 통하여 모두 다 성불한다. 성불의 공간성 위에서 소승교는 오직 한 사람만 부처를 이루고, 곧 다른 성불인은 전후가 같지 않다. 만약 삼승교에 의하면 곧 시방불이 있는데, 동시 각 처소에서 성불을 하여 모두 다 교화된 유정중생이다. 성불의 시간성 위에서는 소승교는 삼아승지三阿僧祇가 원만해야 성불하고, 삼승교는 오래도록 선근을 수행해야 함을 주장한다. 반면에 일승은 초발심이 문득 정각正覺을 이루며 일념에 처음과 끝이 다 구족함[92] 등을 주장하였다.

인도불교에서 소승불교와 삼승불교가 줄곧 상당한 지위를 가지고 있었기 때문에 불성론이 많은 겁을 거쳐 오랜 기간 닦아야 함을 주장하고, 성불이 어렵다고 한 것은 이치상 당연한 것이다. 반면 중국불교에서는 소승교가 줄곧 바람을 이루지 못하고, 삼승교의 영향이 시간 및 범위에서 모두 크게 제한되어 있었다. 오히려 일승교가 줄곧 주류파의 지위를 차지하고 있었으므로, 그 수행론에서 점수보다 돈오를 중히 여긴 것도 이치에 맞는 것이다.

2. 문교신수聞敎信修와 인연견성因緣見性

앞에서 점수사상이 중국 불성론 가운데 주도적 지위를 차지하지 못하였다고 했으나, 이것은 결코 중국불교에서 점수사상이 없다는 것은 아니다. 대다수의 중국 승려들은 여전히 반드시 도를 닦아야만 성불할 수 있다고 주장하였다. 하지만 각 파의 불성론에 서로 차이가 있기 때문에 점수설에 있어서도 견해가 동일하지는 않았다. 예를 들면 안세

---

92 智儼의 『華嚴五十要問答』, 『華嚴一乘十玄門』 및 法藏의 『華嚴一乘敎義分齊章』 참고.

고안世高 일파의 소승선법은 수식행관數息行觀의 정신적 수련에 치중하였고, 『사십이장경四十二章經』에서 말하는 "도는 철을 단련하는 것 같아서 점점 깊어져서 때를 털어버리고서 그릇이 되어야 반드시 양호하다."[93]라는 것도 있다. 혜관慧觀의 이치(理)는 본래 다름이 없으나 사람에게 차별이 있다는 점오설도 있다. 육조 시대의 여러 승려와 논사들이 말하는 "이미 정인正因이 있지만 반드시 연인緣因을 기다려야 한다."라는 것과 선종 북종의 "티끌을 털고 깨끗함을 보고 방편으로 경전을 통해야 한다."라는 설 등이 있었다. 중국 불성론에 끼친 영향력에 착안하여 본 절에서는 육조 시기의 여러 열반사涅槃師들의 '인연견성因緣見性'설을 중점 고찰하고, 선종의 불진간정拂塵看淨 사상에 관해서는 다음 절에서 다루도록 한다.

열반사의 '인연견성'설은 주로 『대반열반경집해大般涅槃經集解』에 수록되어 있다. 『대반열반경집해』에서 언급한 문제는 비록 많으나, 반복적으로 논술한 하나의 주제가 바로 "이미 불성이 있는데 구태여 십이부경을 설할 필요가 있겠는가?"와 "이미 불성이 있는데 도를 닦을 필요가 있겠는가?"이다. 열반사들은 이러한 질문에 대하여 해답하는 과정에서 그들의 수도관修道觀을 구체적으로 논술하였다.

『열반경』에 "일곱 사람이 강을 건너는 비유(七人渡河喩)"라는 유명한 내용이 있다. 보량寶亮은 "일곱 사람 모두가 손과 발이 구족한 것은 불성에 비유하고, 수영을 익힌 자는 건너고, 익히지 못했으면 건널 수 없는 것은 도를 닦는 것(修道)을 비유한다."[94]라고 해석하면서 "중생

---

93 (後漢)迦葉摩騰・竺法蘭 譯, 『四十二章經』, 『대정장』 17, 723쪽. "爲道如鍛鐵, 漸深去汚, 成器必好."

도 마찬가지여서 모두 불성을 갖추고 있으나, 성도聖道를 닦지 않으면 열반을 얻을 수 없다."[95]라고 하였다. 또한 보량은 다음과 같이 말한다. "일곱 사람이 다 손발이 있으나 만약 수영을 익히지 않으면 건널 수 없는 것과 같다. 중생도 비록 불성은 있으나 반드시 오래도록 선한 연인을 잘 닦아야 반드시 성불할 수 있다."[96] 이는 매우 통속적인 비유이다. 일곱 사람이 모두 손과 발이 구족한 것은 마치 중생이 모두 불성을 갖추고 있는 것과 같으나, 불성이 있는 것은 자연적으로 성불할 수 있다는 것과 달라, 반드시 도를 배우고 수행해야 한다는 것이다. 이는 마치 손발이 있어도 수영을 익히지 않으면 결국은 강을 건널 수 없는 것과 같다는 뜻이다.

『집해』 권52에 또 보량의 다음과 같은 말이 기재되어 있다.

어리석은 이는 지혜가 없다. 부처가 설한 중생신 속에 불성이 있다는 것을 듣고, 이 오음신五陰身이 바로 일체종지一切種智·십력十力·사무외四無畏를 갖추고 있어 수행이 필요치 않고 누워서도 저절로 성불할 수 있는, 즉 부처가 현전함을 말한다. 이것은 합당하지 않고 잘못된 생각이다. 중생의 몸은 바로 정인이 있는데, 반드시 덕德을 쌓고 수도해야만 무명의 장애를 멸하고 암흑이 다하여서 불성이

---

94 (梁)寶亮, 『大般涅槃經集解』 권61. 『대정장』 37, 569쪽. "七人皆具手足譬佛性, 習浮者度, 不習不度, 譬修道也."

95 『大般涅槃經集解』 권61. 『대정장』 37, 569쪽. "衆生亦爾, 皆有佛性, 不修聖道, 不得涅槃."

96 앞의 책. "七人悉有手足, 若不習浮, 不能得度, 衆生雖有佛性, 要久習緣因善, 方乃得成佛."

바야흐로 현현한다. 연緣이 구족할 때 이에 용用이 있다. 이 일은
마치 공후箜篌가 반드시 여러 연緣이 구족해야 비로소 소리가 나오는
것과 같다.[97]

이는 중생은 비록 정인불성正因佛性이 있지만, 오음신은 일체종지를
갖추고 있지 않다. 그러므로 수행에 의지하지 않고 누워서는 성불할
수 없고, 반드시 덕을 쌓고 도를 닦아 여러 인연이 구족할 때 불성이
현현하여 비로소 성불할 수 있음을 가리킨다. 이는 또한 덕을 쌓고
도를 닦는 것을 성불의 조연助緣으로 간주하고, 인연이 구족해야만
비로소 견성성불할 수 있음을 가리킨다.

보량의 이러한 해설 이전에, 또한 승종僧宗이 "구태여 십이부경을
설할 필요가 있겠는가?"라는 힐난에 답하는 내용이 기재되어 있다.
승종은 공후箜篌가 비록 발성發聲의 기능을 갖추고 있으나, 그 소리를
들으려면 "반드시 방편을 행해야 비로소 얻을 수 있다."고 함으로써
"십이부경이 곧 외연의 이익이 된다고 들었다."[98]라고 설명하였다.
이것은 또한 정인正因과 외연外緣으로 불성과 십이부경의 상호관계를
설하고 있는 것이다.

여러 열반사들은 또한 당유현유當有現有, 본유시유本有始有의 상호

---

97 『大般涅槃經集解』 권61. 『대정장』 37, 539쪽. "凡夫愚癡, 無有智慧. 聞佛說衆生身
有佛性, 謂此五陰身卽時已有一切種智·十力·四無畏, 不假修行, 臥地自成, 責佛
現有, 此不當, 是無道用心. 然衆生之身, 卽時乃有正因, 要應積德修道, 滅無明障,
闇黑都盡, 佛性方顯. 緣具之時, 爾乃有用. 其事如箜篌, 要須衆緣具, 故聲方出耳."
98 앞의 책, 539쪽. "聞說十二部經, 則爲外緣之益也."

관계로써 불성은 비록 본유本有이고 현유現有인 것이지만 연緣을 빌어 도를 닦아야 비로소 견성성불할 수 있음을 설명하였다. 그들이 가장 많이 언급한 것은 우유와 치즈의 비유였다. 즉 우유는 반드시 따뜻함을 빌려야 치즈로 될 수 있다. 만약 따뜻하지 않으면 우유는 여전히 우유이지 영원히 치즈로 될 수 없다는 뜻이다. 이는 불성은 비록 본래 갖추고 있으나 수도修道에 의지하지 않는다면 단지 일종의 잠재적인 가능성일 뿐, 영원히 부처가 될 수 없음을 비유하고 있다.

여러 열반사들에게 불성은 정인이고 당유이지만, 성불하려면 여전히 조연助緣이 필요하여 반드시 수도해야 하며, 인연이 구족해야만 비로소 견성성불할 수 있다는 사상은 모두 『열반경』에서 비롯되었다. 『열반경』에 중생은 비록 정인불성이 있으나 "만약 반드시 성도聖道를 닦음이 필요하지 않다고 말하는 것은 불요의不了義다."[99]라고 하며, "중생의 불성은 좋은 방편으로써 얻을 수 있다."[100]라고 하여 "여러 가지 인연을 가차假藉해야 삼보리를 얻을 수 있다."[101]라고 누차 언급하였다. 『열반경』의 이 문제에 있어서의 기본 사상은 중생이 모두 갖고 있는 정인불성, 즉 제일의공第一義空은 그 본성이 상주불변이므로 결코 중생을 이끌어 성불하게 할 수 없다는 것이다. 만약 그렇지 않으면 일체중생이 한결같이 불성이 있어 벌써 모두 성불했을 것이라는 것이다. 수나라의 정영사淨影寺 혜원慧遠도 『열반경』의 이러한 사상을 근거로 삼아, 육조六朝의 열반사들과 유사한 견해를 얻어냈다.

99 『大般涅槃經集解』 권32. 『대정장』 37. 555쪽. "若言不須修聖道者, 是義不然."
100 앞의 책, 519쪽. "衆生佛性以善方便故可得見."
101 앞의 책, 519쪽. "假衆緣故得成三菩提."

반드시 성도聖道를 닦아야 보리를 얻을 수 있다. …… 모름지기
수도하지 않는다고 말하는 것은 인因이 있기 때문에 과果를 얻는다는
뜻에 위배된다.[102]

첫째는 공空의 비유에 따라 그 이성理性이 비내비외非內非外하고
비인과非因果하며 성이 곧 이치(理)임을 밝힌 것이다. 성이 비내非內
이기에 수행을 빌려야 비로소 얻을 수 있고, 성이 비외非外이기에
수행자는 반드시 얻게 된다. 둘째는 재財의 비유에 따라 그 과성果性
의 비피비차非彼非此임을 밝힌 것이다. 성이 비차非此이기에 수행을
빌려야 비로소 얻을 수 있고, 성이 비피非彼이므로 수행자는 반드시
얻게 된다. 셋째는 업業의 비유에 따라 그 인성因性이 비내비외,
비유무非有無 등임을 밝힌 것이다. 뜻은 앞의 것과 동일하다. 처음과
중간에는 먼저 비유하고, 뒤에는 합하여 법을 드러낸다. 망妄 중에
진眞이 없음을 비내非內라 하고, 진은 망을 여의지 않음을 비외非外라
한다. 비내이기에 수행을 빌려야 비로소 얻을 수 있다.[103]

즉 제일의공의 정인불성은 그것이 비내비외非內非外인 까닭에 수도
修道에 의지해야 비로소 얻을 수 있으며, 비피비차非彼非此인 까닭에

---

102 『大般涅槃經義記』권9, 『대정장』37, 854쪽. "要修聖道方得菩提 …… 言不須修,
   違其緣因得果之義."

103 앞의 책, 854쪽. "一約空喩明其理性, 非內非外非因果, 性是其理也. 性非內故,
   假修方得. 性非外故, 修者必得: 二約財喩明其果性非彼非此, 性非此故假修方得,
   性非彼故修者必得: 三約業喩明其因性, 非內非外非有無等, 義意同前. 初中先喩,
   後合顯法, 妄中無眞名爲非內, 眞不離妄說爲非外, 由非內故假修方得."

수도하는 자는 반드시 얻게 된다는 것이다. 수도에 의지함을 필요로
하면 연인으로 과를 얻는 뜻이고, 수도를 필요로 하지 않으면 연인으로
과를 얻는 뜻에 위배된다. 이는 여전히 '인연견성因緣見性'의 사상이다.

　인연견성의 사상은 남북조 시기에 단계와 점차를 중시하는 경향이
있었다. 예를 들면 『홍명집弘明集』에서는 자주 "어리석음을 뽑아버림
은 사선정四禪定에서 시작되고, 지혜로 진입함은 십지가 단계가 된
다."[104]라고 하였다. 그리고 논사들도 자주 수도의 단계와 점차에 대해
언급하였다. 예를 들면 지론사地論師는 『십지경론十地經論』을 근거로
삼아 수행의 계위階位에 대해 항상 설하였다. 단계를 주장하고 차제를
중시하는 이러한 현상은 천태 원교의 출현과 더불어 점차 저조해져
갔다. 천태는 비록 지관쌍수止觀雙修를 중시했으나 그 즉공卽空·즉가卽
假·즉중卽中의 원융이론은 그것이 점수를 돈오 위에 올려놓을 수 없다
고 결정하였다. 화엄종이 "처음 발심할 때, 이미 석가모니를 초월하였
다."[105]라고 제창할 무렵, 점수는 중시할 것이 못되는 방편시설로 간주
되었다. 그리고 선종이 수습에 의지하지 않는 돈오법문을 세운 뒤로부
터 점수의 지위는 더욱더 보잘 것 없게 되었다.

3. 불진간정拂塵看淨과 차교오종借敎悟宗

남종의 수습修習을 빌리지 않는 돈오법문과 서로 대립되는 것은 북종의
점수학설이다. 신수의 점수설과 혜능의 돈오설의 분기分岐는 일찍이

---

104 『弘明集』 권8. 『대정장』 52, 51쪽. "拔愚以四禪爲始, 進慧以十地爲階."
105 (隋)智顗, 『摩訶止觀』. 『대정장』 46, 73쪽. "初發心已過於牟尼."

그들이 이미 홍인 문하에 함께 있을 때에 드러나 있었다. 혜능은 그의 유명한 득법게得法偈로 인하여 선종의 법을 전하는 의발을 받게 되었고, 한편 신수가 의발衣鉢을 다투기 위해 지은 게송도 그가 훗날 점수법문을 크게 선양시키기 위한 사상적 토대를 다져놓았다.

종밀은 『중화전심지선문사자승습도』에서 북종의 기본사상에 대해 다음과 같이 평술한다.

> 북종의 대의는 중생이 본래 각성覺性을 갖추고 있음이 마치 거울에 명성明性을 갖추고 있는 것과 같다. 번뇌가 그것을 덮어 보지 못함은 거울에 때가 낀 것과 같다. 만약 스승의 가르침을 말해보면, 망념을 쉬고 생각이 다하면 심성을 깨달아 알지 못하는 것이 없다. 티끌을 털어버리고 티끌이 다하면 거울은 밝고 깨끗하여 비추지 못함이 없다. 그러므로 저 종주宗主 신수 대사는 오조에게 게송을 올리기를, "몸은 바로 보리수菩提樹요 마음은 명경대明鏡臺와 같으니, 때때로 부지런히 털고 털어 티끌을 묻어 않게 하라."라고 하였다.[106]

이는 북종의 선법이 대체로 불진간정拂塵看淨을 기본특징으로 하고 있음을 가리킨다. 이 문장의 조금 뒤에 종밀은 다시 명확하게 다음과 같이 말한다.

---

[106] 『中華傳心地禪門師資承襲圖』, 『속장경』 63, 33쪽. "北宗意者, 衆生本有覺性, 如鏡有明性: 煩惱覆之不見, 如鏡有塵闇. 若依師言教, 息滅妄念, 念盡則心性覺悟無所不知. 如摩拂昏塵, 塵盡則鏡體明淨, 無所不照. 故彼宗主神秀大師呈五祖偈云: 身是菩提樹, 心如明鏡臺, 時時勤拂拭, 莫遣有塵埃."

북종은 단지 점수이지 완전히 돈오는 없다. 돈오할 수 없기 때문에 닦아도 진眞이 되지 못한다.[107]

즉 북종은 모두 점수를 주장하는데 티끌만큼도 돈오의 사상이 있다고 말할 수 없다는 것이다. 이러한 표현은 다소 편파적인데, 신수의 선법에서도 돈오를 전혀 설하지 않은 것은 아니었다. 예를 들면 신수는『관심론 觀心論』에서 다음과 같이 말한다.

범凡을 뛰어넘어 성性를 증오하는 것이 눈 깜짝할 사이에 있어 멀지 않다. 깨달음이 잠깐 사이에 있거늘, 어찌 흰머리가 되기를 기다리리 오.[108]

또한『대승무생방편문大乘無生方便門』에서도 "일념이 깨끗하면 전체적으로 불지佛地를 초월하는 것이다."[109]라고 말한다.

이는 분명히 돈오사상이다. 문제는 신수의 돈오는 남종의 단도직입單刀直入, 직료견성直了見性과 달리 갖가지 방편을 거친 후의 확연한 깨달음이며, 게다가 신수의 선법은 '때때로 부지런히 털고 닦음'을 특징으로 하기 때문에 총체적으로는 점수법문에 속한다.

---

107 앞의 책, 35쪽. "北宗但是漸修, 全無頓悟, 無頓悟故, 修亦非眞."

108 『관심론觀心論』이 신수의 저작인지는 학계에는 일치하지 않다. 다만 여기에서는 후외여候外廬의 학설을 취하고, 뒷날 다시 논증하고자 한다. 『中國思想通史』第四卷上, 270쪽. "超凡證聖, 目擊非遙, 悟在須臾, 何須皓首."

109 (唐)神秀, 『大乘無生方便門』. 『대정장』 85, 1273쪽. "一念淨心, 頓超佛地."

『단경』에 지성志誠이 신수의 선법을 가리켜 "마음에 머물려 정관하고 오래 앉고 눕지 말라."라고 한 말이 기록되어 있고, 종밀도 『원각경대소초圓覺經大疏鈔』에서 신수선법의 특징은 "티끌을 털고 깨끗함을 보고, 방편으로 경전을 통달한다."라고 하였다. 이러한 표현은 실제에 부합되는 것으로, 신수의 선법을 고찰해보면 '주심정관住心靜觀', '불진간정拂塵看淨'을 표지로 삼고 있으며, 후학들도 기본적으로 이 궤도를 좇았고, 구체적으로는 '응심입정凝心入定, 주심간정住心看淨, 기심외조起心外照, 섭심내증攝心內證'[110]이라는 16자로 표현된다. 이것은 의심할 바 없이 점수법문에 속한다.

북종의 점수는 실은 능가사의 여서餘緒를 이어받았다. 능가사들은 달마부터 시작하여 이미 거짓을 버리고 진으로 돌아가 벽관 응주함을 제창하였다. 『속고승전』「달마전」에서는 다음과 같이 말하고 있다.

도를 깨치는 길은 여러 가지가 있지만 요약해서 말하면 두 가지이다. 하나는 이입理入이고, 또 하나는 행입行入이다. 교를 빌려 종을 깨달아 중생은 부처와 같은 진성을 지니고 있음을 깊이 믿어라. 다만 객진번뇌가 장애하는 까닭에 거짓을 버리고 진眞으로 돌아가라. 벽관壁觀을 응주凝住하면 자타가 없고 범성凡聖이 평등하여 굳건히 머물러 움직이지 않게 된다. 이리하여 견고하게 머물러 옮기지 않고 다시는 문교(文敎: 他假)에 따르지 않으면서 도에 그윽하게 계합되어 분별이 없이 적연寂然하여 함이 없음이 되는 것을 일러 이입理入이라 한다.[111]

---

110 『菩提達摩南宗定是非論』, 『神會禪師禪話錄』, 中華書局, 1996, 29쪽.

506

이것은 '이입'의 내용이다. '교에 의지하여 종을 깨치는 것'이고 '거짓을 버리고 진으로 돌아가는 것'으로, 구체적인 방법은 '응주벽관凝住壁觀'이라는 것을 가리킨다. '벽관'이란 실제로는 '안심安心'의 수단이다. 종밀은 『선원제전집도서禪源諸詮集都序』에서 다음과 같이 말한다. "달마는 벽관으로써 사람의 안심을 가르쳤는데, 밖으로 모든 인연을 그치고 안으로는 마음에 헐떡거림을 없게 함이 마음 장벽과 같이 해야 도에 들어갈 수 있다."[112] 만약 신수의 사상과 달마가 말한 내용을 비교하면, 신수의 '주심관정住心觀靜'과 달마의 '응주벽관凝住壁觀'이 그야말로 별로 차이가 없음을 발견할 수 있다.

신수의 스승인 홍인도 점수를 주장한 인물로서, 『수심요론修心要論』에서 다음과 같이 말하고 있다.

이미 중생 불성이 본래 청정함을 깨달으면 마치 구름 뒤에 해가 있는 것 같다. 다만 요연히 진심만 지키어 망념을 제하여 다하면 혜일慧日은 곧 나타나는데, …… 마치 거울을 닦아 티끌이 다하면 자연히 견성할 수 있는 것과 같다.[113]

---

111 (唐)道宣, 『續高僧傳』, 『대정장』 50, 551쪽. "入道多途, 要惟二種, 謂理‧行也. 藉(借)教悟宗, 深信含生同一眞性: 客塵彰故, 令捨僞歸眞. 凝住壁觀, 無自無他, 凡聖等一, 堅住不移, 不隨他假, 與道冥符, 寂然無爲, 名理入也."

112 (唐)宗密, 『禪源諸詮集都序』 권2, 『대정장』 48, 403쪽. "達摩以壁觀教人安心, 外止諸緣, 內心無喘, 心如牆壁, 可以入道."

113 (唐)弘忍, 『最上乘論(修心要論)』 권2, 『대정장』 48, 378쪽. "旣體如衆生佛性本來淸淨, 如云底日, 但了然守眞心, 妄念除盡, 慧日卽現 …… 譬如磨鏡, 塵盡自然見性."

이 마경설魔境說은 사람들로 하여금 신수의 '때때로 부지런히 털고 닦아야 한다'는 게송의 구절을 상기하기 쉽게 한다. 양자는 표현이 약간 다르지만 그 사상은 크게 차이가 없어 모두 불진간정의 뜻을 지니고 있다.

만약 사상적 연원에 따라 말한다면 신수 및 그 북종의 점수법문이 실제로는 '정통正統'에 더욱 가깝다. 그러나 불성사상의 발전은 여러 사회 의식 형태의 발전과 마찬가지로 비록 상대적인 독립성을 가지고 있으나, 결국 시대의 제약을 받기 때문에 신회가 신수 및 그의 점수법문을 '사승은 방계師承是傍'라는 경지로 몰고 갈 가능성이 있는 것이었다.

제3절 돈오점수頓悟漸修와 어토전제魚兎筌蹄

돈오와 점수는 일정한 각도에서 보면 서로 대립되는 두 가지 수행방법이다. 하나는 인연견성하고 배움에 단계와 점차가 있음을 중시하고, 다른 하나는 한 생각 깨달음에 뜻을 얻고 단계에 떨어지지 않는다고 주장하였다. 하지만 다른 각도에서 보면, 양자는 또한 서로 통일할 수 있는 점이 없지 않다. 그것은 양자가 불교의 수행방법 뿐만 아니라, 동일한 불교사상가 혹은 불교종파가 동시에 병행한 두 가지 수행방법이기 때문이다. 그러므로 점수와 돈오는 대립되는 면이 있으면서도 통일되는 면도 있다. 점수와 돈오가 이렇게 대립되면서 통일되는 관계는 마땅히 이 두 가지 수행방법을 하나의 대립 통일된 전체로서 고찰해야 한다. 그리고 점수에 전혀 의지하지 않는 순전히 직관적인 돈오에 관해서는 별도로 논해야 한다.

1. 점이성돈漸以成頓과 돈불폐점頓不廢漸

점수와 돈오의 통일된 관계는 우선 양자가 상자相資이고 호제互濟하며, 상부상조하여 점수를 빌어서 돈오를 이루고, 비록 돈오하나 점수를 폐하지 않는 데서 나타난다. 여기에 역사적 사실을 예로 들어본다.

지도림支道林은 중국불교사에서 돈오를 제창한 제일인자였다. 그는 결코 점수를 폐하지 않았다. 『대소품대비요초서大小品對比要抄序』에서 그는 다음과 같이 말한다.

> 깨달음에는 더디고 빠름이 있다. 분分에 연고가 없다고 말라. 분이 어두우면 바로 공功을 중히 여겨야 하고, 그것이 쌓인 이후에 깨닫는 다.[114]

이는 깨달음의 더디고 빠름은 중생 근기의 날카롭고 둔함에 관계되며, 어둡고 둔한 근기에 속하는 이는 공덕으로써 점진漸進하여 일정한 단계까지 쌓은 후에 곧 깨달을 수 있다는 뜻이다. 실제로는 지도림뿐만 아니라 도안, 승조, 혜원 등 여러 법사들의 소돈오小頓悟도 모두 이와 마찬가지였다. 칠주七住 이전에 점진漸進하고, 칠주에 이르면 무생법인을 깨닫는다고 한다. 이것은 분명히 점수와 돈오를 불교 이해의 두 단계로 삼는 것이다.

축도생은 돈오설로 중국불교계에 유명하지만, 그의 학설 가운데에

---

114 『出三藏記集』, 『대정장』 55, 55쪽. "神悟遲速, 莫不緣分. 分暗則功重, 言積而後悟."

는 점수의 사상도 적지 않다. 혜달慧達은 『조론소』에서 도생의 돈오에 관한 논술을 다음과 같이 인용하고 있다.

> 견해見解는 오悟라 하고, 문해聞解는 신信이라 한다. 신해는 진眞이 아니어서 깨달으면 신을 버린다. 이수理數는 자연적으로 과果가 익으면 스스로 떨어진다. 깨달음은 저절로 생기지 않고 반드시 신信을 빌려서 점점 일으켜야 한다.[115]

이것은 문해聞解의 신수信修는 견해見解로 돈오하는 기초라고 직설하고 있는 것이다. 이 사상을 기반으로 하여 도생은 사령운의 가지假知을 부지不知로 간주하는 사상을 반대하면서 다음과 같이 지적한다.

> 만약 진실로 부지不知라면 어떻게 능히 믿음이 있겠는가? 그러한즉 교教로 인한 믿음이 부지不知인 것은 아니다. 다만 저것의 지知가 돕는다면 이理가 나의 표表에 있다. 저를 도와 나에게 이를 수 있다면 어떻게 날마다 진보하는 공이 없겠는가?[116]

이는 문교신수聞教信修는 비록 진지眞知는 아니지만, 이것을 빌어 자오自悟, 돈오에 도달할 수 있는 까닭에 문교신수는 일진지공日進之功

---

115 (晉)惠達, 『肇論疏』, 『속장경』 54, 55쪽. "見解名悟, 聞解名信. 信解非眞, 悟發信謝. 理數自然, 如果熟自零. 悟不自生, 必借信漸."

116 (唐)道宣, 『廣弘明集』, 『대정장』 52, 228쪽. "以爲苟若不知, 焉能有信. 然則由教而信, 非不知也. 但資彼之知, 理在我表. 資彼可以至我, 庸得無功於日進."

510

이 없는 것이 아니라고 하는 것이다. 『묘법연화경소』에서 축도생은 다음과 같이 말한다.

이 경전은 대승을 종宗으로 삼는다. 대승은 평등의 대혜大慧라, 일선一善에서 시작하여 극혜極慧에서 끝나는 것을 말한다. 평등이란 이치에 다른 취지가 없고 함께 일극一極으로 돌아감을 말한다. 대혜는 바로 종終에 나아감을 일컫는다. 만약 종합하여 시말始末을 논하면 한 터럭의 선善이라도 다 그러하다. 이 종극終極의 대혜는 이체理體를 비추니 돈오의 진지眞知이다. 그러나 교를 듣고 믿고 수행하고, 나아가 한 터럭의 선善도 바로 점수라 한다.[117]

이 말은 두 측면의 뜻을 포함하고 있다. 하나는 문교신수는 점수에 속하고 궁극적인 큰 지혜는 돈오임을 말하는 것이고, 다른 하나는 깨달음에 있어서 오직 돈오만 있을 뿐 전후의 단계와 점차가 있어서는 안 되며, 닦음에 있어서는 점차적이어도 무방하다고 보는 것이다.

전면적으로 축도생의 불성사상을 고찰하면, 그의 돈점상자頓漸相資설과 그의 전반적인 사상체계는 일치한다. 도생의 불성설은 중생이 모두 불성이 있음을 제창한 이외에 또 '응유연應有緣'설이 있다. 그 뜻은 단지 정인불성만으로는 성불할 수 없기에 반드시 인연을 빌어

---

117 (劉宋)竺道生, 『法華經疏』, 『속장경』 27, 1쪽. "此經以大乘爲宗. 大乘者, 謂平等大慧, 始於一善, 終於極慧是也. 平等者, 謂理無異趣, 同歸一極也. 大慧者, 就終爲稱也. 若統論始末者, 一毫之善皆是也. 此終極之大慧, 乃是指照理體, 頓悟之眞智. 然聞教信修, 乃至一毫之善, 是謂漸修."

수도해야 성불할 수 있다는 것이다. 이러한 사상은 수행방법에서 나타
나고 있는데, 바로 그의 돈점상자의 학설이다.

　선종의 남종은 더욱더 돈오를 자기 종파 수행론의 강골綱骨로 삼았다.
그러나 혜능과 신회의 불성학설을 전체적으로 고찰하면 점수를 완전히
버린 것도 아니었다. 『단경』 가운데는 중생이 만약 스스로 깨닫지
못하면, 선지식을 찾아서 도를 가르침 받아 견성해야 한다는 혜능의
말이 실려 있다. 특정한 의미에서 말하자면 선지식을 찾아서 도를
가르침 받아 견성한다는 것은 또한 돈오에 이르기 전의 수행으로 간주해
도 된다. 물론 혜능이 보기에 이러한 수행은 단지 일종의 방편시설일
뿐, 지둔, 도안, 도생의 돈점상자설과는 다소 차이가 있다.

　신회는 돈오는 수습에 의지하지 않는다는 말을 많이 하였는데, 돈오
는 점수를 폐하지 않는다는 말도 자주 하였다. 예를 들어 장산蔣山의
의 법사義法師가 "일체중생은 다 진여불성이 있다. 중간에 이르러 혹
보는 자도 있고, 혹 보지 못하는 자도 있는데, 어떻게 이와 같은 차별이
있는가?"[118]라고 묻는 말에 신회는 다음과 같이 답한다.

　중생이 비록 진여불성이 있는 것은, 마치 대마니大摩尼의 보배가
　비록 광성光性을 머금고는 있으나, 만약 사람이 문지르지 아니하면
　마침내 깨끗함을 밝히지 못함과 같다. 차별의 현상이 이와 같아서
　일체중생도 보살 선지식의 발심을 만나지 못하면 마침내 능히 진여
　불성을 볼 수 없다.[119]

---

[118] 『南陽和尙問答雜徵義』石井本, 『神會禪師禪話錄』, 中華書局, 1996, 82쪽. "一切
　衆生, 皆有眞如佛性, 及至中間, 或有見者, 或有不見者, 云何有如是差別."

512

이 말은 신수의 '부진간정拂塵看淨'설에 가까운 것이다. 다만 신회는
갈고 다듬어 견성하는 것을 수행의 주요한 방법으로 삼지 않은 구별이
있을 뿐이다. 신회의 돈점 양자의 상호관계에 대한 비교적 전면적인
견해는 다음과 같다.

우리의 육대 대사六代大師는 모두가 단도직입하여 직료견성直了見性
하라고 말했지, 단계와 점차를 말하지 않았다. 도를 배우는 자가
먼저 돈오하고, 이에 따라 점수하면 이생을 떠나지 않고서 해탈을
얻을 수 있는 것이다. 마치 어머니가 몰록 자식을 낳고, 젖을 주며
점차 양육하면 그 자식의 지혜가 자연히 증장하는 것과 같다. 돈오하
여 불성을 보는 것 또한 이와 같다.[120]

신회의 이러한 설은 여러 승려들이 논한 점·돈 사이의 관계와는
그 취지가 크게 다르다. 이전의 승려들은 보통 한결같이 먼저 점수하고
그 뒤에 돈오한다고 하였으나, 신회는 이와 반대로 행하여 먼저 돈오하
고 뒤에 점수한다고 하였다. 종밀이 말하기를, "하택은 반드시 먼저
돈오하고, 깨달음을 의지하여 수습한다."[121]라고 하였다.

---

119 『南陽和尙問答雜徵義』石井本, 『神會禪師禪話錄』, 中華書局, 1996, 82쪽. "衆生
雖有眞如佛性, 亦如大摩尼之寶, 雖含光性, 若無人摩治, 終不明淨. 差別之相,
亦復如是, 一切衆生, 不遇菩薩知識教令發心, 終不能見."
120 『菩提達摩南宗定是非論』, 『神會禪師禪話錄』, 中華書局, 1996, 30쪽. "我六代大
師, 一一皆言單刀直入, 直了見性, 不言階漸. 夫學道者頓悟漸修, 不離是生而得
解脫. 譬如母頓生子, 與乳, 漸漸養育, 其子智慧自然增長, 頓悟見佛性者, 亦復
如是."

그렇다면 어떤 것을 가리켜 먼저 돈오하고 그 뒤에 점수한다고 하는가? 이것에 대해서도 종밀은 다음과 같이 해석하고 있다. "비록 법신 진심을 돈오하여 완전히 제불과 같으나 여러 겁 동안 사대를 망집하여 아我를 삼아 습관과 성이 이루어졌으니, 한순간에 제하기가 아주 어렵다. 따라서 반드시 깨달음에 의지하여 닦아서 들고, 또 덜어내어 더 이상 덜어낼 것이 없으면 곧 성불이라고 한다."[122]

비록 신회도 돈오는 구층의 누대로 올라가는 것과 같다고 표현했으나, 그가 말하고 있는 구층 누대에 오른다는 것은 평소에 말하는 단계적인 점차를 거쳐 오르는 것과 다르다. 예를 들면 지덕志德 법사가 "선사께서는 지금 중생들로 하여금 오직 돈오하게 하시는데, 왜 소승에서와 같이 점수로써 인도하지 않습니까? 구층의 누대에 오르려고 하면, 계단을 밟지 않는 사람은 없습니다."[123]라고 하니 신회는 다음과 같이 대답하였다.

다만 그 오른다고 하는 것이 구층의 누대가 아니기에 염려하는 것이다. 오르고 있는 곳이 미개한 이들의 흙무덤인가 싶어 염려하는 것이다. 만약 실제로 구층의 누대라면 그것은 곧 돈오의 뜻을 따르는 것이다. 지금 돈 가운데의 점이라는 것은 바로 구층 누대로 올라가는

---

121 『中華傳心地禪門師資承襲圖』, 『속장경』63, 35쪽. "菏澤則必先頓悟, 依悟而修."

122 『中華傳心地禪門師資承襲圖』 참고.

123 『南陽和尙問答雜徵義』石井本, 『神會禪師禪話錄』, 中華書局, 1996, 80쪽. "禪師, 今教衆生, 唯令頓悟, 何故不從小乘而引漸修? 未有升九層之台不由階漸而登者也."

514

것과 같다. 계단을 점점 밟는 것은 필요하나, 종착終着이 점수를
향해 가도록 세워진 점漸은 아닌 것이다. 사사事는 필히 이지理智을
겸해야 밝게 해석(釋明)되는 것이니, 말하자면 돈오이다. 따라서
단계의 점차를 따르지 아니하고 자연으로 이루어지는 것이니, 돈오
이다. 자심이 본래부터 공적이고 돈오이며, 심이 무소득無所得인
것이 돈오이고, 심이 도道인 것이 돈오이다.[124]

신회의 이러한 설과 지덕 법사의 질문의 차이점은, 신회가 보기에
만약 오르려고 하는 것이 구층의 누대이고 흙무덤이 아님을 이미 알고
있다면 이것이 바로 돈오의 뜻이며, 그 뒤의 오름은 돈 가운데 점漸의
뜻을 세운 것이라는 점에 있다. 이는 먼저 오른 뒤에 구층의 누대임을
아는 것과 완전히 다른 것으로, 후자는 점 가운데 점의 뜻을 세운
것이다. 신회의 이러한 구층 누대인 줄 알고 오르는 견해는 먼저 돈오하
고 그 뒤에 점수하는 사상과 일치하는 것이다.
　점수돈오漸修頓悟, 돈수점오頓修漸悟, 점수점오漸修漸悟, 돈오점수
頓悟漸修설에 대하여 『선원제전집도서禪源諸詮集都序』에 종밀의 형상
적인 비유가 몇 개 있다. 그는 이렇게 말하고 있다.
　예전에 수많은 승려들이 말하는 먼저 '점漸을 닦아 공을 이룬 이후에
몰록 깨닫는다(점수돈오)' 함은 마치 나무를 벨 때 조각조각 점점 찍다가

124 『南陽和尙問答雜徵義』石井本, 『神會禪師禪話錄』, 中華書局, 1996, 80쪽. "只恐
畏所登者不是九層之臺, 恐畏漫登者土堆胡塚. 若是實登九層之臺, 此卽頓悟義
也. 今於頓中而立漸者, 卽如登九層之臺也. 要借階漸, 終不向漸中而立漸義. 事
須理智兼釋, 謂之頓悟. 並不由階漸, 自然是頓悟義. 自心從本已來已空寂者, 是
頓悟, 卽心爲無所得者爲頓悟, 卽心是道爲頓悟."

일시에 단박 거꾸러짐과 같다. 또 멀리 도성에 나아갈 때 한 걸음 한 걸음 점점 가다가 하루에 단박 다다름과 같다. 또한 '몰록 닦음으로 인하여 점점 깨닫는다(돈수점오)' 하니, 마치 사람이 활쏘기를 배울 때 돈이란 것은 화살 화살마다 바로 뜻이 과녁에 있음이요, 점이란 것은 오래오래 해야 바야흐로 비로소 점점 가까워지고 점점 적중한다는 것과 같다. 그리고 '점점 닦아 점점 깨닫는다(점수점오)' 하니, 마치 구 층의 누대에 오를 때 발의 밟음이 점점 높아지면 보이는 바가 점점 멀어짐과 같다. 또 '먼저 모름지기 돈오해야 바야흐로 가히 점점 닦는다(돈오점수)' 하니, 해가 몰록 솟아오름에 서리와 이슬이 점점 녹음과 같다. 이는 단장斷障에 의한 설이다. 만약 성덕成德에 의하면 어린아이가 태어남에 곧 몰록 사지四肢와 육근六根을 갖췄으나, 자라나야 점점 지기志氣와 공업功業을 이룸과 같다. 또한 '몰록 깨닫고 몰록 닦음을 마친다(돈오돈수)' 하니, 이는 마치 날카로운 칼로 실타래를 단박 내리쳐버림과 같다.[125]

이 가운데서 뒷부분의 두 설이 남종의 돈오의 뜻에 비교적 가깝다. 혜능과 신회가 말하는 돈오는 때로는 돈오돈수를 가리키는가 하면, 때로는 돈 가운데 점의 뜻을 세우기도 한다. 즉 먼저 돈오한 뒤에 점수함을 가리키기도 한다.

종밀은 융합하는 방법에 능숙한 명승으로서 그는 선과 교, 나아가 유교, 불교, 도교의 삼교에 대해 모두 조화와 융합하는 태도를 취했듯이, 이상의 각종 수행방법을 대함에 있어서도 융합의 태도를 취하였다.

---

125 『禪源諸詮集都序』 권3 참고.

그는 다음과 같이 지적한다. 이상의 여러 설은 "말이 상반된다. 이미 깨달은즉 성불이다. 본래 번뇌가 없어서 이름이 돈돈頓이 되어 응당 수도로써 끊는 것이 아니니, 어떻게 다시 점을 닦아 얻는다 하는가? 점수는 바로 번뇌가 아직 다하지 않아 인행因行과 과덕果德이 아직 원만하지 않는데, 어찌 돈이라 칭하는가? 돈은 바로 점이 아니고, 점은 곧 돈이 아닌 까닭에 상반된다고 한다."[126] 실제로 이것은 사물의 하나의 측면일 뿐, 만약 집약해서 말한다면 여러 설은 결코 서로 어긋나지 않고 "서로 상자相資하는 것이다." 그는 이자伊字의 3점點을 예로 들어 3점이 제각기 다르면 이伊를 이룰 수 없듯이 삼종三宗이 만약 어긋나면 어찌 부처가 되는가라고 하였다. 그는 "이伊의 3점에 힘써야 함"[127]이 급선무라 하였는데, 이는 종밀이 전반적인 불교의 수행방법에 대해 대융합의 방법을 취한 또 하나의 중요한 표현이다.

2. 돈오점수와 어토전제

돈오와 점수의 두 가지 수행방법이 중국 승려들의 수행론 가운데서 종종 상자相資적으로 사용되었지만, 이 양자를 동일시하였다는 의미는 아니다. 실제로는 중국의 불성론이 진송晉宋 이후부터 줄곧 일승설一乘 說을 주류(법상유식종의 단기간 내의 성행과 득세는 결코 이러한 흐름을

---

126 『禪源諸詮集都序』권1, 『대정장』48, 402쪽. "言似反者, 謂旣悟卽成佛, 本無煩惱, 名爲頓者, 卽不應修斷, 何得複雲漸修? 漸修卽是煩惱未盡, 因行未圓, 果得未滿, 何名爲頓? 頓卽非漸, 漸卽非頓, 故雲相反."

127 앞의 책, 402쪽. "務在伊圓三點."

바꿀 수 없었다)로 삼아왔기 때문에 수행론에 있어서 돈오를 많이 중시하고, 점수방법을 권편權便으로 간주하였다. 그들의 말을 빌려 표현하자면 점수와 돈오의 관계는 마치 통발(筌), 올가미(蹄)와 물고기, 토끼의 관계와 같아 통발과 올가미를 빌어 물고기와 토끼를 구할 경우, 물고기와 토끼를 얻고 나면 통발과 올가미를 버릴 수 있다는 것이다.

『고승전』에 의하면 축도생은 당시 불교계의 '천제무성闡提無性'설과 점수설에 감명을 받아 오랜 시간 깊이 생각하다가 마침내 언외言外를 확철하게 깨우치고 한탄하면서 다음과 같이 말하였다고 한다.

형상으로써 뜻을 다하고, 뜻을 얻으면 상을 잊는다. 말로서 이치(理)를 설명하고, 이치를 얻으면 말을 쉰다. 경전이 동쪽으로 왔으니 번역하는 사람의 장애가 많다. 대부분 문자의 표면의 뜻에 묶이고, 내면의 뜻은 아주 작게 본다. 통발을 잊고 고기를 얻어야 비로소 도라고 말할 수 있다.[128]

혜림慧琳의 뇌문(誄文: 弔文)에서도 축도생의 말을 한 단락 인용하고 있다.

상象은 이치(理)에서 가假된 것이기에 상을 국집하면 이치에 미迷해진다. 교는 교화의 인이 된다고 하여 교에 속박되면 어리석음이

---

128 (梁)慧皎, 『高僧傳』. 『대정장』50, 366쪽. "夫象以盡意, 得意則象忘. 言以詮理, 入理則言息. 自經典東流, 譯人重阻, 多守滯文, 鮮見圓義. 若忘筌取魚, 始可與言道矣."

된다. 이것은 명名을 이루었으나 실實을 책망함이다. 허탄虛誕에
미혹함이 된다. 마음을 구하고 사事에 응함에 있어서 격언格言에
아득히 매매昧하였다.[129]

위의 두 인용문은 비록 문구가 다르지만, 사상은 차별이 없어 모두
도생이 언상성교言象聲敎를 입리入理하는 전제筌蹄로 삼았음을 가리키
고 있다. 이치를 보지 못한 때에는 반드시 언어의 경로를 필요로 하겠지
만, 이미 이치(理)를 보았다면 어찌 언어를 쓰겠는가? 이는 마치 '통발과
올가미를 빌어 물고기와 토끼를 구하지만, 물고기와 토끼를 이미 잡았
다면 통발과 올가미를 어찌 사용하겠는가?'는 것과 같다. 여기에서
말하는 언상성교와 견리입리見理入理는 혜달이 『조론서』에서 말하는
'문해聞解', '견해見解'와 같은 것이다. 즉 문교신수聞敎信修는 비록 일진
지공日進之功이 없는 것이 아니지만, 이에 들어가고 이를 보려면 여전히
한 깨달음으로서 뜻을 얻음에 의지해야 한다는 뜻이다. 도생의 이러한
득의망상得意忘象, 입리언식入理言息 사상은 중국의 전반적인 불성론,
특히 선종의 불성학설에 깊은 영향을 끼쳤다.

선종은 돈오와 점수의 상호관계에 있어서 의심할 바 없이 돈오를
중시하지만, 또한 점수를 완전히 폐기한 것도 아니었다. 그러나 만약
양자를 하나의 전체로서 고찰하면, 점수는 기껏해야 일종의 가자인
통발과 올가미일 뿐이다. 이 문제에 있어서 선종은 도생보다 더 진일보
하였으며 점수의 통발, 올가미와 같은 작용은 선종에서 더욱 보잘

---

129 (唐)道宣, 『廣弘明集』. 『대정장』 52, 265쪽. "象者, 理之所假, 執像則迷理: 敎者,
化之所因, 束敎則愚化. 是以征名責實, 惑於虛誕. 求心應事, 茫昧格言."

것 없는 것으로 평가되었다. 그들은 점수는 다만 긴 세월 동안 헛된 괴로움을 받는 것일 뿐이며, 비록 삼세를 수행 정진하더라도 결국은 원래의 자기 부처를 깨달을 뿐, 그 위에 아무것도 얹어 부칠 것이 없다고 보았다. 그들은 아난이 부처를 30년간 시봉했어도 결국은 다문 지혜多聞智慧만 얻었을 뿐임을 예로 들면서 천일 동안 문교신수聞敎信修 하여도 하루 도를 닦아 돈오하는 것보다 못함을 설명하였다. 그리고 결론으로 "뜻을 얻은 자는 뜬 말을 초월할 것이요, 이를 깨친 자는 문자를 초월할 것이다."[130], "뜻을 얻고 말을 잊으며 이치를 깨치고 교敎를 버린다."[131]라고 보았다. 이는 도생의 '득어망전得魚忘筌'과 '입리언식入理言息'의 취지와 서로 계합하는 것이다.

물론 이론적 근거에서 보면 선종과 도생의 '득어망전'설은 차이가 없는 것이 아니다. 도생의 입장에서 보면 돈오설은 본체本體와 본성本性의 학설에서 출발한다. 왜냐하면 불성은 일종의 추상적인 본체와 본성이므로, 이 본체와 본성의 이치에 들어가고 그 이치를 보고자 함은 언교와 신수信修로써 다다를 수 있는 것이 아니라, 오직 돈오에만 의지해야 하기 때문이다. 또한 선종의 관련된 논술에서 보면 "경전은 바로 부처의 말씀이요, 선은 바로 부처의 뜻"[132]에서 시작하였다. 왜냐하면 선은 부처의 뜻인 까닭에 교敎를 듣고 말로 전함으로써 얻을 수 있는 것이 아니라, 반드시 말을 잊고 뜻을 터득하며 교를 버리고 이를 깨쳐야 하기 때문이다. 물론 이러한 차별은 단지 극히 제한된 범위 내에서만 의미가 있는 것이다. 왜냐하면 부처의 뜻이란 실제로는 본심 본체가 본래 부처임을 가리키고 심체心體 밖에서 또 다른 부처를 구해서는 안 된다. 이러한 부처의 뜻의 배후에는 실제로 마음이 본체라는 사상이 숨겨져 있기 때문에, 총괄하여 말하자면 선종의 돈오설도 본체설을 근거로 삼는 것이다. 실제로는 도생과 선종만이 이러한 것이 아니라, 중국의 여러 불성론을 고찰해보면 수행론의 측면에서 대다수가 돈오를 중시하였다. 천태종이 그러했고 화엄종도 마찬가지였다. 천태의 실상實相, 그리고 화엄의 일진법계一眞法界는 만약 마지막의 돈오를 거치지 않으면 전체적으로 파악할 수 없는 것이며, 이로 말미암아 범부를 벗어나고 성인의 경지에 들어 성불하여 해탈할 수도 없는 것이다. 이로부터 본체, 본성의 학설은 돈오설의 근거임을 엿볼 수 있다.

3. 교무돈점敎無頓漸과 인유리둔人有利鈍

이상에서 말하는 돈오와 점수는 서로 상자相資적이면서, 또한 방편과 구경의 구별도 있다는 것은 주로 양자의 상호관계에서부터 설을 세운 것이다. 만약 진일보하여 이러한 구분을 초래한 원인을 고찰하면, 중국 승려들이 말한 돈과 점은 결코 불교 자체에 돈과 점의 구분이 있음을 가리키는 것이 아니라, 공부하는 사람의 근기에 이利와 둔鈍의 구별이 있음을 가리키는 것이다. 이로 인하여 수행방법에 돈오와 점수의 두 갈래의 길이 있음을 발견하게 된다. 진송 시기의 돈점쟁론을 예로 들면, 당시에 돈과 점의 두 가지는 하나의 공통된 사상을 가지고 있었다. 모두 이치에 있어서는 본래 다름이 없으나, 사람에 따라 말한다면 삼승의 구별이 있다는 것이다. 이른바 '이치(理)는 본래 다르지 않으나, 사람에게 차별이 있다.'는 것이다. 이 가운데 실제로는 이미 사람에 따라 돈점을 논하는 사상이 내포되어 있다. 진송 이후에 이르러 이러한 사상은 점차 뚜렷해져 갔다. 진陳 문제文帝가 '법은 한 맛인데, 얻은 자는 일치하지 않다.'라고 한 표현이 있다. 『묘법연화경참문妙法蓮華經懺文』에서 진문제는 다음과 같이 말한다.

전불前佛과 후불後佛이 갖가지 인연으로 이미 설했고 설할 것이 다 방편이다. 진어眞語 아님이 없으니 모두 묘법이 된다. 이理에는 두 극極이 없고 시작하면 반드시 한 곳에 귀결한다. 다만 인업因業 인심因心으로 만류의 식을 품부 받아 보는 것에 따라 집착하니, 군생群生의 상이 다르고 품위品位는 얕고 깊음으로 나누어져서 깨달음에 더디고 빠름이 있다. 법우法雨는 한 맛이지만 그것을 얻는 자의 차별이 있으며, 법뢰法雷는 일음一音인데 듣는 자에 의해 차별이 있다. 그러므로 소승과 돈교는 이로 인하여 각각 성문과 보살로 불리며 길이 나뉘었다.[133]

---

133 『廣弘明集』권28下. 『대정장』52, 333쪽. "前佛後佛, 種種因緣, 已說當說, 各各方便. 莫非眞語, 悉爲妙法. 理無二極, 起必同歸. 但因業因心, 稟萬類之識, 隨見隨著, 異群生之相, 品位分淺深, 覺悟有遲速. 法雨一味, 得之者參差. 法雷一音, 聞之者差別. 是以小乘頓敎, 由此各名聲聞菩薩, 因斯分路."

이는 소승과 돈교의 나누어짐은 불법의 다름에 있는 것이 아니라 '얻는 자'의 일치하지 않음에 있다는 것이다. 물론 진문제의 이러한 설도 그의 독창적인 발명이 아니라, 실제로는 불경에서 누차 언급한 "부처님은 일음一音으로 법을 연설하였는데, 중생은 류類에 따라 각양으로 이해한다."[134]는 또 다른 형식의 표현이다.

만약 구별이 있다면 그것은 바로 경문 가운데 "중생은 류類에 따라 각각 이해함"에 대해 편중하여 점돈의 측면에서 해석하고, 또한 이 점·돈 사이의 나누어짐에 따라 '얻는 자'의 차별에 귀결시켰다는 점에 있다.

진송晉宋 시기의 '사람에게 차별이 있다'는 사상은 수당 이후에 더욱 진일보하여 구체화되었다. 즉 사람의 차별을 근성根性, 근기根機의 차별로 명확하게 귀결시킴으로써 완전히 근기, 근성으로써 돈점을 설명하였다. 예를 들면 관정灌頂은 『대반열반경현의大般涅槃經玄義』에서 다음과 같이 말한다.

이(열반을 가르킴)는 곧 삼덕三德의 의가 완연宛然하여 종縱도 횡橫도 아닌 묘한 이伊자와 같다. 단지 중생이 영리하고 둔함이 같지 않을 뿐이다. 이러한 까닭으로 대성大聖은 연에 따라 가르쳤으니, 또한 돈·점의 구별이 있다. 돈은 곧 비유하면 인욕의 초와 같아서 소가 먹으면 바로 제호를 얻는다. 점은 곧 오미五味의 계급이 있어서 차제로 원만해진다. 혹은 일정하지 않은 근기에 있어 설한 교문은

---

134 (唐)菩提流志 譯, 『大寶積經』 권62. 『대정장』 11, 361쪽. "佛以一音演說法, 衆生隨類各得解."

돈도 아니고 점도 아닌데, 비유하면 독毒을 우유에 넣어둠이다.
모두 능인能仁이 묘한 권실權實로써 공교롭게 근기에 따른 것이다.
교화하여 만물을 이롭게 함이지, 어그러지거나 통함이 있는 것이
아니다.[135]

이는 돈·점과 부정不定 등 법문은 순전히 중생의 근기에 따라 설한
것으로서 열반의 덕에 있어서는 종과 횡이 있지도 않으며, 이伊자와
마찬가지로 신묘하다는 것이다.
　당唐의 이사정李師政은 불학에 대해 상당한 조예가 깊었는데, 그도
『내덕론內德論』에서 다음과 같이 말하고 있다.

중생의 근기 때문에 이둔利鈍이 있고, 그렇기 때문에 성인의 가르침
이 혹은 점이고 혹은 돈이며, 혹 먼 곳에 이르고, 혹 지척에 나아간다.
비록 수백 번의 생각이나 하나이니, 도道가 다르거나 논論이 잘못된
것이 아니다.[136]

여기에서도 마찬가지로 돈점은 성인이 중생 근기의 이둔에 따라

---

135 (隋)灌頂, 『大般涅槃經義記』 卷上. 『대정장』 38, 1쪽. "此指涅槃則三德之義宛然,
　　不縱不橫, 妙等伊字: 但衆生利鈍不同, 是以大聖赴緣之敎, 亦有頓漸之別. 頓則
　　譬如忍辱之草, 牛食則是醍醐: 漸則五味階級, 次第圓滿. 或有不定根緣, 爲赴此
　　機, 所說敎門, 非頓非漸, 喩之置毒於乳也. 皆是能仁妙窮權實, 巧赴機緣, 化他利
　　物, 罄無乖爽."
136 『廣弘明集』 권14. 『대정장』 52, 194쪽. "良以衆生之根, 有利有鈍, 是故聖人之敎,
　　或漸或頓. 或置之於深遠, 或進之以尺許. 雖百慮而一致, 非異道而乖論."

베풀어 가르친다고 말하고 있다. 중국불교사에서 "교에는 돈점이 없고, 사람에게 이둔이 있음"에 대해 가장 많이 언급한 것은 선종이다. 선종은 혜능으로부터 시작하여 거듭 당부하고 있는데, 『단경』에서 다음과 같이 말하고 있다.

> 본래 바른 가르침(正敎)에는 돈점이 없고 인성에 스스로 이둔이 있다. 미혹한 사람은 점에 계합하고, 깨달은 사람은 돈을 닦는다. 스스로 본심을 알고 스스로 본성을 보면 바로 차별이 없다. 그러므로 돈점의 가명을 세웠다.[137]

> 무엇이 돈점인가? 법은 곧 한 종류인데 견見에는 더디고 빠름이 있다. 봄이 더디면 곧 점이고, 봄이 빠르면 곧 돈이다. 법에는 돈점이 없는데 사람에게 이둔이 있기 때문에 돈점이라 한다.[138]

> 교에는 돈점이 없고 미오迷悟에 더디고 빠름이 있으니, 만약 돈교법을 배우고자 하면 어리석은 사람은 불가능하다.[139]

이는 근기가 둔한 사람은 견성이 더디고 점차적으로 계합하므로 점수이며, 근기가 영리한 사람은 견성이 빠르고 단박 깨닫기에 돈이다.

---

137 "本來正敎無有頓漸, 人性自有利鈍. 迷人漸契, 悟人頓修. 自識本心, 自見本性, 卽無差別. 所以立頓漸之假名."

138 "何以漸頓, 法卽一種, 見有遲疾. 見遲卽漸, 見疾卽頓. 法無頓漸, 人有利鈍, 故名頓漸."

139 "敎卽無頓漸, 迷悟有遲疾. 若學頓敎法, 愚人不可悉."

불법은 본래 점돈의 구별이 있지 아니하다는 것이다. 선종의 후학들은 혜능의 이러한 견해를 이어받았다. 예를 들면 현각玄覺에게는 "하나의 강에 세 종류의 짐승이 빠졌는데, 강은 일찍이 셋이 아니나 세 짐승은 함께 한 강에 들었다."라는 설이 있다.

> 하나의 강에 세 종류의 짐승이 빠졌는데, 강은 일찍이 셋이 아니다. 세 짐승은 함께 한 강에 들어 있다. 짐승은 결코 한 종류라고 할 수 없다. 짐승은 한 종류가 아니기에 그 발에 장단이 있음은 분명하다. 강은 셋이 아니니 그 물은 깊고 얕음이 없다. 물의 깊고 얕음이 없음은 법의 차별이 없음을 비유하고, 발에 장단이 있음은 지智에 밝고 어두움이 있음과 유사하다. 이와 같이 법은 본래 셋이 없고, 사람에 스스로 셋이 있을 뿐이다.[140]

이는 강이 세 개가 있지 않다는 것으로써 법에 차별이 없음을 비유하고, 발에 길고 짧음이 있다는 것으로써 지혜에 밝고 어두움이 있음을 비유한 것이다. 즉 법에는 세 가지가 없으나 사람이 스스로 세 가지를 가지고 있다는 것이다. 이 말의 대의는 혜능이 말한 바와 다름이 없다.

선종의 교에 있어서 돈점이 없고, 사람의 근기가 이둔이 있다는 사상은 실제로는 즉심즉불卽心卽佛, 미범오성迷凡悟聖이라는 이론의 수행관에서 나타난다. 선종에서 보기에 불법이란 바로 제불이 전한

---

140 (唐)玄覺,『禪宗永嘉集』.『대정장』48, 392쪽. "一河獨包三獸, 而河未曾三: 三獸共覆一河, 而獸未嘗一. 獸之非一, 明其足有短長: 河之不三, 知其水無淺深. 水無淺深, 譬法之無差: 足有長短, 類智之明昧. 如是則法本無三, 而人自三耳."

본심이며, 학불學佛하는 사람은 바로 이 본심 본체가 본래 부처임을 깨닫는 것이다. 그러나 중생 근기에 둔함의 차이가 있는 까닭에 이 즉심즉불의 이치를 보는 데 빠르고 더딤, 점돈의 구별이 있게 된다. 미혹한 자는 더디게 들어가 점차적으로 계합하고, 깨달은 자는 빠르게 올라가 단박 얻는다. 도에 들어가는 데에 비록 더디게 들어가 점차적으로 계합함과 빠르게 올라가 단박에 얻음의 차별이 있으나, 즉심즉불의 이치는 본래 다름이 없는 것이다. 이러한 즉심즉불의 이치를 깨닫기만 하면, 점수든 돈오든 모두가 별로 중요하지 않은 '가명假名'인 것이다.

『단경』에서 말하는 "어리석은 사람은 점수하며, 깨달은 사람은 돈수한다. 만약 스스로 본심을 깨달아 자성을 보면 돈점의 구분이 없을 것이다. 그러므로 돈점은 모두 이름을 빌린 것일 따름이다."[141]라는 것이 바로 이 뜻이다. 이러한 의미에서 말하면 돈점은 또한 모두 도에 들어가는 통발과 올가미가 되고, 이러한 사상은 점수를 통발과 올가미로 삼고, 돈오를 요의了義로 삼는 사상에 비해 보다 한 걸음 더 앞서 있다.

---

[141] "迷人漸契, 悟者頓修, 自識本心, 自見本性, 卽無差別, 所以立頓漸之假名."

제8장 자력自力과 타력他力

선종이 제창한 명심견성明心見性, 돈오성불頓悟成佛은, 성불에 이르기 위해서는 반드시 여러 겁을 수행해야 하고 학불學佛함에 있어 복잡하고 번거로움을 중시한 기존의 불교학설의 주장에 비하여 의심할 나위 없이 훨씬 간편하고 행하기 쉬운 것이었다. 이러한 까닭에 당 중기 이후부터 선종의 세력은 빠르게 발전하였으며, 당말唐末 오대五代 시기에 이르러 유식, 화엄 등 불교종파가 연이어 쇠락하였고, 중국불교는 거의 선종 일색이 되다시피 하였다. 당시에 선종 이외에 사회에 널리 유포되고 비교적 영향력이 있는 큰 종파로는 정토종이 있었다.

정토종의 가장 큰 특징은 '실행하기가 매우 쉬우면서도 공을 이룸이 높으며, 적은 노력으로도 속히 효험을 얻을 수 있다'는 것이다. 이는 중국불교의 번잡함에서 간단함에 이르는 발전추세에 폭넓게 부합되는 것이었다. 그래서 선도(善導, 613~681)가 정식으로 정토교를 창립한 이후로 매우 빠르게 성행하여 큰 종파가 되었다.

　정토종의 간단하고 쉬움(簡易)은 선종보다 더 심하였다. 선종의 간이함이란 일심의 깨달음에 귀결시키지만, 이 일심의 깨우침은 말로는 쉬우나 진정으로 대철대오大徹大悟하기란 실로 쉽지 않은 것이다. 이러한 까닭에 정토종은 선종을 "수직으로 벗어나는(竪出)" "난행도難行道"로 간주하였다. 선종의 "수출삼계(竪出三界: 수직으로 삼계를 벗어남)"와 달리, 정토종은 "횡출삼계(橫出三界: 가로로 벗어남)"를 제창하였다. 정토종의 '횡출橫出'의 간단하고 쉬움은 누세에 걸쳐 업을 지어도, 임종 전에 '아미타불'을 몇 번 염불하면 왕생할 수 있다고 주장하였다. 이러한 조금의 노력으로, 심지어는 노력 없이 큰 이익을 얻는 간편한 방법은 고생스럽고 곤궁한 일생을 보내야 했던 일반 민중들에게 일종의 안정제가 되었을 뿐만 아니라, 온갖 악행을 다 하고 죄업이 무거운 착취자들에게도 하나의 구명복救命服이 되었다. 그러므로 정토종은 사회에서 크게 환영받았으며, 빠르게 영향력이 있는 불교종파로 발전하였다.

　정토종은 간략하고 실행하기 쉬웠으므로, 그 불교이론은 자연히 여기에 힘을 쏟게 된다. 성불의 근거에서부터 해탈의 방식에 이르기까지 정토종은 모두 일련의 독자적인 주장을 제기하였다. 선종이 자심각오自心覺悟, 자성자도自性自度를 제창한 것과는 반대로 정토종은 '승불원력(乘佛願力: 부처님 원력의 가피를 입음)'을 강조하고 보살의 자비로운 구원에 의지하였다. 또한 선종에서 주장하는 생사가 곧 열반이고 해탈은 세간을 떠나지 않는다는 것과 달리, 정토종은 '삼품구급왕생三品九級往生'을 선양하였다. 그 가운데 차별이 있는데, 결국 '유심정토唯心淨土'와 '서방정토西方淨土'설의 다름으로 귀결된다.

제1절 유심정토唯心淨土와 서방정토西方淨土

선종은 즉심즉불, 즉 마음 외에 다른 별도의 부처가 없음을 제창하는데, '유심정토唯心淨土'는 그 사상적 발전의 논리에 맞는 결과이다. 정토종에서는 이러한 교설에 대해 매우 대수롭지 않게 생각하여 '유심정토'설은 진眞과 속俗을 동일시하는 것이라고 보았다. 정토종이 보기에 육조가 서방을 부정한 것은 상주진심常住眞心에 의거하여 설을 세운 것으로, 속제俗諦에 따라 말한 것이 아니다. 진제眞諦는 속제를 장애하지 않는다는 말은 불국이 마음에 있어 또한 시방정토가 완연히 존재함을 부정하지 않는다는 것이다. 그들은 내증內證의 공부가 깊은 대근기에 있어서는 불국이 마음에 있음은 안 될 것이 없겠으나, 많은 범부중생에게는 '유심정토', '자성미타自性彌陀'라는 높은 도리를 함부로 제창해서는 안 되는 것이라고 하였다. 마땅히 서방정토를 추구할 목표로 삼아야 하며, 극락세계에 갈 수 있기만 하면 성불은 머지않아 실현된다고 보았다. 그러므로 정토종은 사람들에게 서방낙토에 왕생할 것을 권하는 것을 자기 사상의 귀취歸趣로 삼았다.

1. 서방정토와 자성미타

서방정토西方淨土란 또한 서방극락이라고도 하며, 극락세계 혹은 극락정토라고도 칭한다. 그것은 『정토삼경淨土三經』및 정토종이 힘써 선양한 곳으로, 티끌만큼의 고통과 질병과 오염이 없고 오로지 법성의 즐거움만 있는 '지극히 수승殊勝'한 청정의 낙토樂土이다. 불경의 기록에 의하면 이 극락정토는 '염부제閻浮提' 혹은 '사바세계娑婆世界'(둘 모두 중생이 거처하는 진속塵俗의 세계를 가리킴)에서 "서쪽으로 염부제에서 십만 억 불국토를 지나서 있는 세계가 극락이라고 한다."[1]라고 하고, "여기에서 서방으로 십만 억 불국토를 지나서 한 세계가 있는데, 이름을 극락이라 한다."[2]라고 한다. 그 국토에 부처님이 계시는데, 아미타부처님이시다. 이 부처님은 원래 국왕이었다. 이름은 법장이라 하고, 세자재왕여래世自在王如來에게서 불법을 듣고 서원하였다. 즉 왕위와 나라를 버리고 사문이 되어서 세자재왕불 앞에서 24원을 세웠다. "만약 내가 부처를 얻으면 그 국토에는 삼악도三惡道의 이름도 없으리라.", "만약 내가 부처가 된다면 그 국토는 다 천인天人으로서 순수하게 화생化生으로, 태생胎生이 없으며, 또한 여자도 없으리라."[3]고 하였다. 또한 자신의 불국토에 있는 천인들은 모두가 '천안天眼', '천이天耳', '광장설廣長舌'과 '무량수無量壽'를 얻을 수 있다고 하였다. 극락정토란 실제로는 아미타불이 인위因位에 있을 때 세운 서원으로 출현한 종교적 경계이다.

　서방정토는 아미타불을 교주로 하고, 양대 보살이 있다. 바로 아미타불의 좌우협시左右脇侍로서 왼쪽 협시는 관세음보살이고, 오른쪽 협시

---

1 (淸)魏源, 『無量壽經會譯』, 『속장경』 1, 73쪽. "現在西方, 去閻浮提十萬億佛刹, 有世界名極樂."

2 (姚秦)鳩摩羅什 譯, 『佛說阿彌陀經』, 『대정장』 12, 346쪽. "從是西方過十萬億佛土, 有世界名極樂."

3 『無量壽經』 참고. 또한 중국 여러 번역본에는 阿彌陀佛의 發願이 일치하지 않는다. 魏譯에는 48願이고, 宋譯에는 36願이며, 漢吳譯에는 모두 24願이다. "設我得佛, 國中無三惡道之名." "設我得佛, 國中天人, 純是化生, 無有胎生, 亦無女人."

는 대세지보살이다. 관세음보살은 오로지 고난과 어려움을 구제하고 중생을 제도하는 대자대비의 보살이며, 대세지보살은 지혜의 광명을 두루 비추고 위신력이 끝이 없다. 이 삼자를 합하여 '아미타삼존阿彌陀三尊' 혹은 '서방삼성西方三聖'이라 부른다. 만약 이 '아미타삼존'이 정토종에서 숭배하는 성인이라 한다면, 서방정토는 정토교에서 정성들여 구축한 피안의 세계라고 하겠다. 모든 종교의 피안의 세계가 현실세계의 전도顚倒된 반영이 아닌 것이 없듯이, 정토의 극락은 바로 속세의 고난이 거꾸로 비친 그림자라고 할 수 있다. 사람들은 물질의 해방에 절망하였다면, 자연히 정신적인 면에서 해탈을 찾게 된다. 사회계급의 압박으로 인한 고통스러운 운명을 벗어날 힘이 없었던 수많은 대중들이 사후의 행복한 삶에 대해 동경을 품게 되는 것은 일종의 필연성을 지닌 보편적인 현상이다. 정토종은 바로 이 점을 정확하게 파악하고 충분히 이용하였다. 한편으로는 적극적으로 "사바의 괴로움, 사바세계의 괴로움을 누가 능히 헤아릴 수 있으랴. …… 백겁천생에 모두 처참함을 당한다."는 것을 선양함과 동시에, 다른 한편으로는 "서방의 즐거움, 서방의 즐거움, 서방정토의 즐거움은 누가 능히 알 수 있으랴. …… 춥고 더움과 삼악도가 전혀 없고, …… 금은 등의 보배로 누각을 이루었고"라고 함으로써, 나아가 "서둘러 아미타를 염하여 이 사바의 고통을 버리고", "빨리 아미타를 염하여 저 서방세계의 즐거움을 얻으라."[4]고 권하였다.

---

4 (明)宗本, 『歸元直指集』, 『속장경』 61, 347쪽. "婆娑苦, 婆娑之苦誰能數 …… 百劫千生受悽楚", "西方樂, 西方樂, 西方之樂誰能覺 …… 了無寒暑幷三惡 …… 金銀衆寶成樓閣", "及早念彌陀, 捨此婆娑苦", "及早念彌陀, 取彼西方樂."

하지만 서방정토가 어째서 극락세계인가? 그것은 어떠한 극락세계
인가? 하는 것은 정토학설의 하나의 중요한 내용으로서, 모든 정토경전
이 한결같이 풍부한 상상력으로 서방정토를 일곱 가지 보배로 이루어져
기이하게 아름다우며, 시방계十方界를 초월하는 극락의 국토로 그려냄
으로써 이를 통해 널리 인도되도록 하였다. 『아미타경』에서는 다음과
같이 말하고 있다.

사리불이여, 저 세계를 어찌하여 극락이라 하는 줄 아는가? 그곳의
중생들은 어떤 괴로움도 없고 즐거움만 있다. 그러므로 극락이라고
하는 것이다. 그리고 극락세계에는 일곱 겹으로 된 난간과 일곱
겹 나망羅網과 일곱 겹 가로수가 있는데, (금·은·청옥·수정의)
네 가지 보석으로 눈부시게 장식되어 있다. 극락세계는 또 칠보로
된 연못이 있고, 그 연못에는 여덟 가지 공덕이 있는 물로 가득
찼으며, 연못 바닥은 금모래가 깔려 있다. 연못 둘레에는 금·은·청
옥·수정의 네 가지 보석으로 된 네 개의 층계가 있고, 그 위에는
누각이 있는데, 금·은·청옥·수정·적진주·마노·호박으로 찬란하
게 꾸며져 있다.[5]

서재西齋 화상의 『정토시淨土詩』에서는 극락세계를 시적 정취에 넘

---

5 『佛說阿彌陀經』. 『대정장』 12, 346쪽. "舍利弗, 彼土何故名極樂? 其國衆生, 無有衆
苦, 但受諸樂, 故名極樂: 又, 舍利弗, 極樂國土, 七重欄楯, 七重羅網, 七重行樹,
皆是四寶, 周匝環繞, 是故彼國名爲極樂: 又, 舍利弗, 極樂國土, 有七寶池, 八功德
水, 充滿其中, 池底純以金沙布地, 四邊階道, 金銀·琉璃·玻璃合成, 上有樓閣, 亦以
金銀·琉璃·玻璃·硨磲·赤珠·瑪瑙而嚴飾之."

치는 청정한 낙토로 묘사하였다.

극락은 소탈하고 맑아 번거로움이 없으니, 멀리 그들의 지혜와
고요함을 흠모하네. 자리는 진주로 장식되고, 누각은 묘한 보식으로
장엄되었네. 금모래가 연못에 깔렸고, 부드러운 옥으로 나무의 새순
이 되었네. 아름다운 모양 고금을 통해 다 묘사할 수 없고, 밤이
오면 천지에 달빛이 부드럽네.[6]

요컨대 세속의 사람들이 진기한 보배로 간주하는 진주와 마노 등은
그곳에서는 기와조각, 흙, 돌이나 다름없고, 현실세계에서는 꿈에도
바라지만 영원히 얻을 수 없는 물건들을 그곳에서는 손쉽게 얻을 수
있다. 이곳 세계의 삼재팔난의 고난과 생사윤회의 고통은 그곳에서
모두 구름과 안개가 걷히듯이 사라져 없어진다. 그리고 세속에서는
항상 즐거움 끝에 슬픈 일이 생기는 것과는 달리, 정토의 즐거움은
영원히 다시는 슬픔이 생겨나지 않는다. 어째서인가? 그것은 정토의
즐거움은 속세의 오욕의 낙이 아니라 일종의 법성의 상락常樂이며
적정무위寂靜無爲의 낙樂이기 때문이다. 한마디로 말하면 서방정토에
들어가기만 하면 온갖 고통이 모두 제거되고 단지 갖가지 즐거움만
누리게 된다.

서방정토가 이러한 극락의 국토이니, 어떤 사람들이 어떻게 해야

---

6 (明)成實, 『淨土十要』, 『속장경』 61, 726쪽. "此邦蕭灑樂無厭, 遙美諸人智養恬.
座用眞珠爲映飾, 臺將妙寶作莊嚴. 純金細礫鋪渠底, 軟玉新稍出樹尖. 眉相古今描
不盡, 晚來天際月縴縴."

이 극락세계에 갈 수 있는 것일까? 정토교는 정토는 신원행信願行을 종지로 삼는다고 보고 있다. 첫째는 신信이다. 곧 신심을 가리키는데, 서방낙토의 실존과 염불하면 결정코 왕생한다는 등에 대해 굳건한 신념이 있어야 한다. 이 가운데에는 아미타불의 원력을 깊게 믿는 것이 포함되어 있다. 아미타불은 인위因位에 있을 때 24(48)대원을 세웠는데, 그의 명호를 염하는 자가 있으면 결정코 왕생한다고 하였다. 인因은 반드시 과果를 야기하는 것으로 이 국토에서 염불하면 곧 청정한 인을 심어놓게 되며, 인이 있으면 반드시 과를 낳게 되어 미래에 꼭 왕생할 수 있다는 것이다. 둘째는 원願이다. 곧 극락왕생을 발원하는 것이다. 신심이 있고 명확한 서원이 있으면 임종 전에 아미타불이 강림하여 서방극락으로 인도한다는 것이다. 만약 신심은 있고 원력이 없으면 왕생할 수 없다. 이것은 마치 갈 수 있는 좋은 곳이 있는 줄 알지만, 가고 싶어 하지 않는다면 소용없는 것과 같기 때문이다. 셋째로 는 행行이다. 곧 진실하게 교학에 따라 행하는 것인데, 예를 들면 염불念佛, 적덕積德, 수선修禪 등이 있다.

정토교는 '산처럼 행하여 바다 같은 원을 가득 채움'이라고 보았다. 이는 원력이 있으나 실행이 없다면, 마치 근거 없는 수표나 밥을 말로만 짓고 남의 보배를 헤아리는 것처럼 아무 소용이 없음을 가리킨다. 오로지 원력에 의지해 행을 일으켜야만 정토왕생의 목적에 도달할 수 있다. 이 신信과 원願과 행行은 줄곧 정토의 삼자량三資糧이라 불리고 있다. 즉 정토에 왕생하는 데 반드시 구족해야 하는 세 가지 조건이다. 이 세 가지만 닦을 수 있다면 왕공귀족, 평민백성, 부자, 가난한 자이든, 그리고 평생 수행한 선남신녀이든, 죄업이 깊고 무거운 불량배이든 간에 정토의 대문은 그들에게 한결같이 평등하게 열려져 있으며, 사후에는 모두 서방극락세계에 왕생할 수 있다. 정토교는 바로 어떠한 빈부귀천을 막론하고 모두에게 다 좋고, 노력 없이 큰 이익을 얻을 수 있으며, 실행하기가 매우 쉬우면서도 성취률 또한 매우 높다. 이처럼 적은 노력으로도 신속한 효험을 얻을 수 있는 특징으로 말미암아 중국 역사에서 한때 많이 유행하여, 중국불교사에서는 "집집마다 아미타불을 모시고, 집집마다 관세음보살을 모신다.(家家彌陀佛 戶戶觀世音)"라는 설이 있게 되었다.

간편하고 실행하기 쉽게 길을 닦아놓은 중국불교의 종파로는 정토법문 외에 또 선종이 있다. 선禪과 정淨의 두 종은 비록 이러한 공통점을 가지고 있으나, 불성학설의 사상 내용 및 해탈방식에서 있어서 양자는 종지가 많이 다르다.

정토법문의 서방정토설은 현실세계 이외에 또 다른 피안의 세계가 있음을 특징으로 삼는다. 이 사상은 어떤 의미에서 말하자면 전통불교, 특히 전반적인 불교 기초이론으로서 불교 반야학의 '제법성공諸法性空' 사상과 거의 일치하지 않는다. 이와 달리 반야사상에서부터 발전한 선종의 불성학설은 반야 실상설에서 발전된 불성을 완전히 자심자성自心自性에 귀결시킴으로써, 미타는 자성에 있고 자성 이외에 다른 별개의 미타가 없으며, 마음 밖에 다른 불국토가 없다는 자성미타의 유심정토설을 얻어냈다.

중국불교사에서 유심정토, 자성미타의 사상이 비록 선종 한 종만의 독창적 이론이 아니지만, 전반적인 사상체계에 있어서는 유심정토의 사상은 선종 불성학설의 하나의 중요한 구성 부분이라고 볼 수 있다.

선종은 혜능 이후부터 즉심즉불을 선종사상의 상징으로 삼았다. 이 즉심즉불 사상을 기반으로 선종이라는 한 종파의 불성론을 확립하였다. 정토 문제에 있어서 선종은 또한 즉심즉불의 사상을 근거로 삼아 정토를 정심淨心, 정의淨意로 귀결시켰다. 『단경』에 다음과 같은 한 단락의 내용이 기록되어 있다. 어떤 사람이 혜능에게 항상 아미타불을 염하면 서방에 왕생할 수 있는가? 하고 묻자, 그는 이렇게 대답하고 있다.

세존께서 사위국舍衛國에 계시면서 서방정토로 인도하여 교화해 말씀하셨다. 경전에 분명히 말씀하기를, "여기서 멀지 않다."라고 하였다. 다만 낮은 근기의 사람을 위하여 멀다 하고, 가깝다고 말하는 것은 다만 지혜가 높은 사람 때문이다. 사람에는 자연히 두 종류가 있으나 법은 그렇지 않다. 미혹함과 깨달음이 달라서 견해에 더디고 빠름이 있을 뿐이다. 미혹한 사람은 염불하여 저곳에 나려고 하지만, 깨친 사람은 스스로 그 마음을 깨끗이 한다. 그러므로 부처님께서 "그 마음이 깨끗함을 따라서 부처의 땅도 깨끗하다."라고 말씀하셨다. …… 다만 마음에 오염이 없으면 서방정토가 여기서 멀지 않고, 마음에 오염된 생각이 일어나면 염불하여 왕생하고자 하여도 이르기 어렵다. …… 사군아, 다만 십선十善을 행하라. 어찌 새삼스럽게 왕생하기를 바랄 것인가? 십악의 마음을 끊지 못하면 어느 부처가 와서 맞이하겠는가? 만약 남(生)이 없는 돈법頓法을 깨치면 서방정토를 찰나에 볼 것이요, 만약 돈교의 가르침을 깨치지 못하면 염불을 하여도 왕생할 길이 멀거니, 어떻게 도달하겠는가?[7]

이 말에서 보면 혜능은 겉으로는 서방정토를 완전히 부정하지 않은 듯 하며 또한 경전 속 부처님의 말씀을 인용하여 증거로 삼으면서 서방이 여기서 멀지 않음을 설명하였다. 그러나 사상 내용에서 보면, 혜능은 돈오와 마음의 깨끗함을 버리고 서방에 왕생할 수 있다는 견해를 부정해버렸다. 혜능의 이론에 의하면, 사람의 근기에는 두 종류가 있으나 법은 그렇지 않아서 미혹한 사람은 염불하여 왕생하고, 깨친 사람은 스스로 그 마음을 깨끗이 한다는 것이다. 그렇다면 미혹한 사람이 염불하면 서방에 왕생할 수 있는 것일까? 혜능은 만약 집착하고 미혹하며 깨닫지 못해 마음이 깨끗이 하지 않으면, 염불하더라도 서방에 가기 어렵다고 보았다. 그러므로 하근기인 사람과 미혹한 사람은 경전에 분명히 서방정토가 있다고 했지만, 그들은 도달할 수 없는 것이다. 그러면 깨달은 자와 상근기인 큰 지혜가 있는 사람에게만 서방정토는 존재하며 또한 왕생할 수 있는 것일까? 혜능의 견해에 의하면 설령 정토가 있다 하더라도, 단지 일종의 방편설로서 결코 궁극적인 목적이 아니다. 왜냐하면 혜능이 보기에는 성불하는가 못하는가의 관건은 미혹 혹은 깨달음에 있는 것으로, 만약 깨닫기만 하면 서방을 보는 것이 곧 찰나에 있기 때문이다. 그리고 이른바 정토란 정토교에서 말하는 사바세계의 서쪽에 위치하는 극락세계가 아니라,

---

7 "世尊在舍衛國, 說西方引化, 經文分明, 去此不遙遠. 只爲下根說遠, 說近只緣上智. 人有兩種, 法無不一. 迷悟有殊, 見有遲疾. 迷人念佛生彼, 悟人自淨其心. 所以佛言, 隨其心淨則佛土淨 …… 心但無不淨, 西方去此不遠: 心起不淨之心, 念佛往生難到 …… 使君但行十善, 何須更願往生? 不斷十惡之心, 何佛卽來迎請? 若悟無生頓法, 見西方只在刹那. 不悟頓教大乘, 念佛往生路遙, 如何得達?"

중생이 스스로 마음을 깨끗이 하여 대철대오大徹大悟한 후의 일종의 신비한 경계이다. 이러한 청정불국토는 그 마음이 깨끗해지면 곧 현전現前하기에, 동쪽이나 서쪽으로 사방을 찾아다닐 필요가 없는 것으로, 밖으로 찾는 것은 크게 어리석은 자이며 영원히 성불할 수 없다.

혜능은 그가 설하는 정토사상을 이해시키기 위해 대중들에게 서방정토를 보여주겠다고 하였다. 대중들이 기뻐하며 기다리자, "모두들 봤을 것이다."라고 하였다. 일시에 "대중들이 놀라 무슨 일인지 모르자"[8] 혜능은 곧 기회를 놓치지 않고 말하였다. "부처란 자심自心과 자성自性을 떠나서 따로 있는 것이 아니다. 부처는 자성이 지은 것이고, 자심이 곧 부처이니 몸 밖에서 구하지 말라. 자성을 미혹하면 부처가 곧 중생이요, 자성을 깨달으면 중생이 곧 부처니라." 그러므로 자성 밖으로 다시 미타를 찾아서는 안 되고, 자심 밖을 향해 정토를 찾아서는 안 되며, 미타는 자성을 떠나지 않기에 정토는 곧 자심에 있다는 것이다.

혜능 이후에 유심정토, 자성미타의 사상은 선종 불성의 기본사상으로 되었다. 불교사에서 '일숙각一宿覺'이라 불리는 현각玄覺은 그의 유명한 『영가증도가永嘉證道歌』에서 다음과 같이 설한다. "법신을 깨달으면 한 물건도 없고, 본원의 자성이 천진한 부처로다.", "이 몸 위에 때 낀 옷만 벗으면 그만인데, 무엇 하러 밖을 향해 정진한 것을 자랑하리."[9] 즉 부처란 바로 자성의 부처이기 때문에 일체의 수행은 자심과 자성에 힘을 써야지 밖을 향해 사방으로 찾을 필요가 없다는 것이다.

8 "大衆愕然, 莫如何是."

9 『永嘉證道歌』. 『대정장』 48, 395쪽. "法身覺了無一物, 本源自性天眞佛", "但自懷中解垢衣, 誰能向外誇精進?"

마조도일馬祖道一의 제자로서 선종의 즉심즉불, 돈오견성 사상을
천명하고 선양시킴에 있어서 많은 공이 있는 대주혜해大珠慧海는 선종
의 유심정토설에 대해서도 많이 담론하였다. 어떤 사람이 "정토에
나기를 원하지만, 실제로 있는지 궁금하다."라고 묻자, 혜해는 다음과
같이 답하였다.

경전에 이르기를, "정토에 나기를 바란다면 마땅히 그 마음을 깨끗이
하라."라고 했으니, 그 마음 깨끗함을 따라서 곧 불토佛土도 깨끗해진
다. 만약 마음이 청정하면 있는 곳이 모두 정토가 될 것이다. ……
그 마음이 만약 깨끗지 못하면 있는 곳이 모두 예토穢土가 되니,
정淨과 예穢가 마음에 있고 국토에 있지 아니하다.[10]

이 "정淨과 예穢가 마음에 있고 국토에 있지 아니함"이라는 말은
선종의 유심정토 사상을 더욱 명백하게 서술하였다.

백장회해百丈懷海의 제자인 희운希運도 선종의 자성미타 사상을 천명
하고 선양시키기 위하여 많은 노력을 하였다. 그의 불성론은 선종의
즉심즉불, 직지견성의 사상을 주로 선양하는 것이었다. 희운은 염불왕
생을 대수롭지 않게 여겼으며, 또한 불법은 "육도만행六度萬行과 관계가
없다."[11]라고 하며, 가장 중요한 것은 마음을 깨닫는 것으로, "만약

10 『景德傳燈錄』, 『대정장』 51, 443쪽. "經云, 欲得淨土, 當淨其心, 隨其心淨, 卽佛土
淨. 若心淸淨, 所在之處, 皆爲淨土 …… 其心若不淨, 在所生處, 皆是穢土. 淨穢在
心, 不在國土."
11 『黃蘗斷際禪師宛陵錄』, 『대정장』 48, 384쪽. "非關六度萬行."

540

자심에서 깨닫지 못하면 비록 성불했어도 단지 성문불聲聞佛이라 한다. 학도인學道人이 대개 교법에서 깨닫고 심법에서 깨닫지 못하였다면, 비록 역겁을 수행하여도 시종 본불本佛이 아니다. …… 그러므로 다만 본심에만 계합하면 법을 구할 필요 없이 심이 곧 법이다."[12]라고 보았다. 희운은 또한 자심에서 깨닫지 않고 밖을 향해 부처를 구하는 사람을 위하여 다음과 같은 비유를 들었다.

이는 마치 어리석은 사람이 산 위에서 한 번 소리를 질러 메아리가 울리면 곧장 산 아래로 달려가지만 끝내는 아무것도 찾지 못하고, 거기서 또 한 번 소리를 지르자 산 위에서 메아리가 울리며 그는 다시 산 위로 달려가는 것과 같다. 이렇게 천생만겁을 찾아도 단지 소리를 찾고 메아리를 좇는 사람일 뿐이어서 허망하게 생사에 유랑하는 자이다.[13]

이와 같이 비유한 의도도, 이른바 부처란 본심 본체가 본래불이지 마음 밖에서 따로 다른 부처를 찾아서는 안 된다는 것을 설명하는 데 있다. 미타란 곧 자심자성自心自性인 것으로, 자심·자성 밖에서 따로 미타를 찾아서는 안 된다.

---

12 『黃檗山斷機禪師傳心法要』,『대정장』48, 381쪽. "若不向自心中悟, 雖至成佛, 亦謂之聲聞佛. 學道人多於敎法上悟, 不於心法上悟, 雖歷劫修行, 終不是本佛 …… 故但契本心, 不用求法, 心卽法也."

13 『古尊宿語錄』,『속장경』68, 20쪽. "如癡人山上叫一聲, 響從谷出, 便走下山趁, 及尋覓不得, 又叫一聲, 山上響又應, 亦走上山趁. 如是千生萬劫, 只是尋聲逐響人, 虛生浪死漢."

유심정토, 자성미타의 사상이 중국에서 선양, 유포됨에 선종이 많은 영향을 받았지만, 만약 사상의 원류와 발전으로부터 보면, 이러한 사상은 결코 완전히 선종의 것이 아니다. 그것은 인도불교와 관련된 경론에서 비롯된 것일 수도 있고, 혹은 중국불교사에서도 이전의 여러 명승의 관련된 사상을 이어받은 것일 수도 있다. 예를 들면 중국 불성사상에 있어, 특히 선종사상에 대해 깊은 영향을 끼친 『유마힐경維摩詰經』에 바로 명확하게 '유심정토'라는 표현이 있다. 『유마힐경』에서 다음과 같이 말하고 있다.

보살이 불국청정을 원한다면 마땅히 의意를 청정케 행해야 한다. 왜 그런가? 보살이 의意를 청정케 함으로써 불국청정을 얻기 때문이다.[14]

만약 보살이 정토를 얻고자 한다면 마땅히 그 마음이 청정해야 한다. 그 마음이 청정하면 곧 불토도 청정하다.[15]

만약 사람의 의意가 청정하다면 저절로 제불의 불국청정을 보리라.[16]

---

14 (吳)支謙 譯, 『佛說維摩詰經』. 『대정장』 14, 520쪽. "菩薩欲使佛國淸淨, 當以淨意作如應行. 所以者何? 菩薩以意淨故得佛國淨."

15 (姚秦)鳩摩羅什 譯, 『維摩詰所說經』. 『대정장』 14, 538쪽. "若菩薩欲得淨土, 當淨其心. 隨其心淨, 則佛土淨."

16 앞의 책, 520쪽. "若人意淸淨者, 便自見諸佛佛國淸淨."

이러한 말들은 거의 분명하게 정토를 '정심淨心', '정의淨意'에 귀결시키고 있다. 그 마음이 깨끗해짐에 따라 불국토가 깨끗해지며, '직심直心이 곧 보살정토이다'라고 주장하고 있다. 선종의 '깨끗함과 더러움은 마음에 있고 국토에 있지 않다'는 사상은 학설의 연원에서 본다면 의심할 여지없이 『유마힐경』에서 비롯된 것이다. 실제로 선종의 유심정토설은 사상면에서 『유마힐경』에서 유래할 뿐만 아니라, 혜능이 『단경』에서 대중들한테 서방정토를 보여주는 연기도 『유마힐경』을 모방한 것이다. 이 경전에는 또한 이러한 내용이 기술되어 있다. 소승小乘의 대표 인물인 사리불舍利弗이 당시에 마음이 깨끗하면 불토佛土가 깨끗하다는 사상에 대해 이해할 수 없어 이렇게 생각하였다. 만약 보살이 마음이 깨끗하면 불토가 깨끗해진다고 할진대, 세존께서는 보살행을 하실 적에 마음이 깨끗하지 않았단 말인가? 어찌하여 이 사바세계는 "험한 둥성이와 깊은 구렁이 있고 가시덤불, 자갈밭, 흙과 돌, 여러 산 등 더러운 것으로 채워져 있는 것일까?"[17] 이에 부처님께서는 벌써 그 생각을 알고 이렇게 설하였다. "해와 달이 깨끗하지 않단 말인가? 그러나 맹인은 보지 못한다. 불토도 마찬가지로 본래 청정하건만 네가 보지 못하느니라." 그때에 옆에 있던 한 범지梵志가 말하였다. "사람의 마음이 높고 낮음이 있어서, 부처님 지혜에 의지하지 않으면 이 국토가 부정不淨하다고 보는 것이외다. 만약 부처님의 지혜를 의지하면 곧 이 불토의 청정함을 보게 되는 것이오." 이어서 부처님께서 대중들을 위해 그 자리에서 청정한 불토를 현현시키면서 사리불에게

---

17 『維摩詰所說經』. 『대정장』14, 538쪽. "丘陵坑坎, 莉棘沙礫, 土石諸山, 穢惡充滿."

설하였다. "우리 불국토는 항상 깨끗함이 이와 같다. …… 만약 사람의 마음이 깨끗하면 이 불토의 공덕과 장엄함을 보게 되는 것이니라."[18] 만약 혜능의 연기와 이 단락의 기술을 비교하면, 『유마힐경』의 기록이 더욱 신화적 색채로 빛나고 있는 것 외에, 사상 내용이나 표현방법에서 혜능이 『유마힐경』을 본뜬 것임을 어렵지 않게 찾아낼 수 있다. 당연히 혜능의 불성사상은 중국적 특색을 부인할 수 없는 것으로, 예를 들면 그는 불경에서 말하는 '정심', '정의'를 한 걸음 더 나아가 미범오성迷凡悟聖이라 하여 깨끗함과 더러움은 마음에 있다고 주장하였다.

『유마힐경』의 영향을 받은 것 외에, 선종의 '유심정토'설은 또한 중국 불성학설사 가운데 '유심정토' 사상의 영향도 깊이 받았다. 예를 들면 일찍이 동진 시기에 승조僧肇가 『주유마힐경注維摩詰經』에서 이미 명확하게 "불토의 깨끗함과 더러움을 중생에게 귀결"[19]시켰으며, "중생이 곧 불토이니, 불토는 중생의 영향"[20]임을 지적하고, 더 나아가 중생정衆生淨을 '행정行淨'에 귀결시켜 말하기를, "행이 청정하면 중생이 청정하고, 중생이 청정하면 바로 불토가 청정함은 당연한 도리이지 차별이 있을 수 없다."[21]라고 하였다.

마지막으로 또한 중생정·행정·불토정을 심직心直·심정心淨에 귀결시키고 "만약 대도를 널리 펴려 하면 먼저 그 마음을 바르게 하라. 마음이 이미 참으로 바르고 나서 행이 깊이 들어갈 수 있고, 행에

---

18 앞의 책, 538쪽. "我佛國土, 常淨若此 …… 若人心淨, 便見此土功德莊嚴."

19 (後秦)僧肇, 『注維摩詰經』. 『대정장』38, 334쪽. "土之淨穢繫之於衆生."

20 앞의 책, 334쪽. "衆生則佛土也, 佛土者, 即衆生之影響耳."

21 앞의 책, 335쪽. "夫行淨則衆生淨, 衆生淨則佛土淨, 此必然之數不可差也."

544

들어가 이미 깊어지면 곧 광운廣運은 끝이 없으리라."[22], "마음이 이미 청정한즉 모든 덕이 청정하다."[23]라고 보았다. 다시 말하자면 "정토는 다 마음의 반응일 뿐이다."[24]라는 것이다.

진송晉宋 무렵의 축도생도 『주유마힐경』에서 이와 같은 사상을 천명하였다. 『유마힐경』의 "보살은 모든 중생에게 한결같이 평등하고 마음이 청정하여 부처님의 지혜를 의지하기 때문에 곧 이 불토가 깨끗한 것을 보는 것이오."[25]라는 문구 아래에 도생은 다음과 같이 주를 달았다.

마음에 높고 낮음이 있으니, 돌과 모래(石沙)에 근거해서 의심을 일으키는 것은 바로 중생의 우열이다. 다만 부처의 지혜가 반드시 깨닫는(悟) 곳으로 나아가게 함을 의지하지 않기 때문에 오직 청정하지 못한 것을 보는 것이다. 만약 악惡이 나오는 이치(理)를 취한다면 곧 돌과 모래 위의 중생(사바중생)과 정토에 주하는 사람들과는 차이가 없다.[26]

22 앞의 책, 335쪽. "欲弘大道, 要先直其心. 心旣眞直, 然後入行能深, 入行旣深, 則能廣運無涯."

23 앞의 책, 337쪽. "心旣淨, 則無德不淨."

24 앞의 책, 337쪽. "淨土蓋是心之影響耳."

25 앞의 책, 338쪽. "菩薩於一切衆生悉皆平等, 深心淸淨, 依佛智慧則能見此佛土淸淨."

26 앞의 책, 338쪽. "心有高下, 據石沙致疑, 則就衆生之優劣也. 只是不依佛慧爲應之趣在乎必悟之處, 故惟見不淨耳. 若取出惡之理, 則石沙衆生與夫淨土之人等無有異."

도생의 이 설에서 주목할 만한 점은 그가 '오悟'와 '이理'의 범주를 정토론에 도입시켰다는 점이다. 그 후에 선종이 미迷와 오悟로써 정토의 멀고 가까움을 설한 것은 마땅히 도생의 이러한 설과 관련이 없지 않을 것이다.

결국 유심정토의 사상은 중국에서 실제로 긴 흐름을 가지고 있다. 선종에 와서 한 걸음 더 나아가 이론적 측면에서 그것을 체계화함으로써 유심정토, 자성미타의 사상으로 하여금 일종의 완정完整한 불성학설로 다시 태어나게 했다고 볼 수 있다.

2. 극락세계와 도솔정토

앞서 언급한 정토신앙은 완전히 서방정토를 선양하는 미타신앙을 대표로 삼은 것이다. 이는 어떤 의미에서 말하면 옳은 것이다. 왜냐하면 중국의 정토신앙은 그 유행의 광범위함으로 보든, 유포 시간의 장구함으로 보든 모두 서방정토뿐이며 서방정토 신앙이 거의 정토법문의 대명사로 되었기 때문이다. 이러한 현상은 근현대에 이르러 정도가 더욱 깊어져 아미타불은 정토교의 교주가 되었을 뿐만 아니라, 또한 불법의 총대표總代表가 되었다. 그러므로 중국정토교의 불성사상을 연구함에 있어서 먼저 서방정토 신앙을 파악하는 것이 필요하다.

그러나 만약 고찰하고자 하는 것이 겨우 중국정토교의 주류 혹은 어느 한 유파로서, 중국정토교의 불성사상에 대한 연구를 인도불교의 관련 경론에 대한 고찰과 연관시킬 경우, 그리하여 정토교를 단지 서방정토 신앙으로서만 귀결시킨다면, 그것은 두말할 것 없이 한 측면으로 전체를 개괄하는 것으로 되고 말 것이다. 왜냐하면 수많은 불교경전 가운데서 부처가 얼마만큼 있고 정토가 얼마만큼 있으며, 시방불十方佛이 있으면 시방정토가 있고, 무량한 부처가 있고 무량한 정토가 있기 때문이다. 이에 대해 누차 언급하지는 않기로 한다. 중국에서 비교적 널리 유포된 몇 부의 불교경론으로 말하자면『약사유리광여래본원공덕경藥師琉璃光如來本願功德經』에 약사불의 유리정토琉璃淨土가 있고,『대보적경大寶積經』에 부동여래不動如來의 묘희정토妙喜淨土가 있으며,『미륵상생경』에 도솔정토兜率淨土가 있는 것 등이다. 이로부터 정토교(설사 중국의 정토교라 할지라도)를 단지 서방정토 신앙만으로 귀결시킬 수 없음을 알 수 있다.

중국불교사에서 한 가지 주목해야 할 현상은, 만약 아미타불이 일정한 역사 시기에 있어서라면 사람들이 다 알고 있는 부처님 명호, 도솔정토의 교주인 항상 웃고 있는 풍만한 미륵불상도 일정한 역사 속 곳곳에서 볼 수 있다는 것이다. 이러한 현상은 미륵신앙도 중국이라는 땅 위에서 널리 전해진 적이 있었음을 설명하고 있다.

정토사상의 기원과 변천 및 역사적 발전에서 볼 때, 중국의 미륵신앙은 혜원慧遠의 스승인 도안道安으로부터 시작한 것이라 볼 수 있다.『고승전』의 기록에 의하면 도안은 항상 제자인 법우法遇, 도원道願, 담계曇戒 등 여덟 사람과 함께 미륵상 앞에서 "도솔왕생의 서원을 세웠다."[27]라고 한다. 담계가 병이 위독할 때 끊임없이 미륵불의 명호를 칭송하였는데, 제자가 "어째서 서방극락세계 왕생을 원하지 않는가?"

27 『高僧傳』.『대정장』50, 353쪽. "立誓願生兜率."

라고 묻자, 그는 이렇게 답하였다. "나와 화상(도안) 등 여덟 사람은 함께 도솔정토에 나기를 원했고, 화상과 도원 등은 다 이미 왕생하였는데 나는 아직 가지 못하였기 때문에 원할 뿐이다."[28] 도안의 벗인 축승보竺僧輔도 미륵신앙자로서 "도솔천에 왕생하여 미륵불을 친견하겠노라!"[29]라고 발원한 적이 있었다. 이 외에 또 남조南朝 송 초기의 비구니인 운조雲藻, 광정光靜과 양梁의 비구니인 정수淨秀, 그리고 북위와 북제의 통법上統法上, 승담연僧曇衍 등도 모두 항상 미륵불을 염송하였다. 이로부터 미륵신앙은 중국에서 유구한 역사를 가질 뿐만 아니라, 또한 비교적 광범위하게 유행되었음을 엿볼 수 있다.

미타신앙에 서방극락세계가 있듯이, 미륵신앙에도 도솔정토가 있다. 경전의 기록에 의하면 이 도솔정토는 불교에서 말하는 '육욕천六欲天'[30] 가운데 제4천으로서, 그 미묘함과 수승함은 극락세계와 견줄 만하다. 『미륵상생경』에 이르기를 "미륵이 도솔천에 왕생할 때, 오백만억의 천인들이 천복력天福力으로 그를 위해 궁전을 짓고, 각각 매단마니 보관梅檀摩尼寶冠을 오백만억 보궁寶宮으로 변하게 하였다."라고 하며 다음과 같이 덧붙이고 있다.

이 보궁들은 모두 일곱 겹으로 둘러싸이고, …… 저 세상의 동산에는 여덟 가지 빛깔의 찬란한 유리 개울이 있다. 개울들은 다 오백억

---

28 『高僧傳』, 『대정장』 51, 356쪽. "吾與和上指道安等八人同願生兜率, 和上及道願等皆已往生, 吾未得去, 是故有願耳."

29 앞의 책, 355쪽. "誓生兜率, 仰瞻慈氏."

30 六欲天은 四天王天·三十三天·焰摩天·兜率天·化樂天·他化自在天이다.

548

보배구슬로 만들어졌고 개울을 흐르는 물은 여덟 가지 진귀한 맛과
여덟 가지 미묘한 빛깔을 낸다. 또 그 물이 집안의 벽 위로 솟아
올라가서 들보와 기둥 사이를 흘러 다니며, (집밖의) 사문 밖에는
네 가지 묘한 꽃이 있어서 그 꽃 가운데로부터 물이 흘러나오게
되므로, 마치 보배 꽃이 굴러가는 것 같은 장관을 이루느니라. 그리고
꽃송이마다 보살의 장엄한 모습처럼 색신이 미묘한 스물네 명의
천녀들이 손에 오백억 보배그릇을 받들고 있다. 그 보배그릇마다
하늘나라의 갖가지 감로수가 저절로 가득 채워지느니라. …… 누구
든지 저 도솔천에 태어나는 사람이면 다 이렇게 천녀들이 와서
받들어 주는 섬김을 받느니라.[31]

그야말로 보배의 광채가 찬란하고, 새가 지저귀고 꽃이 향기로우며,
난간이 겹으로 둘러싸이고, 법음이 감도는 기묘한 낙원이다. 하지만
만약 이 기묘한 낙원과 극락세계를 비교한다면, 양자 사이에는 하나의
차별이 있음을 발견하게 된다. 바로 극락세계는 "순전히 다 화생化生하
고 태생胎生이 없으며, 또한 여인이 없고, 다른 국토의 여인은 내
국토에 와서 나고자 발원하는 이가 있다면, 목숨이 다하면 곧 남자
몸을 받는"[32]다고 하는 반면, 도솔정토에는 수많은 '제천보녀諸天寶女'들

---

31 (宋)沮渠京聲 譯, 『佛說觀彌勒菩薩上升兜率經』, 『대정장』 14, 418~419쪽. "一一寶
宮有七重垣 …… 一一渠有五百億寶珠而用合成. 一一渠中有八味水, 八色具足,
其水上涌, 繞梁棟間, 於四門外化生四華, 水出華中, 如寶華流. 一一華上有二十四
天女, 身色微妙, 如諸菩薩莊嚴身相, 手中自然化五百億寶器, 一一器中天諸甘露
自然盈滿 …… 若有往生兜率天上, 自然得此天女侍御."

32 (淸)魏源, 『無量壽經會譯』, 『속장경』 1, 72쪽. "純是化生, 無有胎生, 亦無女人,

이 있다. 비록 이러한 보녀는 세속의 여인과 다르긴 하겠지만, 이는 도솔정토가 육욕천六欲天 가운데 하나이고 욕계에 속하는 것과 관련이 없지 않는 까닭에, 이 하늘에 나는 자는 오욕五欲의 낙을 충분히 누릴 수 있다는 것이다. 서방극락세계는 이와 달리 그 국토의 낙은 오욕의 낙이 아니라 부사의不思議한 법성의 낙이며 적정무위寂靜無爲의 낙이다. 이는 양자의 구별 가운데 하나이다.

도솔정토와 극락세계는 또한 동일한 점도 하나 있는데, 즉 양자가 모두 '후보불候補佛'이라는 특성을 가지고 있다는 것이다. 행자行者는 극락세계에 왕생한 이후 당장 성불하는 것이 아니라, 성불을 보장받는 것이다.

근대의 양인산(楊仁山, 1837~1911) 거사는 그것을 하나의 거대한 학당에 비유하면서 다음과 같이 말했다.

미타께서 시방중생을 접인하여 그곳에 가서 배우게 하시고, 음식이나 의식을 공급하신다. 학비를 낼 필요도 없고 사람의 수도 한정이 없으며 시간도 제한이 없다. 그곳은 가없이 넓고 크며 아득히 오래 전에 건립된 곳이다. 그 학교에 들어간 자는 어떠한 근기를 막론하고 무생법인無生法忍을 증득할 때에 이르러 1차로 졸업을 하게 된다. 어떤 자는 그곳에서 계속 수업을 받고 어떤 자는 다른 곳으로 가서 교화를 받게 되는데, 모두가 그 원願에 따른다. 이로부터 십주十住, 십행十行, 십회향十回向의 삼현위三賢位를 원만히 한 후 초지에 들어 갔을 때에 2차로 졸업을 하게 된다.

其他國女人, 有願生我國者, 命終卽化男身."

550

다시 초지로부터 등각等覺에 이르러 묘각妙覺의 과해果海에 증득해 들어갔을 때 제3차로 졸업을 하게 된다. 이것은 차제문次第門을 가지고 논한 것이지만, 만약 원돈문圓頓門으로 논한다면 한 번 닦음에 모든 것을 닦게 되고, 하나를 증득함에 모든 것을 증득한다. 그러나 결국 원돈과 차제는 서로 섭수하고 서로 융합한다. 최종적으로 말한다면 시방삼세의 갖가지 교법이 한 가지도 구비하지 않은 것이 없다. 그러므로 일체제불께서 찬탄하시지 않음이 없는 것이다.[33]

이를 보면 극락세계에 이른 이후에도 여전히 수도해야만 성불할 수 있게 됨을 알 수 있다. 단지 그곳은 환경이 우수하고 더러움이 없으며, 모든 장애가 모두 이미 없는 까닭에 만 사람이 닦아 만 사람이 모두 성불하는 것이다.

도솔정토에서 공양하고 있는 것은 '일생보처보살一生補處菩薩'로서, 바꾸어 말하면 한 생을 지나서 바로 성불하는 것이다. 불교에서는 미륵을 미래불이라고도 한다. 그 의미는 미륵이 석가모니보다 먼저 입멸하여 도솔천 내원 가운데 태어나 사천세(염부제의 나이로 오십육억

---

33 (淸)楊文會述,『佛敎初學課本』, 金陵刻經處刻本(1906). "彌陀接引十方衆生, 往彼就學, 供給飮食衣服, 不需學費, 不定人數, 不限年時, 其地界廓徹無邊, 其建立長遠無極. 入其校者, 無論何等根器, 至證入無生忍時, 爲初次畢業, 或在彼土進修, 或往他方敎化, 均隨其願. 自此以後, 歷十住·十行·十回向, 三賢位滿, 將入初地時, 爲二次畢業. 再從初地以去, 至等覺後心, 證入妙覺果海, 爲第三次畢業. 此論次第門. 若論圓頓們, 一修一切修, 一證一切證, 圓頓次第, 互攝互融. 極而言之, 十方三世, 種種敎法, 無一不備, 是故一切諸佛, 莫不讚歎."

만세)를 보낸 뒤에, 다시 지상으로 하생하여 성불한다는 것을 가리킨다. 다시 말하면 도솔정토에 이른 후 마음껏 오욕의 낙을 누리다가 때가 되면 또한 하생하여 성불해도 아무 상관이 없다는 것이다.

어떤 사람이 왕생할 수 있고, 어떻게 왕생하는가? 하는 문제에 있어서 미륵신앙과 미타신앙은 다르면서도 같다. 왕생하는 데 모두 반드시 신원행信願行을 종지로 삼아야 하는데, 신심으로 인해 발원하고, 발원에서부터 행한다는 점에서 양자는 동일하다. 그 외에 수행방법에 있어서 간편하고 실행하기 쉽다는 면에서도 양자는 공통점을 가지고 있다. 『미륵상생경』에서 다음과 같이 말하고 있다.

내가 입멸한 후 나의 모든 제자들은 부지런히 정진하여 공덕을 닦고 위의를 지켜라. 탑을 청소하고 그 땅을 장엄하고 좋은 향과 꽃으로 공양하며, 여러 삼매를 닦아 깊은 선정에 들며 경전을 독송하라. 이 같은 수행을 정성으로 하는 사람이면 비록 번뇌를 끊지 못했더라도 육신통을 얻은 것과 다름이 없으리라. 또 오로지 한 마음으로 부처님의 거룩한 모습을 생각하고, 미륵보살을 부르거나 한 생각 동안이라도 여덟 가지 재계를 받아 깨끗한 수행을 하고, 미륵보살에 대한 큰 서원을 일으킨다면, 이러한 사람들은 다 목숨을 마치자마자 건장한 장사가 팔을 한 번 펴는 그 짧은 찰나에 도솔천에 왕생하리라.[34]

---

34 『佛說觀彌勒菩薩上升兜率經』, 『대정장』 14, 420쪽. "佛滅度後, 我諸弟子, 若有精修諸功德, 威儀不缺, 掃塔塗地, 以衆名香華供養, 行衆三昧, 深入正受, 讀誦經典, 如是等人應當至心, 雖不斷結, 如得六通, 應當繫念, 念佛形像, 稱彌勒號, 如是等

552

이렇게 수행하는 것은 어렵지만,『미륵상생경』에서는 더욱 간편한
방법이 있음을 제시하였다.

미륵보살마하살의 이름을 듣고 기쁜 마음으로 미륵보살에게 공경하
며 예배하는 이가 있다면, 이 사람 또한 목숨을 마치자마자 아주
짧은 찰나에 도솔천에 왕생하느니라.[35]

이 뿐만이 아니라 "계율을 범하고 많은 죄업을 지은" 자들에 대해서도,
만약 "대자대비한 이 보살의 이름을 듣고 땅에 엎드려 지성으로 참회하
면 모든 악업이 사라지고 청정하게 된다."[36]라고 하였다. 심지어는
경전 가운데 또 "한 생각 동안이라도 미륵보살을 부른다면 그는 마침내
천이백 겁 동안의 죄업을 다 소멸하게 되며, 미륵보살의 이름을 듣고
다만 합장 공경만 하더라도 그는 마침내 오십 겁 동안 지은 모든 죄업을
다 소멸할 것이다. 미륵보살께 공경 예배한 사람은 백억 겁 동안의
죄업을 소멸할 것이다."[37]라고 하였다.
　요컨대 여러 공덕을 부지런히 닦고, 여러 삼매를 부지런히 행하고,
불계佛戒를 지키고 십선을 행하는 데에 이르기까지, 그리고 미륵불의

輩, 若一念頃, 受八戒齋, 修諸淨業, 發玄願誓, 命終之後, 誓如壯士伸臂頃, 卽得往
生兜率陀天."

35 『佛說觀彌勒菩薩上升兜率經』.『대정장』14, 420쪽. "若有得聞彌勒菩薩摩訶薩名
者, 聞已歡喜, 恭敬禮拜, 此人命終, 如彈指頃, 卽得往生."

36 앞의 책, 420쪽. "聞是菩薩大悲名字, 五體投地, 誠心懺悔, 是諸惡業速得淸淨."

37 앞의 책, 420쪽. "若一念頃稱彌勒名, 此人除卻千二百劫生死之罪: 但聞彌勒名合掌
恭敬, 此人除卻五十劫生死之罪: 若有禮敬彌勒者, 除去百億劫生死之罪."

명호를 부르는 것뿐만 아니라 미래불을 공경 예배하는 데에 이르기까지 모두 죄업을 소멸하고 도솔천에 왕생할 수 있다. 바로 이렇듯 수행하기 간편하면서도 공덕이 무량한 특징으로 말미암아 미륵신앙은 특정한 시기에 비교적 광범위하게 유행했을 것이다. 하지만 유포된 시간의 장구함과 광범한 정도에서 보면, 미륵신앙은 당연히 미타신앙에 미치지 못하였다.

이러한 원인은 아마도 여러 가지가 있겠지만, 두 신앙 자체의 특징이 가장 주요한 원인이라 하겠다. 예를 들면 비록 양자의 수행방법은 모두 매우 간편하고 실행하기 쉬우나, 왕생의 구체적인 조건은 동일하지 않다. 미타신앙의 가장 큰 특징은 '승불원력(承佛願力: 부처님 원력을 입음)'으로, 아미타불이 인위因位에 있을 때, "만약 국토 중의 천인을 다 제도하여 부처가 되게 하지 못하면 정각正覺을 이루지 않겠다."라고 발원한 것을 가리킨다. 이 서원은 신앙자들로 하여금 서방정토에 가면 비교적 안전함을, 즉 '극락에 나면 만 사람이 닦아 만 사람이 모두 성불할 수 있다.'라고 여기게 하였다. 그 다음으로 미타신앙의 또 하나의 특징은 아미타불이 무릇 그의 명호를 칭송하는 자는 임종 시에 반드시 와서 접인(아미타불은 또한 이로 인하여 '접인불接引佛'이라는 칭호가 있다.) 할 것을 발원한 것이다. 이리하여 극락왕생은 주로 부처의 원력에 의지하면 그만이다. 한편 미륵은 이러한 서원이 없고, 도솔왕생은 주로 자력에 의지해야 하는데, 이는 미륵신앙자들로 하여금 자력에 대한 의심으로 인하여 신심을 잃게 하였다. 미타신앙이 미륵신앙보다 더욱 널리 유행하고 시간도 더욱 긴 것은 아마 다른 방면의 원인도 있겠지만 앞서 말한 두 가지도 그 중 하나의 원인일 것이다.

중국불교사에는 도솔정토가 서방정토보다 더욱 수승하다고 보는 주장도 있다. 이러한 주장의 주요한 관점은 도솔천이 현실의 세간과 같이 욕계 가운데 있으므로, 이 사바세계의 중생과 비교적 인연이 있다는 것이다. 또한 미륵신앙에서 말하는 상생이란 주로 십선十善의 복덕을 닦아서 이룬 것으로, 이는 현실사회의 정화淨化와 발전에 유리하였다. 게다가 미륵신앙에서는 나중에 세간에 하생下生하고 성불하여 널리 중생을 제도하고 인간불국을 건립하는데, 이는 불경에서 말하는 "불佛은 일대사一大事의 인연을 위하여 세상에 출현한다."[38]라는 맨 처음의 심원에 더욱 부합된다.

이러한 갖가지 이유에 근거하여 어떤 미륵신앙자는 도솔정토가 서방정토보다 더욱 수승하다고 주장하면서, 미타신앙은 인간정토를 소홀히 하고 사회로 하여금 '불교는 전문적으로 죽은 자를 제도하기 위한 것이고, 산 자를 위하여 행복을 도모하는 것이 아니다.'라고 오해하게 하였다. 그러므로 사회와 불교가 날로 서로 멀어지고 중생은 중생대로, 불교는 불교대로가 되어 불교가 세간을 구하고 중생을 제도하는 현실적 정신을 매몰시켜버렸다고 비판하였다.

두 가지 정토설이 도대체 어느 쪽이 좋고 나쁜지에 관해서는 중국불교사에서 일찍이 많은 논의가 있었다. 이는 수많은 불교도들에게 있어서 지극히 중요한 것이다. 하지만 오늘날의 불학 연구자들은 주로 그것을 종교사로서 이해하고, 양자의 사상적 차이와 동일한 점을 명확히 하며, 한 걸음 더 나아가 그것들이 출현하고 유포되어 발전하게 된 사회

---

38 (姚秦)鳩摩羅什, 『妙法蓮華經』. 『대정장』 9, 7쪽. "世尊唯以一大事因緣故出現於世."

역사적 원인을 알아내고, 불교사상의 발생과 발전의 어떤 규칙을 파악하는 데 집중한다.

3. 이즉불理卽佛과 구경시불究竟是佛

도솔정토와 서방정토는 비록 이상의 몇 가지 차별이 있지만, 만약 이들을 하나의 비교적 큰 범위 안에 놓고 보면 양자는 또한 한 가지 부류에 속한다고 할 수 있다.

불교학설 중에는 정토에 대한 견해가 매우 많다. 앞서 언급한 세 가지 정토 이외에도 중국불교의 다른 시기, 그리고 다른 종파에서 정토에 대해 제각기 다른 수많은 분류법이 있었다.

지자 대사智者大師에게 네 가지 정토설이 있는데 바로 범성동거정토凡聖同居淨土, 방편유여정토方便有餘淨土, 실보장엄정토實報莊嚴淨土, 상적광정토常寂光淨土이다. 앞서 말한 서방정토와 도솔정토는 모두 범성동거정토에 속한다.

유식학자들은 법불, 보불, 화불의 삼신에 의해 세 가지 정토를 세웠다. 첫째로 법성불토法性佛土, 즉 자성신自性身의 국토로서 천태종이 말하는 상적광정토와 실보무장애정토가 이에 해당한다. 둘째로 수용불토受用佛土, 즉 보신報身 수용의 국토로서, 이는 부처가 십지보살을 위해 현현한 정토이며, 천태종이 말하는 실보정토實報淨土가 이에 속한다. 이상의 두 국토는 범부와 외도의 이승二乘은 도달할 수 있는 것이 아니다. 셋째로 변화토變化土인데, 천태종이 말하는 범성동거정토凡聖同居淨土가 이 부류에 속하며, 그중에 서방정토와 도솔정토가 포함

된다.[39]

이 외에 또 가상嘉祥의 다섯 가지 정토설, 수隋대 정영사淨影寺 혜원의 사事·상相·진眞 삼정토설이 있으며, 도작道綽의 보토報土·화토化土설 등이 있다.

각 학파와 교파에서 정토의 분류에 대하여 취한 시점이 제각기 다른 까닭에, 흔히 일토다설一土多說 혹은 일설다토一說多土의 현상이 나타났다. 예를 들면 같은 서방정토라 할지라도 수많은 다른 표현이 있어 보토報土라 부르거나 혹은 화토化土라 부르는 것인데, 천태와 정영사 혜원은 화토라 불렀고, 도작과 선도善導는 보토라 불렀으며, 자은 대사慈恩大師는 때로는 보토라 부르고 때로는 화토라 불렀다. 여러 종파에 따라 뜻이 많이 달랐으므로 이전부터 논의가 분분하였다. 이러한 문제들은 본문의 주요한 고찰 대상이 아니므로 여기서는 상세히 다루지 않도록 한다. 여기서 하고자 하는 것은 주로 유심정토와 서방, 도솔정토의 관련된 사상을 간결하게 비교하면서 양자 사이의 상호관계를 밝히는 것이다.

법신·보신·화신의 삼신으로 세워진 세 가지 정토설에 의하면, 서방 정토와 도솔정토가 보토와 화토에 속한다는 것은 이미 앞서 말했었고, 지금부터는 유심정토가 어느 부류에 속하는가를 살펴보도록 하겠다.

유심정토의 핵심사상은 즉심즉불, 마음을 떠나 다른 부처가 없고 마음이 깨끗해짐에 따라 불토가 깨끗해지며 심성心性 밖에 정토가 없다는 것이다. 이는 의심할 여지없이 자신自身, 자성불自性佛을 가리키

---

39 『大乘法苑義林章』 참조.

므로, 유심정토는 마땅히 법성토法性土, 자수용토自受用土에 속해야 한다.

실제로 불교이론에 의한다면, 이른바 즉심즉불은 주로 이치(理)에서 세운 것이다. 즉 이치의 입장에서 보면 어느 한 중생도 본래부터 불성을 구비하지 않은 사람이 없어서 바로 자성미타이다. 하지만 정토교는 행行·사事를 아울러 중히 여기는 불교종파이다. 그런 까닭에 정토교가 보기에 유심정토에서 말하는 즉심즉불, 자성미타는 단지 일종의 '이즉 불理卽佛'에 불과하다. '이즉불'은 비록 본체적으로 말하자면 부처와 동일하나, 일미의 이치에 빠져 사事를 버리고 실제로 닦지 않고 가만히 있기만 한다면, 마치 배고픈 사람이 각종 맛있는 음식의 요리법을 필사적으로 연구하여 음식점의 메뉴를 줄줄 외워내기는 하지만 차려진 음식은 먹지 않아서 온종일 배를 굶고 있는 것과 같다. 그러므로 오로지 '이즉불'에만 그쳐 있다면, 성불은 기약도 없이 아득하게 될 것이다.

정토교는 길을 가는 것으로써 이사理事를 비유하였다. 이理는 마치 노정路程을 아는 것과 같고, 사事는 행할 줄 알고 기꺼이 길을 떠나는 것과 같다. 이사를 겸비한다면, 마치 이미 노정도 알고 길을 갈 줄도 알고서 길을 떠나는 것과 같아, 당연히 목적지에 도달할 수 있다. 만약 자신의 지혜가 빈약하여 노정을 알지는 못하더라도, 길을 갈 줄 알고 기꺼이 길을 떠나고 또한 길을 가리키는 이정표까지 있으면 역시 능히 목적지에 이를 수 있다. 경론이나 옛 선현과 고덕들의 저술이나 사적들이 바로 이러한 이정표가 되는 것이다. 전심전력으로 수행하고 경론이 가리키는 노정에 따라 행하기만 하면 똑같이 성불의 목적을 달성할 수 있다. 더군다나 아미타불이 그들을 맞이하여 서방정토로 인도할 것을 발원했기 때문에, 설사 이치가 없다 하더라도 걱정할 것은 없다.

이와 반대로, 만약 단지 이치만 있을 뿐 길을 갈 줄 모르고, 길을 떠나려 하지 않는다면, 이것은 마치 온종일 앉아서 입으로만 말하고 한 걸음도 떼어놓지 않는 것과 같아 영원히 목적지에 이를 수 없다. 그 예를 들어 말하기를, 주리반타가周利槃陀迦는 지극히 둔하여 부처님이 '쓸 소掃'와 '빗자루 추箒' 두 자만 가르쳤는데도 '소'를 기억하면 '추'를 잊어버리고, '추'를 외우면 '소'를 잊어버리곤 하였다. 그러나 그는 매일 한 결 같이 이 두 글자를 외우면서, 조금도 소홀히 하지 않았기에 마침내 정혹情惑이 다하여 아라한과를 증득하였다. 이에 비하여 제바달다는 총명하여 각종 신통을 익히고 육만 법장法藏을 외울 수 있었지만, 산 채로 지옥에 떨어짐을 면치 못하였다고 하였다.

끝으로 그들은 불법은 일자무식의 사람은 제도할 수 있으나, 세상일을 다 알고 있지만 수행하기를 좋아하지 않는 자는 제도할 방법이 없다는 결론을 얻어내었다. 만약 이러한 사상을 선종의 "깨달음은 마음에 달려 있는 것이지, 육도만행과는 상관이 없다." 등의 사상과 비교한다면, 양자가 완전히 다르다는 것을 발견하게 된다. 즉 하나는 신앙을 중시하고 다른 하나는 지혜를 중시하며, 하나는 오해悟解를 중히 여기고 다른 하나는 실행實行을 중히 여기는 것이다. 이러한 차이를 초래한 근본 원인 가운데 하나는 바로 선종에서 말하는 즉심즉불의 '부처'는 '이즉불'을 가리키고, 정토교에서 말하는 부처는 인과가 원숙한 '구경불究竟佛'을 가리키는 것에 있다.

정토교에서 실행을 중히 여긴다는 것은 단지 전체적인 면에서 하는 말이다. 사실상 정토교를 제창하는 명승들도 대다수가 완전히 이치(理)를 버린 것도 아니고, 유심정토설을 완전히 부정한 것도 아니었다. 그들은 모두가 진속眞俗을 모두 제기하였고, 이사理事를 중시함을 주장하였다. 그들의 주장은 다음과 같다.

이른바 유심정토는 진제眞諦에 근거해 세운 것으로, 만약 진眞에 의해 말한다면 일법一法도 내세울 것이 없어 부처도 갈 곳이 없게 되는데, 어떻게 극락세계가 있겠는가? 그러나 진제가 속제를 장애하지 않음(眞不碍俗)에서 보면 정토는 유심의 이치와 어긋나지 않고, 유심 또한 서방정토를 부정하지 않는다. 생이 곧 무생이고 무생이 곧 생이며, 이 진공묘유眞空妙有의 절대적인 중도를 알아야만 미타정토의 본래면목을 체득할 수 있다. 그러므로 일부 정토교는 예심穢心을 정심淨心으로 전환시키는 것으로써 중생이 정토에 태어남을 해석하고 있다. 이 점에서 말하자면 서방정토설과 유심정토설은 또한 서로 계합하는 부분이 없지 않은 것이다.

제2절 자성자도自性自度와 자항보구慈航普救

유심정토설과 서방정토설은 그들 각자의 특징으로 인하여 양자의 해탈의 근거, 해탈의 방식과 노선 등의 문제에서 갖가지 차이를 초래하게 되었다. 유심정토설은 즉심즉불, 마음밖에 정토가 없음을 제창함으로 자심의 깨달음을 중시하고 자성자도를 강조한다. 이와 반대로 서방정토설은 극락세계를 부처가 중생을 제도하기 위해 원력으로서 화현한 청정낙토라고 생각하므로 신원행信願行을 종지로 삼아 '승불원력乘佛

願力'을 강조하며, 보살의 자비에 의지한다.

따라서 이와 서로 관련하여, 유심정토설을 주장하는 선종은 해탈은 세간을 떠나지 않는다고 주장하고, 인간불교를 제창하였다. 서방극락을 선양한 정토교는 예토를 벗어나 정토에 왕생할 것을 주장하고 삼품구급三品九級왕생을 강조하였다. 또한 해탈방법에 있어서 선종에서 말하는 수행은 수선修禪에 치중되어 있었고, 정토교의 수행은 염불을 강조하였다. 당연히 선禪·정淨 두 종에 있어서 이러한 여러 가지 차이점은 절대적인 것이 아니며, 고정 불변하는 것은 더욱 아니다. 항상 서로 다른 것 가운데 같음이 있고, 같은 것 가운데 다름이 있어 서로 포함하고 침투했으며, 그 발전추세에서 보면 또한 날로 합류하여 마침내 선정일치禪淨一致의 길로 나아가게 되었다.

1. 자도自度와 불도佛度

선종에서 자성자도를 강조하는 것은 혜능 이후부터 전통으로 되었다. 『대정장』에 수록된 원대元代의 종보宗寶가 개편한 『육조대사법보단경六祖大師法寶壇經』, 당대唐代의 승려 혜흔慧昕이 개편한 『육조단경』, 그리고 송초宋初의 설숭契嵩이 개편한 『육조대사법보단경조계원본六祖大師法寶壇經曹溪原本』에는 모두 혜능이 자도를 주장한 이야기가 한 편 실려 있다.

전하는 바에 의하면, 홍인弘忍은 의발衣鉢을 혜능에게 전해주고 나서, 사람들이 그를 해칠까 염려되어 삼경에 친히 구강역九江驛까지 배웅하였다 한다. 배에 오르자 홍인은 직접 노를 저어갔다. 이에 혜능이 말하였다. "청컨대 화상께서는 자리에 앉아 계십시오. 제자가 마땅히 노를 젓겠나이다." 홍인이 말하였다. "내가 그대를 건네주는 것이 마땅하리라. 그대가 도리어 나를 건네주어서는 안 되느니라." 혜능이 말하였다. "제가 미혹할 때는 스승께서 건네어주셔야 했지만, 깨친 지금에는 마땅히 스스로 건너야 되는 것입니다. 비록 건넌다는 말은 하나이지만 그 쓰임새는 같지 않습니다. 저는 변방에서 태어나 말씨도 바르지 못하오나, 스승께로부터 법을 가르침을 입어 이제 이미 깨쳤으니, 마땅히 자성자도가 옳은가 합니다." 이에 홍인이 "그렇고 그러하다."라고 하였다. 이 단락의 대화에서 보면, 혜능은 강을 건너는 데 스스로 건넌다는 것은 학불學佛하여 해탈을 구함에 있어서 마땅히 스스로 제도(自度)해야 하고, 부처의 제도를 기다리거나 스승의 제도에 의지해서는 안 됨을 비유한 것이었다. 이 사상에 대하여, 혜능은 훗날에 전법활동을 하면서 한 걸음 더 발전시켰는데, 많은 제자들 앞에서 설법할 때 다음과 같이 말하였다.

선지식아, 대중이 "중생이 끝없이 많지만 맹세코 건지겠습니다."라고 이와 같이 말함은 이 혜능이 제도하는 것이 아니다. 선지식아, 각자의 마음 가운데 중생인 이른바 삿되고 미혹한 마음, 속이고 망령된 마음, 착하지 못한 마음, 질투하는 마음, 악독한 마음 등 이와 같은 마음이 다 이 중생이니, 각각 모름지기 자성自性으로 스스로 제도함(自度)을 참된 제도라 한다. 어떤 것을 자성자도라 하는가? 즉 자심 가운데 삿된 견해와 번뇌와 어리석음의 중생을 바른 정견正見로 제도하는 것이다. 이미 바른 정견이 있으므로,

반야의 지혜로 어리석고 미혹하여 망령된 중생을 쳐부수어 각각 자도自度하되 삿된 것이 오면 바른 것으로 제도하고, 미혹함이 오면 깨달음으로 제도하고, 어리석음이 오면 지혜로 제도하고, 악이 오면 선으로 제도하는 이와 같은 제도를 참된 제도라 한다. …… 항상 염불수행을 하는 것이 원력에 의한 제도이다.[40]

이는 중생이 두루 제도되는 것은 부처가 제도하는 것이 아니고 스승이 제도하는 것도 아니며, 중생이 자성자도함을 가리킨다. 이른바 자성자도란 지혜에 의해 깨닫고 터득하는 것이지, 염불수행에 의지하는 것이 아니다. 염불수행에 의지하는 것은 '승불원력'을 강조하는 정토법문이다. 혜능의 이러한 자성자도의 사상은 후에 계속하여 선문의 후학들에 의해 계승되었으며 선종의 불성론 가운데 하나의 중요한 사상으로 되었다.

정각淨覺은 『능가사자기楞伽師資記』에서 성불하려면 모름지기 정성精誠의 내발內發에 의지해야 하고, 그렇지 않으면 항하의 모래와 같은 제불이 있다 하더라도 중생을 제도할 수 없다고 보았다. 그리고 이로부터 "중생이 마음을 알고 스스로 제도하는 것이지, 부처가 중생을 제도하지 않는다."[41]라는 결론을 내리면서, 아울러 "부처가 만약 제도할 수

---

40 (宋)宗寶, 『六祖大師法寶壇經』, 『대정장』48, 354쪽. "善知識, 大家豈不道'衆生無邊誓願度', 怎應道, 且不是慧能度: 善知識, 心中衆生, 所謂邪迷心, 狂妄心, 不善心, 嫉妒心, 惡毒心, 如是等心, 盡是衆生, 各須自性自度, 是名眞度. 何名自性自度, 卽自心中邪見煩惱愚癡衆生, 將正見度, 旣有正見, 使般若智打破愚癡迷妄衆生, 各各自度. 邪來正度, 迷來悟度, 愚來智度, 惡來善度. 如是度者, 名爲眞度 …… 常念修行, 是願力度."

있다면, 과거세에 이미 무량한 항사와 같은 제불을 만나는데도 무슨 까닭으로 우리들이 지금까지 성불하지 못하고 있는 것인가?"[42]라고 하였다. 혜해는『돈오입도요문론頓悟入道要門論』에서 이와 흡사한 사상을 밝혔다. 그는 다음과 같이 말하고 있다.

중생은 자도함이요 부처가 제도치 못하나니, 만약 부처가 제도할 수 있었다면 과거 제불이 미진수만큼 많았을 것이다. 마땅히 일체중생을 모두 제도해야 했거늘, 어떻게 우리들은 지금까지도 생사에 유랑하며 성불하지 못하는가? 마땅히 알라, 중생이 스스로 깨달아야 함이요, 부처가 깨닫게 해줄 수는 없는 노릇인 것이다. 노력하고 노력하여 스스로 닦아야지, 타력을 의지하지 말라.[43]

황벽 선사黃蘗禪師라 칭해지는 희운希運은 또한 다른 각도에서 중생이 스스로 제도할 뿐, 부처가 중생을 제도할 수 없다는 사상을 밝혔다. 배휴裵休가 희운한테 부처가 중생을 제도하는가를 묻자, 희운은 다음과 같이 답하였다.

"실로 여래께서 제도할 중생은 없느니라. 나(我)도 오히려 얻을

41 (唐)淨覺,『楞伽師資記』권1.『대정장』85, 1285쪽. "是知衆生識心自度, 佛不度衆生."

42 앞의 책, 1285쪽. "佛若能度衆生, 過去逢無量恒沙諸佛, 何故我等不成佛?"

43 (唐)慧海,『頓悟入道要門論』.『속장경』63, 23쪽. "衆生自度, 佛不能度, 若佛能度衆生時, 過去諸佛, 如微塵數, 一切衆生, 總應度盡, 何故我等至今, 流浪生死, 不得成佛. 當知衆生自度, 佛不能度, 努力努力. 自修, 莫倚他佛力."

564

수 없는데, 나 아님을 어찌 얻을 수 있겠느냐! 부처와 중생을 모두
다 얻을 수 없느니라." 묻기를, "현재 부처님의 32상相과 중생 제도가
분명히 있는데 선사께서는 어찌 없다고 말씀하십니까?"라고 하자,
선사는, "'무릇 모양이 있는 존재는 모두가 허망하니, 만약 모든
모양을 보되 모양이 아닌 줄을 알면 곧 여래를 보게 된다.'라고
하셨다. 부처니 중생이니 하는 것은 모두 네가 허망하게 지어낸
견해로서, 오로지 본심本心을 알지 못한 탓으로 그와 같은 잘못된
견해를 내게 된 것이다."라고 하였다.[44]

이것은 제법은 성공性空이기에 중생과 부처를 모두 얻을 수 없다는
것으로서, 부처가 제도할 중생이 없다는 것을 설명한 것이다. 이 외에
희운은 또한 "일체법이 본래 공空해서 마음은 멸하지 않는다. 멸하지
않기에 바로 묘하게 있는 것이다."[45]라고 하며, 중생의 마음은 본래
부처이고 부처가 곧 중생의 본심이라는 것에서부터 "중생이 곧 부처이
고, 부처가 그대로 중생이며, 중생과 부처가 원래로 한 본체"[46]임을
설명하였다. 따라서 "중생을 제도할 부처가 어디에 있으며, 부처의
제도를 받을 중생이 어디에 있겠느냐?"[47]라고 하였는데, 이는 희운이

---

44 (唐)裴休,『黃檗斷際禪師宛陵錄』.『대정장』48, 384쪽. "實無衆生如來度者. 我尙
不可得, 非我何可得. 佛與衆生皆不可得. 云: 觀有三十二相及度衆生, 何得言無?
師云: 凡所有者, 皆是虛妄. 若見諸相非相, 卽見如來, 佛與衆生, 盡是汝作妄見.
只爲不識本心, 謾作見解."
45 (宋)賾藏,『古尊宿語錄』.『속장경』83, 20쪽. "一切法本空, 心卽不滅, 不滅卽妙有."
46 앞의 책. "衆生卽佛, 佛卽衆生, 衆生與佛, 元同一體."
47 『古尊宿語錄』.『속장경』83, 20쪽. "何處有佛度衆生? 何處有衆生受佛度?"

진공眞空과 묘유妙有의 두 가지 측면으로부터 중생과 부처가 본래 다름이 없음을 설명하고, 부처가 중생을 제도한다는 것을 부정하며, 중생이 스스로 제도함을 주장한 것이었다.

자성자도의 사상은 후기 선종에 이르러 더욱 진일보로 발전하였다. 후기 선종에서 말한 부처는 대다수가 본원자성천진불本源自性天眞佛을 가리켰으므로 순임자연純任自然과 조작함이 없음을 주장했고, 독경과 좌선을 반대하였으며, 심지어 부처를 꾸짖고 조사를 욕함(呵佛罵祖)에 이르기까지 발전하였다.

후기 선종에서는 "차라리 영겁도록 윤회의 괴로움을 받더라도 성인을 좇아 해탈을 구하지 않겠다."[48], "염불소리를 듣고 사람들에게 물로 선당禪堂을 씻도록 하였다."[49], "염불을 한 번 하고 나서 삼일 간 양치질을 하였다."[50], "부처를 구하면 부처라는 마魔에게 붙잡히고, 조사를 구하면 조사라는 마군에게 묶이게 된다."[51]라는 등의 많은 표현이 있었다. 이는 이 시기의 선종은 이미 부처와 조사를 뛰어넘는 것으로서, 모든 외재적인 우상을 완전히 타파하여 해탈을 자심자성에 완전히 귀결시켰음을 설명하고 있다. 이는 한편으로는 선종의 자존自尊과 자신自信을 설명하며, 또 한편으로는 전통불교의 우상숭배가 이미 종말로 기울어져가고 있음을 설명한다.

---

48 『古尊宿語錄』, 『속장경』 68, 165쪽. "寧可永劫受沉淪, 不從諸聖求解脫."

49 앞의 책. "聞念佛聲, 飭人以水洗禪堂."

50 (淸)濟能, 『角虎集』, 『속장경』 47, 499쪽. "念佛一聲, 漱口三日."

51 (唐)慧然, 『鎭州臨濟慧照禪師語錄』, 『대정장』 47, 499쪽. "求佛卽被佛魔攝, 求祖卻被祖魔攝."

선종의 자존과 자신감, 그리고 스스로 제도함을 강조하는 것과는 정반대로 정토교는 자신감이 결여되어 있는 이들이 모든 불보살의 자비구제에 전적으로 의지하는 불교종파이다. 현실생활 속의 수없는 잔혹한 사실로 말미암아 당시에 자력으로 고난의 운명에서 벗어날 능력이 없었던 일반 민중들에게는 자력에 의해 해탈을 얻는 것은 이미 불가능한 것이었으므로, 하늘을 바라보면서 불보살이 대자대비를 베풀기를 기원할 수밖에 없었다.

정토교는 바로 이러한 심리적 수요에 부합하는 것이었기에 광범위하게 전파되고 발전하였다. 정토교의 사상에 의하면, 현실세계의 고난은 객관적 존재일 뿐만 아니라 불가피한 것으로, 현세에 해탈을 얻고자 하는 것은 불가능한 것이다. 또한 중생 생사의 업이 무거운 까닭에 자력에 의해 해탈을 구하는 것도 불가능한 것이다. 그러므로 해탈을 얻고자 한다면, 가장 좋고 가장 간단한 방법이 바로 먼저 정토에 왕생한 다음 부처가 되는 것이다. 하지만 정토에 왕생하려면 자력에 의지하지 않아도 되고, 여러 생을 거쳐 고행할 필요도 없이 단지 아미타만 신앙하고 발원하며 아미타불만 몇 번 부르면 아미타불이 와서 서방극락정토로 인도하게 된다. 선근이 성숙한 자는 물론 속히 불과佛果를 성취하게 되며, 악업이 무거운 자라도 역시 예정대로 성류聖流에 들 수 있다. 이렇게 될 수 있는 것은 아미타불이 인위因位에 있을 때 서원을 세워 정토왕생을 바라는 모든 중생을 제도할 것을 발원했기 때문이다. 그러므로 중생은 이 원력을 빌어 서방정토에 왕생할 수 있는 것이다.

자도自度하는 것인가, 아니면 불도佛度하는 것인가? 자력에 의지하는가, 아니면 불력佛力에 의지하는가? 이는 선종과 정토종의 불성사상에 있어서의 근본적인 구별이다. 이 구별이 근본적인 성격을 지니는 것은 그것이 해탈의 근거이기 때문이다. 선종이 자성자도를 제창하는 것은 선종에서 말하는 부처가 심성 밖에 있는 다른 부처가 아니라, 자성이 곧 부처이고 본심이 곧 부처인 것으로, 만약 이 본심 본체가 본래 부처임을 깨닫게 되면 곧 부처와 다름없게 된다는 것이기 때문이다. 한편 정토종은 그들이 말하는 왕생과 성불이란 완전히 아미타의 원력을 근거로 삼고 있는 것으로, 만약 이 원력을 잃으면 중생이 왕생하고 성불하는 희망이 없게 된다. 그러므로 중생이 만약 해탈을 얻고자 한다면 제불과 보살의 자비구제에 완전히 의지할 수밖에 없다.

선·정 두 종은 해탈의 근거에 있어서 이러한 근본적 차이가 있는 것 이외에 해탈의 형식에 있어서도 확연하게 다르다. 즉 선종은 생사가 곧 열반이고 해탈은 세간을 떠나지 않음을 주장하며, 정토종은 사후 왕생을 선양하고, 왕생에는 또한 삼품구급三品九級의 차이가 있다고 한다.

2. 해탈불리세간解脫不離世間과 삼품구급왕생三品九級往生

선종이 출세出世로부터 입세入世하게 되는 것도 혜능을 전환점으로 삼는다. 그의 제자 현각玄覺은 『영가증도가永嘉證道歌』에서 다음과 같이 읊고 있다.

강과 바다에 노닐고, 산과 개울을 건너서 스승 찾아 도를 물음이
참선이라. 조계의 길을 알고 얻음으로부터는 생사와 상관없음을

분명히 알았도다.[52]

이는 혜능 이후부터 생사와 열반, 출세와 입세가 점차적으로 하나로 융합되었음을 설명한다. 『단경』에 혜능의 이에 관한 많은 내용이 기록되어 있다.

만약 수행하기를 바란다면 세속에서도 가능한 것이니, 절에 있다고만 되는 것이 아니다. 세속에 있으면서 청정하게 수행하면 이것이 곧 서방이다.[53]

그리고 법해본法海本 『단경』에는 다음과 같은 게송이 실려 있다.

법은 원래 세간에 있으며 세간에서 세간을 벗어나나니, 세간 일을 떠나지 말며 밖에서 출세간의 법을 구하지 말라.[54]

혜흔惠昕, 설숭契嵩, 종보宗寶 등 세 개편본은 이 게송을 다음과 같이 고쳤다.

불법은 이 세간 가운데 있는 것, 세간을 떠나서는 깨닫지 못하네.

---

52 (唐)玄覺, 『永嘉證道歌』. 『대정장』 48, 396쪽. "游江海, 涉山川, 尋師訪道爲參禪. 自從認得曹溪路, 了知生死不相關."

53 "若欲修行, 在家亦得, 不由在寺. 自家修淸淨, 卽是西方."

54 "法元在世間, 於世出世間, 勿離世間上, 外出求世間."

세간을 떠나서 보리를 찾음은 마치 토끼의 뿔을 구함과 같으리.[55]

위의 두 가지 표현은 글귀는 다르지만 사상은 다름이 없다. 모두 세간에서 출세간의 법을 구할 것을 주장하고, 세간을 멀리 떠나 해탈을 구하는 것을 반대하였다. 만약 혜능의 이러한 입세入世의 정신을 초기 선종의 여러 조사들의 사상과 비교한다면 양자 사이에는 약간의 차이점이 있다는 것을 알 수 있다.

초기 선종의 조사들의 기풍은 총체적으로 보면, 산과 골짜기를 비교적 중히 여기고 인간세상을 멀리 하였다. 그들은 홀로 그윽한 곳에 머무르며, 세속을 멀리 떠나 깊은 산과 골짜기에 몸을 감추고, 사람들과 오고감을 끊는 것을 주장하였다. 어떤 사람이 홍인에게 "불법공부는 어째서 세속에서 하지 않고 산속에 머물러 해야 합니까?"라고 그 이유를 묻자, 홍인은 다음과 같이 답하였다.

큰 집을 짓는 재목은 본래 깊은 산속에서 나오는 것이지 인간 세상에는 있지 않느니라. 사람을 멀리 피한 까닭에 칼이나 도끼에 다치지 않으므로, 크게 자라서 재목을 이룬 뒤 대들보로 쓰이게 된다. 그러므로 알라. 그윽한 골짜기에 머물며 세상의 먼지를 피하고 산속에서 자성을 기르며, 속세의 일을 오래도록 피하면 눈앞에 속물俗物이 없고 마음이 스스로 안정되는 것을. 이것을 따르면 도의 나무에 꽃이 피어 선림禪林에 열매가 나오리라.[56]

---

55 "佛法在世間, 不離世間覺, 離世覓菩提, 恰如求兔角."

56 『楞伽師資記』. 『대정장』 85, 1289쪽. "大廈之材, 本出幽谷, 不向人間有也. 以遠離

570

이는 장자의 "재목이 안 되는 것이 재목이 되고, 쓸모없던 것이 큰 쓰임이 된다."라는 설과 유사하다. 모두 인간세상을 멀리 한 까닭에 칼이나 도끼에 다치지 않고, 마침내 세상에 드문 재목이 되어 대들보로 크게 쓰이게 된다는 것을 의미한다. 전하는 바에 의하면 홍인이 바로 이러한 정신에 근거하여 "출가하여 유거사幽居寺에 머물고, 기백과 도량은 크고 어눌해 보이고 마음은 천진하다. 시비하는 곳에 끄달리지 않고, 심은 색즉시공의 경계를 융합하여 노동을 통하여 공양을 하였으며, 부족함이 없게 하였다."⁵⁷라고 한다. 『수심요론』에서 홍인은 또한 다음과 같이 말하고 있다. "단지 해진 옷을 입고 거친 음식을 먹고 요연이 마음을 지키면서 어리석은 듯하며, 힘을 아껴야 효율이 있다."⁵⁸

홍인이 산과 골짜기를 중히 여기고, 인간세상을 멀리 하는 소박한 기풍도 역시 그가 처음이 아니라, 달마 이래 몇 대 조사들의 기풍의 답습이다. 달마의 선은 벽관壁觀으로 유명했고, 혜가慧可 선사는 좌선을 중시한 것으로 명성이 높았다. 삼조 승찬僧璨의 선법의 특징은 "산에 은거하여 숙연이 정좌한다."⁵⁹라고 하였고, 사조 도신道信은 더욱 더 산림에 의탁함으로써 '폐문좌閉門坐'를 제창하였으며 문인들에게 '부지런히 노력하여 좌선함을 근본으로 삼을 것'을 권하였다.

人故, 不被刀斧損斫――長成大物, 後乃堪爲棟樑之用. 故知棲神山谷, 遠避囂塵, 養性山中, 長辭俗事, 目前無物, 心自安寧, 從此道樹花開, 禪林果出也."

57 앞의 책, 1289쪽. "自出家處幽居寺, 住度弘愚, 懷抱眞純, 緘口於是非之場, 融心於色空之境. 役力以申供養, 法侶資其足焉."

58 『最上乘論』. 『대정장』 48, 378쪽. "但能着破衣, 餐粗食, 了然守心, 佯癡, 最省氣力而能有功."

59 『楞伽師資記』. 『대정장』 85, 286쪽. "隱思空山, 蕭然靜坐."

아무튼 혜능 이전의 몇 대 조사들은 한결같이 외로운 산봉우리에 홀로 머물며, 나무 아래에 단정히 거처하면서 종일토록 적적寂寂히 지내며, 조용히 앉아 선을 닦는 것을 특징으로 하고 있다. 이러한 현상은 혜능 이후부터 뚜렷한 변화가 일어났다. 원래의 바위틈과 굴속에 숨어서 수행하는 것으로부터 도를 알고 난 후에 산에 거처하는 것으로 발전하였으며, 게다가 홍진紅塵에 살면서 또한 외로운 봉우리에 주하는 것 같이 하는 인간불교로 발전 변화되었다. 후에는 또 물 긷고 나무를 하는 것이 모두 신통한 묘용이라는 일반화된 종교로 흐르게 되었다.

현각은 『답우인서答友人書』 제9에서 다음과 같이 말하고 있다.

무릇 오묘한 이치를 채득하고 현묘한 종지를 탐구하고자 하는 것은 실로 쉬운 일이 아니니, …… 혹은 마음의 좁은 길이 뚫리지 않아 사물을 대할 때마다 막힘이 생기게 되면서도 시끄러움을 피해 고요한 것을 구하고자 한다면, 세상이 다하더라도 그 방법을 찾지 못할 것입니다. 하물며 빽빽이 늘어선 숲과 높이 솟구친 가파른 언덕에 뭇 새와 짐승들이 목메어 울고 소나무와 대나무는 울창하게 솟아 있으며, 물옷 입은 바위들이 험준하게 엉켜 있고 바람 이는 가지는 쓸쓸히 서 있으니, …… 이러한 가지가지의 모습들이 어찌 시끄럽고 번잡한 것이 아니겠습니까? 그러므로 미혹된 것을 보아서 오히려 굽어지면 부딪치는 것마다 막힘이 될 뿐임을 알 수 있습니다. 이러한 까닭에 먼저 모름지기 도를 알고 난 후에야 산에 거처해야 할 것입니다. 만약 도를 알지 못한 채 먼저 산에 거처하는 자는 단지 그

산을 볼 뿐 필시 그 도는 잊게 될 것이요, 도를 잊으면 곧 산의
형상이 눈을 현혹케 할 것입니다. 이러한 까닭에 도를 보고 산을
잊은 자는 사람들 사이에 있더라도 또한 고요할 것이요, 산을 보고
도를 잊은 자는 산중도 시끄러울 것입니다. 반드시 오음五陰이 무아
임을 깊이 이해해야 할 것이니, 무아이면 그 누가 사람들 사이에
머무는 것이겠습니까?[60]

도를 알고 난 후에 산에 거주한다는 이 설은 선종이 이미 불교의
세속화, 사회화를 향해 큰 걸음을 내디뎠음을 보여주고 있다. 그는
수도하는 장소가 번잡한 시장에 있든, 산림계곡에 있든 중요하지 않고
도를 알고 깨우칠 수 있느냐가 중요하며, 도를 알고 깨우치기만 하면
사람들 사이에 있더라도 고요할 것이고, 도를 알지 못하면 산중에
있어도 시끄러울 것이라고 보았다.

조계선법의 정통 계승자로서의 신회는 선법을 인간화하는 문제에
있어서도 혜능이 규정해놓은 길을 따랐다. 그는 누차 지적하기를,
"만약 세간이 있으면 부처도 있고, 세간이 없으면 부처도 없다.", "의념意
念을 움직이지 않고 피안彼岸을 초월하고, 생사를 버리지 않고 열반을
증득한다."[61]라고 하였다. 신회 이후에 선종의 후학들은 대다수가 혜능

60 『禪宗永嘉集』, 『대정장』 48, 394쪽. "夫欲采妙探玄, 實非容易 …… 其或心徑未通,
矚物成壅, 而欲避喧求靜者, 盡世未有其方. 況乎郁郁長林, 峨峨聳峭, 鳥獸鳴咽,
松竹森梢, 水石崢嶸, 風枝蕭索 …… 豈非喧雜耶. 故知見惑尙紆, 觸途成滯耳.
是以先須識道, 後乃居山. 尙未識道而先居山, 但見其山, 必忘其道 …… 忘道則山
行眩目. 是以見道忘山者, 人間亦寂也; 見山忘道者, 山中乃喧也. 必能了陰無我,
無我誰在人間."

이 개척한 인간불교의 노선을 따라 걸었다. 혜해慧海도 해탈은 세간을
떠나지 않는다고 재삼 강조하면서 "세간을 떠나지 않고서 해탈을 구한
다."[62]라고 거듭 강조하였다. 희운도 또한 세간과 출세간, 중생과 부처
가 "원래 한 본체(元同一體)"임을 지적하면서, 한 걸음 더 나아가 세간과
출세간을 하나로 융합시켰다.

후기 선종에 이르러 불교의 세속화, 사회화는 진일보하여 불성의
물질화, 일반화로 발전하였다. 이른바 일화일엽一花一葉 어느 하나도
불성에서 자연스럽게 흘러나오지 않는 것이 없으며, 일색일향一色一香
이 모두 심요心要를 나타내고 선기禪機은 오묘한 깨달음이라는 것이다.
이 시기의 선종은 세간과 출세간의 경계를 희미하게 만들었을 뿐만
아니라, 유정물과 무정물 사이의 차이를 혼동시키고, 세간을 떠나서
고행하는 것을 주장하지 않았을 뿐만 아니라, 법마다 마음이고 티끌마
다 도道이며, 직지直指하면 옳고, 생각을 움직이면 곧 어긋난다는 것을
적극적으로 선양하였다. 이른바 "무명의 참 성품이 곧 불성이요, 허깨비
같은 빈 몸이 법신이다. 법신을 깨달으면 한 물건도 없으니 근원의
자성이 천진한 부처이다."[63] 그리고 "얼굴엔 흙이 머리엔 재가 묻었지만
티끌에 물들지 않았고, 홍등가의 즐거움도 천진함 그대로이다. 닭이
새벽에 우니 아름다운 꿈이고, 나무에 꽃이 피니 긴 봄이 왔도다."[64]라는

61 『南陽和尙問答雜徵義』石井本, 『神會禪師禪話錄』, 中華書局, 1996, 88쪽. "若在世
間卽有佛, 若無世間卽無佛", "不動意念而超彼岸, 不捨生死而證泥洹."

62 『景德傳燈錄』. 『대정장』 51, 433쪽. 『大珠禪師語錄』"非離世間而求解脫."

63 『永嘉證道歌』. 『대정장』 48, 395쪽. "無明實性卽佛性, 幻化空身卽法身, 法身覺了
無一物, 本源自性天眞佛."

것들은 모두 이 시기의 선종이 세간 속에서 출세간을 구할 것을 제창했을 뿐만 아니라, 재주를 감추고 서로 논쟁을 하지 않으며, 본원자성천진불本源自性天眞佛을 지향할 것을 주장하고, 부처가 진흙 속에서 나오면서도 물들지 않았으므로 삼악도三惡道 속의 해탈인이 될 것을 선양했음을 설명한다.

반드시 인지해야 할 것은, 법마다 마음이고 티끌마다 도이며, 무명의 참 성품이 곧 불성이라는 사상은 비록 선종에서 적극 제창하고 널리 발전시킨 것이지만, 이러한 사상은 선종만의 독창적인 창조가 아니라는 점이다.

인도 불교경론이든, 선종 이전의 중국 승려들의 불성학설이든, 그들 중에 이러한 사상이 전혀 존재하지 않은 것은 아니었다. 예를 들면 『유마힐경』에서 말하는 '입불이법문入不二法門'이 바로 세간과 출세간을 연결시키는 이론이며, 『대반열반경』에서 말하는 "음녀의 집에 들어갔으나 음탐의 생각이 없어, 청정하여 물들지 않음이 연꽃과 같고", "술집에 들어가고 도박하는 곳에 있어도 실제로 이와 같은 악업을 짓지 않는다."[65] 등은 이미 탐욕의 성품이 곧 부처의 법성이고, 삼독三毒과 십악十惡이 여래의 종자임을 주장하고 있다.

또한 중국에서는 진송 무렵의 축도생이 일찍이 열반은 생사를 떠나서 따로 구하지 말아야 하며, 대성인은 "사事를 촉함이 모두 이 법의

---

64 (宋)法應集 (元)普會續集,『禪宗頌古聯珠通集』.『대정장』65, 493쪽. "土面灰頭不染塵, 華街柳巷樂天眞. 金雞唱曉瓊樓夢, 一樹華開浩劫春."

65 『大般涅槃經』,『대정장』12, 389쪽. "入淫女舍然無貪淫之想, 清淨不汚, 猶如蓮花", "入諸酒會·博弈之處 …… 而實無如是惡業."

양약良藥"[66]이라고 명확하게 제시하였다. 그리고 그 후의 일승一乘도 역시 번뇌가 곧 보리이고 생사가 곧 열반임을 주장하였다. 이로부터 무명의 참 성품이 곧 불성이라는 사상은 결코 선종만의 독창獨唱이 아님을 엿볼 수 있다.

그러나 마땅히 짚어야 할 것은, 인도 불교경론 및 선종 이전의 각 불교종파들도 세간에서 출세간을 구하는 그들의 전반적인 사상이 불성 사상체계의 구조 가운데서 차지하는 그 위치가 선종처럼 한 종파의 강골綱骨로 되기에는 많이 부족했다는 점이다.

특히 후기 선종에서는 부처든 조사든, 또는 삼장 십이부경이든 일체 조작造作과 수행修行이든 간에 모두가 성불을 장애하는 것으로 되었다. 불성도 완연히 천연스러운 본성과 평상시의 일용日用에 귀결되어 불국 과 세간의 경계가 이미 완전히 사라지게 되었다. 이리하여 중국불교의 인간화는 이때에 이르러 최상점에 이르게 되었다.

선종이 세간과 출세간의 경계를 버리고 세간에서 해탈을 구할 것을 강조한 것과는 달리, 정토교의 불성사상의 특징 중의 하나는 세간과 출세간, 피안과 차안을 엄밀히 구분 짓고, 해탈방식에서 왕생을 제창한 것이다. 즉 아미타불의 원력에 힘입어 먼저 정토에 왕생한 후에, 극락세 계의 월등한 조건에 의지하여 왕생할 때의 품급品級의 다름에 따라서 점차적으로 성불한다는 것이다.

왕생의 품급에 관해서는 정토삼경淨土三經 중『관무량수불경觀無量 壽佛經』의 설명이 가장 상세하다. 이 경전에서는 왕생의 품급을 삼품구

---

66 『注維摩詰經』,『대정장』38, 404쪽. "觸事皆是法之良藥."

급으로 나누었다. 삼품은 상품上品, 중품中品, 하품下品으로 나누어지며 각 마다 또 상·중·하 삼급이 있어 구급이 된다. 삼품구급은 제각기서로 다른 조건에 의해 정해진다. 『관무량수불경』의 기록에 의하면 각 품의 조건은 대체로 다음과 같다.

상품상생上品上生에는 크게 두 가지 부류가 있다. 첫째, 세 가지 마음을 낸 중생이 상품상생을 얻게 된다. 이 세 가지 마음이란 지성심至誠心, 심심深心, 회향발원심廻向發願心을 가리킨다.[67] 둘째, 세 종류의 중생이 상품상생할 수 있다. "첫째는 사랑하는 마음으로 살생하지 않고 모든 계를 지키는 것이고, 둘째는 대승방등경전大乘方等經典을 독송하는 것이며, 셋째는 육념六念을 수행하여 이것을 회향발원하는 것"[68]이다. 이 공덕을 갖추면 칠일 안에 곧 왕생하게 된다. 상품상생하는 자는 그곳에 태어난 뒤에 교법을 듣고 곧 무생법인無生法忍을 깨달으며, 잠깐 사이에 "모든 부처님께 공양하고", "모든 부처님 앞에서 차례로 수기를 받아서"[69] 성불하게 된다.

상품중생上品中生과 상품하생上品下生은 모두 인과의 도리를 깊이 믿고, 대승교를 비방하지 않는 것을 중요한 조건으로 삼는다. 상품중생은 "1소겁小劫을 지나서 무생인無生忍을 깨닫고, 부처님을 뵙고 수기를 받으며"[70], 상품하생은 "3소겁을 지나서 백법명문百法明門을 얻고 환희

---

67 (劉宋)畺良耶舍 譯, 『佛說觀無量壽佛經』, 『대정장』 12, 344쪽. "一者至誠心, 二者深心, 三者廻向發願心."

68 앞의 책, 344쪽. "一者慈心不殺, 具諸戒行: 二者讀誦大方等經典: 三者修行六念, 廻向發願."

69 앞의 책, 345. "歷事諸佛", "於諸佛前次第受記."

지歡喜地에 이르게 된다."[71]라고 한다.

중품 삼급의 조건은 주로 계율을 지키고 선善을 수행하며 온갖 악을 저지르지 않는 것이다. 그 중 중품상생中品上生자는 아라한을 얻으며, 중품중생中品中生자는 먼저 수다원과須陀洹果를 얻고 반겁半劫을 지나 아라한이 되며, 중품하생中品下生자는 먼저 수다원과 須陀洹果를 얻고 1소겁을 지나 아라한이 된다.

하품의 삼급에 왕생하는 자는 대다수가 살아 있을 때 온갖 나쁜 짓을 했지만, 목숨이 마치려 할 때 아미타불의 명호를 부르고, 부처님의 원력에 힘입어 정토에 왕생하는 자이다. 이 하품상생자는 정토에 난 후 교법을 듣고 발심하여 10소겁을 지나서 초지보살의 지위를 얻는다. 하품중생자는 연꽃 안에서 6겁이 지난 후에 부처님의 교법을 듣고 무상도심을 발하며, 하품하생자는 연꽃 안에서 12대겁을 지내다가 관음·대세지의 교법을 듣고 죄를 제거한 후에 비로소 보리심을 발한다.

이 삼품구급의 설은 독실한 불교신자에게 의심할 나위 없이 지극히 중요한 것이다. 왜냐하면 그들이 애써 부지런히 추구하는 것은 단지 하나의 좋은 돌아갈 곳을 얻고자 하는 것일 뿐이기 때문이다. 따라서 만약 상품을 얻을 수 있다면 그것은 자연히 더없이 좋은 것이다.

그러나 불학 연구자의 입장에서 본다면 이 삼품구급의 의미는 우리들로 하여금 극락세계의 등급의 삼엄森嚴함과 대우의 현격함이 결코 현실세계에 뒤지지 않음을 볼 수 있다. 불국천당의 극락이 여전히 속세 고난의 거꾸로 된 그림자와 같다면, 서방정토의 이러한 품급과

---

70 앞의 책, 345. "經一小劫得無生忍, 現前受記."

71 앞의 책, 345. "經三小劫得百法明門, 住歡喜地."

분명한 등급성은 오히려 현실세계의 등급 제도를 그대로 반영한 것이라 할 수 있다.

원래는 전통불교가 기타 종교와 구별되는 점은, 겉으로는 피안의 세계가 하나 존재한다는 것을 부인한 사실이다. 정토왕생을 선양하는 것을 특징으로 한다는 이 모순점에 대하여 정토교는 진속眞俗, 체용體用의 상호관계로서 설명한 외에 또한 왕생이 곧 무생無生이라는 이론을 주장함으로써 스스로의 학설을 원만하게 해석하였다.

『왕생론주往生論註』에 보면 어떤 사람이 담란曇鸞에게 "대승경론 가운데 곳곳에서 중생은 필경 무생으로 허공과 같다고 말했는데, 어찌 하여 천친天親보살은 원생願生이라고 하였는가?"[72]라고 묻자, 담란은 다음과 같이 답하고 있다.

중생이 무생함은 허공과 같은데, 여기에는 두 종류가 있다. 첫째는 마치 범부가 말하는 실제의 중생으로서, 마치 범부가 실제로 생사를 보는 것과 같다. 이러한 보이는 현상(事)은 필경 실재하지 않는 것이, 마치 거북의 털과 같고 허공과 같다. 둘째는 제법은 인연으로 생하기 때문에 곧 무생이고 무소유한 것이어서 허공과 같다. 천친의 원생이라는 것은 인연의 뜻이 있는 까닭에 가명假名으로 생이라 한 것이다.[73]

---

72 (北魏)曇鸞, 『無量壽經優婆提舍願生偈』, 『대정장』 40, 827쪽. "大乘經論中, 處處 說衆生畢竟無生如虛空, 云何天親菩薩言願生耶?"

73 앞의 책, 827쪽. "說衆生無生如虛空有二種, 一者如凡夫所謂實衆生, 如凡夫所見實 生死. 此所見事畢竟無實有, 如龜毛·如虛空. 二者諸法因緣生故, 卽是無生, 無所 有如虛空, 天親所願生者, 是因緣義, 故假名生."

이 왕생의 생은 범부속자凡夫俗子가 보고 말하는 실유實有의 생사가 아니라, 인연생이므로 왕생이란 곧 불생不生, 무생無生이라는 것을 가리킨다.

도작道綽도 인연생으로써 왕생을 해석하면서, 왕생이 곧 무생임을 지적하였다. 그는 다음과 같이 말하고 있다.

지금 말하는 생은 인연생이다. 인연생이기 때문에 가명의 생이고, 가명의 생은 무생이기에 도리에 위배되지 않으며, 범부가 말하는 실제의 중생이나 실제의 생사가 있다는 것이 아니다.[74]

어떤 사람이 이렇게 물었다. "대저 생生은 있음(有)의 근본이며 여러 속박의 근원이다. 만약 이러한 허물을 안다면 생을 버리고 무생을 구하는 것이 해탈을 기약할 수 있는 것이다. 지금 이미 정토에 왕생함을 권하는 것은 즉 생(현세의 생)을 버리고 생(정토왕생)을 구하는 것이니 어찌 생을 다할 수 있을 것인가?"[75] 이에 도작은 다음과 같이 답하였다.

그러나 저 정토는 바로 아미타여래의 청정한 본원으로서 무생의 생이어서, 삼유중생三有衆生의 오염된 허망한 집착으로서의 생이 아니다. 무슨 까닭인가? 대개 법성의 청정은 필경 무생이며, 생을

---

74 (唐)道綽, 『安樂集』, 『대정장』 47, 11쪽. "今言生者是因緣生, 因緣生故是假名生, 假名生卽是無生, 不違大道理也, 非如凡夫謂有實衆生·實生死也."

75 앞의 책, 11쪽. "夫生爲有本, 乃是衆累之元, 若知此過, 舍生求無生者可有脫期, 今旣勸生淨土, 卽是棄生求生, 生何可盡?"

얻는다고 말하는 것은 생하는 자의 정情일 뿐이다.[76]

이 설은 위에서 설한 사상과 동일한 것으로, 단지 서술방식에 약간 차이가 있을 따름이다. 위에서 설한 설은 인연생으로써 왕생을 해석하였다. 인연성공因緣性空한 까닭으로 생이 곧 무생이라는 것이며, 이 설은 법성청정으로써 왕생을 해석하였다. 법성청정이 곧 일무체애(一無滯碍: 하나도 막히거나 걸림이 없음)이고 불생불멸이기 때문에 정토에 태어나는 것이 곧 무생이라는 것이다. 정토교는 바로 이러한 진眞과 속俗을 동시에 병행하고 체용상즉體用相卽의 방법으로써 왕생과 무생, 서방정토와 유심정토 사이의 모순을 조화시켰다.

정토교가 왕생을 선양한 것에는 현실적 수요와 서로 모순되는 문제가 또 하나 있다. 즉 불국천당의 극락은 현실의 갖가지 고난을 겪고 있는 중생에게 있어서는 물론 큰 매력을 가지고 있으나, 수당 이후부터 사람들은 사후의 불국천당이라는 위안에 만족하지 않고, 현세에서 바로 해탈하기를 간절하게 희망하였다. 이에 부응하여 불교도 점차 인간화의 방향으로 발전하게 되었다. 그러나 정토교는 왕생을 선양하고 모든 위안과 쾌락을 모두 내세에 귀결시켜 '전적으로 죽음을 기다리는 종교'로 되어버렸다. 이는 의심할 나위 없이 현실의 수요에 적응하지 못함으로 인하여 스스로의 발전을 장애하게 된 것이다. 이 점을 감안하여 그 후의 정토교 사람들은 현세와 내세, 차안과 피안, 세간법과 출세간법의 단절과 모순을 조화시키는 데에 진력을 다하였다. 즉 정토왕생은

---

76 앞의 책, 11쪽. "然彼淨土乃是阿彌陀如來淸淨本願無生之生, 非如三有衆生受染 虛妄執著生也. 何以故? 夫法性淸淨, 畢竟無生, 而言生者, 得生者之情耳."

세간법을 떠나서는 안 되는 것으로, 세간법을 알맞게 정리하여 아무런 부족함이 없게 함으로써 출세간의 기본으로 삼아야 성공할 희망이 있다고 적극 선양했기 때문이다. 먼저 열 가지 선행을 두루 닦는 것을 기본으로 삼는데, 여기에는 부모에게 효도하고, 스승과 윗사람을 받들고, 자애로움으로 살생하지 않는 등으로 출세간出世間의 자량資糧을 삼을 것을 강조하였다. 또 한편으로는 "예토穢土의 삼천세계에 서방정토의 구품연화를 다 심을 것"[77]을 적극적으로 선양하면서, 타방의 정토에 나는 것은 마땅히 인간정토를 건립하는 것에서부터 시작해야 한다고 강조하였다. 이러한 노력은 비록 일정한 효과가 있었으나, 이론의 측면에서 보면 여전히 인간과 정토를 두 가지로 나누었다. 따라서 양자의 진정한 통일은 선禪·정淨 두 종파가 나날이 합류하여 서방정토와 유심정토가 통일된 이후에야 비로소 가능한 것이라고 할 수 있을 것이다.

3. 수선修禪과 염불念佛

선정禪淨 양종의 불성사상의 차이는 또한 양자의 수행방법의 차이에서도 나타난다. 다시 말하자면 전자는 수선을 중시하고, 후자는 염불을 강조한다. 수선과 염불은 본래는 그 어떤 불교종파만의 전유물이 아니고, 가장 통용되는 두 가지 수행방법으로 거의 모든 불교종파가 양자를 겸하여 갖추고 있었다. 어느 종파나 특별히 강조한 자신의 수행방법이

77 (宋)宗曉, 『樂邦文類』, 『대정장』 47, 230쪽. "要將穢土三千界, 盡種西天九品蓮."

있듯이, 수선과 염불은 각각 선종과 정토종에 의해 특별히 제창되었다.

선종은 본래 선나禪那를 종지로 함으로 인해 얻은 이름이다.〔'선나'의 의미는 '고요히 생각함(靜慮)' 또는 '생각으로 닦음(思惟修)'이다.〕 전혀 의심할 바 없이 수선은 선종의 가장 기본적인 수행방법 중 하나이다. 그러나 이러한 견해는 한정된 의미만 가지고 있을 뿐이다. 선종 발전의 흐름을 고찰해보면, 혜능이 '즉심즉불'을 제창한 이후부터 선종이 선을 종지로 삼았다고 하기보다는 차라리 '마음'을 종지로 삼았다고 함이 분명하다는 것을 발견할 수 있다. 순임자연純任自然을 제창하고 모든 수행과 조작造作함을 반대한 후기 선종에 이르러서는 독경이든 수선이든 모두 그들과 인연이 없는 것이었다. 그러므로 선종이 수선을 강조하였다고 하는 것은 일정한 의미에서 말하자면 혜능 이전의 선종을 가리키는 것이다.

선종의 조사들이 수선을 중히 여긴 것은 의심할 바 없는 사실이다. 그리고 초조인 보리달마는 선의 역사에서 '벽관壁觀'으로 유명하다. 이른바 '벽관'이란 마음을 한 곳으로 모아 정定에 든다는 뜻으로, 통속적으로 말하자면 바로 선정禪定이다. 달마 이후에 좌선의 수행방법은 줄곧 역대의 조사들이 "만약 어떤 한 사람도 좌선을 하지 않고 성불하였다는 것은 옳지 않다."[78]라고 제창한 것은 혜능 이전의 여러 조사들의 거의 공통적인 견해였다. 이로부터 선종은 처음부터 수선修禪을 매우 중시하였을 뿐만 아니라, 그 이후의 발전과정에서도 성불하려면 모름지기 수행을 해야 한다고 주장한 이들은 모두 수선을 기본적인 수행방법

---

78 (唐)淨覺, 『楞伽師資記』권1, 『대정장』 85, 1285쪽. "若有一人, 不因坐禪而成佛者, 無有是處."

으로 보았음을 알 수 있다.

선종이 수선을 중시한 것과는 달리, 정토신앙은 중국에 출현한 날부터 염불을 제창하였고, 염불을 일종의 기본적인 수행방법으로 보았다. 혜원慧遠은 일찍이 동진東晉 무렵에 사社를 만들어 염불하면서 "전부 서방 왕생을 원하였다."[79] 엄밀하게 말한다면, 혜원의 사상은 완전히 정토교에 속하는 것이 아니라 선정禪淨을 병행하는 것이었다. 염불은 이미 서방정토에 왕생하는 하나의 중요한 수행방법이 되기 시작하였다. 정토신앙의 유포에 커다란 역할을 했던 남북조 시기의 승려 담란曇鸞도 "부처님 명호를 염하여 곧 왕생을 얻는다."[80]라고 명확히 주장했던 것이다. 정토종의 실제 창시인인 도작道綽, 선도善導는 염불법문을 더욱 적극적으로 제창하였다.

염불이란 보통 지명염불持名念佛을 가리킨다. 그러나 염불법문은 단지 지명염불 한 가지만 있는 것이 아니라, 또 관상염불觀想念佛, 실상염불實相念佛 등이 있다. 지명염불은 곧 '입으로 부처님 명호를 부르는 것'이다. 관상염불은 『관무량수경』에서 말한 바와 같이, 극락세계의 각종 장엄을 관하는 것이다. 실상염불은 제불의 법신실상을 관하는 것이다. 엄밀하게 말하자면 앞의 두 가지 염불은 정토법문에 속하고 뒤의 염불, 즉 실상염불은 그것이 염하는 법신실상이 사실은 중생의 마음속이 본원자성천진불本源自性天眞佛이기 때문에 정토법문에서는 보통 제창하지 않고, 오히려 선문禪門에 귀속시켜야 한다. 만약 이것도 정토법문이라 한다면, 마땅히 서방정토가 아닌 유심정토에 속하는

---

79 (梁)慧皎, 『高僧傳』, 『대정장』 50, 358쪽. "共期西方."
80 『無量壽經優婆提舍願生偈』, 『대정장』 40, 833쪽. "持名念佛, 卽得往生."

것이다. 앞의 두 가지 염불방법은 정토종에서도 항시 병행한 것은 아니었다. 중국정토신앙 발전의 역사에 의하면, 도작 이전에 정토를 닦은 이들은 대다수가 관상염불에 치중되었고, 도작 이후에는 지명염 불이 가장 기본적인 수행방법으로 되었다.

도작은 『안락집安樂集』 가운데 『대집월장경大集月藏經』에서 말하는 "네 가지 법으로 중생을 제도한다."[81]라는 것을 인용한 뒤에 다음과 같이 지적하였다. "지금은 부처님 가신 지 제4 오백년이니, 바로 참회하 고 복을 닦는 시기로 중생은 마땅히 부처님 명호를 불러야 할 때이다. 만약 일념으로 아미타불을 부르면 능히 팔십억겁의 생사 죄를 제거할 수 있다."[82] 다시 말해 중생이 해탈을 구하는 길이 비록 여러 갈래가 있고 방법도 여러 가지 있으나, 도작이 살았던 당시에는 부처님 명호를 부르는 것을 최상으로 삼았다. 도작은 이렇게 제창하였을 뿐만 아니라 몸소 체험하고 실천하였다. 『고승전』의 기록에 의하면 다음과 같다.

도작은 정토를 닦으면서부터 항상 서쪽을 보고 앉아 새벽부터 밤까 지 한 끼만 먹으니 (그 모습이) 맑고 수려하였다. …… 부처님 명호를 송하기를 하루에 칠만 독을 하니 소리마다 서로 이어져 정토를 크게 선양하였다.[83]

---

81 『安樂集』, 『대정장』 47, 4쪽. "四種法度衆生", 또한 바로 법시도法施度, 신업도身業 度, 신통력도神通力度, 명호도名號度이다.

82 앞의 책, 4쪽. "計今時衆生, 卽當佛去世後第四五百年, 正是懺悔修福, 應稱佛名 時者. 若一念稱阿彌陀佛, 卽能除卻八十億劫生死之罪."

83 (唐)道宣, 『續高僧傳』, 『대정장』 50, 594쪽. "自道綽宗淨業, 坐常面西, 晨宵一服, 鮮潔爲體 …… 口誦佛名, 日以七萬爲限, 聲聲相注, 宏於淨業."

도작 당시의 염불방법은 입으로 불호佛號를 염하거나 염주로 헤아리
는 것이었다. 염주가 없으면 콩으로 대체하여 염불 한 번 하고 콩
한 알을 놓았다. 기록에 따르면 도작 본인이 헤아린 염주 수는 "마치
칠보대산과 같았다."고 하고, 그가 있는 곳마다 "사람마다 염주를 세며
같은 명호를 염송했는데, 자리를 떠날 때는 염불 소리가 산속에 가득하
였다."[84]라고 한다. 이로부터 도작의 영향으로 당시에 염불수행이 매우
성행했음을 알 수 있다.

도작 이후에 적극적으로 지명염불을 선양한 이는 선도善導이다.
어떤 사람이 그에게 "관상염불을 하지 않고 오로지 지명염불만 하는데,
어떤 뜻이 있습니까?"[85]라고 묻자, 그는 다음과 같이 답하였다.

중생의 장애가 무거운데 경계는 섬세하고 마음은 거치니, 식심識心
이 이리저리 날아다녀 관상염불을 성취하기가 어렵다. 이른바 대성
大聖께서 불쌍히 여겨 바로 오로지 명호 부르기를 권하시니, 바로
명호를 부르는 것이 간편하기 때문이다.[86]

이는 관상염불은 매우 성공하기 어렵기 때문에, 부처님이 사람들에
게 비교적 간편한 지명염불을 선택할 것을 권유한다는 것이다. 지명염
불은 비록 간편하면서 그 효과는 매우 크기 때문이다. 선도는 다음과

84 앞의 책, 594쪽. "量如七寶大山", "人各招珠, 口同佛號, 每時散席, 響彌林穀."
85 『樂邦文類』, 『대정장』 47, 209쪽. "何故不令作觀, 直譴專稱名號者, 有何意耶?"
86 앞의 책, 209쪽. "衆生障重, 境細心粗, 識颺神飛, 觀難成就, 是以大聖悲憐, 直勸專
稱名字, 正由稱名易故."

같이 말하고 있다.

> 오직 염불하기를 1일에서 7일간 전념한다면 바로 정토에 태어나며,
> 불퇴전지에 머물러 속히 무상보리를 이룬다. 속히 무상보리를 이룬
> 다는 것은 아미타불의 본원력을 입었기 때문이다.[87]

여기에서 말하는 "하루에서 7일간"의 염불은 여전히 상품상생의
염불법에 속한다. 이 외에 또 일념십념一念十念의 하품하생법이 있다.
요컨대 한 생 또는 백겁 천 생에 업을 지었거나 혹은 죄업이 아무리
무겁더라도, 아미타불을 믿고 귀의하여 한 번만 그 명호를 불러도
모든 죄가 소멸되고 정토에 왕생하게 된다. 그야말로 "백억겁 동안에
생긴 죽을죄라도 다만 명호만 부르면 소멸한다."[88]라는 것이다. 힘도
들지 않고 효과 또한 이렇듯 현저하며, 불국의 대문이 활짝 열려져
있고, 문에 들어선 후에는 향락이 끝이 없다. 정토교는 바로 이 점으로
수많은 신도들을 얻게 되었고 신속한 발전을 이루게 되었던 것이다.
당연히 염불이 정토종의 가장 기본적인 수행방법이라고는 하지만,
그들은 염불을 제창하는 이외에 경론과 교리도 겸하여 배울 것을 배제하
지는 않는다. 정토종에서는 상근기인 사람은 대승경론과 불교의 의리義
理를 겸하여 배워도 된다고 보았다. 『관무량수불경』에서 '대승경전을
독송'하는 것을 정토왕생하는 하나의 조건으로 삼았기 때문이다. 하근

---

87 (唐)道鏡・善導, 『念佛鏡』, 『대정장』 47, 121쪽. "惟專念佛, 一日七日, 卽生淨土.
　 位居不退, 速成無上菩提. 速成無上菩提, 乘阿彌陀本願力故."
88 (明)成時, 『淨土十要』, 『속장경』 61, 729쪽. "百億劫中生死罪, 才稱名號盡消除."

기의 범부라 할지라도 힘이 미칠 수 있는 조건하에 역시 겸학兼學해도 무방하다. 그들에게 교리 연구와 지명염불의 양자는 결코 모순되지 않으며, 상부상조하고 각각의 장점을 더욱 잘 나타낼 수 있다. 다만 하근기는 근기가 암둔하여 경론의 의리義理를 믿고 받아들이기 어려운 까닭에 불보살들이 길을 따로 열어 지명염불이라는 간편하고 실천하기 쉬운 방법을 창립함으로써 중생을 널리 제도하는 목적에 도달하고자 하였다.

마찬가지로 염불과 수선은 불교의 두 가지 수행방법으로서 역시 절대적으로 대립되는 것이 아니며 항상 상통하고 서로 융합하는 것이다. 예를 들면 선종은 비록 수선을 중시하지만 염불을 완전히 배척하는 것도 아니었으며, 정토종의 실상염불 자체는 선종의 무념으로 종지를 삼는 것과 구별이 없다. 비록 당대唐代에 도작, 선도가 "선관禪觀하지 않아도 곧 왕생할 수 있다."라고 제창한 이후 한때 선을 정토교 밖으로 배제하였으나, 송대宋代부터는 선과 정토는 날이 갈수록 합류의 길로 들어섰으며, 수선과 염불의 두 가지 수행방법은 또 다시 점차 하나로 융합되어갔다.

송나라의 영명사永明寺 연수延壽 선사의 "참선과 염불을 함께 닦으면 마치 뿔 달린 호랑이와 같다."[89]라는 사구게四句偈가 바로 당시의 명승들 대다수가 선정겸수禪淨兼修를 주장했음을 집약적으로 표현하고 있다. 당시의 불교는 『정토시淨土詩』에서 말한 바와 같이 "만약 염불이 아니면 참선이다."[90], "염불과 참선을 차이를 두지 않고 청황적백靑黃赤

---

89 앞의 책, 700쪽. "有禪有淨土, 猶如戴角虎."

90 (明)廣貴, 『蓮邦詩選』. 『속장경』 62, 811쪽. "若非念佛便參禪."

588

白이 다 연화로다."[91]라는 내용이 많았으며, 염불과 참선은 이미 교묘하게 하나로 융합되었다.

수선과 염불이 중국불교의 흐름에서 융합−분리−융합의 발전과정을 거치게 되는 것은 이 두 가지 수행방법 자체의 특성과 밀접한 관계가 있다. 우선 염불과 수선은 서로 다른 점이 있다. 첫째, 염불은 그 뜻이 극락을 지향하여 예토를 싫어하고 버리는 것에 있지만, 선은 좋아함과 싫어함의 취사取捨를 반대한다. 둘째, 염불은 심경心境으로 대하여 능소能所가 완연宛然하지만, 선은 마음으로 외경에 집착하지 않는 것으로, 집착하면 본래면목을 잃어버리게 된다. 셋째, 염불은 모두 여기서 죽으면 저곳에서 태어난다는 생각을 하지만, 선의 마음은 생사를 취하지 않는다. 이와 같은 점들은 모두 선禪·정淨 양자의 서로 다른 점들이다.

그러나 선·정은 또한 일정한 조건하에 상통할 수도 있다. 예를 들면 염불이 일정한 정도에 이르면 '입정入定'하게 된다. '입정'한 후에 얻는 염불삼매念佛三昧의 경계는 허공이 부서지고 대지가 가라앉으며, 목전의 일념심성一念心性이 시방제불의 법신과 하나로 융합된다. 이때에 모든 생사, 취사取捨, 분별집착을 떠나서 선문의 진여삼매眞如三昧와 무이무별無二無別하게 된다. 여기에서 선·정은 또한 서로 계합하는 곳이 있음을 알 수 있다. 바로 선·정 자체의 같으면서도 다르고 다르면서도 같으며, 같은 가운데 다른 것이 있고 다른 가운데 같은 것이 있는 이러한 특성으로 말미암아, 양자는 그 발전과정에서 융합−분리−융합

91 (淸)觀如,『蓮修必讀』.『속장경』 62, 846쪽. "敎口參禪兩不差, 靑黃赤白總蓮花."

이 가능하게 되었다.

제3절 난행도難行道와 이행도易行道

정토법문의 갖가지 특징을 한마디로 말한다면 간편하고 행하기 쉽다는 것이다. 이 점에 근거하여 정토종에서는 정토교를 이행도易行道라 하였고, 정토교 이외의 기타 법문을 난행도難行道라 하였다. 정토법문이 이행도로 된 것은 쉽게 실행할 수 있고, 왕생하기 쉬울 뿐만 아니라 성불하기 쉽다는 점에서 주로 나타난다. 다시 말하자면 늙어서 어려운 경전을 공부할 필요가 없이 단지 지명염불하기만 하면 되며, 숭고한 스승의 자질과 날카로운 근기도 필요 없이 단지 믿음을 일으켜 발원하면, 우둔함과 지혜로움을 막론하고 모두에게 다 통하는 것이었다. 또한 그것은 수많은 역겁歷劫의 고행과 누세累世의 공덕功德이 필요 없이, 단지 일심으로 서방정토를 향하여 부처님 명호를 부르는 것만으로 삼계를 홀연히 벗어나게 되는데, 상품은 당연히 속히 불과를 얻게 되고, 하품 역시 성류聖流에 들 수 있다. 정토법문이 이렇듯 간편하며, 또한 효과가 빠르고 공덕이 클 수 있는 근본원인은 정토교가 자력에 의지하는 것이 아니라, 완전히 불력에 의지하고 한량없는 부처님의 위신력에 의지하기 때문이다.

1. 자력유한自力有限과 불력무변佛力無邊

자력, 타력의 설과 난행, 이행의 구분은 용수龍樹의 『십주비바사론十住毘婆沙論』에서 비롯된다. 용수는 이 논서의 「이행품易行品」에서 불교의 모든 법문을 자력에 의지함과 타력에 의존하는 난행도와 이행도의 두 종류로 나누었다.

> 난행도는 …… 오직 자력으로 다른 도움이 없다. 마치 다리가 불편한 사람이 길을 행함에 하루에 불과 몇 리를 가지만 지극히 혹독한 괴로움을 받는 것과 같음이 자력이다. 이행도는 부처님의 말씀을 믿고 부처님의 삼매를 닦아 정토에 왕생을 원하여, 아미타불의 원력을 도움 받아 결정코 왕생하는 데 의심할 여지가 없다. 마치 사람이 물길을 가는데 배를 타고 건너는 것 같이 잠깐 사이에 천 리에 이를 수 있음이 타력이다.[92]

이는 무릇 경전의 교법에 따르고 자력에 의지하여 이 세계에서 미혹을 끊고 깨달음을 증득하며 인을 닦아 과를 얻는 자는 모두 난행도에 속하며, 무릇 염불법문에 의지해 부처의 원력에 힘입어 왕생정토하고 부처의 위신력에 의지하여 마침내 정각正覺을 이루는 자는 이행도에

---

92 (明)道衍, 『淨土簡要錄』, 『속장경』 61, 413쪽. "難行道者 …… 唯有自力, 無他力持, 譬如跛人步行, 一日不過數里, 極大辛苦, 謂自力也. 易行道者, 謂信佛語, 修佛三昧, 願生淨土, 乘阿彌陀佛願力攝持, 決定往生不疑也. 如人水路行, 借船力故, 須臾卽至千里, 謂他力也."

속한다는 것을 가리킨다.

도작은 『안락집』에서 용수의 이러한 사상을 논술하면서 한 걸음 더 나아가 다음과 같이 해석하였다.

용수보살이 이르기를, 아비발치(불퇴전)를 구하는 것에는 두 가지 도가 있다. 하나는 난행도요, 둘째는 이행도이다. 난행도란 오탁악세五濁惡世에 부처님이 계시지 않을 때 아비발치를 구하는 것이 어려운 것을 말한다. 이 어려움에는 여러 가지가 있는데 간략히 말하면 다섯 가지가 있다. …… 다섯째, 자력에만 의지하는 것으로, 다른 이의 힘을 빌리지 않는 것이다. 이와 같은 사항은 눈여겨 볼 것이 모두 이와 같다. 비유하면 육로를 걷는 것이 힘든 것과 같기 때문에 난행도라 한다. 단지 부처님을 믿는 인연의 힘으로 정토에 나길 원하는 것이니, 마음을 일으키고 덕을 세워 여러 행업行業을 닦고, 불타의 원력에 힘입어 문득 왕생하는 것이다. 불타의 힘이 계속 있는 한 곧 대승의 정정취正定聚에 들 것이니, …… 비유하면 수로에 배를 타면 편안함과 같은 것이다. 그러므로 이행도라 하는 것이다.[93]

---

93 『安樂集』, 『대정장』 47, 12쪽. "是故龍樹菩薩云: 求阿毗跋致, 有兩種道, 一者難行道, 二者易行道. 言難行道者, 謂在五濁之世, 於無佛時, 求阿毗跋致爲難. 此難乃有多途, 略述有五 …… 五者惟有自力, 無他力持. 如斯等事, 觸目皆是, 譬如陸路, 步行則苦, 故曰難行道. 謂以信佛因緣, 願生淨土, 起心立德, 修諸行業, 佛願力故, 卽便往生, 以佛力住持, 卽入大乘正定聚 …… 譬如水路, 乘船則可, 故號易行道也."

　도작은 다섯 가지 뜻으로 난행도의 어려움을 설하였다. 그 가운데 다섯 번째, 즉 자력에만 의지하고 타력을 빌리지 않으므로, 마치 육로를 걷는 것처럼 고될 뿐만 아니라 목적지에 도달하기 어렵다고 설한다. 한편 정토신앙이 행하기 쉬운 이유는 그것이 신원信願을 종지로 삼고, 불력에 힘입어 왕생할 수 있으므로, 마치 수로에 배의 힘을 빌려 편안하고 즐겁게, 그리고 신속히 목적지에 도달할 수 있는 것과 같다는 것이다.

　자력과 타력에 의하여 난행과 이행을 구분한다면 많은 불교종파 가운데 어떤 것들이 자력에 속하고 어떤 것들이 타력에 속하는 것인가? 도작과 선도는 이 문제에 대하여 다음과 같이 설하고 있다.

　여래께서 비록 팔만사천 법문을 설하셨지만, 오직 염불문만이 타력이고 나머지 수도문은 모두 자력이다.[94]

　다시 말하자면 모든 법문과 여러 종파 가운데서 오직 정토법문만이 타력에 의지하며 기타 법문이나 종파는 모두 자력에 속한다는 것이다.

　자력과 타력의 힘의 차이가 현격한 것에 대하여 도작과 선도는 여러 가지 비유를 들어 상세하게 논술하였다. 비유하건대 자력이란 마치 어린아이가 집이 서울에서 멀리 떨어져 있는데, 서울까지 스스로 걸어가서 관직을 얻고자 하는 것이 불가능한 것과 같다. 즉 "나머지 다른 수도의 문도 역시 이와 같다. …… 마치 어린아이가 스스로의 힘으로 서울까지 간다면 도달할 수 없는 것과 같은데, 이는 자력에 의한 것이기

---

94 『念佛鏡』, 『대정장』 47, 122쪽. "如來雖說八萬四千法門, 惟有念佛一門是他力, 餘門修道, 總爲自力."

때문이다."[95]라는 것이다. 반면에 만약 어린아이가 부모를 따라 수레나 배 등에 의지한다면 매우 쉽게 서울에 도착할 수 있는 것이다. "어째서인가? 타력에 의한 것이기 때문이다."[96], "염불 수행도 이와 같이 임종 시에 아미타불의 본원력을 입으면 일념 사이에 서방에 왕생하는 것"[97]이 마치 부모를 따라 수레와 배를 타고 서울에 도착하는 것과 같은 것이다.

도작과 선도는 또한 타력이란 마치 개미가 날개 달린 새를 의지하면 새의 날개를 타고 순식간에 수미산에 오르게 되나, 자력은 마치 개미가 스스로의 힘으로 수미산에 오르려고 하는 것과 같아서 도달할 수 없다고 비유하였다. 또 자력을 개구리에, 타력을 큰 용에 비유했으며, 자력을 다리가 불편한 범부로, 타력을 전륜성왕轉輪聖王이 허공으로 날아오르는 것 등으로 간주하였다. 아무튼 단지 자신의 힘만으로는 수행하여 성불하기 매우 어려운 것이므로, 오직 한량없는 부처님의 위신력에 의지해야만 힘을 적게 들이면서도 속히 보리를 증득하여 불과佛果를 얻을 수 있다는 것이다.

---

95 앞의 책, 122쪽. "餘門修道, 亦復如是 …… 猶如小兒自力向京, 不可得到, 由自力故."

96 앞의 책, 122쪽. "何以故? 由他力故."

97 앞의 책, 122쪽. "念佛修道, 亦復如是, 臨命終時, 乘阿彌陀佛願力於一念頃往西方."

2. 삼학난수三學難修와 불호이념佛號易念

불교의 삼학三學이 닦기 어렵다는 것은 원래 모두가 다 잘 아는 바이다. 정토종은 바로 이 점을 이용하여, 삼학이 닦기 어렵고 정토가 행하기 쉬움을 많이 강조함으로써 불교신자들을 더욱더 많이 정토법문에 귀의 시키고자 하였다.

정토종은 삼학의 닦기 어려움에는 주로 다음과 같은 몇 가지 점에서 나타난다고 보았다. 첫째로 교리를 들어 말하자면, 경전이 많고 의리義理가 깊고 미묘하다. 경전을 숙독하지 않으면 그 가운데의 의리義理를 이해하기 어렵다. 만약 경전을 독송하려고 한다면 일생의 정력을 다하 더라도 삼장 십이부경을 한번 대충 훑어볼 수 있다고도 할 수 없다. 요전要典을 골라 정수를 얻고자 한다면, 수십 년의 고된 노력이 없이는 안 되기 때문에 실로 경으로 들어가는 것은 쉽지 않은 일이다. 또한 율律을 예로 든다면 출가해야 가능한데다가, 불교 계율의 명상名相이 번잡하고, 계율규칙이 세밀하고 엄격하기에, 끈질긴 정신과 괴로움을 견뎌내는 굳센 의지가 없이는 마찬가지로 해낼 수 없다. 그리고 만약 선禪에서부터 들어간다면 견성見性이든, 지관止觀이든 반드시 상근기 가 아니면 불가능하고, 또한 왕왕 고명한 스승의 힘을 빌어야 비로소 성공의 가능성이 있는 것이다. 그렇지 않으면 잘못된 길로 들어서서 오히려 일생을 망치게 되고 만다. 그러므로 교리나 선禪, 계戒, 정定, 혜慧를 막론하고 어디서부터 들어가든 모두 쉬운 일이 아닌 것이다.

둘째로 정토교는 삼학의 닦기 어려움은 들어가기 어려움에서 나타날 뿐만 아니라, 수행의 어려움에서도 나타난다고 보았다. 그들은 『화엄』을 예로 들면서, 만약『화엄』의 교리를 의지해 닦는다면, 경전의 대본大本이 '13천 대천세계의 미진수와 같은 게송(十三千大千世界微塵數偈)'과 '14천하 미진수와 같은 품(一四天下微塵數品)'이 있다. 진晉, 당唐 두 시기에 번역된 약본略本을 말하더라도 3, 4만 게송이 있다. 그렇다면 어느 게송에 의지해 수행해야 할 것인가? 어떻게 수행해야 하는가? 어떻게 하면 성불하는가? 어떻게 하면 사사무애事事無礙의 경계에 들어가는가? 어떻게 비로자나불을 증득하는가? 이 모든 것들은 모두 말로는 할 수 있으나, 실천하기 어려우며 도달하기 어려운 것이다. 그리고 만약 유식을 배운다면, 유식 불성설의 요의要義가 전식성지轉識成智인데, 이를 어떻게 전환시킬 것인가? 어떻게 실천의 각도에서 체증體證할 것인가? 또 선종으로 말하자면, 선종은 깨달음을 중히 여기고 '견성성불'을 제창하고 있다. 돈오견성하려면 반드시 상근기가 되어야 함은 물론이고, 실천의 면에서 보더라도 어느 선사가 견성성불을 하였겠는가? 이로써 본다면 선종은 비록 견성할 수는 있으나, 실제로 아직 성불하지 못했음을 알 수 있다. 그러므로 여기에서 난행도는 들어가기 어려울 뿐만 아니라 실제 수행도 어렵다는 것을 알 수 있다는 것이다.

셋째로 단순히 자력에만 의지하여 삼학을 닦을 것을 제창한 난행도의 어려움은 성불하기 어렵다는 데서도 나타난다. 정토의 신자들은 불경에 의지할 경우, 자력에만 의지하는 난행도로서 초발심부터 초지初地에 이르기까지 1대大아승기겁을 거쳐야 한다고 보았다. 그리고 초지에서 다시 1대아승기겁을 거쳐야 비로소 팔지八地에 이르게 된다. 이토록 기나긴 세월은 해탈을 절실하게 구하는 고통 속의 중생들은 도달할 수 없는 것과 다름없다는 것이다. 이러한 여러 가지 이유로 말미암아 정토종은 난행도를 닦는 것은. 마치 급경풍急驚風 환자가 굼벵이 의사를 만난 것 같이, 중생의 눈앞에 실제로 도움이 안 되는 것이어서 힘만 많이 들고 효과가 적으며, 길고 고달픈 길이기 때문에 취해서는 안 된다고 보았다.

난행도와 반대로, 앞에서 말한 각종 폐단이 정토법문에서는 오히려 다른 각도의 우월성으로 나타나고 있다. 첫째, 정토법문은 지혜로움과 어리석음을 불문하고 근기를 따지지 않으며, 늙어서까지 열심히 경전을 공부하고 그 그윽한 의미를 파헤칠 필요가 없으며, 마음으로 아미타불을 믿고 입으로 명호를 부르면 정토문에 귀의했다고 볼 수 있다. 이를 가리켜 들어가기 쉽다고 한다. 둘째, 왕생하기 쉽다. 믿음으로부터 원願을 일으켜 사후에 서방 극락세계에 왕생할 것을 원하기만 하면, 임종 시에 아미타불이 와서 서방정토로 인도한다. 『관무량수경』에 의하면 하품하생인 자는 임종 시에 열 번만 불러도 곧 왕생을 얻으며, 『무량수경』의 제18원願에 이르기를 "시방중생이 십념만 명호를 칭송해도 곧 왕생을 얻을 수 있다."라고 하였다. 『아미타경』에서는 명호를 굳게 지니어 빠르면 1일, 느리면 7일이면 왕생하게 된다고 하였다. 셋째, 성불하기 쉽다. 이미 정토에 이른 후에는 환경의 영향과 불력의 감화로 말미암아 상품왕생한 자는 문득 불과를 성취하고, 하품왕생한 자도 역시 성류에 들 수 있다. 이러한 모든 것들은 모두 이행도의 쉬움인 것이다. 정토종의 신도들은 정토법문의 이러한 특징에 근거하여, 정토교를 '고통을 벗어나는 현묘한 문이며 부처가 되는 지름길이다.'라고 자부하였다. 명대明代의 승려 우익지욱(藕益智旭, 1599~1655)은 다음과 같이 말하고 있다. "부처님 명호를 집지하는 것은 간단하고 쉬우며 곧바른 첩경일 뿐더러 지극한 돈頓이요 지극한 원圓이다. 생각 생각이 곧 부처인 까닭이다. 힘들게 관상觀想을 할 필요가 없고 참구할 필요도 없으며, 목전이 원명하여 남음도 없고 모자람도 없다. 상상근기도 그 문턱을 넘을 수 없고, 하하근기도 역시 그 영역에 도달할 수 있다."[98]

상술한 바를 종합해보면, 정토법문은 확실히 간이簡易함으로 승부하였으나, 단순히 간이함만 내세우는 것에는 하나의 병폐가 있다. 바로 사람들로 하여금 정토교가 신앙만 강조하고, 아무런 의리義理도 없는 천박한 법문이라는 느낌을 가지게 하는 것이다. 정토종의 신도들은 정토교의 이 결함을 보완하기 위하여 다음과 같이 해석한다.

정토교가 의리義理를 말하지 않는 것은 의리가 너무 많기 때문이다. 어떻게 말하든 간에 유루가 많으므로 아예 말하지 않는다. 그들은 불교의 삼장 십이부경은 '나무아미타불' 여섯 글자 속에 다 들어 있다고 보았다. 무엇 때문인가? 교리의 취지는 신해信解를 일으키고, 행증行證을 시작하는 데 있다. 염불의 역할은 바로 망심妄心을 그치고 정념을 얻게 하는 것이므로, 실제로 이미 신해信解를 초월하여 직접 행증行證의 단계에 도달한 것이기 때문이다. 그러므로 배우는 자가 만약 염불할 수 있다면 교의敎義를 연구할 필요가 없으며, 모든 교의 또한 이미 스스로 (육자명호 안에) 구족되어 있다. 이러한 의미에서 말하면 정淨이 곧 교敎인 것이다. 계율에 관해서는 계율의 역할이 본래는 신·구·의

---

98 (明)智旭, 『阿彌陀經要解便蒙鈔』. 『속장경』 22, 868쪽. "執持名號, 旣簡易直捷, 仍至頓至圓, 以念念卽佛故. 不勞觀想, 不必參究, 當下圓明, 無餘無欠. 上上根不能逾其閫, 下下根亦能臻其域."

삼업三業을 막아 선을 일으키고 악을 버리게 하는 것이다. 정토법을 닦을 때 몸으로 예불하고 입으로 염불하며 마음으로 부처를 생각하면 삼업이 이미 집중되고 육근이 자연히 모두 깨끗해지니, 버릴 악이 어디 있고 일으킬 선이 어디 있겠는가? 그러므로 또한 정淨이 곧 율이라고도 말할 수 있다. 또한 선은 앞서 말했듯이 염불하여 '입정入定'한 후에는, 선문에서 진여삼매에 들었을 때와 아무런 구별도 없다. 그러므로 또 정淨이 곧 선이라고도 말할 수 있다. 다시 말하자면 정토법문은 간편하고 행하기 쉽지만 그 실질은 교, 율, 선을 포함하고 있으며, 심지어는 모든 불법을 포괄한다고 할 수 있다. 그러므로 정토법문이 아무런 의리義理도 없는 천박한 법문이라고 할 수 없는 것이다. 그들은 인도의 문수文殊, 보현普賢, 마명馬鳴, 용수龍樹 등 대보살들이 모두 염불하였고, 중국의 뇌차종雷次宗, 백거이白居易, 문언박文彦博 등도 모두 염불하였다는 것을 예로 들면서, 정토법문은 범부와 성인이 모두 닦을 수 있고, 어리석은 이와 지혜로운 이에게 모두 좋은 보문대법普門大法이라고 설명함으로써 신자들을 불러 모으고 정토종을 확장 발전시켰다.

3. 정토법문과 말법시대

정토종은 스스로의 발전을 위하여 다른 종파를 비하하였다. 중국불교의 각 종파들은 그 발전과정 가운데서 대다수가 이러한 방법을 사용한 적이 있었다. 대다수가 교판敎判의 형식을 통하여 다른 종파의 교의敎義는 방편설이라 비하하고, 자종의 이론을 구경의究竟義로 받듦으로써 자기 종파가 다른 종파보다 한층 더 우수함을 과시하였다. 정토종은 이 문제에 있어서 더욱 철저한 방법을 취하였다. 다른 불교종파들을 비하할 때에 그것들이 거의 실행 가능한 점이 없다고 하였고, 자기의 종파를 내세울 때는 이것이 유일하게 실행 가능한 법문이라고 하였다.

그들은 다음과 같은 견해를 대대적으로 선양하였다. 즉 석가모니불 입멸 후에 불교의 발전은 세 시대를 걸치게 되는데, 정법淨法·상법像法· 말법末法으로 흘러간다. 정법은 오백년 동안 머무르며, 이 시대에는 불법이 융성하며, 중생의 업장이 가볍고 복이 두터운 까닭에 어떤 법문을 닦아도 모두 성취할 수 있다. 상법은 일천년 동안이다. 이 시대에 는 부처님이 열반한 때로부터 점차 멀어지고, 인심이 차츰 각박해지며, 생각도 날로 복잡해진 까닭에 열 명이 수행해도 한 사람 득도하기도 어렵다고 한다. 말법이 되면 부처가 열반한 때로부터 더욱 멀어져 사회 상황이 날로 탁해지며, 중생들의 업장이 가득하여 수행하는 인연 은 적고 방해되는 인연이 많아, 자력에만 의지하여 난행도의 길을 걸으면 억억 사람이 수행을 하더라도 한 사람도 도를 얻기 어렵다.

말법시대에는 오직 불력에 의지하고, 자력으로 도와주어 이행도易行 道를 행해야 한다. 반면 선禪이든 교敎이든, 또는 율律이든 밀密이든 모두 시대에 적합하지 않아 도태되게 되며, 오직 염불왕생의 정토법문 만이 말법시대에서 독보적인 존재로 될 것이라는 것이다. 이러한 견해 에 대하여 정토종에서는 경전을 근거로 삼아 인용하였다. 도작은 『안락 집』 가운데 다음과 같이 『대집월장경大集月藏經』의 경문을 인용하였다.

불멸후 제1 오백년은 제자들이 견고한 혜慧를 닦을 수 있고, 제2

600

오백년은 견고한 정定을 닦을 수 있고, 제3 오백년은 견고한 법문을 듣고 독송할 수 있으며, 제4 오백년은 견고하게 탑과 절을 지을 수 있고 복을 닦고 참회할 수 있으며, 제5 오백년은 백법百法이 보이지 않고 논쟁만 많아 견고한 선법 얻는 것이 적다.[99]

이 경전에서는 또 다음과 같이 설하고 있다.

제불이 출세하여 네 가지 법으로써 중생을 제도하였다. 어떤 것이 넷인가? 첫째는 …… 법시法施로 중생을 제도하고, 둘째는 …… 신업身業으로 중생을 제도하고, 셋째는 …… 신통력神通力으로 중생을 제도하고, 넷째는 …… 명호名號로 중생을 제도한다.[100]

이상 몇 구절의 경문을 인용하고 나서 도작은 말하기를,

지금 중생은 부처님 가신 지 제4 오백년으로, 바로 참회하고 복을 닦으며 마땅히 부처님 명호를 칭송해야 할 때이다. 만약 일념으로 아미타불을 칭송하면 능히 팔십 억겁의 생사의 죄를 제거할 수

---

99 『安樂集』. 『대정장』 47, 4쪽. "佛滅度後第一五百年, 我諸弟子學慧得堅固: 第二五百年, 學定得堅固: 第三五百年, 學多聞讀誦得堅固: 第四五百年, 建立塔寺修福懺悔得堅固: 第五五百年, 百法隱滯, 多有諍訟, 微有善法得堅固."

100 앞의 책, 4쪽. "諸佛出世, 有四種法度衆生. 何等爲四? 一者 …… 法施度衆生: 二者 …… 身業度衆生: 三者 …… 神通度衆生: 四者 …… 名號度衆生." "我末法時中, 億億衆生起身修道, 未有一人得道者. 當今末法, 現是五濁惡世, 惟有淨土一門可通入路."

있다.[101]

라고 하였다. 이는 도작이 처한 시대가 바로 불이 입멸한 지 네 번째 오백년임을 가리킨다. 그 시대는 마침 불법의 말세시기여서 오직 지명 염불하는 정토종만이 중생들을 생사의 고해에서 벗어나도록 구제할 수 있으며, 기타 법문은 모두 소용이 없다는 것이다. 어째서일까? 도작은 한 걸음 더 나아가 다음과 같이 논증하였다. 대승불법은 난행과 이행에 의해 두 개의 문으로 나눌 수 있다. 첫째는 성도문聖道門이고, 둘째는 정토문이다. 성도의 문은 말법시대에는 "불이 열반한 때로부터 멀어져 있고", 게다가 "이치는 깊은데 앎은 적으며" 중생의 "근기로 앎이 경박하고 암둔하다." 그러므로 "이 시대에는 증득하기가 어렵다."[102] 그러나 이행도의 정토문은 일념으로 아미타불을 부르기만 하면 온갖 죄업이 사라지고 영원히 생사를 벗어난다. 그러므로 말법시대에 법운法運을 지탱해나갈 수 있는 것은 오직 간편하고 행하기 쉬우며 공덕이 크고 효과가 빠른 정토법문뿐이라고 한다.

불교의 전통적인 견해에 의하면 오직 미혹을 끊어야 비로소 진眞을 증득할 수 있다. 무명을 조금이라도 부셔버려야 그만큼의 법신을 증득할 수 있는 것이다. 그러나 정토법문에 근거하면 한번 염念하여 곧 백년의 업장과 생사의 죄를 제거할 수 있는데, 이는 정토법문이 기타 법문과 구별되는 하나의 큰 특징이다. 이 특징을 불교에서는 업을

---

101 앞의 책, 4쪽. "計今時衆生, 卽當佛去世後第四五百年, 正是懺悔修福, 應稱佛名時. 若一念稱阿彌陀佛, 能除卻八十億劫生死之罪."
102 앞의 책, 4~13쪽. "去大聖遙遠", "理深解微", "機解浮淺暗鈍", "今時難證."

가지고 왕생(帶業往生)한다고 한다. 즉 중생이 생전에 어떤 종류의 업을 지었든, 죄업이 얼마나 무겁든 간에 염불하기만 하면 곧 왕생할 수 있으며, 왕생하기만 하면 불퇴전지에 이르게 된다. 이것이 바로 혹업惑業을 단멸시키지 않고 미리 성류聖流에 들 수 있다는 정토법문의 큰 장점이며, 또한 왕생한 뒤에 극락세계, 즉 우월한 환경에 의지하여 온갖 업장이 자연히 사라지고 마침내 공덕이 원만하게 되는 것이다.

업을 가지고 왕생하는 이행도에 대하여 정토종에서는 또한 그것을 '횡출삼계법橫出三界法'이라 불렀다. 위승관(魏承貫. 魏源, 1794~1857)은 『무량수경』의 서문 및 『정토사경淨土四經』의 총서總敍에서 불교의 기타 법문을 '수출삼계법竪出三界法'이라 하고, 정토법문을 '횡출삼계법'이라 하면서, 불보살들이 '수출삼계'의 어려움을 알기 때문에 '횡출삼계'의 법을 창조하였고 했다. 또 "횡출삼계는 수출삼계에 비하면 그 난이難易와 원근遠近에 하늘과 땅의 차이가 있다."[103]라고 하였다. 근대의 인광 대사(印光大師, 1861~1940)도 다음과 같이 말하고 있다.

만약 세로로 벗어남(竪出)을 논하면 힘써 계정혜戒定慧를 닦아 번뇌와 미혹을 끊지 않으면 안 된다. 만약 번뇌와 미혹이 조금이라도 다하지 아니하면 삼계에서 여전히 벗어나지 못하리라. 하물며 말법 중생은 선근이 천박하고 수명이 짧아, 설령 수행자가 수억이 있다 할지라도 삼계를 벗어나는 자는 한두 명뿐이다. 왜냐하면 오직 자력에 의지하기 때문에 실제로 이익을 얻기 어려운 것이다.

---

103 『無量壽經會譯』. 『속장경』 1, 70쪽. "橫出三界, 較竪出三界, 其難易遠近, 有宵壤之分."

만약 가로로 벗어남(橫超)을 논하면 다만 정토법문에 의지하여 믿음(信)을 내고 발원(願)을 격발하며 부처님 명호를 염하여 서방에 나기를 구하는 것이다. 사람이 지켜야 할 도리를 돈독히 하고, 자기의 분수를 잘 지켜 모든 악을 짓지 않고, 뭇 선을 받들어 행하면 만에 하나도 누락됨이 없이 다 왕생을 얻는다. 이미 왕생하고 나면 생사를 벗어나 범부를 뛰어넘어 성인聖人에 들어가고, 영원히 고苦를 여의고 모든 낙樂을 받는다. 공부가 크게 성숙한 이는 진실로 상품에 오르고, 때가 되어 겨우 염불한 자 또한 말류(하품)에 예정된다. 이는 곧 완전히 불력에 의지하는 것으로, 그 이익을 오직 자력에만 의지하는 것과 비유하면 하늘과 땅만큼의 차이가 있다.[104]

인광 대사의 이 말은 정토법문 자체의 특징 및 기타 법문과의 차이점에 대한 하나의 개괄이다. 즉 자력에만 의지하고 삼학을 열심히 닦아서 번뇌와 업장을 깨끗이 끊어야만 비로소 생사를 마칠 수 있는 수출삼계법은 이미 말법시대에 맞지 않다는 것이다. 이 말법시대에 있어서는 오직 불력에 의지하고 염불왕생하는 횡출삼계법만이 중생을 생사의 고해로부터 구원하여 극락의 피안彼岸으로 인도할 수 있다는 것이다.

---

104 印光大師, 『增廣印光法師文鈔』卷第三 「橫超蓮社緣起序」, "若論竪出, 非力修戒定慧道, 斷盡煩惑不可. 倘煩惑稍有未盡, 則三界依舊莫出. 況末世衆生, 善根淺薄, 壽命短促, 修者縱有億億, 出者難得一二. 以其唯仗自力, 是故難得實益. 若論橫超, 但依淨土法門, 生信發願, 念佛名號, 求生西方. 兼以敦篤倫常, 恪盡己分, 諸惡莫作, 衆善奉行, 則萬不漏一, 鹹得往生. 旣往生已, 則了生脫死, 超凡入聖, 永離衆苦, 但受諸樂矣. 功夫成熟者, 固登上品, 臨終方念者, 亦預末流. 此則全仗佛力, 其利益與唯仗自力者, 天淵懸殊."

생사의 고해를 벗어나 극락의 피안에 이르는 것은 독실한 불교신자들에게 있어서는 당연히 꿈에도 바라는 것이다. 정토법문은 당송 이후부터 비교적 광범위하게 유행하였으며, 근대에 이르러서도 여전히 일정한 영향을 미치고 있다. 그러나 정토교가 유행하는 이 사실 자체는 오히려 불교가 이미 말법시대에 들어섰음을 설명한다.

만약 중당中唐 이후의 선종이 심성心性의 오해悟解를 중시하고, 초불월조超佛越祖를 제창하는 자존과 자신감으로써 인도의 전통불교를 부정하였다고 한다면, 정토교는 그것과 정반대되는 방향, 즉 신원행信願行을 종본宗本으로 하고 자비慈悲를 특징으로 삼음으로써 전통불교의 삼학겸수三學兼修의 전통 수행방법을 일소하였다.

정토교와 선종은 양면으로 협공하여 전통불교와 불교의 전통을 거의 다 소멸하였다. 그리고 수당隋唐 이후에 불교의 중국화 과정이 점차 가속화되었고, 당송 시기에 이르러 한층 더 발전 변화하여 중국화된 불교로 되었다. 당송 이후의 불교는 중국의 전통사상과 더욱 융합함으로써 유·불·도 삼교를 하나의 용광로에 녹여 합일시킨 송명宋明 이학理學의 탄생을 초래하였다. 이리하여 중국 불성사상의 발전은 하나의 새로운 역사 시기에 들어서게 된다.

제9장 중국 불성론과 한당漢唐사회

본서의 '서론'에서 불성사상이 중국불학의 주류이자, 중국불교의 특징이라고 밝혔다. 그 후 각 장에서 그에 대해 구체적으로 논증하였다. 한편으론 자료와 관점을 결합하여 각 불성학설의 구체 내용 및 전체 불교학설에서의 지위를 해석하고 논술하였다. 다른 한편으로는 다양한 분석과 대비를 통해 각종 불성사상 사이의 내재적 연관과 그들의 발전 흐름을 밝혔다.

이러한 이중의 노력으로 두 가지 측면에서 중국 불성사상의 주요한 특성 및 그 역사 발전을 서술하고 설명하였다. 그 결과는 중국 불성 자체가 하나의 정체整體일 뿐만 아니라 또한 부단히 발전하는 과정이라고 할 수 있다. 부단히 발전하는 과정 중의 사물을 전체로 고찰하기 위한 '추상抽象적ー구체具體적' 방법이 '과학적이고 정확한 방법'이라고 할 수 있다.

본서의 서두에서 말한 불성학설이 중국불학의 주류라는 주장이 추상적인 논점이라면, 그 후 각 장절에서 시도한 노력은 중국불교 역사상의 일부 중요한 사상가와 불교종파의 불성사상 전개를 통하여 이 추상적 논점을 논증하고 윤색하는 구체화의 과정이라고 할 수 있다.

'추상적－구체적 방법'을 적용하여 중국 불성사상의 주요한 특징 및 그 역사적 발전을 서술하는 것은 중국 불성학설을 연구함에 있어서 없어서는 안 될 내용이지만, 이것으로 중국 불성학설의 연구가 종결된 다고 말할 수는 없다. 어떤 측면에서 불성학설의 주요 특징 및 그 역사 발전은 논리적으로 불성학설의 역사과정을 재현再現한 것이다. 무엇 때문에 이러한 학설이 그렇게 발전한 것이고, 왜 중국불학에서 이러한 학설이 주류가 되었고, 기타 학설들이 통치統治적 지위를 차지하 지 못하였는지 하는 문제들은 본문에서 논술하지는 않았다. 그렇기 때문에 중국 불성사상을 연구함에 있어서 발전과정의 연구에 만족하지 않고, 그 현상 배후의 내용을 연구하고 현상 및 그 역사 발전의 원인을 연구하려 한다면, 반드시 중국 불성사상의 주요한 특징 및 그 발전의 역사적 근거를 찾아내야 할 것이다.

제1절 불성학설의 번영과 한당사회의 고난

열반불성학이 중국에 전파되고 흥성하기 시작한 것은 진송晉宋 이후부 터이다. 이전의 중국불교는 대·소 이승二乘을 겸兼하고 공·유 이종二宗 이 공존하였다. 위진魏晉 시기 옥병주미玉柄麈尾의 현풍玄風과 라집·승 조 등 고승들의 선양에 힘입어 성공반야학性空般若學은 한때 불학계를 풍미風靡하여 당시 불학계의 주류 사상이 되었다.

하지만 진송 시기 열반불성학설이 전해지면서 성공반야학설의 불교학계에서의 주도적 지위는 끊임없는 도전을 받았고, 일련의 경쟁을 거친 후 마침내 통치적 지위를 잃고 날로 쇠락하기 시작하였다. 독립적인 체계를 갖춘 사상으로서 길장吉藏과 삼론종三論宗이 그 사이 잠깐의 부흥이 있었던 것 외에 더 이상 발전하지 못하였다. 반대로 열반불성학은 진송 시기 흥기한 이후로 점차 주요 불교학계에 합류하여, 마침내 불학계의 통치적 지위를 차지하게 되었다.

중국불학계의 이러한 주류가 바뀌는 현상에 대해 우리는 이미 앞의 내용들에서 구체적으로 논술하였다. 지금부터 논술하고자 하는 내용은 어떻게 이러한 현상을 해석할 것인가? 하는 것이다.

마르크스는 『유태인 문제를 논술하면서』라는 책에서 다음과 같이 말했다. "우리는 유태인의 종교에서 유태인의 비밀을 찾지 않았고, 현실의 유태인에서 유태교의 비밀을 찾았다."[1], "우리는 세속적인 문제를 신학적 문제로 생각하지 말아야 한다. 우리는 신학적 문제를 세속적 문제로 생각해야 한다."[2] 마르크스의 이러한 사상은 우리가 불교학설의 흥망성쇠를 연구함에 있어서, 동일하게 적용할 수 있다. 우리는 불교 자체에서 각종 종교학설의 흥망성쇠의 원인을 찾을 수 없고, 종교학설의 연변衍變으로 당시 사회를 설명해서는 안 되며, 반대로 당시 사회의 경제적 상황, 정치적 형세 내지 전체 사회 역사 조건에서 종교의 발생과 발전 내지 각종 종교학설의 흥망성쇠의 비밀을 찾아야 한다.

그렇다면 동한東漢에서 수당隋唐에 이르는 역사적 시기에 불교는

[1] 『馬克思恩格斯全集』 권1, 446쪽.
[2] 『馬克思恩格斯全集』 권1, 446쪽.

무엇 때문에 중국에서 널리 전파될 수 있었을까? 무엇 때문에 불교학설은 진송 이후 새로운 방향으로 발전하기 시작하여, 성공性空의 불교 반야학에서 묘유妙有를 주장하는 열반불성학으로 전변轉變되었는가? 진송 이후 중국의 경제, 정치는 어떠하였는가? 당시 사회의 현실은 도대체 무엇을 요구하였는가? 중국 불교학설의 연변과 당시 사회의 현실적 수요는 어떠한 관계가 있는가? 이러한 문제들은 우리가 여기서 토론해야 할 문제이다.

중국은 한조漢朝 말기부터 외척 환관宦官들이 섭정하면서 정치적 형세가 날로 하락하였다. 위진魏晉 시기에 이르러서 정치적 청의淸議는 학술적인 청담淸談으로 발전하여 그로 인해 유학이 쇠퇴하고, 현학이 흥성하는 국면에 이르렀다. 현학의 청담을 계기로 진입한 불교의 성공 반야학설은 당시 각계 명사청류名士淸流들이 공空을 말하고 현玄을 담론하는 수요에 부합되어 신속히 발전하고 전파되기 시작하였다. 하지만 위진 이후 전쟁이 빈번하고 질병이 남발하며, 모반이 계속되면서 일시에 구주九州가 분할되고 천하가 들끓었다. 일반 백성들은 질병 혹은 굶주림에 죽어가고, 생존자들은 열에 한두 사람밖에 안 되었다. 서관말직庶官末職들은 전쟁을 피할 수 없어 출세의 기회를 버리고 난세에 생명을 보존하기만을 원하였고, 통치자들은 내부분열이 발생하여 사람마다 위험에 처해 있었다.

이러한 상황은 인간 세상에 무상無常함만이 가득 차게 하였고, 인생은 단지 살아남기 위한 비극으로 점철되었다. 이미 불교의 반야학은 사람에게 생사무상生死無常의 고해를 벗어나도록 할 수 없었고, 설공담현說空談玄도 생사를 보장할 수도 액운厄運을 피할 수도 없었다. 그러나 열반불성학의 해탈사상은 이러한 절망에 빠진 사람들한테 한 가닥의 희망이었다. 사람들은 현세에 신심을 잃어 자연히 죽은 후의 행복을 동경하게 되었고, 현실 인생에 대한 절망은 사람들로 하여금 피안세계에 전부의 열정을 쏟아 붓게 하였다. 사회적 고난은 바로 이러한 열반불성학이 번영하게 된 필요조건을 마련해 주었고 충분한 사회 역사적 근거를 제공해 주었다.

역사의 기재에 따르면, 한위漢魏·양진兩晉 시기 황실의 모반謀叛, 제후들의 혼전混戰의 상황은 마치 한 폭의 군마시살도群魔弑殺圖와 같았다. 역사적으로 저명한 '팔왕지란(八王之亂, 291~306)'을 예를 들면『진서眞書』에 이르기를, 이번 전쟁에서 "수십만의 사람은 승냥이와 이리에게 던져진 먹이와 같았고, 36왕족도 모두 칼날 끝에 몸을 잃었다. 화난의 극도로서 고래부터 지금에 이르기까지 들은 적이 없을 정도이다."[3]라고 하고, 조왕趙王 윤倫은 "군사를 일으킨 60여 일 만에 전쟁이 일어난 곳은 10만에 가깝게 살해되었다."[4]라고 하는 것이나, 장사왕長沙王 의義가 수차례 성도왕成都王 영穎을 이기고 육칠만 명을 죽였고, 동해왕東海王 월越이 하간왕河間王 옹顒을 공격하여 기홍祈弘 등 뭇 장군과 병사들을 살해하고 "장안長安을 공략하여 2만여 사람을 죽였다."[5]라고 기록하는 것과 같았다.

황실과 제왕들도 내부에서 서로 살해하고, 심지어 부자지간과 형제

---

3 『晉書·傳論』"數十萬衆, 並垂餌於豺狼, 三十六王, 咸隕於鋒刃. 禍難之極, 曠古未聞."

4 『太平御覽·趙王倫』"自兵興六十餘日, 戰及殺害近十萬人."

5 『晉書·惠帝紀』"大略長安, 殺二萬餘人."

610

지간에도 스스럼없이 칼을 들고 싸웠다. 이러한 난투와 살해의 결과는 "시체가 흘러 강을 채웠고, 백골은 온 들을 덮었다."[6], "중국이 적막하여 백리에 인가가 없었다."[7], "이름은 성도이나 다 비워서 사는 사람이 없고, 백리가 끊어져 백성이 없었다."[8], "부모는 그 자식을 보장할 수 없었고, 부부는 서로 침대를 잃었다."[9]라고 표현하였다. 어제의 황친귀족皇親貴族과 공자왕손公子王孫도 오늘에는 죄인이 되고, 칼 아래 귀신이 되었다. 유명한 도읍과 궁전의 저택들도 기와조각만 남은 폐허로 되었다. 참으로 "여우가 잠자는 섬돌 위와 토끼가 노는 무대는 다 한때의 노래하고 춤추는 곳이며, 이슬 맞은 꽃과 타다 남아 말라비틀어진 풀은 모두 그때의 전쟁터"[10]인 상황이었다. 영화부귀는 뜬구름 같은 것이고, 공명이록功名利祿은 남가의 일장춘몽과 같았다. 이렇듯 왕공귀족과 명문의 부유한 가문들은 옛날을 추억하고 오늘 살아 있음에 감개무량하였으며, 알 수 없는 미래의 화복禍福에 떨고 있었다.

이러한 시기에 열반불성이 그들에게 불국으로 향하는 '광명대도光明大道'를 가리켜 주었으니, 진실로 쫓기는 짐승들과 화살에 놀란 새들이 피난처와 안식처를 찾은 것과 같으니, 어찌 황급히 뛰고 우르르 날지 않을 수가 있겠는가?

전쟁의 다른 한 결과로 농토는 황폐하고, 경제가 낙후하여 백성들은

6 『晉書·食貨志』 "流屍滿河, 白骨蔽野."
7 『三國志·朱治傳』 "中國蕭條, 百里無煙."
8 『全後漢文』 권88 "名都空而不居, 百里絶而無民."
9 『舊唐書·李密傳』 "父母不能保其赤子, 夫妻相棄於匡床."
10 "狐眠敗砌, 兔走荒臺, 盡是當年歌舞地, 露冷黃花, 煙迷衰草, 悉屬舊時爭戰場."

살기가 어려웠고, 시가지는 인적이 없었다. 『진서』의 기록에 따르면 "혜제惠帝 이후로 정치와 교화는 쇠락하여 영가永嘉에 이르러 더욱 심하였고, 옹주雍州의 동쪽으로는 사람이 모두 굶주림에 시달리고, 이리 뛰고 저리 이주하는 이가 셀 수가 없었다. 유·병·사·기·태·옹 여섯 주는 심한 메뚜기 피해를 입어 초목 및 소와 말도 모두 없어졌다."[11] 라고 하고, 『위서魏書』 「식화지食貨志」에도 이르기를, "진말 천하대란 에는 살아남은 사람이 거의 없으니, 혹은 전쟁에 죽고, 혹은 굶주림에 죽고, 다행이 살아난 자는 열 명 가운데 다섯 명뿐이었다."[12]라고 한다. 또한 당시 통치자들이 극도로 부패하여 사치를 앞 다투어 하기를 "제족 帝族과 왕후, 외척과 공주는 국가의 모든 부를 긁어모았고, 좋은 곳에 거주하였으며, 정원과 가택을 수리하기를 서로 경쟁하듯 하였다."[13]라 고 하였다.

서진西晉 시기 하간왕河間王 침琛은 최고의 부자로서 그와 고양왕高陽 王 옹雍은 부를 다투고, 명마를 기르는데 은으로 마조馬槽를 만들고 금으로 코뚜레를 만들었다고 하며, 또한 각종 금은보화들은 셀 수도 없이 많았다고 한다. 고양왕은 "부가 산과 바다와 같았고", 노비와 몸종이 6천이었으며, 기생 오백에 한 끼니를 소비하는 데만 수만 전錢을

---

11 『晉書·食貨志』 "及惠帝之後, 政敎凌夷, 至於永嘉, 表現彌甚, 雍州以東, 人多饑乏, 奔迸遷移, 不可勝數. 幽·幷·司·冀·泰·雍六州大蝗, 草木及牛馬皆盡."

12 『魏書·食貨志』 "晉末天下大亂, 生民道盡, 或死於干戈, 或死於饑饉, 其幸而存者, 蓋十五焉."

13 (元魏)楊衒之, 『洛陽伽藍記』 권4, 『대정장』 51, 1016쪽. "帝族王侯, 外戚公主, 擅山海之福, 居川林之饒, 爭修園宅, 互相夸竟."

들여 "구슬에서 빛이 나니, 태양이 빛나는 것 같았고, 부드러운 옷이 바람결에 나부끼니, 한漢·진晉 이래로 이와 같은 제왕의 호사스러운 사치는 아직 있지 아니하였다."[14]라고 하였다.

또한 통치자들은 그들의 사치를 만족하기 위해 세금을 늘리고, 부가세 외에도 전田의 세금에 다시 노역을 부가하였다. 평민백성들은 옷도 제대로 입지 못하고 음식도 배불리 먹지 못하여, 밖에서 굶어 죽고 혹은 도로에서 생명을 마감하지 않으면 안 되었다. 천재天災, 인화人禍, 전쟁, 굶주림 등의 고난들이 합쳐져 대중을 괴롭히니, 모두 도탄에 빠지게 되었다. 그들은 먼저 이사를 하여 방랑자가 되었고, 계속하여 '방랑자 봉기'를 일으켜 투쟁하였으나, 거의 실패하여 더 이상 갈 길이 없게 되어 현실생활에 신심을 잃고 단지 죽은 후의 행복만을 동경하게 되었다.

이러한 상황은 마르크스주의 유명작가들이 말하는 "각 계급들 중에는 반드시 이러한 부류의 사람들이 있어 물질적인 해방에 절망을 느끼면, 정신적인 해방으로 이를 대체하여 정신적인 안위를 찾고, 그로 인해 완전한 경지에 해탈하려 한다."[15], "핍박을 당하는 계급들은 착취계급과 투쟁할 힘이 없기 때문에 필연적으로 죽은 후의 행복한 생활을 동경하게 되는데, 이는 야만인들이 자연과 투쟁할 힘이 없다는 것을 깨닫자 하느님, 마귀, 기적奇蹟 등 신앙을 가지게 되는 것과 같은 도리이다."[16]라는 것과 같다.

---

14 앞의 책, 1013쪽. "隋珠照日, 羅衣從風, 自漢晉以來, 諸王豪奢, 未之有也."
15 『馬克思恩格斯全集』 권19, 334쪽.
16 『列寧全集』 권10, 62쪽.

　다음으로 열반불성학이 성공반야학을 대체하여 중국불학의 통치적 사상이 된 것은 또한 이러한 학설이 중국 통치자들의 수요에 부합되었기 때문이다. 중국 역사상의 전체적인 의식형태에는 한 가지 중요한 특징이 있다. 이는 바로 현실정치와 긴밀히 연관되는 것으로 문학, 예술, 사회윤리, 사상뿐만 아니라 철학과 종교도 그러하였다.

　또한 현실정치에 대한 영향으로 볼 때 열반불성학은 성공반야학보다 더 큰 '우월성'을 갖고 있다. 그것은 반야학의 기본사상이 제법인연이 화합하여 자성이 없다고 주장하는 것으로, 하나도 있지 않아 텅 비어 아무것도 없다고 한 것이다. 그렇다면 다른 사람의 핍박 하에 무거운 짐을 지고, 어렵게 경영하고 고독히 일할 필요가 있겠는가? 이러한 사상은 착취자들의 반동反動 통치의 작용을 옹호하는 데 많은 국한성을 갖고 있다. 그리하여 장기적 관점으로 볼 때 통치자들은 이를 채택하고 선호하지 않을 것이다. 반대로 '묘유妙有'를 주장하는 열반불성학은 한편으로 삼계화택으로 그를 두려워하는 자들을 경고하고, 다른 한편으로 불국정토로 어리석은 이들에게 희망을 심어준다. 이는 종교 가운데 목사牧師의 역할을 충분히 발휘하여, 사람들로 하여금 자신의 본분에 충실하게 하여 언제든 전범입성轉凡入聖하면 생사고해에서 해탈할 수 있다고 가르친다.

　그리고 중국 역사 가운데 뿌리 깊은 전통관념과 사상문화의 특징도 열반불성학설이 성공반야학을 대체하게 된 하나의 중요한 원인이다. 성공반야학의 근본사상 중의 하나인 무자성無自性으로써 제법성공을 말하고, 이것으로 일체제법의 진실성을 부정한다. 이러한 사상은 그 논리적 발전으로 볼 때 결국 귀신의 실체를 부정하는 결과를 얻게 된다. 이는 중국 전통의 영혼관념, 귀신사상과 통합될 수 없는 것이다.

그리하여 일반 백성들에게 이 사상은 비교적 이해하기 어렵고 받아들이기도 쉽지 않았다. 이는 이 사상의 지반을 억제하도록 하는 반면, 영혼관념과 귀신사상은 쉽게 불성학과 융합될 수 있다. 예를 들면 남북조 시기의 불성론은 '진신론眞神論'의 형태로 나타나 널리 유행하였다. 여하튼 불성론과 영혼관념의 두 사상은 기본적으로 다른 것이다.

그 외에 중화민족의 사상전통에 의하면 공과 유, 사변思辨과 실천에 있어 사람들은 후자에 치우치게 된다. 설공담현說空談玄의 순수한 사변은 특정한 역사적 조건하에서 한때 동안 유행하였지만, 이는 중화민족의 사상방식의 주요한 경향이라고 할 수 없다. 그러므로 '묘유'를 주장하는 열반불성학은 사유방식, 심리특징 등의 측면에서 '성공'을 주장하는 반야학보다 우세를 차지하기 마련이다.

플레하노프(Plekhanov)는『일원론 역사관점의 발전을 논하며』라는 책에서 말했다. "하나의 특정된 비판 시대의 '지혜 상태'를 이해하기 위해서는, 다시 말해 무엇 때문에 이 시대에 이러한 학설이 있게 되었고 다른 학설이 승리할 수 없었는지를 이해하기 위해서는, 우선 앞 세대의 '지혜 상태'를 알아야 하고, 이러한 학설과 학파들이 통치하였는지를 살펴야 한다. 만약 이러한 관찰이 없다면 우리는 그 시대의 경제를 통달하였다 하여도, 특정 시대의 지혜 상태를 완전히 이해할 수 없을 것이다."[17]

이는 종교학설에 대한 논술은 아니지만 또한 종교학의 흥망성쇠가

---

17 『論一元論歷史觀之發展』 165쪽. 三聯書店, 1961年版.

그 사상의 문화배경과 관계된다는 것을 설명하고 있다. 그것은 어떤 시대의 사람이든 종교학설을 접하는 데 있어서는 모두 특정된 사유방식, 심리특징, 민족풍습 등의 영향을 받지 않을 수 없다. 물론 이러한 사유방식, 심리특징, 민족풍습은 '근본적으로' 따지고 보면 모두 특정된 생산방식, 특정된 물질생활의 반영이기 때문이다. 하지만 이러한 영향은 직접적으로 반영되고 직접 그 효과를 보이는 것이 아니라, 역사적 침전물의 형태로 보존되기도 한다.

결론적으로 열반불성학이 진송 이후 중국에서 널리 유전되고 성공반야학을 대체하여 중국불학의 주류가 된 것은 다방면적인 원인이라 볼 수 있다. 만약 표면 현상으로만 본다면 사람들은 열반불성론의 유행을 이러한 학설의 자체적 특징이라 귀결할 것이다. 하지만 근본적인 의미로 보면 진송 이후 중국사회의 역사상황, 경제정치, 사상, 문화 등의 측면에서 그 근본을 찾을 수 있다. 물론 더 구체적으로 이는 양자의 일치이고 통일이다. 즉 열반불성설은 당시 사회현실의 수요에 부합되고, 혹은 당시 사회의 현실상황이 이러한 학설을 요구하고 있었다고 하겠다. 이는 바로 마르크스가 『헤겔법의 철학비판 서언』이라는 책에서 "한 국가에 있어서 이론의 실현 정도는 그 국가의 수요를 어느 정도 만족시켜줄 수 있는가에 따라 결정된다."[18]라는 말과 같다.

---

18 『馬克思恩格斯選集』 권1, 10쪽.

제2절 중국 불성론의 특징과 종교학설의 현실가치

앞에서 사회 역사의 근거 측면에서 불성학설이 무엇 때문에 중국에서 장기적으로 광범위하게 유전되었는지에 대해 중점적으로 논증하였다. 본 절에서 우리는 중국에서 유행하는 불성학설은 결국 어떤 불성학설이 며, 그것은 어떠한 특징을 갖고 있고, 이러한 특징은 어떻게 형성된 것이며, 이는 중국의 정치경제 제도, 사상문화의 전통, 민족의 심리적 특징과 필경 어떠한 연관이 있는지에 대해 논술하고, 이것으로부터 종교학설의 현실적 품격의 문제를 논하고자 한다.

구체적으로 중국 불성학설의 특징을 논술하기에 앞서, 상호 연관되는 두 개의 문제에 대하여 먼저 언급해야 할 것이다.

첫째, 앞 절에서 분석과 논증의 필요에 따라 특정된 의의에서 열반불 성학과 성공반야학을 구분하여 말하거나 혹은 대립시켜 논술하였다. 이는 이 두 가지 사상이 불교학설에서 완전히 대립된다는 의미는 아니 다. 사실상 진공과 묘유는 불교학설 가운데 두 가지 사상체계로서 그들 간에는 상호 대립되고 모순되는 점들이 없지 않는 것은 아니지만, 불교학설의 원통圓通한 점은 바로 이러한 두 가지 혹은 여러 가지 상호 대립되는 사상을 교묘하게 통합시키는 것에 있다. 예를 들면 본문의 제2장에서 구체적으로 열반불성학이 어떻게 실상설實相說을 통해 성공반야학을 융합시키고 통일시키는지, 성공반야학이 어떻게 열반불성학의 중요한 이론적 근거가 되고, 심지어 어떤 의미에서 반야 학을 이해하지 못하면 열반불성학을 이해하지 못한다고 말할 수 있을 정도임을 논술하였다.

둘째, 위진 시기 중국의 승려와 문인들은 종종 현玄으로 불佛을 해석함에 있어 당시 불교계의 '공'에 대한 이해와 인도반야학의 '공'의 의미가 각기 달라, 중국 불성론에서 말하는 '묘유'나 '불성'과 인도불교 가운데 '불성'의 의미도 각기 구별되어, 중국 불성론은 중국적 특색을 띠게 되었다는 것이다.

그러나 근본적으로 '불성'에 대한 해석의 차이는, 혹은 중국 불성학설과 인도 불성학설을 구별하는 원인은 차라리 양국 간의 서로 다른 사회의 정치경제 제도, 사상문화 전통의 결과라 할 수 있다. 불성에 대한 해석에 있어서 중요한 것은 어떻게 해석하느냐가 아니라, 무엇 때문에 불성을 이러한 방식으로 이해하는가 하는 것이다. 이러한 문제를 정확히 연구하려면 반드시 중국 불성론이 구경에는 어떠한 특징을 갖고 있으며, 이러한 특징은 어떻게 형성되었는지를 살펴보아야 한다.

첫째, 중국 불성설의 가장 현저한 특징은 심心·성性을 중시하는 것으로, 인도불교처럼 불성을 추상적인 본체로 보지 않는 것이다.

인도불교 가운데 불성설은 주로 반야학의 실상설에서 변화하여 왔다. 불교의 이론에 근거하면 일체제법은 모두 진여의 체현이고, 이러한 진여는 우주본체의 실상·법성을 말하고, 여래법신의 불佛 혹은 불성을 말하며, 구체적 사물의 법 혹은 만법을 말한다. 실상·법성·불·불성 내지 일체의 제법은 비록 그 설법은 각기 다르지만, 사실상 모두 '만법은 비록 다르나 하나로 같음'을 말한다. 그리하여 인도불교에서 말하는 불·불성·실상·법성 등의 개념들은 모두 상통하고 근접한 것으로 추상적 본체의 의미를 품고 있다.

이와 달리, 중국불교의 불성설은 그 경향傾向으로 볼 때 심성을 중시한다. 또한 중국불교의 대표인 선종은 일체를 심성에 귀결시켰고, 그 불성설은 심성을 중시하는 특징을 지방적 색채로 표현하는 천태, 화엄 등 종파들의 불성사상설에서도 모두 이러한 유심적 경향을 보이고 있다. 그들은 자주 일심一心의 미오迷悟와 염정染淨으로 생불生佛과 범성凡聖을 말하였다.

　　천태종의 저서들에서 비록 그들은 늘 중도실상으로 불성을 말하지만, 나중에는 또 제법실상諸法實相을 일념심一念心으로 귀결시켜 "심心은 제법의 본이다. 심이 곧 전부다."[19]라고 말하고 있다. 그들은 『화엄경』에서 말한 "심·불과 중생, 이 셋은 차별이 없음"에 대해 많은 서술을 통해 기심己心·중생심과 불심은 평등하게 서로 구족하고 있다고 하여, 기심은 중생심과 불심을 구족하고 있고, 불심 역시 기심·중생심을 갖추고 있다고 한다. 이른바 불성이란 '각심覺心'을 말한다. 즉 "반관심원反觀心源", "반관심성反觀心性"[20]할 수 있다고 여긴다. 혜사慧思가 말하기를 "불의 이름은 각覺이며, 성性의 이름은 심이 된다."[21]라고 하였으며, 지의智顗는 "최고위의 선정은 불성이라 하고, 능히 심성을 관조하기에 최고위의 선정이라 한다."[22]라고 말하고, 관정灌頂은 "일념심을 관조하면 곧 중도여래보장이며, 상락아정이 불의 지견이다."[23]라고

<hr>

19 『法華玄義』 권1上. 『대정장』 33, 685쪽. "心是諸法之本, 心卽總也."

20 (隋)智顗, 『六妙法門』. 『대정장』 33, 551·553쪽.

21 (隋)慧思, 『大乘止觀法門』 권2. 『대정장』 46, 642쪽. "佛名爲覺, 性名爲心."

22 (隋)智顗, 『妙法蓮華經玄義』. 『대정장』 33, 696쪽. "上定者謂佛性, 能觀心性名爲 上定."

23 (隋)灌頂, 『觀心論疏』. 『대정장』 46, 600쪽. "觀一念之心, 卽是中道如來寶藏, 常樂我淨佛之知見."

하였다. 그 의미는 심이 본체이고 정인불성正因佛性이기 때문에 돌이켜
심원을 관조하고, 또한 요인불성了因佛性으로서 오도공덕五度功德 등
의 인연을 갖추고 있어, 삼인三因을 구족하기에 결정코 작불作佛한다.
여기서 천태종 사람들은 성불할 수 있는지를 각오覺悟하고 자심을
관조하는 것으로 귀결시킨다. 그러므로 그 불성설의 유심적 경향은
의심할 바가 없다.

화엄종에서 불성설의 유심적 색채는 천태종보다 훨씬 더 짙다고
할 수 있다. 본래 화엄종은 『화엄경』을 그 종본宗本으로 한다. 『화엄
경』의 기본사상의 하나가 바로 '법성본정法性本淨'의 전통적 관점에서
한층 더 일체제법 내지 중생제불은 모두 평등하게 서로 구족하고 원융하
여 걸림이 없다고 천명하고 있다. 화엄종은 십현十玄, 육상六相, 사법계
四法界 등의 이론으로 법계연기法界緣起, 생불生佛의 관계를 말하면서
"오직 심이 현현하는 까닭으로" 만사만물 내지 중생과 부처는 상입상즉
相入相即한다고 하였다. 또 "일체법은 다 유심의 현현이지, 다른 자체가
없기 때문에 대소가 심을 따라 회전하니, 즉입하여 걸림이 없다."[24]라고
하고 있다. 그들은 일체만법 내지 제불은 "모두 중생의 심 가운데
있어 중생의 심을 여의면 달리 불덕이 없기 때문이다."[25], "마음 마음이
부처를 이루고, 일심이 불심이 아닌 것이 없다."[26], "불심 밖에 교화될

---

24 (唐)法藏,『華嚴經旨歸』,『대정장』45, 595쪽. "一切法皆唯心現, 無別自體, 是故大
    小隨心回轉, 即入無礙."

25 (唐)法藏,『華嚴經探玄記』,『대정장』35, 118쪽. "總在衆生心中, 以離衆生心無別
    佛德故."

26 (唐)宗密,『華嚴心要法門注』,『대정장』58, 426쪽. "心心作佛, 無一心而非佛心."

중생도 없다. …… 그러므로 중생의 전체는 다 불지佛智 가운데 있다."[27] 라고 말한다. 즉 심心·불佛과 중생은 모두 평등한 일체로서 상즉호융相 卽互融한다. 이러한 사상으로 볼 때, 화엄종은 마음의 미오迷悟로 중생 과 부처의 차이를 말하는 데 중점을 두어 "미오의 같지 않음으로 말미암 아 비로소 중생 및 부처가 있다."[28]라고 말하고 있다.

여기서 한 가지 의문을 제기할 수 있다. 인도불교의 여러 경전에도 '심, 불, 중생, 이 셋은 차별이 없고', '삼계에 다른 법이 없고 오직 일심으로 만들어졌다.'라는 등의 설법이 있다. 그렇다면 무엇 때문에 심성의 유심경향唯心傾向에 중점을 둔 것을 중국 불성사상의 특징이라 고 하는가? 여기서 관건은 중국불교에서 말하는 '심'을 어떻게 이해할 것인가? 하는 것이다.

중국불교가 인도불교에서 기원하였으므로, 그 사상 내용 내지 서술 용어들은 인도불교의 것을 인용하였다. 하지만 중국불교는 많은 중국 승려들에 의해 전해지면서 자신의 사유방식, 심리적 습관 등으로 이해 하고 받아들이고 표현하게 된다. 이는 외래종교가 본래의 형태에서 변화하고 변형되게 되는 원인이다.

중국 역사상에서의 "현玄으로써 부처를 해석하고", "불교와 황로방술 黃老方術은 서로 통함"으로 보는 경향이 이러한 현상을 설명해주고 있다. 천태와 화엄도 '심'을 대함에 있어서 위와 같은 경우였을 것이다. 그들이 말하는 '심'은 비록 제법본체의 '진심'·'청정심'의 의미를 담고

---

27 『華嚴經探玄記』. 『대정장』 35, 118쪽. "離佛心外無所化衆生 …… 是故衆生擧體 總在佛智之中."

28 (唐)澄觀, 『大華嚴經略策』. 『대정장』 36, 704쪽. "特由迷悟不同, 遂有衆生及佛."

있긴 하지만, 또한 어느 정도의 구체심具體心을 말하고 있다는 점은 부인할 수 없다.

예를 들면 천태가 말하는 '각심覺心'·'중생심'·'일념심'은 구체심의 요소를 한 치도 담고 있지 않다고 말할 수 없다. 또한 화엄종이 이理·사事·본本·말末 이외에 '심'을 말하고 여러 차례 "각각은 오직 심으로 현현한다.", "심을 따라 회전한다."라는 것으로써 제법이 상입상즉 혼융무애混融無碍하다고 말하는데, 여기서 '심'과 '법성', '진심'은 각기 구별되는 것이다. 즉 화엄종이 말하는 '심'은 '진심'을 말하면서 또한 '구체심'의 의미를 담고 있다. 비록 훗날 법장法藏이 십현十玄 가운데 '수심회전선성문隨心回轉善成門'을 '주반원명구덕문主伴圓明具德門'으로 수정하였지만, 이러한 수정의 의미 또한 유심적 경향이 일으키는 이론적 모순을 모면하기 위함일 것이다. 하지만 이는 반대로 법장의 사상 가운데 유심적 경향이 상당한 정도에 도달하였다는 것을 말해주고 있다. 징관澄觀은 이러한 유심적 경향이 한층 더 짙어지는데, 그는 '일심법계무진연기一心法界無盡緣起'를 말하여 세계만물을 일심에 귀결 시켜 "모두 통틀어 만유는 바로 일심이다.(總該萬有, 卽是一心)"라고 말하고, 또한 '영지지심靈知之心'으로 '본각'을 해석하여 '심'이 보다 구체심의 의의를 갖도록 하였다.

천태·화엄이 심을 구체화한 것이 주로 이러한 경향이었다면, 선종은 '즉심즉불卽心卽佛'을 주장하여 모든 것을 자심, 자성에 귀결시켜 심의 구체화가 새로운 단계로 발전하였다. 즉 천태, 화엄에서 심의 이중적 특징은 주로 '진심'의 기본내용과 구체심의 경향의 융합이었다면, 선종의 불성사상에서 '심'은 가끔 '진심'으로 사용되기도 하지만, 흔히 눈앞의

현실적 인심을 말하곤 하였다. 이 관점에 대해 우리는 본문의 제6장에서
이미 구체적으로 논술하였기에 여기서는 생략한다.

하지만 여기서 한 가지 살펴보아야 할 문제점은 불학계, 학술계에서
는 이 문제에 대하여 지금까지 각기 다른 관점을 보이고 있다는 것이다.
어떤 사람들은 선종이 말하는 심은 주로 눈앞의 현세적 인심人心을
말하기에, 선종의 철학사상을 논함에 있어서 그 세계관은 '주관적
유심주의唯心主義'라고 말한다. 또 일부 사람들은 혜능 내지 선종이
말하는 심은 주로 '진심'을 말한다고 여기어, 혜능의 철학적 사상은
'객관적 유심주의'에 속한다고 주장한다. 이러한 의견들에 대해서는
하늘도 그 시비를 가를 수 없을 것이지만, 단지 목전의 가장 중요한
것은 각종 관점들의 시비득실이 아니라, 각종 관점 및 그 근거를 충분히
분석하여 공통으로 이 문제를 연구하고 끊임없이 깊이 들어가야 한다는
것이다.

중국 불성이론이 어떻게 천태, 화엄과 선종을 통하여 인도불교 성설
性說의 추상적 본체의 속성에서 점차 눈앞의 현실의 인심으로 전환시켜
자성보리自性菩提, 체오자심體悟自心의 기본노선을 주장하게 된 것일
까? 우리는 더 한층 깊이 있게 이러한 변화를 이루어낸 역사적 근거를
연구하고, 중국 전통의 사상문화가 어떻게 중국 불성론에 영향을 주었
는지를 중점적으로 고찰해 보기로 하겠다.

첫째, 지식체계에 중점을 둔 서방의 사상문화와 비교할 때, 중국의
사상문화는 진한秦漢 이후 인륜철학人倫哲學, 도덕주체道德主體에 그
중점을 두게 되었다. 또한 이는 서한西漢 시기 유가사상이 최고로
여겨졌던 것과 직접적인 관계를 갖고 있다. 유가학설은 하나의 측면에

서 그것을 도덕철학으로 귀결할 수 있다. 유가학설이 연구하는 것은 도덕의 주체가 되는 사람 및 사람과 사람간의 상호관계를 말하고 있고, 도덕의 주체로 되는 사람과 사람의 도덕을 연구함에 있어서 그 중점을 심성心性에 두고 있기 때문이다.

『맹자』의 "그 마음을 다한 자는 그 성性을 알고, 그 성을 앎은 곧 하늘을 안다."[29]에서부터 『중용中庸』의 "천명은 성을 말함이고, 성을 따름이 도道라 한다."[30]에 이르기까지, 『순자荀子』의 "마음은 도道의 주재자이다."[31]에서 『대학大學』의 '정심正心', '성의誠意'에 이르기까지 어느 하나가 마음을 다하여 견성하고 천도天道에 이르고, 수심양성修心養性하여 전범입성轉凡入聖한다고 말하지 않는 것이 없다. 훗날 중국 불성사상은 '진상유심眞常唯心'을 강조하는 데서부터 선종이 직접 추상적 본체를 목전 현세의 인심으로 말하여, 순수한 사변의 체계적 연구를 포기하고 자아가 존재하는 주체로 회귀하라고 말한다. '명심견성明心見性'을 주장하여 자아의 '주인옹主人翁'을 추구하자는 사상들은 그 사상 내용뿐만 아니라 표현방식에서 모두 유가가 심성心性에 중점을 두고, 도덕주체를 강조하는 낙인을 찍지 않은 것이 없다. 이로써 한결같이 자신과 인도불교의 추상적 본체를 강조하는 불성론과 구분하였다.

둘째, 중국 불성론의 다른 한 가지 중요한 특징은 '중생실유불성'의 평등이론을 불성학설의 주류로 하고 있는 점이다. 이는 긴 시간 동안 인도에서 유행하던 소승불교의 중생이 불성이 있다는 것을 부인하는

---

29 『孟子』 "盡其心者知其性, 知其性, 則知天."

30 『中庸』 "天命之謂性, 率性之謂道."

31 『荀子』 "心者道之工宰."

사상과 구분되고, 또한 대승공종大乘空宗의 의공무아依空無我로 해탈을 얻는 것과도 다르고, 대승유종大乘有宗의 '오종종성설五種種性說'과도 선명히 구별되는 것이다. 이러한 차별을 조성한 근본원인은 당시 중국 사회의 정치제도와 사상문화의 배경이라고 할 수 있다. 중국 불성설은 진송晉宋 시기에 축도생이 처음으로 '인인실유불성人人實有佛性'을 주장하고 『대반열반경』이 널리 유행하면서 '중생실유불성'의 사상을 주로 하는 새로운 단계에 진입하게 되었다.

여기서 주의할 점은, 진송 이후 중국사회는 계급관계가 엄격하여 제도가 흥성한 남북조 시기였다는 것이다. 이토록 문제가 삼엄한 현실 사회의 제도 하에서 '인인실유불성'의 평등한 불성론이 성행한 것은 표면적으로 볼 때 비정상적인 현상이나, 사실상 이는 인지상정과 이론에 부합되는 것이다. 그것이 인지상정에 부합된다고 말하는 것은 사람들이 현실생활에서 계급관계가 엄격한 제도의 고통을 받기 때문이다. 이에 자연스럽게 평등을 갈망하는 상반된 욕구가 생기게 되는데, '중생실유불성'의 이론이 바로 이러한 욕구를 만족할 수 있어 사람들에게 허환과 같은 평등의 희망과 정신적 위안을 줄 수 있었다. 그러므로 유정중생은 평등불성설에서 정신적 만족을 얻고, 평등불성론은 계급적 고통을 받고 있는 중생으로부터 많은 신도를 얻게 된다. 또한 이러한 성행의 과정이 이론에 부합된다고 말한 것은, 마르크스주의의 종교학설에 의하면 일체 종교이론은 모두 현실생활의 왜곡歪曲된 반영이라는 것이다. 불평등한 사회현실에서 발생한 평등한 종교이론, 이것은 마르크스주의의 종교학설에 부합되는 것이다.

그 외에 평등한 불성론은 중국에서 전통적 사상 근원을 가지고 있다.

중국 역사에서는 일찍이 "보통사람도 우임금이 될 수 있다."[32], "사람마다 다 요·순임금이 될 수 있다."[33] 등의 설법들이 있다. 이러한 설법들은 사람들로 하여금 일반 보통사람도 성현이 될 수 있다는 신심과 희망을 잃지 않도록 한다. 종교적인 표현이라면 범부라도 보살을 이루고 작불作佛할 수 있다는 것이다. 그들이 불국의 대문이 일체중생들을 향해 열려 있어 남북을 가리지 않고 귀천을 논하지 않아 모든 사람들이 평등하기를 희망하였다.

이러한 사상은 그들로 하여금 불경의 '일체중생 실유불성'과 같은 설법을 쉽게 납득하고, 그것을 찬탄하지 않을 수 없게 한다. 설령 불경 가운데 원래부터 '중생실유불성'이라는 설법이 없었더라도 그들은 천방백계千方百計로 이러한 설법을 창조하고, 심지어 미언대의微言大義하는 방법으로 이러한 설법을 발휘하고 그와 유사한 설법을 만들어 냈을 것이다. 대본 『열반경』이 전해지기 전에 축도생이 우선 '천제도 성불할 수 있다'고 제창한 것을 그 예로 들 수 있다. 이로부터 본다면 중국 불성의 '중생유성'과 같은 사상들은 인도불교에서 전해졌다고 말하기보다 중국인들의 현실적 수요였다고 말할 수 있다.

셋째, 인도불교의 수행이 번잡한 의식을 거치고 여러 겁의 꾸준한 수행을 거쳐 해탈하는 것과는 달리, 중국의 불성사상은 수행이 아주 간편하였다. 이 또한 중국 불성사상의 한 가지 중요한 특징이다. 이 특징은 중국적 색채가 짙었던 천태, 화엄과 선종이 거의 인도불교를 그대로 전하고 있는 법상유식종法相唯識宗보다 뚜렷이 나타나고 있다.

---

32 『荀子』, "涂人可以爲禹."

33 『孟子』, "人人皆可以爲舜堯."

시간적으로 볼 때 뒤에 나타난 종파일수록 간단하고 쉽게 법을 제창하고 있다.

선종은 돈오성불을 말하고 정토종은 '이행도易行道'를 자처하여 간이簡易함을 하나의 종교사상적 상징으로 한다. 또한 당 말기 이후의 중국불교는 거의 선禪·정淨 두 종파의 온 천하였다는 것이 이 이론을 충분히 설명해주고 있다. 이렇게 간결하고 쉬운 수행방법은 중국인의 국민정서와 중국인의 사유방식에 충분히 부합되기에 생명력을 갖고 있었던 것이다.

사실상 중국인이 간이簡易함을 숭상하는 것은 저술에서도 선명하게 나타난다. 중국 고대역사상의 많은 사상가들은 서방의 저명한 작가들처럼 이론구조를 갖춘 장편 서적을 저작하지 않았고, 대개가 어록, 산문 내지 시구의 형식으로 인생철학을 표현하곤 하였다. 이러한 현상들의 보편성은 추상적 이론의 사변으로 유명한 독일의 고전 철학자 헤겔이 중국 고대철학을 세계철학사상 밖으로 내몰게 했는데, 이러한 관점은 단편적인 것이다. 그러나 이로부터 고대 중국인들의 사유방식을 알아볼 수 있다.

역사적 연원으로 보면, 중국은 일찍이 "앎이 간결하면 행이 쉽고, 간단하기 때문에 쉽게 알고, 쉽게 알면 쉽게 할 수 있다."[34]와 "건乾은 평이한 지혜를 내고 곤坤은 간명한 공능을 내니, 평이한즉 쉽게 알게 하고 간명한즉 쉽게 따르게 한다."[35] 등의 구절들이 있다. 이 또한 간이한 것을 숭상하는 사유방식이 중국에서 유구한 역사를 가지고

---

34 "知簡行易, 以簡則易知, 易知則易能."
35 "乾以易知, 坤以簡能, 易則易知, 簡則易從."

있다는 것을 말하고 있다.

사유방식의 요소 외에도 중국 당나라 말기 오대五代 이후의 사회경제적 상황은 간이함을 특징으로 하는 중국 불성사상이 승리를 거두게 된 하나의 중요한 원인이 되고 있다. 회칙懷則은 『천태전불심인기天台傳佛心印記』에서 말하기를, "안사安史의 난을 시작으로 중간에 회창법난會昌法難이 있었고, 뒤에 오대 병란으로 교장敎藏이 끊어져서 거의 전해지지 않았다."[36]라고 하였다. 안사의 난을 거쳐 당 무종武宗, 후주後周 세종世宗이 멸불하였고, 특히 오대의 전란은 사원의 경제를 심각하게 파괴하여 불교의 경전과 문물들이 모두 없어지고, 불법도 거의 더 이상 전해지지 않았다는 것을 지적하고 있다. 이러한 상황에서 번잡한 예절을 따지는 수행방법은 객관적인 물질조건을 잃어 더 이상 발전할 수 없었다. 그래서 아미타불을 염하면 극락세계의 정토에 도달하고, 자심을 깨치면 쉽게 성불할 수 있는 수행방법이 점차 주요방식으로 되었다.

넷째, 수행방법에서 중국 불성사상은 또한 돈오를 중시하는 특징을 갖고 있다. 이러한 특징은 중국 고대에 직관直觀적인 전통을 중시하던 사상과 관련이 있다. 중국 고대의 사상가들은 서방의 고대 사상가들처럼 논리적 분석을 고집하지 않고 습관적으로 직관적 체험을 하였다. 일찍이 중국의 전국 시기 『장자』에는 "고기를 얻으면 통발을 잊고", "토끼를 잡으면 올가미를 잊는다."[37]라는 설이 있다. 위진 시기에 이르

---

36 (元)懷則, 『天臺傳佛心印記』. 『대정장』 46, 935쪽. "始則安史作難, 中因會昌廢除, 後因五代兵火, 敎藏滅絶, 幾至不傳."

37 『莊子·外物篇』 "得魚忘筌", "得兔忘蹄."

러 이러한 '득어망전得魚忘筌'의 본체 체험은 한층 유행을 이루어 당시 축도생은 "만약 통발을 잊고 고기를 취할 수 있으면 비로소 도를 말해도 된다."[38]라는 설법을 내놓았다.

선종에 이르러서는 돈오견성을 가장 기본적인 수행방법으로 하고 있다. 종밀宗密의 설법에 의하면 "경전은 부처님의 말씀이고, 선은 부처님의 뜻이다."[39]라는 것이다. 중국불교의 특징은 선禪에 있으니 자연히 돈오를 중시하게 된다. 이른바 점차적인 어리석은 교설에 비해, 한번만 깨달으면 그 의미를 얻는다는 뜻으로서 중국 불성론의 중요한 특색이라 할 수 있다.

다섯째, 중국 불성론의 또 하나의 뚜렷한 특징은 현실을 중시하고 세간과 출세간의 한계를 엷게 만든 것으로, 나중에는 출세出世의 불교를 세속화한 종교로 보게 한 점이다.

중국불교는 처음부터 중국 역사 전통과 정치적 현실을 중시하였다. 일찍이 양진兩晉 시기 도안道安은 예민하게 이 점을 감지하고 지적하기를, "국주國主를 의지하지 않고는 법사法事를 세우기 어렵다."[40]라고 말하였다. 그 후 중국불교는 거의 "국주를 의지하는" 길을 걸었다. 한편으로 통치자의 지지와 보호를 받으면서, 다른 한편으로 그들을 위해 변호하고 축복해 주었다. 황제는 그들에게 사원과 장원莊園을 주고, 그들은 황제를 위해 보살계를 주었다. 천자는 '나의 흥함은 불법에서 연유한다.'라고 말하였으며, 불교는 천자를 부처와 버금가는 '지존至

---

38 『高僧傳』. 『대정장』 50, 366쪽. "若忘筌取魚, 始可與言道."

39 『禪源諸詮集都序』. 『대정장』 48, 400쪽. "經是佛語, 禪是佛意."

40 『高僧傳』. 『대정장』 50, 352쪽. "不依國主, 則法事難興."

尊'으로 보았다.

또한 현실의 정치는 불교에게 각종 세외世外의 특권을 주었고, 불교 사원은 항상 향을 피우고 주원呪願하기에 앞서, 우선 반드시 현실의 정치제도를 축복하였다. 마르크스와 엥겔스는 현실적인 봉건국가의 제도는 종교의 세속을 기초로 하고, 종교의 교회조직은 "세속의 봉건국가 제도를 신성화神聖化"[41]한다고 말하고 있다. 중국 불성론은 이러한 문제에 있어서, 불타의 "마땅히 세상일에 참여하지 않고, …… 좋은 귀인貴人과 교제한다."[42]라는 교훈을 따르는 인도불교에 비해 한 걸음 진보한 셈이다.

세간과 출세간의 경계에 있어서 애매모호하고, 부단히 불교를 세속화하는 방면에서 중국 불성론의 특징이 가장 뚜렷이 나타난다. 만약 선종의 불성론이 중국 불성론의 중요한 대표라고 한다면, '즉세간출세간卽世間出世間'은 선종 불성론의 중요한 특징 가운데 하나이다. 이 문제에 관하여 본문의 제6장과 제8장에서 이미 논술하였기에 여기서는 생략한다. 여기서 우리가 해야 할 것은 이러한 사상이 탄생하고, 유전된 사회적 역사 배경을 논하는 것이다.

서방문화와 비교해 보면, 중국 고대역사의 모든 의식형태는 모두 짙은 정치적 색채를 띠고 있다. 이러한 정치적 색채는 주로 각종 의식형태가 모두 왕도정치와 밀접히 관계되어 나타나며, 이러한 의식형태는 모두 왕도의 정치에 속하고 왕도의 정치를 위해 봉사하는 것이지,

---

41 『馬克思恩格斯全集』第21卷, 545쪽.

42 (姚秦)鳩摩羅什 譯, 『佛乘般涅盤略說敎誡經』. 『대정장』 12, 1110쪽. "不得參預世事 …… 結好貴人."

왕도의 정치 위에 있는 것이 아니다.

불교도 이와 같다. 그 흥망성쇠도 늘 왕도정치의 수요에 의해 결정되었다. 봉건통치자들은 불교학설이 그들의 반동통치反動統治를 옹호하는 데 유리하다고 생각되면 인력과 재력을 아끼지 않고 불교를 흥성시켰다. 반대로 불교의 발전이 왕도정치를 위협하고 영향을 준다고 생각되면 가차 없이 정치적 힘으로 이를 폐지시켰다. 이러한 사회배경은 중국의 불교신도들로 하여금 당시 제왕에 복종하도록 하였고, 가끔은 그 복종이 석가모니에 대한 숭경을 초월하였으며, 불성론도 자연히 당시 현실의 정치적 수요를 중요한 이론지침으로 하고, 불교경전의 관련 사상에 있어서는 '육경주아六經注我'의 태도를 취하게 되었다.

중국의 사상문화적 전통으로 볼 때, 유가는 처음부터 사는 것을 중히 여기고 죽는 것을 경시하며, 인간을 중시하고 귀신을 멀리하는 경향이 있었다. 공자가 말하기를 "삶도 알지 못하거늘, 어찌 죽음을 알겠는가?", "사람의 일도 능히 못하거늘, 어찌 귀신의 일이겠는가?"[43] 라고 말했고, 도가에도 "육합六合의 밖에 성인이 있다고 하나 논하지 않고, 육합의 내에서 성인을 논하지만 정의하지는 않았다."[44]라는 설법이 있다.

이러한 사상경향은 중국인들로 하여금 이러한 '오로지 죽은 뒤에 속함'의 종교, '죽음을 위한 가르침'에 대해 별로 개의치 않게 하였다. 그들은 "천당에 간다고 하여 선한 일을 하게 한다면 언제 의義를 입고 도道를 밝겠는가? 지옥이 두려워 몸을 다스리면 누가 이理를 좇아

---

43 "未知生, 焉知死", "未能事人, 焉能事鬼."

44 "六合之外, 聖人存而不論, 六合之內, 聖人論而不議."

마음을 단정케 하겠는가?", "그러므로 주공周公과 공자는 세속에 힘쓰고, 보고 들음 밖의 것에는 관심이 없었다. 노자, 장자, 도연명의 가풍은 삼가 열심히 성분性分을 지킬 뿐이다."[45]라고 말하였으며, 중화민족의 이러한 사상전통과 심리습관에 맞추기 위해 중국불교 이론도 부단히 출세간에서 해탈을 구하는 것에서부터 세간을 벗어나지 않고 해탈을 구하는 방향으로 발전하였다. 이후로 정토종의 "예토 삼천세계에 모두 서방 구품연화계가 들어 있음"[46]과 선종의 일화일엽一花一葉들은 모두 불성에서 흘러나왔고, 일색일향一色一香은 심요心要와 묘오선기妙悟禪機를 말하고 있음을 제시하였다.

중국 불성론의 특징은 위에서 열거한 것 외에도, 도가의 '물아제일物我齊一'과 유사한 '무정유성無情有性'의 사상, "성誠은 하늘의 도道이고, 그것을 수행함은 인간의 도이다."[47]는 것과 태극혼융太極混融, 천인합일天人合一 등의 사상과 유사한 혼융무애混融無礙의 사상이 있다. 또한 중용中庸으로 불교를 변통하여 중도불성설中道佛性說을 선양하는 등의 특징이 있다. 이 모든 것들은 중국의 불성론을 충분히 설명해주고 있다. 비록 그들이 말하는 것은 고답적인 불국이나 모호한 불성이지만, 그들의 근원은 중국 영토에 있고 또한 중국의 정치제도, 경제 상황과 사상문화 전통, 사회심리 습관의 제약을 받고 있다. 엥겔스는 "물질경제

---

45 『天竺迦毗黎國傳』, 『宋書』 8, 2390. 中華書局, 1974. "要天堂以就善, 曷若服義而蹈道? 懼地獄以戒身, 孰與從理以端心?", "是以周孔敦俗, 弗關視聽之外: 老莊陶風, 謹守性分而已."

46 (淸)周夢顏, 『西歸直指』, 『속장경』 62, 129쪽. "願將穢土三千界, 盡種西方九品蓮."

47 (淸)超永, 『五燈全書』, 『속장경』 82, 648쪽. "誠者天之道, 誠之者人之道."

의 기초에서 보다 높이, 보다 멀리 있는 의식형태는 철학과 종교의 형식을 취한다. 여기서 관념은 자신의 물질적 존재조건과 연관하여 점차 혼란해지고, 점차 일부 중간 변화과정에 의해 모호해진다. 하지만 이러한 연관은 여전히 존재한다."[48]라고 지적하고 있다.

제3절 인도불교의 중국화와 유불도 삼교의 귀일

앞에서 논술하고 나열한 종교학설의 현실적 품격을 체현하는 중국불교의 특징들은 사실상 인도 불성론이 중국화된 구체적 표현이라고 할 수 있다. 하지만 인도 불성론의 중국화는 여기에서 그치지 않았다. 예를 들면 혜원의 '법성론法性論'과 양무제의 '진신론眞神論'을 중국 불성론의 중요한 특징이라고 하여 말하지 않았지만, 육조六朝 시대에 유행한 신불멸의神不滅義를 불법의 근본의로 하는 사상은 인도 불성론의 중국화된 표현일 뿐만 아니라 완전히 중국화된 불성론이라고 할 수 있다. 앞의 '외래종교와 전통사상'의 절에서 이미 이 문제에 대해 논술하였기에, 여기서 더 이상 반복하여 서술하지 않겠다.

인도불교의 중국화 문제에 대하여 만약 더 큰 범위에 놓고 이 문제를 고찰한다면, 불교의 중국화 과정은 사실상 불교가 중국에 전해진 이후부터 시작되었다는 것을 발견할 수 있다.

동한東漢 시기 사람들이 보는 불교는 신선방술로 보였다. 본래 승선우화昇仙羽化와 대립되던 열반은 "정신을 단련하여 그치지 아니하여,

---

48 『馬克思恩格斯選集』 권4, 249쪽.

무생無生에 이르면 부처가 된다."[49]라고 표현되고, 공·무아 등을 근본의
로 하여 세워진 불타 자신도 "목에 걸린 일월광은 변화무쌍하여 들어가
지 못하는 데가 없다."[50], "작아지기도 커지기도 하며, 둥글어지고 모나
기도 하고, 늙기도 젊기도 하며, 숨기도 나타나기도 하며, 불속을
걸어도 타지 않으며, 칼 위를 밟아도 다치지 않는다."[51]라는 등 신과
같이 묘사된다. 아라한 또한 "날 수도 변화할 수도 있고, 수명은 광겁으
로 천지에 주한다."[52]라는 선인仙人의 부류로 여겨진다.

위진 이후에 이르러 지혜로서 구도하는 반야학은 청담가들의 유신현
담游神玄談과 합류하여 당시의 시대상황으로 생명을 보전하고 산속으
로 들어가는 것을 그 취지로 하였다. '제도중생濟度衆生'을 그 취지로
하는 대승의 출세정신은 세간을 회피하여 산림과 계곡을 그 거처로
하여 '구차하게 성명을 난세로부터 보존함'을 구하려 하는 극단적인
이기주의로 변하였다.

당시 일부 승려들은 겉으로는 담박청고淡泊淸高를 말하여 "문전은
혼란스러우나 나는 편안히 자고, 동네는 어지러우나 나는 놀램이 없
다."[53], "괴석을 베개로 삼고, 창랑滄浪을 가까이하여 발을 씻는다."[54]라
고 한다. 하지만 도리어 "몸은 산림에 있으나 마음은 궁궐에 있음"[55]이다.

---

49 『廣弘明集』. 『대정장』 52, 99쪽. "煉其精神, 煉而不已, 以至無生, 而得爲佛."
50 앞의 책, 99쪽. "項中佩日月光, 變化無方, 無所不入."
51 『弘明集』. 『대정장』 52, 2쪽. "能小能大, 能圓能方, 能老能少, 能隱能彰, 蹈火不燒, 履刀不傷."
52 『四十二章經』. 『대정장』 17, 7222쪽. "能飛行變化, 曠劫壽命, 住動天地."
53 『廣弘明集』. 『대정장』 52, 278쪽. "門前擾擾, 我且安眠, 巷里云云, 余無警色."
54 앞의 책, 339쪽. "憑怪石而爲枕, 因爲滄浪而洗足."

수당 시기엔 보다 선명하게 석존의 "마땅히 세상일에 참여하지 않고, 좋은 귀인과 교제한다."라는 유훈遺訓으로 조정에 빌붙어 '국왕'의 보호를 받고 이를 빌어 종파를 진흥하였다. 불교의 의리義理를 대함에 있어서도 종파불교가 나타난 후로 각 종파들은 각기 자신들의 개성을 살리기 위해 막다른 길을 택하고 가풍을 만들어 '육경주아'의 정신으로 "자신의 마음에서 행해지는 법문(己心中所行之法門)"이라고 하였다.

천태종은 '성구선악性具善惡'의 불성론과 지관병중止觀幷重의 수행방법으로, 불교의 불성지선佛性至善의 전통적 설법을 고침으로써 남방은 의리를 숭상하고, 북방은 선정을 중시하는 국면을 만들어 처음으로 중국적 특색을 지닌 통일된 불교종파를 세웠다.

그의 '오시五時', '팔교八敎'설은 더욱 기발한 것으로 자체로 계통을 이루고, 자기 종파의 이해로 석존 일대의 설법에 대해 재편성을 진행하였다. 천태종의 경전에 의거하지 않는다는 정신은 일부 사람들로 하여금 그가 인도불교의 본래면목을 개변改變하였다고 질책하였다.

화엄종은 백가百家의 특징을 취합하고, 여러 방면의 내용을 겸용하는 면에서는 천태종보다는 안목을 갖추었다. '원융무애'의 이론을 취지로 중국 불교사상의 '중생유성衆生有性'설과 '일분무성一分無性'설을 철저히 대립시켜, 그들로 하여금 각기 자기가 원하는 것을 얻을 수 있게 하였다.

『화엄종요』, 『대승기신론』의 "마음은 모든 여래를 만듦"과 마음은 진여·생멸의 이문二門을 구족하고, 진여는 불변不變·수연隨緣의 이의

---

55 앞의 책, "身在山林, 心存魏闕."

二儀를 갖추고 있으며, 아뢰야식의 각覺과 불각不覺의 이중적 함의를 구비한다고 하였다. 화엄종은 『화엄경』에서 '법성청정法性淸淨'을 기초로 하여 일체제법 내지 생불生佛의 평등무애를 말하고, 그로부터 중국의 불성론의 유심적 경향을 보다 명확히 드러냄으로써 마음을 그 종파의 기본으로 하는 선종이 생겨나고 발전하게 하는 길을 만들어 주었다.

또한 선종은 보다 불타의 본회本懷와 유가의 심성학설을 직접적으로 결합시켜 직탐심해直探心海를 제창하고, 초불超佛의 조사선祖師禪과 월조越祖의 분등선分燈禪으로 전통적 불교와 불교의 전통에 대해 혁명적인 변화를 진행하였다. 이로부터 인도불교의 중국화는 이미 중국화한 불교로 발전하기 시작하였다.

이상에서 말한 인도불교의 중국화는, 특정된 입장으로 보면 그 과정이 중국이 불교에 대해 취한 일종의 '적극적'인 태도의 결과이다. '적극적'이라 함은 불교에 접촉하고 흡수하고 융합하고 소화하는 과정을 말한다. 하지만 불교가 중국에 전해진 후 그가 받은 것은 예우뿐만이 아니라 항상 거부, 적시敵視, 배척排斥 내지 금지를 당하기도 하였다. 역사적으로 불교를 반대한 사건들이 부지기수이고, 지배자가 나서서 승려들을 도태시키고 사원을 줄이고 없앤 사건도 여러 번 있었다.

불교 역사상에는 더욱이 "세 번의 배척과 다섯 번의 억지 부름을 받았다."[56]라는 설이 있다. 이 모든 것들은 불교가 중국에서 유행된 과정은 결코 순탄한 과정이 아니었다는 것을 설명한다. 이러한 문제는 본문의 연구대상이 아니기에 여기서 상세한 설명은 생략한다. 본문에

---

56 앞의 책, 25쪽. "三被誅除, 五令致拜."

636

서는 주로 불교가 중국에 전해진 후 중국의 유가사상 및 토속사상인 도교와의 상호관계를 살펴서 종교사상의 현실적 품격 내지, 수당 이후 중국 사상문화의 발전추세를 말하고자 한다.

유·불·도 삼가 간의 상호관계는 서로 배척하면서 또한 서로 흡수하고, 서로 투쟁하면서 또한 서로 융합되는 관계이다. 좀 더 구체적으로 불교는 유교에 대해 그와 가까이하려 하였고, 불·도의 사이에서는 배척하기도 하고 흡수하는 내용도 있다.

삼교三教의 사상 내용으로 보면, 유가는 인륜오상人倫五常을 근본으로 하기에 봉건윤리의 강상綱常을 지지하는 입장에서 불교의 "부모를 여의고 제왕을 멸시하며, 육친을 포기하고 예의를 버림"[57]을 질책하였다. "부자의 친정을 단절하고, 군신의 의義를 무너트리고, 부부의 화합을 소홀히 하고, 친구와의 신의를 단절시켰다."[58]라고 하여, 불교를 "나라에 들어오면 나라가 망하고, 가정에 들어오면 가정이 파괴되고, 몸에 들어오면 몸이 파괴된다."[59]라고 하는 괴물로 여기게 하였다.

다음으로, 유가는 왕도의 정치를 옹호한다는 입장에서 출발하여 "불교는 정교를 해치고", "사문은 세속을 어리석게 만든다."라고 질책한다. 그들은 불교가 왕도의 정치에 대한 위해성危害性을 진술하기를 "당나라가 부강할 때 불교가 없이도 국가는 편안했고, 제齊·양梁나라는 사원이 많았지만 황위를 잃었다."[60], 혹은 "삼황三皇 때 불교가 없이도

57 앞의 책, 133쪽. "脫略父母, 遺蔑帝王, 捐六親, 舍禮義."
58 앞의 책, 128쪽. "父子之親隔, 君臣之義乖, 夫婦之和曠, 友朋之信絶."
59 『弘明集』. 『대정장』 52, 50쪽. "入國而破國", "入家而破家", "入身而破身."
60 (宋)志磐, 『佛祖統紀』. 『대정장』 49, 358쪽. "唐虞無佛圖而國安, 齊梁有寺舍而

영원했으며, 이석(二石: 후조後趙의 석륵石勒과 석호石虎) 시대에 승려가
있었으나 정치가 가혹하였다."[61], "천황天皇·지황地皇의 세상에 부처가
없지만 황위는 연속하였고, 후조後趙·후위後魏 이래로 승려가 있었지
만 운명을 재촉하였다."[62]라고 하였다. 사문을 말하기를 "시정時政에
도움이 안 되고, 다스림에 손해만 있다."[63]라고 비판하고, "교화의 손실
은 봉불에 있고, 국가의 이익은 승려를 폐함에 있다."[64]라고 주장하였다.

그 외에 유가는 또한 이하지방夷夏之防과 화융지변華戎之辨의 측면에
서 불교는 서역에서 발생되었고 융방戎方에서 교화하였기에 중화를
교화하기 위함이 아니었으니, 마땅히 모두 다 천축으로 몰아내거나
혹은 고향으로 돌아가게 해야 한다고 주장하였다. 그들은 화華·융戎
두 민족은 품성稟性이 각기 달라 화인華人들은 "성품이 청화하고 어질고
의義를 다투어 행하므로 주공·공자(유교)는 성습의 교화를 밝혔다.
외역外域의 무리들은 성품이 강열하고 탐욕, 분노, 괴팍하기에 석가는
오계五戒로써 엄숙히 하였다."[65]라고 말하였다.

또한 『삼파론三破論』에서는 불교를 삼파의 법이라 여겼다. 이 삼파의
법은 "중국에 맞지 않고 본래 서역에 맞다."[66]라고 하여 "오랑캐는 강하고

祚失."

61 『廣弘明集』, 『대정장』 52, 187쪽. "三皇無佛而年永, 二石有僧而政虐."

62 앞의 책, 183쪽. "天皇地皇之世, 無佛而祚延, 後趙後魏已來, 有僧而運促."

63 『弘明集』, 『대정장』 52, 35쪽. "無益於時政, 有損於治道."

64 『廣弘明集』, 『대정장』 52, 187쪽. "損化由於奉佛, 益國在於廢僧."

65 『弘明集』, 『대정장』 52, 19쪽. "稟氣清和, 合仁搶義, 故周孔明性習之教: 外域之徒,
稟性剛強, 貪慾忿戾, 故釋氏嚴五戒之科."

66 『弘明集』, 『대정장』 52, 50쪽. "不施中國, 本正西域."

예의 없음이 금수와 다르지 않다."[67]고 하였다. 그러므로 불교를 일으켜 "그 악종자를 끊어야 한다."[68]라고 주장한다. 이러한 설들은 민족적 편견을 띤 것이지만, 유가는 이러한 중국 역사상 이하 지방의 전통으로 그들이 불교를 제어하고 배척하여 목적에 도달하고자 하였다.

결론적으로 유가가 불교를 반대하는 데는 주로 위에서 말한 세 가지 측면의 윤리도덕, 왕도정치, 이하지변夷夏之辨을 근거로 하였다. 이 세 가지 내용은 중화민족의 사회정치 제도, 사상문화 전통, 민족심리 습관의 특징이자 근본이기도 하다. 그리하여 불교도들로 하여금 이러한 근본적인 문제에 대해 알맞은 해석과 답변을 찾아서 버려지는 운명을 면할 수 있게 하였다. 불교와 유가의 투쟁은 대부분 이러한 자기보호적인 해명과 해명을 위한 자기보호에서 나타나고, 또한 자기보호 과정에서 기회를 엿보아 반격하곤 하는 것이었다. 그 반격의 수단은 주로 유가의 경전과 저술들을 무기로 하여 유가의 무분별한 질책에 반격하였다. 유가 경전이 속세에 얽매인 한때의 방편설이나, 불교는 끝없는 업을 바라보고 성령性靈의 비밀을 영구하고 생명의 근본인 구경의究竟義를 구분하는 것이며, 유교는 임기응변일 뿐으로, 불교야말로 진실하다고 밝혀 불교가 유교보다 우월하다고 밝혔다.

유가가 불교에 대한 질책에는 인륜오상人倫五常에 대한 내용이 있다. 불교는 재가·출가, 방내方內·방외方外로 이를 변론한다. 출가하지 않은 사람은 "교화에 순종하는 사람으로 정이 속화되지 않았고, 자취는 방내方內와 같으므로 천부天賦의 애愛가 있고, 군주를 섬기는 예의가

---

67 앞의 책, 50쪽. "胡人 …… 剛强無禮, 不異禽獸."
68 앞의 책, 50쪽. "慾斷其惡種."

있다."[69], "출가하면 방외方外의 사람이라 자취가 사물에서 끊어졌다. 그 가르침은 일체의 우환과 번뇌가 몸이 있기에 인연이 되고, 몸이 없으면 근심은 사라진다. 생이 품 받아서 생한 줄 알면, 세속의 교화를 따르지 말아야 종을 구할 수 있다."[70]라고 한다. 이로부터 "모두 세속을 은둔하여 그 뜻을 구하는 것이며, 세속을 등짐은 그 도를 통달하기 위함이다. 변속하여 의복과 규장은 세전世典과 같은 예의가 아니지만 세상을 은둔함은 마땅히 그 자취가 높고 멀다."[71]라고 한다. 그 의미는 집에서 법을 받드는 자는 순화한 백성으로 부자의 친정과 군신의 예를 갖춘 것이고, 출가한 방외의 사람은 그 취지가 체극體極으로 종宗을 얻으려는 데 있고, 종을 얻으려면 신체가 순화하여서는 안 되기에 은둔하여 세속의 은애恩愛의 예의를 버려야 한다는 것이다. 그들은 석전釋典에도 친인親人을 섬기고 스승을 존경하며 군자를 받든다는 설법이 있으므로, 세속에 처해 있는 것은 친인을 섬기고 주인을 받들며 효도를 다하는 데 장애가 되지 않는다고 말하고 있다.

또한 "공자는 효를 다함이 최고의 인仁으로 사해를 덮고, 석존은 대자비로 힘씀이니 교화하여 오도五道에 두루한다."[72]라고 말하여 유교가 효를 중시하는 것과 불교의 대비는 표현은 다르나 같은 내용을

---

69 앞의 책, 30쪽. "則是順化之民, 情未變俗, 跡同方內, 故有天屬之愛, 奉主之禮."

70 앞의 책, 30쪽. "出家則是方外之賓, 跡絶於物. 其爲敎也, 達患累緣於有身, 不存身 以息患: 知生生由於稟化, 不順化以求宗."

71 앞의 책, 30쪽. "皆遁世以求其志, 變俗以達其道. 變俗則服章不得與世典同禮, 循世則宜高尙其跡."

72 『廣弘明集』. 『대정장』 52, 224쪽. "孔以致孝爲務, 則仁被四海, 釋以大慈爲務, 則化周五道."

말하고 있다고 주장한다. 또한 그들은 출가하여 수도하여 성공하면 "도는 육친에도 좋고 천하에 은혜롭다. 비록 벼슬은 하지 않지만 또한 진리에 계합하여 백성에 자연히 너그럽다."[73]라고 주장한다. 이는 "안으로 천부적인 존중을 어긴 것 같으나 그 효를 위배하지 않았고, 밖으로 군주를 받드는 공손이 빠진 것 같지만 그 공경을 잃지 않았다."[74]라는 것을 말하여 재가와 출가, 방내와 방외를 하나로 통합하고 있다.

유가가 불교의 '국가의 제도에 손해를 준다'는 질책에 대하여, 불교신도들은 대부분 불교로 살殺을 없애고 선善을 권하는 등의 교의로 민풍民風을 정화하고 교화하여 국가의 정치에 유리하도록 한다고 설명한다. '승려가 있어 정치가 가혹해진다'는 설법에 대해 그들은 역사적 전고典故를 인용하여 반박하고 있다. 예를 들면 "주(周: 주 무왕)가 주(紂: 상 주왕)를 참수했지만 어찌 불경에서는 보았겠는가? 진시황이 유생을 땅에 묻었지만 불교와는 상관이 없다. 예禮가 무너지고 악樂이 파괴되었지만 불교에서는 보지 못했고, 전국 시기에 군주를 섬기지 아니했는데 어찌 승려가 관련되었단 말인가?"[75] 등이 있다.

'이하지변'의 문제에 대해서도 불교신도들은 유가에서 숭상하는 성현들 가운데 다른 종족도 있다는 주장으로 유가를 반격한다. 예를 들면 "우임금은 서강西羌에서 출생했고, 순임금은 동이東夷에서 태어났

---

73 『弘明集』. 『대정장』 52, 30쪽. "道洽六親, 澤流天下, 雖不處王侯之位, 亦已協契奧極, 在宥生民."

74 앞의 책, 30쪽. "內乖天屬之重, 而不違其孝, 外闕奉主之恭, 而不失其敬."

75 『廣弘明集』. 『대정장』 52, 128쪽. "周斬紂首, 豈見佛經, 秦坑儒士, 非關釋化, 禮崩樂壞, 未睹浮圖, 戰國無主, 何關僧僞."

는데, 어찌 변방이라고 해서 그 성인이 나오지 않으리? 공자는 동이에 살고자 했고, 노자는 서융西戎으로 갔는데, 도가 어찌 지방을 가리겠는가?"[76] 또 "유여由余는 서융에서 태어났지만 진목공秦穆公을 도와 패권을 잡았고, 일제日磾는 북적北狄에서 출생했지만 한무제漢武帝를 도와 위험을 구제하였다. 하필이면 동속이라고 택하고 이방인이라고 버리겠는가? 대도로서 높음을 삼으니 피차를 논하지 않고, 법은 선善으로 성을 삼는데 멀고 가까움을 따지겠는가?"[77]라고 하였다. 지역을 문제 삼으면 불교신도들은 중국 역사상의 이락伊洛이 하夏에 속하지 않고, 오吳와 초楚가 중화로 된 사실을 예로 들어, 이夷와 하夏의 구역은 영원히 변하지 않는 것이 아니라고 지적하여 "사해의 안이 바야흐로 삼천리인데, 중하中夏가 점거하는 곳은 또한 그리 넓지 않았다. 이락伊洛이 하夏에 속하지 않았고, 국鞠도 융허戎墟이고, 오吳와 초楚는 본래부터 이夷인데 화읍華邑으로 변화였다. 조화는 흐르고 지방도 영원히 변하지 않는 곳이 없다."[78]라고 말하고 있다. 불교신도들의 이 같은 반박은 어느 정도의 설득력을 갖고 있고, 또한 어떤 의미에서 지역으로 사람의 높고 낮음을 구분하고, 종족으로 사람의 우열을 가리는 편견을 바로 잡았다. 이는 불교가 중국에서 유행되고 전파함에 있어서 장애를

---

76 『弘明集』. 『대정장』 52, 95쪽. "禹出西羌, 舜生東夷, 孰云地踐而棄其聖? 丘慾居夷, 聃適西戎, 道之所在, 寧選於地?"

77 『廣弘明集』. 『대정장』 52, 188쪽. "由余出自西戎, 輔秦穆以開霸業, 日磾生於北狄, 侍漢武而除危害, 何必取其同俗而舍於異方. 師以道大爲尊無論於彼此. 法以善高爲性, 不計於遐邇."

78 『弘明集』. 『대정장』 52, 95쪽. "四海之內, 方三千里, 中夏所據, 亦已不曠, 伊洛不夏, 而鞠爲戎墟, 吳楚本夷, 而翻成華邑, 造有運流, 而地無恒化."

없애는 데 큰 역할을 한 것이다.

유가의 질책에 대한 답변을 완성한 후, 불교신도들은 반격하기 시작
하였다. 그들은 유가학설은 본래 세속을 구하고 세속을 다스지만,
성령의 진오眞奧을 탐구하지 못하였기에 단지 세간의 선善으로써 범凡
을 성聖으로 변화시키지 못한다고 여겼다. 그리하여 불교와 비교하여
개똥벌레는 일월이 될 수 없고, 제비는 봉황이 될 수 없는 것과 비슷하다
고 하였다.

혜림慧琳의『백흑론白黑論』에서는 불교도의 말을 인용하기를, "유가
의 교는 바로 일세에만 미침으로 내생의 무궁함을 보지 못하고 ……
보고 듣는 것 밖에 알지 못하니 진실로 슬프도다. 석가의 무궁한 업業은
중첩된 위험을 구제할 뿐만 아니라 방촌의 적정도 생각하니, 우주도
그 밝음을 담을 수 없다. 자비의 교는 어떤 중생도 교화하지 못함이
없다 …… 선각은 세상 위를 헤집고 날아다니지만 후각은 힘차게 날아오
르지 못함이 우물 안의 국면이니, 어찌 하물며 큰 세계를 알겠는가?"[79]
라고 기록하고 있다.

남조南朝 송宋 문제文帝도 범태范泰, 사령운謝靈運의 말을 인용하기
를, "유교의 육경은 본래 세속을 구제하고 다스리기 위함일 뿐이다.
반드시 성령의 진오眞奧를 구하고자 한다면 어찌 불경으로 지표로
삼지 않겠는가!"[80]라고 하였다. 세 번 몸을 버리고 출가하여 노예가

---

79 『天竺迦毗黎國傳』,『宋書』8, 2390쪽. 中華書局, 1974. "周孔爲敎, 正及一世,
不見來生無窮之緣 …… 視聽之外, 冥然不知, 良可悲矣. 釋迦關無窮之業, 拔重關
之險, 陶方寸之慮, 宇宙不足盈其明: 設一慈之敎, 群生不足勝其化 …… 先覺翻翔
於上世, 後悟騰囊而不紹, 坎井之局, 何以識大方之家乎!"

된 양무제가 말하기를 "도는 96종이 있으나 오직 불도만이 정도이다. …… 노자, 주공, 공자 …… 세간의 선에 그칠 뿐이지 범부를 성인으로 변화시키지 못한다."[81]라고 하였다.

『홍명집』과 『광홍명집』에서도 많은 불교신도들이 유가에 대한 배척과 비평을 담고 있다. 그들은 "불교의 선을 권하고 덕행으로 나아감은 칠경七經이 미치지 못하고, 악을 경계하고 어리석음을 방지함은 구류九流도 비교할 수 없다."[82], "공자와 노자가 시설한 교는 하늘의 법으로서 제어하니 감히 하늘을 어길 수 없고, 제불의 설교는 제천마저도 받들어 행하니 감히 부처를 위배할 수 없다."[83]라고 하였다. 혹은 공자가 물이 흘러감(逝川)을 개탄하는 것을 보고 비웃기를 "천류를 깨닫지 못하였다."라고 말하고, 또한 "세속의 지극한 담론이지 세속을 뛰어넘는 언론이 아니다."[84]라고 말하기도 한다.

전체적으로 볼 때 주공, 공자의 교리는 방내 제속濟俗의 방편설이고, 오직 불교만이 성령의 오묘奧妙을 탐구하는 진실설眞實說로서 범에서 성을 이루게 하는 구경의究竟義라고 한다.

유가와 불교의 상호관계에 비해, 불교와 도교의 대립과 투쟁은 보다 격렬하였다. 이는 한편으로 도교가 유가학설과 같이 민족적 사상전통

---

80 『弘明集』, 『대정장』 52, 69쪽. "六經典文, 本在濟俗爲治耳, 必求性靈眞奧, 豈得不以佛經爲指南邪!"

81 『廣弘明集』, 『대정장』 52, 112쪽. "道有九十六種, 惟佛一道是於正道 …… 老子·周公·孔子 …… 止是世間之善, 不能革凡成聖."

82 앞의 책, 187쪽. "勸善進德之廣, 七經所不逮, 戒惡防患之深, 九流莫之比."

83 앞의 책, 189쪽. "孔老設敎, 法天以制, 不敢違天, 諸佛說敎, 諸天奉行, 不敢違佛."

84 앞의 책, 137쪽. "方內之至談, 非逾方之巨唱."

에 깊이 뿌리내린 것이 아니기 때문에, 이와 대립한다고 하여도 불교가 중국에서 존재하고 발전하는 데 직접적으로 영향주지 못한다. 다른 한편으로는 사상적 내용면에서는 불교와 도교의 많은 기본관점들이 직접 대립된다.

예를 들면, "불법은 유형有形을 공환空幻이다.", "도법은 나로서 진실로 삼는다."[85], "석가는 물物이 곧 공空이니, 공과 물이 하나이고, 노자는 유有와 무無는 둘로 행하니, 공과 유는 다르다."[86]라고 한다.

도가에서는 "유有 밖에 의義를 신장함"을 말하고, 석가는 "색色으로써 공空을 도출함"[87]을 주장하며, 노자는 "자연적으로 화化함"을 말하고, 불교는 "연緣으로써 생生함"을 말하며, 석가는 '열반涅槃'이라 부르고 도가는 '선화仙化'를 말하며, 석가는 '무생無生'을 말하고 도가는 '불사不死'를 말하는 등이다.

불교도들은 늘 석가, 도교의 이러한 사상적인 차이점을 두고 도교의 천박하고 저열함을 비판하여 "도의 부류가 아니다."라고 말한다. 『노자』 오천문五千文과 『장자』에 대하여 불교도들은 한 치의 양보도 없었고, 삼장(三張: 張角, 張寶, 張梁), 갈홍葛洪의 도술, 선교에 대해 불교신도들은 이것들을 '귀도鬼道', '위법僞法'이라 질책하였다. 도교와 도가를 분열하려 시도하고, "선교仙敎는 도가 아니다.", "장생불로의 법은 도교가 아니다."라고 하여 도교에게 무겁고 철저한 타격을 안겨주었다.

---

85 『弘明集』. 『대정장』 52, 42쪽. "佛法以有形爲空幻", "道法以吾我爲眞實."

86 『天竺迦毗黎國傳』, 『宋書』 8, 2390. 中華書局, 1974. "釋氏卽物爲空, 空物爲一, 老氏有無兩行, 空有爲異."

87 『弘明集』. 『대정장』 52, 39쪽. "外有張義", "卽色圖空."

도교가 불교에 반격하는 방식은 혹은 직접 불교와 법을 다투고, 혹은 노장老莊을 내세워 도가사상과 불교학설 사이에 평형을 이루려 하였으며, 대부분 조정을 엎고 정치적 힘으로 불교를 타격하였다. 북조 시기 두 번의 폐불은 모두 도교의 신선파神仙派가 주도하였는데, 북위北魏의 구겸지寇謙之와 북주北周의 위원숭衛元嵩이 도교의 신도들 이다.

종합적으로 불교는 외래종교로서 중국에 전해진 후 중국의 전통적 사상, 왕도정치, 민족 심리적 습관 등의 요인 때문에 완강한 저항과 배척을 받았다. 스스로 이국땅에서 뿌리를 내리도록 하기 위해 중국불교는 부득이하게 일부 인도불교의 면모를 바꾸어 중국 봉건왕권의 요구에 부합되도록 스스로의 생존과 발전을 도모하였다. 이는 어쩌면 중국 불성론의 허다한 현실적 품격의 다른 한 사회적 근거일 것이며 혹은 다른 근거가 되기도 한다.

유·불·도 삼교의 상호 투쟁은 사상적 영역에서 다음과 같은 상황으로 표현되기도 한다. 한편으로 유자儒者와 도사道士들은 효과적으로 불교를 제어하고 배척하여 자기가 투쟁에서 승리를 거두기 하기 위해 열심히 불법을 공부한다. 다른 한편으로 불교도들은 유교, 도교의 공격에 대처하고 자신이 뿌리내리고 발전하도록 하기 위해 열심히 유전儒典과 도교의 저서를 연구한다. 투쟁방식에 있어서 삼자는 모두 상대를 이단 적인 사설邪說로 생각하고 비난하지만, 자기도 모르게 사적으로 혹은 공개적으로 상대의 학설에서 자신에게 유리한 내용을 흡수하여 자신을 풍부하게 하고 충실하게 하였으며, 또 보완하여 자신이 상대를 포함하고 있고, 상대를 초월하는 방대한 종교학설이나 사상체계가 되기를 원하였다.

이리하여 중국의 사상문화의 발전은 세 개의 큰 사상 조류 사이에서 상호 배척하고 또한 상호 흡수하며 서로 투쟁하고 또한 서로 융합하며, 총체적으로 배척하고 투쟁하면서 점차 하나로 합쳐지는 국면을 만들어 갔다.

예를 들면 삼교합일이 하나의 시대적 유행이 된 것은 수당 이후의 일이다. 하지만 삼교일치(합일)의 사상은 한위漢魏 시대에 일찍이 나타났는데 『후한서』, 『홍명집』과 『광홍명집』에는 삼교가 상호 투쟁한 사실과 승려 문인들의 '삼교공철三敎共轍'의 논술을 기록하고 있다.

불교는 중국에 전해진 후에 신선방술의 한 종류라고 인식된 때가 있었다. 도교는 창립과정 중 일부 불교의 교의와 의궤儀軌를 이용하여 도교의 교의와 과의科儀를 편성하였다. 그리하여 그 시기에는 부도浮屠와 황로黃老가 공존하였다. 한漢 광무제光武帝의 아들 초왕楚王 영英은 "황로학을 좋아하고, 불교의 재계제사를 한다."[88]라고 말하고 있고, 한 명제는 초왕 영에게 쓰는 칙서에서 말하기를, "초왕은 황로의 미언을 송하고, 불교의 사당을 숭상하였다."[89]라고 한다.

양해襄楷는 환제에게 올리는 상서에서 말하기를, "궁중에 도교와 불교의 사당을 세웠다."[90]라고 말하여 여전히 황로와 부도를 동등하게 보고 있다. 그 시기의 『모자이혹론牟子理惑論』에서는 사상적인 측면에서, 불교와 유·도가 결코 상호 배척만 되는 것이 아니라, 많은 상통한

---

88 『後漢書·楚王英傳』"喜黃老學, 爲浮屠齋戒祭祀."

89 『後漢書·楚王英傳』"楚王誦黃老之微言, 尙浮屠之仁祠."

90 『後漢書·襄楷傳』"又聞宮中立黃老浮屠之祠."

점을 갖고 있다고 설명하고 있다. 여기서 말한 바와 같이 불교는 "사람을 인도하여 무위無爲에 이르게"[91] 하고 '사리사욕이 없는 무욕'을 주장하는데 이는 도가와 일치한다.

또한 불교에서 "가정에서는 어버이를 섬기고, 국가에 임해서는 백성을 다스리며, 혼자서는 몸을 다스린다."[92]는 것은 유가와 일치한다. 위진 시기에 들어와서는 불교는 현학에 의존하였고, 그 시기의 승려들은 거의가 문장 짓기에 능하고 세전世典에 통달하였으며, 사대부 또한 불리佛理를 겸하고 불교에 통달하였다. 반야의 도리는 노장에 부합했고, 고승들의 풍격은 또한 청담명류와 비슷하였다. 이 시기의 많은 문인학자, 명승, 도사들은 여러 입장에서 각기 다른 태도로 삼교가 일치하다는 사상을 논술하였다.

진晉의 저명한 문학가 손작孫綽은 이미 유석일치의 주장을 가지고, 『유도론喩道論』에서 말하기를, "주공이 곧 부처이며, 부처가 곧 주공으로 내외의 이름이 다를 뿐이다. …… 불은 범어梵語이고, 진(중국)의 말로는 각覺이다. 각의 뜻은 물物을 깨달음을 말한다. 맹자가 성인을 선각先覺으로 삼은 것과 비슷하니, 그 뜻은 하나이다. 세상에 응함에 물物에게 궤도를 보임이 역시 때를 따른 것이다. 유교는 시대의 폐단을 구제하고, 불교는 그 본을 밝혔을 뿐이다. 함께 머리와 꼬리가 됨이니, 그 대강은 다르지 않다."[93]라고 서술하고, 북주北周 도안道安의 『이교론

---

91 『弘明集』. 『대정장』 52, 1쪽. "導人致於無爲."

92 앞의 책, 1쪽. "居家可以事親, 宰國可以治民, 獨立可以治身."

93 앞의 책, 17쪽. "周孔卽佛, 佛卽周孔, 盖內外名耳. …… 佛者梵語, 晉訓覺也, 覺之爲義, 悟物之謂, 猶孟軻以聖人爲先覺, 其旨一也, 應世軌物, 盖亦隨時. 周孔

648

二教論』에서는 동도東都 일준동자逸俊童子의 말을 실어 "삼교는 비록 다르나 선善을 권하는 의義는 하나이고, 교의 자취는 다르나 도리를 알면 같다. 노자가 몸의 환란을 슬퍼하고 공자가 물이 흘러감을 개탄함은 진실로 사후의 생존을 말하고 지난 일을 감수하여 물物의 변화를 알고자 함이니, 어찌 불교의 몸을 싫어하는 무상의 설과 다르겠는가?"[94] 라고 기록하고 있다. 그 외에 동진東晉 도안道安의 제자 혜원은 삼교가 시작은 각기 다르지만, 그 종점은 동일하다고 논술하였다.

『답하진남난단복론答何鎭南難袒服論』에서 혜원은 "불교교리는 유교의 명교이니, 석가가 주공周孔이다. 머리와 복장은 비록 다르지만 속으로는 서로 영향을 준다. 밖으로는 다르나 끝에는 같다."라고 하였다. 하지만 단지 "묘한 자취는 일상에 숨겨져 있고, 매昧하여서 찾기가 어렵다. 불교의 지극한 말씀은 유교의 세전과 격차가 있어, 사대부는 불교와 다르다고 생각한다."[95]라고 밝히고 있다. 혜원과 동시대의 종병宗炳도 『명불론明佛論』에서 보다 명확하게 "공자, 노자, 여래, 비록 셋의 가르침이 다른 길이나 선을 익히는 방면은 공통이다."[96]라고 서술하였다.

救時弊, 佛敎明其本耳. 共爲首尾, 其致不殊."

94 『廣弘明集』. 『대정장』 52, 136쪽. "三敎雖殊, 勸善義一, 敎跡雖異, 理會則同. 至於老嗟身患, 孔嘆逝川, 固慾後外以致存生, 感往以知物化, 何異釋之厭身無常之說哉!"

95 『弘明集』. 『대정장』 52, 3쪽3. "道訓之與名敎, 釋迦之與周孔, 發致雖殊, 而潛相影響: 出處誠異, 終期則同", "妙跡隱於常用, 指歸昧而難尋, 遂令至言隔於世典, 談士發殊途之論."

96 앞의 책, 12쪽. "孔·老·如來, 雖三訓殊路, 而習善共轍也."

남북조 이후에 이르러 삼교일치의 사상은 날로 성행하였다. 남조의 명승 혜림은『백흑론』을 지어 삼교의 차이가 있음을 평론하였다. 문장의 맨 끝에 "다만 육도六度와 오교五教를 병행할 줄 알고, 신순信順과 자비가 함께 성립한다. 길은 다르나 함께 돌아가니, 낡은 수레의 전철을 고수하지 말라."[97]라고 말한다.

일생동안 송宋, 제齊, 양梁의 세 시기를 거친 저명한 문학평론가 유협劉勰도 "공자와 석가의 교가 다르나 도리는 계합한다."[98]라고 말했다. 유송劉宋 시대의 관료 주옹周顒은 "나는 마음에 석가의 가르침을 가지고, 일에는 유교의 말을 사용하기를 좋아한다."[99]라고 하였다. 남제南齊 시기의 명사 장융張融은 불교와 도가는 근본적인 사상이 일치한다고 주장하여, 사람들한테 자신이 죽으면 그의 왼손에『효경』과『노자』를, 그리고 오른손에『소품법화경小品法華經』을 들리도록[100] 하여 삼교병중三教幷重에 경의를 표하였다.

육조 시기의 문인명사, 불교고승들의 삼교일치의 사상에 대해서는 『홍명집』와『광홍명집』에서 쉽게 찾아볼 수 있기에 여기서는 생략하도록 한다.

다음으로 도교적인 측면에서 그들은 어떻게 삼교일치를 보고 있는지 살펴보기로 하겠다. 당시의 도교도들 가운데 비교적 유명한 이는 갈홍

---

97 『廣弘明集』,『대정장』52, 132쪽. "但知六度與五教幷行, 信順與慈悲齊立耳. 殊途而同歸者, 不得守其廢輪之轍也."

98 『弘明集』,『대정장』52, 51쪽. "孔釋教殊而道契."

99 앞의 책, 39쪽. "吾則心持釋訓, 業愛儒言."

100 『南齊書·張融傳』"左手執『孝經』·『老子』, 右手執『小品法華經』."

葛洪, 구겸지寇謙之, 도홍경陶弘景 등이 있다. 결론적으로 세 사람은 모두 삼교일치의 사상을 갖고 있었다. 구체적으로 살펴보면 구겸지와 갈홍은 양생修生하여 세상을 돕자고 주장하였고, 도홍경은 불교를 끌어들여 유와 도를 융합하고 있다.

갈홍의 『포박자抱朴子』는 유교의 응세應世와 도교의 수생修生을 같이 다룬 대표작이다. 그는 응세와 수생은 서로 배척하지 않을 뿐만 아니라 상호 보충하고 있다고 주장한다. 그는 "만약 모두 처자를 버리고 홀로 산에 머물러 막연히 인리를 단절하고 고독하게 목석을 이웃으로 삼는 것은 마땅하지 않다. …… 만약 다행히 집에 있으면서 죽지 않는다면 또한 하필 속히 승천을 구하겠는가!"[101], "고인은 대부분 도를 얻고 세업을 도왔으며, 수도는 조정에 숨어서 했는데, 여력이 있는 까닭이다. 하필 산속에서 수행하고서 얻겠는가!"[102]라고 주장하는데, 갈홍과 마찬가지로 구겸지 또한 '유도겸수儒道兼修'의 긍정적인 제창자이다. 그는 유가의 '국가를 보좌하고 백성을 도움(佐國扶民)'의 사상으로 민간의 원시적인 도교사상을 개조하기 위해 최호崔浩에게 이 방면의 도움을 청하였다.

『북사北史』의 기록에 따르면, "천사天師 구겸지가 항상 최호에게 말하기를, 고대 흥망의 역사를 듣기를 항상 밤부터 아침까지 하였고, 의지가 있었고 얼굴이 엄숙하였으며, 깊이 그것을 찬미하였다. ……

---

101 『抱朴子·內篇·對俗』 "若悉棄妻子, 獨處山澤, 邈然斷絶人理, 塊然與木石爲鄰, 不足多也 …… 若幸可止家而不死者, 亦何必求於速登天乎!"

102 『抱朴子·內篇·釋滯』 "古人多得道而匡業, 修之於朝隱, 盖有餘力故也. 何必修於 山林, 然後乃成乎!"

최호에게 말하기를 '내가 마땅히 유교를 겸수하여 태평진군을 보조하고
배움에 옛것을 가리지 않겠다. 나를 위하여 왕자정전을 찬술하여 아울
러 그 대요를 논해 달라.' 최호는 이에 이십여 편을 저술하였다."[103]라고
서술한다. 이는 구겸지가 유가를 도교에 끌어들이고, 유·도의 결합을
주장한 사례이다. 갈홍과 구겸지의 유·도의 융합과 비교하면, 도홍경
은 유·도를 같이 수행하는 전제 하에 불교를 융합하였다. 그의 저서
『모산장사관비茅山長沙館碑』에서 그는 "백법百法이 어지러우나 삼교의
경계를 넘지 않는다."라고 말하는데, 삼교는 모두 이치가 있기에 거기에
경중을 가릴 필요가 없다는 것이다. 『진호眞浩』에서는 "윤회전업의
설을 도교로 끌어들이고, 주희朱熹는 그의 『견명편甄命篇』에서 도리어
불가의 『사십이장경』을 가져다 사용하였다고 말하였다."[104]라고 말한
다. 또한 그 외 몇몇 저서들, 예를 들면 『운제상運題象』에서는 "겨자씨가
홀연 만경萬頃이 되고, 그 가운데 수미산이 있다."[105]라고 말하고,
『협창기協昌期』와 『천유미闡幽微』에 기재된 풍도酆都와 귀관鬼官의 이
야기도 모두 불교의 지옥설에서 유래된 것이라 말한다.

『광홍명집』의 기록에 따르면, 도홍경과 충화자冲和子는 은거하여
"항상 불법을 받듦을 업으로 삼고 승려를 만나기만 하면 예배하지
않는 적이 없었다. 바위 굴속에 불상을 모셔놓고 스스로 문도와 수학하

---

103 『北史』"天師寇謙之每與浩言, 聞其論古興亡之跡, 常自夜達旦, 竦意斂容, 深美之
…… 因謂浩曰: '吾當兼修儒教, 輔助太平眞君, 而學不稽古. 爲吾撰列王者政典,
並論其大要.' 浩乃著書二十餘篇."

104 『四庫全書總目提要』"百法分湊, 無越三教之境", "將輪回轉業說引入道教, 朱熹
說其中之『甄命篇』却是竊佛家『四十二章經』爲之."

105 『南史·陶弘景傳』"芥子忽萬頃, 中有須彌山."

는 사람을 인솔하여 조석으로 참회하고 항상 불경을 독송하였다."[106]라
고 하였다.

　말년에 이르러 도홍경은 불교를 숭배함이 더욱 깊어 꿈에 "부처가
그에게 보리기菩提記를 주고 이름을 승력보살勝力菩薩이라 하였다고
하고, 또한 무현鄭縣의 아육왕탑阿育王塔에서 오대계를 받겠다고 맹세
하였다."[107]라고 기록하고 있다. 죽기 전에는 "관건법복冠巾法服 위에
대가사를 하였는데 관속의 머리부터 발까지 덮었다. …… 도사와 도사
문중이 함께하고 도인은 왼쪽에, 도사는 오른쪽에 있게 하라."[108]고
유언을 남기는데, 이는 모두 도홍경은 유·도·석 삼교일치를 주장하는
사람이라는 것을 설명한다.

　육조六朝의 도사들은 불교를 도교 속으로 가지고 와서 불교와 도교를
융합하였다. 『광홍명집』에서는 당시 승려들의 말을 인용하기를, "이름
이 도사인데 실제로는 불교승법을 배운다. 불교 배우기를 전념하지
않음은 도면상의 용龍이고 화폭상의 호랑이의 무리일 뿐이다. 어찌
녹건鹿巾을 버리고, 불교의 황갈黃褐을 입고 머리를 깎고, 물든 가사를
수하고, 세존에게 귀의하지 않는가?"[109]라고 하였다. 도사들이 불법을

106 『廣弘明集』. 『대정장』 52, 185쪽. "常以敬重佛法爲業, 但逢衆僧, 莫不禮拜, 岩穴
　　之內, 悉安佛像, 自率門徒受學之士, 朝夕懺悔, 恒讀佛經."
107 『南史』 卷七十六 「隱逸下·陶弘景傳」 "佛授其菩提記云, 名爲勝力菩薩. 乃謁鄭縣
　　阿育王塔自誓, 受五大戒."
108 『南史』 卷七十六 「隱逸下·陶弘景傳」 "冠巾法服 …… 通以大袈裟, 覆衾首足
　　…… 道人·道士·幷在門中, 道人左, 道士右."
109 『廣弘明集』. 『대정장』 52, 185쪽. "自名道士, 而實是學佛家僧法耶. 學佛不專,
　　盖是圖龍畫虎之儔耳, 何不去鹿巾, 釋黃褐, 剃發須, 染袈裟而歸依世尊."

배우는데 늘 그 모양을 그르친다는 것이다. 사실상 이는 예상된 일이라 할 수 있다. 도사들이 불법을 배우는 것은 승려들이 불법을 배우는 것과 다르다. 완전히 일치하다면 도사들은 도사가 될 수 없지 않는가? 배우기는 하나 그 모양이 그르다고 하는 것은 도교가 불교를 흡수하고 융합하는 구체적 표현이라 볼 수 있다.

육조 시기의 유·석·도 삼교가 서로 흡수하고 융합하여, 수당 시기에 이르러서는 새로운 국면에 이르게 되었다. 수당 시기의 통치자들은 비록 여러 측면의 원인에서 삼교일치를 찬양하거나 억압하지는 않았지만, 그들은 대개 흡수하고 아울러 취하는 태도를 보였다.

수隋 양제煬帝가 불교를 숭상한 것은 사전史傳에서 쉽게 찾아볼 수 있다. 하지만 그는 유교, 도교를 완전히 폐하지 않았다. 그가 동서 두 도읍에 거주하거나 여행을 떠날 때면 늘 승려, 도사, 여관女冠의 사도장四道場들이 따랐다.

이李씨 당조唐朝 시기는 이씨가 주하(柱下: 老子)의 후사後嗣란 이유로 특히 도교를 중히 여겼다. 하지만 당조의 지배자들도 유교와 불교를 완전히 폐하지는 않았다. 당나라 태종太宗은 일대의 명군이지만 그는 불교를 아주 숭상하고 존경하였다. 그는 현장玄奘 역경의 「서序」를 극찬하고 그 경전을 얻은 후 사례하기를, "…… 내전內典에서는 더욱 들은 바가 없다. 어제의 서문을 지음이 심히 부끄럽구나! 오직 금간金簡에 필묵으로 더럽히지 않을까 두렵고 보배에 돌로 표하는 것 같구나! 갑자기 서신을 받으니 칭찬에 미안하고 생각 생각해봐도 나의 얼굴이 두껍구나, 칭찬을 받을 수 없고 고맙다는 말은 헛수고다."[110]라고 하였다.

당태종이 불교에 대한 존경이 진심인지 아니면 어떠한 이용할 목적에서 나온 것인지는 짐작할 수 없으나, 그의 이러한 태도는 불교의 객관적 지위를 높였고, 불교의 전파와 발전에 추진적인 역할을 하였다. 당나라의 황제들은 비록 가끔 도교를 선양하고 불교를 억압하고, 또 가끔은 불교를 선양하고 도교를 제압하기도 했지만, 사실적으로는 단지 선양하는 교가 다른 교들보다 높은 위치에 놓이도록 한 것이지, 한 가지 교만을 존재하도록 한 것은 결코 아니었다. 또한 억압이라 함은 단지 제압당하는 교가 기타 교들보다 낮은 위치에 놓이도록 한 것이지 결코 버린 것은 아니다.(武宗의 폐불은 특수한 경우이다.)

본래 유가사상은 중국의 전통적 사상이었다. 특히 한 무제가 유독 유술儒術을 숭상한 이후부터 유학은 사회의 통치적 사상으로 상승하였다. 하지만 동한 말년에 이르러 경학 자체가 막다른 골목에 이르고, 당시 정치적 형세 등의 원인에 의해 유학이 쇠퇴하고 현학이 성행하는 국면을 초래하게 되었다. 육조 시대 내지 수당 시기까지 유학은 현학顯學이 아니라 단지 전통적 사상문화로서 자리 잡았으며, 중화민족, 특히 봉건 사대부의 사상 방법 내지 심리적 습관에 심도 깊게 영향을 주었다. 또한 그들은 왕도정치 및 종법제도宗法制度의 이론적 지주이고 사상적 기초였기 때문에, 불도가 성행한 몇 백 년 동안에도 시종 그들에 의해 (유가는 불교에) 삼켜지지 않고, 막강한 사회 사조로 잠복하고 있었다.

---

110 앞의 책, 259쪽. "…… 於內典, 尤所未聞. 昨制「序」文, 深爲鄙拙! 唯恐穢翰墨於金間, 標瓦礫於珠林! 忽得來書, 謬承褒讚, 循環省慮, 彌益厚顏, 善不足稱, 空勞致謝."

당대唐代의 한유韓愈가 유가를 회복할 것을 주장한 후로 부흥의
기운을 나타냈다. 이 시기 중국에서는 몇 개의 강대한 사상문화 체계는
죽음의 결전을 맞이하게 되었다. 삼교 가운데 뛰어난 인사들은 모두
자신의 교를 지지하는 태도를 보였다. 한편으로 삼교의 일가一家를
주장하고, 다른 한편으로는 자신의 지위를 높여 기타 사상들을 합병하
려고 시도하였다. 도교는 '빨간 꽃과 하얀 뿌리와 푸른 연잎처럼, 삼교는
원래 한 집안이다.'라는 구호를 외치며 유교, 불교에 대하여 공격과
배척을 늦추지 않았고, 자신의 지위를 확고히 하거나 혹은 유교, 불교보
다 높은 위치를 차지하려고 시도하였다.

불교는 내부적으로 선교합일禪敎合一하는 동시에 권실權實, 방편方
便과 구경究竟 등의 설법으로 유교, 도교를 자신을 진원眞源으로 하는
구경교究竟敎의 권변설權變說이라고 주장하였다.

유교는 자신이 중화민족의 심리적 습관과 사고방식 등에 대한 심원한
영향과 왕도정치와 종법제도의 세력에 힘입어 알게 모르게 당·오대
시기에서 잉태하여 송·명 시대의 불교와 도교를 융합하는 과정을
거치면서, 유·불·도를 하나로 융합하여 심성의리心性義理를 그 강골綱
骨로 하는 이학理學의 체계體系를 설립하였다.

그렇다면 유교는 어떻게 불·도를 융합하였는가? 그는 불교와 도교의
어떠한 사상들을 흡수하고 어떻게 흡수시켰는가? 다시 말해 삼교합일
의 산물인 송·명宋明 이학理學은 결국 어떻게 불교와 도교의 관련
사상들을 흡수하였으며, 얼마나 취하였는가? 이러한 문제들은 중국
고대 사상사를 연구함에 있어서 하나의 큰 과제이기에 여기에서 그에
대해 전면적인 연구와 논술을 진행하기는 어렵다. 여기서 토론해야

할 것은 단지 본문의 주제와 연결하여 구체적으로 중국불교의 불성론이 어떻게 당 이후 유학의 발전방향에 영향을 주었으며, 중국 불성론이 중국 고대 사상 발전사에서의 지위와 작용을 찾아내는 것이다.

당송 시기 유학과 중국 불성론의 상호관계와 이 시기 유학의 발전방향을 연구할 때, 당나라의 저명한 사상가 이고李翱의 저서 『복성서復性書』는 주목할 만하다. 『복성서』는 총 3편으로 구성되어 있다. 상편에서는 성정聖情과 성인聖人을 논하고, 중편에서는 수양修養하여 성聖을 이루는 방법을 평론하고, 하편에서는 노력하여 수양할 것을 독려한다. 이 서적은 공맹의 도통道統을 회복하는 것을 그 목적으로 『주역』, 『대학』, 『중용』을 주요 경전으로 하여 '개성명開誠明, 치중화致中和'로써 지극한 의義로 삼고, 정情을 버리고 성性을 회복하는 것을 취지로 하고, 생각하지 않고 염려하지 않는 불생不生을 복성復性의 방법이라 한다.

표면상으로 이 저작은 유전儒典을 근거로 하였다. 용어들도 대부분 유교의 용어에 포함되고, 그 이유 또한 공문孔門을 회복하기 위함이다. 하지만 표면적인 고찰에 그치지 않고 그 사상적 내면을 살펴본다면, 이 서적의 사상적 취지 내지 표현방식은 중국불교의 불성론과 근접하거나 상통하는 부분이 많다. 어떤 의미에서 『복성서』는 유교의 언어로 불교의 불성론을 말했다고 할 수 있다.

본 논문의 서두와 앞장에서 불성론이란 불의 본성과 중생이 성불할 수 있는지에 대하여 연구하는 이론이라고 말하였다. 그 가운데 중생이 어떻게 범부를 전환하여 성인에 들어가는가 하는 것이 하나의 중요한 관건이었다.

이러한 근본적인 문제에 있어서 중국 불성론은 수당 이후로 심성을 중시하는 유심적 경향이 나타나고, 나날이 불성을 심성에 귀결시켜, 성불을 오히려 자심을 깨닫고 자성을 본다고 여겼다. 이른바 돌이켜 자심을 깨닫고 자성을 본다는 말은 또한 중생의 본성을 체험하여 깨닫고 자아의 본래면목을 발견한다는 것이다. 그들은 중생의 자성은 본래 부처와 다르지 않으나, 단지 무명에 덮여 미망迷妄으로 각성하지 못하여 "'여산廬山 진면목을 알지 못하고'"[111] 범속중생凡俗衆生에 빠져서 생사의 고통을 받는다고 여긴다. 만약 돌이켜 심원을 관조하고 자성을 깨달으면 전범입성轉凡入聖할 수 있다는 것이다. 이러한 이론의 주요한 특징 가운데 하나가 바로 부처의 본성을 사람의 본성으로 여기고, 그로 인하여 사람의 본성을 성불의 본성으로 전환하는 것이고, 불성론을 인성론人性論으로 변화시켜 인성론이 불성론으로 변하게 하는 것이다.

중국 불성론의 이러한 특징은 중국 전통의 인성론의 영향을 받은 것이다. 하지만 수당 이후 불성론은 반대로 중국의 인성론에 영향을 미치게 되는데, 이러한 영향은 우선 이고의 『복성서』에서 나타난다.

복성론의 취지는 사람들에게 어떻게 현賢을 이루고 성인이 되는지 가르치는 것이다. 그는 "사람이 성인이 되는 이유는 성性 때문이다."[112]라고 한다. '성'은 성인만이 홀로 가지고 있는 것이 아니라, 일체중생도 모두 갖춘 것이다. 성인과 범부의 차별은 성性의 유무에 있지 않고,

---

111 蘇軾, 『題西林壁』. "橫看成嶺側成峰, 遠近高低各不同. 不識廬山眞面目, 只緣身在此山中."

112 『佛祖歷代通載』. 『대정장』 49, 629쪽. "人之所以爲聖人者, 性也."

658

성인은 천명天命의 성性을 얻는 것일 뿐이며, 또한 정情에 미혹된 것이 아니다. 하지만 백성들은 정에 약하여 "그 근본을 알지 못하는 것이다."

이고가 보기엔 범부가 매혹되는 것은 타고난 지순至純 지선至善의 본성이지만, 칠정육욕七情六慾에 미혹되어 평생 그 성을 보지 못하는 것이다. 이는 물의 맑음과 같아 모래와 돌과 같은 것들이 섞여 혼탁해지면 그 맑음이 보이지 않는 것이다. "모래가 물을 흐리지 않으면 물은 맑을 것이다."[113]라는 표현과 같이 성인들은 범정凡情에 미혹되지 않아 늘 성이 청명한 것이다. 그렇다면 어떻게 이러한 범정에 미혹되지 않을 수 있을 것인가? 이고는 가장 근본적인 방법을 "생각하지 말고 염려하지 말라(弗思弗慮)", "동정이 다 떠난 것(動靜皆離)"이라고 여긴다. 불사불려弗思弗慮해야만 정이 생기기 않고, 정이 생기지 않아야 그 성이 미혹되지 않고, 동정개리動靜皆離해야 적연히 부동하여 지성至誠이다. 이미 지성이면 "사람의 성을 다할(盡人之性)" 수 있을 뿐만 아니라 "만물의 성도 다할(盡物之性)" 수 있다. 나중에 "천지의 화육을 찬미(讚天地之化育)"하고 "천지와 같아짐(與天地參矣)"이라고 하는데, 이는 또한 천명의 본성을 얻은 것이다. 이고의 이러한 복성론은 천태, 화엄종들의 반관심성反觀心性과 망진환원妄盡還源의 불성론과 다른 차별이 없다. 또한 선종의 불성설과 수행방법과도 거의 일치한다고 할 수 있다. 위에서 말한 이고의 논술을 선종의 일부 표현들과 비교한다면, 문자의 차별 이외에 사상적 내용에서 방법까지 거의 다를 바가 없다. 혜능은 불성은 일체중생에 있어 다 평등하고 본성은 본래 청정한

---

113 앞의 책, 629쪽. "沙不渾, 斯流淸矣."

데, 이것은 하늘은 항상 맑고 일월은 항상 빛나지만 구름에 덮여 자성이 명랑明朗하지 않은 것이며, 바람이 불어 구름이 걷히면 모두 밝아진다고 말한다. 여기서 구름은 망념집착상을 말한다. 만약 상相을 떠나 무념無念하면 자심의 진여본성을 볼 수 있는 것이다. 이고의 복성론은 선종의 '이상離相'을 '거정폐욕去情廢慾'으로 '무념'을 '불사불려弗思弗慮'로 바꾸었고, 진여본성眞如本性, 불성을 '천명지성天命之性'으로 표현한 것 이외에 기타 내용들에서는 선종의 불성사상과 그 차이점을 찾아볼 수 없다. 그럼으로 한유의 "우리의 유도는 시들었다. 이고 또한 멀어졌다."[114]라는 한탄과 "지금 말하는 성은 불교와 도교가 혼합되었다."[115]라고 말한 것이다. 송대 석실조수石室祖琇 선사도 "『복성서』를 보면 다 불경에 있는 것이다. 다만 문자가 다를 뿐이다."[116]라고 말하고 있다.

불교의 '무명', '망념' 등의 명상名相을 고쳐 사정인욕邪情人慾으로 하고, 불교의 불성을 천명지성으로 하여, 더욱 부처를 반격하는 기치로 삼았다. 불교의 불성론을 가져다 사정인욕을 버리고 천명의 본성을 회복하는 인성론을 건립하였다. 이것은 이고의 복성론의 근본 특징일 뿐만 아니라, 또한 수당 이후 유가 윤리철학의 기본 발전방향이었다.

송명이학의 사상적 취지는 어떤 측면에서는 '존천리存天理, 거인욕去人慾'으로 결론 내릴 수 있다. 이러한 사상의 학술적 근원은 유학적

---

114 『宋高僧傳』. 『대정장』 50, 816쪽. "吾道萎遲, 翔且逃矣."

115 (唐)韓愈, 『原性』 "今之言性者 …… 雜佛·老而言也."

116 (宋)祖琇, 『隆興編年通論』. 『속장경』 75, 229쪽. "習之復性書, 蓋得之於佛經, 但文字援引爲異耳."

체계로 보면『논어』,『맹자』,『대학』,『중용』을 회복하려는 복성론과 같은 맥락으로 볼 수 있다. 하지만 이고의 복성론 자체가 불교불성론을 융합한 산물이듯이, 송명이학의 인성론도 대부분 불교의 불성론을 빌리고 있다.

송유宋儒들은 염계(濂溪: 주돈이周敦頤, 1017~1073)에서 전해져온 이래, 유교는 적은 언어로 표현되고 천명을 중히 여기는 유가의 전통 풍격을 버렸다. 대신 천인합일天人合一의 우주관과 형이상학적인 본성론을 근거로 인생철학의 새로운 체계를 만들었다. 이 새로운 체계는 주돈이周敦頤가 천도天道를 윤리화하고, 윤리를 천도화天道化하는『태극도설太極圖說』을 그 정상으로 하고, 장재張載의 천지지성天地之性, 기질지성氣質之性설로 구조를 이루며, 정주(정이程頤와 주희朱熹)의 천리인욕지변天理人慾之辨으로 대성한다.

주돈이의『태극도설太極圖說』은 비록 그 주요 취지가 '천리의 본원을 밝히고, 만물의 시종을 궁구한다.'고 말하고 있지만, 그 관심처는 사람, 인성, 인륜도덕의 현현에 두고 있다. 그가 '받들어 천리만물의 본원을 밝힌다.'라고 하는 주요 목적은 도의 기원이 하늘에 있다는 것을 설명하기 위함이고, 그가 천륜을 윤리화한 목적은 윤리를 천도화하기 위함이다. 이는 수당 시기 불성론이 불성을 인성화하고, 그로써 인성을 불성화한 것과 같은 맥락이라 볼 수 있다.

주돈이가『태극도』에서 묘사한 우주의 생성, 만물이 화생化生하는 그림은 대개는 불교, 도교의 사상들과 연관하여 이루어진 것이고, 그의 인성人性이론은 더욱이 불교와 노자를 유교와 결합하고, 무극지진無極之眞을 인간의 영혼에 주입하여 인간의 본성을 구성한 것이다.

『태극도』를 살펴보면, 이 책 자체는 도교의 '태극선천지도太極先天之圖'에서 유래한 것이지만, 내용에서 언급되는 우주만물 내지 인간이 형성된 이론은 당대의 명승 종밀宗密 등이 삼교합일의 『원인론原人論』과 비슷한 것이다. 또한 '무극지진'이라는 표현은 당나라 고승 두순杜順의 『화엄법계관華嚴法界觀』에서 기원된 것이다. 수양修養방법으로 볼 때 '입성立誠', '주정主靜'은 벽을 마주하고 선정하거나 성실하게 기도하는 색채를 띠고 있다.

장재張載의 천지지성, 기질지성설은 송명宋明의 천리인욕天理人慾설이 효시로 보인다. 장재가 노자, 불교를 드나든 것도 역사학계에서 공인하는 것으로, 여대림呂大臨은 『횡거행상橫渠行狀』에서 "석가, 노자의 책을 수년 동안 그 설을 궁구하였지만 얻은 바가 없었고, 육경에서 찾았다."[117]라고 기록하여 장재가 불서를 깊이 연구하였다고 말하는데, 이는 사실이다. 하지만 그가 무소득이라 한 것은 장재의 사상이 실제에 부합되지 않는다는 의미일 것이다. 장재의 이른바 "성은 사람에게 선하지 않음이 없고, 선으로 불선을 반조하니", "반조된 선은 천지의 성이 존재한다."[118]라는 논점들은 이고의 복성론 내지 불교의 자성을 돌이켜 관조하는 설법과 상통한다고 볼 수 있다. 또한 그의 변화적인 기질은 기질의 막힘을 통하게 하고 "본을 돌이켜 성을 다함(反本盡性)", "천도에 통달하면 성인과 하나가 됨(達於天道, 與聖和一)"의 수양론은 불교의 번뇌의 업장을 끊고 진을 증득하고 성을 이루는 수양론과 다를 바가 없다.

---

117 『橫渠行狀』. "釋·老之書, 累年盡究其說, 知無所得, 反而求之 六經."

118 張載, 『正蒙』. "性之於人無不善, 示其善反不善而已", "善反則天地之性存焉."

662

정주程朱가 받은 불성론의 영향은 횡거(橫渠: 장재張載)보다 훨씬 더 명확하다. 이정二程은 한때 "석가와 도가를 몇 십 년을 드나들었다."[119]라고 말하고, 석씨의 학설에 대해 숭상하였다. 사람들이 장주莊周와 불학의 구별점을 물으니, 이천伊川이 답하기를 "장주를 어찌 부처에 비교하겠는가? 불설은 바로 높고 묘하고, 장주의 기상은 대체로 얕고 가깝다."[120]라고 말한다. 또한 그들은 "불학은 모른다고 말할 수는 없지만, 역시 지극히 높고 깊다."[121]라고 하였고, 『가태보등嘉泰普燈』에 말하기를 "정이천程伊川은 영원靈源 선사에게 도를 물었고, 이천은 글을 짓고 책을 집필함에 있어서 불조의 말과 뜻을 많이 사용하였다."[122]라고 한다. 또한 정이천 자신도 스스럼없이 "학자는 먼저 노력하여 심지心志를 굳게 하고 근심과 어지러움이 있을 때 마땅히 좌선하여 선정에 들라."[123]라고 말하는데, 이 모든 것들은 이정이 불교를 숭상하고 불교와 밀접한 관계를 가졌다는 것을 설명한다.

　주자와 불교의 관계도 아주 밀접하다. 그의 불학에 대한 숭상은 이정 못지않다. 그는 한때 종고宗杲, 도겸道謙 등 몇몇 선사들한테서 도를 배웠고, 이에 대해서 주자 자신도 스스럼없이 "소년시절에 일찍이 선을 배웠다.", "나에게 있어서 석가의 설은 다 스승이었고, 그 도를

---

119 『二程集』, "出入釋·老者几十年."
120 『二程語錄』권17, "周安得比他佛, 佛說直有高妙處, 莊周氣象大都淺近."
121 『二程語錄』권9, "釋氏之學, 又不可道他不知, 亦盡極乎高深."
122 (宋)宗本, 『歸元直指集』. 『속장경』61, 460쪽. "嘉泰普燈錄云, 程伊川 …… 問道於靈源禪師, 故伊川爲文作書, 多取佛祖辭意."
123 『二程集』, "學者之先務, 在固心志, 其患紛亂時, 宜坐禪入定."

존중했으며, 그 지극한 이치를 얻었다."[124]라고 말하고 있다.

정程·주朱가 승도들과 교제하고 그들을 스승으로 모시고, 그들의 도를 존중한 것은 어떤 의미에서 중요한 것이 아니다. 가장 중요한 것은 정·주의 윤리철학의 많은 근본 관점들이 불교의 불성론과 상통한 다는 것이다. 첫째, 정·주가 말하는 '천리天理', '천명지성天命之性'은 사실상 불교가 말하는 '불성'의 변화된 설법이다. 만약 당송 시기의 불성론이 말하는 불성이 불성이라는 옷을 걸친 인성, 심성이라면, 정주 가 말하는 '천리', '천명지성'은 일종의 천도화天道化한 도덕적 본성이다. 겉으로 보기엔 각기 다르지만 내용은 근본적으로 차별이 없다. 둘째, 정·주가 말하는 인물천지人物天地의 동일한 본성의 천인합일의 사상은 실은 불교의 자성이 부처라는 다른 설법인 셈이다.

주희朱熹가 주注한 『중용』의 "후박함이 땅과 짝하고, 높고 밝음이 하늘과 짝했기에 유구하여 끝이 없다."[125]라는 문장에서 말하기를, "이 말은 성인과 천지가 동체요", "우주변화의 도체와 성인의 성체가 동일한 본체라는 말이다."[126]라고 말한 것과 "오직 천하는 지성至誠으로 능히 그 성을 다한다."[127]라는 문장에서 "만물의 성은 또한 나의 성이 다."[128]라는 것은 인人·물物과 나는 같은 본성이라고 말한다. 이러한 설법들은 선종이 말한 자성이 부처이기에 밖의 사방에서 찾지 말라는

---

124 『朱子語錄』, "少年亦曾學禪", "某於釋氏之說, 蓋嘗師其人, 尊其道, 求之切至矣."
125 "博厚配地, 高明配天, 悠久無疆."
126 "此言聖人與天地同體", "此謂宇宙大化之道體, 與聖人之性體乃同一本體."
127 "惟天下至誠爲能盡其性."
128 "人物之性, 亦我之性."

것과 동일한 내용이다. 셋째로, 정·주가 말하는 "성을 다하면 하늘을
안다(盡性知天)"는 말은 선종이 말하는 견성성불과 같은 내용이나 다르
게 표현된 미묘함을 지닌다. 주희가 주석한 "중화中和를 이루면 천지가
바른 위치이고 만물을 생장한다."[129]라는 문장에서 말하기를 "천지만물
은 나와 함께 일체이니, 나의 마음이 바르면 천지의 마음도 바르다.
나의 기氣가 순하면 천지의 기가 순하다. 그 효험이 여기에 이르면
이것은 학문의 최고 경계이다. 성인은 능히 일을 이룰 수 있는데 밖과는
관계가 없으니, 수도의 교는 또한 그 가운데 있다. 이것은 하나는
체이면서 용으로 비록 동정動靜의 차별은 있지만, 반드시 체를 세우고
뒤에 용의 행이 있기에 실은 또한 두 개의 일이 아니다."[130]라고 기록하
고 있다. 이로부터 보면 정·주의 학문은 "모두 신심과 성정을 반조한
다."[131]라고 할 수 있다. 이는 선종의 반오자심反悟自心, 견성성불과의
차이점을 찾아볼 수 없다. 이학가理學家들이 말하는 "정靜에서 대체大體
가 발산되지 않을 때, 분명한 기상을 체득한다."[132]라는 표현은 선가禪家
의 반조하여 바로 본심을 가리킨다는 것과 같은 유형으로 볼 수 있다.
넷째로, 정·주가 말하는 성인은 단지 사람들을 "천리를 보존하고 인욕
을 제거함(存天理, 去人慾)"을 가르친다는 설은 불가의 "망을 제거하고

---

129 "致中和, 天地位焉, 萬物育焉."

130 "蓋天地萬物同吾一體, 吾之心正, 則天地之心正焉: 吾之氣順, 則天地之氣順矣.
故其效驗至於如此. 此學問之極功, 聖人之能事, 初非有待於外, 而修道之教, 亦
在其中矣. 是其一體一用, 雖有動靜之殊, 然必體立而後用有以行, 則其實亦非有
兩事也."

131 "皆反諸身心性情."

132 "於靜中體認大體未發之時氣象分明."

진을 증득함(去妄證眞)"이라는 설법의 다른 판본이라 말할 수 있다. 명청 시기의 사상가 왕부지王夫之는 직설적으로 "주자의 목전의 뿌리까지 파버려라."라는 설은 "석가가 설한 현행 번뇌의 조복이요, 근본 번뇌를 끊어버린다."[133]라는 다른 명칭일 뿐이라고 말하고 있다.

이학理學과 불학의 같은 점들에 대하여 이렇듯 조목을 따라 대조하는 방법으로 그들을 열거하는 것은 거의 불가능한 것이다. 여기서는 몇몇 송명이학과 불성론이 서로 교섭하고 융합되는 예이다.

수심양성修心養性을 중심으로 하는 송명 윤리철학과 불가의 '명심견성'의 불성론은 그 표현은 차이가 있으나 본질은 다를 바가 없다는 것을 설명하려 한다. 어떤 의미에서 심지어 송명이학은 일종의 심성학心性學이라 말할 수 있다. 물론 단지 정·주의 이학으로만 본다면 이러한 결론을 얻을 수 없을 것이다. 그것은 이천伊川·주자朱子의 사상에서 심성을 대함에 있어서 선종과 차별을 두고 있기 때문이다. 선종이 말하는 심성은 양자를 하나로 보아, 삼세제불이 밀밀密密이 전하여 마음의 본래면목을 깨닫는다고 생각하지만, 정·주는 심성에 대해 다르게 이해하고 있다. 그들은 생기기 전을 성性이라 부르고 마음(心)은 없으며, 마음은 기氣에 속하고 성은 이理에 속하기 때문에 마음과 성은 하나가 아니라는 것이다. 이러한 분별은 정·주 이학과 선종의 불성학설의 차별을 표현한다. 하지만 이러한 차별점이 이학과 선학이 각기 다른 길을 걷도록 주도하지 못한 것은 육陸·왕王의 심학心學이 재빨리 이러한 균열을 봉합했기 때문이다.

---

133 『讀四書大全說』406쪽. "合下連根鏟去", "釋氏族所謂折服現行煩惱, '斷盡根本煩惱'之別爾."

666

육상산陸象山은 주자의 학설에 대해 번복이 심하다는 비판적인 생각을 갖고 이理, 성性을 심心으로 귀결해야 한다고 주장한다. 그의 형 육복재陸復齋는 아호지회鵝湖之會 이전에 다음과 같은 시를 짓는다. "고대의 성인은 다만 이 마음만 전하였다."[134] 상산은 표현이 미흡하다 생각하여 더하기를 "그들은 천고 이래로 마음을 닦은 적이 없다."[135]라고 하였다. 이 마음은 천고 이래로 닦음이 필요 없이 역겁에 영원히 존재한다. 『잡설雜說』에서 육상산은 다음과 같이 말한다. "천만세 전에 성인이 출생하여도 이 마음은 하나이고 이치(理)도 하나이다. 천만세 후에 성인이 출생하여도 이 마음은 하나이고 이치도 하나이다. 동서남북에 성인이 출현하여도 같은 마음이고 같은 이치이다.", "마음은 일심一心이다. 이치는 일리一理이다. 지당至當이 하나로 돌아가고 정의精義는 둘이 없다. 이 마음, 이치는 진실로 둘을 용납하지 않는다. 그러므로 공자가 말하기를 '나의 도는 하나로 꿸 수 있다.'라고 하였고, 맹자는 말하기를, '도는 하나일 뿐이다.'라고 하였다."[136] 여기서 말하는 '지당至當' 또한 불가의 '구경究竟'을 말하고, 즉심즉리卽心卽理는 선종의 즉심즉불이라 볼 수 있다. 그리하여 문자 표현은 각기 다르지만, 모두 같은 내용을 말하고 있다. 훗날 왕양명王陽明은 상산의 심학을 한층 발전시켰다. 새가 울고 꽃이 웃고 산이 굴곡지고 하천이 흐르는 것은 모두

[134] "古聖相傳只此心."

[135] "斯人千古不磨心."

[136] "千萬世之前, 有聖人出焉, 同此心, 同此理也, 千萬世之後有聖出焉, 同此心, 同此理也: 東南西北有聖人出焉, 同此心, 同此理也." 또한 "心, 一心也: 理, 一理也. 至當歸一, 精義無二. 此心此理, 實不容有二. 故孔子曰: '吾道一以貫之', 孟子曰: '夫道一而已矣.'"

내 마음의 변화라고 말하며, 양지良知가 천지를 낳고 귀신과 황제를 만들며, 이는 조화造化의 정령이요, 만물의 근거라고 주장하여 심학을 그 정상으로 발전시켰고, 선종의 절대적 유심론과 계합시켰다.

왕심재王心齋와 왕룡계王龍溪는 때에 맞추어 오직 기절氣節만을 숭상하여 양지良知·심성心性을 말하고, 서책을 버리고 읽지 않음을 주창함으로써 공맹의 학문이 청담화淸談化되어 내성외왕內聖外王의 도를 알지 못하고, 또한 사람으로 하여금 재주를 잃게 하였다. 점차 "일없이 팔짱만 끼고 심성만 논하다가, 위급함에 닥쳐서 죽음으로써 군왕에 보답한다."[137]라는 왕학王學의 풍격을 만들어 가볍게 걸치어진 유가의 겉옷을 완전히 벗어버렸다. 육·왕의 심학은 정·주보다 훨씬 더 선에 근접하였다. 이 점은 역사적 근거가 있을 뿐만 아니라, 학계에서도 이미 평론한 바가 있기에 여기서 생략하도록 한다.

짚고 가야 할 점은, 송명이학이 불학, 특히 선학과 융합된 과정은 다수가 불교를 반대한다는 구호 하에서 진행되었다. 이러한 현상으로 볼 때, 그들의 치학治學의 목적은『논어』,『맹자』,『대학』,『중용』으로 불학과 대항하기 위함이었으나, 이학가理學家들이 불경을 섭렵하고 불교, 도교를 넘나들며 수당 이후 심성을 중시하는 불성론의 영향을 받아 그들은 점차 유가의 윤리철학을 수심양성의 학문으로 귀결시킨 것이다.

송명이학은 명심견성을 중시하는 선종 불성론과 서로 안팎의 심성학을 이루었다. 불교의 비판자였던 송명이학가들은 결국 비판적인 불학

---

137 "無事袖手談心性, 臨危一死報君王."

자가 되었고, 불학의 대립적 입장에 서 있던 유가 윤리철학은 결국 유학의 겉옷을 걸친 선학이 되고 말았다.

이학과 선학 내지 전체의 불학의 상호관계에 관하여 다음과 같이 평한다. 그들은 이학을 '유표불리儒表佛裏'라 말하고, 혹은 심학을 '양유음석陽儒陰釋'라 말하기도 한다. 또한 일부 사람들은 직설적으로 불학이 없었으면 송명이학도 없었다고 말한다.

주여동周予同은 말하기를, "우리들에게 만약 불학이 없었다면 바로 송학宋學도 없었다. 이는 절대로 빈 말이 아니다. 송학의 기치를 유학이라고 하는데, 그 기치의 원인은 실제로 불학에 있다."[138]라고 한다.

양계초梁啓超는 이학은 유표불리儒表佛裏라고 명확히 주장한다. 명·청 시기의 사상가 왕부지王夫之도 왕학을 '양유음불陽儒陰佛'이라고 비난한다. 고염무顧炎武는 "지금 이학가들은 선학자다."[139]라고 말한다. 명대明代의 유학자 황관黃綰은 처음에 정·주를 스승으로 모셨다가 후에 왕수인王守仁으로 옮겼는데, 그는 이학의 깊은 뜻과 전수의 비밀을 알고 그것을 이용하여 반격하기를, "송유宋儒의 학은 그 입문이 모두 선에 있다."[140]라고 말하였다. 이러한 설들은 모두 이전의 사람들은 이미 이학이 유교화된 불학이라는 점을 인지하고 있었다는 것을 말해주고 있다.

여기서 지적해야 할 것은, 이러한 유교화된 불학의 구체적 내용이

---

138 "吾人如謂無佛學, 卽無宋學, 絶非虛誕之論. 宋學之所號召者, 曰儒學, 而其所以號召者, 實爲佛學."

139 "今之所謂理學家, 禪學也."

140 "宋儒之學, 其入門皆由禪也."

바로 수당 시기 중국화된 심성을 중시하는 것을 주요 특징으로 하는 중국 불성론이라는 것이다.

여기까지 불성론의 중국에서의 유전과 연변 및 그 발전과정을 살펴보았다. 첫째, 중국 사회의 경제, 정치제도와 사상문화의 전통 내지 민족의 심리습관에 영향을 받아 인도 불성론은 중국에 전해진 후 점차 중국화의 길을 걷게 되었다. 둘째, 이러한 중국화된 불성론은 또한 중국의 전통 사상문화에 영향을 주고 그들과 융합되어 점차 유·불·도 삼교합일을 이루고, 심성의리心性義理를 구조로 하는 송명이학을 형성하게 된다. 물론 송명이학의 발생은 그 근본적인 의미에서, 이를 중국 불성론의 영향을 받았다고 말하기보다 중국 불성론과 서로 융합된 결과로 보는 것이 적합한데, 이는 차라리 시대의 산물이라고 하겠다. 송명이학의 시대적 배경과 사회 역사의 근거는 본 논문의 연구범위가 아니기 때문에 다음 기회에 깊이 있게 연구하기로 하겠다.

참고문헌

1. 불교전적

1) 인도불교 전적

『長阿含經』二十二卷 後秦 佛陀耶舍共竺佛念 譯

『佛說四諦經』一卷 後秦 同上

『八大人覺經』一卷 後秦 同上

『佛說諸法本經』一卷 吳 支謙 譯

『金剛經』一卷 姚秦 鳩摩羅什 譯

『摩訶般若波羅蜜經』二十七卷 姚秦 同上

『金剛般若論』二卷 隋 達摩笈多 譯

『維摩詰所說經』三卷 姚秦 鳩摩羅什 譯

『中論』四卷 姚秦 同上

『十二門論』一卷 姚秦 同上

『百論』二卷 姚秦 同上

『唯識三十論頌』一卷 唐 玄奘 譯

『成唯識論』十卷 唐 同上

『因明正理門論本』一卷 唐 同上

『攝大乘論』三卷 唐 同上

『大乘五蘊論』一卷 唐 同上

『大乘百法明門論』一卷 唐 同上

『解深密經』五卷 唐 同上

『唯識論』一卷 後魏 瞿曇般若流支 譯

『大乘唯識論』一卷 陳 眞諦 譯

『大乘莊嚴經綸』三卷 唐 波羅頗蜜多羅 譯

『大方等如來藏經』一卷 東晉 佛陀跋陀羅 譯

『佛說不增不減經』 一卷 元魏 菩提流支 譯

『佛說無上依經』 二卷 陳 眞諦 譯

『金光明經』 四卷 北涼 曇無讖 譯

『勝鬘經』 一卷 劉宋 求那跋陀羅 譯

『梵網經』 二卷 姚秦 鳩摩羅什 譯

『大佛頂首楞嚴經』 十卷 唐 般剌蜜帝 譯

『大般涅槃經』 四十卷 北涼 曇無讖 譯

『佛垂般涅槃略說教誡經』 一卷 姚秦 鳩摩羅什 譯

『涅槃論』 一卷 梁 菩提達摩 譯

『佛性論』 四卷 陳 眞諦 譯

『究竟一乘寶性論』 四卷 後魏 勒耶摩提 譯

『大乘起信論』 一卷 陳 眞諦 譯

『大乘入愣伽經』 七卷 唐 實叉難陀 譯

『入楞伽經』 十卷 元魏 菩提流支 譯

『藥師本願經』 二卷 唐 義淨 譯

『地藏菩薩本願經』 三卷 唐實叉難陀 譯

『百喩經』 二卷 蕭齊 求那毗地 譯

『佛說觀彌勒上生經』 一卷 劉宋 沮渠京聲 譯

『佛說彌勒下生經』 一卷 姚秦 鳩摩羅什 譯

『淨土四經』 五卷 姚秦 鳩摩羅什等 譯

『大日經』 七卷 唐 善無畏 譯

『妙法蓮華經』 七卷 姚秦 鳩摩羅什 譯

『大方廣佛華嚴經』 八十卷 唐 實叉難陀 譯

2) 중국불교 전적

『弘明集』 十四卷 梁 僧祐 編

『廣弘明集』 三十卷 唐 道宣 編

『中國佛教思想資料選編』 共五冊 石峻等 編

『妙法蓮華經玄義』 二十卷 隋 智顗 撰

『妙法蓮華經文句』二十卷 隋 同上

『摩訶止觀』二十卷 隋 同上

『觀音玄義』二卷 隋 同上

『法華游意』一卷 隋 吉藏 撰

『止觀大意』一卷 唐 湛然 撰

『法華宗要』一卷 新羅 元曉 撰

『天台傳佛心印記』一卷 元 懷則 撰

『注維摩詰經』選讀 後秦 僧肇 撰

『肇論』一卷 後秦 同上

『三論玄義』一卷 隋 吉藏 撰

『大乘玄義』五卷 隋 同上

『涅槃經游意』一卷 隋 同上

『涅槃宗要』一卷 新羅 元曉 撰

『成唯識論掌中樞要』四卷 唐 窺基 撰

『大唐西域記』十二卷 唐 玄奘·辯機 撰

『釋迦方志』二卷 唐 道宣 撰

『景德傳燈錄』選讀 宋 道宣 著

『五燈會元』選讀 宋 道濟 編

2. 참고도서

『漢魏兩晉南北朝佛教史』湯用彤 著

『隋唐佛教史稿』同上

『湯用彤學術論文集』同上

『漢唐佛教思想論集』任繼愈 著

『中國佛教史』第一卷 任繼愈主 編

『中國佛學源流略講』呂澂 著

『佛學概論』黃懺華 著

『中國佛教史』蔣維喬 著

『中國哲學史稿』孫叔平 著

『唐代佛教』 範文瀾 著

『中國思想通史』 第三·四卷 侯外廬主 編

『印度佛教哲學』 黃心川 著

『隋唐佛教』 郭朋 著

『宋元佛教』 同上

『明清佛教』 同上

『壇經校勘』 同上

『魏晉南北朝佛教論叢』 方立天 著

『華嚴金獅子章校釋』 方立天校 釋

『中國道教思想史綱』 卿希泰 著

『佛學指南』 丁福保 編

『入佛問答』 問橋居士 撰

『中國哲學原論』 唐君毅 撰

『中國古代宗教研究』 臺杜爾末 撰

『中國古代宗教系統』 同上

『中國古代思想史大綱』 王治心 撰

『佛教哲學』 日小野清秀 撰

『佛家哲學通倫』 英麥格文 著

『印度教與佛教史綱』 第一卷 英查爾斯·埃爾奧特 著

『世說新語·文學編』 劉義慶 撰

『魏書·釋老志』 魏收 撰

『隋書·經籍志』 魏徵 撰

『中華二千年史』 卷一·二·三 鄧之誠 撰

『中國通史簡編』 第二·三編 範文瀾 撰

『魏晉南北朝史綱』 韓國磐 撰

『隋唐五代史綱』 同上

『哲學史講演錄』 第一卷 黑格爾 著

『小邏輯』 同上

『基督教本質』 選讀 費爾巴哈 著

『宗教的本質』同上

『遺書』選讀 梅業 著

『論一元論歷史觀之發展』普列漢洛夫 著

『印度佛敎史』聖嚴法師法師 編述

『淨土宗槪論』方倫 著

『如來藏之硏究』臺印順 著

『仏性の硏究』日常盤大定 著

『講座・大乘仏敎・如來藏思想』日平川彰等 著

『佛性について』日月輪賢隆 著

『本覺と始覺』日柏木弘雄 著

『如來藏・仏性思想』日高崎直道 著

『如來藏思想の歷史と文獻』同上

『仏性・一闡提』日河村孝照 著

『現代佛敎學術思想硏究叢刊』選讀 臺張曼濤 編

찾아보기: 인명 및 서명

발문

1988년 상해출판사에서 출판한 『중국 불성론』은 초판에 2만 부를 인쇄하였지만, 1990년에 매진되었다. 몇 년 사이에 박사, 석사과정을 준비하는 학생들이 편지로 책을 구하기도 하고 혹은 학계의 친구들이 이 책을 찾았지만, 1992년 이후 이미 내 손에는 겨우 한 권밖에 없었다. 그들이 '성심'으로 필요한 것인지 급하게 사용할 것인지는 몰라도, 나는 모두 '미안하다'라고 말할 수밖에 없었고, 답신을 할 때마다 마음은 많이 미안하였다.

지금 중국청년출판사에서 다시 출판함에 있어서, 이것이 출판사에 실이 될지 득이 될지 알지 못한다. ─ 전문학술서적의 출판은 대개 손해를 본다 ─ 그래서 나는 다만 출판사가 손해를 보지 않기를 바랄 뿐이다. 그렇지만 나의 입장에서는 좋은 일이다. 첫째로 이 기회에 다시 한 번 옛 책을 읽으며 십 년 넘는 나의 사고과정을 정리하고, 이후의 연구 또한 도움을 받을 것이기 때문이다. 둘째는 재판을 출간함으로써 틀린 부분을 수정하여 신판에서는 틀리고 부족한 부분을 더할 수 있기 때문이다.

최근 십년 이래 불성론의 문제는 학계에 상당한 관심과 중시를 받았는데, 이 점은 참으로 다행한 일이다. 불성은 중생의 깨달음의 인因이고 중생 성불의 가능성으로, 신앙하는 사람의 입장에서는 최고로 중요한 일임에는 의심이 없다. 불성론은 불성의 사상과 학설 및 이론에 관계되고, 더 나아가 이것은 중생이 불성이 있는가 없는가? 성불을 할 수 있는가? 어떻게 해야 성불을 할 수 있느냐? 의 문제이다. 이미 불교의 최후 목표는 성불이니, 불성이론은 자연히 일체 불교사상의 중심이고 핵심이다. 이렇게 보면 불성이론은 신앙자와 연구자의 같은 관심사로서 이는 매우 자연스럽고 당연한 일이다.

불교와 중국 전통문화의 상호관계로서 말하면, 중국불교의 불성이론 연구는 유불도 삼교의 상호관계를 토론하고, 불교의 중국화를 이해하는 등 여러 가지로 큰 이익이 있다. 불교가 중국에 전래된 이후 점점 중국화되었다는 것은 말할 필요가 없는 사실이다. 하지만 불교는 어떻게 중국화되었는가? 불교 중국화에 중요한 부분은 어떤 방면인가? 여기에 대해서는 사람들이 『중국 불성론』에서 답을 찾을 수 있다.

학술적 측면에서 말한다면 불교의 중국화는 실제로 불성이론의 유학화儒學化이며, 혹은 정확하게 말한다면 바로 불성이론의 심성화心性化, 인성화人性化이다. 불교에 있어서 중국 전통철학의 영향은 곧 불성본체사상本體思想이 받은 전통유학의 영향에 대한 귀결이다. 만약에 송명이학宋明理學이 중국 고대철학 발전의 하나의 신단계라면, 이학정수理學精髓의 '심성의리학心性義理學', 그 이론의 함의는 심성화, 인성화되어진 불성이론과 본체화本體化되어진 전통 유가儒家의 심성, 인성학설이다.

불성론이 중국불교 가운데 핵심적인 위치는 강조할 만하지만 다른 문제의 중요성을 배제하지는 않는다. 임계유 선생이 말한 것처럼 '불성론'은 중국불교의 중요한 범주에 속함은 의심이 없지만, 중국불교의 중요한 범주는 불성론 하나에 그치지 않고 기타 '연기론緣起論', '해탈론 解脫論', '인과관因果觀' 등도 모두 중국 불교사상의 중요한 구성 부분이 다. 후학들의 끊임없는 깊은 연구가 필요하다.

지금 나의 박사과정 학생들이 '불교심성론佛敎心性論', '불교연기론佛 敎緣起論', '불교해탈론佛敎解脫論' 연구를 하고 있어, 한 세대 또 한 세대 학인의 끊임없는 노력으로 중국불교 연구는 반드시 새로운 학인이 배출되어, 마치 뒤의 파도가 앞의 파도를 밀어내는 아름다운 국면이 나타날 것임을 굳게 믿는다.

1998년 5월 남경대학 남수촌南秀村에서

라이용하이(賴永海)

역자 후기

『중국 불성론』은 1988년도에 초판이 발행된 이후, 중국의 불교학계뿐만 아니라 대만과 홍콩 및 전 세계의 중국불교 연구자들에게 지금까지도 지속적으로 영향을 미치고 있는 중요한 저술이다.

중국불교의 전개 과정에서 '불성론'의 작용은 거의 절대적이라고 할 수 있다. 흔히 중국불교의 커다란 특징 가운데 하나를 '종파불교'라고 표현하는데, 이 '종파'가 바로 '불성론'에 입각하여 형성되었음을 고려한다면 '불성론'이 지니는 사상사적인 역할을 충분히 짐작할 수 있다. 본서에서는 불교가 중국에 전래되어 불성론이 형성되는 과정을 사상사적인 입장에서 방대한 원문을 인용하면서 논술하고 있다. 중국불교 초기의 '본무설本無說'로부터 '법성론法性論', 그리고 '본유설本有說'과 '시유설始有說', 그 과정에서 제시되는 '돈오론頓悟論', 나아가 천태의 '성구설性具說'과 화엄의 '성기설性起說' 등의 전개과정을 상세하게 논증하고 있는 점만으로도 본서가 지니는 가치를 충분히 평가할 수 있다.

나아가 본서가 지니는 또다른 핵심적인 가치는 바로 선사상禪思想의 발전에 있어서 '유정유성有情有性'과 '무정유성無情有性'의 불성론에 입각하여 논증하고 있는 것에서 찾을 수 있다. 이러한 점은 기존의 연구에서는 찾아볼 수 없는 중요한 제시라고 하겠다. 또한 선종에서는, 천태의

'성구설'과 화엄의 '성기설'로 종합된 양대 불성론의 입장을 지양止揚하고 제3의 입장, 즉 '명심견성明心見性', '즉심즉불卽心卽佛'이라는 새로운 불성론의 기치를 세웠음을 논증하고 있으며, 그로부터 '돈오頓悟'에 입각한 조사선祖師禪이 전개되었음을 밝히고 있다. 또한 선종의 발전과정에서, 특히 우두선牛頭禪에서 '무정유성'의 불성론에 입각한 선사상이 제시되었으며, 이것이 서서히 중국선의 본류로 진입하게 됨에 따라 후기 조사선에서는 이른바 불성의 '물성화物性化'를 이루어 불성을 '간시궐乾屎橛' 등으로 표현하며, '가불매조呵佛罵祖'의 선풍이 전개됨을 논하고 있다. 이러한 부분은 본 연구의 참신성을 돋보이게 하는 중요한 부분이라고 하겠다. 본서에서는 또한 이러한 사상적 바탕으로부터 '유심정토唯心淨土'와 '서방정토西方淨土', '난행도難行道'와 '이행도易行道' 등을 역시 불성론의 관점으로 논하고 있어, 가히 중국불교사 전체에 나타나는, 불성론과 관련된 대부분의 논제를 다루고 있다고 할 수 있다.

역자가 남경대학을 선택하고, 라이용하이(賴永海) 교수님을 지도교수로 박사학위과정을 수학하게 된 데에는, 이 『중국 불성론』을 숙독하였던 인연이 결정적이라고 할 수 있다. 학위를 마치고 바로 이 책을 번역하기로 마음먹었지만 막상 본격적으로 번역을 시작한 것은 좀 더 시간이 지난 이후의 일이었다. 분량이 방대할 뿐만 아니라 내용면에 있어서도 중국불교사 전체를 관통하고 있어서 그 난이도가 상당하여, 혹 라이 교수님의 원작에 누가 되지는 않을까 하는 우려가 마음 한구석에 있었기 때문이었다. 하지만 이 저술을 우리 학계에 반드시 번역하여 소개해야 한다는 일종의 의무감 같은 것이 있어서, 나름대로 최선을 다해 번역을 완성하여 출판에 이르게 되었다.

본서는 '경전중국국제출판공정經典中國國際出版工程'의 지원을 받아 먼저 중국에서 출판되었다가, 다시 한국의 운주사에서 출판할 기회를 얻게 되었다. 당시에 출판된 본서의 내용 가운데 번역과 문장의 오류가 있는 것은 이번 기회에 다시 수정과 교열을 거쳤다. 그러나 여전히 번역에 있어서 오류의 가능성이 있어 눈 밝은 이들의 질정叱正을 바란다.

본서의 한국 출판에 있어서 본서의 저자이고, 현 중국불교학계의 거장이며, 역자의 지도교수인 라이용하이 교수님께 감사드린다. 그리고 역자가 수행자의 길을 가는 데 올바로 이끌어주시고 전강제자로 받아주신 혜남 율주 큰스님, 선학적으로 여기까지 올 수 있도록 다리가 되어주신 법산 큰스님, 그리고 항상 곁에서 도반처럼 인도해 주신 성본 큰스님께 정례를 올린다. 또한 한결같이 눈 푸른 납자로 정진해온 제방의 수좌들, '당하즉시當下卽是'로 선불교를 생활화하는 여러 도반들에게 감사를 드린다. 어려운 여건 속에서도 대원사 신임회장을 맡아주신 문병기 거사님께도 감사드린다. 끝으로 전문학술서의 시장성이 열악함에도 흔쾌히 출판을 맡아준 운주사 김시열 사장님께도 깊은 감사를 드린다.

불기 2561년 여름에
무심 법지 합장

라이용하이(賴永海)

1949년 중국 복건성 장주 출생으로, 1985년에 남경대학에서 철학박사 학위를 취득하였다. 현재 남경대학 철학과 교수이자 박사과정 지도교수, 중화문화연구원 원장, 종교문화연구센터 주임, 욱일旭日불학연구센터 주임, 강소성 굉덕宏德문화출판재단 이사장, 감진鑑眞도서관 관장으로 재직하고 있다. 중국에서 가장 왕성한 활동을 하고 있는 불교학자다. 저서로 『중국불교문화론』, 『불학과 유학』 등 16권과 학술논문 60여 편이 있으며, 중국불교계의 기념비적 저작인 『중국불교통사』(전15권)와 『중국불교백과전서』(전11권)의 주편을 맡았다.

법지(金命鎬)

1980년에 출가하여 불국사 승가대학을 졸업하고 중강을 역임했으며, 서울 중앙승가대학을 졸업한 뒤 정각사·해인사 등지에서 수선 안거했다. 중국으로 유학하여 남화선사, 고명사, 사조사 등지에서 수행했다. 2006년부터 중국 남경대학 『중국불교예술』지의 편집위원을 맡고 있으며, 절강성 사회과학원 철학연구소의 객좌교수, 재중국한인회 교육분과 위원으로 활동하고 있다. 남경대학에서 『단경 사상과 그 후세의 연변과 영향 연구(檀經思想及其在後世的演變與影響硏究)』로 박사학위를 취득했으며, 저서에 『법보단경 역주』, 『선문지로禪門之路』(공저) 등이 있다.

중국 불성론

초판 1쇄 인쇄 2017년 8월 25일 | **초판 1쇄 발행** 2017년 9월 5일
라이용하이 저 | 법지 역 | 펴낸이 김시열
펴낸곳 도서출판 운주사

　　(02832) 서울 성북구 동소문로 67-1 성심빌딩 3층

　　전화 (02) 926-8361 | 팩스 0505-115-8361

ISBN 978-89-5746-496-0 93220　값 33,000원

http://cafe.daum.net/unjubooks 〈다음카페: 도서출판 운주사〉